TINA를 이용한 강력한

전자회로 설계 및 응용

남상엽 · 진경수 · 박용후 공저

도서출판 상 학 당

머리말

TINA는 전자회로의 설계 및 가상실험, 해석하는 강력하면서도 저렴한 전자회로 시뮬레이션 소프트웨어 패키지이다. TINA는 선형 및 비선형 아날로그 회로나 디지털 및 혼합회로에서 모두 원활하게 작동한다. 분석결과는 정교한 다이어그램으로 표시할 수도 있고 가상 계측기 상에서 표시할 수도 있다.

TINA는 조합적인 DTP도구와 강력한 텍스트 및 수식 편집기를 이용하여 전문적인 보고서와 프리젠테이션을 작성할 수 있으며, 사용하기 쉽고 높은 성능을 지닌 매우 값진 도구이다.

TINA는 교육현장에서도 활용될 수 있고 학생들의 지식을 테스트하고, 교육과정을 모니터하고, 문제해결의 기법을 소개하는 독특한 도구를 갖추고 있으며 선택 사양인 하드웨어가 구비되면 실제 회로를 시뮬레이션으로 얻어진 결과와 비교 테스트하는데 활용될 수도 있다.

전자회로 시뮬레이션 패키지 안에 교육 자료를 준비하는데 필요한 모든 도구가 포함되어 있다는 사실은 교육자들에게 매우 중요한 의미를 지닌다.

이 교재는 TINA 전자회로 시뮬레이션 소프트웨어와 병행하여 컴퓨터 · 전자 · 통신 분야 관련 학생 및 초보개발자를 대상으로 한 기초전자회로에 대한 기본학습 및 실습을 위한 교재로서, 처음 기초부품 및 전자회로를 접하는 학생에게 쉽고 빠르게 접근할 수 있도록 하는 데 초점을 맞추어 편찬되었다. 따라서 기초 전자회로 및 응용회로의 작동원리에 대한 이해와 감각을 키우기 위하는 데 부족함이 없을 것이라 생각된다.

좀더 정교한 활용법을 익힌다면 복잡한 전자회로의 시뮬레이션은 물론 각종 전자회로 해석에 유용하게 사용할 수 있는 훌륭한 전자회로 시뮬레이션 소프트웨어이다.

이 책의 주요 구성은 다음과 같다.

1장은 TINA의 개요, 제2장은 TINA의 설치 및 환경설정, 3장은 TINA의 화면구성 및 메뉴개요, 4장은 TINA의 메뉴 응용, 5장은 TINA의 매크로 및 도면 심벌 응용, 6장은 TINA의 라이브러리 매니저 활용, 7장은 TINA의 파라미터 추출기 활용, 8장은 TINA의 TTASL 목록 유틸리티, 9장은 TINA의 TSUPER응용, 10장은 TINA의 연습모드와 실험모드의 활용, 11장은 TINA의 시험/연습 패널 활용, 12장은 TINA의 문제파일 생성과 설정, 13장은 TINA의 해석기 활용, 14장은 TINA의 다양한 응용, 15장은 실전 활용 실습예제를 다루어서 기초전자회로 및 응용에 대한 이론 및 실습을 통하여 이해하도록 하였다. 본 교재는 각 전자회로 및 특징에 대한 실질적인 실험실습을 통해 다양한 기능과 특징을 확인할 수 있어 전자회로에 대한 쉽고 빠른 이해를 얻을 수 있고 프로그램 설치에서 메인 프로그램 및 보조 프로그램들의 각종 메뉴를 상세히 설명하고 있고 혼자서도 충분히 익힐 수 있도록 실제의 응용의 예를 많이 소개하고 있다.

끝으로 이 교재를 집필하는 데 많은 도움을 주신 (주)ED의 강용식 부사장님, 김창일 상무님 그리고 기술연구소의 김석중 부장님, 이효영 과장님, 최호진주임, 박효진님, u-IT마케팅의 양영규 팀장님, 이춘택 과장님, 곽석민 과장님, 출판홍보팀의 최정윤 대리님 등 관계자 여러분과 도서출판 상학당의 관계자 여러분에게 감사의 마음을 전한다. 그리고 어려운 환경 속에도 묵묵히 이 책의 집필에 많은 도움을 준 남상석 및 박원민, 노성민 학생에게 감사의 말을 전한다.

어떤 일이든 첫발을 내딛고 개척하는 것이 가장 힘든 일일 것이다. 그러나 그 어려움을 극복하였을 때 얻는 것이 무엇보다 값진 결실이 될 것이다. 아직은 열악하고 힘든 개발환경이지만 이 책이 보다 많은 기초전자회로의 인력 양성에 힘이 되어 주길 바란다.

저 자 씀

차 례

제 1 장
TINA의 개요

1-1 TINA의 특징

TINA는 전자회로를 설계하고, 가상 실험하고, 해석하는 강력하면서도 저렴한 소프트웨어 패키지이다. TINA는 선형 및 비선형 아날로그 회로나 디지털 및 혼합회로에서 모두 원활하게 작동한다. 분석 결과는 정교한 다이어그램으로 표시할 수도 있고, 가상 계측기 상에서 디스플레이할 수도 있다. 또한, 종합적인 DTP 도구와 강력한 텍스트 및 수식 편집기를 이용하여 전문적인 보고서와 프리젠테이션을 작성할 수 있다. 기본 라이브러리에는 20,000개 이상의 부품들이 포함되어 있으며, 사용자는 이를 더욱 확장할 수 있다. 전자공학 전문가들은 TINA가 사용하기 쉽고 높은 성능을 지닌 매우 값진 도구라는 것을 알게 될 것이다.

또한, TINA는 교육현장에서도 활용될 수 있다. TINA는 학생들의 지식을 테스트하고, 교육과정을 모니터하고, 문제해결의 기법을 소개하는 독특한 도구를 갖추고 있다. 선택사양인 하드웨어가 구비되면 실제 회로를 시뮬레이션으로 얻어진 결과와 비교 테스트하는데 활용될 수도 있다. 패키지 안에 교육 자료를 준비하는네 필요한 모든 도구가 포함되어 있나는 사실은 교육자들에게 매우 중요한 의미를 지닌다.

도면 편집기를 이용하여 회로도를 손쉽게 입력할 수 있다. 선택된 부품 심벌을 마우스만으로 화면상에 배치, 이동, 회전, 대칭시킬 수 있다. TINA의 반도체 카탈로그는 사용자로 하여금 사용자가 확장 가능한 라이브러리에서 부품을 선택할 수 있게 한다. 발전된 형태의 '선 지우개' 도구가 제공되어 도면 다이어그램을 손쉽게 수정할 수 있도록 해준다. 여러분은 회로 파일이나 부회로를 얼마든지 열 수 있고, 한 회로로부터 회로 세그먼트를 잘라내고, 복사하고, 다른 회로로 붙여 넣을 수 있다. 물론 현재 열린 어떤 회로를 해석할 수 있다. TINA는 선, 원호, 화살표, 도면 테두리, 제목 블록과 같은 그래픽 요소들을 추가하여 도면을 향상시키는 도구를 제공한다. 또한, 브리지와 3-상 회로망과 같은 비직교(대각) 부품을 그릴 수 있다.

ERC(Electric Rules Check)는 부품들 사이의 의심이 가는 접속들에 대해 회로를 시험할 것이고, 그 결과를 ERC 창에 디스플레이한다. ERC가 자동적으로 발동되어 오류 접속이 해석을 시작하기 전에 여러분의 주의를 초래할 것이다.

TINA에서는 도면의 일부를 부회로 전환시켜 이를 단순화할 수 있다. 뿐만 아니라 직접 만든 것이든 인터넷에서 다운받은 것이든, 아니면 제조업체가 CD로 제공한 것이든 상관없이 어떠한 Spice 부회로에서라도 새로운 TINA 부품을 만들어 낼 수가 있다. TINA는 자동적으로 이 부회로들을 도면 상의 직사각형 블록으로 재현하지만, 여러분은 TINA의 도면 심벌 편집기(Schematic Symbol Editor)를 이용하여 어떤 형태로든 원하는대로 만들 수 있다.

TINA는 아날로그 디바이스(Analog Devices), TI(Texas Instruments), 내셔널 반도체(National Semiconductor) 등과 같은 반도체 제조업체가 제공하는 Spice-와 S-파라미터 모델을 포함하고 있는 방대한 라이브러리를 가지고 있다. 여러분은 이 라이브러리에 더 많은 모델들을 추가하거나

TINA의 라이브러리 관리자(Library Manager)를 사용하여 자신의 Spice-와 S-파라미터 라이브러리를 생성할 수 있다.

또한, TINA의 파라미터 추출자(Parameter Extractor)를 이용하여 측정이나 카탈로그 데이터를 모델 파라미터로 전환하여 훨씬 더 실제의 소자에 가까운 부품 모델을 만들 수 있다. TINA는 도면, 계산, 그래픽 출력, 측정 결과 등에 주석을 달 수 있는 텍스트와 수식 편집기(Text and Equation Editor)를 포함한다. 이 편집기는 교수들이 문제와 예제를 준비하는 데 매우 큰 도움이 된다.

회로도와 계산 또는 측정된 결과는 표준 Windows WMF 포맷으로 파일에 저장하거나 출력될 수 있다. 이 출력 파일들은 잘 알려진 여러 가지 소프트웨어 패키지(Microsoft Word, Corel Draw 등)로 처리될 수 있다. 네트리스트는 Pspice 포맷으로 반출과 반입될 수 있고, ORCAD, TANGO, PCAD, PROTEL, REDAC, EDS와 같은 유명한 PCB 패키지를 구동할 수 있다.

① **DC 해석(DC analysis)**은 DC 동작점과 아날로그 회로의 전달 특성을 계산한다. 사용자는 노드를 커서로 선택함으로써 어떤 노드에서도 계산 및 측정된 노드 전압을 표시할 수 있다. 디지털 회로의 경우 프로그램은 논리 상태 방정식을 풀어서 각 노드에 대한 결과를 단계적으로 표시한다.

② **아날로그와 혼합-모드 과도 해석(Transient analysis)**의 경우에는 몇 가지 옵션(펄스, 단위 계단, 사인파, 삼각파, 사각파, 일반 사다리꼴 파형, 사용자 정의 여기 등)을 바탕으로 입력파형을 선택한 다음 필요에 따라 파라미터를 지정할 수 있다. 디지털 회로의 경우에는 프로그램 가능한 클럭과 디지털 신호 발생기를 이용할 수 있다. 응답의 계산 및 표시 외에도 푸리에 급수의 계수, 주기적 신호에 대한 고조파 왜곡, 비주기적 신호의 푸리에 스펙트럼 등을 계산할 수 있다.

TINA는 또한 디지털 회로에 대한 강력한 시뮬레이터를 포함하고 있다. 여러분은 단계적, 전방향, 역방향으로 회로 동작을 추적할 수 있거나 특별한 논리해석기 창에서 완성된 시간 다이어그램을 볼 수 있다.

선택적 통합된 VHDL 시뮬레이터는 디지털과 혼합-신호 아날로그-디지털 환경 모두에서 VHDL 설계를 검증한다. VHDL 시뮬레이터는 파형 디스플레이, 프로젝트 관리, 계층 브라우저, 64비트 시간을 포함한다. 이것은 IEEE 1076-1987과 1076-1993의 언어 표준과 IEEE 표준 1164의 표준 논리를 지원한다. 여러분의 회로들은 TINA의 라이브러리, FPGA & CPLD으로부터 편집할 수 있는 VHDL 블록 또는 여러분 자신이 생성하였거나. 인터넷을 통하여 다운로드에 의해 생성된 편집할 수 있는 VHDL 블록을 포함한다. VHDL 부품들을 포함하고 있는 회로들은 C++ 언어로 전환된 다음 이진 실행 가능한 파일로 컴파일된다. 이것은 매우 빠르고 효율적인 시뮬레이션과 논리회로의 테스트를 허용한다.

③ AC 해석(AC analysis)에서 복소 전압, 전류, 임피던스, 전력 등이 계산된다. 이외에도 진폭의 나이퀴스트 및 보드 선도, 아날로그 회로의 위상과 군지연 특성 등을 작도할 수 있다. 또한, 복소 페이저 선도(phasor diagram)를 작도할 수 있다. 비선형 회로망에 대해서 동작점 선형화가 자동적으로 수행된다.

④ 회로망 해석(Network Analysis)은 회로망의 2-포트 파라미터(S, Z, Y, H)을 결정한다. 이것은 RF 회로를 가지고 작업을 한다면 특히 유용하다. 결과는 스미스(Smith), 극(Polar), 또는 다른 다이어그램으로 표시할 수 있다. 회로망 해석은 TINA의 회로망 해석기의 도움으로 수행된다. 회로소자들의 RF 모델은 기생 성분(인덕터, 커패시터)을 포함하고 있는 Spice 부회로(Spice 매크로)로서 또는 자신의 S(주파수) 함수로 정의된 S-파라미터 모델로 정의될 수 있다. S 함수는 일반적으로

부품 제조업체에 의해서 제공되고 인터넷을 통해서 다운로드될 수 있으며, 수동적으로나 TINA의 라이브러리 관리자를 사용하여 TINA로 삽입된다.

⑤ **잡음 해석(Noise analysis)**은 입력 또는 출력에 관하여 잡음 스펙트럼을 측정한다. 잡음 전력 및 신호 대 잡음비(SNR) 역시 계산할 수 있다.

⑥ **심벌릭 해석(Symbolic analysis)**은 DC, AC 및 과도 모드에서 아날로그 선형 회로망의 전달함수와 응답에 대한 결정형(closed form) 표현식을 만들어 낸다. 또한, 심벌릭 해석을 통해 계산된 정확한 해를 작도할 수 있고, 이를 수치로 계산하거나 측정한 결과와 비교할 수 있다. 내장된 해석 프로그램(interpreter)은 임의 함수를 평가하고 작도할 수 있다.

⑦ **허용한계(Tolerance)**는 회로 요소에 할당되어 몬테카를로(Monte-Carlo) 및 최악-경우(worst-case) 해석에 이용될 수 있다. 결과는 통계적으로 얻어질 수 있고, 그것들의 기대 평균, 표준 편차 및 비율도 역시 계산될 수 있다.

⑧ **TINA의 향상된 최적화(Optimization) 도구**는 사전에 정의된 목표 응답을 얻기 위해서 하나 이상의 미지의 회로 파라미터들을 산출할 수 있다. 목표 회로 응답(전압, 전류, 임피던스, 전력 등)을 미터기로 모니터링해야 된다. 예를 들어, 여러분은 몇 가지 동작점 DC 전압이나 AC 전달함수 파라미터들을 지정할 수 있으며, TINA는 선택된 부품의 값을 결정한다.

⑨ **포스트 프로세서** : TINA PRO의 또 다른 상당히 새로운 도구는 포스트-프로세서(post-processor)이다. 포스트-프로세서를 사용하면 실질적으로 어떤 노드와 부품 전압이나 전류의 새로운 곡선을 기존의 다이어그램에 추가할 수 있다. 그 외에, 기존의 곡선에 곡선을 추가 또는 빼어내거나, 수학적인 함수를 적용하여 포스트-프로세스를 할 수 있

다. 또한, 여러분은 궤도(trajectory), 즉 어떤 전압이나 전류를 또 다른 전압이나 전류의 함수로서 작도할 수 있다.

TINA를 사용하여 보드 선도, 나이퀴스트, 페이저, 극과 스미스 다이어그램, 과도 응답, 디지털 파형 그리고 선형이나 대수 눈금의 다른 데이터를 함께 혼합하는 양질의 문서를 만들 수 있다. TINA의 향상된 작도 도구를 사용하여 원하는 프리젠테이션을 쉽게 만들 수 있다. 즉, 여러분은 TINA로부터 그래프를 직접 출력 및 삭제할 수 있고, 그것들을 선호하는 워드프로세서 패키지로 붙일 수 있거나 대중적인 표준 포맷으로 반출할 수 있다. 주문화는 텍스트, 축, 작도 스타일, 즉 선 폭과 색상의 설정, 글자의 크기와 색상, 각 축에 대한 자동 또는 수동 눈금에 관한 완벽한 조절을 포함한다.

모든 것이 준비되면 회로의 궁극적인 테스트가 상호작용 제어(키패드와 스위치 등과 같은)를 사용하고, 디스플레이나 다른 표시기들을 관찰하는 현실 상황으로 시도되는 것이다. 여러분은 이러한 테스트를 TINA의 상호작용 모드(interactive mode)를 사용하여 수행할 수 있다. 여러분은 해석이 진행되는 동안 제어를 할 수 있을 뿐만 아니라 부품의 값을 변경할 수도 있다. 그 외에 부품 값에 단축키(hotkey)를 할당할 수 있고, 키를 눌러서 그 값을 간단히 변경할 수 있다. 여러분은 즉시 변경의 효과를 볼 수 있다. 마찬가지로, 단축키로 스위치들을 제어할 수 있다.

보드 및 나이퀴스트 작도와 같은 표준 해석 프리젠테이션 외에도 TINA는 시뮬레이션 결과를 광범위한 하이테크의 가상 계측기(virtual instrumentation)에 제시된다. 예를 들어, 여러분은 가상 구형파 발생기와 가상 오실로스코프를 이용하여 회로의 시간 응답을 가상 실험할 수 있다. TINA의 가상 계측기를 이용하는 것은 실제의 테스트 및 측정 장치를 사용하기 위한 준비로 훌륭한 방법이다. 물론 가상 계측기에서 얻어진

"측정 결과"는 여전히 가상 실험된 것에 불과하다는 사실을 잊지 않는 것이 중요하다. 그러나, 호스트 컴퓨터에 추가 하드웨어(supplementary hardware)가 설치되면, TINA는 시뮬레이션 이상의 결과를 기대할 수도 있다. 이 하드웨어를 사용하면 TINA의 강력한 도구들은 실제 회로에서 실시간 측정(real-time measurement)을 만들 수 있고, 그 결과를 가상 계측기에 표시할 수 있다.

TINA는 교육(training) 및 검사(examination)를 위한 특수한 작동 모드를 가지고 있다. TINA가 통제하는 이 모드에서 학습자들은 교수가 할당한 문제를 풀게 된다. 정답의 포맷은 문제의 유형에 따라 결정된다. 정답은 목록에서 선택할 수 있거나 수치적인 계산 또는 기호 형태로 주어질 수 있다. 다양한 정답 도구를 제공하는 해석 프로그램을 이용하여 문제를 풀 수도 있다. 만일 학습자가 문제를 풀 수 없다면 다단계의 조언(Advisor)을 구할 수 있다. 패키지는 교육 자료를 산출하는데 필요한 모든 도구가 포함되어 있다. 교수가 작성한 보기와 문제 모음도 패키지에 들어 있다. TINA의 또 다른 특별한 교육적 기능은 고장수리를 연습하기 위한 회로 고장의 소프트웨어 및 하드웨어 시뮬레이션이다. TINA를 이용하면 기존의 PC 강좌를 저렴한 가격에 최신의 전자 교육 실험실로 전환할 수 있다.

1-2 TINA의 프로그램 종류

다양한 요구에 부합하여 제작된 다양한 프로그램 종류를 이용할 수 있다.

1. 표준 프로그램 종류

- **단일 사용자 버전** : 단일 컴퓨터에서만 사용하도록 허용되며, TINA의 모든 특징들과 유틸리티를 포함하고 있다.
- **VHDL 부가 버전** : TINA PRO는 디지털과 혼합-신호 아날로그-디지털 환경 모두에서 VHDL 설계를 입증하는 선택적인 통합 VHDL 시뮬레이터로 확장될 수 있다.
- **네트워크 버전** : 프로그램이 노벨 네트웨어(Novell Netware) 3.12 버전 이후뿐만 아니라 어떤 마이크로소프트 네트워크(Windows 9x/ME/NT/ 2000/XP) 하에서 사용될 수 있다.

2. 특수 프로그램 종류

- **Classic 버전** : 파라미터 추출자, Spice 라이브러리 관리자, 도면 심벌 편집기 유틸리티 등이 포함되지 않는 점을 제외하고 단일 사용자 버전과 동일한 특징을 갖는다.
- **Student 버전** : 회로 크기가 100노드로 제한된다는 점을 제외하고는 단일 사용자 버전과 동일한 특징을 갖는다. 파라미터 추출자, Spice 라이브러리 관리자, 도면 심벌 편집기 유틸리티 등이 포함되지 않지만, 훈련과 검사 모드가 포함된다.
- **Basic 버전** : 회로 크기가 100노드로 제한된다는 점을 제외하고는 풀 버전과 동일한 특징을 갖는다. 파라미터 추출자, Spice 라이브러리 관리자, 도면 심벌 편집기 유틸리티 등이 포함되지 않는다.

1-3 TINA의 하드웨어 선택 사항

1. TINALab II 고속 다기능 PC 계측

TINALab Ⅱ을 사용하면 여러분의 랩탑이나 데스크탑 컴퓨터를 강력하고 다기능의 테스트 및 측정 계기로 전환시킬 수 있다. 여러분이 필요한 계기(멀티미터, 오실로스코프, 스펙트럼 분석기, 로직 분석기, 임의 파형 발생기, 디지털 신호 발생기 등)가 어느 것이든지 간에 그것은 마우스를 클릭하는 여러분의 손가락 끝에 있다. 더구나 회로 개발, 고장수리 그리고 아날로그와 디지털 전자의 연구를 위한 독특한 도구로서 TINALab Ⅱ는 시뮬레이션과 측정의 비교를 위해서 TINA 회로 시뮬레이션 프로그램과 함께 사용될 수 있다.

TINALab Ⅱ는 DC~50MHz 대역폭, 10/12비트 분해능, 이중-채널 디지털 스토리지 오실로스코프(Digital Storage Oscilloscope)를 포함한다. 오실로스코프의 향상된 등가-시간 표본화 기술로 인하여 TINALab은 어떤 반복적인 신호를 40GS/s의 등가 표본화 속도로 획득할 수 있는 한편, 단발 모드에서는 20MS/s의 표본화 속도로 획득한다. 풀-스케일(full-scale) 입력 범위는 ±400V이며, 5mV~100V/div 범위를 갖는다.

합성장치의 함수 발생기(Function Generator)는 사인파, 구형파, 램프파, 삼각파, 그리고 DC~4MHz의 임의 파형을 제공하며, 대수와 선형 스위프 그리고 10Vp-p까지 변조를 갖는다. 임의 파형은 고레벨이면서 사용하기 용이한 TINA의 해석 프로그램(interpreter)의 언어를 통해서 프로그램될 수 있다. 함수 발생기와 관련하여 자동적으로 동작하는 신호 분석기(Signal Analyzer)는 보드 진폭과 위상 다이어그램, 나이퀴스트 다이어그램을 측정하고 디스플레이하며 스펙트럼 분석기(Spectrum Analyzer)로서도 동작한다.

고기술 디지털 신호 발생기와 로직 분석기 계측을 위한 디지털 I/O는 신속한 16-채널 디지털 테스팅을 40MHz까지 허용한다.

TINALab Ⅱ을 위한 선택형 멀티미터(Multimeter)는 1mV~400V와 100mA~2A의 범위에서 DC/AC 측정을 허용한다. 또한, 1Ω~10MΩ 범위의 DC 저항을 측정할 수 있다.

여러분은 또한 실험 모듈(Experimenter Modules)을 TINALab Ⅱ의 전면에 있는 슬롯에 끼워 넣을 수 있어서 아날로그와 디지털 전자의 전체 범위를 가상적으로 가상 실험, 측정, 고장수리를 허용한다.

TINA와 TINALab Ⅱ을 함께 사용하면 같은 통합 환경에서 회로 시뮬레이션과 실시간 측정을 하도록 하는 독특한 능력을 제공한다. 이것은 고장 수리를 위한 매우 귀중한 도구를 제공하고, 가상 실험의 결과와 측정 결과를 비교하여 여러분의 설계를 소생시킨다.

제 2 장

TINA의 설치 및 환경설정

2-1 TINA 설치 과정

1. 하드웨어와 소프트웨어 최소 사양

- IBM PC xp나 호환기종(펜티엄급 이상 권장)
- 16메가의 램
- 최소 100메가의 빈 공간이 있는 하드디스크 드라이브
- CD-ROM
- 마우스
- VGA 어댑터 카드와 모니터
- MS Windows 9x/ME/NT/2000/XP
- 네트워크 버전을 위한 노벨 네트워크 버전 3.12 이상 또는 MS Windows NT/2000/XP 서버 이상

만일 프로그램이 하드웨어 키에 의해 복사 방지되었다면, 최소 하드웨어 구성에는 병렬 프린터나 USB 포트가 포함된다.

2. CD-ROM에서 설치

단순히 CD를 CD-ROM 드라이브에 넣는 것으로부터 설치를 시작한다. 만일 CD-ROM의 Auto-Run 기능이 허용되었다면(Windows에서 디폴트) 셋업 프로그램이 자동적으로 시작할 것이며, 그렇지 않다면 Start/Run을 선택하고 다음과 같이 타이프한다.

- D : SETUP ↵ (여기서, D는 CD-ROM 드라이브를 나타냄)
- 셋업 프로그램이 시작될 것이다.

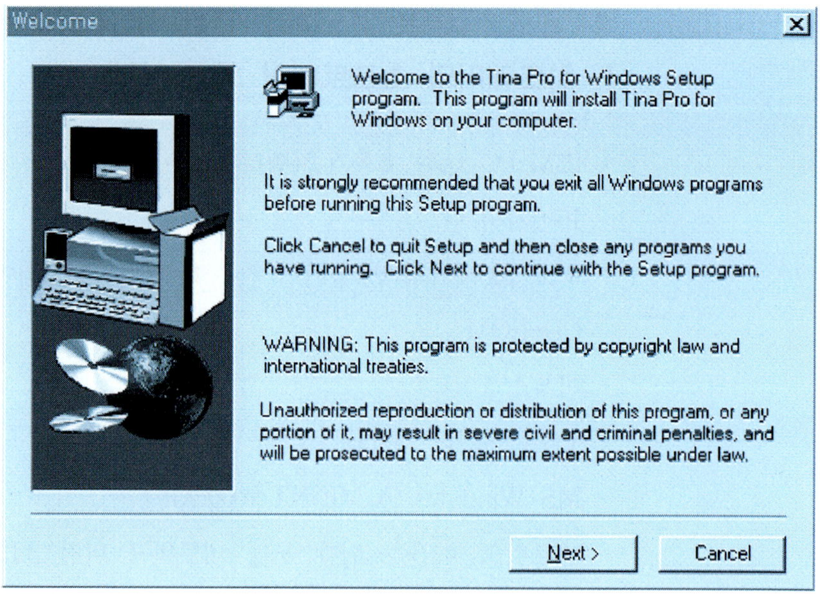

그림 2-1
윈도우즈 셋업 프로그램

주 의

본 소프트웨어는 복사 방지된 상태로 출시된다. 따라서, 설치 가능한 수가 제한되며, 네트워크 설치는 허용되지 않는다.

3. 설치 절차의 진행

TINA의 설치 절차는 대부분 윈도우 프로그램의 표준 절차를 따른다. 설치 유형이나 목적 디렉토리와 같은 중요한 설치상의 선택사항을 입력하거나 변경할 수 있는 몇 개의 화면 페이지가 나온다. 설치를 계속하려면 [Next >]버튼을 클릭한다. [< Back]버튼을 이용하여 언제든지 뒤로 돌아갈 수 있다. 어떤 이유에서든 설치를 계속하고 싶지 않을 때는 [Cancel]버튼을 클릭한다. 설치 취소를 선택하면 프로그램을 정말로 중단할 것인지를 묻는다. 이 시점에서 설치를 재개하거나 중단할 수 있다.

4. 환영 인사와 소프트웨어 라이선스 동의

설치 절차를 시작하려면 환영 인사 페이지에서 Next를 클릭한다. 첫 단계는 소프트웨어 라이선스에 동의하는 절차이다.

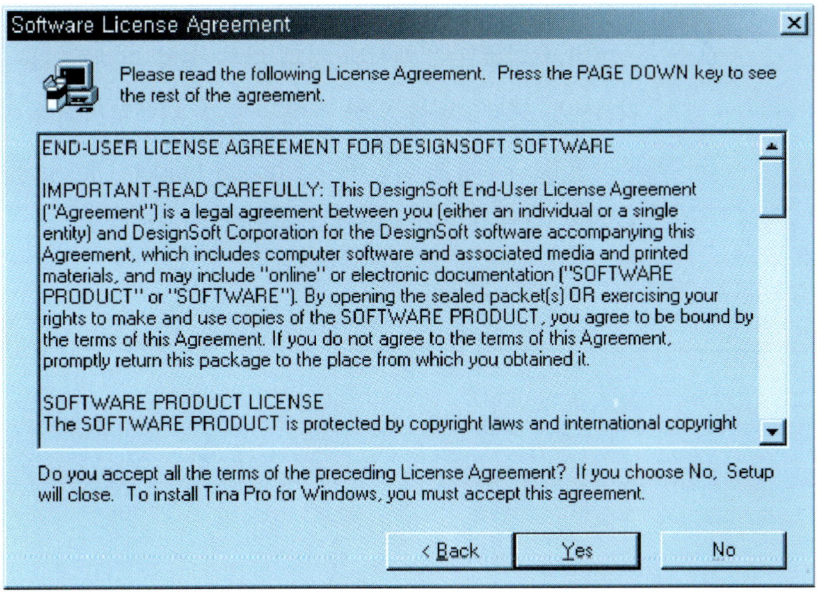

그림 2-2
소프트웨어 라이선스 동의

주 의

"Yes"를 클릭하는 것은 본 소프트웨어의 사용에 관한 DesignSoft의 조항 및 조건에 완전히 동의하는 것이다.

5. 사용자 정보 입력

이 데이터는 여러분의 소프트웨어를 개인화하는데 사용된다. 설치 프로그램은 디폴트로 윈도우를 설치할 때 입력한 데이터를 가져온다. Next를 클릭하여 이 이름을 디폴트로 받아들이거나 이를 변경할 수 있다.

여러분의 프로그램 버전에 따라서 CD-ROM 패키지 또는 퀵 스타트 매뉴얼에 적혀 있는 시리얼 번호를 입력할 필요가 또한 있을 것이다.

6. 목적 위치 선택

여기서 디폴트로 제시된 것과 다른 설치 디렉토리를 선택할 수 있다. 디폴트는 프로그램을 위한 윈도우 표준 디렉토리이다. 디렉토리를 변경하려면 브라우저를 클릭하고 Choose Folder Dialog(폴더 선택 대화상자)에서 다른 드라이브나 디렉토리를 선택한다.

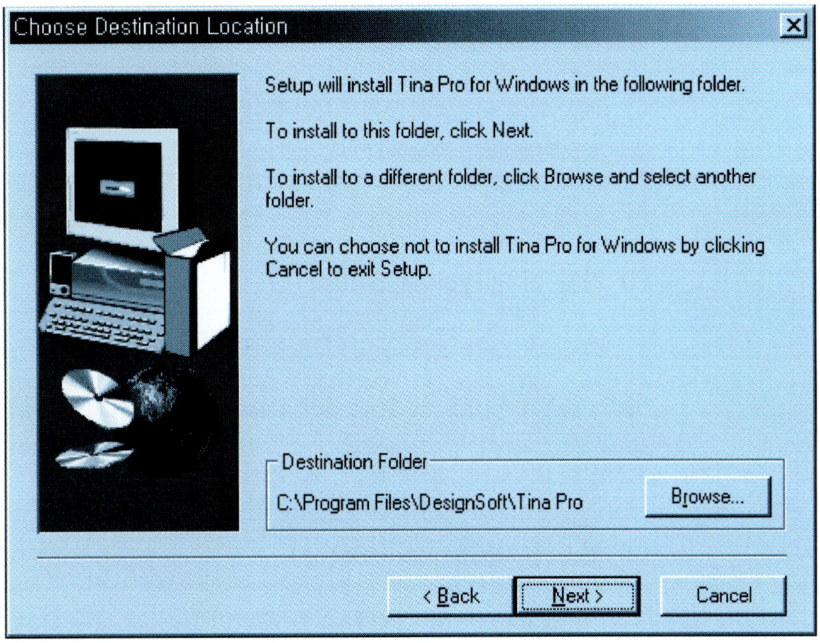

그림 2-3
프로그램이 설치될 목적 위치 선택

중 요

이전 버전의 TINA가 이미 존재하는 하드디스크에 윈도우용 TINA를 설치할 때는 반드시 윈도우용 TINA를 위한 새로운 디렉토리명을 사용해야 한다. (제시되는 디렉토리는 C:₩Program Files₩DesignSoft₩TinaPro이다.) 그렇지 않으면 이미 작성한 작업 파일들에 덮어쓰거나 이를 상실하게 된다. 확실치 않을 때는 설치를 중단하고 TINA 파일들을 다른 하드디스크 디렉토리에 안전하게 복사한 다음 설치를 다시 시작한다.

7. 설치 유형 선택

TINA는 3가지의 설치 유형을 제공한다. 여러분은 Typical(디폴트), Compact, Custom 중에서 하나를 선택하여 수행한다.

주 의

Compact(최소) 설치를 위한 자세한 설정은 Compact를 선택하고 Next를 클릭한 뒤에 이루어진다는 점에 유의한다.

(1) 기본 설치(Typical Setup)

공통으로 사용되는 구성 요소들을 설치한다. 여기에는 프로그램 파일, 샘플, 유틸리티(예 시험 관리자, Spice 라이브러리 관리자 등) 등이 포함된다.

(2) 최소 설치(Compact Setup)

가장 중요한 구성 요소만을 설치한다. 이것으로 TINA를 사용할 수 있는 설치가 되지만 시험 관리자와 같은 특정한 프로그램 구성 요소가 없이 설치된다.

(3) 사용자 설치(Custom Setup)

어떤 구성 요소를 설치할 것인지 결정할 수 있다. 디폴트 설정은 기본 설치와 유사하다. 원하지 않는 구성 요소를 선택 해제하거나 빠진 구성 요소를 선택한다.

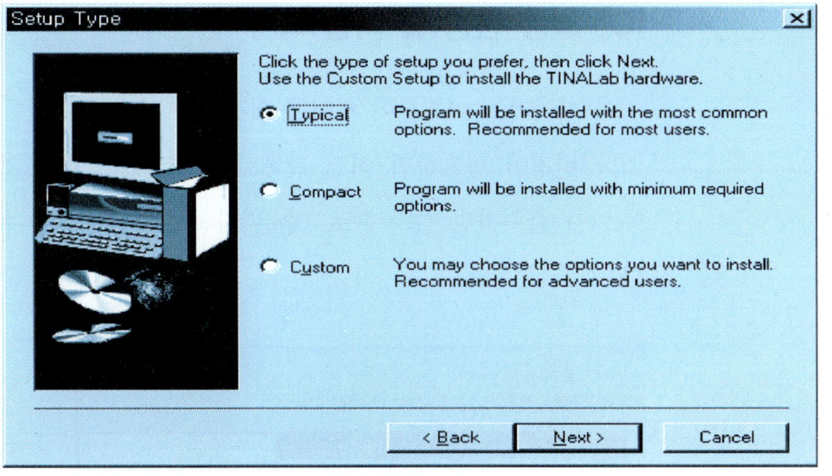

그림 2-4
프로그램 설치 유형 선택

주 의

만일 TINALab 카드 또는 다른 세번째 부분 추가 하드웨어를 설치하고자 한다면, 설치할 때에 사용자 설치 옵션을 선택해야 하고 리스트에서 적절한 디바이스 드라이브를 체크해야 한다.

8. 프로그램 폴더 선택

여기서 Windows Start Menu의 Program 섹션 중 어디에 프로그램 아이콘이 나타나도록 할 것인지를 선택한다. 디폴트로 Tina Pro for Windows 라는 새로운 부 메뉴이다. 이 이름을 변경하거나 아니면 목록에서 기존의 프로그램 폴더를 선택할 수 있다.

9. 심벌 세트 선택

TINA는 미국식(ANSI) 또는 유럽식(DIN) 규격에 따라 부품들의 도면 심벌을 디스플레이할 수 있다. 여러분에게 알맞은 규격을 선택한다.

10. 최종 점검 및 파일 복사

이 페이지는 여러분이 선택한 설정들을 열거하여 이를 점검하고 바꾸거나 변경이 필요하면 이전 단계로 돌아갈 수 있는 기회를 제공한다. Next를 클릭하면 설치 프로그램은 자동으로 파일들을 복사하기 시작한다.

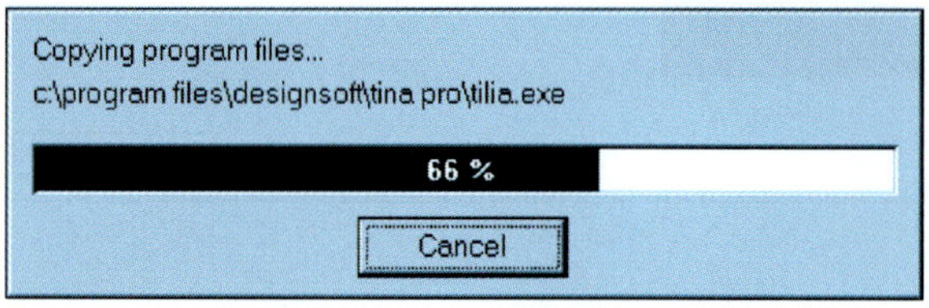

그림 2-5
설치 프로그램에 의한 파일 복사

11. 설치 완료

선택된 모든 파일이 복사되고 Start Menu 항목들이 생성되고 나면 데스크탑에 TINA 프로그램 파일의 단축키를 만들 것인지 묻는다. 마지막 페이지는 성공적인 설치를 알리고 TINA에 관한 최신 정보가 담긴 파일을 열어서 읽어볼 것을 권하게 된다. 시간을 내어 이 파일을 반드시 읽어보기를 권한다. 준비가 되면 Finish를 클릭한다.

주 의

TINA Pro Start Menu 항목에서 Read Me를 선택하면 언제라도 파일 내의 최신 정보를 다시 읽을 수 있다. 또한, 웹사이트 www.tina.com를 방문하여 변경사항이나 새로운 기능에 대한 최신의 정보를 얻을 수 있다.

2-2 TINA 설치 제거

여러분은 윈도우용 TINA PRO를 언제라도 설치를 제거할 수 있다. 이때 여러분이 작성한 파일은 삭제되지 않는데 유의한다.

- 설치 제거를 시작하기 위해서 TINA Pro Start-Menu 항목에서 TINA Pro for Windows를 선택한다.
- 이때 나타나는 윈도우에서 Uninstall Tina를 더블 클릭한다. 모든 파일들이 성공적으로 제거된 뒤에는 OK 버튼이 나타난다. 이것을 클릭하면 설치 제거가 완료된다.

2-3 TINA의 네트워크 버전 설치

네트워크 버전에 TINA를 설치하려면 반드시 먼저 관리 특권이 있는 사용자(Novell 3.x의 경우는 supervisor, Novell 4.x는 admin, Windows NT는 Administrator)의 자격으로 서버를 로그온하여야 한다. 그런 다음 네트워크에서 액세스가 가능한 디스크 볼륨상의 하드디스크 설치를 위한 절차를 실행한다. 이제 다음과 같은 추가 절차를 진행한다.

- 현재 디렉토리를 프로그램이 들어 있는 디렉토리로 변경한다.
  예 CD
- 이 TINA 버전을 수행하게 될 모든 사용자를 위한 서브디렉토리를 생성한다.
  예 MD JSMITH
- 프로그램 내의 모든 파일들과 사용자 디렉토리를 공유가 가능하게 만든다.
  - Novell 3.x의 경우 : FLAG *.* S SUB
  - Novell 4.x의 경우 : FLAG *.* +SH /S

- Windows NT의 경우 : CALCS *.* /e /t /p <사용자명>?<그룹명> : c

주 의

여러분의 NT 시스템의 설정에 따라 여러분은 모든 사용자에게 CALCS 명령(〈사용자명〉)으로 별도의 액세스 권한을 주거나 아니면 그룹(〈그룹명〉)에 권한을 주어 그 멤버들로 하여금 자동적으로 적절한 권한을 갖도록 할 수 있다.

- Novell의 경우에는 SYSCON NOVELL 유틸리티를 이용하여 로그인 스크립트 파일 내의 프로그램을 위한 검색 드라이브를 생성한다.
  예) MAP S16:=SYS:TINA

주 의

이 검색은 로그아웃한 다음 다시 로그인해야만 제대로 작동한다. 네트워크 버전은 여러분이 프로그램을 주문할 때 명시하는 서버의 수가 제조업체가 부여하는 전용 서버의 수와 일치할 때에만 수행이 된다.

- Windows NT의 경우에는 클라이언트가 반드시 매핑된 드라이브를 TINA 프로그램 디렉토리가 포함된 네트워크 드라이브에 설정하도록 하고 또 그 경로가 적절히 설정되도록 유의한다. 예를 들어, Windows 클라이언트의 경우 C:.BAT에 다음과 같은 행을 입력할 수 있다.

  NET USE T : \<서버명><공유명>
  SET PATH=PATH$;T:

- 동일한 서브디렉토리에서 둘 이상의 프로그램을 시작하는 것은 허용

되지 않는다(둘 이상의 사용자가 동일한 서브디렉토리에 있는 다양한 스테이션에서 작업하고자 시도할 경우 이런 상황이 발생할 수 있다).

주 의

네트워크에서 프로그램을 사용할 때에는 반드시 모든 사용자가 독자적으로 별도의 서브디렉토리를 소유하고 있어야 한다.

- 상기의 지침에 따라 네트워크 디스크 상에서 모든 사항을 설정하고 난 뒤에는 반드시 여러분이 TINA를 수행하고자 하는 각각의 Novell 워크스테이션 상에서 셋업 프로그램을 수행해야 한다. Run 명령어를 이용하여 Tina Pro 디렉토리에서 NSETUP을 시작한다. 그러면 다음과 같은 대화상자가 디스플레이된다.

  - TINA Network Path : 네트워크 드라이버에서 TINA의 위치를 지정한다.
  - Local Working Directory : 워크스테이션을 위한 작업 디렉토리를 명시한다. 이 디렉토리는 반드시 각각의 워크스테이션마다 달라야 하는 점에 유의한다.
  - NSETUP을 수행한 뒤에는 아무리 많은 수의 워크스테이션에서라도 각각의 워크스테이션이 단일 사용자 버전을 가진 것처럼 동시에 TINA를 수행할 수 있다.

본 프로그램의 Novell 네트워크 중에서 어떤 버전은 하드웨어 보호키를 필요로 하지 않지만 본 프로그램은 사전에 정의된 시리얼 번호로 확인된 서버 상에서만 수행될 수 있다. 이 시리얼 번호는 반드시 여러분의 프로그램 패키지를 주문할 때 명시되어야 한다. 공급업체는 이를 코드화 된 형태로 프로그램 내에 내장시킨다. 프로그램을 시작하고자 시도하는 서버의 시리얼 번호가 코드화된 번호와 일치하지 않으면 다음과 같은 오류 메시지가 표시된다.

Wrong server or not logged in

LOGIN 명령을 통해서 Novell 네트워크에 진입하지 않을 경우에도 동일한 메시지가 전송된다.

2-4 TinaPro 네트워크 버전 설치의 예

■ **TinaPro 네트워크 버전 설치의 예제 환경**

- 서버 : 윈도우 2000 프로페셔널
- 클라이언트 : Window 98

1. 서버 설치

1) 컴퓨터를 켤 때 Administrator 권한으로 로그인한다.

2) CD 드라이브에 CD를 삽입하고 Setup.exe를 실행한다.

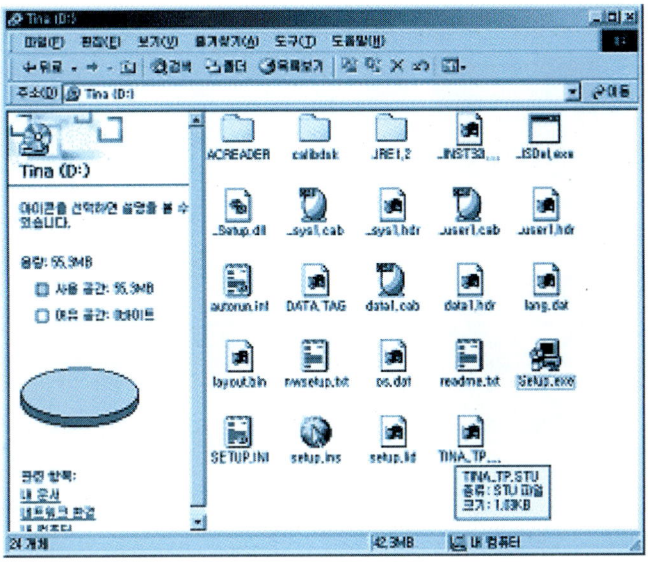

그림 2-6

CD 드라이브에 TinaPro 네트워크 버전의 CD를 삽입하고 Setup.exe를 실행한다.

3) 소프트웨어 라이선스에 동의한다.

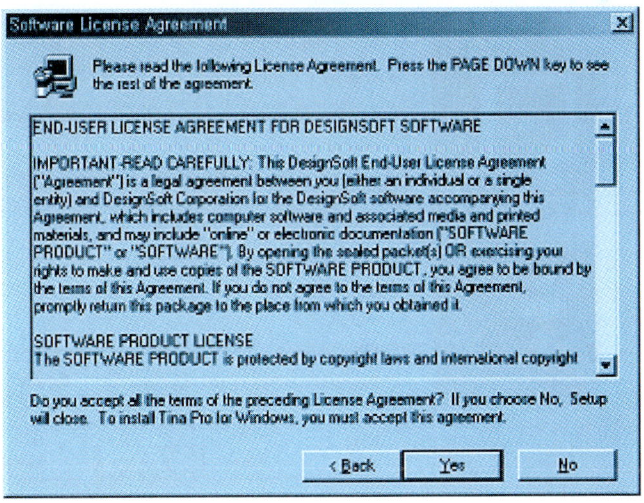

그림 2-7

소프트웨어 라이선스 동의

4) 사용자 정보를 입력한다.

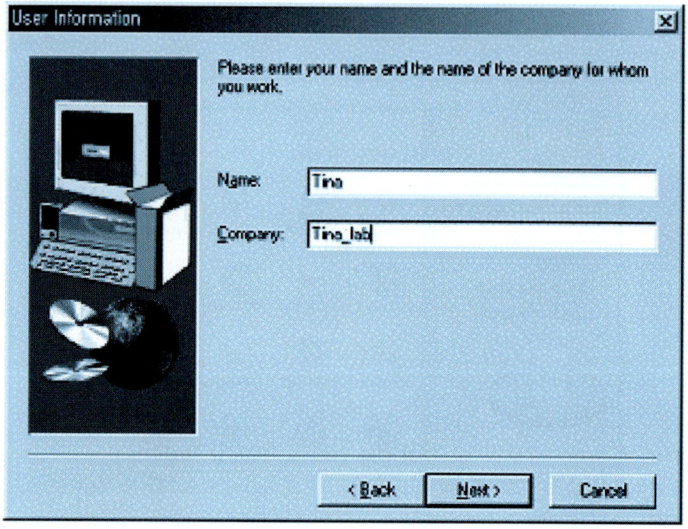

그림 2-8
TinaPro의 사용자 정보 입력

5) TinaPro를 설치할 목적 위치를 선택한다.

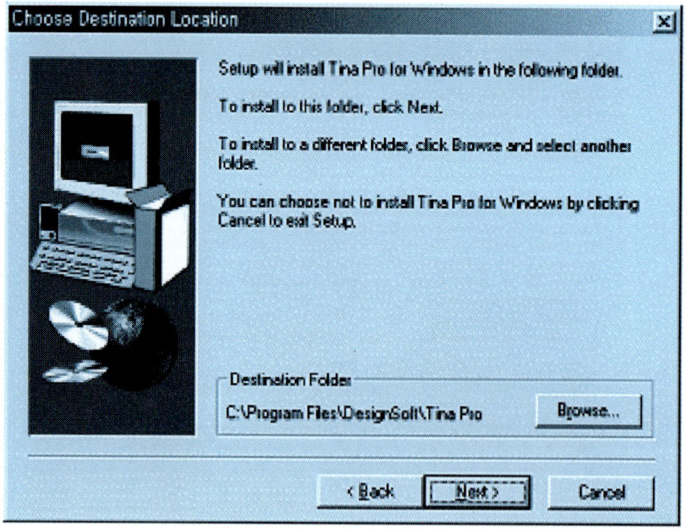

그림 2-9
TinaPro를 설치할 목적 위치 선택

6) TinaPro의 설치 유형을 선택한다.

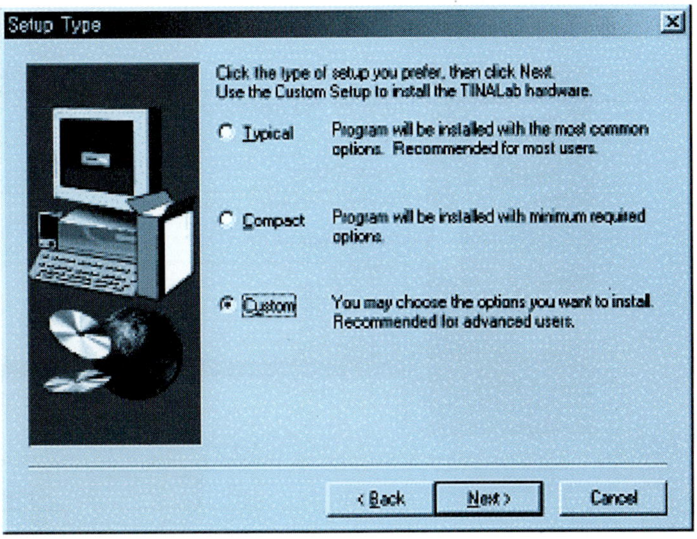

그림 2-10
Custom을 선택한다.

7) 설치할 구성요소를 선택한다. TinaLabII 디바이스 드라이버를 설치한다.

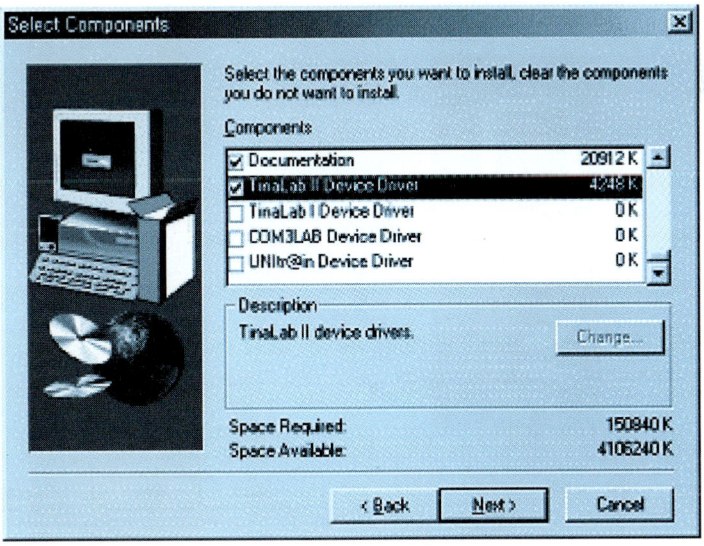

그림 2-11
TinaLabII 디바이스 드라이버 설치

8) 프로그램 폴더를 선택한다.

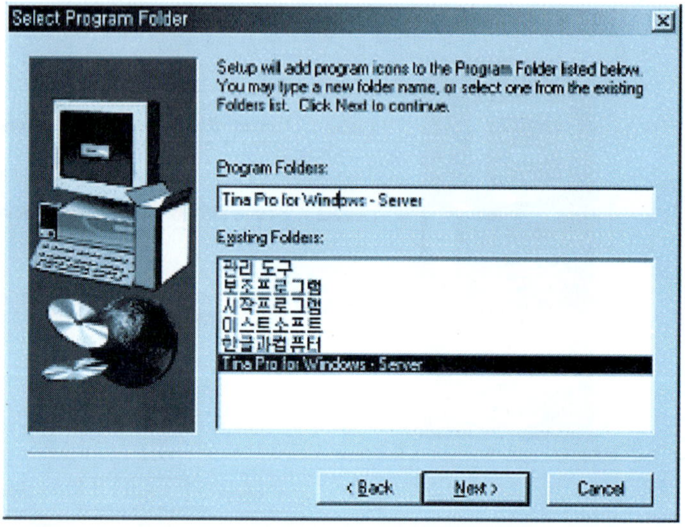

그림 2-12
TinaPro for Windows-Server 선택

9) 심벌 세트를 선택한다.

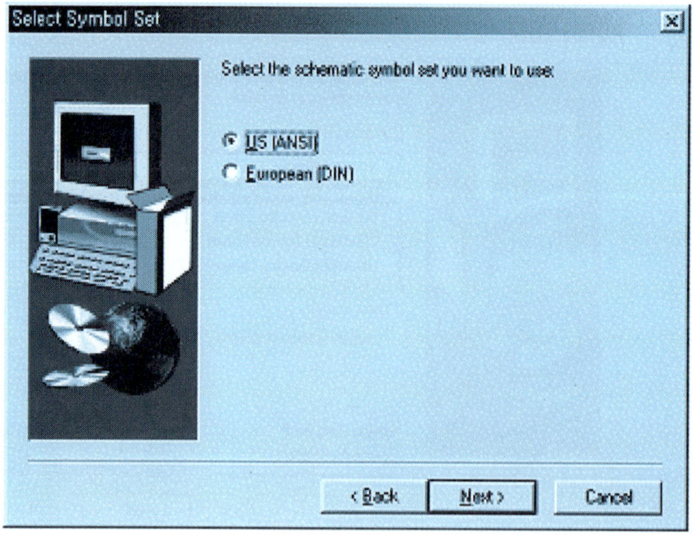

그림 2-13
US 도면 기호 선택

10) 프로그램 파일 복사를 시작하기 위한 정보를 확인한다.

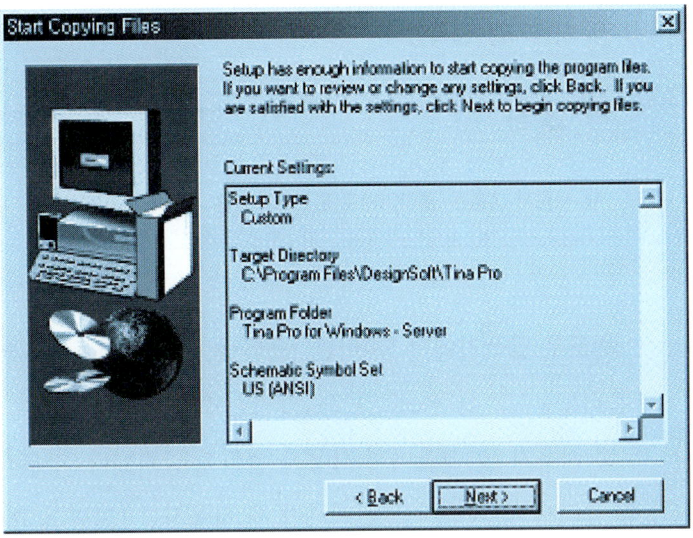

그림 2-14
프로그램의 현재 설정 확인

11) 최종 점검 및 파일 복사

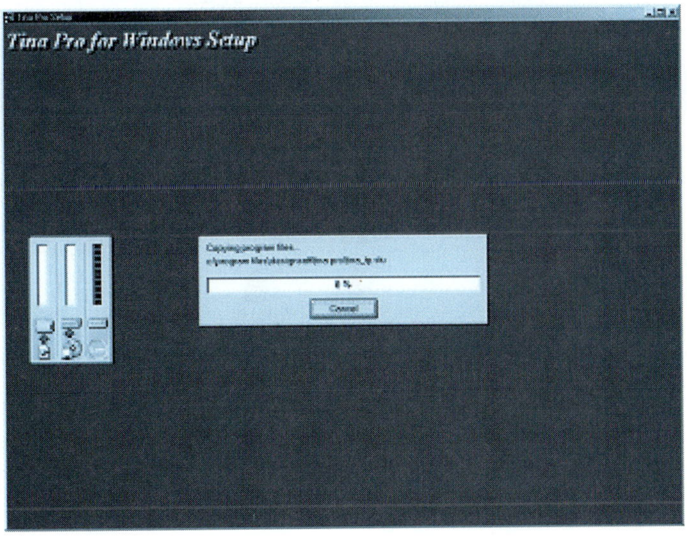

그림 2-15
설치 프로그램에 의한 파일 복사

12) Tina 서버 설치 완료

2. 사용자 등록

1) 새 사용자를 등록한다.

주 의

새 사용자 이름은 클라이언트의 로그인명을 사용해야 한다.

윈도우 탐색기에서 "제어판" 폴더를 선택한다. [그림 2-16] 제어판에서 "관리도구"를 선택하고, [그림 2-17]에서 "컴퓨터 관리"를 선택한 다음 로컬 사용자 및 그룹에서 사용자 폴더를 클릭한다. 마우스의 오른쪽 버튼을 눌러서 새 사용자를 선택하여 새 사용자를 [그림 2-18]과 같이 등록한다.

그림 2-16
제어판에서 관리도구를 선택한다.

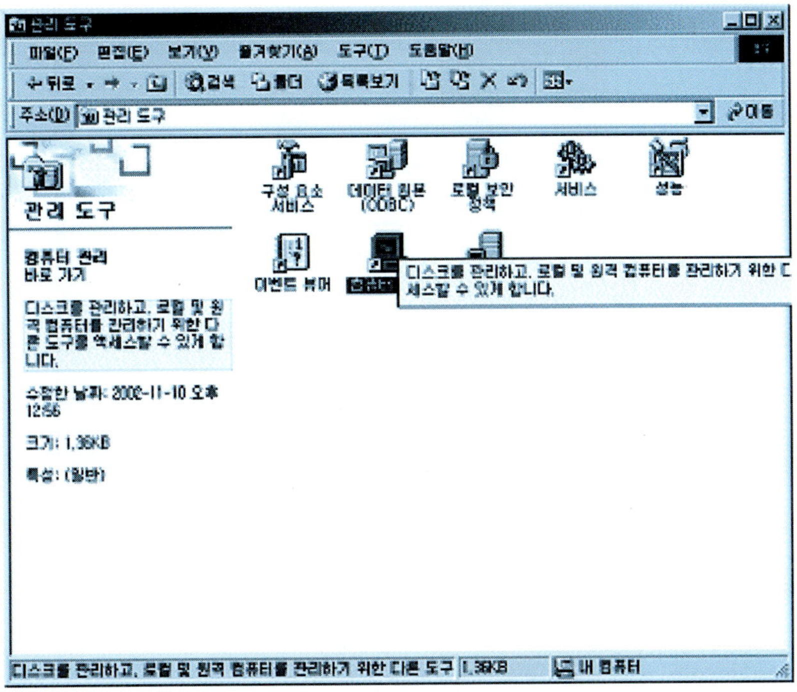

그림 2-17
관리도구에서 컴퓨터 관리를 선택한다.

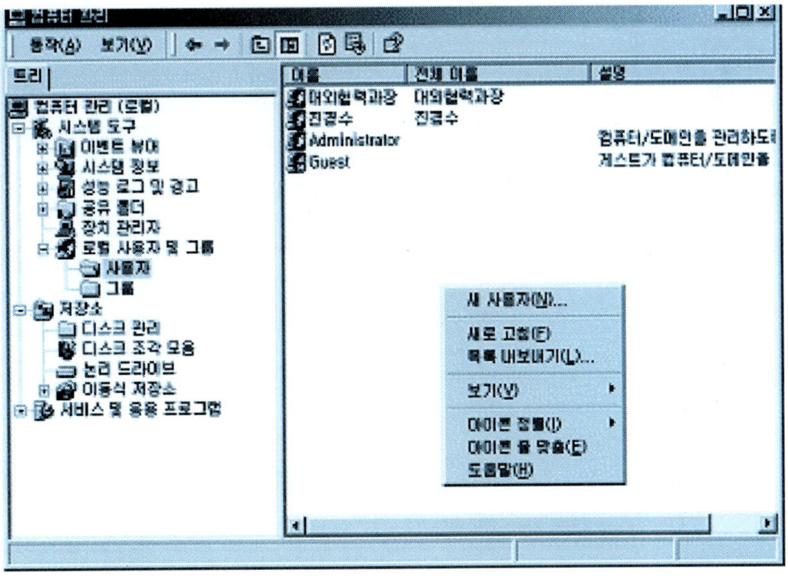

그림 2-18
컴퓨터 관리에서 로컬 사용자 및 그룹에서 사용자 폴더를 클릭한다. 마우스의 오른쪽 버튼을 눌러서 새 사용자를 선택한다.

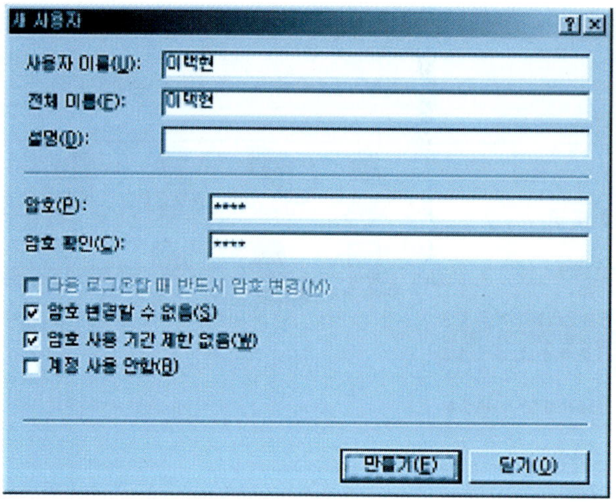

그림 2-19
새 사용자를 등록한다.

2) C:₩Program Files₩DesignSoft₩Tina Pro 디렉토리를 공유한다.

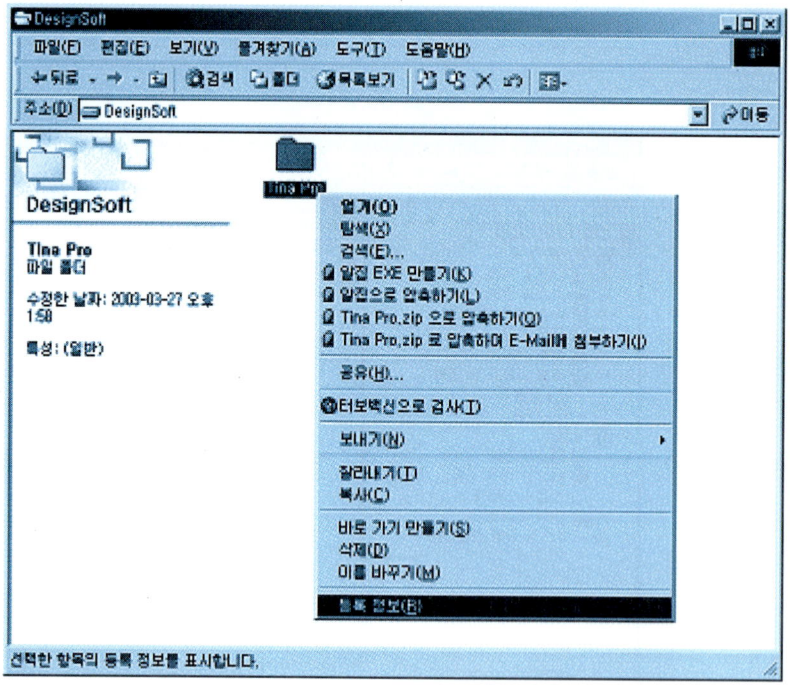

그림 2-20
TinaPro를 선택하고 마우스의 오른쪽 버튼을 눌러서 공유(H)..를 선택한다.

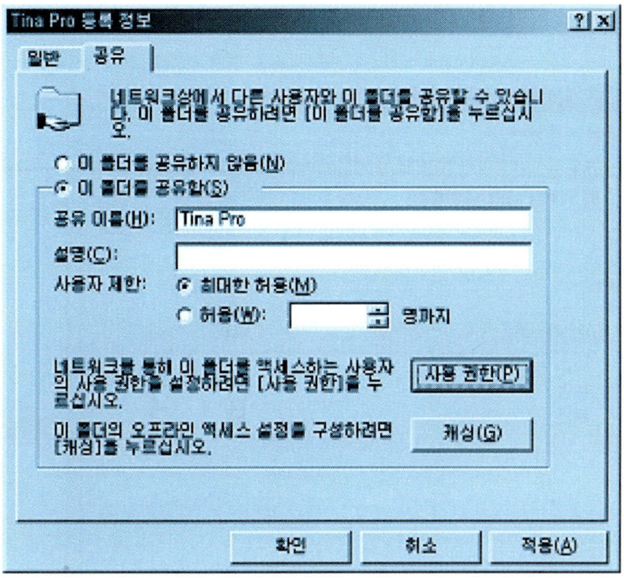

그림 2-21
사용자 권한 버튼을 누른다.

3) Everyone 공유 사용 권한을 제거한 후 사용자를 추가한다.

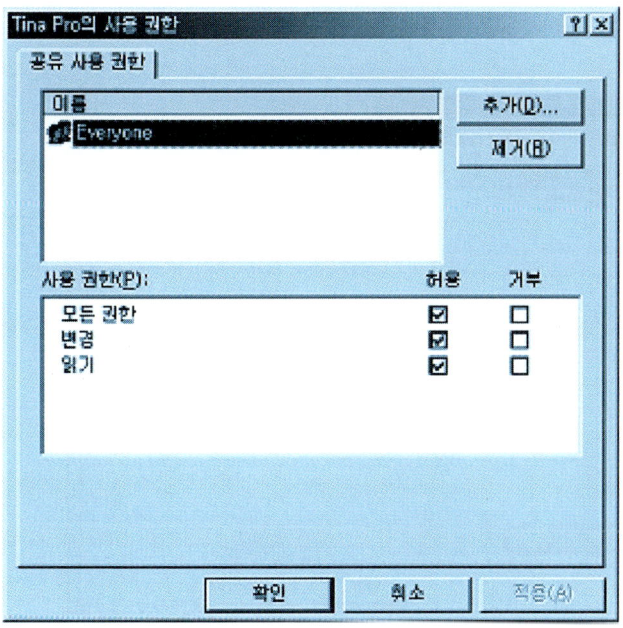

그림 2-22
Everyone 공유 사용 권한을 제거 한 후 사용자를 추가한다.

4) 사용자나 소속그룹에게 읽기 사용 권한을 부여한다.

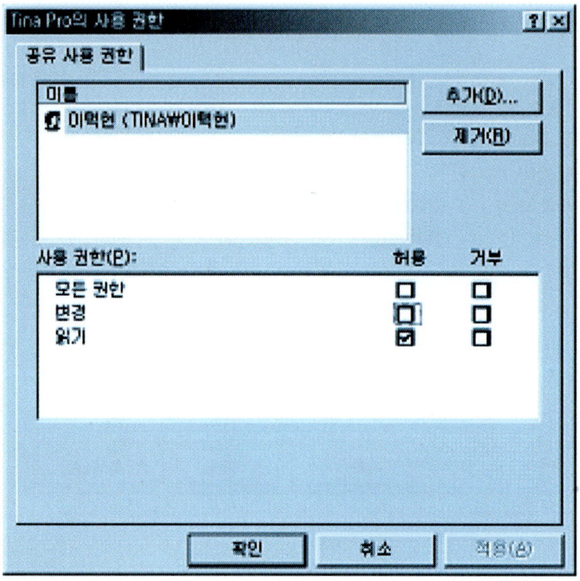

그림 2-23
새 사용자에게 읽기 사용 권한을 부여한다.

5) 해당 사용자의 소속그룹은 사용자의 등록정보에서 볼 수 있다.

그림 2-24
새 사용자의 소속그룹은 사용자의 등록정보에서 볼 수 있다.

3. TinaPro 클라이언트 설치

1) 컴퓨터를 켤 때 Administrator 권한으로 로그인한다.

2) 윈도우 탐색기를 연다.

3) 윈도우 탐색기의 도구 메뉴의 네트워크 드라이브 연결 명령을 클릭한다. [그림 2-25]에서 서버 드라이브와 서버의 IP 주소와 공유 폴더를 입력한다.

그림 2-25
네트워크 드라이버 연결 드라이브(D) : G:\ (임의로 선택 가능) 경로(P): (\\IP주소\\ 공유 폴더) 예(\\210.102.249.89\Tina pro)

4) G:₩NWSETUP₩Nsetup.exe을 실행하여 TinaPro 네트워크 클라이언트를 설치한다.

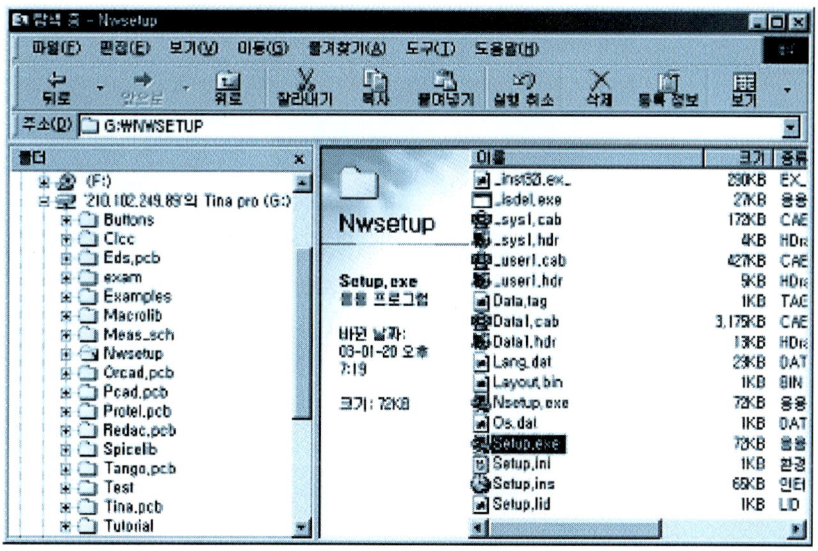

그림 2-26
G:\NWSETUP\Nsetup.exe을 실행하여 TinaPro 네트워크 클라이언트를 설치한다.

5) TinaPro를 설치할 목적 위치를 선택한다.

그림 2-27
설치 프로그램에 의해서 디폴트로 주어지는 TinaPro가 설치될 목적 폴더를 나타낸다. 다른 위치를 원한다면 Browse... 버튼을 클릭한다.

6) 프로그램 아이콘을 추가할 프로그램 폴더를 설정한다. 프로그램 폴더를 TinaPro for Windows-Workstation을 선택한다.

그림 2-28
프로그램 폴더를 TinaPro for Windows-Workstation을 선택한다.

7) 프로그램 파일 복사를 시작하기 위한 현재 설정 정보를 확인하고, Next 버튼을 눌러서 파일을 복사한다.

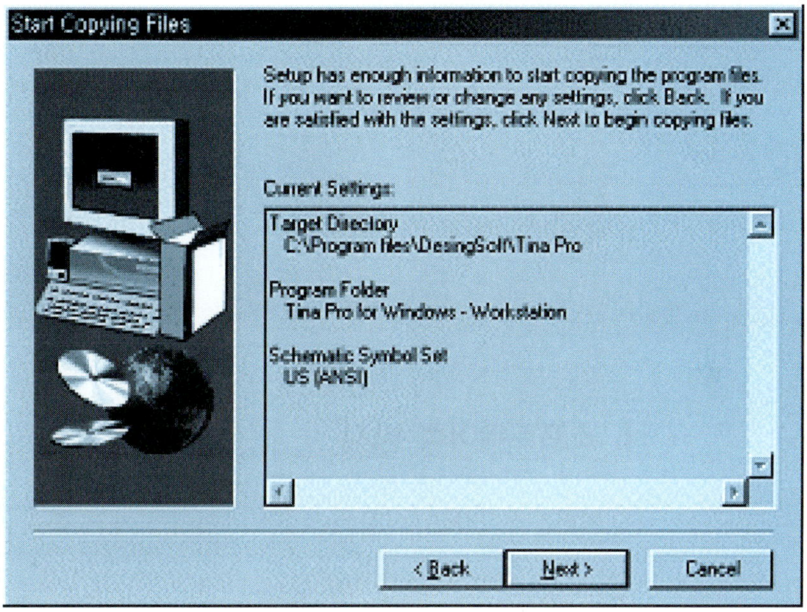

그림 2-29
프로그램의 현재 설정을 확인한다.

8) 프로그램 설치가 종료되었으면, 컴퓨터를 재부팅 후 Tina를 실행시켜서 서버에 연결이 되면 성공적으로 설치가 완료된 것이다.

2-5 TINA의 복사 방지

1. 소프트웨어적 방지

여러분의 TINA 버전은 소프트웨어에 의해서 복사 방지되었다.

2. 하드웨어적 방지

만일 하드웨어로 복사 방지된 버전을 가지고 있다면, dongle(하드웨어 보호키)을 병렬(프린터) 포트나 USB 포트 커넥터에 삽입한다. 만일 프린터를 사용하려면 dongle 키를 통해서 접속한다. dongle 접속을 무시하면 다음과 같은 오류 메시지가 화면에 나타날 것이다.

"Hardware protection key is not present"

주 의

만일 NT/2000/XP용의 dongle 보호 버전을 가지고 있다면, Administrator 모드에서 TINA를 설치해야 하고, 설치 후 컴퓨터를 재부팅해야 한다.

2-6 TINA의 동작

TINA를 성공적으로 설치한 뒤에는 단지 데스크탑에 있는 TINA 아이콘을 더블 클릭하거나 TINA Pro Start Menu 항목에서 Tina를 선택하여 프로그램을 시작할 수 있다.

2-7 예제 회로를 사용한 실험

프로그램을 시작하고 화면의 맨 윗줄에 있는 파일 메뉴 항목을 클릭하여 파일 메뉴를 아래로 펼친다. 열기 명령을 선택하면 .TSC 확장자를 갖는 파일명을 나타내는 *.TSC로 되어 있는 표준 파일 열기 대화상자가 나타난다. EXAMPLES 폴더를 선택하면 .TSC 확장자를 가진 파일들의 목록이 나타난다. 하나의 파일을 선택하고 나면 회로 도면이 나타난다.

이제 해석을 실행하고, 회로망을 수정 또는 확장하고, 결과를 평가할 수 있다. Esc 키를 누르거나 취소 버튼을 클릭하면 모든 명령이 중지됨에 유의한다.

제 3 장
TINA의 화면 구성 및 메뉴 개요

본 장에서는 TINA의 기본 화면 포맷과 도면 편집기의 메뉴 구성을 소개한다.

[그림 3-1]은 TINA의 도면 편집기의 기본 화면이다.

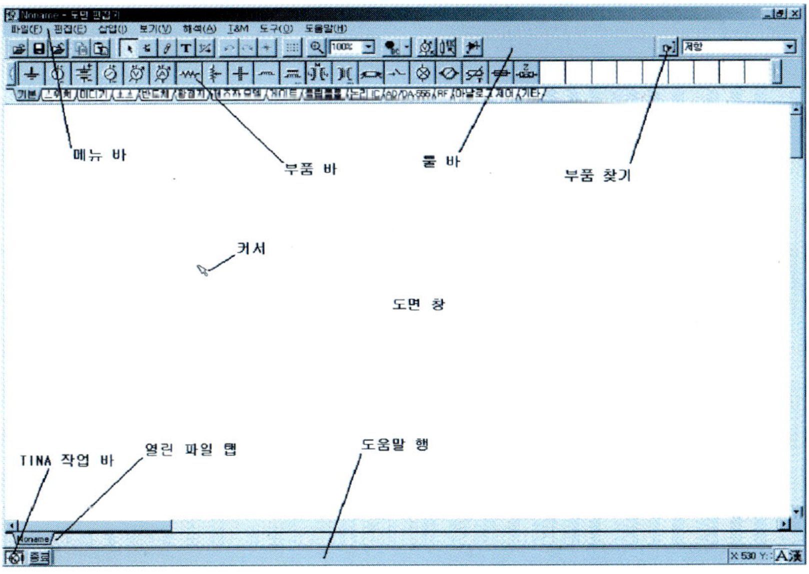

그림 3-1
TINA 도면 편집기의 기본 화면

3-1 TINA의 파일 메뉴

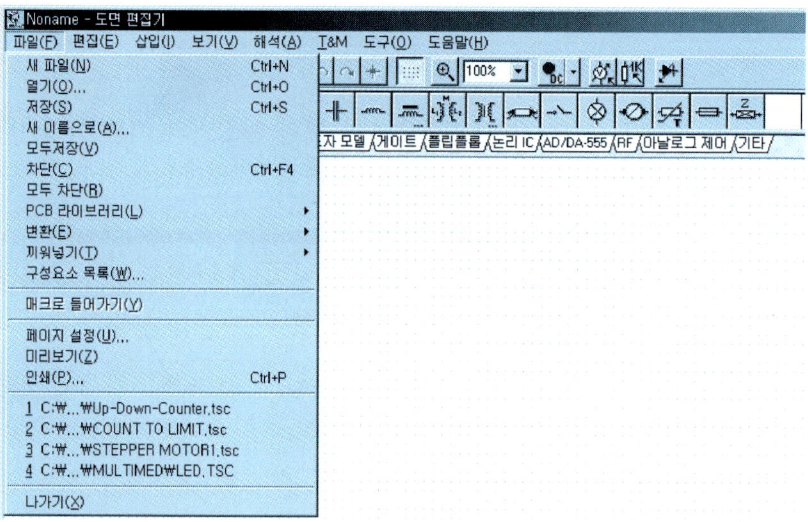

그림 3-2
도면 편집기의 파일 메뉴

1. 새 파일(Ctrl+N)

도면 편집기를 새로운 도면 편집기로 바꾸고, 화면에 있는 현재 도면 위에 새로운 도면이 나타난다. 새로운 창에 표시되어 있는 파일 이름은

Noname이다.

2. 열기(Ctrl+O)

존재하는 회로 파일(확장자가 .TSC 또는 .SCH)을 디스크로부터 읽고 현재 화면의 도면들을 완전히 지운다. TINA의 회로 예제들은 TINA 폴더 아래에 있는 EXAMPLES 디렉토리에 위치된다. 예제를 불러오기 위해 EXAMPLES 폴더를 선택하고 원하는 파일을 더블 클릭한다. 먼저 열려 있는 파일을 저장하지 않으면 회로 파일을 메모리에서 지워버리기 때문에 프로그램은 명령어를 실행하기 전에 확답을 묻는다. 창에 나타나는 파일 이름은 지금 열린 도면의 이름으로 바뀐다.

3. 저장(Ctrl+S)

도면 편집기에서 현재 열려 있는 도면을 디스크에 파일로 저장한다. '새 파일' 명령으로 열린 도면에서 만들어진 도면을 저장하기 위해서 '저장' 명령을 클릭하면 프로그램은 파일명을 요구할 것이다(기본적으로 Noname.TSC).

이미 존재하는 회로를 열고 수정될 때 '저장' 명령어를 수행하면 자동적으로 예전 파일명을 사용해서 예전 파일에 덮어 쓴다.

4. 새 이름으로

도면 편집기에 현재 열려 있는 도면을 새로운 파일명으로 저장할 수 있도록 한다. '새 이름으로' 명령어는 항상 새로운 파일명을 요구한다. 만약 서브디렉토리에 이미 존재하는 파일명을 넣으면 예전 파일에 덮어 쓸 것인지를 물을 것이다.

5. 모두 저장

현재 열려 있는 모든 파일을 저장하도록 한다.

6. 차단(Ctrl+F4)

현재 활성 창을 닫는다. 또한, 현재 열린 매크로를 닫는데 '차단' 명령어를 사용한다. '매크로 들어가기' 명령어를 사용하여 매크로가 열린다. 매크로를 떠날 때 TINA는 회로에서 동일한 매크로가 있는지 체크할 것이고, 이들 매크로를 갱신할 것인지를 물어올 것이다.

만일 매크로의 핀 총수를 변경한다면 그에 따라서 매크로 모양을 갱신하고, 필요할 때 매크로의 배선을 수정하는지를 확인한다.

매크로들은 각자의 내에서 만들어질 수 있고, 무제한 매크로 깊이로 들어갈 수 있다. 여러분이 매크로에 들어가거나 떠날 때 undo(원상태로 돌리는)와 redo(다시 시작하는) 버퍼들은 비워진다.

7. 모두 차단

매크로를 포함하여 열린 모든 파일을 닫는다. 이때 열려진 파일 중에 그 내용이 변경된 파일이 있다면 그 파일을 저장할 것인지를 확인할 것이다.

8. PCB 라이브러리

이 명령어를 사용하여 이용 가능한 PCB 반출 포맷 중에 하나를 선택한다. 적절한 포맷을 선택하면 현재 활성 회로 파일을 이전에 설정한 PCB 포맷을 사용하여 반출될 것이다. 디폴트 포맷은 EDS이다.

9. 변환

회로 파일을 PSpice에서 사용하는 파일로 변환할 수 있다. .CIR 형태나 윈도우 메타 파일인 .WMF 파일 형태로 바꿀 수 있다.

(1) PSpice.CIR 형식

PSpiceTM program of MicroSim Corporation 프로그램을 이용해 입력을 만들 수 있게 해준다. 이 형식은 많은 다른 해석 프로그램에서 입력으로 사용될 수 있다.

(2) 윈도우 메타 파일 형태 (.WMF)

잘 알려진 윈도우 응용 프로그램에서 제공되는 일반적인 그래픽 파일 형태이다. 윈도우 기반 DTP/워드 프로세스 프로그램과 연계해서 사용할 때는 이 변환 명령어를 적극 추천한다. 윈도우의 클립보드를 통해서 간접적으로 WMF 변환을 사용할 수 있다. 클립보드에 회로(또는 일부분)를 복사할 때 선택된 부품은 WMF 형태로 복사된다.

10. 끼워넣기

(1) TINA 2.xx .ICE 파일 끼워넣기

이 기능은 회로 다이어그램과 해석 설정을 .ICE와 .CNF로 저장하는 TINA(V2.xx)의 이전 버전에서 만들어진 도면 파일을 사용할 수 있게 한다. TINA V4.xx는 자동으로 .CNF 파일에 같은 작업을 한다. 변환은 복합 해석과 일부 편집기 상태(예 보기)를 유지하지 못한다.

(2) PSpice .CIR 파일 끼워넣기

이 명령어를 사용해서 PSpiceTM 회로 해석 프로그램의 파일(.CIR 파일)을 끼워 넣을 수 있다. TINA는 네트리스트 편집기를 통해 .CIR 파일을 끼워 넣는 두 번째 방법을 제공한다. 네트리스 편집기는 도구 메뉴로부터 사용할 수 있다. 끼워 넣기를 한 후에 네트리스트가 도면 편집기 윈도우에 나타나고 네트리스트를 수정(저장)할 수 있다. 먼저 해석 메뉴의 컴파일 명령어를 사용한 후 TINA의 모든 해석 함수를 사용할 수 있다. PSpice 파일을 끼워 넣은 후에 TINA는 "PSpice 모드"와 도면 편집기의 일반적인 해석 메뉴를 스위칭할 수 있다.

(3) Palmtop Circuit .SCH 파일 끼워넣기

팜탑(palmtop) 회로는 유명한 HP 95/100/200인 TINA의 팜탑 컴퓨터 버전과 팜탑 컴퓨터들간의 호환성이 있다. 이 명령어를 사용해서 끼워 넣은 회로 파일을 이들 팜탑 컴퓨터로 만들 수 있다.

11. 구성요소 목록

이 명령어를 사용하여 현재 회로에 대한 부품 목록을 쉽게 생성할 수 있다. 여러분은 편집 메뉴의 '속성' 명령어(부품을 더블 클릭)를 사용하여 각 부품에 사용자 정의된 속성을 할당할 것이고, 파라미터 속성을 편집한다. 여러분은 보기메뉴의 '옵션' 명령에서 각 파라미터의 명칭을 사용자 정의할 수 있다.

여러분이 각 부품에 적절한 파라미터들을 할당하였다면, 부품 목록 마법사를 착수하기 위해서 편집메뉴의 '구성요소 목록'을 선택한다. 그러면 다음과 같은 대화상자가 나타나며, 여기서 '만들기' 버튼을 클릭하면 현재 활성 창의 도면에 대한 부품 목록이 나열된다.

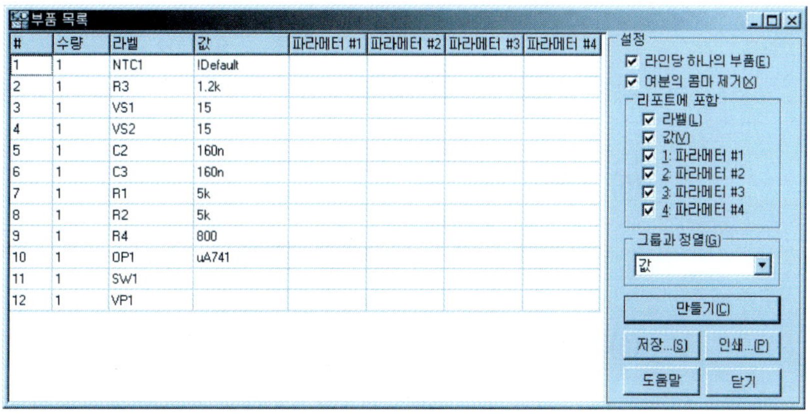

그림 3-3
부품 목록

여러분은 설정 패널을 사용하여 부품 목록에 대한 다양한 옵션들을 설정할 수 있다.

(1) 라인당 하나의 부품

이것이 체크되었다면 프로그램은 각 부품들이 별도 라인에 배치될 것이다. 이것이 체크되지 않으면 프로그램은 값이 같은 모든 부품들을 찾아서 하나의 라인에 표현할 것이다. 이 경우에 보고서의 여러 열들은 값들을 콤마로 경계 표시된 목록을 포함할 것이다.

(2) 여분의 콤마 제거

이것이 체크되었고 '라인당 하나의 부품'이 체크되지 않았다면 프로그램은 값 목록이 비워있는 부분에 대한 목록에서 콤마의 디스플레이를 감출 것이다.

(3) 리포트에 포함

리포트에 포함하고자 하는 열을 지정한다.

(4) 그룹과 정렬

목록이 정렬(오름차순)될 열을 지정하고, '라인당 하나의 부품'이 체크되지 않았으면 또한 값이 부품들을 그룹짓는데 사용된 필드를 결정한다.

(5) 만들기

리포트를 만들고 디스플레이한다.

(6) 저장

탭으로 경계를 짓는 텍스트 파일 포맷으로 리포트를 저장할 것이며 스프레드시트나 워드프로세서로 쉽게 가져올 수 있다.

(7) 인쇄

프린터로 리포트를 출력할 것이다. [그림 3-4]와 같은 '미리 보기'는 프린터를 설정하고 출력 전에 리포트를 볼 수 있도록 한다.

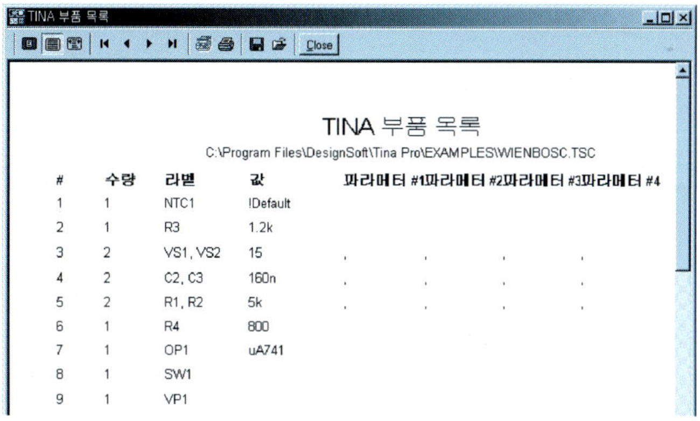

그림 3-4
부품 목록 창에서 인쇄 버튼을 누르면 '미리 보기' 창이 나타난다. 여기서 프린터를 설정하고 출력 전에 리포트를 볼 수 있다.

12. 매크로 들어가기

매크로 편집을 위해 이 명령어를 사용하여 선택된 매크로 부품을 열 수 있다. 또한 매크로 부품을 더블 클릭하여 나타난 대화상자에서 '매크로 입력' 버튼을 눌러서 매크로로 들어갈 수 있다.

도면(Schematic) 매크로는 도면 편집기(Schematic Editor)에서 열릴 것이고, PSpice 매크로는 네트리스트 편집기(Netlist Editor)에서 열릴 것이다.

현재 열린 매크로를 닫기 위해서 파일 메뉴의 '닫기'나 툴바에 있는 닫기 아이콘을 사용한다. 매크로들은 각자의 내에서 만들어질 수 있고, 무제한 매크로 깊이로 들어갈 수 있다. 여러분이 매크로에 들어가거나 떠날 때 undo(원상태로 돌리는)와 redo(다시 시작하는) 버퍼들은 비워진다.

13. 페이지 설정

이 명령어를 선택하면 프린트 속성을 지정할 수 있는 [그림 3 5]의 대화상자가 나타난다.

(1) 종이 크기

출력 형태를 원하는 종이 크기를 설정한다.

(2) 폭 & 높이

사용자 종이 크기를 선택하면 여기서 종이의 폭과 높이를 입력할 수 있다.

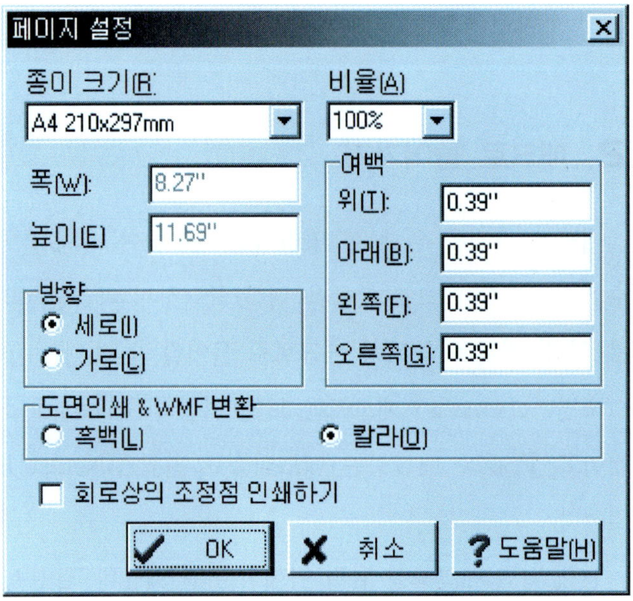

그림 3-5
페이지 설정 대화상자

(3) 방향

출력을 원하는 종이의 방향이 세로인지 가로인지를 선택한다.

(4) 여백

종이의 각 가장자리에서 여백을 정의한다.

(5) 도면인쇄 & WMF 변환

출력을 컬러인지 흑백인지를 선택한다. 흑백 프린터에 대해서 흑백을 선택하기를 권장한다. 이 입력은 또한 WMF 반출에 사용되는 컬러에 영향을 미칠 것이다.

(6) 비율

이 파라미터를 사용하여 부품의 크기를 25%~500% 사이에서 설정할 수 있다. 만일 종이에서 여러분의 작도를 크게 하고자 한다면 이 파라미터를 100% 이상으로 설정한다. 여러분의 출력을 줄이기 위해서(종이 맞추기 위해서) 파라미터 값을 100% 이하를 사용한다.

이 대화상자에서 설정한 영향을 보기 위해서 파일메뉴의 '미리 보기' 명령이나 보기 메뉴의 '페이지 레이아웃 보기' 명령을 사용한다.

14. 미리 보기

이 명령어는 TINA가 종이에 나타날 때의 도면을 디스플레이한다. 출력 미리 보기 모드는 실제로 전체 페이지 중에서 페이지 레이아웃 모드이므로 여러분은 회로를 여전히 편집할 수 있다. 예를 들어, 모든 부품들을 선택하고 그것들이 종이의 중앙에 있도록 재배치하는 것이다.

15. 인쇄

이 명령어를 이용해서 한 페이지에 회로를 인쇄할 수 있다. 인쇄 매개변수는 파일 메뉴의 '페이지 설정' 명령을 사용해서 설정할 수 있다.

16. 나가기

어떤 명령어도 실행되지 않는다면 프로그램을 끝낸다. TINA는 메모리에서 이것을 지우기 전에 확답을 요구한다. 나가기 전에 편집된 회로를 저장할 기회를 준다.

주 의

나가기 전에 편집기에서 현재 파일과 다른 파라미터들이 저장되지 않으면 모두 잃어버린다.

3-2 TINA의 편집 메뉴

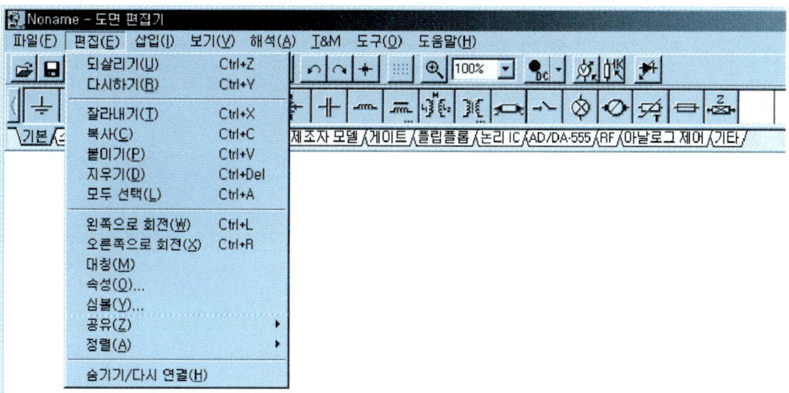

그림 3-6
도면 편집기의 편집 메뉴

I. 되살리기(Ctrl+Z)

지우거나 잘라낸 부품이나 회로를 다시 되살리는 작업을 수행한다. 수차례에 걸쳐 지운 내용이 있다면 가장 최근의 내용부터 되살려간다. TINA는 무제한 되살리기 스택을 갖는다. 되살리기와 다시하기 버퍼들은 매크로로 들어가나 나올 때 비워진다.

2. 다시하기(Ctrl+Y)

되살리기를 한번이라도 실행을 하였을 경우에만 작용할 수 있다. 지우거나 잘라낸 부품을 다시 원상 복귀시킬 수 있다.

3. 잘라내기(Ctrl+X)

클립보드에 현재 선택된 도면의 대상을 복사하고 도면에서 이를 제거한다. 클립보드에 있던 이전 내용들은 없어진다.

주 의

- 이 명령어를 사용해서 대상(회로)을 잘라내고 TINA의 다이어그램 윈도우로 붙이기를 할 수 있다.
- 이 명령어를 사용해서 잘려진 대상은 표준 윈도우 붙이기 명령어를 통해서 다른 윈도우 프로그램으로 붙일 수 있다.
- 이 명령어는 선택된 대상이 없거나 TINA가 연습/시험 모드에 있을 때에는 사용할 수 없다.

4. 복사(Ctrl+C)

현재 선택된 도면 대상을 클립보드에 저장한다. 클립보드의 이전 내용은 모두 사라진다.

주 의

- 이 명령어를 사용해서 복사된 대상(회로)은 TINA의 다이어그램 윈도우에 붙여 넣을 수 있다.
- 이 명령어를 사용해서 잘려진 대상은 표준 윈도우 붙이기 명령어를 통해서 다른 윈도우 프로그램으로 붙일 수 있다.
- 이 명령어는 선택된 대상이 없거나 TINA가 연습/시험 모드에 있을 때에는 사용할 수 없다.

5. 붙이기(Ctrl+V)

클립보드에 있는 내용을 도면 편집기에 붙인다. 정확한 위치에 삽입할 대상을 드래그한다. 붙이기는 클립보드의 내용을 바꾸지 않고 같은 회로의 위치에 반복적으로 사용할 수 있다.

주 의

- TINA의 다이어그램 윈도우로부터 붙여 넣을 수 있다.
- 다른 윈도우 프로그램으로부터 대상을 붙여 넣을 수 있다.
- 이 명령어는 선택된 대상이 없거나 TINA가 연습/시험 모드에 있을 때에는 사용할 수 없다.

6. 지우기(Ctrl+Del)

도면으로부터 현재 선택된 대상을 지운다. 이 명령어는 클립보드의 내용을 바꾸지 않으며, 선택된 대상이 없다면 사용할 수 없다. TINA가 연습/시험 모드에 있다면 단지 선과 미터기와 입력/출력을 지울 수 있다.

지우고자 하는 부품을 클릭하여 선택한 다음(부품의 색이 적색으로 바뀜) 편집 메뉴의 '지우기'를 클릭하거나, 커서를 부품으로 이동시켜 커서가 손모양으로 바뀔 때 마우스의 오른쪽 버튼을 클릭하면 [그림 3-7]과 같은 팝업 메뉴가 나타난다. 여기서 '지우기'를 클릭한다.

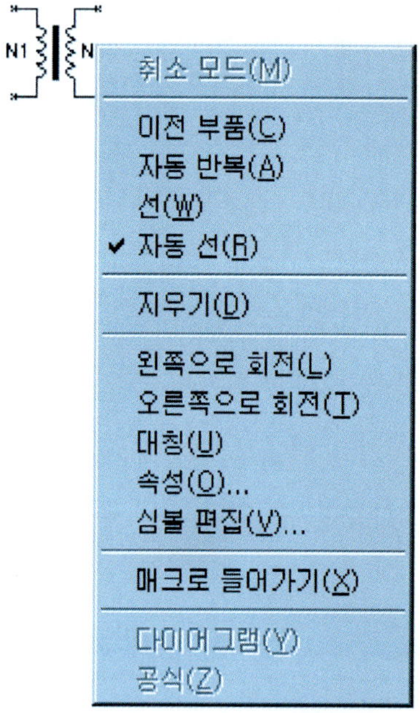

그림 3-7
팝업 메뉴

7. 모두 선택(Ctrl+A)

도면에 있는 모든 대상을 선택한다. 이 명령어를 사용해서 모든 부품을 다른 새로운 위치에 이동시킬 수 있고 또는 복사할 수 있으며 지울 수도 있다.

8. 왼쪽으로 회전(Ctrl+L)

대부분의 부품들은 90°씩 회전할 수 있다. 왼쪽으로 회전은 부품을 반시계 방향으로 회전한다. 하나 이상의 부품이 선택된다면 TINA는 각 부품을 그룹이 아닌 개별적으로 회전시킨다.

회전시키고자 하는 부품을 클릭하여 선택한 다음(부품의 색이 적색으로 바뀜) 편집 메뉴의 '왼쪽으로 회전'을 클릭하거나 커서를 부품으로 이동시켜 커서가 손모양으로 바뀔 때 마우스의 오른쪽 버튼을 클릭하고 '왼쪽으로 회전'을 클릭한다.

9. 오른쪽으로 회전(Ctrl+R)

대부분의 부품들은 90°씩 회전할 수 있다. 오른쪽으로 회전은 부품을 시계방향으로 회전하고 부품 핀 끝부분 중 하나로 고정시킨다.

회전시키고자 하는 부품을 클릭하여 선택한 다음(부품의 색이 적색으로 바뀜) 편집 메뉴의 '오른쪽으로 회전'을 클릭하거나 커서를 부품으로 이동시켜 커서가 손모양으로 바뀔 때 마우스의 오른쪽 버튼을 클릭하고 '오른쪽으로 회전'을 클릭한다.

10. 대칭

몇몇 부품(바이폴라 트랜지스터와 같은)들을 수직 또는 수평 줄을 기준으로 대칭 이동시킨다. 대칭 이동시키고자 하는 부품을 클릭하여 선택한 다음(부품의 색이 적색으로 바뀜) 편집 메뉴의 '대칭'을 클릭하거나 커서를 부품으로 이동시켜 커서가 손모양으로 바뀔 때 마우스의 오른쪽 버튼을 클릭하고 '대칭'을 클릭한다.

II. 속성

속성 편집기를 통해 도면에서 부품의 속성(매개변수)을 수정할 수 있다. 부품을 더블 클릭하거나 커서를 부품으로 이동시켜 커서가 손모양으로 바뀔 때 마우스의 오른쪽 버튼을 클릭하고 '속성'을 선택한다. 값, 라벨, 폴트(몇몇 부품에서는 선택적으로 가능), 그리고 부품 형태에 따른 다른 매개변수 값을 넣을 수 있는 최상위 메뉴 윈도우가 나타난다.

몇몇 부품 형태에 대해서는 속성 편집기를 통해 접근할 수 있는 두 개의 편집 작업을 할 수 있다. 매개변수 편집기와 허용오차 매개변수 편집기이다.

수 영역에서 편집기의 오른쪽에 있는 위/아래 화살표를 클릭해서 값을 바꿀 수 있다. 이 조절 바에 대한 기본 범위는 화살표 위와 아래에 보여지지만 이 범위는 단순히 새로운 한계를 써넣어서 바꿀 수 있다. DC 모드(T&M 메뉴 참조)에서 회로에 멀티미터를 연결하면 원하는 값이 멀티미터에 표시될 때까지 부품 매개변수를 적용할 수 있다. 그러나 상호 작용이 가능한 부품을 해석 메뉴의 '제어 대상' 명령이나 선택 제어 대상 아이콘을 이용해 먼저 사용해야만 한다.

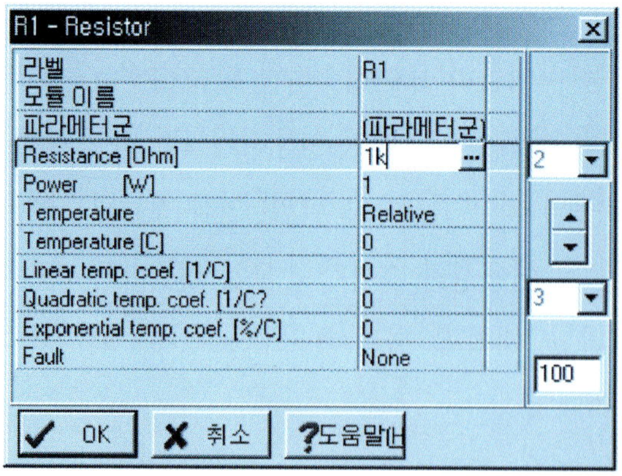

그림 3-8
부품을 더블 클릭하여 나타난 속성 편집기를 통해 도면에서 부품의 속성(매개변수)을 수정할 수 있다

12. 심벌

도면 심벌 편집기 명령을 사용하여 도면상에서 부품의 도면 심벌을 수정할 수 있다. 부품을 클릭하고 편집 메뉴의 '심벌' 명령을 선택하면 [그림 3-9]의 도면 심벌 편집기가 불려진다.

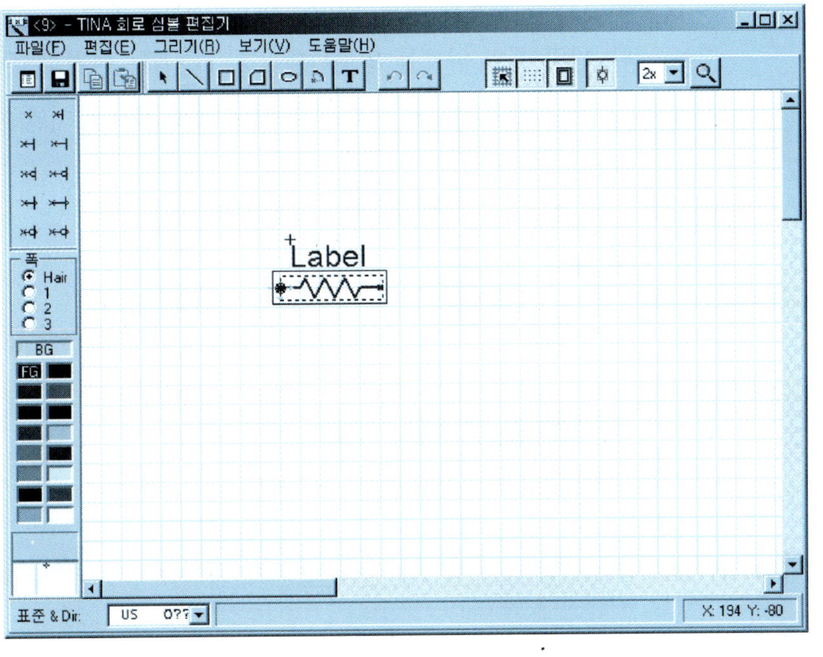

그림 3-9
TINA 회로 심벌 편집기

매크로나 블록의 심벌을 수정할 때 그 변경이 편집되고 있는 부품의 경우에만 영향을 미칠 것이다. 그러나, 내장 심벌(예, 저항기, 전압계 등)을 변경할 때 그 변경은 모든 회로에 있는 그 부품의 이전, 현재, 미래의 경우 모두에 영향을 미칠 것이다. 그리고 TINA 루트 디렉토리에 있는 DEVICES.DDB 파일에 영구히 저장될 것이다.

13. 공유

(1) 잠그기

블록을 선택한 다음 나중에 변경에 대비해서 그 블록을 잠그기 위해 이 명령을 사용한다. 단지 암호 소유자만이 블록을 수정할 수 있다. 암호로 보호된 블록을 들어가려고 하면 TINA는 암호를 입력하도록 할 것이다. 만일 틀린 암호를 입력하더라도 TINA는 여전히 블록을 열 수 있지만, 판독 전용 모드로 된다. 어떠한 수정도 블록을 떠날 때 허용되지 않고 버리게 될 것이다.

(2) 풀기

이 명령은 정확한 암호가 입력되면 선택된 블록을 푼다.

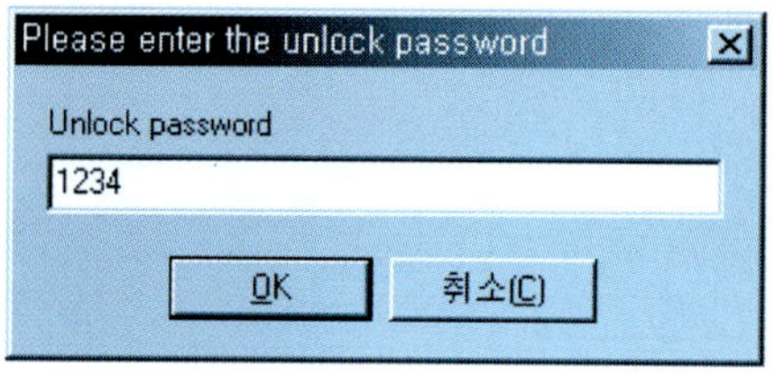

그림 3-10
블록 잠김을 풀기 위해 암호를 입력한다.

(3) 잠그기 해제

이 명령은 암호없이 선택된 블록을 풀고, 암호를 분실하였을 때의 비상사태 상황에 대해 계획된 것이다. 이 명령을 선택하면 [그림 3-11]과 같은 선택된 블록에서 잠금을 해제할 것인지를 확인하는 대화상자가 나타난다.

그림 3-11
선택된 블록에서 잠금을 해제할지를 확인하는 대화상자

이 특징은 일치(reconciliation)가 적절하게 취급되었다면 위험 보증을 취하지 않는다. 그러므로, 암호가 일치하지 않을 때 일치 과정은 블록의 갱신을 방지할 것이다. 해제된 암호는 프로젝트 관리자의 마스터 복사에 여전히 제시된 암호와 일치하지 않을 것이다.

(4) 일치

이 명령은 같은 회로의 다른 버전(또는 같은 블록을 포함하는 다른 회로)을 합병하도록 허용한다. [그림 3-12]와 같이 현재 열린 회로의 최상위 레벨의 블록을 도면 일치 대화상자의 왼쪽에 나타날 것이다. 도면 일치 대화상자의 오른쪽에 나타나는 두번째 회로를 버튼을 사용하여 열 수 있다. TINA는 자동적으로 왼쪽의 현재 회로에서 구버전에 대응하는 오른쪽의 블록을 선택할 것이다. 더 많은 선택을 할 수 있고, 마지막으로 선택된 블록들을 유입하기 위해서 버튼을 누른다. 여러분은 회로의 여러 버전 들을 합병할 필요가 있는만큼 이 동작(버튼을 사용하여 또 다른 회로를 선택, 갱신된 블록을 선택하여 버튼을 누른다)을 반복할 수 있다. 마지막으로, 변경을 확인하기 위해서 OK 버튼을 누른다. 만일 다음의 3가지가 일치한다면 두 블록은 동일하다고 고려한다.

- (a) 레이블
- (b) 소자명(블록의 중앙에 있는 명칭)
- (c) 잠그기 암호

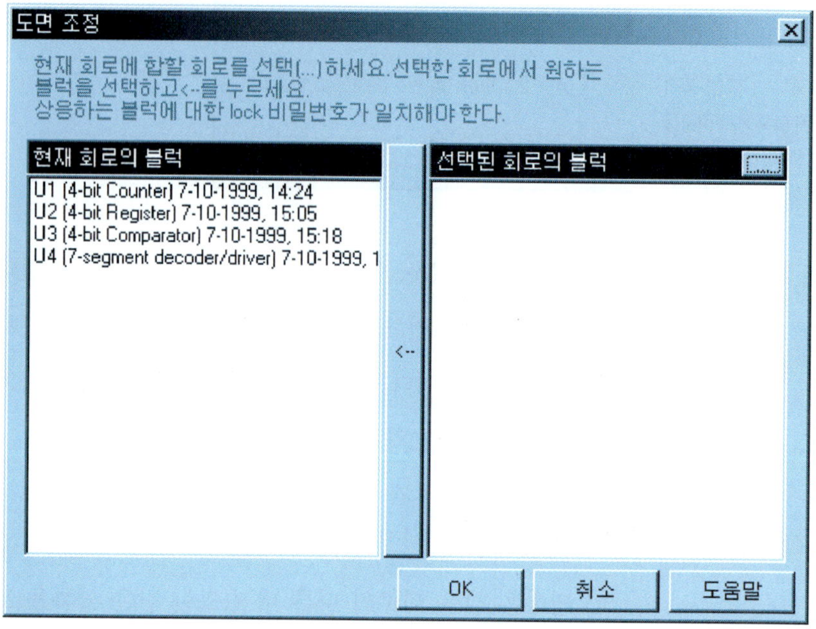

그림 3-12
일치 명령은 동일한 회로의 다른 버전을 합병하도록 허용한다.

14. 정렬

정렬에는 Bring to Front, Send to Back, Bring Forward, Send Backward 등의 명령어가 있다. 이 4개의 명령을 사용하여 TINA에서 그래픽 소자들의 작도 순서를 제어할 수 있다. 대개 소자들을 중복시키는 작도 순서를 바꾸는 것만 필요할 것이다. 예를 들어, 먼저 선을 그린 다음에 부분적으로 선을 중복하는 충만한 직사각형을 그린다면, 직사각형은 선 위에 그려질 것이고 선의 일부를 감출 것이다. 한편, 먼저 충만한 직사각형을 그린 다음에 선을 그리면, 그 선은 직사각형 위에 그려질 것이고 직사각형의 전체에서 보이게 될 것이다(만일 선과 충만한 직사각형이 동일한 색을 가지고 있지 않다면). 만일 선 위에 직사각형을 그렸고 지금 그 선이 직사각형 위에서 보이도록 하려면, 그 선을 선택하고 Bring to Front 명령을 사용한다. 또한 같은 경우로 충만한 직사각형을 선택하고

Send to Back 명령을 사용한다.

디폴트로 도면 심벌(schematic symbol)에서 그래픽 소자의 작도 순서가 그려지는 순서에 의해서 조절된다. 즉, 각 새로운 소자가 이전에 그려진 소자 위에 중첩될 것이다. 그러나 가끔은 창작한 후에 소자의 작도 순서를 조절하는 것이 바람직하다. 예를 들어, 트랜지스터 심벌 외곽 원에 충만한 배경을 넣는 것을 결정할 때이다. 트랜지스터가 이미 그려졌으므로 배치하는 충만한 원은 트랜지스터 심벌에 중첩되고 가리게 될 것이다. 올바른 작도 순서는 충만한 원을 선택하고 Send to Back 명령을 사용하여 간단히 수행된다.

Bring to Front와 Send to Back은 각각 선택된 작도 소자를 맨 위(그밖에 모든 것을 중첩하여) 또는 맨 밑(그밖에 모든 것에 의해서 중첩되는)에 위치시킬 것이다. Bring Forward과 Send Backward는 작도 순서에서 소자를 한번에 하나의 위치를 이동시킬 것이다. 여러분은 원하는 결과를 얻기 위해서 이들 명령어의 조합을 사용하는 것이다. 명령어는 선택된 소자 모두에서 작동하고 그것들은 상호간 즉, 선택되지 않는 소자들에만 관련된 이들 소자들의 작도를 변경하지 않을 것이다.

15. 숨기기/다시 연결

두 선의 교차는 두 선이 연결되는 것이 아니다. '숨기기/다시 연결' 명령을 사용해서 연결점을 배치하거나 제거할 수 있다. [그림 3-13(a)]와 같이 두 선이 교차하는 점에 연결점을 배치하고자 한다면 파일 메뉴의 '숨기기/다시 연결'을 클릭한다. 그러면, 커서가 손모양으로 변하게 되며 이때 커서를 두 선이 교차하는 점으로 이동시킨 후 클릭을 하면 [그림 3-13(b)]와 같이 연결점이 배치된다. 만일 연결점을 제거하고자 한다면 다시 파일 메뉴의 '숨기기/다시 연결'을 클릭한 다음 손모양의 커서를 연결점으로 이동시킨 후 클릭한다. 그러나, 점이 있는지 또는 없는지에 대한 혼란을 방지하기 위해 교차해서 선을 연결하지 않는 것이 더 낫다.

그림 3-13
(a) 배선 점프
(b) 배선 연결점

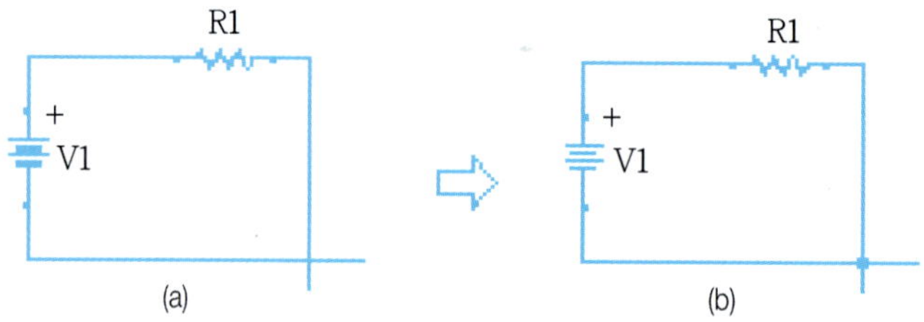

3-3 TINA의 삽입 메뉴

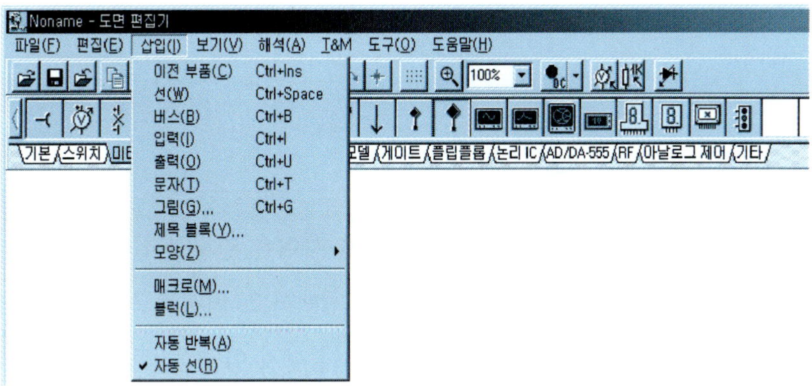

그림 3-14
TINA 도면 편집기의 삽입 메뉴

삽입하고자 하는 부품들은 부품 바에서 선택된다. 삽입 메뉴는 특별한 아이템을 삽입하는 명령어만 갖고 있다. 그룹으로 정리된 부품들은 부품 바에서 탭으로 이름이 붙어 있다. 일단 그룹을 선택하면 사용 가능한 부품 심벌이 탭 위에 나타난다. 원하는 부품을 클릭했을 때 커서는 그 부품 심벌로 바뀌고 이것을 그리기 영역으로 이동시킬 수 있다. 또한, 숫자 키패드에서 '+' 나 '–' 키를 눌러서 부품을 회전시키거나, '*' 키를 눌러서 대칭 이동시킬 수 있다. 일단 부품의 위치와 중심이 선택되었으면 마우스 왼쪽 버튼을 눌러서 심벌을 도면에 위치시킨다. 도면 윈도우의 어느 곳에서든 클릭을 해서 선택을 해제할 수 있다. 매개변수를 설정하기 위해서 방금 입력한 발생기 심벌을 더블 클릭한다. 그러면 대화상자가 나타나고, 라벨이나 매개변수를 설정할 수 있다.

1. 이전 부품(Ctrl+Ins)

마지막 부품을 그리기 영역에 다시 삽입하는 기능이다. 마지막 삽입 부품의 매개변수 설정은 유지되지 않으므로, 새 부품에 대한 매개변수를 다시 정해야 한다. 이전 부품의 선택은 삽입 메뉴에서 뿐만 아니라 그리기 영역의 어느 위치에서 마우스의 오른쪽 버튼 누르면 메뉴가 나타나는데, 여기서 이전 부품을 선택할 수 있다. 또한 툴바에서 아이콘을 클릭한다.

2. 선(Ctrl+Space)

선은 두 개의 부품 단자 사이를 연결한다(0Ω 연결). 선을 연결하려면 삽입 메뉴의 선 명령어를 선택하고, 커서를 시작점을 이동시켜 마우스 왼쪽 버튼을 누른 채 종료 지점까지 이 선을 드래그한다. 선분들은 항상 수직이나 수평이다. 연결되지 않은 부품이 없다고 확신하면 Esc 키를 눌러 선 모드를 해제한다.

또한, 선 모드는 그리기 영역의 어느 위치에서나 마우스의 오른쪽 버튼 눌렀을 때 나타나는 메뉴에서 선 명령어를 선택하거나, 툴바에서 아이콘을 클릭한다.

3. 버스(Ctrl+B)

버스 모드는 선 모드와 모든 것이 동일하지만, 이것은 하나의 선이 아니라 여러 선이 동시에 묶인 것을 의미한다. 따라서, 선의 굵기가 두껍게 그려진다.

버스를 그리기 위해서 삽입 메뉴의 '버스' 명령을 선택한 다음 커서를 시작점으로 이동시킨다. 마우스 왼쪽 버튼을 누른 채 선을 연결하고자 하는 끝점까지 끈 다음에 마우스 버튼을 놓는다. 버스 세그먼트는 항상 수직 또는 수평이다.

4. 입력(Ctrl+I)

입력을 삽입하기 위해서 삽입 메뉴에서 '입력' 명령어를 선택하면 커서가 I^+로 변한다. 이것을 입력이 정의될 도면의 노드로 이동시킨다. 그 다음에 그 노드에서 마우스를 클릭하고 누른 채 입력이 될 또 다른 노드의 방향으로 드래그한다. 입력의 두 번째 노드로 확장됐으면 마우스 버튼을 놓는다. 기준 방향은 첫 번째 포인트에서 두 번째 포인트까지 보여준다.

입력 상태로 적용될 노드 쌍은 AC 해석이나 진달 특싱을 계산하기 위한 명령어로 정해진다. 이들의 전압 레벨이 영으로 설정될 수 없는 것처럼 두 포인트는 같은 노드가 아니다. 결국 단락 회로의 전류는 입력 상태로서 정의될 수 없다.

DC 전달 특성을 계산할 때 입력 함수는 신호 발생기나 저항으로 정해져야 한다. 신호 발생기는 전압이나 전류 발생기가 될 수 있다. 전류 발생기의 경우 현재 소스의 전류는 전달 특성의 입력 매개변수가 될 것이다. 입력으로 저항을 정의하면 매개변수 스위핑이 일어난다. 반면에 DC 전달 특성을 만드는 동안 프로그램은 '전달 특성' 서브 메뉴에서 정해진 범위 내에서 저항 값이 변한다.

입력 기준이 여러 가지 방법으로 정해질 수 있기 때문에 한번에 하나의 입력만 회로 내에서 정의될 수 있다는 것이 중요하다. 마찬가지로 TINA의 해석 방법들 가운데 어떤 것은 단지 하나의 출력만 회로 내에서 정의될 수 있다. 이 방법들에는 Symbolic 해석 방법도 포함된다.

주 의

소스와 발생기는 IO 상태 매개변수에 의해 직접 입력으로 선택될 수 있다. 회로는 한 번에 단 하나의 입력만 가질 수 있다.

5. 출력(Ctrl+O)

출력을 삽입하기 위해서 삽입 메뉴에서 '출력' 명령어를 선택하면 커서가 O^+로 변한다. 이것을 출력이 정의될 도면의 노드로 이동시킨다. 그 다음에 그 노드에서 마우스를 클릭하고 누른 채 출력이 될 또 다른 노드의 방향으로 드래그한다. 출력의 두 번째 노드로 확장됐으면 마우스 버튼을 놓는다. 기준 방향은 첫 번째 포인트에서 두 번째 포인트까지 보여준다. 선택된 두 개의 노드가 반드시 다른 수를 가져야 한다는 제약은 없다.

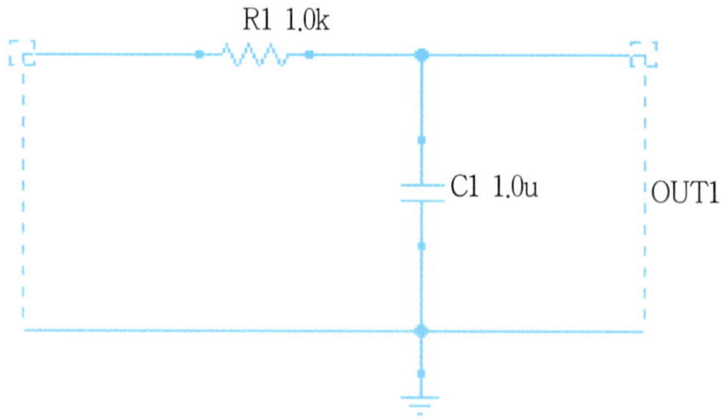

그림 3-15
출력 삽입

DC 전달 특성, 보드 다이어그램, 과도 해석과 같은 형태의 해석은 적어도 하나의 출력이 정해질 때까지 실행되지 않는다. 출력은 입력과는 다른 색을 갖고 넓은 간격의 점선으로 이루어진다.

네트워크에서 특정색으로 각각 구별해서 하나 이상의 출력을 정의할 수 있다. 이들 출력에서 응답들은 같은 색을 갖는 같은 좌표 시스템에서 표시된다.

하나 이상의 출력을 사용할 때 측정 단위가 같아야 한다. 그렇지 않으면 설정된 단위는 모든 곡선에서 사용할 수 없다. 출력 값이 매우 광범위하게 변하면 가장 큰 응답만을 보고 읽을 수 있다. 반면에 다른 곡선들은 거의 축에 흡수된다. 그러나 각각의 출력에 대해 축을 수정할 수가 있다. 해석 결과 윈도우의 메뉴로부터 보기 메뉴의 '곡선 분리'를 선택하고 변경하지 않으려는 범위를 갖는 곡선의 Y축을 더블 클릭한다. 팝업 메뉴에서 표시기를 수정할 수 있다. 전압, 전류 또는 출력량으로 전력을 선택할 수 있다. 전력 출력을 선택하려고 한다면 출력으로 전력계의 IO 상태 매개변수를 설정하거나 전력계의 전류계 부분에 출력을 배치한다.

주 의

미터기는 IO 상태 매개변수를 사용해서 출력으로 직접 설정될 수 있다.

6. 문자(Ctrl+T)

TINA는 도면에 설명을 삽입하고 결과를 해석할 수 있도록 간단한 문자 편집기를 포함하고 있다. 편집기를 사용해 컴파일된 문자를 배치시킬 수 있고, 도면 편집기 창에서 수정할 수 있고, 인쇄할 수 있으며, 그리고 회로 다이어그램으로 함께 변환될 수 있다.

문자 편집기는 몇 가지 다른 모드에서 프로그램이 동작할 때 접근할 수 있다. 문자 편집기는 삽입 메뉴의 문자를 선택하거나 툴바에서 아이콘을 사용해서 불러올 수 있다.

문자 편집기의 창이 동작하면 즉시 써넣을 수 있다. 여기엔 특별한 기호, 글꼴 그리고 수식 형태를 선택하는 툴이 존재한다. 문자를 다 쓴 후 확인 버튼을 클릭하고 마우스를 사용해서 문자를 위치로 이동하고 마우스를 클릭하여 문자를 배치시킨다.

문자 대화상자는 두 가지 다른 모드로 동작한다. 편집 모드에서는 쓰기, 문자 수정 또는 적절한 메타 언어 표현을 사용해서 수학적 공식을 삽입할 수 있다. 반면에 보기 모드에서 다이어그램 윈도우나 도면 편집기에서 보여지는 자신의 문자나 표현을 볼 수 있다.

(1) 편집 모드

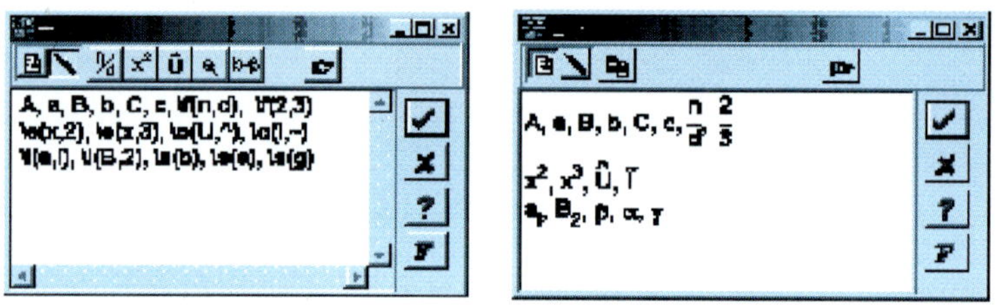

(a) 편집 모드　　(b) 보기 모드

그림 3-16
문자 편집기

- 버튼이 눌러진 상태에서 사용된다.
- 분수 : 현재 커서 위치에 분수를 삽입한다. 이 아이콘을 클릭하면 편집상자에 \f(n,d)가 표시되는데 실제 분자와 분모는 'n'과 'd'로 표시한다. 만일 'n' 대신에 2, 'd' 대신에 3을 넣고 확인 버튼을 클릭하면 도면에 '⅔'로 표시된다.
- 지수 : 현재 커서의 위치에 지수 표현을 삽입한다. 이 아이콘을 클릭

하면 편집상자에 \e(n,d)가 표시되는데 실제 기저와 승수를 'x'와 '2'로 표시한다. 만일 편집상자에 2\e(y,5)+3\e(x,2)라고 쓰고 확인 버튼을 클릭하면 도면에 '$2y^5 + 3x^2$'이 표시된다.

- 특수 문자 : 현재 커서의 위치에 특별한 기호나 표현을 삽입한다. 이 아이콘을 클릭하면 편집상자에 \o(U,^)가 표시되고 이때 확인 버튼을 클릭하면 도면에 Û가 표시된다. U'와 '^'를 다른 문자로 바꾸어서 특수 문자를 표현할 수 있다.
- 인덱스 :현재 커서 위치에서 아래첨자 표현을 삽입한다. 이 아이콘을 클릭하면 편집상자에 \i(a,i)가 표시되고 이때 확인 버튼을 클릭하면 도면에 a_i가 표시된다. 'a'와 'i'는 실제 라벨과 아래첨자를 나타내며, 다른 문자나 숫자로 표현할 수 있다.
- 심벌 : 현재 커서의 위치에 심벌 폰트를 가진 기호나 표현을 삽입한다. 이 아이콘을 클릭하면 편집상자에 \s(b)가 표시되고 이때 확인 버튼을 클릭하면 도면에 β가 표시된다. 만일 'b' 대신에 다른 여러 문자를 삽입하면 그에 대응하는 심벌로 바뀌진다.

(2) 보기 모드

- 버튼이 눌러진 상태에서 사용된다.
- 복사 : 문자 편집기의 내용을 wmf와 text 형태로 클립보드에 저장한다.

(3) 추가 모드

- 추가>> 을 클릭하면 새로운 메뉴가 나타난다.

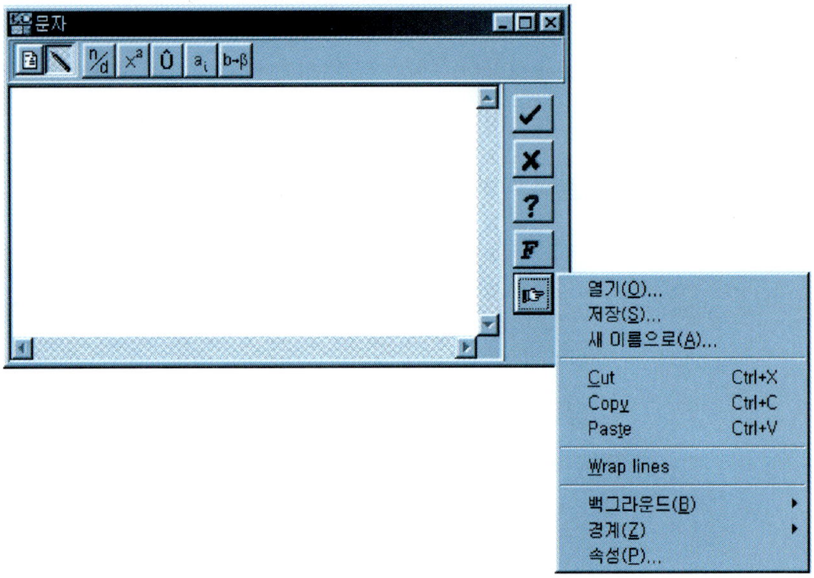

그림 3-17
추가 모드의 부메뉴

- '열기', '저장', '새이름으로'의 메뉴에서는 확장자가 .teq로 저장된 기존의 TINA 방정식을 불러오거나 저장 또는 새로운 파일명으로 저장한다.
- 'Cut'은 선택한 문자를 잘라내고, 'Copy'는 선택한 문자를 클립보드로 복사하며, 'Paste'는 클립보드의 문자 내용을 원하는 위치로 붙인다.
- 'Wrap lines'를 선택하여 문자 편집기 창의 아래 스크롤 라인을 없애거나 선택하지 않아서 나타나게 할 수 있다.
- 백그라운드 메뉴는 다시 '투명'과 '불투명'의 서브메뉴로 분류되며, '투명'을 선택하면 문자나 표현이 도면에 그대로 표현되고 '불투명'을 선택하면 문자나 표현의 배경색을 선택한다.

Integrator Circuit	Integrator Circuit
투명	불투명

- 경계 메뉴는 문자나 표현의 테두리선을 없게 하거나 실선 또는 점선으로 선택한다.

Integrator Circuit	Integrator Circuit	Integrator Circuit
없음	솔리드	도트

- 속성 메뉴를 선택하면 [그림 3-18]과 같은 크기 창이 나타난다. 이 창에서 폰트를 설정하거나 표현식의 여러 조건을 조절할 수 있다. 또한, 글자의 폰트는 문자 편집기 대화상자에 있는 F 아이콘을 클릭하여 선택할 수 있다.

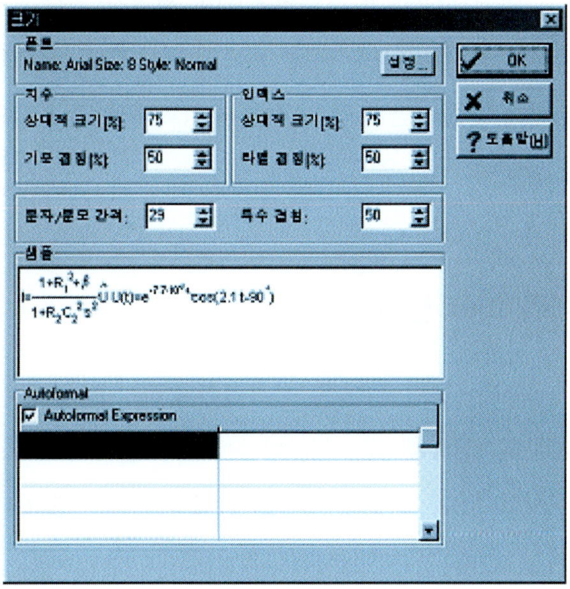

그림 3-18
속성 메뉴의 크기 대화상자를 사용해서 어떻게 수학적 표현이 Tina에 나타나는지를 정할 수 있다.

- 폰트 : 표현의 폰트를 설정한다. 이 폰트 설정은 단지 일반적인 표현에만 적용된다. 심벌 영역 안의 모든 문자들은 심벌 폰트를 갖고 있다.
- 지수|상대적 크기 : 기저와 관련된 밑수의 크기를 설정한다.
- 지수|기준 겹침 : 기저가 밑수에 의해 중복되는 퍼센트를 설정한다.
- 인덱스|상대적 크기 : 라벨과 관련하여 밑수의 크기를 설정한다.
- 인덱스|라벨 겹침 : 밑수에 의해 중복되는 라벨의 퍼센트를 설정한다.
- 분자/분모 간격 : 나누기에서 일반 폰트 크기와 관련해 분자와 분모의

거리를 설정한다.

- **특수 겹침** : 특수한 표현에서 대문자에 의해 소문자가 중복되는 퍼센트를 설정한다.
- **샘플** : 위의 조건들의 설정에 따라서 문자들의 형태를 미리 볼 수 있다.

7. 그림(Ctrl+G)

이 명령어를 사용하여 그래픽(*.wmf 확장자를 갖는 윈도우즈 메타파일)을 도면으로 삽입할 수 있다. 회로에 비트맵 그래픽 파일(*.bmp 파일)을 삽입하고자 한다면 우선 그것을 페인트에서 열고, 그것을 클립보드로 복사한 다음에 도면 안으로 붙인다.

8. 제목(title) 블록

이 명령어는 도면에 제목 블록을 추가할 수 있도록 한다. TINA는 TITLEBLK.TBK이라고 하는 디폴트 제목 블록 템플릿으로 시작하지만, TITLEBLK.TBK 텍스트 파일을 편집하여 제목 블록을 사용자 정의할 수 있고, 그것을 다른 이름으로 저장할 수 있다.

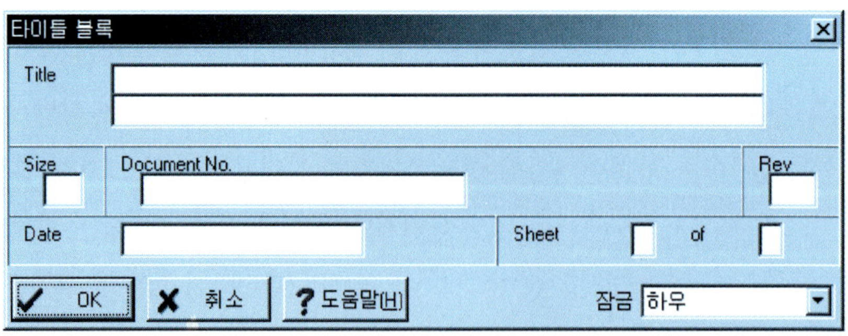

그림 3-19
타이틀 블록의 대화상자

제목 블록 템플릿에는 채워 넣을 몇 개의 필드(Title, Size, Document Number, 등)가 있다. 다음에 제목 블록을 나타내고자 하는 모서리를 선택한다. 또는 어느 곳이나 제목 블록을 위치시킬 수 있는 '잠그지 않음'을 선택한다. OK를 눌러서 도면에 제목 블록을 배치한다.

제목 블록의 디폴트 위치는 하우(bottom right) 모서리이므로, 대개 배치한 후에 보지 못하게 될 것이다. 제목 블록을 갖는 전체 페이지를 보려면 파일 메뉴의 '미리 보기'를 선택한다.

9. 모양

이 메뉴 선택 하에 명령을 사용하면 도면에 모양을 추가할 수 있다. 항목에 독자의 주의력을 주기 위해서 화살표를 그리거나, 회로의 모서리가 둥근 사각형을 그릴 수 있다.

(1) 선

선을 그리기 위해서 시작점에서 클릭하고 마우스 왼쪽 버튼을 누른 채 마우스를 이용시켜서 선을 끈다. 선의 끝점에 도달하였을 때 마우스 왼쪽 버튼을 놓는다. 선을 그린 후에 속성을 변경할 수 있다. 선을 더블 클릭하고 선의 두께와 색깔을 변경하는 옵션을 볼 수 있다. 또한 시작과 끝 헤드 형태를 선택하여 화살표 헤드를 추가할 수 있을 뿐만 아니라 화살표 헤드의 모양과 색깔을 변경할 수 있다.

(2) 화살표

이 명령을 사용하여 다양한 종류의 화살표를 그릴 수 있다. 회로에서 전류 경로를 나타내기 위해서 TINA 둥근 사각과 원 화살표가 이상적이다.

- 직선 : 이것을 선택하면 선 명령어와 동일한 형태의 직선 화살표를 그릴

수 있다. 시작점은 화살표의 꼬리이고, 끝점은 화살촉이다. 선을 더블 클릭하여 화살표의 폭, 색깔, 헤드 스타일(전압, 전류)을 변경할 수 있다.

- **둥근 사각** : 직각으로 꺾기는 둥근 사각을 갖는 화살표를 그릴 수 있다. 선을 더블 클릭하여 색깔, 화살에 관한 내용 등을 선택할 수 있다.
- **원** : 이 옵션은 '원' 화살표를 그릴 수 있다. 사각형 경계의 첫 번째 점을 만들기 위해서 클릭을 하고 마우스를 사용하여 사각형 크기를 끈다. 사각형의 모양 비를 조절하여 원이나 타원 화살표를 그릴 수 있다. 원 화살표를 더블 클릭하여 사용자 정의할 수 있다.

(3) 사각, 타원, 원호

이 모든 그림들은 사각형 경계의 도움으로 그려진다. 그림의 경계에서 더블 클릭하여 수정할 수 있다. 닫힌 그림들(다각형 포함)은 위에서 설명한 대개의 방법으로 배경색을 채울 수 있다.

(4) 다각형

다각형 작도는 모양이 자유롭고 직선 세그먼트들로 구성된다. 다각형 모양을 만들기 위해서 시작점과 끝점이 이어져야 한다. 다각형의 수정은 간단히 선분 중의 하나를 더블 클릭하고, 모양을 바꾸고자 하는 꼭지점으로 마우스를 이동시켜서 커서가 +모양으로 바뀌면, 마우스의 오른쪽 버튼을 누른 채 원하는 다각형 모양이 되도록 끈다.

10. 매크로

이 명령을 사용하여 매크로(서브회로)를 삽입할 수 있다. 우선, *.TSM 확장자를 가진 적절한 매크로 파일을 선택한 다음 매크로 모양을 회로에 삽입한다. 매크로들은 도면(*.SCH 파일)이나 PSpice 서브회로(*.CIR 파일)를 포함할 수 있다. 새로운 매크로들은 도구 메뉴의 '새 매크로 마법사' 명령어를 사용하여 만들 수 있고, 도면 심벌 편집기 유틸리티를 사용하여 새로운 부품 모양을 만들고 기존 부품 모양을 편집한다. 매크로들은 무제한 레벨로 다른 매크로들을 포함할 수 있다. 매크로를 더블 클릭 하거나 매크로를 선택하고 파일 메뉴의 '매크로 들어가기'를 실행하여 매크로의 내부 구조를 보고 편집할 수 있다. 현재 열린 매크로를 닫기 위해서 파일 메뉴의 '차단' 명령을 사용한다.

II. 블록

이 명령을 사용하여 계층 블록을 도면에 삽입할 수 있다. 이 명령을 선택하면 [그림 3-20]과 같은 블록을 정의하기 위한 블록 마법사가 나타난다. 블록 마법사 대화상자의 정 가운데에 블록명을 입력한다(예, CPU). 다음에 블록의 각 변에 선호하는 순서로 핀 이름을 배치한다. 위나 아래에서 핀 이름은 콤마(,)로 분리하고, 좌변과 우변에서 핀 이름은 자신의 라인으로 배치된다. 문자 위에 선을 갖는 핀 이름(반전 신호, 부 논리 신호 등)은 ~ 문자 쌍 사이에 핀 이름을 배치하여 입력된다(예, ~CS_DRAM~).

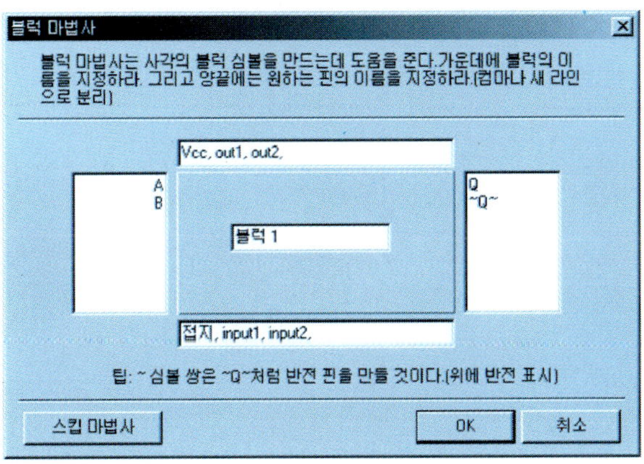

그림 3-20
블록을 정의하기 위한 블록 마법사

블록 마법사를 사용한 작업이 완료되면 OK 버튼을 누른다. 그리고 심벌을 더 변경할 수 있는 도면 심벌 편집기(예, 크기 재조정, 하나의 블록을 더 의미있는 사용자 정의의 형태로 모양을 변경 등)로 되돌아간다.

도면 심벌 편집기에서 파일 메뉴의 OK를 선택한 후 대개의 경우처럼 도면에서 블록을 위치시킬 수 있다. 만일 나중에 블록의 심벌을 변경하고자 한다면 편집 메뉴의 '심벌' 명령을 사용한다.

12. 자동 반복

이 메뉴 항목을 체크하고 하나의 부품을 삽입하였다면 TINA는 자동적으로 동일한 부품의 삽입을 반복할 것이다. 이것을 마치기 위해서는 Esc를 누르거나 또 다른 명령을 시작한다. 이 방법은 일련의 유사 부품을 쉽게 삽입할 수 있게 해준다.

13. 자동선

이 메뉴 항목이 체크하고 하나의 부품, 선 또는 버스를 움직이면 TINA는 부품들의 전기적 접속이 유지되도록 필요한 모든 선들을 자동적으로 재배치할 것이다.

3-4 TINA의 보기 메뉴

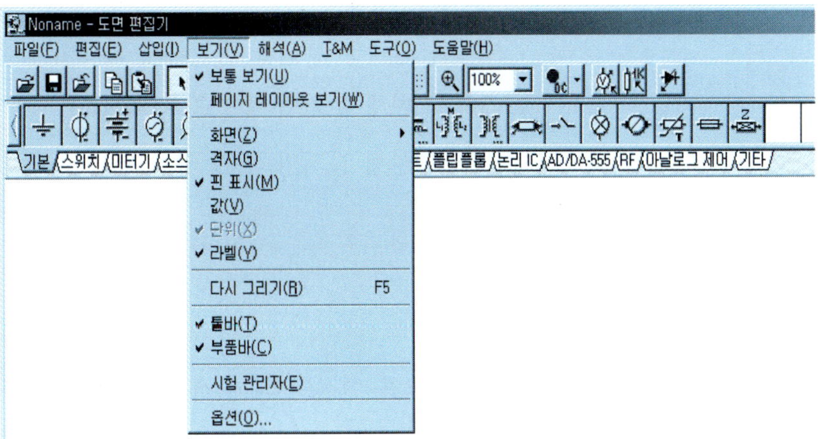

그림 3-21
TINA 도면 편집기의 보기 메뉴

1. 보통 보기

이 명령어는 설정된 도면 전체의 크기를 1 : 1로 도면 편집기의 창에 보이게 된다.

2. 페이지 레이아웃 보기

이 명령어는 설정된 도면 전체의 크기를 도면 편집기의 창에 나타나게 한다.

3. 화면

이 명령어는 화면에 나타날 도면의 영역과 범위를 선택하는 것이다. 선택사항은 다음과 같다.

- **보통 ([Alt]+[N])** : 표준(1:1) 보기로 재설정한다.
- **전체 ([Alt]+[L])** : 모든 회로 대상을 보여줄 정도로 축소한다.
- **윈도우** : 보기의 선택된 부분을 정확하게 확대한다.
- **확대** : 확대해서 현재 보기의 중앙을 검사한다.
- **축소** : 축소해서 현재 보기의 주위 영역을 본다.

4. 격자

이 명령어는 온/오프 설정에 의해 격자를 보이게 하거나 보이지 않게 한다. 보기가 축소로 설정되면 이 설정과 상관없이 격자는 보이지 않게 된다. 게다가 일반 보기에서 매 초당 점이 표시된다.

5. 핀 표시

부품의 핀 끝에서 표시기를 켜고 끄고 한다. 이들 표시기는 편집할 때와 확실한 연결을 도울 때 유용하다. 그러나 이것은 혼란을 일으킬 수 있다.

6. 값

부품의 값을 표시하거나 표시하지 않을 수 있도록 한다. 보기 메뉴에서 값을 선택하면 회로 도면의 부품 값들이 표시되고, 선택을 해제하면 부품의 값들을 표시하지 않는다.

7. 라벨

부품의 레이블을 표시하거나 표시하지 않을 수 있도록 한다.

8. 다시 그리기(F5)

어떤 명령어를 실행한 후에는 회로 다이어그램의 자세한 부분은 화면에 정확하게 표시되지 않는다. 예를 들어, 부품을 지운 후에 숨겨진 교차 연결이 보이지 않는다. '다시 그리기' 기능을 사용해서 도면을 다시 그릴 수 있다. F5는 다시 그리기의 단축키이다.

9. 툴바

도면 편집기에서 큰 윈도우를 사용하기 위해 보기로부터 툴바를 제거할 수 있다. 이 명령어는 토글링이 된다. 다시 이를 클릭하면 보기에 툴바를 설정할 수 있다. 툴바가 현재 화면에 설정되어 있다면 메뉴 앞에 체크 표시가 나타난다.

10. 부품 바

큰 윈도우가 도면 편집기에서 사용되도록 보기로부터 부품 바를 제거할 수 있다. 이 명령어는 토글링이 된다. 다시 이를 클릭하면 보기에 부품 바를 설정할 수 있다. 부품 바가 현재 화면에 설정되어 있다면 메뉴 앞에 체크 표시가 나타난다.

11. 시험 관리자

스크린의 도움말을 위해 시험 관리자를 활성화하고 배치한다. 선생님은 회로에 폴트(fault)를 삽입해서 문제해결 작업으로 바꿀 수 있고, 가능한 교체형 다수선택 질문을 정하고 문제에 대한 힌트를 줄 수 있다.

12. 옵션

이 명령어를 선택하여 나타난 [그림 3-22]의 대화상자에서 많은 옵션이 설정된다.

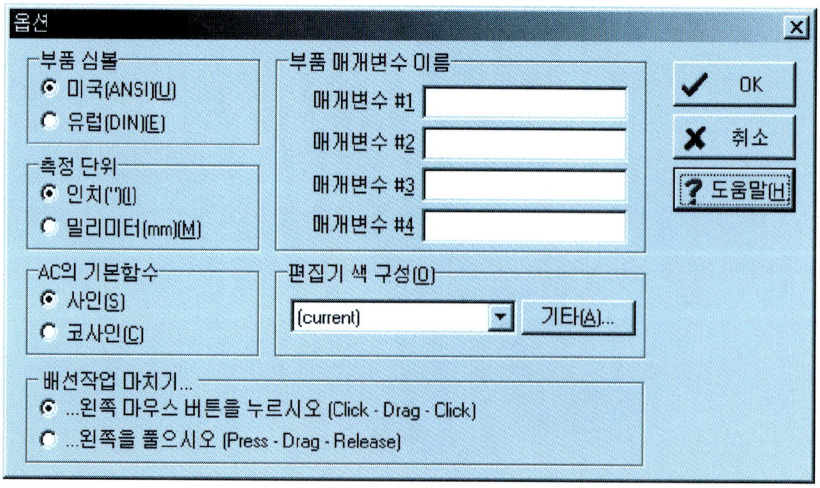

그림 3-22 옵션의 대화상자

(1) 부품 심벌 설정

사용할 부품 심벌이 유럽식(DIN)인지 미국식(ANSI)인지를 선택한다.

(2) 측정 단위

인치 또는 밀리미터로 TINA의 모든 측정이 이 설정에 따라 디스플레이 되고 입력된다.

(3) AC의 기본함수

사인 또는 코사인을 선택한다.

- TINA에서 AC 해석 동안에 사용되는 사인파 전압과 전류의 페이저 표현을 위해서 기본 함수를 선택해야 한다.
- 선택된 기본 함수가 코사인(TINA에서 디폴트)이라면 파형 $A\cos\omega t$가 실수 페이저 A로 표현되는 한편, $A\cos(\omega t+\Phi)$는 복소 페이저 $A\exp(j\Phi)$에 의해 표현된다. 이 선택이 이루었을 때 이미 사인함수로 직접 주어진 파형이 있다면(예 전압 발생기), 그 사인 파형은 코사인 파형으로 변형된다. 예를 들면, $B\sin\omega t$는 $B\cos(\omega t-90)$로 변환될 것이고 대응하는 페이저는 $-jB$가 될 것이다. 이 변환은 피할 수 없으며, 그렇지 않으면 사인과 코사인 함수 사이의 위상차가 상실될 것이다.
- 선택된 기본 함수가 사인이라면 파형 $A\sin\omega t$는 실수 페이저 A로 표현되는 한편, $A\sin(\omega t+\Phi)$는 복소 페이저 $A\exp(j\Phi)$에 의해 표현된다. 이 선택이 이루었을 때 이미 코사인 함수로 직접 주어진 파형이 있다면(예 전압 발생기) 그 코사인 파형은 사인 파형으로 변형된다. 예를 들면, $B\cos\omega t$는 $B\sin(\omega t+90)$로 변환될 것이고 대응하는 페이저는 $+jB$가 될 것이다. 이 변환은 피할 수 없으며, 그렇지 않으면 사인과 코사인 함수 사이의 위상차가 상실될 것이다.

- 유감스럽게도 교육 체제에 따라서 두 가지 기본 함수의 선택이 널리 사용되었다. 그러므로, TINA는 두 체제 모두를 허용한다. 일단 기본 함수를 선택하면 TINA는 모두 미래 기간 동안에 그것을 기억할 것이다.
- 기본 함수의 선택은 AC나 과도 해석의 시간 함수에 영향을 미치지 않고, AC 노드 해석에서 전류계와 전압계에 의해서 나타낸 복소 페이저의 위상에만 영향을 미친다. 페이저들을 시간 함수로 다시 변환하고 그것들의 정의를 고려할 때 기본 함수의 선택에 무관한 동일한 시간 함수를 얻는다.

(4) 부품 매개변수 이름

이 옵션은 여분의 부품 파라미터의 이름을 수정하거나 입력하도록 한다. 이 이름들은 프로그램 도처에서 사용될 것이다. 만일 어떤 이름들이 공백으로 남아 있다면 TINA는 이름으로 “Parameter #x”를 사용한다(여기서, x는 파라미터의 수 1, 2, … 이다).

(5) 편집기 색 구성

이 옵션은 설정할 수 있는 선, 부품, 레이블, 핀 등과 같은 편집기 대상의 디폴트 색상을 변경하도록 허용한다.

(6) 배선작업 마치기

보기 메뉴의 옵션 설정에 따라서 두 가지 다른 방법으로 선을 그릴 수 있다.

- 왼쪽 마우스 버튼을 누르시오. : 마우스 왼쪽 버튼을 클릭하여 선의 시작점을 선택하고 TINA가 경로를 따라서 선을 그리는 동안에 마우스를 가진 펜을 이동시킨다. 선을 작도하는 동안 어떤 방향으로 움직임에 따

라 선이 따라온다. 선의 끝점에서 다시 왼쪽 마우스 버튼을 클릭한다. 이 작도 모드가 TINA 버전 6.0의 디폴트 설정이다.

- **왼쪽을 푸시오.** : 펜을 이동시키는 동안 마우스 왼쪽 버튼을 누르고 있고, 끝점에서 마우스 왼쪽 버튼을 놓는다.

3-5 TINA의 해석 메뉴

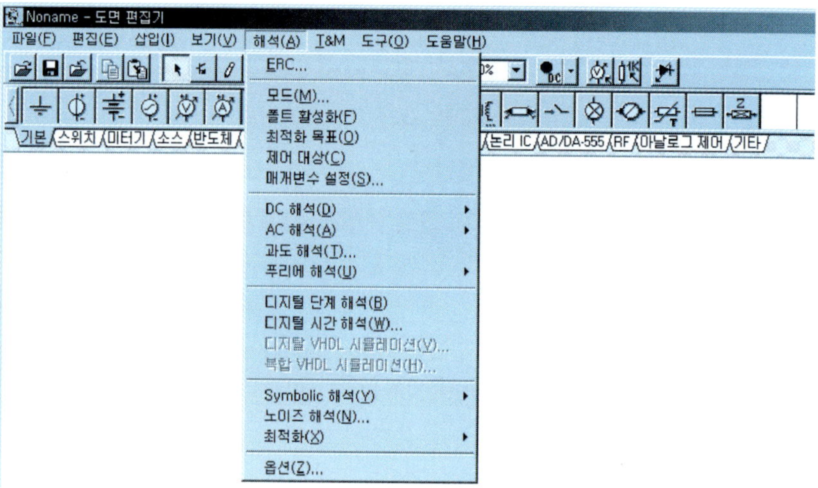

그림 3-23
TINA 도면 편집기의 해석 메뉴

I. ERC

이 명령을 선택하면 현재 열린 도면에 있는 회로의 전기적 법칙을 체크하여 그 결과를 알려준다. ERC(Electronic Rules Check)는 ERC 행렬에 기반을 둔 부품들 사이의 의심이 가는 접속에 대해 회로를 시험하는 것이다. ERC 창에 나열된 오류나 경고 중의 하나를 선택하면 도면 편집기에서 의심이 가는 부품들이 하이라이트된다. ERC을 다시 작동하기 위해서 '다시 체크' 버튼을 누른다.

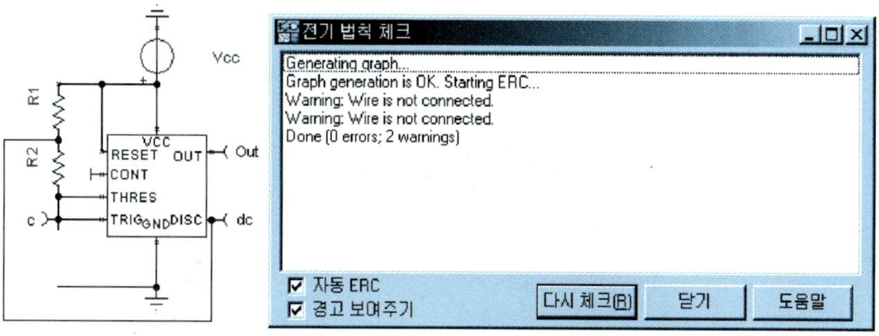

그림 3-24
회로의 전기적 법칙 검사를 통한 이상 유무 확인

2. 모드

이 메뉴를 사용해서 몇 가지 해석 모드 옵션을 선택할 수 있다. 이 메뉴 아이템은 해석 모드를 결정한다. 모드를 선택한 후에 다음 옵션이 나타날 것이다.

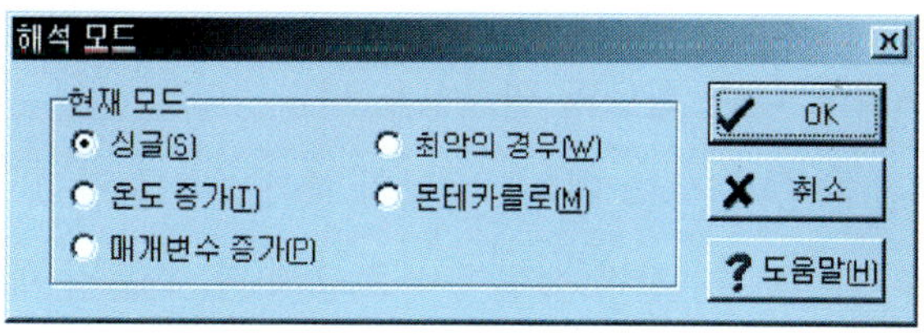

그림 3-25
해석 모드의 선택

(1) 싱글

기본 해석 모드는 싱글 모드이다. 프로그램은 선택된 해석만 실행하고 멈춘 다음 결과를 표시한다. 모든 다른 해석 모드는 반복적인 해석으로 정의된다.

(2) 온도 증가

TINA는 주위 온도를 단계적으로 변화시키고, 온도 증가와 여러 결과(곡선의 집합)를 나타내는 해석을 실행한다. 이것은 온도 변화에 대한 회로의 민감성을 보여준다. 낮고 높은 온도 한계와 단계의 개수는 서브메뉴에서 설정될 수 있다.

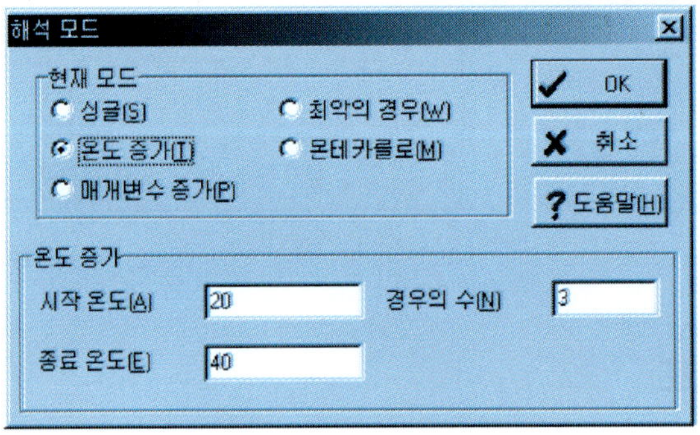

그림 3-26
온도 증가 해석 모드의 대화상자

(3) 매개변수 증가

매개변수 증가 모드에서는 주어진 범위에 걸쳐 회로망 매개변수를 증가시키면서 해석을 실행한다. 여러 개의 결과가 존재하며 관련된 매개변수의 변화에 대한 회로의 민감성을 나타낸다.

매개변수 증가 서브 메뉴는 4개의 매개변수를 갖고 있다. 즉, 시작값, 종료값, 경우의 수, 간격(선형이나 로그)이다. 회로망 매개변수는 저항이나 트랜지스터 데이터 시트의 요소가 될 수 있다.

'매개변수 증가'에 들어가기 전에 부품의 값이 매개변수 증가에 사용되도록 부품을 클릭한다. 부품을 선택하기 위해 해석 메뉴의 '제어 대상' 명령을 클릭하거나, 제어 대상 버튼을 사용한다. 그러면 제어 대상을 선택하기 위한 커서가 도면 편집기 창에 나타날 것이고, 증가하는 매개변수를 포함하고 있는 부품이 정해질 때까지 유지된다. 원하는 부품을 클릭하면 관련된 매개변수가 대화상자 창에 표시된다.

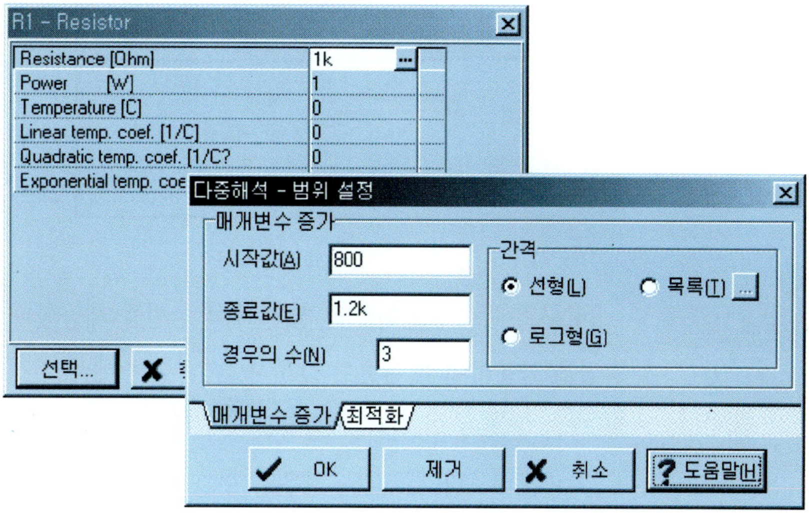

그림 3-27
매개변수 증가 모드에서는 주어진 범위에 걸쳐 회로망 매개변수를 증가시키면서 해석을 실행한다

- **시작값과 종료값** : 선택된 매개변수가 시작값과 종료값 사이를 변한다.
- **경우의 수** : 매개변수 증가, 시작과 종료값을 포함하는 매개변수로 지정할 수 있는 값들의 수
- **간격** : 선형이나 로그를 선택한다. 이것은 매개변수 범위에서 매개변수 값의 증가량을 결정한다.

(4) 최악의 경우

최악의 경우 해석 모드에서 회로망 부품들에 대해 정해진 극도의 허용오차 값을 고려하여 회로를 해석할 수 있다. 허용오차 해석 모드는 DC, AC 또는 과도 해석에서 사용될 수 있다. 또한, 이것은 회로망 부품들이 삽입되거나 수정될 때 모든 허용오차 매개변수들이 정확하게 설정되면 사용할 수 있다. 최악의 경우 해석은 최악의 경우, 즉 허용오차 범위의 낮고 높은 한계에서 검사되는 매개변수 편차의 영향을 의미한다.

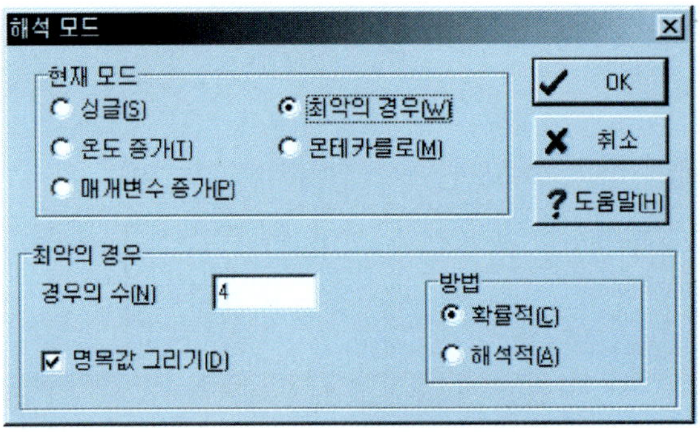

그림 3-28
최악의 경우 해석은 허용오차 범위의 낮고 높은 한계에서 검사되는 매개변수 편차의 영향을 해석한다.

TINA는 두 가지 최악의 경우 해석 방법을 제공한다. TINA는 확률적 방법을 사용하여 매개변수 값을 경우의 수 중에서 지정한 수만큼 허용오차 범위 한계 중의 하나로 설정하기 위한 제비뽑기를 실행한다. 일반적으로 기본값 4보다 더 많은 경우의 수가 필요하다. 확률 방법을 선택하면 TINA는 주어진 허용오차를 기반으로 가능한 부품 값 결합을 계산하고 각각의 경우에 대해 해석을 실행한다. 결국 프로그램은 경우의 수를 결정하고 표시한다.

또한, TINA는 '명목값 그리기'를 선택할 수 있다. 이것을 설정하면 부품의 명목값을 갖는 확장 그래프를 그릴 것이다.

(5) 몬테카를로

몬테카를로 해석을 하는 동안 TINA는 '경우의 수' 매개변수에 의해 설정된 수만큼 만들고 해석한다. 각각의 경우에 대해 부품의 매개변수들은 개별적인 부품의 허용오차로 정해진 분포(가우시안 또는 균등)에 따라 임의로 정해질 것이다.

'퍼센트' 줄에서 지정된 퍼센트는 가우시안 분포에 의해 특정 지워진 부품들에만 영향을 미친다. 이런 속성은 허용오차 범위 안으로 이들 부품의 퍼센트를 결정한다. 개체의 퍼센트에 대한 기본값은 공칭 가우시안 분포와 일치한다. 여기서 편차는 1이다.

부품의 허용오차 매개변수들은 몬테카를로나 최악의 경우 모드 해석을 하기 위해 전에 설정되어야 한다.

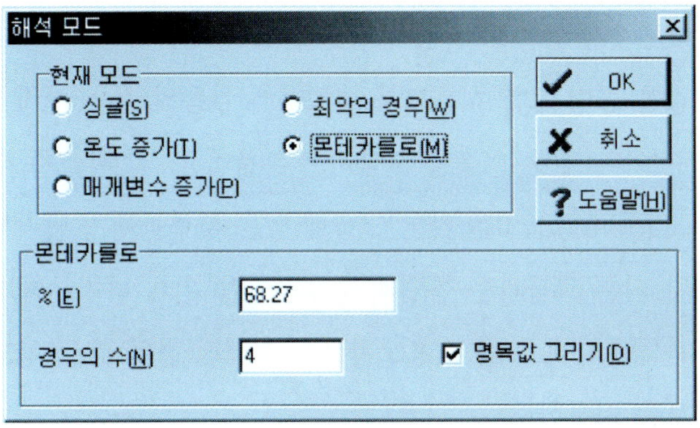

그림 3-29
몬테카를로 해석 모드의 대화상자

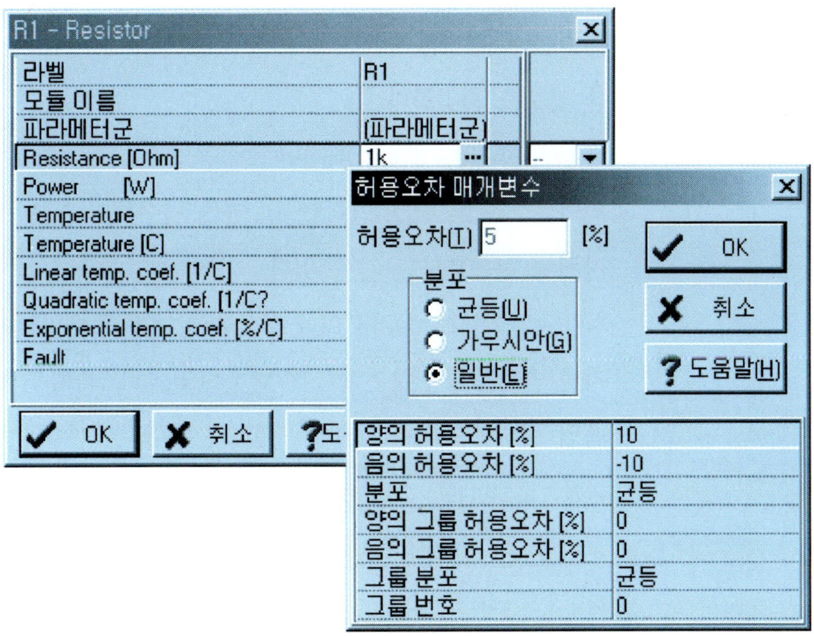

그림 3-30
몬테카를로 해석의 유연성 제공

이들 세 매개변수를 설정해서 요구되는 분포를 갖는 비대칭 허용오차 범위를 정의할 수 있다. 다음 세 개의 매개변수들은 그룹 허용오차를 정의한다. TINA는 그룹처럼 선택된 회로 부품을 관련시킬 수 있다. 그룹의 모든 부품들의 매개변수들은 허용오차 해석을 하는 동안 정해진 그룹 허용오차 범위에서 함께 변화할 것이다. 각각 그리고 그룹 허용오차의 합은 부품 변화에 대한 실제 값을 준다. 부품 매개변수의 Pos. 그룹 허용오차 매개변수를 음으로 설정하고, Neg. 그룹 허용오차를 양으로 설정하면 부품값은 공칭 그룹 허용오차 설정에서 부품의 값을 반대 방향으로 변화시킬 것이다. 같은 그룹을 포함하는 부품들은 같은 그룹 수로 규명해야 한다. 더구나 그룹 0은 다른 그룹에 없는 부품들에게 남겨두고 허용오차 변화가 다른 그룹과는 독립적인 부품들을 위해 남겨둔다. TINA는 그룹 0 부품들에 대해 그룹 허용오차로서 정해진 범위에서조차도 독립적인 임의 분포를 사용한다.

부품의 허용오차 매개변수들은 부품을 삽입할 때 설정된다. 그러나 이것은 나중에 수정할 수 있다. 다른 부품 형태에 대한 허용오차를 다루기 위한 정보를 제공한다.

- **한 쌍의 인덕터** : 3개의 매개변수에 공칭값을 정의할 수 있다. (L1과 L2 인덕턴스와 M 상호 인덕턴스). 이들 변수들의 일부 또는 전부는 그들 자체에 허용오차를 갖고 있다.
- **독립 제어 소스, 발생기** : 이들 부품들에 대한 표준 TINA 모델은 허용오차를 받아들이지 않는다. 그러나 CLCF.STU 파일을 수정해서 이들 부품의 정의에 허용오차를 추가할 수 있다.
- **이상적인 Op.앰프** : 이 부품은 매개변수를 갖고 있지 않기 때문에 허용오차를 갖고 있지 않다.
- **다이오드, 바이폴라-, MOS-와 FET-트랜지스터, Op. 앰프, 다이악, 트라이악, 사이리스터** : 이들 부품들을 삽입한 후 형태 윈도우를 통해 …버튼을 클릭하고 부품에 대한 데이터에 접근한다. 허용오차 모델에서 일반을 선택한다. 다양한 허용오차 가능성에 대한 열을 갖는 데이터가 보여진다.

'균등'을 선택하면 테이블에 개별적인 다이오드 매개변수의 분포와 기본 허용오차가 보여진다. 테이블에서 기본값은 부품 카탈로그를 수정해서 바꿀 수 있다. 여기에 테이블 항목에 대한 예제가 나와 있다.(이는 카탈로그에 따라 다르다.)

	+Toler.	-Toler.	Dis.	GGr	Lgr	+Toler.	-Toler.	Dis.
Sat. current	70	0	균등	0	0	0	0	균등
Zener voltage	10	0	균등	0	0	0	0	균등

커서 키나 마우스를 이용해서 테이블의 셀에 커서를 이동한다. 테이블의 실제 크기는 일반적으로 윈도우의 것보다 더 크다. 셀에 커서를 위치시키고 [Enter]를 눌러서 이들 값들을 수정할 수 있다.

테이블의 각 줄은 허용오차를 포함하고 줄의 시작에서 지정한 매개변수와 관련된 분포값을 포함하고 있다. 행의 첫 번째는 다음과 같은 의미를 갖고 있다.

- **+허용오차, -허용오차** : 독립 허용오차
- **분포** : 독립 허용오차의 분포(균등 또는 가우시안)
- **GGr.** : 전체 그룹. 같은 전체 그룹 편향을 이들 그룹 허용오차에서 지정된 값에 따라 함께 포함하고 있는 부품들. 0 숫자를 갖는 그룹은 이 그룹과 관련된 부품들이 독립적인 것처럼 특별한 규칙이다.
- **LGr.** : 지역 그룹. 부품사이에서 같은 지역 그룹 편향을 함께 포함하는 부품들. 0 지역 그룹은 다시 다른 그룹에 독립적이라는 것을 의미한다.
- **+허용오차, -허용오차** : 그룹 허용오차 값들
- **분포** : 그룹 허용오차의 분포

3. 폴트 활성화

폴트 삽입 명령어나 아이콘을 사용해서 부품에 폴트 삽입을 가능/불가능하게 한다. 속성 편집기를 사용해 부품 폴트를 설정한다. TINA의 연습이나 시험모드에서 폴트 삽입 설정을 변화시킬 수 없다.

4. 최적화 목표

최적화 목표의 부품을 정의하기 위해 툴바에 있는 최적화 목표 선택 아이콘을 클릭하거나 해석 메뉴의 '최적화 목표' 명령을 선택한다. 그런 다음 목표 부품을 클릭한다.

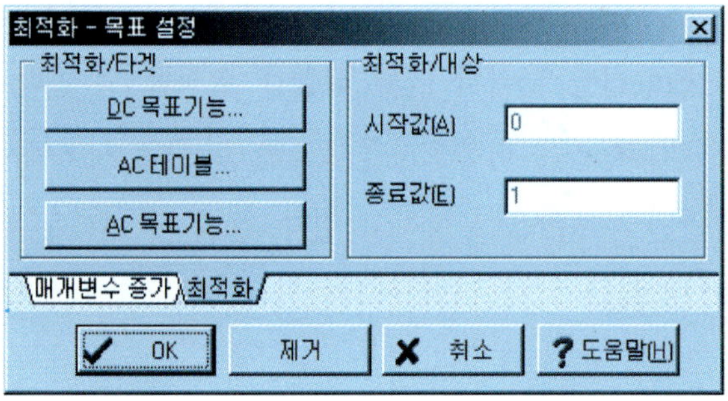

그림 3-31
최적화 목표 설정의 대화상자

(1) 시작과 종료 값

선택된 매개변수는 TINA가 목적에 맞는 가장 최적의 값을 찾는 동안 시작과 종료값 사이의 범위에서 변할 수 있다. 최적값을 찾지 못하면 범위는 점점 커질 것이다. 범위에서 하나 이상의 최적값이 있다면 TINA는 그들 중 단 하나의 값을 찾는다. 이 경우 의심스러운 점이 있다면 복합적으로 범위를 줄이고, 하나나 더 작은 최적값을 갖는 것들을 사용해 본다. 상호적으로 최적화를 실행하기 위해 가상 멀티미터를 사용할 수도 있다.

(2) DC 목표 기능

이 대화상자는 DC 목표 기능을 설정하도록 한다. 목표값을 최적화하기를 원한다면 원하는 값을 입력한다. 최대 또는 최소로 최적화하기 위해서 적절한 옵션을 선택한다.

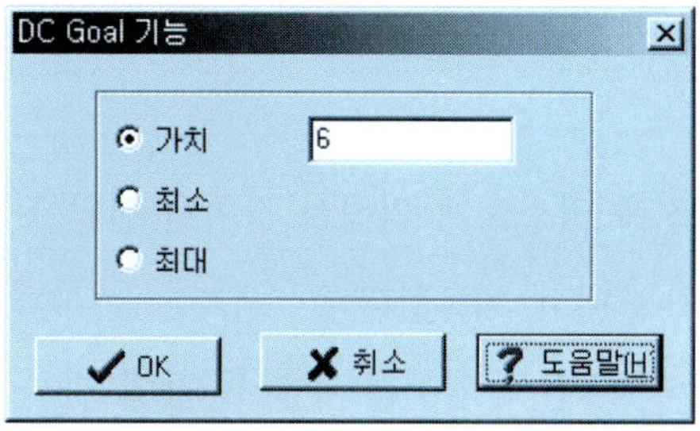

그림 3-32
DC 목표 기능

(3) AC 테이블

AC 최적화 문제를 풀 때 사전에 정의된 AC 목표 기능 대신에 AC 테이블 기능을 사용할 수 있다. AC 테이블은 주파수와 진폭 값들의 리스트에 의해서 정의되는 특수한 AC 목표 기능을 나타낸다. AC 전달 함수를 정의하기 위해서 이 주파수-진폭 쌍을 사용할 수 있다. 진폭 값들은 사양에 따라서 dB, V 또는 A로 지정될 수 있다.

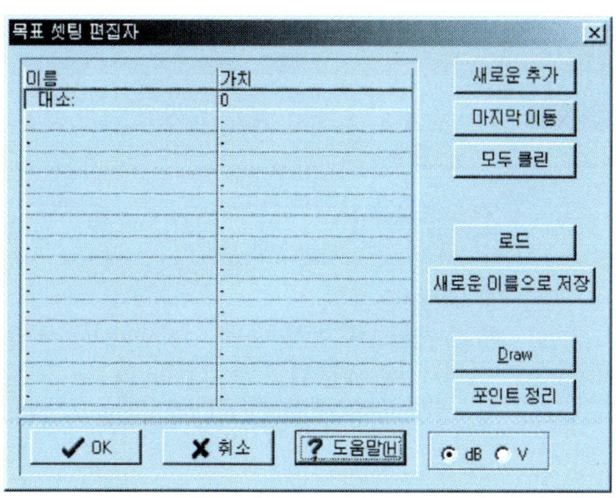

그림 3-33
AC 테이블은 주파수와 진폭 값들의 리스트에 의해서 정의되는 특수한 AC 목표 기능을 나타낸다.

- **새로운 추가** : 새로운 주파수-진폭 쌍을 리스트에 추가한다.
- **마지막 제거** : 마지막 주파수-진폭 쌍을 리스트로부터 제거한다.
- **모두 삭제** : 전체 리스트를 깨끗하게 한다.
- **로드** : 이전에 저장된 리스트를 디스크로부터 불러올 수 있고, 그것을 현재 리스트로 대치한다.
- **새로운 이름으로 저장** : 이 명령을 사용하여 현재 리스트를 디스크로 저장한다.
- **Draw** : 주파수-진폭 리스트에 의해서 정의된 전달함수를 TINA의 다이어그램 창으로 보내서 체크한다.
- **포인트 정리** : 주파수-진폭 쌍들을 주파수 값에 관하여 오름차순으로 정리한다.

(4) AC 목표 기능

이 대화상자를 사용하여 AC 목표 기능을 설정한다. 여기서 6개의 기능, 즉 중심 주파수, 대역통과, 고역통과, 저역통과, 최대, 최소 등을 이용할 수 있다. 이 기능들은 조합될 수 있다. 즉, 주어진 최적화를 위해서 하나 이상의 기준이 설정될 수 있다. 대화상자의 왼쪽에 있는 체크상자에서 클릭하여 기능을 활성화하거나 활성화하지 않을 수 있다.

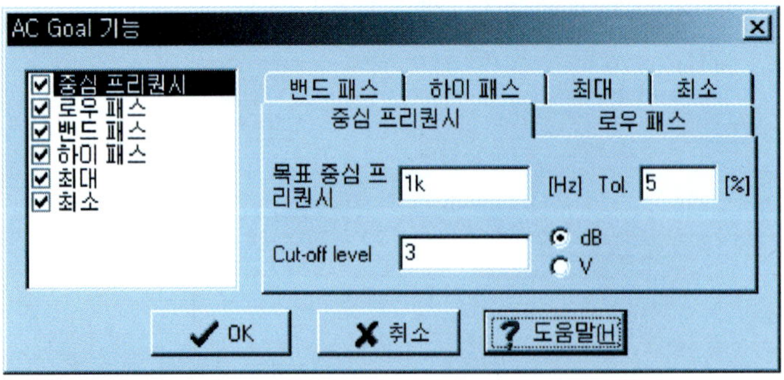

그림 3-34
AC 목표 기능의 대화상자

- **중심 주파수(목표 중심 주파수, 차단 레벨)** : 지정된 차단 레벨과 허용오차를 사용하여 중심 주파수(최적화 목표의 최대)를 설정하는데 이 기능을 사용한다. 미지의 회로 파라미터들(제어 대상)이 중심 주파수를 얻기 위해서 결정될 것이다. 중심 주파수는 지정된 최적화 목표 값들에 속하는 최대값 전후의 2개의 주파수 값 사이의 중간으로 정의된다. 두 주파수에서 최적화 목표는 최대값에서 차단 레벨을 뺀 것과 같도록 규정된다.
- **저역통과(목표 차단 주파수, 차단 레벨)** : 지정된 차단 레벨과 허용오차를 사용하여 회로의 저역통과 주파수를 설정하는데 이 기능을 사용한다. 차단 주파수에서 최적화 목표 레벨은 최대 전달함수에서 차단 레벨을 뺀 것과 같고, 전달함수는 차단 주파수에서 감소하고 있다.
- **고역통과(목표 차단 주파수, 차단 레벨)** : 지정된 차단 레벨과 허용오차를 사용하여 회로의 고역통과 주파수를 설정하는데 이 기능을 사용한다. 차단 주파수에서 최적화 목표 레벨은 최대 전달함수에서 차단 레벨을 뺀 것과 같고, 전달함수는 차단 주파수에서 증가하고 있다.
- **대역통과(목표 대역폭, 차단 레벨)** : 지정된 허용오차 범위 내에서 대역폭을 설정하는데 이 기능을 사용한다. 대역폭은 최대값 전후의 지정된 최적화 목표값들에 속하는 2개의 주파수 값의 차로써 정의된다. 두 주파수에서 최적화 목표는 최대값에서 차단 레벨을 뺀 것과 같도록 규정된다.
- **최대(목표)** : 지정된 허용오차 범위 내에서 목표 기능의 최대값을 지정하는데 이 기능을 사용한다.
- **최소(목표)** : 지정된 허용오차 범위 내에서 목표 기능의 최소값을 지정하는데 이 기능을 사용한다.
- **차단 레벨** : 차단 레벨은 요구시항에 따라서 dB, V, A 등으로 지정될 수 있다.

5. 제어 대상

제어 대상을 정의하기 위해 해석 메뉴의 '제어 대상' 명령을 선택하거나 툴바에서 제어 대상 아이콘 을 클릭한다. 속성 편집기를 얻기 위하여 대상 부품을 클릭한 다음, '선택' 버튼을 클릭한다. 마지막으로 이 부품값의 변화에 대한 시작과 종료값을 넣어야 한다.

6. 매개변수 설정

해석에 영향을 미치는 몇몇 매개변수들은 아래 명령어를 사용해서 수정될 수 있다. 매개변수들은 다음과 같다.

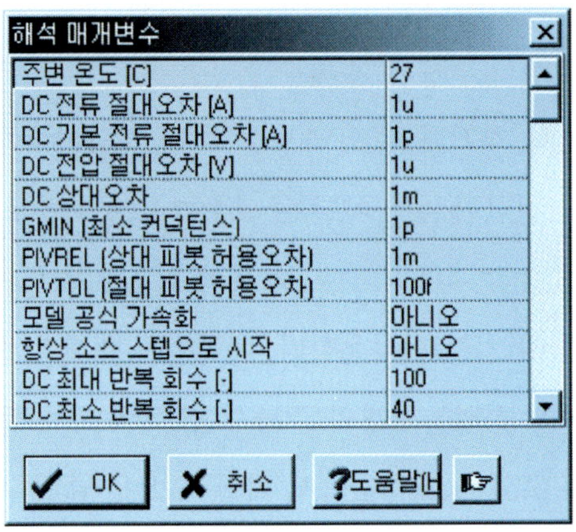

그림 3-35
해석에 영향을 미치는 매개변수들의 설정

- **주변 온도** : 해석 회로가 반도체 모델을 포함할 때 사용되는 온도. 기본값은 27℃(상온)이다. 온도를 바꾸면 온도에 의존하는 부품들은 그에 따라 변한다.
- **DC 전류 절대오차** : 두 DC 반복 사이에서 전류의 절대 변화를 표현한다. DC 해석의 성공적인 수렴을 위하여 이 변화는 정해진 값보다 작아야 한다. 기본 값은 10-3A이다.

- **DC 전압 절대오차** : 두 DC 반복 사이에서 노드 전위의 절대 변화를 표현한다. DC 해석의 성공적인 수렴을 위해 이 변화는 정해진 값보다 작아야 한다. 기본 값은 10-3[V]이다. 일반적인 전자 응용에 대해 이 값이 적당하다. 그러나 매우 높거나(1000V 이상), 매우 낮은(100mV 이하) 전압으로 작업하려면 이 매개변수를 바꿀 필요가 있다.
- **DC 상대오차** : 첫 번째 반복의 노드 전위와 100을 곱한 값에 의해 나누어진 두 개의 DC 반복 사이에서 마디 전위의 절대 변화이다. DC 적분의 제거를 위해 이 상대적인 변화는 정해진 값보다 작아야 한다. 기본 값은 10-3V이다. 결과가 정확도는 낮지만, 빨리 얻고자 할 때 이 변수의 값을 증가시킨다.
- **GMIN** : Pn 접합으로 병렬로 연결된 최소 컨덕턴스를 정의한다.
- **PIVREL** : 가장 작은 허용 가능한 피벗과 각 행에서 최대항 사이의 비율을 나타낸다. 이 매개변수에 대한 큰 값은 더 많은 대용품의 확장에서 좋은 조건의 행렬을 갖고 온다.
- **PIVTOL** : 피벗으로 사용될 수 있는 최소 MNA 행렬 항을 설정한다. LU 해제 스텝에서 값들 보다 큰 항이 없다면 회로 행렬은 특이(singular)로 선언된다.
- **가속도 모델 공식** : 이 매개변수를 예로 설정하고 변수들을 조정하고 장치의 결과 함수가 바뀌지 않으면 새로운 선형화 모델이 이 장치에서 계산되지 않는다. 이것은 바이패스된다. 기본 값은 '아니오'이다.
- **항상 소스 스텝으로 시작** : DC 반복 동안 프로그램의 행동을 정의한다. 이것이 예로 설정된다면 파워 서플라이는 항상 DC 첫 번째 소스 스텝에서 정의된 값을 잘라낸다. 그렇지 않으면 프로그램은 처음에 100%로 설정한 파워 서플라이를 갖고 시작한다.
- **DC 최대 반복회수** : 이 빈복회수에 도딜했을 때 반복이 해제된다. 프로그램이 이 값에 도달하면 반복은 끝나게 된다. 과도 해석의 경우 프로

그램은 주어진 시간 단계에서 DC 해석을 반복하려고 시도할 것이다. 기본 값은 100이다.

- DC 해석이 수렴되지 않으면 이 매개변수를 증가시켜 보라.

- **DC 최소 반복회수** : 제공되는 스텝 값을 허용하는 최대 반복회수를 정한다. 기본 값은 40이다.
- **DC 최소 소스 스텝** : 파워 서플라이 단계의 최소 크기
- **DC 두 번째 소스 스텝** : DC 첫 번째 소스 스텝에서 발견되는 편향 포인트 후에 설정되는 파워 서플라이의 두 번째 레벨을 나타낸다. 기본 값은 1%이다.
- **DC 첫 번째 소스 스텝** : 공급이 단계적으로 변하는 동안 잘려지는 파워 서플라이의 첫 번째 레벨을 나타낸다. 기본 값은 0.001%이다.
- **TR 최대 절대 전압 증가** : TR abs./volt. switch까지의 범위에서 과도 해석의 정확도를 조절한다. 이 매개변수는 커패시터의 전압 변화로 고려된다. 기본 값은 0.2V이다.
- **TR 최대 절대 전류 증가** : TR abs./rel. curr. switch 값까지의 범위에서 과도 해석의 정확도를 조절한다. 이 매개변수는 인덕터의 전류 변화로 고려된다. 기본 값은 0.1pA이다.
- **TR 최대 상대 증가** : TR abs./rel. volt. switch에 의해서 정해지는 범위에서 과도 해석의 정확도를 조절한다. 이것은 커패시터의 전압 증가량과 인덕터의 전류 증가량과 관계가 있다. 기본 값은 5.0%이다.
- **TR 절대/상대 전압 스위치** : 과도 해석을 조절하는 전압의 유효한 범위를 보여준다. 이 값 밑으로 절대 증가량이 유효하고 이 값 위로는 상대적 증가량이 고려된다. 기본 값은 1.0V이다.
- **TR 절대/상대 전류 스위치** : 과도 해석을 조절하는 전류의 유효한 범위를 보여준다. 이 값 밑으로는 절대 증가량이 유효하고 이 값 위로는 상대 증가량이 고려된다. 기본 값은 1.0pA이다.

- **TR 최소 시간 증가** : 과도 해석에서 시간 증가는 여기서 정해진 값보다 작을 수 없다. 이 값에 도달하면 시간 단계는 더 이상 짧아지지 않는다. 기본 값은 10-12s이다.
- **TR 여자 소구간** : 주기적 여자의 기간에서 나누어진 최소 개수(즉, 계산 포인트). 이것은 최대 시간 증가의 제한이 된다. 이 값은 파형의 임계 구역에서 믿을만해야 한다. (펄스가 급격히 떨어지기 전과 후 영역, 단위 계단이 급격히 상승하기 전이나 후의 영역, 일반적인 파형의 6간격, 그리고 사인 파형의 기간의 4분의 1과 같은) 이들 영역은 이 매개변수에 의해 나누어진다. 기본 값은 10이다.
  - 과도 해석의 초기 간격동안 수렴 문제를 갖는다면 이 매개변수를 증가시킨다.
- **TR 시간 간격 소구간** : 과도 해석하는 동안 시간 증가의 기본 개수. 해석에서 사용되는 시간 증가의 실제 개수는 자동적인 시간 증가 조정으로 이 수보다 더 크거나 작을 수 있다. 기본 값은 100이다.
- **최적화의 절대오차** : 이것은 Abs./rel. 최적화 에러 스위치 매개변수 값까지의 범위 안에서 최적화 알고리즘의 정확성을 조절한다. 기본 값은 10-20이다.
- **최적화의 상대오차** : 이것은 Abs./rel. 최적화 에러 스위치 매개변수 값까지의 범위 안에서 최적화 알고리즘의 정확성을 조절한다. 기본 값은 10-3이다.
- **절대/상대 최적화 에러 스위치** : 이것은 최적화 알고리즘을 조절하는 유효한 값의 범위를 보여준다. 이 값 밑으로 절대오차가 유용하며 반면에 이 값 위로 상대오차가 고려된다. 기본 값은 10-19이다.

7. DC 해석

DC 해석 명령어에서 다음과 같은 서브 메뉴를 표시한다.

(1) 노드의 전압 계산

이 명령어는 DC 전압과 전류원을 기반으로 하는 DC 동작점을 계산한다. 신호 발생기가 연결되어 있다면 이들 DC 레벨은 DC 레벨 매개변수에 따라 고려된다.

회로망이 비선형 부품을 포함할 때 동작점은 반복적으로 계산된다. 반복 과정은 화면의 중앙에서 창에 지시된다. 반복 매개변수(DC 절대오차, DC 상대오차, DC 최대 반복 수 등)는 검사되고, 해석 메뉴의 '매개변수 설정' 명령어를 사용해서 수정할 수 있다.

TINA가 마디 전압을 계산한 후에 커서 모양의 프로브가 나타난다. 이 프로브를 관심이 있는 노드로 이동하여 마우스 왼쪽 버튼을 클릭하면, 그 노드의 전압이 [그림 3-36]의 대화상자 창에 표시된다.

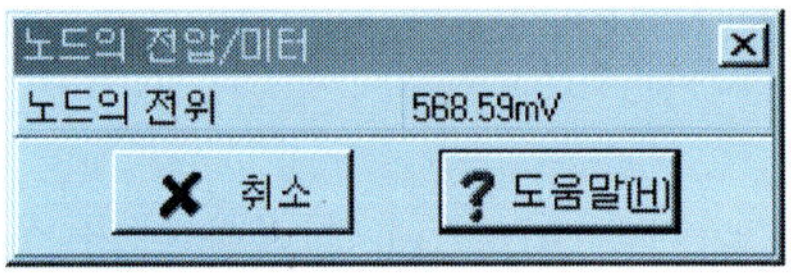

그림 3-36
노드의 전압/미터

해석 메뉴의 '모드' 스위치가 최적화로 설정되면 프로그램은 목표화된 값에 도달할 때까지 선택된 대상 값이 반복적으로 바뀌는 동안 동작점을 계산한다. 최적화 과정의 마지막에서 찾아진 대상 값과 대상과 관련된 목표의 민감성은 대화상자 창에 나타날 것이다.

테스트 포인트가 선택된 노드에 연결되어 있다거나, TinaLab Data Acquisition Card나 다른 도구가 설치되어 있다면 일치하는 노드의 전압이 측정되고 표시된다. TINA 실험 박스를 갖고 있다면 일치하는 채널이 측정된다. 실험 박스 없이 IN 채널의 전압이 측정된다. 만약 TinaLab 카드를 갖고 DC 전압을 동작시키기 원한다면 이것은 전압 발생기의 DC 레벨로서 주어질 수 있다.

(2) DC 결과 표

이 명령은 DC 해석의 '노드의 전압 계산'과 같은 방법으로 DC 동작점을 계산하지만 결과를 표 형태로 제시하고 있다. TINA가 동작점을 계산한 후에 노드 번호들이 도면에 표시되고 표가 대화상자에 디스플레이 된다. 이 표는 모든 노드 전압(VP_<노드 번호>), 2단자 부품의 전압(V_<부품 레이블과 노드>), 전압 발생기와 소스들의 전류와 저항기 및 인덕터의 전류(I_<부품 레이블과 노드>)를 나타낸다.

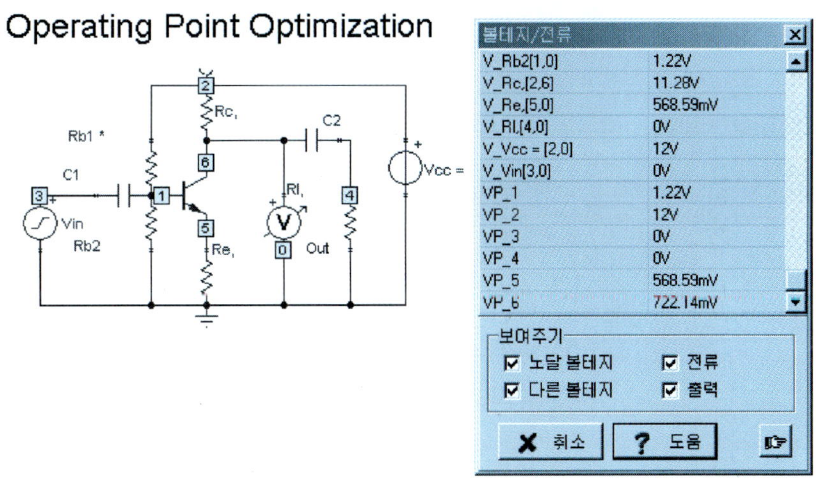

그림 3-37
DC 결과표는 노드의 전압/전류를 표시한다.

관심이 있는 노드로 프로브를 가져가서 마우스 왼쪽 버튼을 클릭한다. 이 노드의 전압에 대한 표 항목이 대화상자 창에서 적색으로 디스플레이 될 것이다. 만일 커서를 2단자 부품으로 옮기고 마우스 왼쪽 버튼을 클릭하면 전압 방생기와 소스의 경우에 전압과 전류, 저항기와 인덕터의 전류가 대화상자 창에서 적색으로 디스플레이될 것이다.

만일 회로가 너무 크면 리스트는 길어지고 혼잡스럽게 될 것이다. 따라서 그 결과를 여과하기를 원하게 될 것이다. 출력, 노드 전압, 전류, 다른 전압 등을 여과하고자 한다면 체크 상자에서 적절하게 클릭을 한다. 이 대화상자는 또한 텍스트 파일로 결과를 저장하도록 해준다.

(3) DC 전달 특성

이 메뉴 옵션을 사용해서 DC 전달 특성을 계산하고 표시할 수 있다. 전달 특성 서브 메뉴는 [그림 3-38]과 같다.

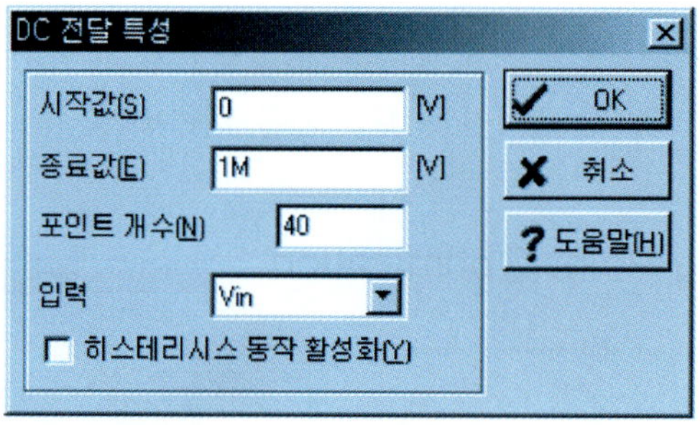

그림 3-38 전달특성의 서브메뉴

- **포인트 개수** : 프로그램은 정의된 포인트 수에서 전달 특성을 계산한다. 기본 값은 20이다.
- **시작 값과 종료 값** : 프로그램은 포인트의 수가 낮고 높은 포인트를 포함하도록 정해진 입력 범위를 나눈다. 각 입력 포인트에 대해 프로그램은 출력 값을 계산하고 전달 특성을 표시한다. 사각의 괄호로 지정된 단위들은 입력의 그것(전압 발생기의 V, 전류 발생기의 A, 그리고 저항의 Ω)과 같다. 일반적으로 입력 값들은 증가하는 순서로 발생한다. 감소하는 순서로 계산하려면 입력 범위의 최대 한계 값을 입력 시작 값으로 사용해서 정할 수 있고 입력의 종료 값에 작은 것을 설정하여 사용할 수 있다. 이런 특별한 설정은 히스테리시스를 갖는 회로의 DC 특성에만 영향을 미친다(슈미트 트리거).

입력으로 저항을 사용한다면 프로그램은 위 메뉴에 의해서 정해진 범위 내에서 저항값을 변하게 하는 특별한 방법으로 전달 특성을 계산한다(매개변수 증가).

비선형 회로망이 검사된다면 DC 해석은 어떤 점으로 수렴하지 않을 것이다. 이들 점들은 응답을 그릴 때 건너뛰게 되는데 높낮이의 한계에 있다면 표시되는 범위는 좌표 시스템의 수평축에 따라 제한된다.

(4) 온도 해석

이 메뉴 옵션은 회로의 온도 의존성을 결정한다. 온도 해석 함수가 위에 표시된 전달 특성 해석과 유사하게 동작한다. 그러나 시작과 종료 온도를 정해야 한다.

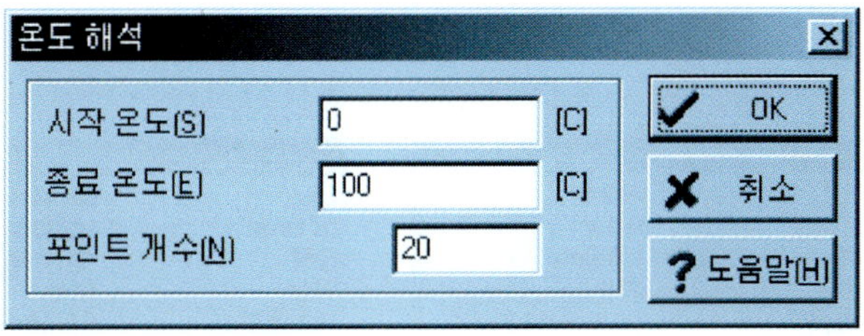

그림 3-39
온도 해석의 대화상자

8. AC 해석

AC 해석 명령어는 다음과 같은 서브 메뉴를 표시한다.

(1) 주파수 응답

이 옵션은 특정 주파수에서 회로망의 시험을 가능하게 한다. 이 함수를 선택한 후에 시험 주파수를 넣을 수 있는 윈도우가 나타날 것이다. 마우스 왼쪽 버든을 누르면 커서가 프로브 형내로 변하는 것을 볼 수 있나. 원하는 노드에 이것을 이동시켜서 마우스 클릭한다. AC 파형의 피크 값이 대화상자에 볼트 단위로 표시된다. 전압 발생기와 관련된 위상 또한 보여진다.

그림 3-40
주파수 응답

- 도면에 이미 삽입된 미터기가 있다면 미터기 위에 커서를 이동시켜서 복소수 피크 값과 위상(또는 임피던스, 전력)을 표시할 수 있다.
- 전압계나 전류계가 호출될 때 [그림 3-41]과 같은 대화상자 창이 나타난다.

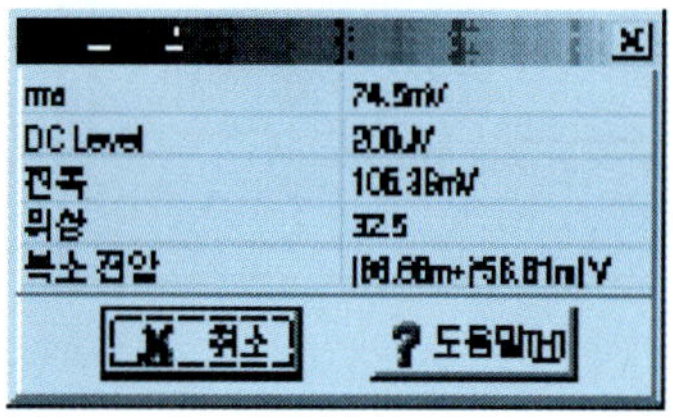

전압계의 경우

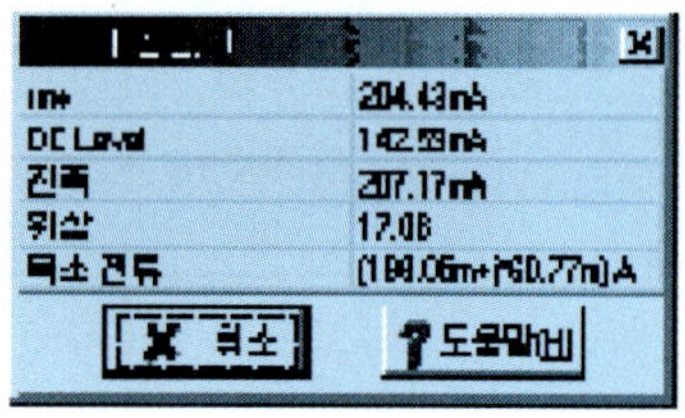

전류계의 경우

그림 3-41
전압계/전류계가 호출될 때의 대화상자

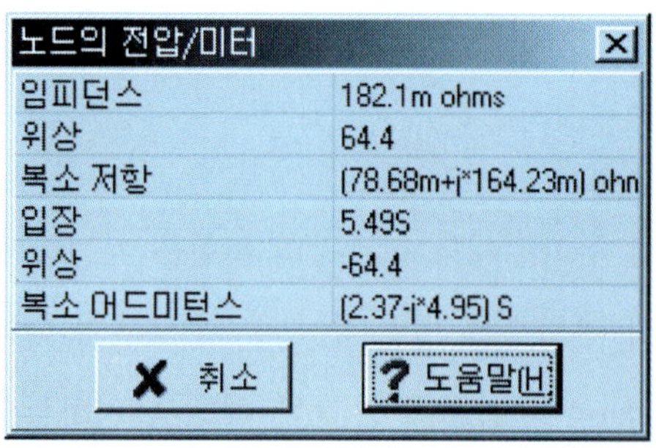

그림 3-42
임피던스계를 사용하는 경우의 대화상자

- 미터기에 의해 계산된 전력을 검사할 때 다음과 같은 값들이 대화상자 창에 나타난다.
  - 유효전력(P)
  - 무효전력(Q)
  - 피상전력(S)
  - 위상(ϕ)
  - 전력 역률(cos)

주 의

최적화를 하는 동안 노드의 전압 계산은 특별한 방법으로 동작한다. 최적화를 하는 동안 프로그램은 대상의 값을 바꾸어서 정해진 주파수에서 목표에 접근하도록 시도한다. 성공적으로 최적화를 행한 후에 계산된 최적 값이 대화상자 창에 표시된다.

- 테스트 포인트가 선택된 노드에 연결되어 있고 TinaLab Data Acquisition Card나 다른 도구가 설치되어 있다면 일치하는 노드의 전압이 측정되고 표시된다. TinaLab 카드를 갖고 AC 여자를 하려면 물리적인 진동기 여자 주파수는 노드 전압 계산에서 주어진 주파수로 설정될 것이다. 회로 다이어그램에서 여자는 사인 전압 발생기로서 주어질 것이다. TINA 실험 박스를 갖고 일치하는 채널이 측정된다. 실험 박스 없이 IN 채널의 전압이 측정된다.

(2) AC 결과표

이 명령은 AC 해석의 '노드의 전압 계산'과 같은 방법으로 AC 동작점을 계산하지만, 결과를 표형태로 제시하고 있다. TINA가 동작점을 계산한 후에 노드 번호들이 도면에 표시되고 표가 대화상자에 디스플레이된다. 이 표는 모든 노드 전압(VP_<노드 번호>), 모든 2단자 부품의 전압

(V_<부품 레이블과 노드>), 전압 발생기와 소스들의 전류와 저항기 및 인덕터의 전류(I_<부품 레이블과 노드>)를 나타낸다.

관심이 있는 노드로 프로브를 가져가서 마우스 왼쪽 버튼을 클릭한다. 이 노드의 전압에 대한 표항목이 대화상자 창에서 적색으로 디스플레이 될 것이다. 만일 커서를 2단자 부품으로 옮기고 마우스 왼쪽 버튼을 클릭하면 전압 발생기와 소스의 경우에 전압과 전류, 저항기와 인덕터의 전류가 대화상자 창에서 적색으로 디스플레이될 것이다.

만일 회로가 너무 크면 리스트는 길어지고 혼잡스럽게 될 것이다. 따라서 그 결과를 여과하기를 원하게 될 것이다. 출력, 노드 전압, 전류, 다른 전압 등을 여과하고자 한다면 체크 상자에서 적절하게 클릭한다. 이 대화상자는 또한 텍스트 파일로 결과를 저장하도록 해준다.

(3) AC 전달 특성

AC 전달 특성 해석에 대한 옵션은 다음과 같다.

- **시작과 종료 주파수** : 주파수는 로그형태로 선택되고 정해진 주파수 범위는 포인트의 수가 낮고 높은 주파수를 포함하기 위해 나누어질 수 있다. 각각의 주파수 포인트에서 프로그램은 특성을 계산하고 표시한다.
- **포인트 개수** : 보드 다이어그램은 이 포인트 개수만큼 계산된다. 기본값은 20이다.
- **선형 또는 로그형 증가** : 테스트 주파수는 선형 또는 로그형으로 증가한다.
- **다이어그램** : 요구하는 다이어그램을 얻기 위해 적절한 박스를 검사한다. 다이어그램은 다이어그램 윈도우에 나타날 것이고, 탭을 사용해서 선택할 수 있다.

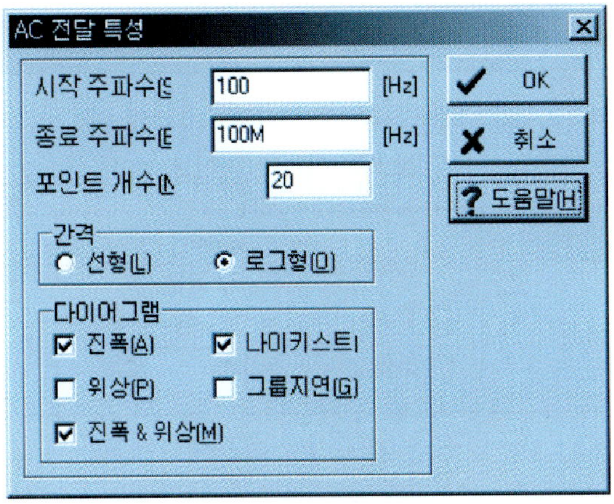

그림 3-43
AC 전달특성

(4) 위상 다이어그램

이 해석 모드는 다이어그램 창에서 현재 회로망의 AC 위상 다이어그램을 제시한다. 보기, 자르기, 붙이기, 주석 달기 등을 사용 목적에 맞게 만들기 위한 많은 옵션들이 있다. 물론, 위상 다이어그램은 주파수에 따라서 결정되며, 사인파 발생기 내부의 주파수에 대해서 그려진다.

디폴트로 모든 벡터들은 좌표계의 원점에서 시작하지만 간단히 벡터들 중의 어느 하나를 간단히 클릭하고 끌어서 이동시킬 수 있다. 만일 벡터를 끌어서 또 다른 벡터의 시점이나 종점에 붙이면, 그것에 자동적으로 겹쳐질 것이다. 다이어그램을 설정한 후 보기 메뉴의 '표시 축' 명령을 사용하여 축 디스플레이를 스위치 오프할 수 있다.

벡터에서 더블 클릭하거나 벡터 위에서 마우스 오른쪽 버튼을 클릭하여 '속성'을 선택하면 [그림 3-44]와 같은 벡터 구성도가 나타난다. 일반적 설정(벡터의 색깔, 폭, 스타일 등) 이외에 벡터 헤드 스타일을 설정하거나 벡터에 원호를 추가한다.

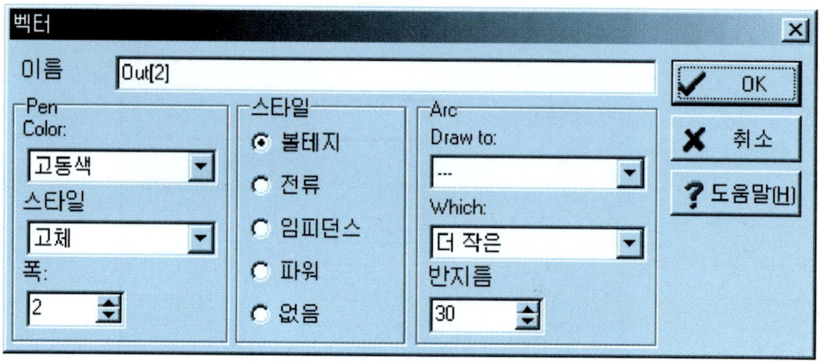

그림 3-44
벡터의 속성 설정

벡터에 주석을 달기 위해서 범례 아이콘 버튼을 누른다. 이 자동적인 주석의 실제 포맷(진폭, 실수와 허수부, 진폭과 위상)은 보기 메뉴의 '벡터 라벨' 명령에서 설정할 수 있다.

(5) 시간 함수

AC 해석을 기반으로 정상 상태에서 시간 함수를 그린다. 이 특별한 해는 초기 과도현상을 포함하지 않는다. 전체 과도 시간 결과를 얻기 위해서는 해석 메뉴의 '과도 해석'을 실행시켜야만 한다. 비선형 회로의 AC 해석은 동작점에서의 선형화를 기본으로 한다. 파형 왜곡이나 포화와 같은 비선형 회로의 영향을 보려면 과도 해석을 실행해야만 한다. 발생할 수 있는 비현실적인 결과의 예로서 AC 시간 함수 해석은 모델링되지 않은 포화에 의한 파워서플라이보다 더 큰 전압이 나타나는 것이다. 비선형 회로에 대해서 AC 시간 함수에서 얻어진 결과와 과도 해석에서 얻어진 결과를 비교하는 것이 현명한 방법이다.

(6) 네트워크 해석

TINA는 회로망 해석을 수행하고 회로망의 2-포트 파라미터(S, Z, Y, H)를 결정한다. 이것은 특히 RF 회로를 사용하여 작업할 때 유용하다.

결과는 스미스, 폴라, 또는 다른 다이어그램으로 표시될 수 있다.

회로망 해석은 TINA의 네트워크 해석기의 도움으로 수행된다. 회로 소자들의 RF 모델은 기생 성분(인덕터, 커패시터)을 포함하고 있는 SPICE 서브회로(SPICE 매크로) 또는 S(주파수) 함수로 정의된 S-파라미터 모델로써 정의될 수 있다. S 함수는 일반적으로 부품 제조업자(자체 측정 기반)에 의해서 제공되고 인터넷을 통해서 다운로드할 수 있으며, 수동이나 TINA의 라이브러리 관리자를 사용하여 TINA에 넣을 수 있다.

[그림 3-45]의 네트워크 해석의 대화상자에서 해석의 주파수 범위와 모드(즉, 작도 방법)를 지정할 수 있다. 이용 가능한 다이어그램은 선택된 해석 모드에 따라 결정된다. S 해석에서 진폭, 위상, 폴라 또는 스미스 다이어그램이 그려질 수 있다. 해석 모드 S, 진폭, 위상, 폴라와 스미스 다이어그램 유형을 선택하고 OK를 누르면, 4개의 새로운 페이지들이 다이어그램 창에 삽입될 것이다. 각 새로운 페이지는 S11, S12, S21, S22의 4개의 곡선을 포함하고 적절한 다이어그램 스타일로 표시된다.

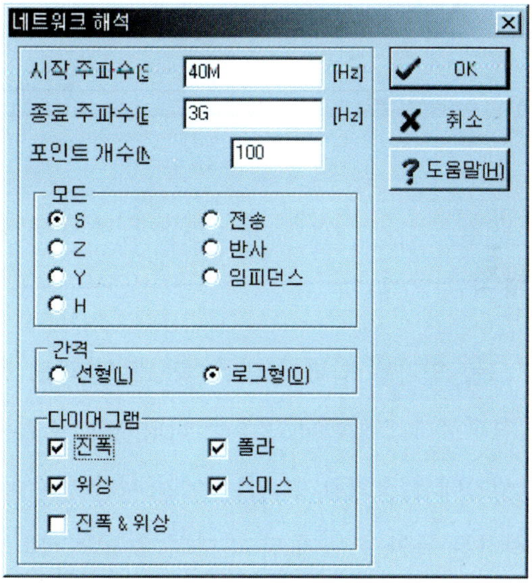

그림 3-45
네트워크 해석의 대화상자

[그림 3-46]에서 커서 아이콘 을 누르면 특수한 커서가 나타나고, 그것을 스미스 곡선 상의 원하는 점에 위치시키면 지정된 데이터 값들을 얻을 수 있다. 다이어그램의 상단에 있는 커서 이동 스크롤을 이동시키면 곡선을 따라서 + 모양의 커서를 움직인다. + 모양이 위치한 스미스 곡선 상의 값들이 특수한 커서 다이어그램에 표시된다. 여기서 포맷과 파라미터(S-파라미터, Z-파라미터 등) 등의 필드를 사용해서 포맷 설정에서 곡선의 값들을 표시할 수 있다.

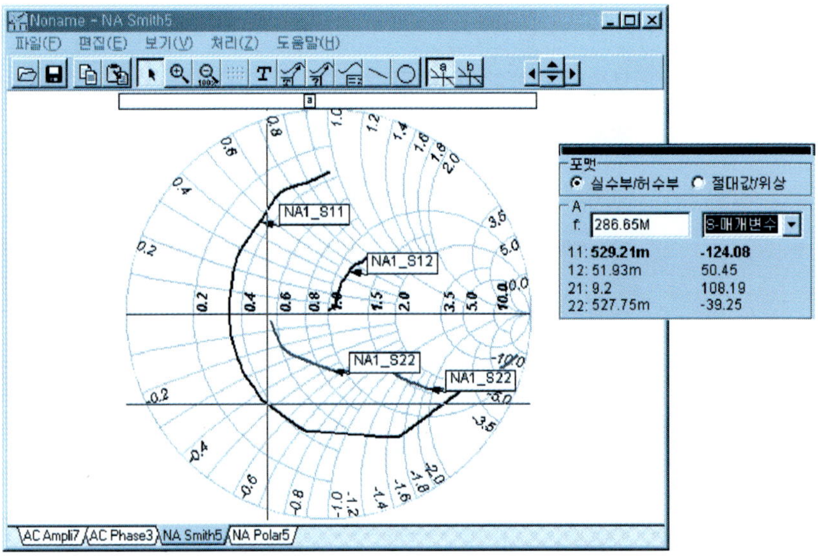

그림 3-46
네트워크 해석의 예

9. 과도 해석

이 해석 모드는 인가된 입력에 대한 회로망의 과도 응답을 나타낸다. 표현은 시간 함수로서 전압이나 전류를 나타낸다. 소스는 TINA의 전압이나 전류 발생기에서 정의될 수 있는 어떤 시간 함수이다. 하나 이상의 발생기가 동작하는 동안 한번에 단 하나의 출력만 정의될 수 있다. 과도 해석은 푸리에 해석과 고조파 왜곡 해석에서 필요하다.

과도 해석을 선택한 후에 [그림 3-47]과 같은 대화상자가 나타난다.

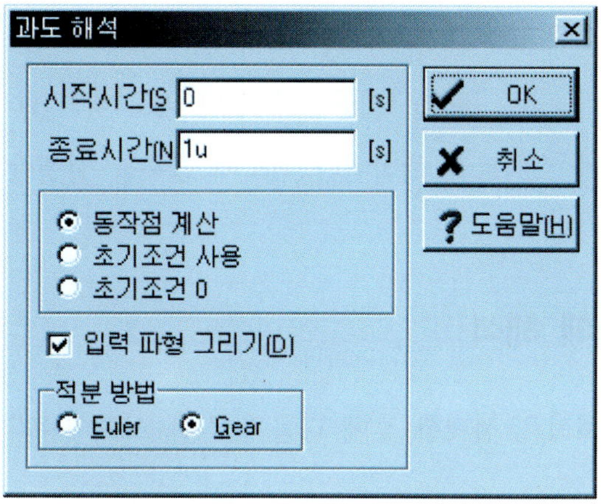

그림 3-47
과도 해석의 대화상자

- 시작 시간 : 프로그램은 이 순간부터 결과 곡선을 그리기 시작한다. 기본 값은 0초이다. 물론 시뮬레이션은 항상 $t=0$에서 시작한다.
- 종료 시간 : 이 시간에 해석을 끝낸다.
- 동작점 계산 : TINA는 해석을 하기 전에 DC 동작점을 계산한다. 에너지 저장 인덕터 및 대전된 커패시터를 포함하는 회로에서 동작점 계산은 이전 초기 값 설정을 덮어쓴다. 초기 조건 부품들에 의해 정해진 전압은 특정한 초기 값이 된다.
- 초기 조건 사용 : 대전된 커패시터와 에너지 저장 인덕터의 전압과 전류 및 특정한 초기 값을 갖는 초기 조건 부품들을 제외하고 모든 부품의 전압과 전류는 초기 값이 영이다.
- 초기 조건 0 : 모든 전압과 전류의 초기 값이 영이다.
- 입력 파형 그리기 : 이 옵션을 사용해서 응답과 함께 입력 파형을 표시할 수 있다.
- 적분 방법 : 이 매개변수는 두 가지 적분 방법, 즉 Gear-method와

Backward-Euler 중 하나를 선택한다. 2차형 Gear-method(기본)가 Backward-Euler 보다 정확하다.

해석이 완료되면 TINA는 시간 함수의 결과를 다이어그램 창에 표현한다. 윈도우에 표현된 이 차트는 보기, 잘라내기 그리고 붙이기, 주석 달기 등과 같은 많은 옵션을 제공한다. 일단 과도 해석 결과가 화면에 나타나면 푸리에 스펙트럼 해석이나 푸리에 급수를 실행할 수 있다.

10. 푸리에 해석

푸리에 해석을 선택한 후에 다음과 같은 서브메뉴가 나타난다.

(1) 푸리에 시리즈

과도 응답의 주파수 영역 특성은 푸리에 해석을 사용해서 검사될 수 있다. 고조파 왜곡은 시간의 출력 함수의 푸리에 시리즈를 계산해서 얻을 수 있고 푸리에 계수로부터 왜곡 요소를 계산할 수 있다. 고조파 왜곡은 % 단위에서 표시된다. 고조파 왜곡을 선택하면 [그림 3-48]과 같은 메뉴가 나타난다.

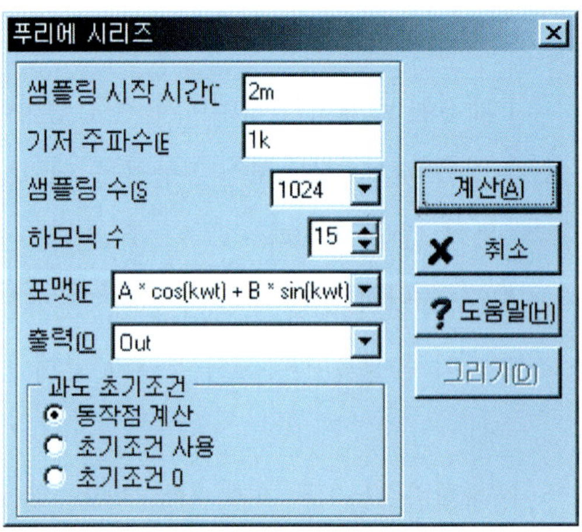

그림 3-48
푸리에 시리즈

- **샘플링 시작 시간** : 푸리에 해석이 시작되는 순간을 결정한다. 기본 값은 과도 해석 메뉴의 표시기 시작 매개변수이다. 너무 낮은 값으로 설정할 수 없다.
- **기저 주파수** : 여기서 푸리에 급수의 기저 주파수를 정해야 한다. 기본 값은 주기 파형(사인파, 일반적인 사다리형 파형)의 회로망에서 사용 가능한 발생기에 의해 만들어지는 가장 낮은 주파수를 기본 값으로 한다. FFT 샘플링 간격의 끝은 샘플링 시작 시간과 상호적인 기본 주파수의 합으로 계산된다. 이 값은 과도 해석 메뉴의 해석 시간 매개변수보다 클 수 없다. 가장 좋은 정확도는 초기 과도가 사라진 후에 푸리에 급수 해석을 위한 샘플링 시작 시간을 설정하는데 매우 중요하다.
- **샘플링 수** : FFT를 위한 샘플링 포인트 수를 결정한다. FFT의 속성으로 인해 이 숫자는 2의 제곱이어야 한다. 메뉴로부터 원하는 값을 선택한다. 샘플들의 개수가 많으면 많을수록 정확도는 높아진다. 그러나 이는 계산량을 증가시킨다.
- **하모닉 수** : 이것은 얼마나 많은 푸리에 계수(2부터 16)가 고조파 요소를 계산하는데 사용되었는지를 보여준다. 이들 계수는 화면에 표시될 것이다.
- **포맷** : 푸리에 계수를 나타내는 2가지 일반적인 형태를 선택할 수 있다. 즉, 절대값과 위상(지수 형태에 따른), 또는 코사인과 사인 요소이다.
- **계산** : 매개변수를 사용해서 푸리에 시리즈를 계산하기 위해 이 버튼을 누른다. 푸리에 계수들은 다이얼로그 박스의 확장 가능한 테이블에 나타날 것이다. 그리고 고조파 왜곡은 밑에 나타난다. 다이얼로그 박스에서 매개변수를 바꿀 때마다 결과 테이블은 사라지고 수정된 해석의 결과를 얻으려면 계산 버튼을 다시 눌러야 한다.
- **그리기** : 스펙트럼 라인을 그리려면 이 버튼을 누른다. 커서가 스펙트럼 라인 위를 이동할 때 이것은 + 형태로 변하고 스펙트럼의 실제 크

기가 TINA 윈도우의 밑에 표시된다.

(2) 푸리에 스펙트럼

과도 시간 함수는 이 함수를 갖고 주파수 영역에서 검사될 수 있다. 연속적인 스펙트럼은 시간 응답의 푸리에 변화에 의해서 결정된다. 푸리에 스펙트럼 옵션을 선택하면 [그림 3-49]와 같은 메뉴가 나타난다.

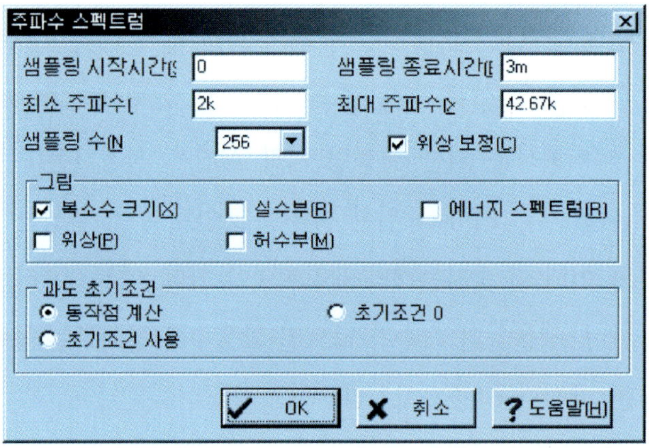

그림 3-49
주파수 스펙트럼

- **샘플링 시작 시간** : 푸리에 해석이 시작되는 순간을 결정한다. 기본 값은 과도 해석 메뉴의 표시기 시작 매개변수이다. 이것을 너무 낮은 값으로 설정할 수 없다.
- **샘플링 종료 시간** : 이것은 FFT의 종료시간을 결정한다. 기본 값은(그리고 가능한 최대 값) 과도 해석 메뉴의 해석 시간 매개변수 값이다.
- **최소와 최대 주파수** : FFT 해석의 최소와 최대 주파수는 샘플링 수, 샘플링 시작과 샘플링 끝내기와 관련된다. 이들 주파수를 임의로 설정할 수는 없지만 해석 범위를 제한하는 값으로 이들을 바꿀 수는 있다.
- **샘플링 수** : FFT를 위한 샘플링 포인트 개수를 결정한다. FFT의 속성으로 인해 이 숫자는 2의 제곱이어야 한다. 메뉴로부터 원하는 값을 선택한다. 샘플들의 개수가 많으면 많을수록 정확도는 높아진다. 그러나

이는 계산량을 증가시킨다.

- **위상 보정** : 파형이 나이퀴스트 주파수 위에서(샘플링 주파수의 절반) 에너지를 포함하고 있다면 발생하는 얼라이싱 효과를 감소시키는 위상 보정을 사용한다.
- **그림** : 초기에 그려질 곡선의 4가지 선택을 정할 수 있다. 크기, 위상, 실수부, 허수부. 모든 4개의 곡선들은 곡선 밑의 탭을 클릭해서 즉시 사용 가능하다.

II. 디지털 단계 해석

이 명령어가 디지털 회로에서 사용될 때 디지털 시뮬레이터는 회로에서 논리 수식을 해결할 것이다.

TINA는 안정한 해에 도달할 수 없다면 에러 메시지가 나타날 것이다. 안정한 해에 도달할 수 있다면 노드의 논리 값들은 회로 다이어그램에 나타날 것이다. 심벌은 다음과 같다.

논리게이트 상태	색
Low	파랑
High	빨강
Don't care	녹색
하이 임피던스	핑크
모름	검정
중간	흰색

단계적인 해석을 실행하기 전에 TINA는 DC 해석을 실행하고 디지털 신호 발생기의 값을 사용하는 초기 상태에 대한 해를 계산한다. 몇 가지 해가 존재한다면 프로그램은 이들 중에 하나를 사용한다. 초기 해를 계산

한 후에 TINA는 회로의 단계적인 동작을 따라 갈 수 있다.

[그림 3-50]과 같이 제어 패널이 나타날 것이고 순방향 스텝 ▶|이나 역방향 스텝 |◀버튼을 눌러서 단계적으로 회로의 동작을 검사할 수 있다. 자유 동작 모드에 대해 실행 버튼 ▶을 누른다. 각 노드에서 작은 박스는 논리 레벨, H 또는 L을 나타낸다. 전류의 시간과 다음 사건을 볼 수 있다. 실행 모드에서 +나 -버튼을 사용해서 해석 속도를 빠르게 하거나 느리게 할 수 있다.

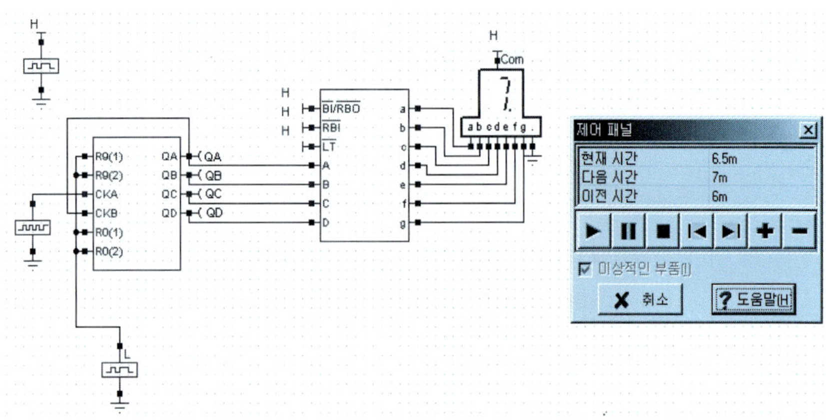

그림 3-50

디지털 단계 해석의 예

12. 디지털 시간 해석

이 모드는 디지털 부품만을 포함한 회로에서 가능하다. 디지털 시간 해석 메뉴는 [그림 3-51]과 같이 단지 한 개의 항목인 종료 시간만 갖는다.

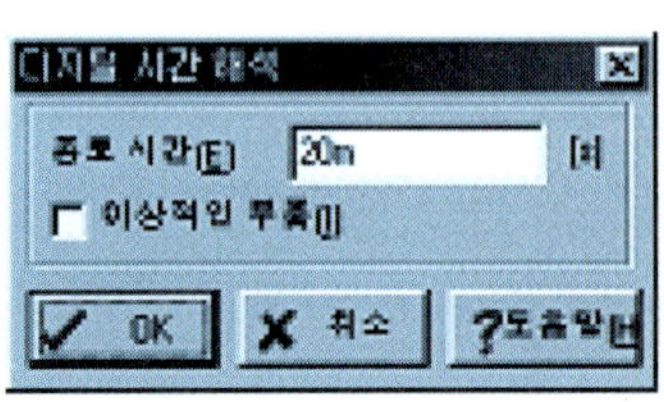

그림 3-51

디지털 시간 해석 메뉴

- **종료 시간** : 이것은 시간 $t=0$과 관련된 과도 해석 시간을 설정한다. 시간 함수로서 출력은 이 시간동안 모의 실험된다. 기본 값은 1μs이다. 펄스 및 클럭 소스가 연속이 되는 상태의 전체 시퀀스를 모두 발견하기 위해 충분히 긴 시간으로 설정한다.

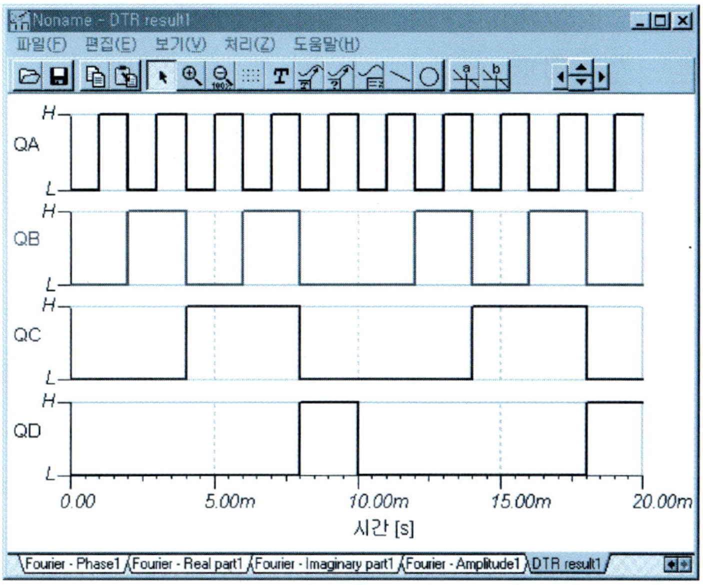

그림 3-52
디지털 시간 해석 결과 다이어그램

혼합 회로가 과도 해석에 사용될 때 과도 해석은 디지털 부품들의 아날로그 모델을 사용하는 아날로그 엔진에 의해 실행된다. 그러나 결과는 지정 다이어그램에 표시된다.

[그림 3-52]는 디지털 시간 해석 결과 다이어그램이다.

13. 디지털 VHDL 시뮬레이션

이 특징은 VHDL 추가가 설치되었을 때 이용할 수 있다. 회로가 아날로그 부품을 포함하고 있을 때 이 메뉴 항목은 작동할 수 있다. 이 해석은 현재 디지털 회로의 VHDL 시뮬레이션을 수행한다. 도면상에 있는 모든 부품(VHDL 코드를 포함하고 있는 매크로들을 포함하여)들은 회로의 단일 VHDL 코드로 변환되거나 복사될 것이다.

도면 부품들이 변환된 후 얻어진 VHDL 파일은 C++ 소스 파일로 변환될 것이다. 컴파일을 가속하기 위해서 모드 파라미터를 통하여 C++ 컴파일러의 동작을 수정할 수 있다. 파라미터 모드는 다음과 같다.

- **전체 구조** : 전체 C++ 구조가 불러질 것이고, VHDL 파일은 C++ 소스 파일로 변환될 것이다.
- **이미 컴파일 된 장치 사용** : C++ 소스 파일을 컴파일 후에 얻어진 .exe 파일이 저장될 것이다. 만일 이 실행파일이 이미 존재하고 단지 회로 여기(펄스 발생기, 클럭)들만 변화되었다면, 컴파일 과정은 건너뛰게 되어 시뮬레이션이 가속되게 된다.
- **변환만 수행** : VHDL에서 C++로 변환만 이루어진다. 변환 후 VHDL 프로젝트 관리자가 불러오게 되고, 여러분은 수동적으로 프로젝트를 구성하고 시뮬레이션을 작동할 수 있다.
- **시뮬레이션 종료 시간** : 시뮬레이션의 종료 시간을 설정한다.

14. 복합 VHDL 시뮬레이션

이 특징은 VHDL 추가 설치되었을 때만 이용 가능하다. 회로가 디지털만 또는 아날로그 부품만을 포함하고 있을 때 이 메뉴 항목은 작동하지 않는다.

이 해석은 현재 회로의 혼합 아날로그 VHDL 시뮬레이션을 수행한다. 편집기에서 디지털 부품들(VHDL 코드를 내포하고 있는 매크로들을 포함하여)은 하나의 VHDL 코드로 변환 또는 복사될 것이다. 그러면 프로그램은 회로의 아날로그와 디지털 부분 모두를 해석할 것이다.

- **해석 모드** : 현재 해석 모드를 나타낸다.
  - 아날로그→디지털 : 이 모드에서 회로의 아날로그부가 디지털부를 구동한다.
  - 디지털→아날로그 : 이 모드에서 회로의 디지털부가 아날로그부를 구동한다.

    회로가 이 두 구조 중의 어떤 하나로 분해될 수 있을 때만이 혼합 VHDL 시뮬레이션이 가능하다.
- **입력/출력 모델** : 아날로그 인터페이스를 위한 입·출력 모델(TTL, LS, HC, HCT, 등)
- **아날로그 해석**
  - 시뮬레이션 종료 시간 : 시뮬레이션의 종료 시간을 설정한다.
  - 동작점 계산 : TINA는 해석을 행하기 전에 DC 동작점을 계산한다. 에너지를 저장하고 있는 인덕터 및 충전된 커패시터를 포함하고 있는 회로에서 동작점 계산은 이미 설정된 초기 값들에 다시 중복해서 작성한다. 초기 조건 부품들에 의해서 지정된 전압들은 지정된 초기 값들로 강요된다.
  - 초기 조건 사용 : 충전된 커패시터, 에너지 저장 인덕터의 전압과 전류, 지정된 초기 값으로 강요되는 초기 조건 부품들을 제외하고 모든 전압과 전류는 초기 값 0으로 할당된다.
  - 제로 초기 값 : 모든 전압과 전류는 초기 값 0으로 할당된다.

15. 심벌릭(Symbolic) 해석

(1) DC 응답

이 메뉴 옵션에서 선택된 출력에 대한 DC 해석의 결과는 심벌릭 형태로 표시된다. 심벌릭 형태의 결과 표현은 심벌(알파벳)과 숫자들로 구성된다.

AC 전달 함수에서 다루고자 하는 심벌릭 값을 포함한 부품의 알파벳 라벨을 정해야 한다. 라벨에서 허용되는 형태는 다음과 같다. 즉, R2 또는 R2, 1k이다. TINA가 라벨이 없는 부품을 발견하거나 라벨에 숫자만 포함했거나 R3=1k라는 형식으로 라벨에 써 있는 경우 이것은 AC 전달 함수를 결정할 때 숫자형 값으로 사용될 것이다.

계산된 결과는 기호적으로 표시된다. (U=, I=, Rekv=) 하나의 출력만이 옵션에서 선택할 수 있으며 여러 개의 다른 소스(입력)가 있다면 결과는 덮어쓰기를 사용해서 계산될 것이다.

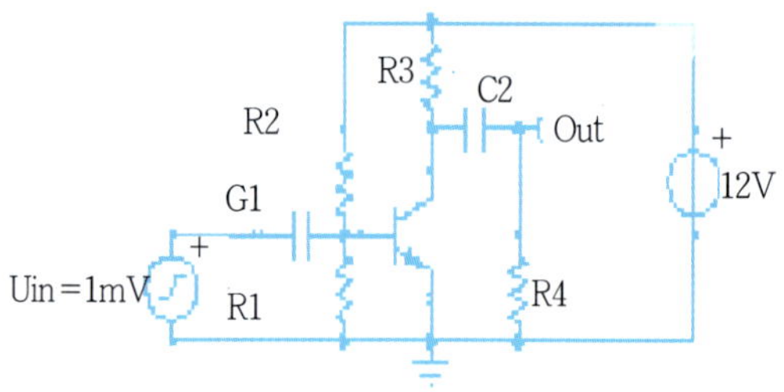

그림 3-53
예제 도면

그림 3-54
세미-심벌릭 DC 응답

(2) AC 응답

이 옵션을 사용해서 TINA는 주기적 입력에 대한 회로의 정상상태 응답을 계산한다. 전체 심벌릭 해석이 사용되면 응답은 복소수 진폭으로 나타나고 결과로 나온 표현은 심벌(알파벳)과 숫자들로 구성된다.

AC 전달 함수에서 다루고자 하는 심벌릭 값을 포함한 부품의 알파벳 라벨을 정해야 한다. 라벨에서 허용되는 형태는 다음과 같다. 즉, R_2 또는 R_2, 1k이다. TINA가 라벨이 없는 부품을 발견하거나 라벨에 숫자만 포함했거나 R_3=1k라는 형식으로 라벨에 써 있는 경우 이것은 AC 전달 함수를 결정할 때 숫자형 값으로 사용될 것이다. 하나의 출력만이 이 옵션에서 선택될 수 있다. 이 경우 다양한 응답 성분들은 콤마를 사용해 분리된다.

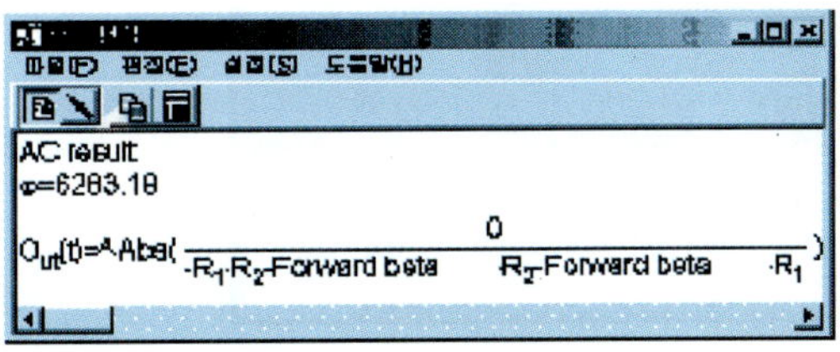

그림 3-55
AC 응답

그림 3-56
세미-심벌릭 AC 응답

(3) AC 전달 함수

이 옵션을 사용해서 TINA는 지정된 출력과 입력사이에 정의된 복소수 전달 함수를 찾아서 전체 심벌릭 형태로 표시한다. 하나의 입력과 출력만이 가능하다. 표현은 이들 라벨(알파벳 글자)과 숫자들로부터 여겨지는 부품의 심벌들로 구성되고 복소수 주파수(기호 s)에서 사용될 것이다.

AC 전달 함수에서 다루고자 하는 심벌릭 값을 포함한 부품의 알파벳 라벨을 정해야 한다. 라벨에서 허용되는 형태는 다음과 같다. 즉, R_2 또는 R_2, 1k이다. TINA가 라벨이 없는 부품을 발견하거나 라벨에 숫자만 포함했거나 R_3=1k라는 형식으로 라벨에 써 있는 경우 이것은 AC 전달 함수를 결정할 때 숫자형 값으로 사용될 것이다.

그림 3-57
AC 전달 함수

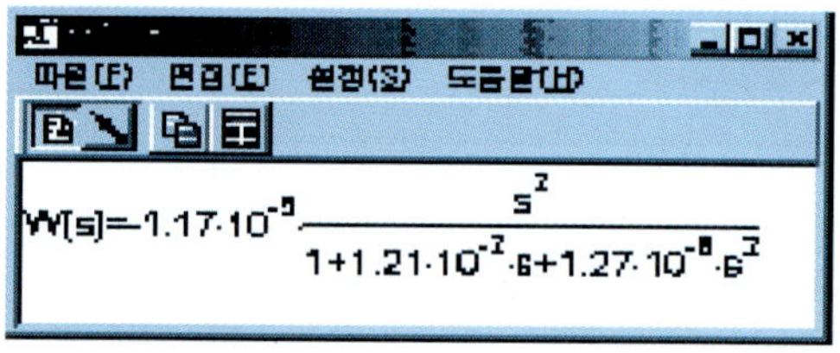

그림 3-58
세미-심벌릭 AC 전달 함수

(4) 시간 함수

TINA는 회로망의 과도 응답을 해석하고 소스와 숫자형 값을 갖는 부품을 사용하는 시간 함수로서 결과를 표시한다. 단지 하나의 입력만이 허용되지만 다수 입력도 가능하다. TINA가 부품 값 매개변수에서 숫자형 값을 사용할 것이기 때문에 원하는 라벨 형태를 사용할 수 있다.

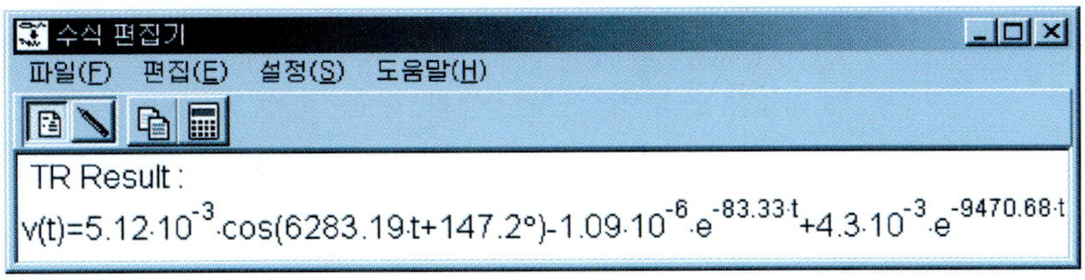

그림 3-59
세미-심벌릭 과도 해석

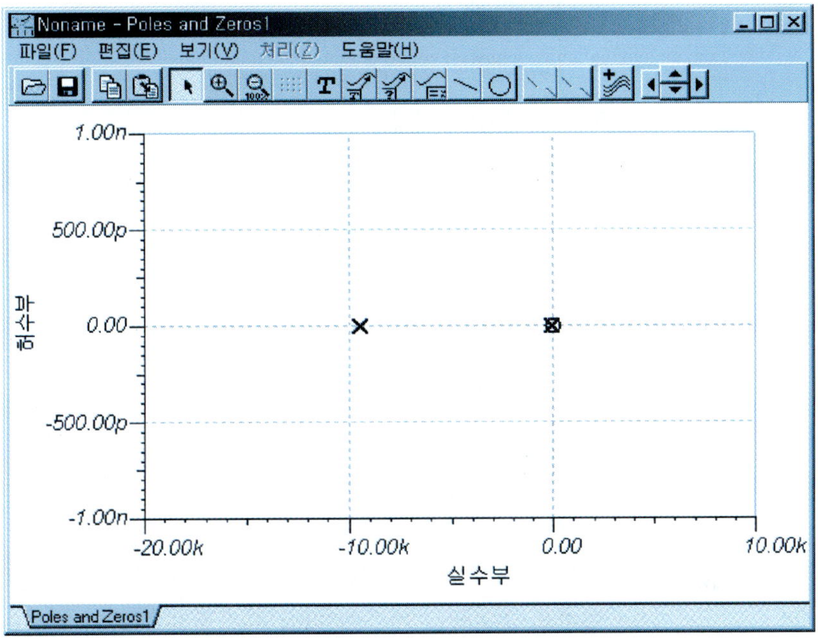

그림 3-60
극점과 영점

16. 노이즈 해석

주어진 회로에서 측정 또는 증폭할 수 있는 신호의 최소 레벨은 회로의 부품에서 일어나는 자발적인 변이에 의해서 결정된다. 이런 자발적인 변이를 노이즈(잡음)라고 한다. 일반적으로 노이즈는 주파수 범위의 모든 곳에서 에너지를 갖고 있다.

TINA는 회로 부품의 노이즈 영향을 계산하고 출력과 관련지어 이를 표현한다. 임의의 노이즈 변화는 확률적으로 해석되고, 평균치가 0이 되는 시간 영역에서 고려된다. 반면에 사각파의 분산과 합은 0이 되지 않는다. 저항성 노이즈는 다음과 같은 소스 전류에 의해서 계산된다.

$$t^2 = \frac{4kTB}{R}$$

여기서, $k = 0.38 \times 10^{-23}$ [W · sec/K] 볼츠만 상수

T=K단위의 온도

B=Hz 단위의 대역폭

R=Ω 단위의 저항

노이즈 해석 결과는 AC 해석의 보드 다이어그램과 유사하게 주파수 범위에 걸쳐 표시되고 인쇄할 수 있다.

저항과 반도체(트랜지스터, 다이오드)들은 노이즈 소스로서 취급되고, 등가 열잡음 전류는 이상적인 노이즈가 없는 저항을 갖는 병렬 상태에서 발생한다. TINA의 Op 앰프 모델들은 노이즈 발생기를 포함하고 있지 않다. 그래서 이들은 임시적 회로 노이즈 소스로서 포함되지 않는다. 이 등가 노이즈는 백색 잡음으로 모델화된다. 즉, 노이즈는 같은 진폭 밀도를 갖는 모든 주파수 부품들을 포함하고 있다. 회로에서 모든 노이즈 발생기의 영향은 출력에서 각각의 크기를 결정하기 위해 계산된다. 그리고 출력 노이즈는 이들 개별 영향의 rms 값으로 표현된다. 회로의 전달 함수를 알고 있기 때문에 등가 입력 노이즈는 출력 노이즈로부터 계산될 수 있다. 등가 입력 노이즈로 회로의 노이즈 표현을 함으로써 실제 입력 신호의 레벨과 회로 노이즈를 비교할 수 있게 해 준다. 등가 입력 노이즈의 크기에 가깝게 작은 입력 신호가 증폭될 때 회로는 쓸모없어진다. 입력과 출력 노이즈를 표현할 때 TINA는 대역폭(Hz)의 제곱근 당 노이즈 전압으로 노이즈를 표현한다.

TINA는 또한 출력에서 주파수의 함수로서 전체 노이즈의 곡선으로 노이즈를 표현한다. 이 곡선을 계산할 때 TINA는 시작 주파수에서 X축의 주파수 값까지 모든 노이즈를 고려하고 이것을 전체 노이즈로 표현한

다. 자연스럽게 곡선은 단조 증가한다. 시작 주파수를 20Hz로 설정하고 종료 주파수를 20kHz로 설정하면 전형적인 오디오 대역폭에 걸친 전체 출력 노이즈를 알 수 있다.

노이즈 해석을 선택한 후에 [그림 3-61]과 같은 서브메뉴를 볼 수 있다. 즉, 시작 주파수, 종료 주파수 그리고 계산될 포인트 개수, 다이어그램에 노이즈 해석 결과 내용 등을 설정할 수 있다. 결과 불러오기가 선택될 때 확장자 .$NO이 선택될 수 있다.

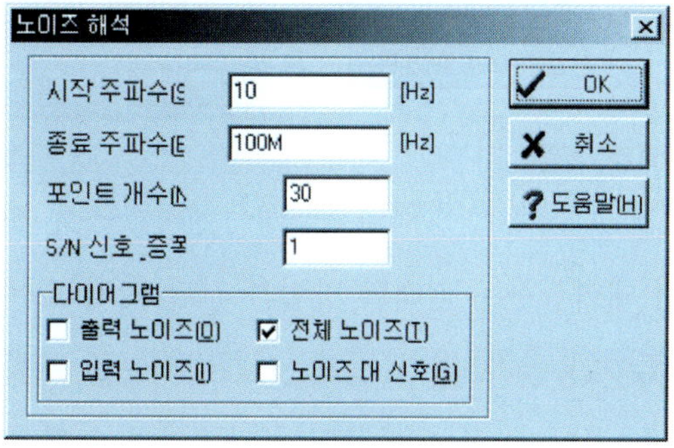

그림 3-61
노이즈 해석의 대화상자

주 의

노이즈 해석은 디지털 회로에서는 불가능하다.

17. 최적화 해석

여러분이 목적 함수를 정의하여 최적화를 설정하고 최적화 과정에 의해 결정되도록 부품을 선택하였다면 회로의 최적화를 시작할 수 있다. 최적화 서브메뉴는 해석 메뉴에서 찾아볼 수 있다. 목표 사양과 일치하도록 최적화 모드(DC 최적화, AC 최적화, 또는 AC 최적화(변환))를 선택해야 한다. AC 최적화(변환)와 AC 최적화 모드 사이의 차이는 단지 AC 최적화(변환) 모드가 1V 발생기를 가정한다는 점이다. 최적화 모드를 선택하면 몇 가지 파라미터를 설정할 수 있는 [그림 3-62]와 같은 대화상자가 나타날 것이다.

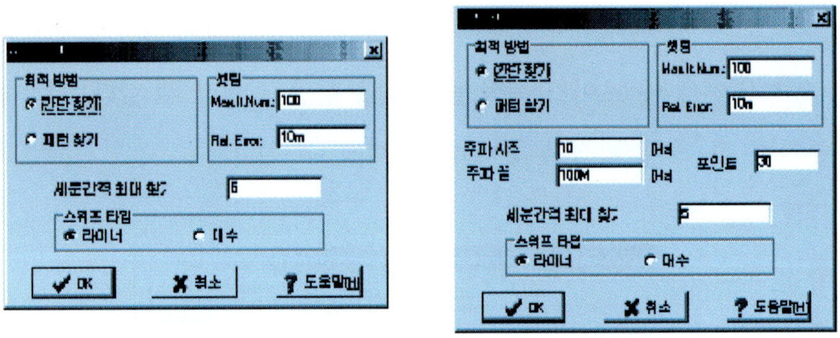

그림 3-62
최적화 설정 대화상자

(a) DC 최적화 (b) AC 최적화

[그림 3-62] 대화상자는 최적화 방법을 간단 찾기 또는 패턴 찾기를 설정할 수 있도록 허용한다. 간단 찾기는 모든 가능한 조합을 시도한다. 이것은 신뢰할 수 있지만, 하나 이상의 파라미터가 조절되고 있을 때 특히 느리다. 그러나, 오늘날 고속 컴퓨터로 인하여 상대적인 저속을 인식하기 어려우므로 간단 찾기가 매우 유용하다. 패턴 찾기는 더 정교하고 훨씬 더 빠른 알고리즘이지만, 수렴을 보장하지 않는다. 또한, 최대 반복 수와 상대적 오차를 설정할 수 있다.

세분 간격 최대 찾기와 스위프 타입은 최적화 방법에 따라 결정된다. 간단 찾기에 대해서 위의 대화상자에 보인 것처럼 세분 간격 최대 찾기와 스위프 타입을 설정할 수 있다. 세분 간격 최대 찾기의 값은 세분의 수를 설정한다. 이 수에 따라서 주어진 파라미터 영역들은 세분으로 나누어지고, 최적은 이 세분들의 중심의 파라미터를 사용하여 모든 조합으로 찾아진다. 만일 TINA가 최적을 찾지 못한다거나 의심이 있다면 반복이 더 느리게 될지라도 세분의 수를 증가시킨다. 만일 부품 값에 대해서 더 넓은 범위를 정의하였다면 대수 스위프를 선택하는 것이 바람직하다. 세분

간격 찾기 파라미터는 반복의 속도와 정밀도를 조정한다. 또한 부품의 시작 값을 설정할 수 있으며, 최적을 찾는데 도움이 될 것이다.

AC 최적화 모드는 DC 최적화 모드와 유사한 파라미터를 갖지만 AC 해석을 위한 시작과 종료 주파수, 포인트 등을 정의해야 한다. 이것은 최적 방법이 무엇이든 간에 동일하게 적용된다.

18. 옵션

(1) 일반 탭

- **진행 방식** : 이 항목은 요구된 해석을 실행할 때 그 과정을 TINA가 어떻게 알려주는지에 대한 설정을 할 수 있다.
  - 메시지 : 해석이 진행중일 때만 보여준다.
  - 진행율 : 0에서 100%까지 과정을 보여준다.
  - 자세히 : 메시지와 현재 진행중인 해석을 보여준다. 자세히는 많은 정보를 제공하지만 진행률이나 메시지를 선택했을 때 빠른 계산이 가능하다.

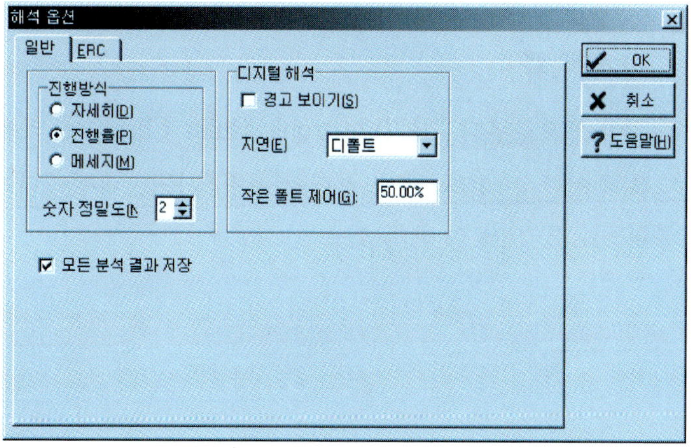

그림 3-63
해석 옵션 대화상자의 일반 탭 구성

- **디지털 해석** : 이 항목은 디지털 해석을 제어하는데 필요한 매개변수들이다.
  - **경고 보이기** : 선택되면 충돌이 발생한 경우 경고 메시지가 다른 윈도우에 표시되며, 선택되지 않으면 경고 메시지가 표시되지 않는다.
  - **지연** : 디지털 부품은 사용자에 의해 정의될 수 있는 자체 지연 매개변수를 갖고 있다.
- **디폴트** : 현재 회로에서 디지털 해석을 하는 동안 설정된 지연 값이 적용된다.
- **언제나** : 지연=없음으로 설정된 부품이라도 현재 회로에서 모든 디지털 부품에 설정된 지연 값이 적용된다.
- **이상적** : 모든 디지털 부품의 지연이 0이다. (지연=없음)
  - **작은 폴트 제어** : TINA는 디지털 부품의 작은 폴트를 지연의 50%보다 작게 하도록 자동적인 작은 폴트 제어를 제공한다. 설정된 고장 시간을 바꾸는 방법으로 이 메커니즘에 작은 폴트 제어를 사용할 수 있다. 여기에 입력한 값은 백분율이다.(억제된 갑작스런 폴트 시간/지연*100) 백분율이 높아지면 높아질수록 넓은 범위의 작은 고장이 억제된다.

(2) ERC 탭

이 탭으로부터 ERC(Electronic Rules Check)에 의해 사용되는 규칙을 수정할 수 있다. ERC 행렬의 설정은 ERC 유틸리티가 다양한 형태의 핀 사이의 접속을 취급한다.

정의	행렬 등록
합법적	빈 상자
의심적	황색, W(경고)
불법적	적색, E(오류)

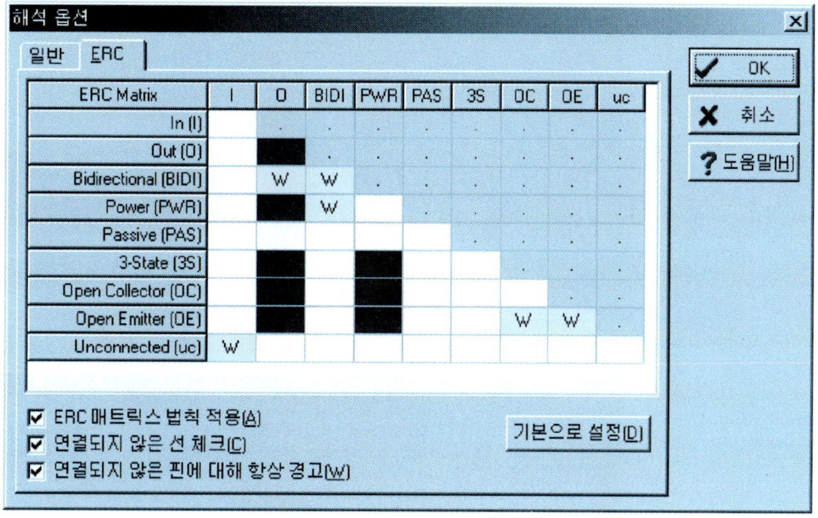

그림 3-64
해석 옵션 대화상자의 ERC 탭 구성

선택된 필드에서 그것의 값을 반전시키기 위해서 스페이스 바나 더블 클릭한다. '기본으로 설정' 버튼을 눌러서 ERC 행렬의 디폴트를 다시 저장할 수 있다.

이 탭에서 다음과 같은 부가적인 ERC을 설정할 수 있다.

- **연결되지 않은 선 체크** : 어떤 선이 비접속된 채로 남아 있으면 경고한다. 이것이 체크되지 않고 수동-수동 접속이 ERC 행렬에서 경고나 오류가 설정되지 않았다면 접속되지 않은 선들이 보고되지 않을 것이다.
- **연결되지 않은 핀에 대한 항상 경고** : 부품 핀에 대한 것을 제외하고는 위와 동일하다. ERC 행렬이 핀 형태에 대해서 비접속으로 되는 것을 허용하지만 경고는 발생할 것이다.

3-6 T&M 메뉴

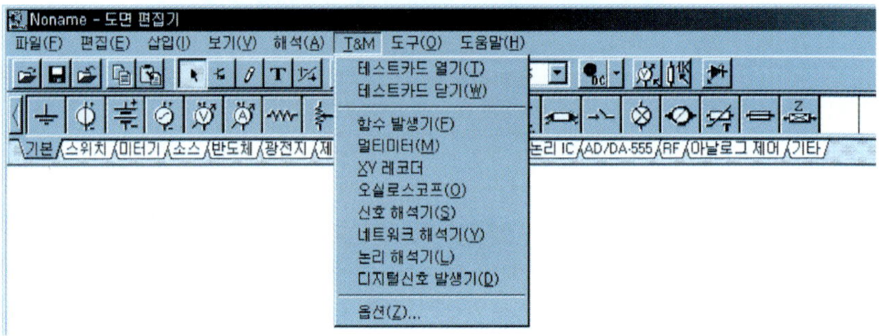

그림 3-65
TINA 도면 편집기의 T&M 메뉴

1. 테스트 카드 열기

이 명령어를 사용해서 회로 파일을 열고 TINA 실험 상자에 연결되어 있는 테스트 카드와 연관된 정보에 접근할 수 있다. 실제 측정 모드이어야 하고 이 설비를 사용하기 위해 추가 하드웨어(TinaLab 측정 카드와 TINA 실험 상자)를 갖고 있어야 한다. 일단 성공적으로 회로 파일을 불러들이면 TINA로부터 직접 테스트 카드에서 측정을 할 수 있고 이들을 모의 실험 결과와 비교할 수 있다.

2. 테스트 카드 닫기

이 명령을 사용해서 TINA 실험 상자에 접속되고 있는 테스트 카드와 관련된 회로를 닫는다. 실제 측정 모드이어야 하고 이 설비를 사용하기 위해 추가 하드웨어(TinaLab 측정 카드와 TINA 실험 상자)를 갖고 있어야 한다.

3. 함수발생기

그림 3-66
함수 발생기

함수 발생기는 다음과 같은 목적으로 사용할 수 있는 다목적 신호발생기이다.

- 기준 소스 : 설정한 주파수, 진폭, DC 오프셋, 위상에 따라 사인파를 만든다.
- 함수 발생기 : 설정한 주파수, 진폭, DC 오프셋, 위상에 따른 여러 파형을 만든다.
- 스위프 발생기 : 선형 또는 로그형 주파수 스위프를 만든다.

(1) 화면

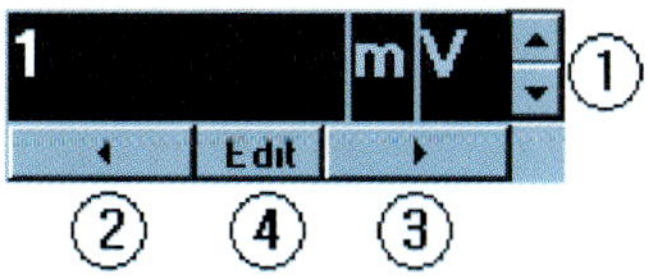

그림 3-67
함수 발생기의 파라미터 창

- 화면의 값을 1씩 숫자를 증가/감소시킨다. 최상위 숫자를 제외하고 9에서 10으로 증가하면 자리올림이 발생하며, 0에서 9로 감소하면 반대이다.
- 윗자리 숫자로 이동
- 아랫자리 숫자로 이동
- Edit 모드는 매개변수를 직접 입력함으로써 변경시킬 수 있다. Edit 키를 누르면 단추는 아래로 내려가며 새 값을 입력하고 다시 Edit 키를 누른다. Edit 키가 두 번째 눌려질 때까지 전의 매개변수가 장비에 적용된다.

(2) 파형 선택

Waveform 키에서 원하는 파형을 선택한다. 사용자정의 파형을 키를 누르면 신호 편집기가 나타난다.

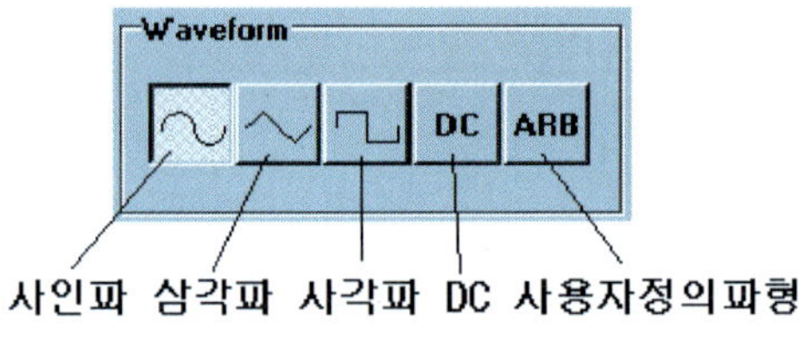

그림 3-68
함수 발생기의 파형 선택

(3) 신호 편집기

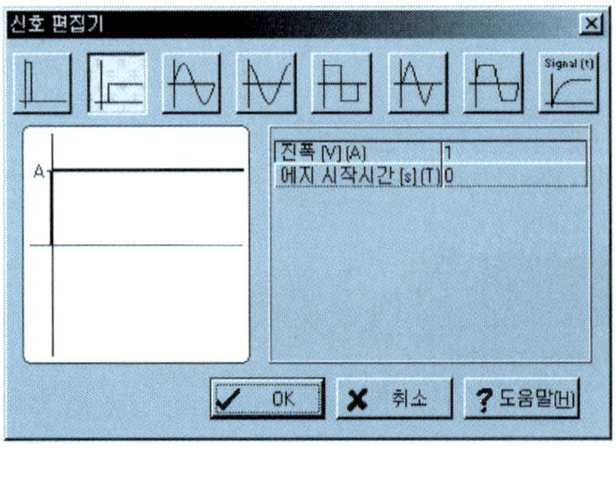

그림 3-69
사용자 정의 파형 버튼을 누르면 신호 편집기가 나타난다.

- **표준 입력** : 일단 전압이나 전류 발생기를 선택하면 발생기의 파형을 정하기 위한 신호 편집기를 사용할 수 있다. 신호 창에 커서를 옮기고 클릭해서 나온 버튼을 클릭하면 신호 편집기가 나타난다.

  모든 신호 파형 함수들은 $t > 0$ 에서 정의되고 $t = +0$ 에서 시작하며 시작점을 설정할 수 있는 일반적인 파형이 있다. DC 레벨은 시작하기 전에 이미 동작한다. 이런 특징은 이전의 DC 해석으로부터 초기 값을 넣도록 할 수 있다.

  다양한 신호 파형이 가능하다. 펄스, 단위 계단, 사인파, 코사인파, 사각파, 삼각파, 일반적인 파형과 사용자정의 파형 등 모든 파형은 사용자가 파형을 선택한 후에 사용 가능한 매개 변수들이 있다.

  펄스파 : 진폭과 펄스 폭에 대한 매개변수를 갖고 있다.

  단위 계단파 : 진폭과 에지 시작 시간에 대한 매개변수를 갖고 있다.

  사인파 : 진폭, 주파수, 위상을 입력한다.

  코사인파 : 진폭, 주파수, 위상을 입력한다.

  사각파 : 진폭, 주파수, 그리고 상승/하강 시간을 넣을 수 있다.

  삼각파 : 진폭과 주파수를 넣을 수 있다.

  일반 파형 : 6개의 시간 간격에 걸쳐 정의될 수 있고, 시간 이동 매개변수를 갖는 두 개의 진폭 레벨로 정의될 수도 있다.

  사용자 정의 파형 : 사용자 정의 입력 참조

- **사용자 정의 입력** : 해석기의 또 다른 중요한 특징은 사용자 정의 신호를 만들 수 있다는 것이다. 다른 종류의 입력에 회로의 응답을 검사할 수 있게 한다. 사용자 정의 파형은 지극히 일반적이고 수학적 표현으로

정의되는 파형의 수식 편집기 윈도우를 제공한다. 사용자 정의 입력을 만들려면 전압이나 전류 발생기를 회로에 삽입하고 발생기의 매개변수를 사용자 정의로 설정한다. 신호 편집기가 나타날 때 신호를 만들 수 있다. 사용자 정의 신호의 구조는 다음과 같다. 단 한 개의 규정 매개변수를 갖는 신호라 부르는 특별한 함수가 있어야 한다. 이 함수는 모의실험 하는 동안 계산된다. 또한 다른 함수를 정의할 수도 있고 함수가 다른 것을 부를 수도 있다.

나중에 .EXC 파일로 함수 정의를 저장할 수 있다. 이전에 저장된 입력을 불러올 수 있다. 저장된 신호들은 몇 개의 발생기에서 불려지게 된다. 신호 편집기의 메뉴 구조는 해석기 메인 메뉴의 마지막 메뉴 줄만 빼고는 유사하다. 이 명령어는 신호 정의를 컴파일하고 편집기를 끝낸다. 일반적인 방법으로 편집기를 끝낼 수도 있다.

함수 입력을 끝내면 테스트 버튼을 클릭한다. 함수가 구문적으로 올바르면 Successfully compiled 라는 메시지를 받을 것이다. 분리된 창이 수식 편집기 밑에 나타난다. 이것은 이전에 정의된 변수들, 회로 변수들과 사용자 정의 함수들에 대한 심벌 목록을 포함한다. 이들을 사용자정의 파형을 만드는데 사용할 수 있다. 신호 정의가 완성되면 확인 버튼을 누르고 상위 메뉴 창으로 돌아온다.

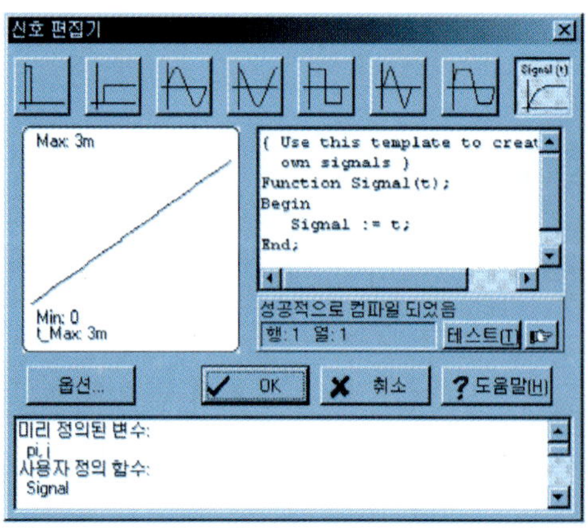

그림 3-70
사용자 정의 신호의 입력 창

<예제> : 다음과 같은 방법으로 지수 신호를 정의할 수 있다.

```
Function Signal(t);
Begin
Signal := 1-exp(-t/1e-6);
End;
```

(4) 스위프

- 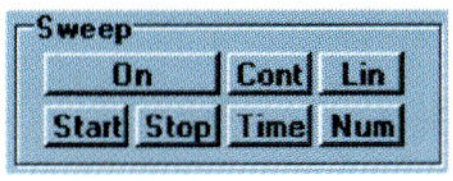

스위프 함수 키는 스위프의 매개변수를 설정하는데 사용된다.
- **On** 스위프를 on/off한다.
- **Start** **Stop** **Time** **Num** 이 키로 시작 주파수, 종료 주파수, 스위프 시간, 주파수의 수를 보고, 입력하고, 바꿀 수 있다.
- **Cont** 스위프 시퀀스를 싱글 또는 연속 모드로 설정한다. 싱글 스위프 모드는 함수 발생기가 시작 주파수에서 종료 주파수까지 스위프를 하고 그대로 머무르는 것을 말하며, 연속 모드는 함수 발생기가 시작 주파수에서 종료 주파수까지 스위프를 하고 다시 시작 주파수부터 스위프를 시작하는 것을 말한다.
- **Lin** 스위핑 모드를 선형 또는 로그형으로 선택한다.

(5) 매개변수

매개변수 키는 함수 발생기를 제어하는 매개변수를 보고, 입력하고 변경하는데 사용된다.

- **Freq** 주파수
- **Ampl** 진폭
- **Offset** DC 오프셋
- **Phase** 출력신호의 위상

(6) 제어

제어키는 함수 발생기의 동작을 시작시키고 종료시킨다.

(7) 출력 선택

출력 채널을 선택한다. 도면이 해석되고 있을 때 출력 채널은 신호가 인가될 곳을 결정한다.

4. 멀티미터

- DC와 AC 전압, DC와 AC 전류, 저항 또는 HI, LO 입력 사이에서 정의된 회로의 주파수를 측정하기 위해 디지털 멀티미터가 사용된다.
- 노드와 접지 사이의 전압을 측정하기 위해서 측정하고자 하는 위치에 '**테스트 포인트**'를 놓아야 한다.
- 두 노드(가지 전압) 사이의 전압을 측정하려면 측정하고자 하는 위치에 '**전압계**'를 놓아야 한다.
- **저항**을 측정하려면 측정하고자 하는 위치에 '**임피던스계**'를 놓아야 한다.
- **전류**를 측정하려면 측정하고자 하는 위치에 '**전류계**'나 '**전류 방향**'을 놓아야 한다.

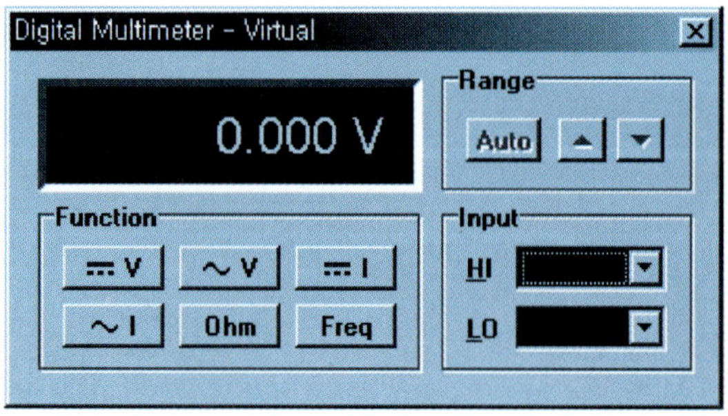

그림 3-71
멀티미터

(1) 측정 함수 제어

함수 제어 버튼은 측정 함수를 선택하도록 한다.

- [⎓V] 도구를 DC 전압 동작 모드로 위치시킨다.
- [~V] 도구를 AC 전압 동작 모드로 위치시킨다.
- [⎓I] 도구를 DC 전류 모드로 위치시킨다.
- [~I] 도구를 AC 전류 모드로 위치시킨다.
- [Ohm] Ohm 버튼은 DMM이 저항을 측정하도록 설정한다.
- [Freq] Freq 버튼은 DMM이 주파수를 측정하도록 설정한다.

(2) 범위 제어

- 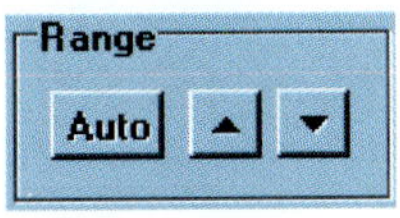

자동 범위 설정 [Auto]을 사용해서 멀티미터가 자동으로 범위를 선택하도록 할 수 있고, 또는 수동 범위 [▲][▼]을 사용해서 고정된 범위를 사용자가 선택할 수도 있다.
- [Auto] 자동 범위와 수동 범위사이의 토글링
- [▲] 높은 범위 선택 또는 자동 범위 해제
- [▲] 낮은 범위 선택 또는 자동 범위 해제

(3) 입력 선택

- 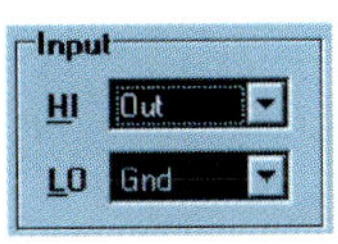

입력은 DMM을 측정하고자 하는 전압, 전류, 저항 또는 주파수에 연결하는데 사용된다. HI 입력은 LO 단자에 대해 양으로 고려되고, LO 단자는 접지로부터 격리된다. 이 영역에 입력이 나타나도록 도면에 적당한 미터계를 넣어야 한다.

5. XY 레코더

XY 레코더는 하나 이상의 전기적 파형을 또 다른 전기적 파형(X 입력으로 할당)의 함수로써 디스플레이한다. TINA 가상 XY 레코더는 일반적인 XY 레코더보다 더 많은 입력 채널을 가지고 있으므로, 더 많은 신호들을 동시에 디스플레이할 수 있다.

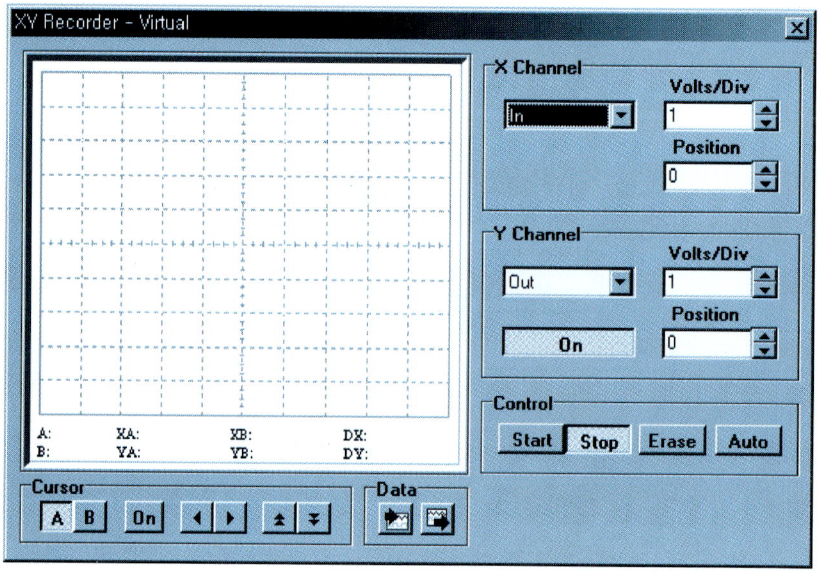

그림 3-72
XY 레코더

(1) 수직 창 설정(Y Channel)

- 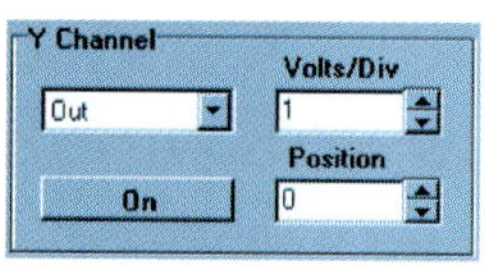

각 입력 소스에 대해서 수직 감도, 수직 위치, 그리고 채널 on/off가 입력되고 저장된다.
- 

Y 입력 채널을 선택한다. 회로에 전압계가 위치되어 있다면 전압을 측정할 수 있다.
- 

채널을 on 또는 off한다.

- 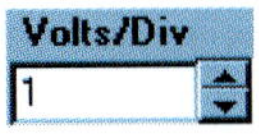

1-2-5 단계 순서로 수직 축척을 변경한다.
- 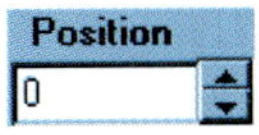

디스플레이에서 신호를 수직으로 이동시킨다.

(2) 수평 창 설정(X Channel)

- 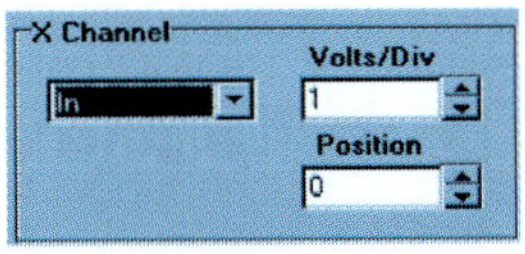

각 입력 소스에 대해서 수평 감도, 수평 위치, 그리고 채널 on/off가 입력되고 저장된다.
- 

X 입력 채널을 선택한다. 회로에 전압계가 위치되어 있다면 가지 전압을 측정할 수 있다.
- 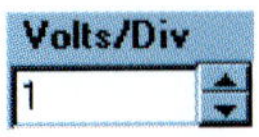

1-2-5 단계 순서로 수평 축척을 변경한다.
- 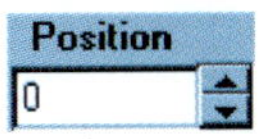

디스플레이에서 신호를 수직으로 이동시킨다.

(3) 제어키 사용(Control)

- 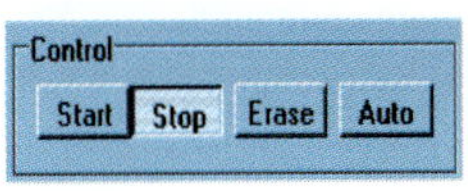

XY 레코더의 동작 모드를 변경하기 위한 4개의 제어키가 있다.
- 

XY 레코더가 데이터를 포획하고 가장 최근의 파형을 표시한다.
- 

디스플레이를 정지시킨다.
- 

디스플레이를 지운다.
- 

XY 레코더는 자동 축척 특징을 가지고 있다. 이것은 XY 레코더가 입력 신호를 최상의 디스플레이로 자동 설정한다.

6. 오실로스코프

오실로스코프는 화면에 시간 함수로 전기적인 파형을 보여준다. TINA

의 가상 오실로스코프는 더 많은 신호를 표시하기 위해서 일반적인 오실로스코프보다 더 많은 입력 채널을 갖고 있다.

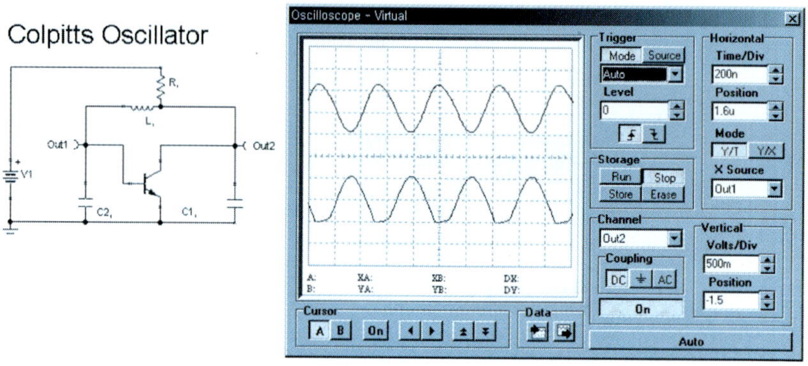

그림 3-73
오실로스코프

(1) 수직 창 설정

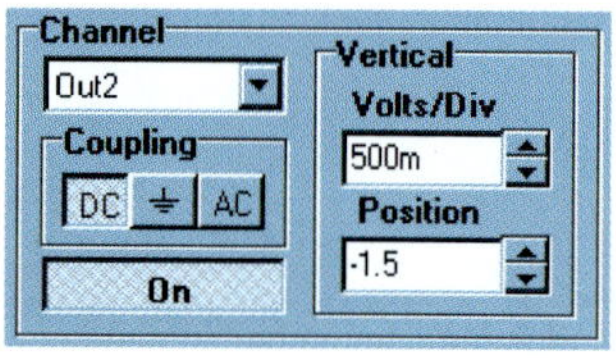

-  입력 채널을 선택한다. 회로에 표시된 전압 핀 모두가 채널을 열어서 선택할 수 있다. 회로에 전압계가 있다면 노드의 전압(미분 입력을 가진 오실로스코프와 같음)을 측정할 수 있다.
- 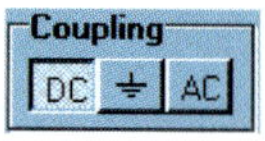 채널에 대한 입력 커플링을 변화시킨다. DC는 채널의 직류 신호, AC는 교류 신호를 오실로스코프의 입력으로 결합시키고, 접지는 입력을 접지로 결합시킨다.
-  버튼을 눌러서 채널을 이용하거나 누르지 않아서 이용하지 않는다.

- 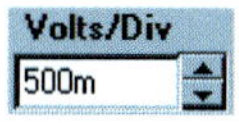

1-2-5 단계로 수직 범위를 변화시킨다. 숫자가 커질수록 1칸당 진폭이 커짐을 의미하므로 디스플레이되는 신호의 진폭은 작아진다.

- 

화면에 신호를 수직으로 이동시킨다. 양의 수는 신호를 위로 이동시키고 음의 수는 아래로 이동시킨다.

※ 커플링, 수직 민감성, 수직 위치, 채널 on/off 는 각 입력 소스에 입력되고 저장된다.

(2) 수평 창 설정

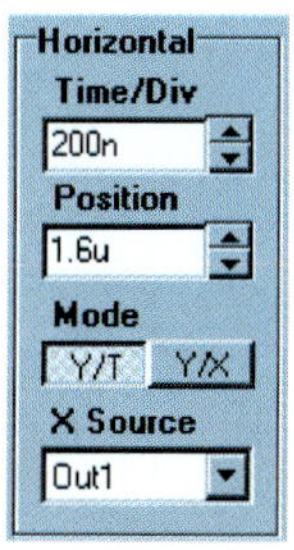

- 

1-2-5 단계의 시간 단위로 변화시킨다. 숫자가 커질수록 1칸당 시간이 커짐을 의미하므로 디스플레이되는 신호의 주기가 많아진다.

- 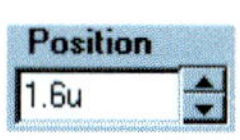

주 스윕을 수평으로 이동시킨다.

- 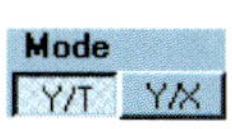

전압 대 시간 또는 전압 대 전압 표시를 변화시킨다.

- 

X-Y 모드에서 X 축 소스 채널을 선택한다.

(3) 오실로스코프를 트리거함

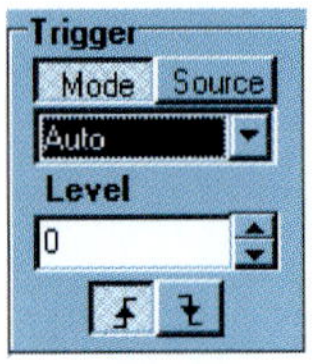

- 

트리거 모드나 소스를 선택한다. 트리거 모드는 Single, Normal, Auto가 있으며, 소스는 Ext.-Func. Gen., 오실로스코프의 입력 채널을 선택할 수 있다.
- 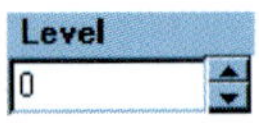

트리거 레벨을 변화시킨다.
-  오실로스코프를 트리거하기 위한 신호의 상승 또는 하강 끝을 선택한다.

(4) 저장된 오실로스코프 동작을 사용함

- 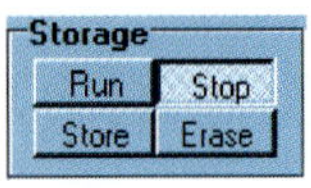

오실로스코프의 동작모드를 변화시키기 위한 4가지 저장키가 있다.
- 

오실로스코프의 데이터를 얻어서 가장 최근의 결과를 표시한다.
- 

화면을 정지시킨다.
- 

오실로스코프의 데이터를 얻어서 가장 최근의 것과 이전에 얻어진 파형을 함께 표시한다.
- 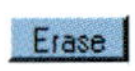

화면을 지운다.

(5) 자동으로 신호 표시

- 

오실로스코프는 입력 신호를 가장 잘 나타낼 수 있는 설정을 자동으로 하는 자동 범위 조정 기능을 갖고 있다.

(6) 커서

화면에 디스플레이된 파형의 진폭, 시간 등을 측정하는데 편리성을 제공한다.

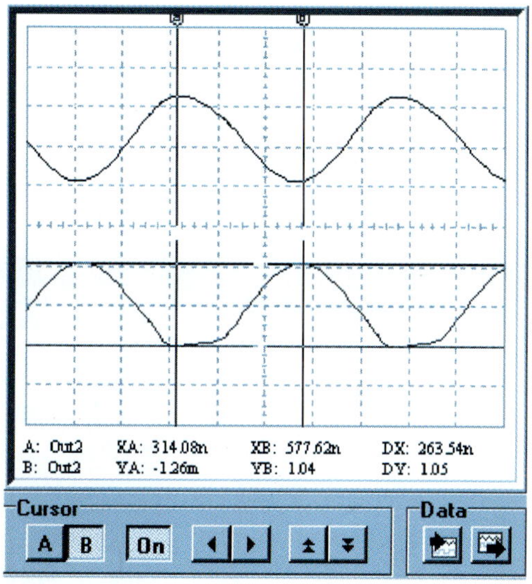

- A B On 커서 A를 누르고 On 버튼을 누르면 화면에 적색의 +형 측정 커서가 나타나고, On 버튼을 누르지 않으면 +형 측정 커서가 사라진다. 커서 B에 대해서도 마찬가지나 측정 커서의 색상이 청색으로 나타난나.
- 커서 A, B를 선택한 다음 측정 커서를 좌우로 이동시킨다.
- 커서 A, B를 선택한 다음 측정 커서를 상하로 이동시킨다.

(7) 데이터

- 저장된 데이터를 다이어그램 윈도우에 표시한다.
- 현재의 디스플레이 화면 데이터를 다이어그램 윈도우에 표시한다.

7. 신호 해석기

신호 해석기는 아날로그 회로에서 주파수 해석을 제공한다. 이 장비로 가능한 측정은 다음과 같다.

- 절대 및 상대 진폭
- 위상
- 나이퀴스트 다이어그램

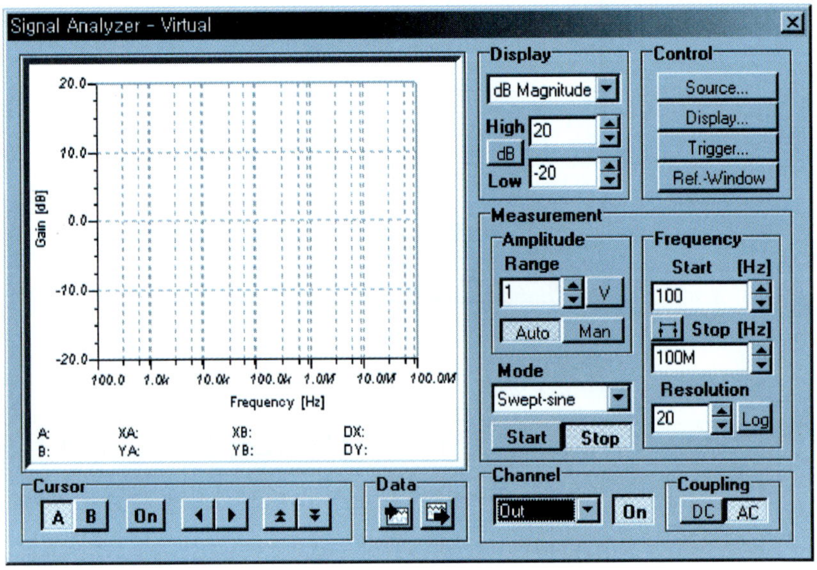

그림 3-74
신호 해석기

(1) 입력 채널 설정

이 조정 장치로 입력채널 선택(), 입력채널의 커플링 변경 (), 채널의 on/off ()을 조정할 수 있다. 회로의 출력을 보려면 노드에 테스트 포인트를 할당해야 한다.

(2) 진폭의 범위 제어

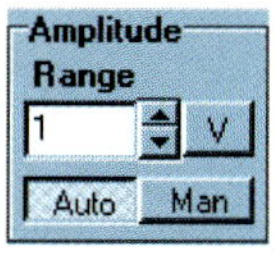

-  입력의 진폭 범위를 1-2-5 단계 순서로 증가 및 감소시킨다. 진폭 단위는 dB 또는 V를 눌러서 변경할 수 있다.
-  Auto 버튼은 장비를 자동 범위 조정 모드로 만든다. 이 모드에서 장비는 인가된 입력신호를 측정하기 위한 가장 적절한 범위를 자동으로 선택한다.
-  Man 버튼은 장비를 수동 범위 조정모드로 만든다.

(3) 주파수 범위

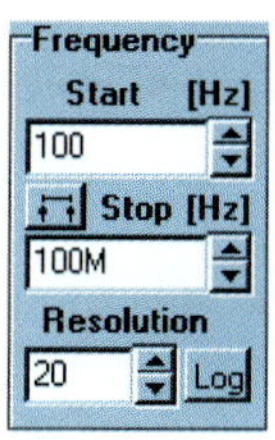

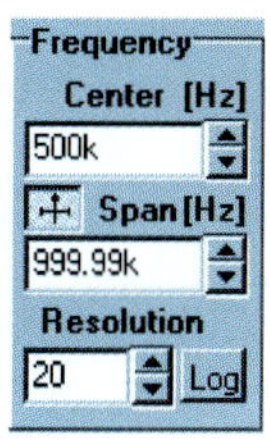

신호 해석기의 수평축은 주파수를 나타낸다. 시작 주파수와 종료 주파수를 설정함으로써 시점과 종점을 조정할 수 있다. 해상도의 숫자 높을수록 화면에 그려지는 그래픽이 더 정교하게 그려지지만, 시간이 약간 더 길어진다. 반면에 낮으면 그래픽이 완만하지는 않지만 해석 시간이 짧아진다.

-  이 버튼을 눌러서 시작-종료 주파수와 중심-스팬 주파수 기능의 사이를 전환시킨다.
-  Log가 선택되면 수평축 간격이 대수 단위로 눈금이 매겨지고, Lin이 선택되면 수평 간격이 선형적인 눈금으로 된다.

(4) 측정 모드

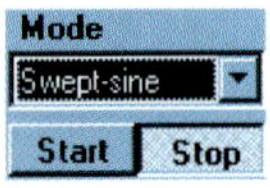

측정 모드를 선택할 수 있다. 측정 모드는 Swept-Sine, 진폭 스펙트럼, 진폭 스펙트럼 밀도, 전력 스펙트럼, 전력 스펙트럼 밀도를 측정할 수 있다. 

버튼을 이용하여 해석을 시작하고 정지시킨다.

(5) 제어 선택

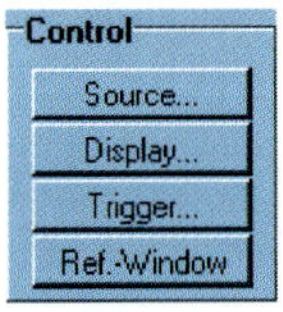

4가지 측정 셋업 메뉴 중의 하나를 디스플레이한다.

- 

현재 도면에서 사용하고 있는 소스(함수발생기 등)를 불러와서 조정할 수 있다.
- 

화면을 설정할 수 있도록 제어 패널을 만든다.
- 

트리거를 설정할 수 있도록 제어 패널을 만든다.
- 

해석기의 기준 창을 설정할 수 있도록 제어 패널을 만든다.

(6) 화면 설정

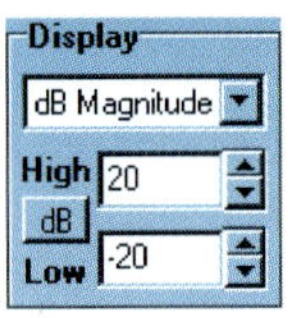

- 

디스플레이하는 해석의 형태를 선택한다. 가능한 해석 형태는 대수 크기(Log magnitude), 선형 크기(Lin magnitude), 데시벨 크기(dB magnitude), 위상(phase), 보드(Bode, 진폭과 위상), 나이퀴스트(Nyquist), 군지연(Group delay) 등이다.
- 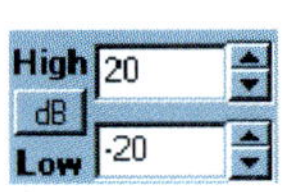

Low, High 값을 조정하여 수직축의 최소와 최대 범위를 설정한다. 단위 dB는 해석 형태를 선택함에 따라서 그에 대응하는 단위로 자동적으로 변경된다.

(7) 트리거 설정

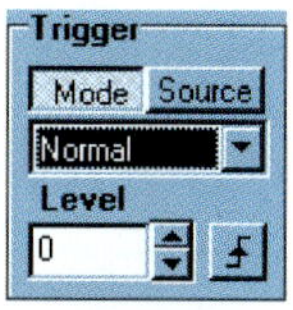

- 

트리거 모드 또는 소스를 선택한다. 선택 가능한 트리거 모드는 Single, Normal, Free Run이고, 트리거 소스는 도면에 표시된 소스 및 테스트 포인트를 설정할 수 있다.
- 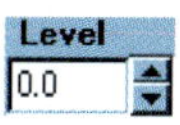

트리거 레벨을 변경한다.
- 네트워크 해석기를 트리거하는데 신호의 상승 또는 하강 에지를 선택한다.

(8) 기준 창 설정

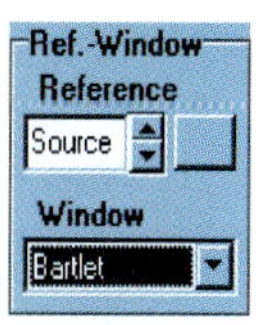

기준을 소스를 선택할 수 있으며, 필드 옆에 있는 버튼 을 클릭하여 전압 또는 전력 값을 입력하여 선택할 수 있다. 또한, 창은 Uniform, Hanning, Flattop, Blackman, Hamming, Bartlet 등 중에서 하나를 선택할 수 있다.

8. 네트워크 해석기

설계자와 제조업자가 더 복잡한 시스템에서 사용되는 부품들과 회로들의 전기적인 성능을 측정하는 과정이 네트워크 해석이다. 벡터 네트워크 해석은 이러한 부품들을 스위프 주파수 테스트 신호의 진폭과 위상에 관한 영향을 측정하여 정확하게 특성화하는 방법이다. 그 기본적인 형태에서 네트워크 해석은 전송선로를 따라서 진행하는 입사, 반사, 전달 파의 측정을 포함한다.

해석기는 입사 신호를 발생하는 통합된 RF 신호원을 갖으며, 이것은 테스트 중인 소자에 대한 자극으로써 사용된다. 소자는 입사 신호의 일부를 반사하고, 나머지 신호를 전달하는 것으로 응답한다. 만일 소자가 수동이라면 전달 신호의 일부가 흡수되어 손실 소자를 의미하게 된다. 만일 소자가 능동이라면 전달 신호는 증폭되어 소자가 이득을 갖는다는 것을 의미한다. 전달 신호와 반사 신호는 입사 신호에 대한 비교로 측정된다. 해석기는 기준신호로써 입사 신호의 작은 부분을 취한다. 소스 주파수를 스위핑하면서 해석기는 테스트 소자의 응답을 측정하고 표시한다.

계측의 테스트 설정 부분은 RF 전력의 방향을 결정하기 위한 신호-분리 소자와 스위치들을 포함하며, 이를 S-파라미터 테스트 설정이라 한다. S-파라미터 테스트 설정은 테스트 중인 소자에서 순방향과 역방향 측정 모두를 허용하며, 이는 4개의 S-파라미터 모두를 특성화하는데 필요하다. RF 전력은 RF 전력은 테스트 포트 1 또는 2 중의 하나에서 나올 수 있고, 어떤 테스트 포트든 수신기에 접속될 수 있다.

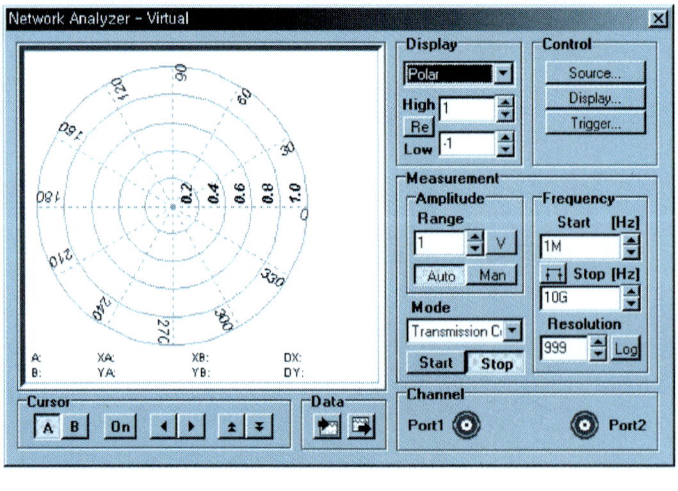

그림 3-75
네트워크 해석기

(1) 입력 채널 설정

회로의 출력을 표시하기 위해서 회로에 네트워크 해석기를 위치시키고, 관심이 있는 노드에 네트워크 해석기를 접속한다.

(2) 진폭 범위 조정

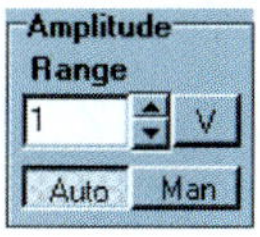

-  입력의 진폭 범위를 1-2-5 단계 순서로 증가 및 감소시킨다. 진폭 단위는 dB 또는 V를 눌러서 변경할 수 있다.
-  Auto 버튼은 장비를 자동 범위 조정 모드로 만든다. 이 모드에서 장비는 인가된 입력신호를 측정하기 위한 가장 적절한 범위를 자동으로 선택한다.
-  Man 버튼은 장비를 수동 범위 조정 모드로 만든다.

(3) 주파수 범위 조정

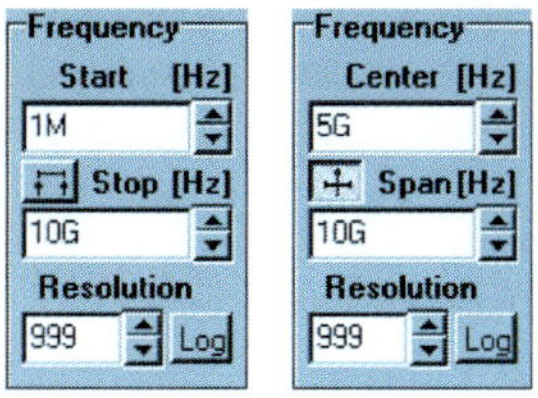

신호 해석기 수평축은 항상 주파수를 나타낸다. 시작과 종료 주파수를 설정하여 시점과 종점을 조정할 수 있다. 다른 방법으로 중심 주파수와 중심 주파수에 관하여 스팬 주파수에 의해서 대칭인 주파수 범위를 설정하여 디스플레이 주파수를 설정할 수 있다. 해상도의 숫자가 높을수록 화면에 그려지는 그래픽이 더 정교하게 그려지지만, 시간이 약간 더 길어진다. 반면에 낮으면 그래픽이 완만하지는 않지만 해석 시간이 짧아진다.

- 이 버튼을 눌러서 시작-종료 주파수와 중심-스팬 주파수 기능을 사이를 전환시킨다.
- Log가 선택되면 수평축 간격이 대수 단위로 눈금이 매겨지고, Lin이 선택되면 수평 간격이 선형적인 눈금으로 된다.

(4) 측정 모드 설정

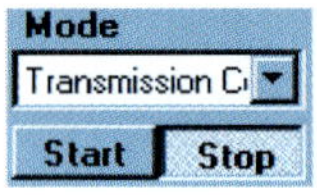

측정 모드를 선택할 수 있다. 가능한 측정 모드는 전달계수, 반사계수, 임피던스, S-, Z-, Y-, H-파라미터 등이다.

- **전달계수(T, Transmission Coefficient)**는 전달된 전압을 입사 전압으로 나눈 것으로 정의한다. 전달된 전압의 절대값이 입사 전압의 절대값보다 크면, DUT(device under test) 또는 시스템은 이득을 가진다고 말한다. 전달 전압의 절대값이 입사 전압의 절대값보다 적다면, DUT 또는 시스템은 감쇠 또는 삽입 손실을 가진다고 말한다. 전달계수의 위상 부분을 삽입 위상이라 한다. 군지연(Group Delay)은 주파수에 관한 DUT를 통한 신호의 전이시간의 측정이다. 위상 응답의 선형 부분이 일정한 값으로 감소하고, 선형 위상으로부터 편이를 일정한 군지연으로부터 편이(통신 시스템에서 위상 일그러짐을 일으키는)로 변환한다. 평균 지연은 DUT를 통한 평균 신호 전이시간을 나타낸다.
  - 전달계수 = T = Vtransmitted/Vincident
  - 이득 [dB] = 20 Log |T|
  - 삽입손실 [dB] = 20 Log |T|
  - 삽입위상 = 위상 (T) = ϕ
  - 군지연(t) = $-d\phi / d\omega = -1/360^\circ * d\phi / d\omega$

- **반사계수(Γ, Reflection Coefficient)**는 입사 신호 전압 레벨에 대한 반

사 신호 전압 레벨의 비이다. Γ의 크기 부분을 ρ(rho)라고 한다. 예를 들면, 전송선로가 자신의 특성 임피던스 Z_o로 종단되었으면 모든 에너지가 부하로 전달되므로 Vrefl=0 and ρ=0이다. 부하 임피던스 Z_L이 전송선로의 특성 임피던스와 같지 않으면 에너지는 반사되고 ρ는 0보다 더 커진다. 부하 임피던스가 단락 또는 개방회로와 같을 때 모든 에너지는 반사되고 ρ=1이다. 결과적으로 ρ의 가능한 값의 범위는 0과 1사이이다.

반사손실(Return loss)은 대수항(데시벨)으로 반사계수를 표현하는 방법이다. 반사손실은 반사 신호가 입사 신호보다 적은 데시벨의 수이다. 반사손실은 항상 양수로 표현되고, 특성 임피던스에 있는 부하에 대해서 무한대와 개방 또는 단락회로에 대해서 0 dB 사이에서 변한다.

- 반사계수=Γ=Vreflected / Vincident
- ρ=| Γ |
- 반사손실=20 log| Γ |

- **각종 파라미터** : 미지의 선형 2-포트 소자를 완전하게 특성화하기 위해서 디양한 조건 하에서 측정을 하고 파라미터의 집합을 계산한다. 이들 파라미터들은 소자(또는 회로망)의 전기적 성질을 완전하게 기술하는데 사용될 수 있다.

저주파 소자 또는 회로망 특성은 대개 H, Y, Z 파라미터의 측정에 기반을 두고 있다. 이들 파라미터를 측정하기 위해서 소자의 입력이나 출력포트 또는 회로망의 노드에서 총 전압과 전류를 측정하여야 한다. 더욱이 측정은 개방회로와 단락회로 상태에서 이루어져야 한다.

고주파수에서 총 전류나 전압을 측정하기가 어렵기 때문에 대신에 S-파라미터가 일반적으로 측정된다. 이들 파라미터들은 이득, 손실, 반사계수와 같은 익숙한 측정과 관련되며, 측정이 비교적 단순하고

DUT에 대한 바람직하지 않은 부하의 접속이 필요하지 않다. 복수의 소자들에 대해 측정된 S-파라미터는 전체 시스템 성능을 예측하기 위해서 종속 접속될 수 있다. S-파라미터들은 선형과 비선형 CAE 회로 시뮬레이션 툴 모두에서 쉽게 사용되고, 필요할 때 S-파라미터로부터 H, Y, Z 파라미터들을 유도할 수 있다.

순방향 S-파라미터들은 테스트 시스템의 특성 임피던스와 정확하게 같은 부하로 출력이 종단될 때 입사, 반사, 전달 신호의 크기와 위상을 측정하여 결정된다. 간단한 2-포트 회로망의 경우에 S11은 DUT의 입력 복소 반사계수 또는 임피던스와 같으며, S21은 순방향 복소 전달계수이다. DUT의 출력포트에 전원을 배치하고 입력포트를 완전 부하로 종단하여 다른 두 개의(역방향) S-파라미터를 측정한다. 파라미터 S22는 DUT의 출력 복소 반사계수 또는 출력 임피던스와 같으며, S12는 역방향 복소수 전달계수이다.

(5) 제어 선택

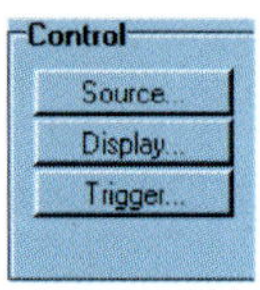

3가지 측정 셋업 메뉴 중의 하나를 디스플레이한다.

- 

 현재 도면에서 사용하고 있는 소스(함수발생기 등)를 불러와서 조정할 수 있다.
- 

 화면을 설정할 수 있도록 제어 패널을 만든다.
- 

 트리거를 설정할 수 있도록 제어 패널을 만든다.

(6) 화면 설정

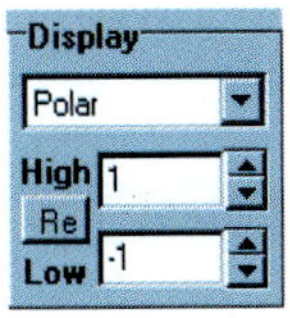

-  디스플레이하고자 하는 해석의 형태를 선택한다. 가능한 형태는 선형 크기(Lin magnitude), 대수 크기(Log magnitude), 데시벨 크기(dB magnitude), 위상(phase), 보드(Bode, gain & phase), 폴라(Polar), 스미스(Smith), 군지연(Group Delay) 등이다.
- 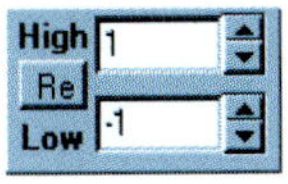 Low와 High 값을 조정하여 수직축 눈금을 지정한다. 버튼은 실수부이고, 이 버튼을 누르면 으로 변경되어 허수부에 대한 지정이 된다.

(7) 트리거 설정

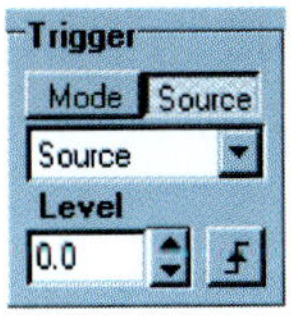

-  트리거 모드 또는 소스를 선택한다. 선택 가능한 트리거 모드는 Single, Normal, Free Run이고, 트리거 소스는 도면에 표시된 소스 및 테스트 포인트를 설정할 수 있다.
- 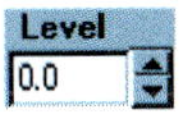 트리거 레벨을 변경한다.
-  네트워크 해석기를 트리거하는데 신호의 상승 또는 하강 에지를 선택한다.

9. 논리 해석기

논리 해석기는 디지털 신호의 정확한 타이밍 검사에 유용하다.

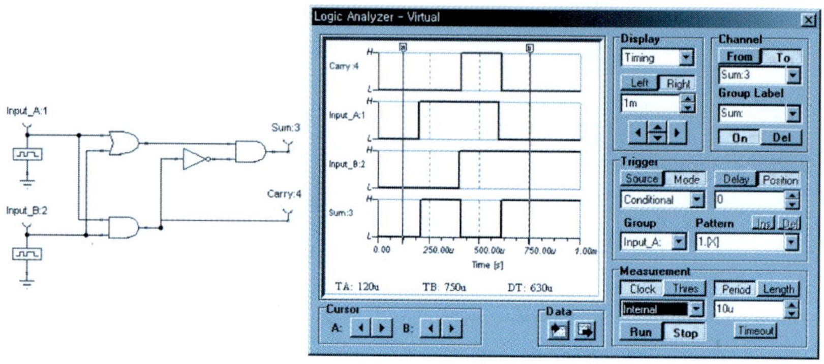

그림 3-76
논리 해석기

(1) 측정 변수

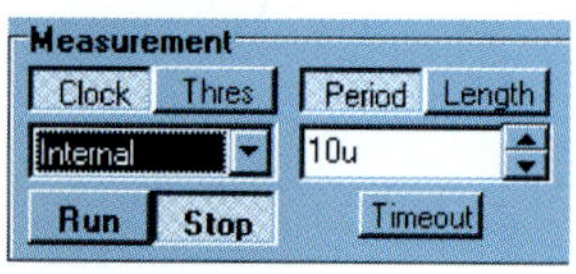

- 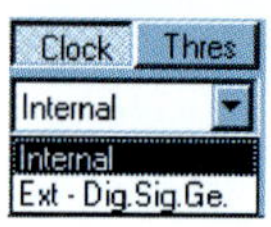

외부 또는 내부 클럭 소스를 선택한다.

- 

TTL과 CMOS를 포함하여 다른 논리 그룹들의 적당한 한계 모드를 선택한다.

- 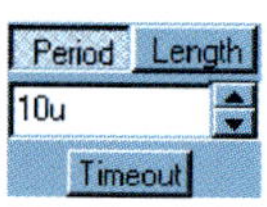

Period 버튼을 눌러서 클럭 주기를 설정하고, Length 버튼을 눌러서 파형의 기록 길이를 설정한다. Timeout 버튼을 눌러서 타임아웃을 설정한다. 이것은 프로그램 트리거가 이전에 정의된 시간 한계 내에서 발생하지 않는다면 타임아웃이 작동하여 트리거를 일으킨다.

(2) 트리거

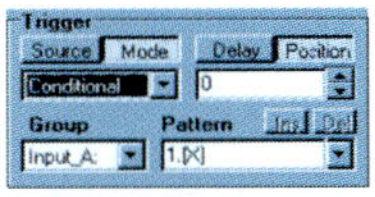

트리거는 놓치기 쉬운 동작을 알아내는데 사용하며 도움이 된다.

- 

신속하게 메모리에 트리거 위치를 정하기 위해서 트리거 지연과 위치를 설정한다.

- 

트리거 모드나 소스를 선택한다. 트리거 소스는 외부 또는 내부일 수 있다. 내부 소스가 선택된다면 조건적 또는 연속적 트리거 모드가 효과적이다.

- 

수정할 채널 그룹을 선택한다.

- 

상자 안에 1과 0을 입력해서 특정 워드를 정할 수 있다. 두 개의 값이 모두 가능하다면 X라고 입력한다. 트리거 패턴은 자료 수집이 시작되는 시간의 포인트를 정의한다.

(3) 화면 설정

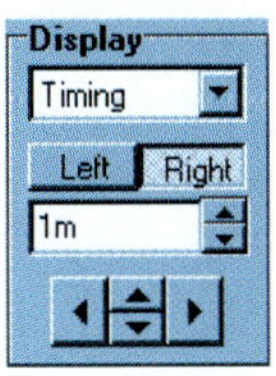

- 

화면의 표시 형태를 선택한다.

- 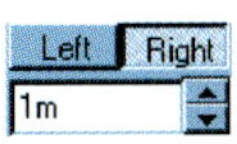

왼쪽 또는 오른쪽 값을 정하는 방법으로 수평축 범위를 설정할 수 있다.

- 
좌표 화살표를 사용하여 좌우 또는 위 아래로 이동시킬 수 있다.

(4) 채널 설정

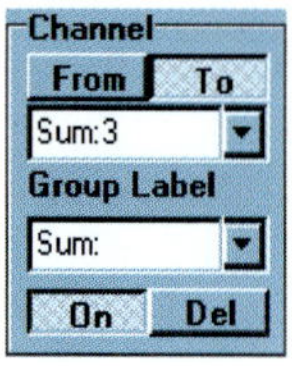

채널들은 그룹과 연결되며 라벨이 있다.

-  그룹에서 첫 번째와 마지막 채널을 결정하는 방법으로 채널들의 그룹을 선택할 수 있다.
- 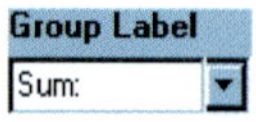 그룹에 라벨을 설정하거나 다른 그룹을 선택할 수 있다.
-  그룹을 묶거나 푼다.

10. 디지털 신호 발생기

디지털 신호 발생기는 디지털 논리회로 모의시험을 위한 디지털 시험 패턴을 제공한다.

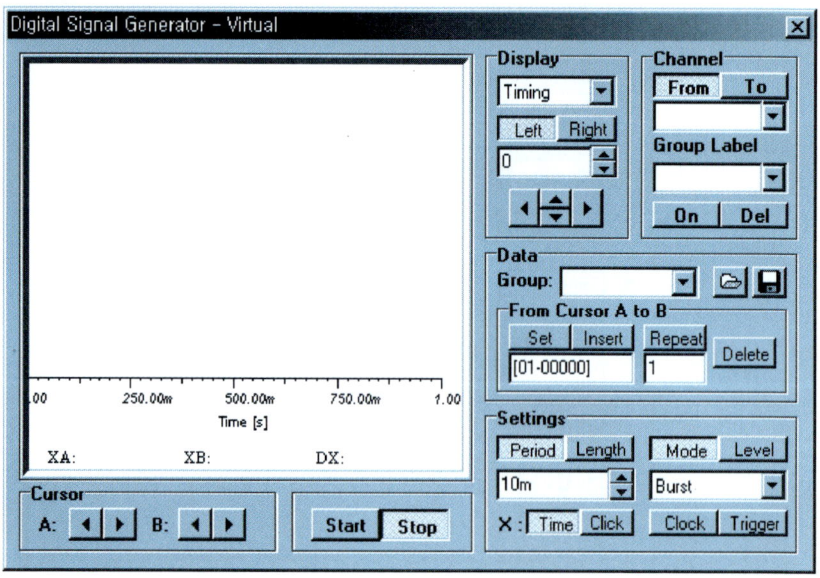

그림 3-77
디지털 신호 발생기

(1) 데이터 구성과 수정

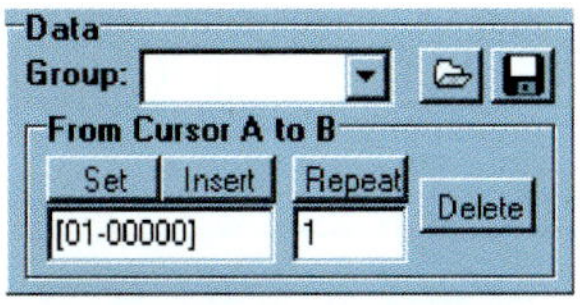

- 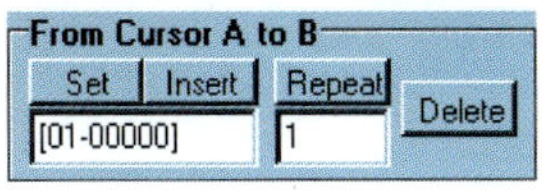

A와 B 커서 위치 사이의 비트들의 형태를 설정, 삽입, 반복 그리고 삭제할 수 있다. 상자 안에 1과 0을 넣어서 패턴 워드를 정의할 수 있다. 가장 왼쪽 비트가 최상위 비트이다. 값을 수정하지 않으려면 X라고 입력하면 된다.
- 

수정할 채널 그룹을 선택한다.
-  데이터 형태를 불러오거나 저장한다.

(2) 설정

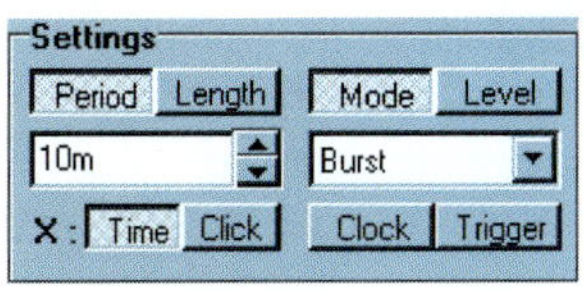

- 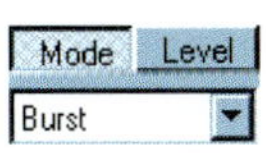

보느는 데이터 출력 모드(Step, Burst)를 선택한다.
- 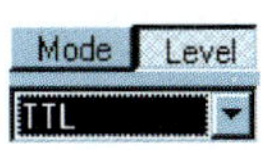

레벨 설정은 발생기가 TTL과 CMOS를 포함해서 다른 논리 그룹을 다룰 수 있게 한다.
- 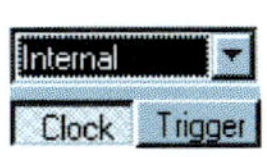

트리거 소스는 외부 논리 해석기나 내부 소스를 사용한다.
- 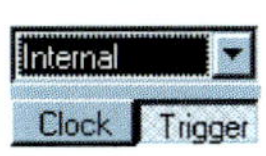

클럭 소스는 외부 논리 해석기나 내부 소스를 사용한다.
- 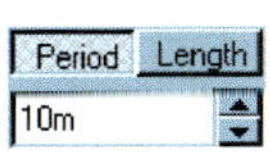

클럭 주기나 화면에 기록되는 길이를 실징한다.
- 

절대 시간과 클럭 주기 단위 사이를 스위칭한다.

(3) 커서

- 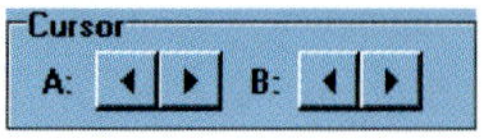

두 개의 화면 커서가 있다. 각 커서의 위치에서 시간은 항상 화면에 표시된다. 커서들은 동작시간과 동작들 사이의 시간을 측정할 수 있도록 표시된 파형의 동작으로 옮겨질 수 있다. 각 커서는 사용자가 원하는 동작으로 커서를 설정할 수 있도록 왼쪽과 오른쪽 동작 버튼을 갖고 있다.

II. 옵션

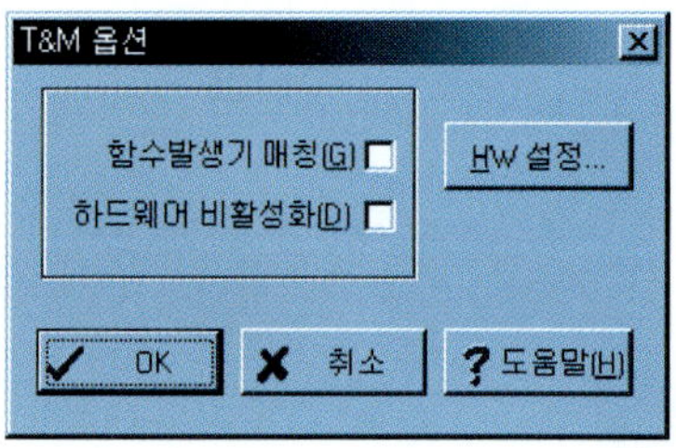

그림 3-78
T&M 옵션 대화상자

(1) 함수 발생기 매칭

이것은 보조 하드웨어를 갖는 실시간 측정 모드에서만 효과적이다. 이것은 TINA로 하여금 하드웨어 함수 발생기가 만들어질 수 있도록 이들 주파수가 사용되게 한다. 회로를 모의실험하고 측정해서 좀 더 정확한 비교를 위해 이 옵션을 사용한다.

(2) 하드웨어 비활성화

TINA 보조 하드웨어를 비활성화한다. 만약 TINA 보조 하드웨어를 설치했다면 TINA는 프로그램을 실행할 때마다 보조 하드웨어의 유무를 검사하고 발견되지 않으면 경고문을 내보낸다. 경고문을 비활성화할 수 있고, 이 옵션으로 실시간 측정을 특성화할 수 있다.

(3) HW 설정

보조 하드웨어의 설정을 바꾸고 테스트한다.

※ HW 설정 : I/O 포트 주소, 인터럽트 (IRQ 숫자), DMA 채널의 설정들이 보조 하드웨어로 설정한 것과 같도록 한다.

3-7 TINA의 도구 메뉴

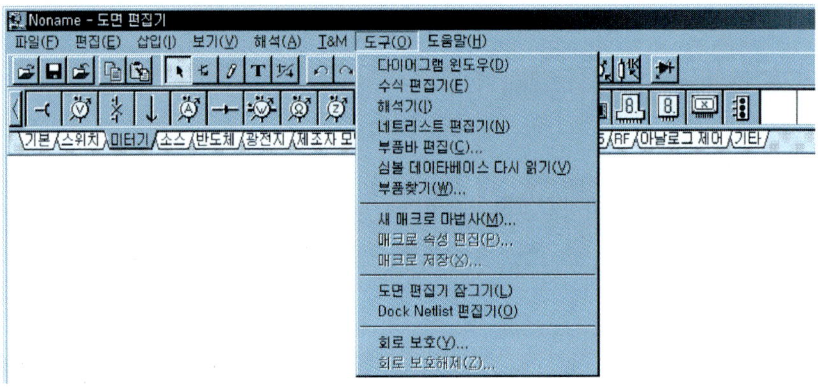

그림 3-79
TINA 도면 편집기의 도구 메뉴

1. 다이어그램 윈도우

수학적 해석 또는 측정 후에 다이어그램 윈도우는 계산된 결과를 그래픽 형태로 표시할 수 있다.

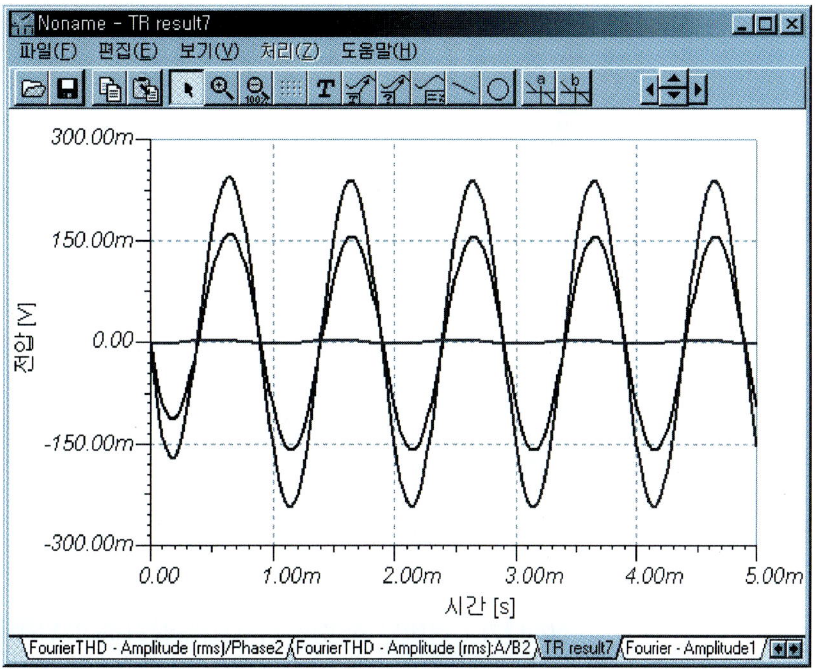

그림 3-80
다이어그램 윈도우

(1) 다이어그램 선택 탭

해석 집합에서 하나 이상의 많은 다이어그램이 있다면 화면의 밑 부분에서 탭으로 다이어그램을 나타낸다. 다른 다이어그램을 보기/인쇄하기 위해 원하는 탭을 클릭한다.

(2) 메뉴

- **파일 메뉴** : 열기, 저장 또는 인쇄하기 위해 파일 메뉴를 사용할 수 있다. 파일 메뉴에서 명령어들은 다음과 같다.
  - **모두 지우기** : 다이어그램 윈도우에서 불러온 모든 파일을 모두 지운다.
  - **열기** : 다이어그램 윈도우로 존재하는 Tina 프로그램을 불러온다.
  - **저장** : 다이어그램 윈도우의 내용을 현재 사용하는 이름으로 저장한다.

- **새 이름으로** : 다이어그램 윈도우의 내용을 새로운 이름을 사용하여 파일로 저장한다.
- **변환** : 다이어그램 윈도우의 내용을 윈도우 메타파일(*.wmf), 비트맵(*.bmp), 문자(*.txt)로 변환하여 저장한다.
- **미리보기** : 인쇄된 종이에 나타나는 것처럼 다이어그램 윈도우에 현재 페이지를 보여준다.
- **인쇄** : 다이어그램 윈도우 내용을 인쇄한다.
- **프린터 설정** : 프린터 설정을 바꾼다.

• **편집 메뉴** : 다이어그램에서 곡선, 축, 문자들을 조절할 때 편집 메뉴를 사용한다. 곡선, 문자, 선 또는 원을 윈도우의 다른 페이지 사이를 전송할 때 사용한다. 편집 메뉴에서 명령어들은 다음과 같다.

- **잘라내기** : 선택된 항을 클립보드에 복사하고 원래 위치에서 지운다.
- **복사** : 선택된 항을 클립보드에 복사한다.
- **붙이기** : 다이어그램 윈도우의 현재 페이지에 클립보드의 내용을 붙여 넣는다.
- **모든 그래프 선택** : 현재 페이지의 모든 곡선을 선택한다.
- **더 많은 커브 추가** : 새로운 곡선을 다이어그램과 포스트-프로세싱 해석 곡선에 추가한다.

• **보기 메뉴** : 현재 다이어그램의 상태를 바꾸기 위해 보기 메뉴의 명령어를 사용한다. 보기 메뉴에서 명령어는 다음과 같다.

- **화면 확대** : 다이어그램 윈도우에서 현재 페이지에서 선택된 곡선이나 모든 곡선을 확대한다.
- **보통 크기** : 모든 곡선의 보기 레벨을 보통 값으로 저장한다.
- **표시 축** : 현재 페이지에서 축을 표시하거나 하지 않도록 선택된다. 이것은 좌표계 없이 페이저 다이어그램을 표시하는데 유용하다.
- **그래프 분리** : 각 곡선들이 수직 배열이 되도록 곡선들을 분리한다.

- **그래프 모음** : x와 y축으로 분리된 곡선들을 하나의 그래프로 저장한다.
- **기본 그래프 폭** : 초기 그래프 폭을 설정한다.
- **벡터 라벨** : 페이저 다이어그램에서 범례나 자동 레이블 툴의 레이블 형태를 설정한다. 자동 레이블 또는 범례 버튼을 누리기 전에 이것을 설정할 필요가 있다.
- **격자 색깔 설정** : 그래프의 격자에 대한 색상을 설정한다.
- **페이지이름 설정** : 현재 페이지의 이름을 변경한다.
- **페이지 지우기** : 다이어그램 윈도우로부터 현재 페이지를 지운다.
- **결과 보존** : 이 메뉴가 체크되면 해석 결과는 다른 페이지에서 다이어그램 윈도우에 수집이 된다. 다시 말하면 마지막 결과만이 유지된다.

- **도움말** : 도움말 메뉴를 사용해서 특별한 도움말 윈도우에서 표시되는 온라인 도움말 시스템에 접근할 수 있다. 도움말 시스템은 다이어그램 윈도우의 모든 것에 대한 정보를 제공해준다.
- **다이어그램 윈도우** : 다이어그램 윈도우에서 도움말을 얻을 수 있다.

(3) 미리 보기

전체 인쇄 화면이 자로 경계 지워진 보여질 실제 다이어그램을 보여준다. 다이어그램의 영역을 조절하기 위해 자를 사용할 수 있다. 규정된 영역 밖으로 WMF 그림이나 문자로 대치할 수 있다. 파일 메뉴에서 '미리 보기' 명령을 선택하면 다음과 같은 아이콘이 툴바에 생긴다.

-  **취소** : 다이어그램 윈도우로 다시 돌아간다.
-  **인쇄** : 인쇄 다이얼로그 박스를 가져온다.
-  **여백** : 경계 다이얼로그에 직접 왼쪽, 오른쪽 그리고 위 여백과 다이어그램의 종횡비를 표시한다.

- 경계 : 왼쪽, 오른쪽, 위, 아래 여백 선을 드래그해서 다이어그램의 4 모서리를 자유롭게 조절할 수 있다(그리고 종횡비도 마찬가지이다).

(4) 툴바

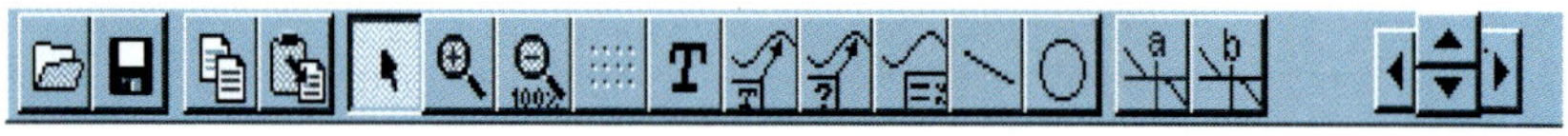

그림 3-81
다이어그램 윈도우의 툴 바

툴바는 다이어그램 윈도우에서 사용되는 많은 도구에 마우스를 이용해 빠르게 접근할 수 있다. 툴바에서 버튼은 아래와 같다.

- 열기 : 다이어그램 윈도우에 저장되어 있는 TINA 프로그램을 불러 온다.
- 저장 : 다이어그램 윈도우의 내용을 파일로 저장한다.
- 복사 : 그래픽 대상을 클립보드로 복사한다.
- 붙이기 : 클립보드의 내용을 현재 페이지로 복사해 넣는다.
- 선택 : 이 모드에서 마우스 왼쪽 버튼을 현재 페이지에서 그래픽 대상을 선택할 때 사용될 수 있다.
- 화면 확대 : 해석 곡선을 확대한다.
- 보통 크기 : 보통 보기로 되돌아간다.
- 격자 : 이 모드에서 격자 축이 선택될 수 있다.
- 문자 : 현재 페이지에 새로운 문자를 놓는다.
- 포인터 : 선택된 문자나 공식을 곡선 사이에 화살표로 놓을 수 있다.
- 자동 문자 : 자동적으로 선택된 곡선에 포인터를 가진 곡선 라벨(출력의 이름을 포함하고 단계 매개변수의 값을 포함하는)을 입력한다. 라벨을 더블 클릭해서 이것을 편집할 수 있다.
- 설명 : 곡선과 관련된 색깔, 표시, 출력 이름, 그리고 단계 매개변수를 가지고 테이블을 자동으로 만든다. 테이블을 더블 클릭해서 이 내용

을 편집할 수 있다.

- 선 : 현재 페이지에 새로운 선을 그린다.
- 원 : 현재 페이지에 새로운 원을 그린다.
- 커서 a 와 커서 b : 현재 페이지에 새로운 커서를 만들고 위치시킬 수 있다. 아날로그 좌표 시스템에서 커서들은 특별한 곡선과 연결될 수 있다.
- 위 스크롤, 오른쪽 스크롤, 아래 스크롤, 왼쪽 스크롤 : 이 버튼을 이용해서 확대 또는 축소되는 곡선들의 윈도우 위치를 변화시킬 수 있다.

2. 수식 편집기

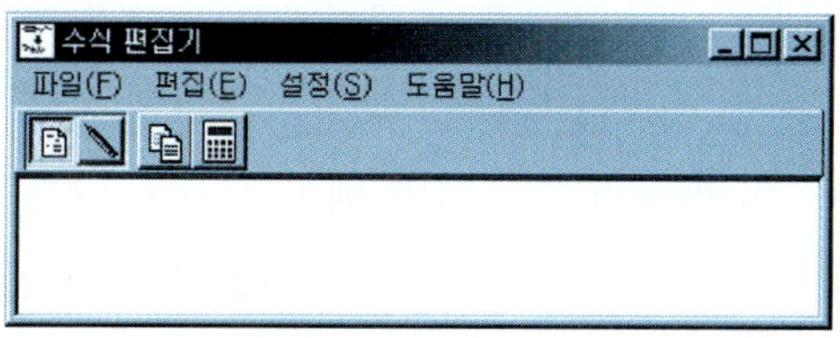

그림 3-82
수식 편집기 윈도우

수식 편집기 윈도우는 심벌릭 해석의 결과를 보기 위해 사용된다. 얻어진 문자는 편집될 수 있고 도면 편집기나 다이어그램 윈도우에서 복사될 수 있다.

(1) 메뉴

- 파일 메뉴 : 파일 메뉴를 사용해서 열기, 새로운 것이나 이미 존재하는 Tina 식을 저장할 수 있다. 파일 메뉴에서 명령어는 다음과 같다.
  - **새 파일** : 수식 편집기 윈도우의 내용을 제거한다.
  - **열기** : 수식 편집기로 이미 존재하는 TINA 수식을 불러온다.

- **저장** : 수식 편집기의 내용을 현재 이름으로 파일에 저장한다.
- **새 이름으로** : 수식 편집기의 내용을 새로운 이름으로 새 파일에 저장한다.
- **변환** : 수식 편집기의 내용을 비트맵, 윈도우 메타 파일, 매스캐드 형태로 보낸다.

- **편집 메뉴** : 수식편집기에서 편집 메뉴로부터 명령어들을 사용해서 문자를 조절할 수 있다. 이 메뉴를 사용해서 도면 편집기, 다이어그램 윈도우 또는 다른 윈도우 어플리케이션으로 전송할 수 있다. 편집 메뉴의 명령어들은 다음과 같다.
  - **잘라내기** : 선택된 문자를 클립보드에 복사하고 원래 위치에서 이것을 지운다.
  - **복사** : 선택된 문자를 클립보드에 복사한다.
  - **붙이기** : 클립보드의 내용을 수식편집기의 현재 커서 위치에 복사한다.
  - **결과 보존** : 이 메뉴가 체크되면 해석 결과는 다른 페이지에서 다이어그램 윈도우에 수집이 된다. 다시 말하면 마지막 결과만이 유지된다.
- **설정 메뉴** : 이 메뉴를 이용해서 현재 문자의 속성을 설정하기 위한 대화상자 크기를 표시할 수 있다.

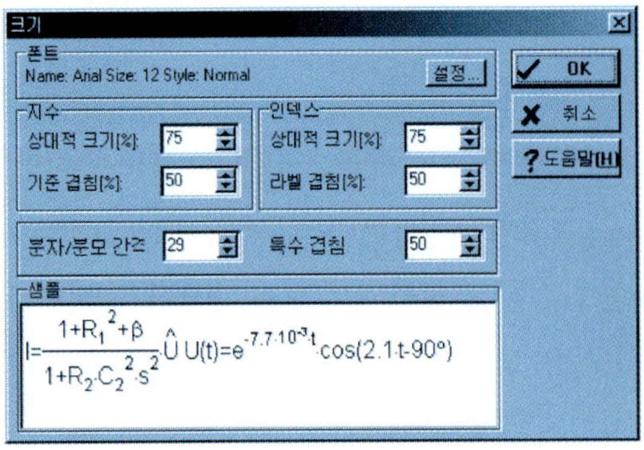

그림 3-83
수식 편집기 윈도우의 설정 메뉴를 사용하여 문자의 속성을 설정할 수 있다.

- **폰트** : 표현의 폰트를 설정한다. 이 폰트 설정은 단지 일반적인 표현에만 적용된다. 심벌 영역 안의 모든 문자들은 심벌 폰트를 갖고 있다.
- **지수 | 상대적 크기[%]** : 기수와 관련된 지수의 크기를 설정한다.
- **지수 | 기준 겹침[%]** : 기수가 지수에 의해 중복되는 퍼센트를 설정한다.
- **인덱스 | 상대적 크기[%]** : 라벨과 관련하여 밑수의 크기를 설정한다.
- **인덱스 | 라벨 중복[%]** : 밑수에 의해 중복되는 라벨의 퍼센트를 설정한다.
- **분자/분모 간격** : 나누기에서 일반 폰트 크기와 관련해 분자와 분모의 거리를 설정한다.
- **특수 겹침** : 특수한 표현에서 대문자에 의해 소문자가 중복되는 퍼센트를 설정한다.

- **도움말** : 수식 편집기 윈도우에 대한 도움말을 얻을 수 있다.

(2) 툴바

이 대화상자는 두 가지 다른 모드에서 동작한다. 편집 모드에서는 문자를 쓰고 수정할 수 있거나 적당한 메타 언어 표현을 사용한 수학적 공식을 삽입할 수도 있다. 보기 모드에서는 도면 편집기나 다이어그램 윈도우에 나타나게 될 문자를 보여준다. 문자 대화상자의 툴바에서 버튼은 다음과 같다.

보기 : 보기 모드를 선택한다.

편집 : 편집 모드를 선택한다.

- **편집 모드**에서 다음 버튼을 사용할 수 있다.

분수 : 현재 기시 위치에 분수를 삽입한다. 실제 분자와 분모는 'n'과 'd'로 표시한다.

지수 : 현재 커서의 위치에 지수 표현을 삽입한다. 실제 기저와 지수를 'x'와 '2'로 표시된다.

특수 기호 : 현재 커서의 위치에서 특수한 기호나 표현을 삽입한다. 일반 라인 위치에서 표현을 'U'로 바꾼다. 그리고 일반 라인 전체에 걸쳐서는 '^'를 사용한다.

인덱스 : 현재 커서 위치에서 밑수 표현을 삽입한다. 'a'와 'i'는 실제 라벨과 밑수를 나타낸다.

심벌 : 현재 커서의 위치에 심벌 폰트를 가진 기호나 표현을 삽입한다. 'b'는 심벌 폰트로 사용될 형태를 기호나 표현을 가진 것이다.

- 보기 모드에서 복사 버튼이 사용될 수 있다.

복사 : 문자 편집기의 내용을 클립보드로 wmf와 text 형태로 복사한다.

해석기 : 해석기 대화상자를 연다.

3. 해석기

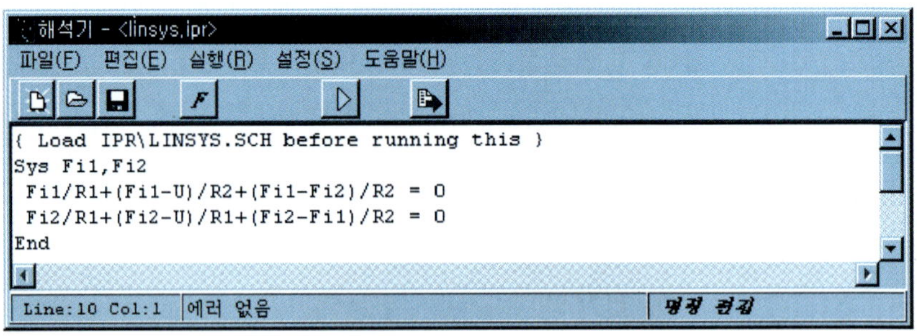

그림 3-84
해석기 윈도우

해석기는 TINA의 유용성을 확장하는 강력한 도구이다. 해석기는 수학적 표현의 계산, 수식의 해, 수식의 시스템, 미분 적분 계산, 결과 도시 등과 같은 동작을 지원한다. 해석기는 도구 메뉴로부터 활성화된다. 해석기는 문제를 푸는데 있어 종이와 연필을 사용하는 것처럼 쓸 수 있으며 단지 TINA를 사용해서 결과들을 검사할 수 있다. DC, AC와 과도 응답을 한 후에 해석기를 사용하면 지난 과정의 결과들까지 다룰 수 있다. 해석기의 또 다른 적용은 임의로 회로를 여자(excitation)시키는데 사용될 수 있는 신호를 정의할 수 있다. 이들 신호들은 아날로그와 디지털 발생기에서 정할 수 있다. 해석기의 인터페이스는 TINA의 텍스트 편집기와 유사하다. 텍스트 표현을 써넣은 다음 프로그램이나 계산할 수식 또는 그림을 실행한다.

(1) 메뉴

- 파일 메뉴
  - **새 파일** : 해석기 윈도우의 내용을 제거하고, 새로운 해석 파일을 작성한다.
  - **열기** : 해석기 파일로 이미 존재하는 Tina 파일을 불러온다.
  - **저장** : 해석기의 내용을 현재 이름으로 파일에 저장한다.
  - **새 이름으로** : 해석기의 내용을 새로운 이름으로 새 파일에 저장한다.
  - **해석기 닫기** : 해석기 윈도우를 모두 닫는다.
- 편집 메뉴
  - **되살리기** : 삭제된 문자를 클립보드로부터 다시 원래 위치로 불러온다.
  - **잘라내기** : 선택된 문자를 클립보드에 복사하고 원래 위치에서 이것을 지운다.
  - **복사** : 클립보드의 내용을 해석기의 현재 커서 위치에 복사한다.
  - **붙이기** : 클립보드의 내용을 해석기의 현재 커서 위치에 복사한다.
  - **지우기** : 선택된 문자를 클립보드에 복사하지 않고 현재 파일에서 지운다.

- **모두 선택** : 해석기의 내용을 모두 선택한다.
- **찾기** : 해석기의 내용에서 원하는 문자를 찾는다.
- **바꾸기** : 해석기의 내용에서 하나의 문자를 선택하여 원하는 문자로 바꾼다.
- **다시 찾기** : 해석기의 내용에서 찾기 명령을 다시 수행한다.

- **실행 메뉴** : 이 메뉴를 이용해서 현재 작성된 해석기의 내용을 실행한다.
- **설정 메뉴**
  - **숫자 포맷 & 정밀도** : 이 명령을 선택하면 숫자 포맷 & 정밀도 대화상자를 보여준다. 이 대화상자를 사용해서 표시될 숫자의 숫자 포맷을 설정할 수 있다. 설정을 수정하면 재계산한 후에 이것의 효과를 볼 수 있다. (실행 버튼을 클릭)
  - **도면 설정** : 이 명령을 선택하면 도면 설정 대화상자가 표시된다. 이 대화상자를 이용해서 실제 그리기 명령어를 설정할 수 있다. 그리기 명령을 사용할 경우 그 결과는 새로운 페이지의 다이어그램 윈도우에 나타난다.
  - **심벌 테이블 보기** : 이 명령을 선택하면 미리 정의된 변수, 외부 함수, 회로 변수 등을 볼 수 있는 창이 나타난다.
- **도움말** : 해석기 윈도우에 대한 도움말을 얻을 수 있다.

(2) 툴바

이 툴바는 해석에서 사용되는 많은 도구들에 접근을 빠른 마우스 클릭만으로 사용할 수 있게 한다. 툴바의 버튼은 다음과 같다.

- **새 파일** : 새로운 해석기 파일을 만든다.
- **열기** : 존재하는 해석기 파일을 편집기에 불러온다.
- **저장** : 해석기 파일로 편집기의 내용을 저장한다.

- **폰트 설정** : 편집기 폰트를 설정한다.
- **실행** : 해석기가 현재 프로그램을 컴파일하고 실행한다.
- **도면 편집기로** : 해석기가 도면 편집기로 돌아간다.

(3) 언어 정의

- **함수 정의** : 해석기에 의해 컴파일 되는 소스코드는 두 가지 부분으로 나누어 질 수 있다. 첫 번째는 함수 정의를 포함하고 있고, 두 번째는 실행 명령어를 포함하고 있다. 함수는 복잡한 문제를 푸는데 많은 도움을 준다. 함수 표현의 방법은 다음과 같다.

```
Function 함수 이름(변수이름 1,..., 변수이름 n);
Begin
    함수 내용;
End;
```

키워드 Function은 함수 규명과 정해진 매개변수들이 뒤에 온다. 정해진 매개변수, 변수, 상수들은 복소수이다. 허수단위 기호는 i이지만 j로 정의할 수도 있다. 정해진 변수들은 키워드 begin, 함수 내용, end를 따라간다. 함수 내용은 지정된 서술문, 합성 서술문, 반복문을 포함할 수 있다. 함수 내용에서 다른 함수를 부르거나 함수 자체를 다시 부를 수 있다.

- **합성 서술문** : 서술문의 구성은 다음과 같다.

```
begin
        서술문
end
```

합성 서술문안의 서술문들은 지정되거나 조건적 서술문이 될 수 있다.

- **조건문 (if)** : 조건문의 구조는 다음과 같다.

```
if 조건 then 서술
             else 서술
```

만약 조건의 값이 영이 아니면 then 이후의 서술문이 실행되고, 조건의 값이 영이 되면 else 이후의 서술문이 실행된다. 조건문 안의 서술문은 지정된 서술문, 합성 서술문 또는 조건문이 될 수 있다.

- **반복문**

-For 루프

루프의 구조는 다음과 같다.

```
for 이름:=표현1 to 표현2 do
begin
    서술문
end
```

반복회수는 표현2 |표현1 + 1이다. 루프 변수(이름)는 증가한다.

```
for 이름:=표현1 down to 표현2 do
begin
    서술문
end
```

반복 회수는 표현1 |표현 2 + 1이다. 루프 변수(이름)는 감소한다.

-While 루프

```
while 표현 do
begin
    서술문
end
```

서술문은 표현이 참이 될 때까지 계속해서 반복 실행된다.

반복문 사이의 서술문들은 지정문 또는 조건문이 될 수 있다.

(4) 명령어

블록으로 정의된 함수는 명령어 다음에 온다. 이들 명령어는 상호적으로 실행된다. 명령어는 다음과 같은 것들을 포함하고 있다.

- 지정 서술문

구조는 :

이름 := 표현

지정 동작은 표현 뒤를 따라간다.

- 표현 계산

구조는 :

expression=[Enter]

표현 뒤에 등호를 넣고 [Enter]를 누른다. 표현의 값이 나타날 것이다.

- 곡선 그리기

구조는 :

draw(표현, 이름)

이 서술문은 두 가지 매개변수가 있다. 첫 번째는 독립 변수만을 포함하는 표현이고, 설정|도면 설정 메뉴를 사용해서 독립 변수를 설정할 수 있다. 두 번째 매개 변수는 곡선의 이름이다. 화면에 어떤 곳에서든 이름을 쓸 수 있다. 이 명령어와 관련된 몇 개의 그리기 매개변수가 존재한다. 설정 메뉴의 '도면 설정' 명령을 참고하라.

- **시스템수식해** : 해석기의 가장 강력한 특징 중의 하나는 선형 공식해 구하기이다. 풀기 전에 수식을 간단하게 줄이는 과정이 필요없다. 구조는 다음과 같다.

```
sys 이름1, …, 이름n
    수식1
      .
      .
      .
    수식n
end ;
```

여기서, 수식 i는 i번째 수식이고, 이름 i는 i번째 미지의 변수이다. 해가 없거나 곱셈형 해가 존재한다면 해석기는 에러 메시지를 보낸다.

< 예제 >

```
Sys Fi1, Fi2, Fi3
  (Fi1-Us2)/R1 + Fi1/R2 - Is                      = 0 {for Fi1}
  (Fi2-Fi3+Us1)/R5  + Is + Fi2/R6                 = 0 {for Fi2}
  (Fi3-Us2)/R3 + (Fi3-Us1-Fi2)/R5 + Fi3/R7        = 0 {for Fi3}
End
```

이 예제에서 Fi1, Fi2, Fi3에 대한 수식 시스템은 Us1, Us2, Is, R1, R2, R5, R6, R7이 이미 정의되어 있다는 가정 하에서 해를 구한다. TINA에서 이들 매개변수들은 부품의 라벨에 의해서 자동적으로 정의된다는 점을 주의해야 한다.

(5) 제공 함수

해석기에서 사용할 수 있는 많은 수의 함수들이 이미 제공되어 있다. 몇몇 함수들에서 정해진 매개변수들은 복소수이다. 이 함수들은 C에 의해 표시된다.

(6) 일반 함수

Sin(x) ; x의 사인 값을 계산

Cos(x) ; x의 코사인 값을 계산

Tan(x) ; x의 탄젠트 값을 계산

Atan(x) ; x의 아크탄젠트 값을 계산

Exp(x) ; 지수 함수를 계산 C

Ln(x) ; X, x>0 의 자연로그 값을 계산 C

Sqr(x) ; x의 제곱을 계산 C

Sqrt(x) ; x의 양의 제곱근 값을 계산 C

Abs(x) ; x의 절대값을 계산 C

Sgn(x) ;

$$\begin{cases} 1, & \text{if } x > 0 \\ 0, & \text{if } x = 0 \\ -1, & \text{if } x < 0 \end{cases}$$

- 부호 함수

Re(x) ; x의 실수부를 계산 C

Im(x) ; x의 허수부를 계산 C

Arc(x) ; 라디안 단위로 x의 위상을 계산 C

Sum(f(x)) ; [0..x] 까지 f(x)의 덧셈을 계산

예) Sum(sin(pi))=[2]

Integ(표현(tau), 범위1, 범위2, tau)

[범위1 .. 범위2] 간격에서 표현(tau)의 적분을 계산. tau는 적분 변수

예

a)

Function Con(t);

```
Begin
  Con := t;
End;
Integ(Con(t), 0, 1, t)=[0.5]
```

b)

Integ(Con(t), 0, x, t)의 의미는 $\int_0^x Cont(x)\,dt$ 식이 된다.

D(f(x)) ; x에서 f(x)의 미분 계산

예 D(sin(0))=[1]

Periodic(x,y) ; 여기서 y는 주기이다. 함수는 [0..y]까지의 y에 따른 x로 변환할 수 있다.

예 Periodic(5.3,2)=[1.3]

Not(x) ; x의 비트별 부정 값을 계산

RadToDeg(x) ; x를 라디안에서 10진수 값으로 바꾼다.

DegToRad(x) ; x를 10진수에서 라디안 값으로 바꾼다.

- 전기공학용을 위한 기타 함수들

Replus(x, y)= $\frac{x \times y}{x+y}$; 병렬 임피던스 계산 C

E(x)= $\begin{cases} 0, & \text{if } x \le 0 \\ 1, & \text{if } x > 0 \end{cases}$; 단위 스텝

Db(x)= $20\lg(x),\ x > 0$; 십진수 단위로 값을 계산 C

- 예제

Square(t)은 사각파 신호를 정의하고 이것을 보여주는 간단한 예제이다.

```
Function Square( t );
Begin
```

```
  T1 := 2;
  T2 := 5;
  If t < T1 Then Square:=1
  Else If ( t >= T1 ) And ( t <= T2 ) Then Square:=2
  Else Square:=3;
End;
Square( 6 )=[3]
```

4. 네트리스트 편집기

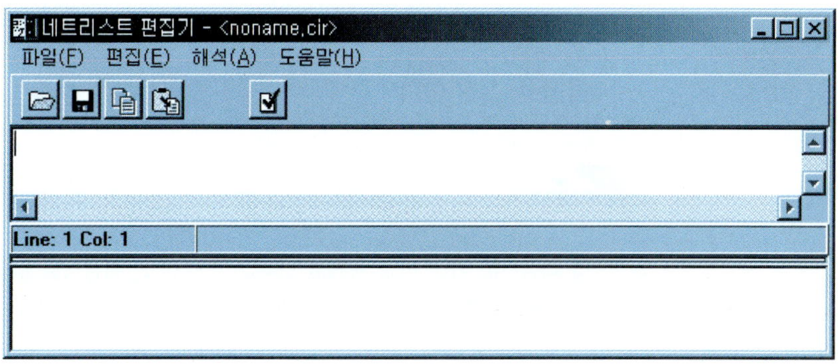

그림 3-85
네트리스트 편집기 윈도우

(1) 파일 메뉴

더 많은 정보를 위해 명령어 이름을 선택한다.

- **새 파일** : 새 회로 파일을 만들 때 사용한다.
- **열기** : 회로 파일을 열 때 사용한다.

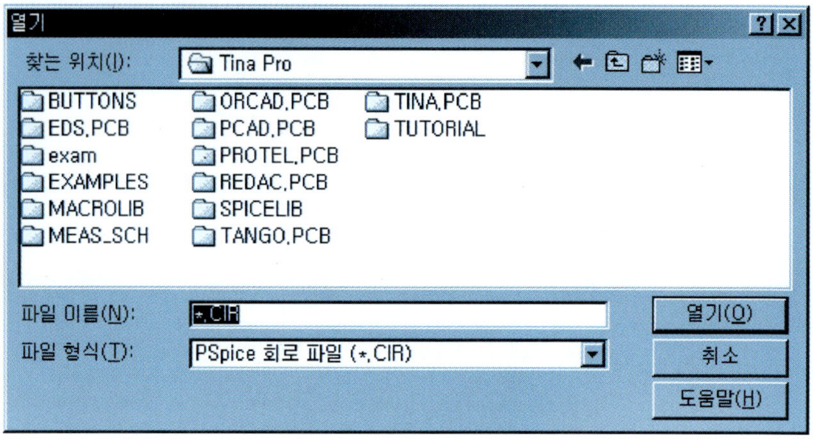

그림 3-86
열기 윈도우

- **파일 이름** : 열고자 하는 파일 이름을 선택하거나 직접 입력한다. 이 상자는 해당 형식의 파일 목록에서 선택한 형식과 일치하는 파일의 목록을 보여준다.

주 의

기타 확장자를 가진 파일 목록을 보려면 *, 마침표, 확장자를 입력한다. 예를 들면 TXT로 된 파일을 모두 보고 싶다면 *.txt라고 입력한다.

- **해당 형식의 파일 목록** : 열고자 하는 파일의 형식을 선택한다.
  회로 파일(*.cir) : 현재 디렉토리에 *.CIR 로 저장된 모든 파일을 보여준다.
  모든 파일 (*.*) : 현재 디렉토리의 모든 파일을 보여준다.
- **드라이브** : TINA가 저장한 열고자 하는 파일이 있는 드라이브를 선택한다.
- **디렉토리** : TINA가 저장한 열고자 하는 파일이 있는 디렉토리를 선택한다.

- **저장** : 이 명령어를 사용해서 지금 작성한 회로 파일을 저장한다. 이 파일을 처음 저장할 때 TINA는 사용자에게 회로 파일의 이름을 넣기 위한 '새 이름으로'라는 상자를 보여준다. 저장하기 전에 수정한 파일을 다른 이름으로 저장하고자 한다면 '새 이름으로'라는 명령어를 사용한다.
- **새 이름으로** : 현재 파일의 이름을 정하고 저장한다. 원래 파일은 그대로 두고 새로운 이름으로 수정한 파일을 저장한다.

주 의

이미 존재하는 이름으로 회로 파일을 저장하려면 저장 명령어를 사용한다.

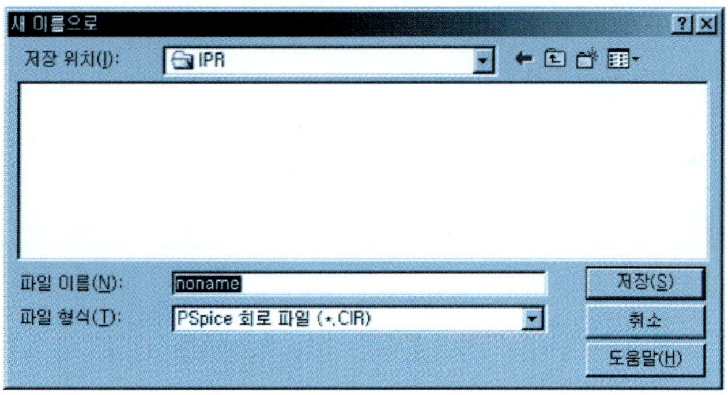

그림 3-87
새 이름으로 저장하기 위한 윈도우

- **파일 이름** : 다른 이름으로 저장하고자 하는 새로운 파일 이름을 입력한다.

주 의

현재 이름이나 이미 존재하는 파일 이름으로 저장하려면 목록에 있는 이름을 선택한다. 파일 이름은 최대 8자까지 가능하며, 확장자는 3자까지 가능하다.

- **드라이브** : 회로 파일을 저장하고자 하는 드라이브를 선택한다.
- **디렉토리** : 회로 파일을 저장하고자 하는 디렉토리를 선택한다.
- **파일 형식** : TINA에서 사용 가능한 파일 형식을 보여준다.

• **인쇄** : 이 명령어는 회로 파일을 어떻게 인쇄할 수 있는가에 대한 것이다. 연결된 프린터를 정하기 위해서 프린터 설정 명령어를 사용한다.

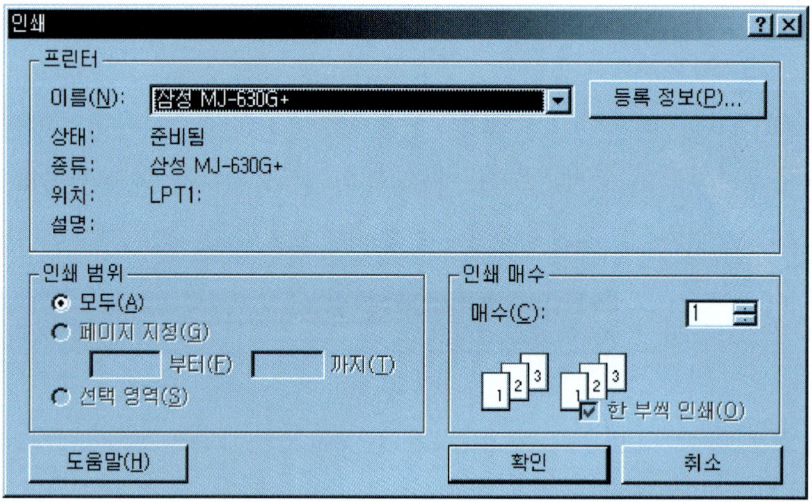

그림 3-88
인쇄 방법 설정 윈도우

• **프린터** : 사용 가능한 프린터와 연결된 프린터를 보여준다.

- **인쇄 범위** : 인쇄하고자 하는 페이지를 정한다.

  모두 : 전체 회로를 인쇄한다.

  선택 영역 : 현재 선택된 부분을 인쇄한다.

  페이지 지정 : 이 옵션은 사용할 수 없다.
- **인쇄 매수** : 인쇄하고자 하는 매수를 선택하거나 직접 입력한다.
- **등록정보** : 사용자가 선택한 프린터의 기본 설정을 다룰 수 있는 상자를 보여준다. 더 많은 정보를 원하면 등록정보 버튼을 선택한 다음 도움말 버튼을 선택한다.

- **프린터 설정** : 이 명령어를 사용해서 연결된 프린터를 선택할 수 있다.

주 의

설정 상자의 옵션은 사용자가 설치한 프린터에 따라 매우 다양하다. 설정 상자의 이름은 프린터에 따라 변할 수 있다.

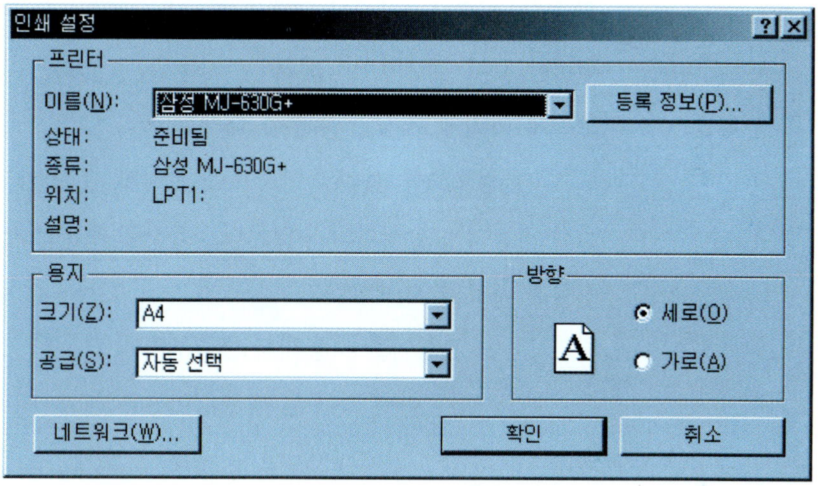

그림 3-89
인쇄 설정 윈도우

- **프린터** : 사용하고자 하는 프린터를 선택한다. 현재 설치된 프린터만 이 나타난다. 윈도우 제어 창을 사용해서 프린터를 설치하고 포트를 설정할 수 있다. 프린터 설치에 대한 자세한 정보는 자신의 시스템 설명을 참고해라.
- **용지** : 사용하고자 하는 프린터 용지의 크기와 공급 방식을 선택한다.
- **방향** : 사용하고자 하는 프린터 용지의 방향을 선택한다.

- **네트리스드 편집기 닫기** : 이 명령어는 네트리스트 편집기를 닫는다. 또 제어 메뉴에서 닫기 명령어를 사용할 수도 있다. TINA는 마지막으로

열렸거나 저장된 파일에 변경이 있다면 회로 파일을 저장하라고 알려준다.

(2) 편집 메뉴

- **되살리기** : 마지막에 수정한 동작을 되살린다. 만약 마지막 작업을 되돌릴 수 없다면 되돌리기 명령어는 메뉴에서 되살릴 수 없으므로 바뀐다.
- **잘라내기** : 회로파일에서 선택된 부분을 제거하고 클립보드에 넣는다. 선택한 것이 없다면 이 명령어는 사용할 수 없다. 잘려진 부분은 클립보드에 이전에 저장된 부분을 대체한다.
- **복사** : 클립보드에 선택된 텍스트를 복사할 수 있다. 선택하지 않으면 복사 명령어는 활성화되지 않는다. 복사된 부분은 클립보드에 이전에 저장된 부분을 대체한다.
- **붙이기** : 이 명령어를 사용해서 클립보드에 저장된 것을 삽입할 수 있다. 클립보드가 비어 있다면 이 명령어는 사용할 수 없다. 클립보드 내용은 아직 남아 있고 다시 붙여 넣을 수 있다.
- **지우기** : 이 명령어는 클립보드에 저장하지 않고 선택된 부분을 지운다. 지우기 명령어는 클립보드의 내용을 바꾸지 않고 아이템을 지우고자 할 때 유용하다.
- **모두 선택** : 이 명령어는 네트리스트 편집기에서 전체 회로 파일을 선택할 때 사용한다.
- **찾기** : 이 명령어를 이용해서 특정한 글자나 활성 회로 파일에서 형태를 찾을 수 있다.

그림 3-90
찾기 대화상자

- **찾을 문자열** : 찾고자 하는 글자를 넣거나 클립보드로부터 붙여 넣기(CTRL+V)를 한다.
- **단어 단위로** : 단어의 한 부분이 아닌 단어 전체와 일치하는 것을 찾을 때 사용한다. 이 옵션을 선택하지 않으면 단어가 아닌 단어를 구성하는 각 텍스트별로 찾는다.
- **대/소문자 구분** : 이 옵션은 찾은 문자열에 있는 글자들이 대문자와 소문자의 결합으로 되어 있을 때 사용한다.
- **방향**

  위쪽 ; 현재 포인터가 있는 곳이나 문서의 선택된 부분의 끝에서부터 위로 찾는다.

  아래 ; 현재 포인터가 있는 곳이나 선택된 문서에서 아래로 찾는다.
- **다시 찾기** : 찾을 문자열 상자 안에 쓰여진 글자를 다시 찾는다.

• **바꾸기** : 지금 열려있는 문서에서 정해진 글자를 찾아서 바꿔준다.

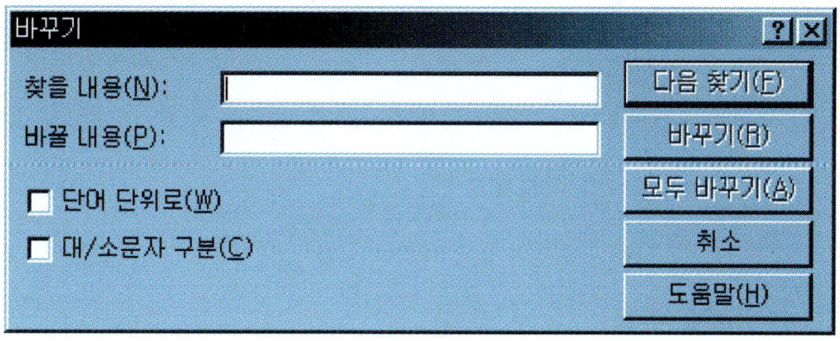

그림 3-91
바꾸기 대화상자

- **찾을 문자열** : 찾고자 하는 글자를 넣거나 클립보드로부터 붙여 넣기를 한다.
- **바꿀 문자열** : 바꾸고자 하는 글을 입력하거나 클립보드로부터 붙여넣는다. 찾을 문자열에 있는 글자를 지우고자 할 때는 바꿀 문자열 안에 아무것도 쓰지 않으면 된다.

- **단어 단위로** : 단어의 한 부분이 아닌 단어 전체와 일치하는 것을 찾을 때 사용한다. 이 옵션을 선택하지 않으면 단어가 아닌 단어를 구성하는 각 텍스트별로 찾는다.
- **대/소문자 구분** : 이 옵션은 찾은 문자열에 있는 글자들이 대문자와 소문자의 결합으로 되어 있을 때 사용한다.
- **다음 찾기** : 찾을 문자열 상자에 입력한 글자를 다시 찾는다.
- **바꾸기** : 현재 선택된 것을 바꿀 문자열 상자에 있는 것으로 바꾼다. 만약 선택된 것을 바꾸지 않고 남겨둘 때는 다음 찾기 버튼을 선택한다.
- **모두 바꾸기** : 찾을 문자열에 있는 글자를 찾아서 바꿀 문자열에 있는 글자로 한번에 모두 바꾼다. 되살리기 명령어를 사용해서 모두 다시 되살릴 수 있다.

● **다시 찾기** : 이 명령어는 마지막 찾기 또는 바꾸기 명령어를 반복한다. 다시 찾기를 선택하면 현재 설정된 찾을 문자열 상자나 바꿀 문자열 상자에 쓰여 있는 것들을 이용해서 다시 찾는다. 예를 들어 바꿀 문자열 항이 비어 있지 않다면 다시 찾기 명령어는 마지막에 쓰여 있는 문자에 대해서 찾기를 실행하고 바꿀 문자열 상자에 쓰여 있는 글로 이것을 바꿀 수 있다.

(3) 해석 메뉴

3.5절 해석 메뉴 참조

(4) 도움말

도움말 메뉴를 이용해서 특정한 도움말 창에 표시되는 실시간 도움말 시스템에 접근할 수 있다. 도움말 시스템은 네트리스트 편집기의 모든 항목에 대한 정보를 제공한다.

5. 부품 바 편집

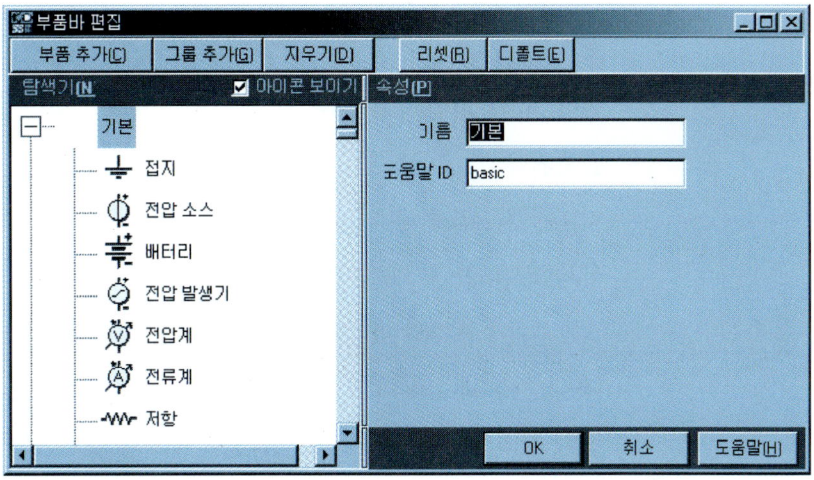

그림 3-92
부품 바의 윈도우

TINA에서 부품바 편집기를 사용해서 부품 툴바를 만들 수 있다. 부품 버튼이나 그룹을 툴바의 다른 위치에 옮길 수 있고 새로운 부품 그룹과 버튼을 추가할 수 있다. 또한, 다른 부품이나 그룹을 지우고 원래 툴바 설정을 복구할 수 있다.

₩TINA Pro/BUTTONS 폴더에 있는 비트맵 파일로 된 사용자 자신의 부품 버튼을 프로그램에 추가할 수 있다. 버튼은 29×29 픽셀이나 58×29 픽셀이어야 한다. 58×29 크기의 비트맵은 두 개의 심벌을 포함해야 한다. 비트맵의 왼쪽은 DIN 심벌을 포함해야 하고, 오른쪽에 ANSI 심벌을 포함해야 한다. 프로그램은 설치에서 선택된 옵션에 따라 DIN이나 ANSI 심벌을 보여주거나, 보기 메뉴의 옵션 명령에서 선택된 부품 심벌 집합에 이것들을 보여준다.

- **부품 추가** : 선택된 부품 그룹에 새로운 부품 버튼을 추가할 수 있다. 그런 후 툴바의 어느 위치로든 새로운 버튼을 드래그할 수 있다. 버튼과 관련된 기본 아이콘을 바꿀 수 있고 편집 창에서 속성 부분의 오른

쪽 상단 구석에서 목록()으로부터 새로운 아이콘을 선택할 수 있다. 여기서 새 부품에 대한 이름을 정할 수 있다. 기본적으로 신 매크로로 설정되어 있다. 또한, 새 부품에 html 형식의 도움말을 연결할 수 있다. html 파일은 새 부품의 속성 창의 도움말 버튼을 누르면 화면에 표시된다.

또한 시프트키를 누른 상태로 추가 버튼을 클릭해서 선택된 부품을 복사할 수 있고, 다른 부품 그룹으로 새로운 부품을 이동할 수 있다.

- **그룹 추가** : 툴바의 마지막에 새로운 부품 그룹을 추가할 수 있다. 그러나 나중에 툴바의 어느 위치로든 새로운 그룹을 드래그할 수 있다. 편집기 창의 속성 부분의 오른쪽 상단 필드에서 신 그룹의 이름을 정할 수 있으며, 기본적으로는 신 그룹으로 되어 있다.
- **지우기** : 선택된 부품이나 그룹을 지운다.
- **리셋** : 툴바의 상태를 이전에 부품 툴바 편집기에 마지막으로 들어갔을 때의 상태로 바꾼다.
- **디폴트** : 툴바를 TINA의 원래 설정으로 되돌린다. 많은 툴바들이 변한 후에 원래 상태로 되돌리고 싶다면 이 버튼을 누른다. 이것은 사용자가 만든 신 그룹을 지우지는 않지만, 필요하다면 지우기 버튼을 눌러 지울 수 있다.
- **OK** : 이 버튼을 눌러서 편집기에서 설정한 변화들이 TINA에 적용되고 프로그램을 재시작하지 않고 바로 만들어진 특징을 사용할 수 있다. 툴바 편집기를 다시 불러서 디폴트 버튼을 눌러 원래 상태의 TINA로 되돌아갈 수 있다.
- **취소** : 이 영역에서 편집기를 사용해 수정한 모든 변화를 무시하고 버린다.
- **부품 내용 메뉴** : 선택된 부품에서 오른쪽 버튼을 클릭하면 내용 메뉴가 나타난다. 선택된 부품을 복사, 지우기 또는 다른 부품 그룹으로 이동

할 수 있다(시프트키를 누른 상태로 목적 그룹 이름을 클릭하면 이동되는 대신에 복사될 것이다).

6. 심벌 데이터베이스 다시 읽기

TINA는 부품의 형태를 변경하는 두 가지 방법을 제공한다.

- 문제의 부품에서 클릭하고 편집 메뉴로부터 심벌 명령어를 선택하여 내장된 심벌 편집기를 사용한다.
- 독립형 TINA 형태 편집기 유틸리티를 사용한다. 모양 편집기 유틸리티는 모양을 수정하는데 상당히 많은 유연성을 제공하지만, TINA를 다시 시작하지 않고 즉시 보기 위해서는 심벌 데이터베이스 라이브러리를 다시 읽어야 한다.

7. 부품 찾기

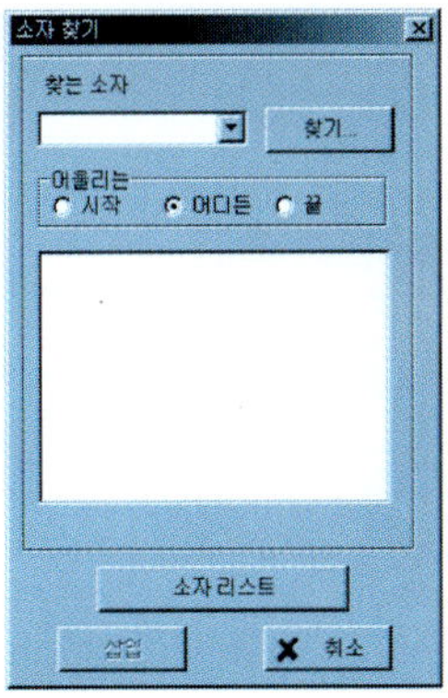

그림 3-93
부품 찾기 윈도우

TINA의 라이브러리는 지금 20,000개 부품 이상을 포함한다. 라이브러리에서 특정한 부분을 빠르게 찾기 위해서 TINA의 부품 찾기 툴을 사용할 수 있다. 이 툴을 활성화하기 위해서 도구 메뉴의 부품 찾기 명령을 선택하거나, 도면 편집기 창의 우측 상단에 있는 버튼을 누른다.

찾기 기준을 선택하고 찾고자 하는 부품 이름을 입력한다. 3가지 찾기 기준, 즉 이름의 시작(시작), 이름의 끝(끝), 이름에서 어디에서든지 찾기 패턴의 발생을 설정할 수 있다. 만일 정확한 부품 이름을 알고 있다면 그 이름을 입력한다. 정확한 이름을 알고 있지 않다면, 이름에서 몇 개의 문자를 입력하면 TINA는 찾기 패턴을 포함하고 있는 이름의 모든 부품을 표시할 것이다. 일단 찾기 패턴을 입력하였고 찾기 기준을 설정하였으면 찾기... 버튼을 누른다. 잠시 후, TINA는 이용 가능한 부품들을 나열하게 될 것이거나 일치하는 부품들을 찾을 수 없다면 오류 메시지가 제시된다. 만일 찾아진 항목이 없다면 이름의 가장 중요한 부분만을 포함하는 더 짧은 찾기 문자를 사용하여 찾기를 반복한다. 원하는 부품을 찾았을 때 그것을 위치시키기 위해서 삽입 버튼을 누른다.

부품 찾기 툴의 소자 리스트 버튼은 라이브러리 무더기를 생성하며, 라이브러리에 있는 모든 부품들이 나열된다.

8. 새 매크로 마법사

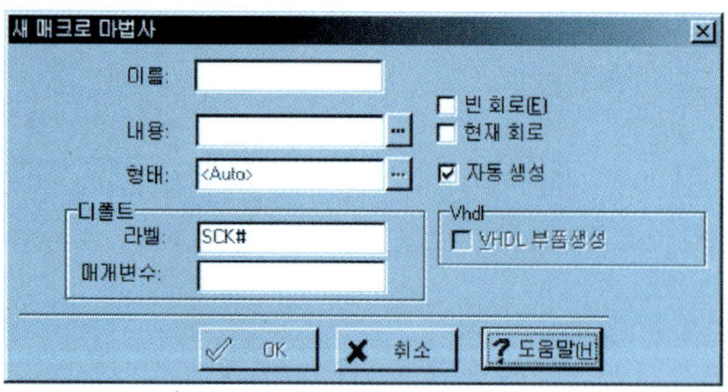

그림 3-94
새 매크로 마법사 윈도우

이 명령을 사용하여 매크로를 생성할 수 있다. TINA에서 도면의 일부를 부회로(매크로)로 전환하여 도면을 간단하게 할 수 있다. 이 외에, 자작한 것이나 인터넷에서 다운로드, 또는 제조자 CD로부터 얻어진 Spice

부회로부터 새로운 TINA 부품들을 생성할 수 있다.

매크로들은 특별한 형식의 도면(*.SCH 파일)이나 PSpice 부회로(*.CIR 파일)로부터 생성될 수 있다. 어떤 도면 다이어그램을 간단히 단자(특별한 탭에서 매크로 핀들)를 부가하고 이 명령을 사용하여 TINA에서 매크로라고 부르는 부회로로 변환할 수 있다. 매크로 생성에 관한 자세한 예제는 제4장 시작하기를 참고하기 바란다.

- **이름** : 부품의 이름을 지정한다. 만일 자동 생성 형태를 갖도록 선택하였다면 매크로의 이름은 매크로 상자의 중간에 위치될 것이다.
- **내용 & 현재 회로** : 만일 현재 회로가 체크되었다면 TINA는 매크로의 내용으로 도면 편집기 안으로 불러온 현재 회로를 사용할 것이다. 만일 현재 회로가 체크되지 않았다면 ... 버튼을 누른 후 어떤 적절한 형식의 *.SCH이나 *.CIR 파일을 선택할 수 있다.
- **형태 & 자동 생성** : 만일 자동 생성이 체크되었다면 TINA는 매크로를 위해서 자동적으로 직사각형 형태(상자)를 생성할 것이다. 모든 핀들이 상자의 가장자리에 위치될 것이며, 그것들은 생성되는 매크로 핀들의 순서에 대응하는 순서로 직면하게 된다. 형태의 폭과 높이는 각 변에 있는 핀의 수에 따라 결정되고, 이름의 폭과 높이는 중앙에 위치된다. 만일 자동 생성이 체크되지 않는다면, 매크로 형태 대화상자로부터 ...을 눌러서 적절한 형태를 선택할 수 있다. 이 대화상자는 매크로와 호환될 수 있는 형태만을 보일 것이다. 즉, 핀 수와 이름이 반드시 동일해야 한다.
- **디폴트** : 이 값들은 디폴트 파라미터로써 새롭게 삽입되는 매크로에 사용될 것이다. 레이블은 내장 부품의 디폴트 레이블을 갖는 것과 마찬가지로 취급될 것이다. 즉, 일련 번호는 회로에서 유일하게 만들기 위해서 레이블에 첨부될 것이다.

모든 필드가 지정될 때 OK 버튼을 누른다. TINA는 이제 안전하게 매크로를 생성할 수 있는지 확인할 것이다. 만일 그렇다면 새로운 부회로를 저장할 것인지 물어올 것이다.

9. 매크로 속성 편집

이 명령을 사용하여 현재 편집되는 매크로의 어떤 속성들을 변경할 수 있다. 만일 새로운 매크로 핀을 삭제 또는 부가하거나 매크로의 이름을 변경한다면 형태가 매크로의 내용과 일치를 확실하게 만들기 위해서 이 명령을 사용해야 한다. 자동형태갱신 버튼을 누르거나 매크로를 위한 새로운 형태를 선택한다. 여기서 또한 매크로 이름과 디폴트 속성을 수정할 수 있다. 매크로가 먼저 열려 있어야 이 명령을 사용하여 편집할 수 있다는 것에 유의한다.

10. 매크로 저장

어떤 이유로 외부 파일(*.TSM)을 가지고 있지 않는 매크로를 포함하고 있는 회로를 가지고 있을 때, 매크로를 선택하고 이 명령을 사용하여 매크로를 TSM 매크로 파일로 저장한다. 이 명령을 수행하기 위해서 매크로 형태를 선택해야 하지만 매크로를 들어갈 필요는 없다.

11. 도면 편집기 잠그기

이 명령어와 아이콘(화면의 밑 부분 왼쪽 구석에서) 기능은 스위치처럼 사용된다. 도면 편집기가 고정되면(버튼이 눌러지면) 모든 다른 TINA 윈도우는 도면 편집기 윈도우를 덮어쓸 것이다. 다른 열린 윈도우를 클릭해서 이것을 활성화할 수 있는 동안 모든 열린 윈도우를 계속

볼 수 있다.

다시 말하면 도면 편집기가 고정되지 않으면 도면 편집기 윈도우는 항상 윈도우의 맨 위에 있고 모든 다른 윈도우를 덮어쓸 것이다(도면 편집기 윈도우가 가장 크다고 가정). 밑의 줄에 있는 아이콘을 클릭해서 맨 위로 다른 TINA 윈도우를 불러올 수 있다.

12. Dock Netlist 편집기

네트리스트(Netlist) 편집기는 Spice 매크로 모델의 디폴트 보기이다. 이것을 스위치-온하면 네트리스트 편집기를 도면 편집기로 도킹한다. 이 모드는 하나 이상의 매크로를 열길 원할 경우에 특히 유용하다. 이것을 스위치-오프하면 네트리스트 편집기가 표류된다.

13. 회로 보호

TINA의 연습 또는 시험 모드에서 실제 고장수리를 할 수 있다. 이 옵션을 사용하여 또한 TINA의 정상 모드에서 실제 고장수리를 할 수 있다.

이 명령은 다음을 수행한다.

- 사고나 고의적인 변경에 대해서 회로를 보호한다.
- 사용자로부터 결함을 감춘다.
- 계측기의 추가만을 허용한다.

이 명령은 도구 메뉴의 '회로 보호'이다. 보호를 허용하거나 불허하기 위해서 암호를 입력하고 확인하여야 한다. 그 다음 원래 회로(양호 회로)와 폴트가 삽입된 회로(폴트 회로) 사이의 전환을 허용하고자 한다면 결정한다.

다음은 도면 편집기에서 열려진 회로로 폴트를 삽입하는 방법이다.

- 보기 메뉴의 시험 관리자 명령을 사용하여 시험 관리자를 활성화한다. 그러면 시험 관리자 대화상자가 화면의 우측에 나타날 것이다.
- 폴트 삽입 리스트 상자에서 버전 #1을 선택하고 폴트 삽입 버튼 을 누른다.
- 폴트를 삽입하기를 원하는 부품을 지적한다.(이 모드에서 커서가 스크루드라이버와 같이 보일 것이다.) 선택된 부품의 적절한 대화상자가 나타날 것이다.
- 대화상자의 폴트 필드에서 원하는 폴트를 선택하고 OK를 누른다.
- 원래 회로로 다시 전환하고 시험 관리자 창을 닫기 위해서 보기 메뉴의 시험 관리자 명령을 사용한다.
- 도구 메뉴에서 보호 회로를 선택하고 암호를 입력한다.
- 폴트 전환을 허용하고자 한다면 체크 상자를 설정하고 OK를 누른다.
- 회로를 저장한다.

다음에 저장된 회로를 열 때 폴트 보기 버튼 을 누르면 삽입된 폴트가 나타나게 될 것이다. 만일 폴트 회로와 양호 회로 사이의 전환을 허용하지 않았다면 폴트 회로만이 보이게 될 것이다. 이 경우에, 폴트를 발견하는데 사용할 수 있는 유일한 도구는 계측기이다. 여러분은 폴트를 발견하기 위해서 부품을 변경하거나 시험할 수 없을 것이다.

14. 회로 보호 해제

도구 메뉴의 회로 보호 해제 명령을 선택하여 암호를 입력함으로써 보호를 스위치-오프할 수 있다. 만일 암호를 잘못 입력하면 명령을 취소해야 하고, 다시 도구 메뉴로부터 명령을 선택한다.

3-8 도움말 메뉴

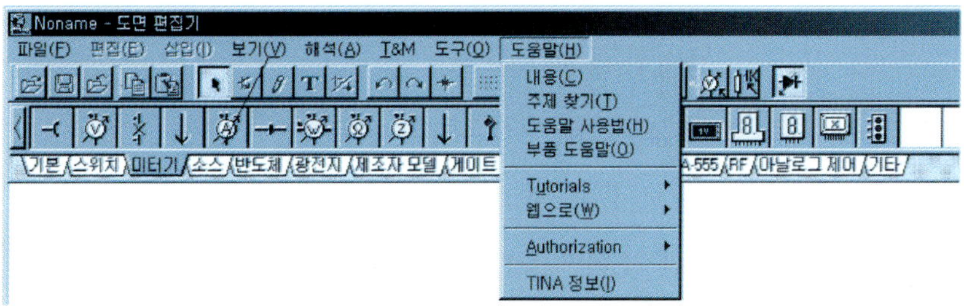

그림 3-95
TINA 도면 편집기의 도구 메뉴

I. 내용

도움말 파일을 열기 위해 도움말 메뉴의 내용 명령을 사용한다. 온라인 도움말은 도움말 시스템의 내용을 요약해 놓은 내용을 화면에 표시한다. 내용 화면에서 헤드는 목록을 확장한다. 즉, 녹색 점프 문자를 클릭할 때 이것은 추가적으로 옵션을 표시한다.

2. 주제 찾기

이 명령을 선택하면 모든 찾기 대화상자를 표시한다. 이것은 특정한 주제에 대한 도움말 제목을 참고할 수 있게 해준다.

3. 도움말 사용법

이 명령을 사용하여 윈도우 도움말 시스템을 TINA가 어떻게 사용하는지에 대한 정보를 표시한다.

4. 부품 도움말

TINA 부품 도움말을 표시한다. 이 도움말 시스템은 부품의 속성과 TINA에 의해서 사용되는 전기적인 모델을 포함하여 TINA에서 제공하는 각 부품에 관한 상세한 정보를 포함한다.

부품 도움말은 HTMLHelp 엔진을 사용하며, 윈도우즈 95와 NT의 구버전에서 이용할 수 없을 것이다. 이 경우에 인터넷 익스플러 4.0 이상 버전으로 갱신을 원할 것이다.

5. Tutorials

이 메뉴 선택을 사용하여 TINA를 사용하는 특정한 형태의 다양한 tutorial를 선택할 수 있다. 이 tutorial은 Lotus® ScreenCamTM을 사용하여 생성되었고, 640×480 창에서 디스플레이될 것이다. 현재 진행하고 있는 tutorial을 정지하고 다시 시작하기 위해서 스페이스 바를 사용한다.

6. 웹으로

이 메뉴에서 웹 상으로 TINA와 다른 DesignSoft 제품들에 대한 온-라인 자원으로 링크를 찾을 것이다.

7. TINA 정보

이 명령어는 TINA의 버전과 정보에 대한 'About Box'를 연다.

그림 3-96
TINA 정보 윈도우

제 4 장
TINA의 메뉴 응용

본 장에서는 예제를 이용하여 TINA의 화면 포맷과 메뉴 구조를 단계적으로 소개한다.

4-1 마우스를 이용한 도면 편집

여기서는 도면을 편집할 때 도움이 되는 몇 가지 기본적인 마우스 기술을 소개한다.

1. 마우스의 오른쪽 버튼 사용하기

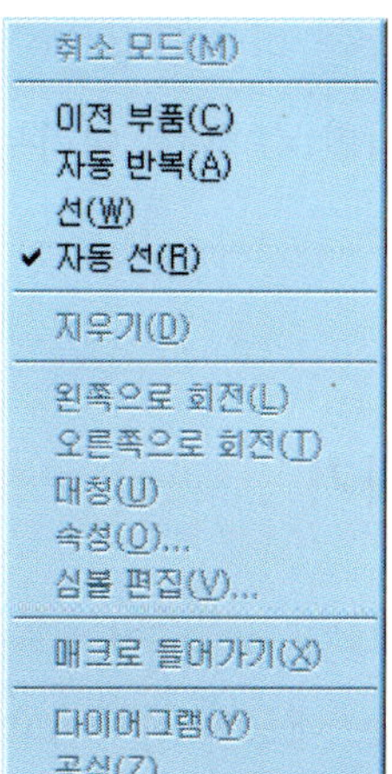

그림 4-1 마우스의 오른쪽 버튼을 누르면 팝업 메뉴가 나타난다.

언제든지 마우스의 오른쪽 버튼을 누르면 [그림 4-1]과 같은 팝업(pop up) 메뉴가 나타난다. 이 메뉴를 이용하여 다음과 같은 작업을 할 수 있다.

- 취소 모드(Cancel Mode) : 마지막 작업(예, 부품의 이동이나 배선의 작도 등)을 종료한다.
- 이전 부품(Last Component) : 마지막 부품으로 복귀하여 이를 재위치시킨다.
- 선(Wire) : 선 작도 모드로 전환한다. 이 모드에서 커서가 펜 모양으로 바뀌고 선을 그릴 수 있다.
- 지우기(Delete) : 선택된 부품(들)을 삭제한다.
- 왼쪽으로 회전(Rotate Left), 오른쪽으로 회전(Rotate Right), 대칭(Mirror) : 현재 선택되어 있거나 이동 중인 부품을 회전 또는 뒤집는다. 또한, Ctrl+L 또는 Ctrl+R 키를 눌러서 선택한 부품을 회전시킬 수 있다.
- 속성(Properties) : 현재 선택되어 있거나 이동 중인 부품의 속성(값, 레이블)을 편집하는데 이 명령을 사용한다. 속성 메뉴로부터 부품(배치하기 전에)의 모든 파라미터들을 설정할 수 있다. 이것은 부품의 다중 복사를 위치시키도록 하며, 모두는 지금 입력한 속성들을 갖는다. 부품 속성 편집기에 있는 동안에 마우스의 오른쪽 버튼은 또 다른 기능을 갖는다. 레이블 칸 이외에 어떤 부품 파라미터의 칸을 편집하고 있을 때, 마우스의 오른쪽 버튼을 누른 다음 Copy to Label 명령을 선택하여 그 칸을 레이블 칸으로 복사할 수 있다. 여러분은 F9를 눌러서 동일한 것을 수행할 수 있다.

2. 마우스의 왼쪽 버튼 사용하기

아래의 설명에서 클리킹(clicking)은 항상 마우스의 왼쪽 버튼을 간주한다.

- 선택 : 대상 위에서 클릭하면 원하는 대상이 선택되고 다른 대상은 모

두 선택이 해제된다.

- **다중 선택** : [Shift] 키를 누른 채 클릭하면 커서가 놓인 대상이 현재 선택된 대상들의 그룹에 추가된다. 현재 선택된 그룹에 이미 존재하는 대상 위에 커서를 놓고 클릭하면 그 대상이 그룹에서 제거된다.
- **블록 선택** : 대상들의 블록을 한꺼번에 선택하려면 먼저 커서 밑에 아무 대상이 없는지 확인한다. 그 다음 왼쪽 버튼을 누른 채로 마우스를 이동(끌기)한다. 이렇게 하면 직사각형의 블록이 생기고, 블록 내의 모든 대상이 선택된다.
- **모든 대상의 선택** : 모든 대상을 선택하기 위해서 Ctrl+A를 누른다.
- **대상 이동** : 하나의 대상은 끌기(dragging)로 이동시킬 수 있다(대상 위에 커서를 놓고 왼쪽 버튼을 누른 채 마우스를 이동한다). 여러 개의 대상은 먼저 그들을 선택하고(위의 블록 선택 참조) 커서를 선택된 대상들 중 하나 위에 놓은 뒤 왼쪽 버튼을 클릭하여 누른 채로 끌어당기면 된다.
- **파라미터 수정** : 대상을 더블 클릭하면 해당 파라미터 메뉴가 나타나고, 여기서 파라미터를 수정할 수 있다(파라미터가 있을 경우).
- **선 교차** : 두 개의 선을 교차시키더라도 일부러 선택하지 않는 한 교차점에서 접속이 이루어지지 않는다. 접점을 배치하거나 제거하려면 편집메뉴에서 **숨기기/다시 연결**을 이용한다. 그러나, 접점이 있는지 없는지 혼동을 일으키지 않도록 항상 선 교차점에 접속을 만들지 않기로 하는 것이 좋다.
- **블록 또는 심벌 복사** : 블록 또는 심벌이 선택된 후에 Ctrl+C를 눌러 이를 복사할 수 있다. 그런 다음 블록이나 심벌의 바깥을 클릭하면 해제가 되고, 원하는 위치에서 Ctrl+V를 누르면 블록의 사본이 나타난다. 도면 창에 복사할 공간이 충분하지 않으면 Alt–를 눌러 축소(zoom out)한다. 일단 블록을 배치하였으면, 왼쪽 마우스 버튼을 한번 클릭하여 고정시키고 다시 한번 클릭하여 블록 선택을 해제한다.

4-2 측정 단위

전자 부품이나 특정한 숫자값을 위한 파라미터를 설정할 때는 표준 전자 약자를 사용할 수 있다. 예를 들어, 1000[Ω] 대신에 1[㏀]을 입력해도 된다. 승수 약어는 가령 2.7k, 3.0M, 1u처럼 숫자 값에 붙여써야 한다.

다음 문자들은 승수 인수를 나타낸다.

p = pico = 10^{-12}	T = tera = 10^{12}
n = nano = 10^{-9}	G = giga = 10^{9}
u = micro = 10^{-6}	M = mega = 10^{16}
m = milli = 10^{-13}	k = kilo = 10^{3}

주 의

반드시 대문자와 소문자의 구분에 유의해야 하며(예, M≠m), 선택된 글자는 숫자 바로 뒤에 공백 없이 붙여써야 한다. 그렇지 않으면 TINA는 오류를 표시하게 된다.

4-3 TINA의 기본 화면 포맷

시동 후에는 다음과 같은 화면이 모니터에 나타난다.

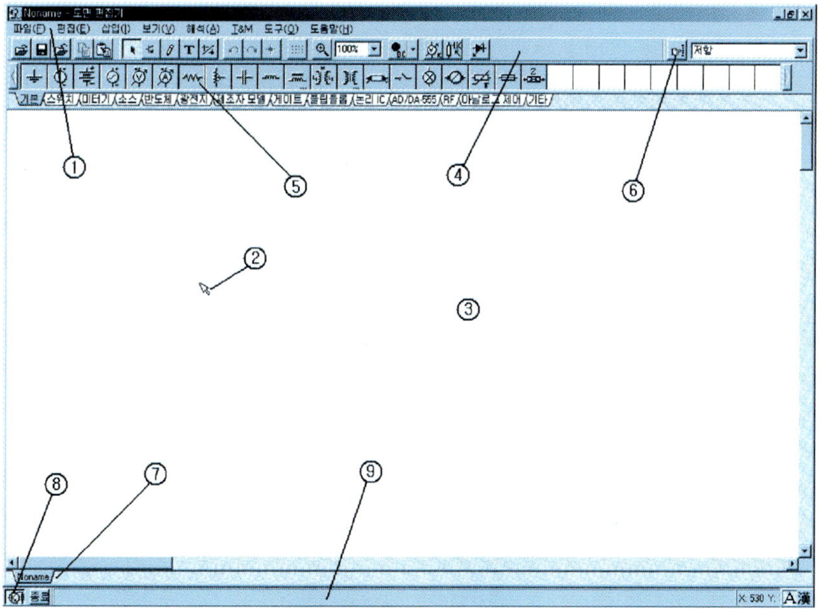

그림 4-2
TINA 시동 후의 기본 화면 포맷

(1) 메뉴 바

(2) 커서 또는 포인터

이것은 명령어를 선택하고 도면을 편집하는데 사용된다. 마우스로만 커서를 움직일 수 있다. 작업 모드에 따라 커서는 다음 중 하나의 형태를 가진다.

- **화살표** : 편집 창에서 명령어 선택이 필요할 때 나타난다.
- **부품 심벌** : (화살표와 작은상자가 수반된다.) 해당 부품을 도면 창의 회로 상에 삽입할 때 나타난다. 도면상의 부품의 위치가 정해지기 전까지는 마우스로 제어된다.
- **펜** : 선의 끝점을 정의할 때 나타난다.
- **신축선** : 선의 끝점을 정의하거나 입력 또는 출력의 2차 마디를 정의할 때 나타난다.
- **신축 박스** : 첫 번째 모서리를 고정시킨 후 블록을 정의할 때 나타난다.
- **점선 박스** : 부품 레이블이나 텍스트 블록을 위치시킬 때 나타난다.
- **돋보기** : 줌 창을 정의할 때 나타난다.

(3) 도면 창

현재 편집 또는 분석되고 있는 회로 도면을 보여준다. 도면 창은 실제로 더 큰 작도 영역의 일부분이다. 화면의 우측 하단에 있는 스크롤 바를 이용하여 화면 창을 전체 작도 영역 위에서 이동시킬 수 있다. 파일 메뉴의 **새파일** 명령을 선택하면 시스템은 편집 창의 시작을 전체 편집기 작도 영역의 가운데에 자동으로 맞춘다. 이것이 창의 기본 값 위치이므로 기존의 회로 파일을 불러올 때도 이와 마찬가지로 된다.

TINA 도면은 몇 개의 층(layer) 위에 존재하는 것으로 생각될 수 있다. 부품, 선, 텍스트 등을 가지고 있는 첫 번째 층 외에도 개별적으로 열고 닫을 수 있는 두 개의 작도 층이 더 있다. 일반적으로, 이 두 층을 열어 두는 것이 편리하다.

- **보기메뉴의 핀 표시** : 부품 핀 종단을 디스플레이하거나 숨긴다.

전체 작도 영역에 걸쳐 조밀한 간격의 점들로 이루어진 격자 눈금은 보기 메뉴에 있는 격자 버튼의 현재 상태에 따라 도면 창에서 보이게 하거나 보이지 않게 할 수 있다. 어떤 도면 줌 수준에서는 격자의 점들이 보이지 않게 된다. 그렇지만, 모든 부품 핀과 접속 선은 격자 위에 있는 것이다. 이 점들은 유일하게 가능한 상호 접점들을 나타낸다. 부품 심벌들은 작도 영역 상에 가로, 세로로 배치된다. 이 심벌들은 핀 위치가 사전에 정의된 고정 패턴으로서 단일 장치로 취급된다. 이는 소프트웨어가 회로망 마디를 혼동하지 않고 인식할 수 있게 해준다.

- **보기메뉴의 격자** : 격자를 디스플레이하거나 숨긴다.

(4) 툴바

선택, 줌, 선 등과 같은 편집기 명령의 대부분을 이 툴바에서 선택할 수 있다.

(5) 부품 바

부품들은 부품 바에 그룹으로 배열되고 탭에 이름이 표시된다. 하나의 그룹을 선택하면 이용 가능한 부품 심벌들이 탭 위에 나타난다. 원하는 부품을 클릭하고 버튼을 놓으면 커서는 해당 부품 심벌로 바뀌고 작도 영역 내에서 원하는 곳으로 이동할 수 있게 된다. 또한, 컴퓨터의 숫자 키패드에서 [+]나 [-]키를 누르면 부품을 회전시킬 수 있고, [*]키를 누르면 대칭시킬 수 있다. 일단 부분의 위치와 방위를 선택한 뒤에 마우스 왼쪽 버튼을 누르면 심벌이 제자리에 고정된다.

(6) 부품 찾기

이것은 TINA 카탈로그에 있는 어떤 부품을 명칭으로 찾는데 도움이 된다. 입력한 탐색 문자는 부품의 명칭 범위에 있는 시작, 끝, 또는 어느 곳에서 일치하는 것을 찾을 것이다. 이 도구는 특정 부품이 위치된 곳을 모르거나 특정한 탐색 기준과 일치하는 모든 부품의 리스트를 원하는 경우에 유용하다. 탐색에서 찾아진 부품은 선택하고 이 도구에 있는 삽입 버튼을 눌러서 도면으로 바로 위치시킬 수 있다.

(7) 열린 파일 탭

몇 개의 다른 회로 파일이나 열린 회로의 다른 부분(매크로)이 동시에 도면 편집기에서 있을 수 있다. 탭을 클릭하여 그 회로를 편집기로 불러온다.

(8) TINA 작업 바

화면의 하단에 나타나는 TINA의 작업 바는 현재 사용중인 다양한 도구 및 T&M 도구를 위한 스피드 버튼을 제공한다. 각각의 도구는 독자적인 창 내에서 작동하며 해당 스피드 버튼(도구의 아이콘)을 클릭하여 활성화할 수 있다. 일단 커서가 스피드 버튼 위로 이동하면 간단한 힌트가 나타난다.

그림 4-3
TINA의 작업 바는 하단에 나타난다.

첫 번째의(왼쪽 끝에 있는) 도면 편집기 잠그기/열기 버튼은 특수한 기능을 가지고 있다. 도면 편집기 잠그기/열기 버튼을 누르면 도면 창이 다른 창 뒤의 배경으로 제자리에 고착되어 도표나 가상 계기를 가릴 수 없게 된다. 도면 창이 고착되어 있지 않고 현재 선택되어 있을 경우에는 항상 다른 창에 가려진 상태로 도면 창 전체가 보인다.

(9) 도움말 행

화면 하단에 있는 도움말 행은 커서가 가리키는 항목에 대한 간단한 설명을 제공한다.

4-4 회로 부품의 배치

부품들은 부품 바에서 선택하여 마우스로 그 심벌들을 원하는 위치로 이동시킬 수 있다. 마우스 왼쪽 버튼을 클릭하면 프로그램은 부품 심벌의 핀을 가장 가까운 격자 눈금에 고착시킨다.

부품들은 가로나 세로로 배치할 수 있으며 숫자 키패드 상에서 [+]키를 누르면 시계 방향으로, [-]키를 누르면 시계 반대 방향으로 90° 회전된다. 그밖에도 일부 부품들(예 트랜지스터)은 숫자 키패드 상의 [*]키를 이용하여 수직 축을 중심으로 대칭시킬 수 있다. 또한,  버튼이나 팝업 메뉴(마우스 오른쪽 버튼)를 이용하여 부품을 배치할 수도 있다.

부품 심벌이 선택되고 배치된 뒤에 이를 더블 클릭하여 파라미터 값과 레이블을 입력할 수 있는 대화 창이 나타난다. 숫자 값을 입력하면 4-2 절에 나타난 것처럼 10^{-12}에서부터 10^{12}까지 정수 제곱의 약자를 이용할 수 있다. 예를 들어, 1k는 1,000으로 이해된다.

주 의

나중에 허용한계 모드로 분석을 시행하지 않는다면 허용한계 파라미터를 무시해도 된다.

TINA는 도면상에 위치시키는 각각의 부품에 대해 자동으로 레이블을 할당한다. TINA는 또한 주 부품 파라미터의 숫자값(예, R4 10k)을 디스플레이하게 된다. 보기메뉴의 값 옵션에 체크 표시를 해야만 값이 나타난다. 구 버전 TINA에서 작성한 파일에 대해서 디폴트로 값 옵션이 해제되어 있다. 레이블의 첫 번째 부분, 즉 R4는 심벌릭 해석 모드에 필요하다. 또한, 보기메뉴에서 값과 단위 옵션이 모두 체크되었다면 커패시터와 인덕터의 단위(예, C1, 3nF)를 디스플레이할 수 있다.

I. 선

선은 두 개의 부품 사이를 단순히 단락(0Ω 접속)을 이룬다. 선을 배치하려면 커서를 시작을 원하는 부품의 단자 점으로 이동시킨다. 커서는 작도 펜으로 바뀐다. 보기메뉴의 옵션 설정에 따라서 두 가지 다른 방법으로 선을 작도할 수 있다.

- 마우스 왼쪽 버튼을 클릭하여 선의 시작점을 선택한 다음 TINA가 경로를 따라서 선을 작도하는 동안 펜 마우스를 이동시킨다. 선을 작도하는 동안 어떤 방향으로 이동하면 선이 따라온다. 선의 끝점에서 마우스의 왼쪽 버튼을 다시 클릭한다. 이 작도 모드는 TINA 6.0 버전에서 디폴트로 설정되어 있다.
- 마우스 왼쪽 버튼을 누른 채 펜을 이동시켜서 선을 작도하고 끝점에서 버튼을 놓는다.

실제 선 작도 모드는 보기메뉴의 옵션에서 편집기 옵션 설정에 따른다. TINA는 디폴트로 첫 번째 방법을 사용하지만, 선 작도 모드를 변경하여 프로그램이 기억하게 할 수 있다.

선을 작도하는 동안 같은 선을 따라 반대로 이동시키면 이전에 작도한 선 구획을 삭제할 수 있다. 작도하는 동안에 Ctrl 키를 눌러서 마지막 수평 또는 수직 구획을 이동시킬 수 있다. 구획이나 모서리를 선택하고 끌어당기면 손쉽게 기존의 선을 수정할 수 있다. 짧은 선 구획을 작도하려면 작동하는 동안 shift 키를 누르고 있을 필요가 있다.

또한, 삽입메뉴의 선(단축키 ; Ctrl+Space)으로 선 작도 도구를 불러올 수 있다. 원하는 장소에서 마우스 왼쪽 버튼을 클릭하여 선 작도를 시작할 수 있다. 선 작도가 완료되었으면 선 작도 모드를 종료하기 위해서 마우스 오른쪽 버튼을 눌러 팝업 메뉴에서 취소 모드를 선택하거나 Esc 키를 누른다.

어떤 부품 마디가 비접속 상태로 남지 않도록 유의한다. 만일 비접속된 부품이나 단자들이 있으면, TINA의 ERC(Electric Rule Check) 도구가 경고를 낼 것이다(만일 원하지 않으면 해제할 수 있다).

2. 입력과 출력

특정한 유형의 해석(DC 전송 특성, 보드 다이어그램, 나이퀴스트 다이어그램, 그룹 지연, 전송 지연 등)은 입력 및 출력이 모두 선택되지 않는 한 수행되지 않는다. 이것은 여기(excitation)가 인가되는 곳과 회로 반응이 취해지는 곳을 설정한다. 선택된 출력 역시 선택된 해석 모드에서 어떤 곡선이 디스플레이될는지를 결정한다. 소스와 발생기는 입력으로 구성될 수 있으며, 미터들은 출력으로 구성될 수 있다. 그러나, 미터들 또한 AC 전송 곡선 및 함수를 계산할 때 사용되는 입력 양의 위치를 결정하는 역할을 하기도 한다. 융통성을 더 높이기 위해 입력이나 출력은 삽입메뉴의 입력 및 출력 명령을 이용하여 거의 어떤 위치에서나 설정할 수 있다. 파라미터 제거를 위한 입력 파라미터는 삽입메뉴의 입력 명령을 통해서만 정의할 수 있음에 유의한다.

입력이나 출력을 삽입하려면 커서를 툴바의 아이콘 위로 이동한 뒤 입력이나 출력을 정의해야 할 도면 노드로 클릭, 해제, 끌기를 한다. 그런 다음 마우스 버튼을 클릭한 채로 입력이나 출력을 다른 노드(대개 접지 기준 노드)의 방향으로 끌기를 한다. 입력이나 출력이 두 번째 노드로 확장되면 마우스 버튼을 놓는다.

입력 기준은 매우 다양한 방식으로 설정될 수 있으므로 하나의 회로 내에서 한 번에 오직 하나의 입력만이 정의될 수 있음을 기억하는 것이 중요하다.

마찬가지로 어떤 TINA 해석 방법(예 심벌릭 해석)에서는 하나의 회로 내에서 오직 하나의 출력만이 정의될 수 있다.

4-5 TINA의 활용

이 TINA의 활용은 지금까지 매뉴얼을 통해 배운 것을 익히고 정리하는데 도움이 될 것이다.

I. 배선하기

[그림 4-4]와 같이 미완성된 배선을 완성하는 과정을 연습해 보자.

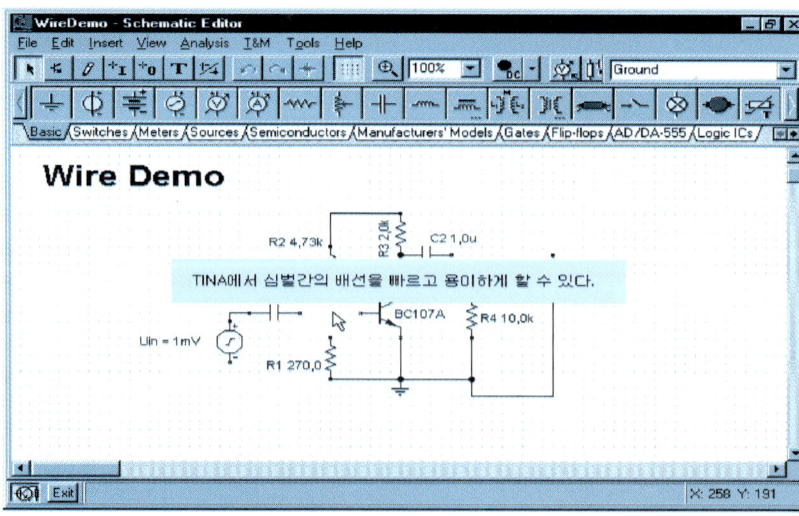

그림 4-4
TINA에서 배선 작업

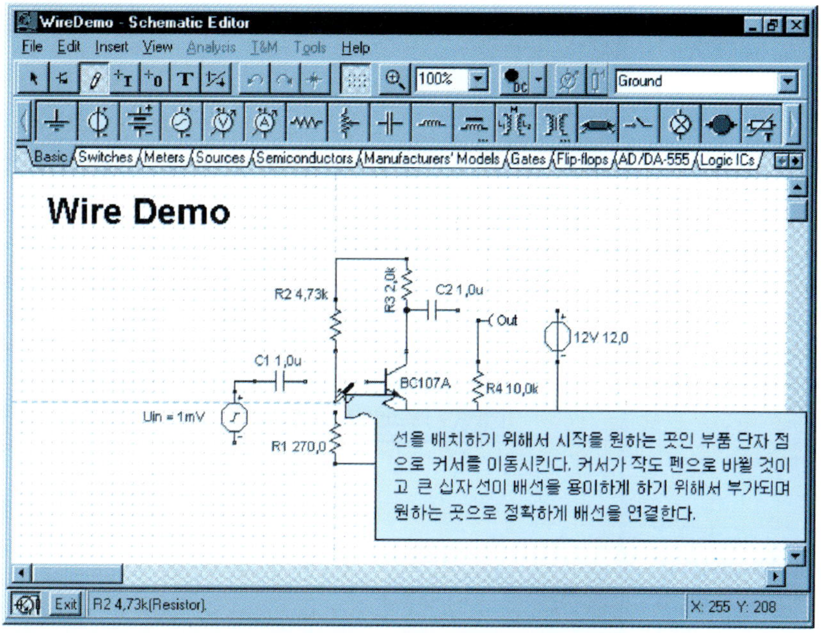

그림 4-5
선 그리기 작업

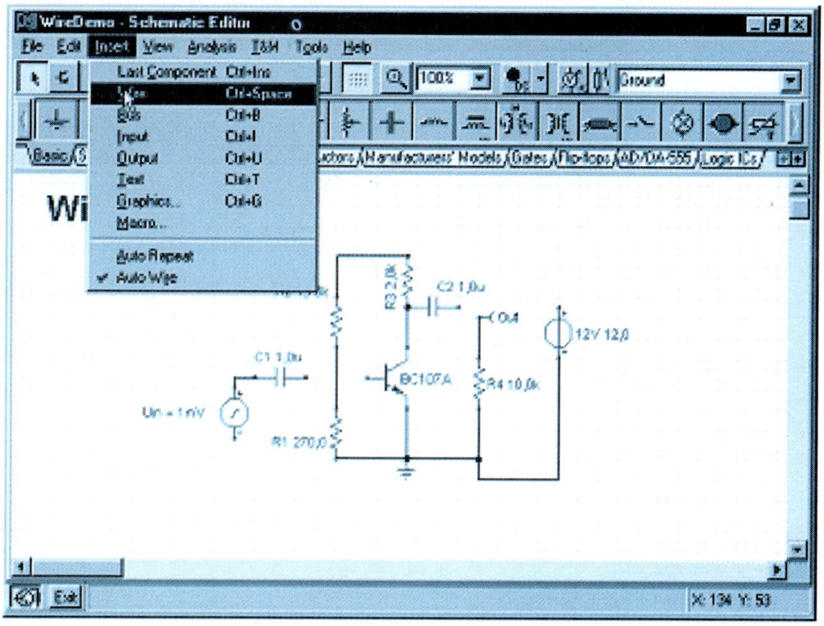

그림 4-6
다른 방법으로, 삽입 메뉴의 선 명령을 사용하여 선을 그릴 수 있다.
(단축키 ; Ctrl+Space)

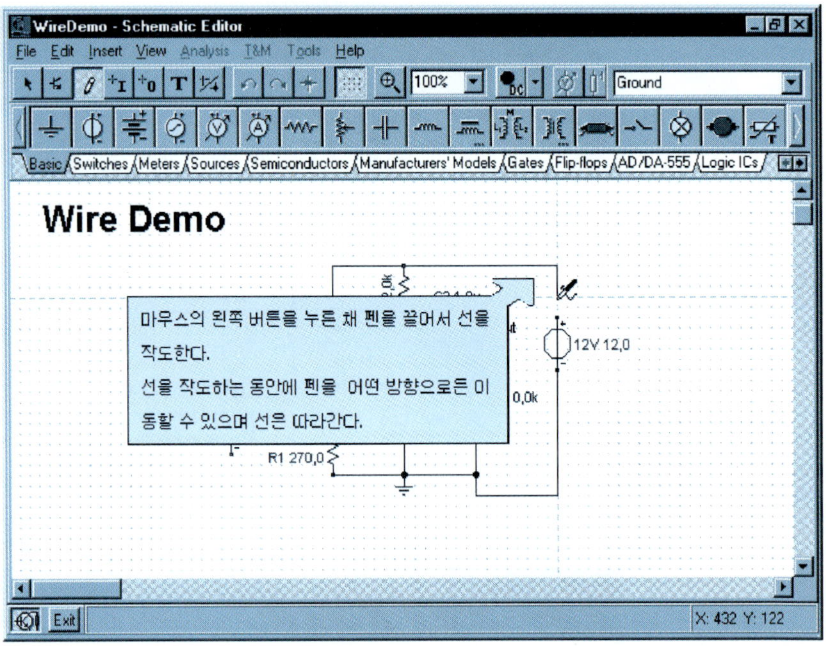

그림 4-7
마우스의 왼쪽 버튼을 누른 채 펜을 끌어서 선을 그린다.

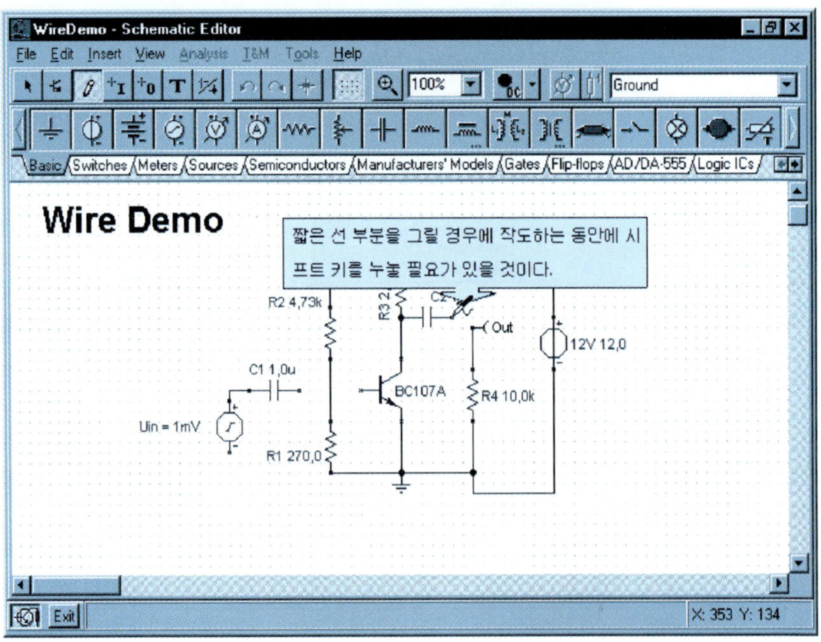

그림 4-8
짧은 선을 그리기 위해서 작도하는 동안에 시프트키를 누르고 있는 것이 필요하다.

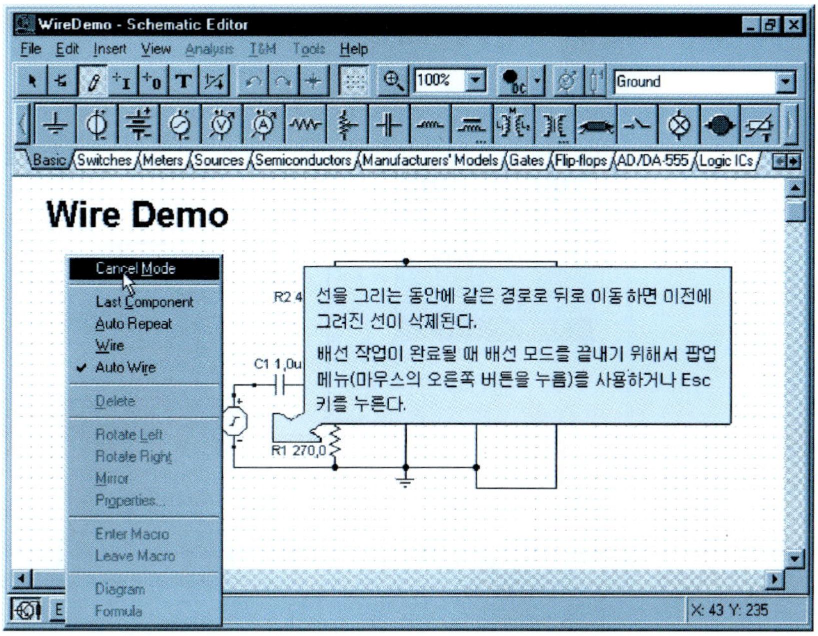

그림 4-9
배선작업이 완료될 때 배선 모드를 끝내기 위해서 팝업 메뉴 (마우스의 오른쪽 버튼을 누름)를 사용하거나 Esc키를 누른다.

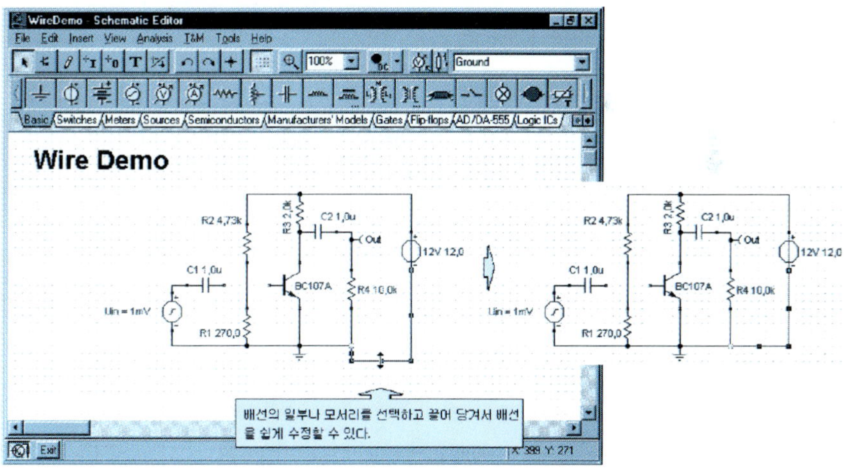

그림 4-10
배선의 일부나 모서리를 선택하고 끌어 당겨서 배선을 쉽게 수정할 수 있다.

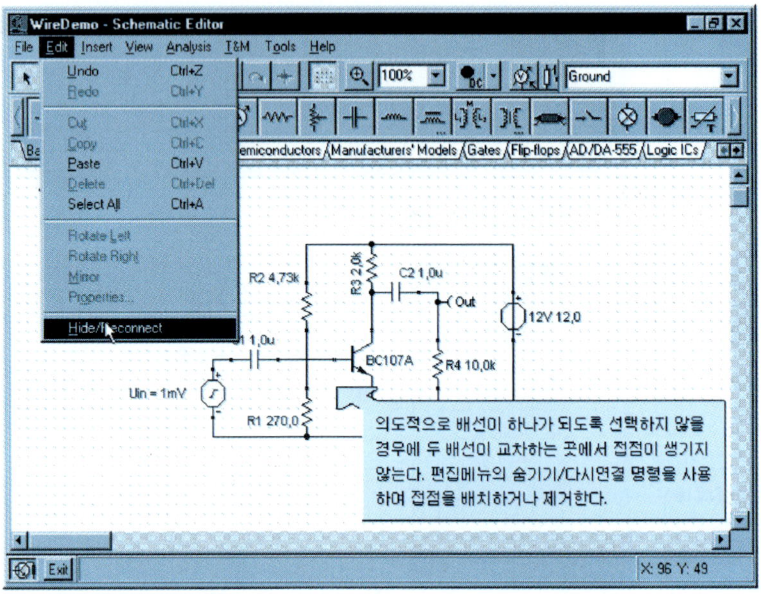

그림 4-11
편집 메뉴의 숨기기/다시 연결 명령을 사용하여 접점을 배치하거나 제거한다.

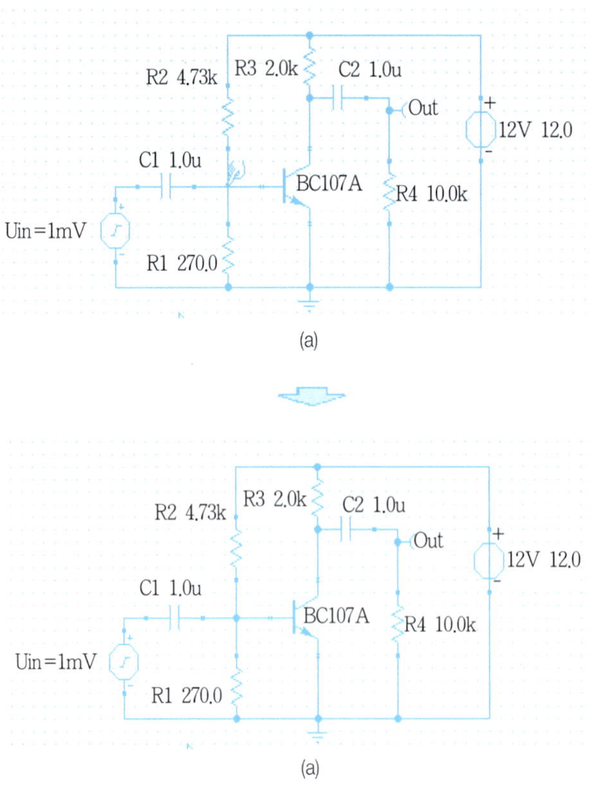

그림 4-12
편집 메뉴의 숨기기/다시 연결 명령을 선택하면 커서가 손 모양으로 바뀐다.
접점을 표시하고자 하는 곳으로 이동하여 클릭하면 접점을 배치되고, 접점을 제거하고자 하는 곳으로 이동하여 클릭하면 접점이 제거된다.

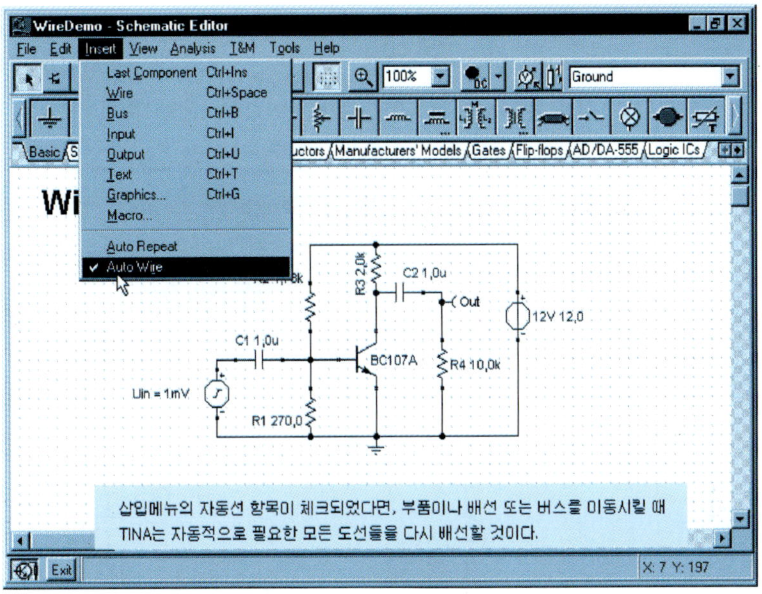

그림 4-13
부품, 배선 및 버스를 이동시킬 때 도선을 다시 배선하는 방법

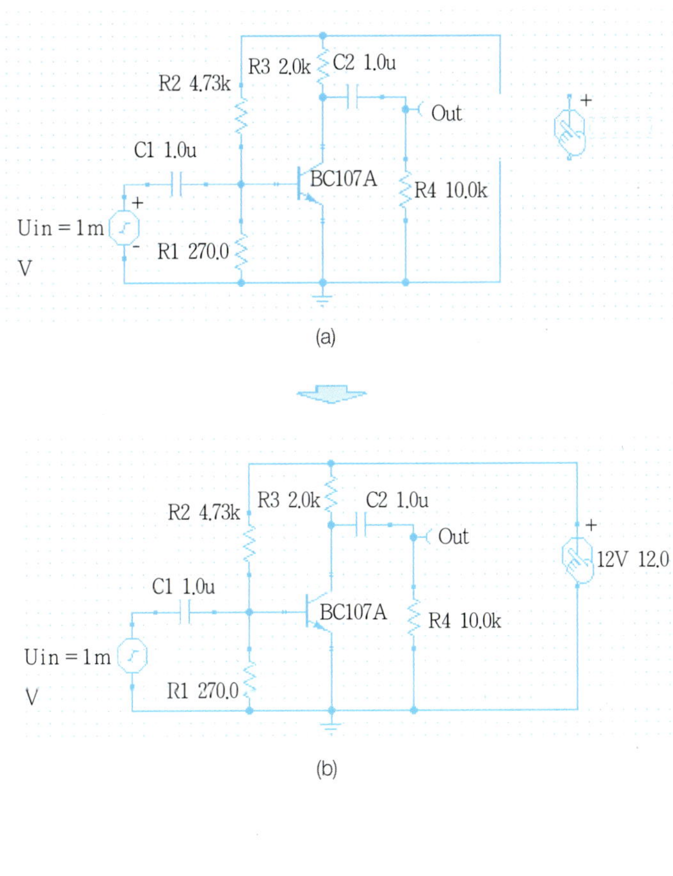

그림 4-14
그림 (a)와 같이 전압소스를 이동시키면, 그림 (b)와 같이 배선이 자동적으로 다시 그려진다.

2. 회로 도면의 편집

[그림 4-15]에 나타낸 것처럼 직렬 RLC 회로망의 회로도를 작성한다.

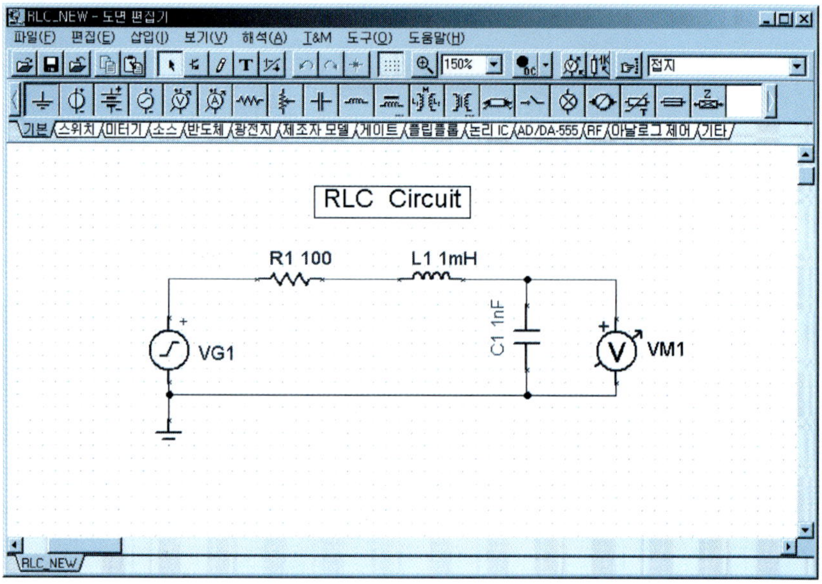

그림 4-15
회로도면 작성의 예

우선 파일 메뉴의 '새 파일' 명령을 사용하여 도면 창을 비운다. 맨 윗줄의 파일명이 Noname으로 설정되어 새로운 회로 파일이 편집되고 있음을 가리킨다.

이제 부품을 추가하기 시작한다. 전압 발생기 아이콘을 클릭한 다음 마우스 버튼을 놓는다. 커서가 발생기 심벌로 바뀔 것이다. 마우스를 이용하여 이 심벌을 화면 중앙의 임의의 곳에 위치시킨 다음(또는 +/Ctrl+R 이나 -/Ctrl+L 키를 눌러서 회전시키거나, * 키를 눌러서 대칭시킨다.) 마우스 오른쪽 버튼을 누른다. 그러면 도면 편집기의 팝업 메뉴가 나타난다. 여기서 속성을 선택하면 [그림 4-16]과 같은 대화상자가 나타날 것이다.

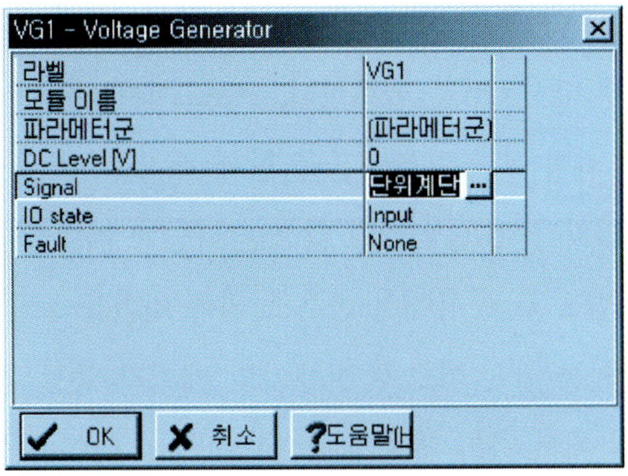

그림 4-16
전압 발생기의 속성 설정 대화상자

DC leve(레벨)l, Signal(신호), IO state(상태) 등의 파라미터는 변경하지 말고 그대로 유지한다. IO state 파라미터에 대해서 Input(입력)을 채택하면 이 발생기의 출력이 보드 다이어그램의 입력이 되도록 선택되는 것에 유의한다.

Signal(신호) 메뉴 라인을 선택하고 버튼을 누르면 이용 가능한 전압 발생기 신호의 그래픽 아이콘이 있는 대화상자가 나타난다. 이 중 하나를 선택하면(이 경우에는 코사인파 버튼을 클릭하면) 이와 관련된 곡선이 몇 가지 디폴트 파라미터와 함께 나타난다. 코사인 신호의 경우에는 [그림 4-17]과 같이 표시된다.

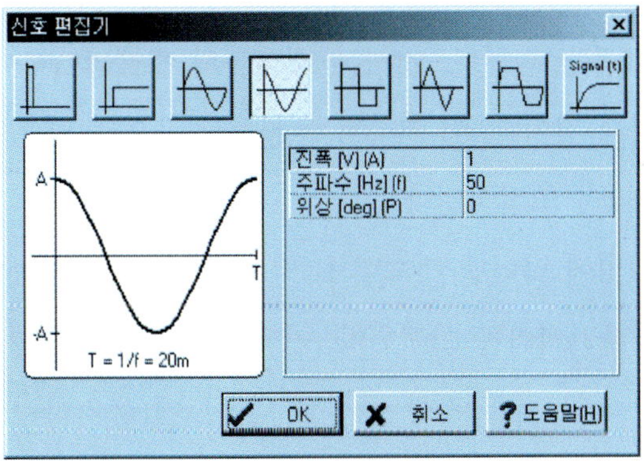

그림 4-17
신호 편집기 윈도우

주파수를 200k(200kHz)로 변경한 다음 OK를 클릭하여 이전의 대화상자로 복귀한 후 다시 OK를 클릭한다. 프로그램이 자동으로 부품 옆에 레이블을 위치시키며 부품과 레이블을 함께 배치할 수 있게 된다. 만일 디폴트 레이블 위치가 마음에 들지 않으면 나중에 레이블을 원하는 위치로 이동시킬 수 있다. 부품 상에서 마우스 왼쪽 버튼을 누른 채 원하는 곳에 놓이면 버튼을 놓는다. 이로써 발생기의 배치가 종료된다.

이제 부품 바에서 기본 탭을 클릭하고 저항기 아이콘을 선택한다. 저항기 심벌이 도면 창에 나타나면 마우스 오른쪽 버튼을 누른 다음 팝업 메뉴에서 속성을 선택한다. 그러면 [그림 4-18]과 같은 대화상자가 나타난다.

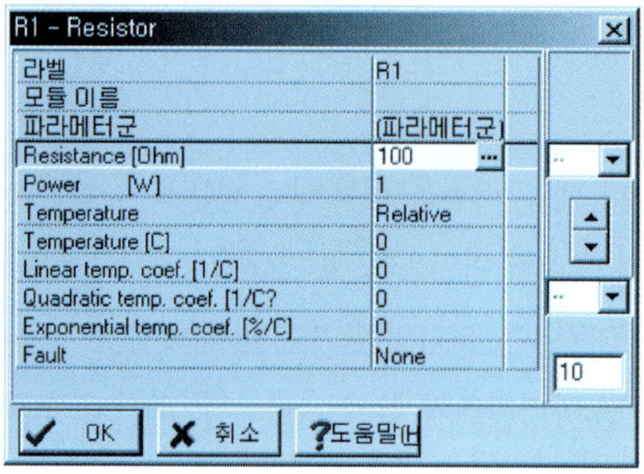

그림 4-18
저항기 속성 설정 대화상자

여기서, Resistance(저장)를 100으로 변경한다. 모든 파라미터를 설정한 뒤에 OK를 클릭한다. 커서는 레이블의 프레임(빈 사각상자)이 있는 저항기로 바뀔 것이다. 이 저항기를 원하는 곳으로 위치시키고 마우스 왼쪽 버튼을 눌러 고정시킨다.

[그림 4-15]에 나타낸 것처럼 L 및 C 부품을 회로에 추가한다. L=1m 및 C=1n로 파라미터를 설정한다. 커패시터에 대한 병렬 저항 손실의 디폴트와 인덕터의 직렬 저항 손실의 디폴트에 유의하길 바란다.

미터기 부품 그룹으로부터 전압계를 커패시터와 병렬로 추가한다(또는 전압 핀을 커패시터의 위쪽 핀에 추가한다). 전압계(Volt Meter)의 IO 상태(state)를 디폴트인 출력(Output) 파라미터를 채택한다. 발생기 아래에 접지를 위치시키고 그림에 나타낸 것처럼 발생기와 커패시터 및 전압계를 연결한다. 이를 실행하기 위해서 소형 작도 펜이 나타날 때까지 커서를 적절한 노드 위로 이동시킨다. 펜이 나타나면 마우스 왼쪽 버튼을 클릭하고 선을 작도하며 끝점에서 다시 왼쪽 버튼을 클릭한다.

마지막으로, 도면에 제목을 붙인다. T버튼을 클릭하면 [그림 4-19]와 같은 텍스트 편집기가 나타날 것이다. RLC Circuit을 입력하고, F 아이콘을 클릭하여 글자 크기를 12로 설정한다. 편집기는 또한 글꼴, 글꼴 스타일, 색 등을 선택할 수 있도록 되어 있다. 이제 ✓버튼을 클릭한 다음 도면 편집기 창에 텍스트를 위치시킨다.

그림 4-19
문자 편집기

계속하기 전에 파일메뉴의 저장 명령으로 회로를 저장한다. 회로를 RLC_NEW.TSC라고 이름을 붙인다(.TSC 확장자를 붙이지 않으면, 자동적으로 .SCH 확장자가 자동으로 추가된다).

원하는 경우에는 회로를 다음과 같이 여러 가지 방식으로 변경시킬 수 있다.

- 새로운 부품을 추가한다.
- 편집 메뉴의 잘라내기, 복사, 붙이기, 삭제 명령 등을 사용하여 선택된 대상을 삭제, 복사, 이동시킨다.
- 부품의 그룹을 이동, 회전, 대칭시킨다. shift 키를 누른 채 부품을 하나

씩 클릭한다. 또한, 창 선택을 이용하여 그룹을 확인할 수도 있다. 마지막 부품을 선택한 다음 마우스 왼쪽 버튼을 놓는다. 그런 다음 커서를 선택된 부품 중 하나로 이동하고 마우스 왼쪽 버튼을 누른 채로 선택된 부분을 끌어당긴다. 끌기를 하는 동안 [+], [-], [*] 등의 키를 이용하여 부품을 회전시키고, 대칭시킬 수 있다.

- 어떤 부품 레이블이든지 개별적으로 클릭하고 끌어서 이동시킨다.
- 부품 파라미터 값과 부품의 레이블을 더블 클릭하여 수정한다.

물론, 이 변경 사항을 유지하고 싶으면 반드시 회로를 다시 저장해야 한다.

같은 트랜지스터 증폭기 회로의 도면을 그려보자.

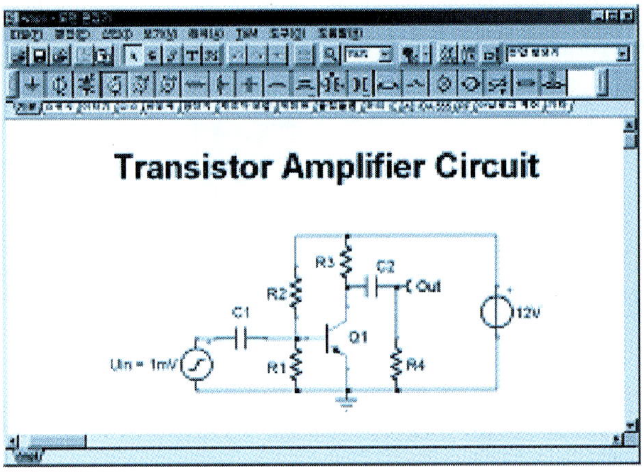

그림 4-20
트랜지스터 증폭기 회로 그리기의 예

우선 파일 메뉴의 '새 파일' 명령을 사용하여 도면 창을 비운다. 이제 부품을 추가하기 시작한다. 부품 바의 기본 탭에 속해 있는 전압 발생기 아이콘을 클릭한 다음 마우스 버튼을 놓는다. 그러면 커서가 전압 발생기 심벌로 바뀔 것이다. 마우스를 이용하여 이 심벌을 화면의 임의의 곳에 위치시킨다. 전압 발생기 심벌을 두 번 클릭하면 [그림 4-21]과 같은 대화상자가 나타날 것이다.

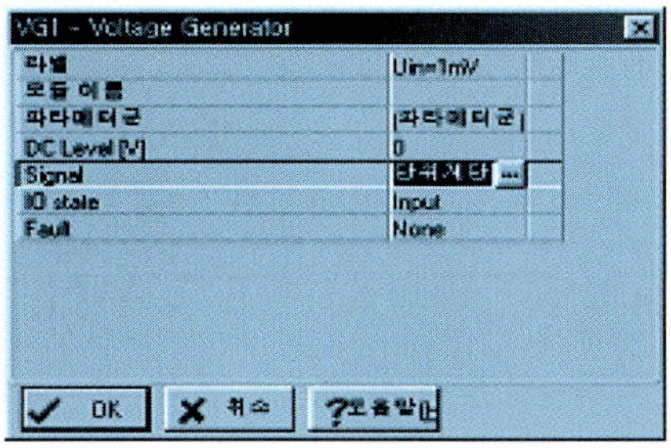

그림 4-21
전압 발생기의 속성 설정 대화상자

라벨 메뉴 라인을 클릭하여 VG1 대신에 'Uin=1mV'을 입력하고, Signal 메뉴 라인을 선택하고 버튼을 누르면 이용 가능한 전압 발생기 신호의 그래픽 아이콘이 있는 [그림 4-22]의 대화상자가 나타난다. 그래픽 아이콘 중에서 좌측에서 세 번째에 있는 사인파 버튼을 클릭하고, 이와 관련된 곡선과 진폭, 주파수, 위상의 디폴트 파라미터가 함께 나타난다. 진폭 라인을 클릭하여 '1m', 주파수 라인에 '1k', 위상 라인에 '0'을 입력하여 변경한 다음 OK 버튼을 눌러 이전의 대화상자로 복귀한 후 다시 OK를 클릭한다.

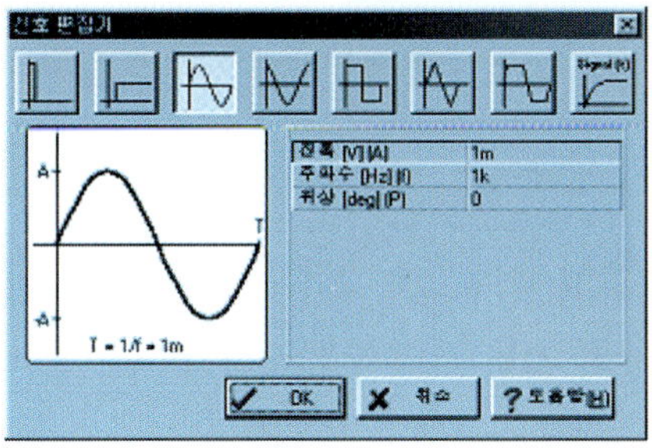

그림 4-22
신호 편집기 윈도우

프로그램이 자동으로 전압 발생기 옆에 레이블을 위치시키며 전압 발생기와 레이블을 함께 배치할 수 있게 된다. 만일 디폴트 레이블 위치가 마음에 들지 않으면, 레이블을 클릭하고(이때 레이블이 적색으로 변함), 레이블을 원하는 위치로 이동시킨다. 전압 발생기 위에서 마우스 왼쪽 버튼을 누른 채 원하는 곳에 놓이면 버튼을 놓는다. 이로써 전압 발생기의 배치가 종료된다.

부품 바의 기본 탭에 속해 있는 커패시터 2개와 저항 4개를 화면으로 가져온다. 저항 4개는 90°회전시킬 필요가 있다. 부품을 회전시키기 위해서 부품을 클릭하고(이때, 심벌이 적색으로 변함) 툴바에서 아이콘 이나 을 클릭한다. 이때 부품 열에 놓인 레이블도 회전하게 되므로, 레이블을 클릭하고, 아이콘 이나 을 클릭하여 회전시킨 다음 원하는 위치에 재배치시킨다. 저항과 커패시터를 더블 클릭하여 C1, C2의 커패시턴스를 1u로 입력하고, R1은 270, R2는 4.73k, R3는 2k, R4는 10k로 변경 입력한다.

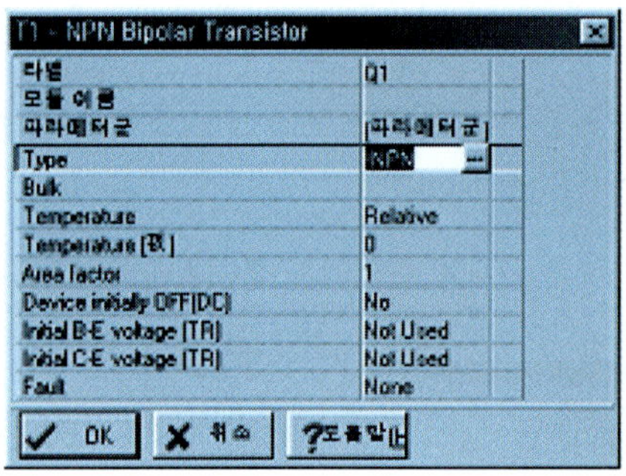

그림 4-23
트랜지스터 속성 설정 대화상자

부품 바의 반도체 탭에 속해 있는 NPN 바이폴라 트랜지스터 아이콘을 클릭하면 커서가 발생기 심벌로 바뀔 것이다. 마우스를 이용하여 이 심벌을 원하는 곳에 위치시킨다. 트랜지스터를 더블 클릭하면 트랜지스터 속성을 변경할 수 있는 [그림 4-23]의 대화상자가 나타난다.

라벨 메뉴 라인을 클릭하여 T1으로 되어 있는 항목을 'Q1'으로 변경 입력한다. Type 메뉴 라인을 선택하고 버튼을 누르면 TINA에서 이용할 수 있는 트랜지스터의 형태를 보여주는 [그림 4-24]의 카탈로그 편집기 대화상자가 나타난다.

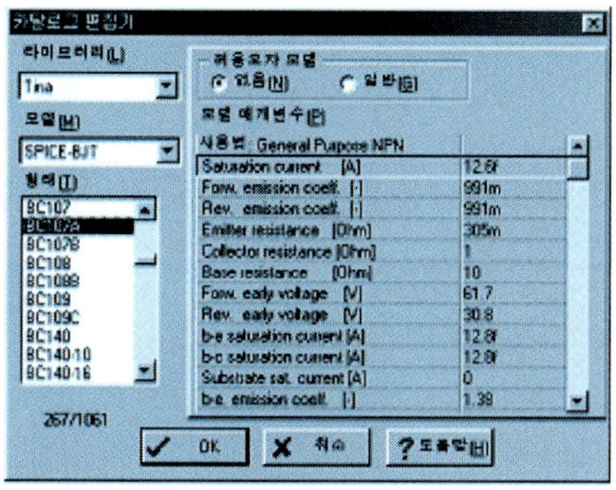

그림 4-24
카탈로그 편집기 윈도우

[그림 4-24]에서 라이브러리를 Tina, 모델을 SPICE-BJT로 설정하고, 형태의 수직 스크롤 바를 이용하여 BC107A를 선택하면 해당 모델 매개 변수들이 오른쪽에 나타난다. OK 버튼을 눌러서 이전의 대화상자로 돌아가 OK 버튼을 누른다.

소자를 찾는 또 다른 방법은 툴바에서 부품 찾기 아이콘을 이용하는 것이다. 이 아이콘을 클릭하면 [그림 4-25]와 같은 소자 찾기 대화상자가 나타난다.

그림 4-25
소자 찾기의 대화상자 윈도우

[그림 4-25]에서 찾는 소자 상자에 찾고자 하는 형태의 전체 명칭을 입력한다. 또는, 찾고자 하는 형태의 소자가 지니고 있는 문자 또는 숫자를

입력하고 해당하는 문자나 숫자가 처음에 시작하는 것인지, 끝 부분에 있는지, 아니면 어느 위치에 있든 상관없이 포함하고 있는 소자를 찾을 것인지를 선택할 수 있다. 그 다음 [찾기...] 버튼을 누르면 관련되는 소자가 나열된다. 원하는 소자를 하이라이트로 한 다음 [삽입] 버튼을 누르면 소자가 선택된다.

부품 바의 기본 탭에 속해 있는 접지와 전압 소스를 화면으로 가져와 적절한 장소에 위치시킨다. 전압 소스 아이콘을 더블 클릭하여 [그림 4-26]과 같은 속성을 변경시킬 수 있는 대화상자가 나타난다. 여기서, 라벨 메뉴 라인의 VS1을 '12V'로 변경 입력하고 Voltage 메뉴 라인을 클릭하여 5 대신에 '12'로 변경 입력한 다음에 OK 버튼을 누른다.

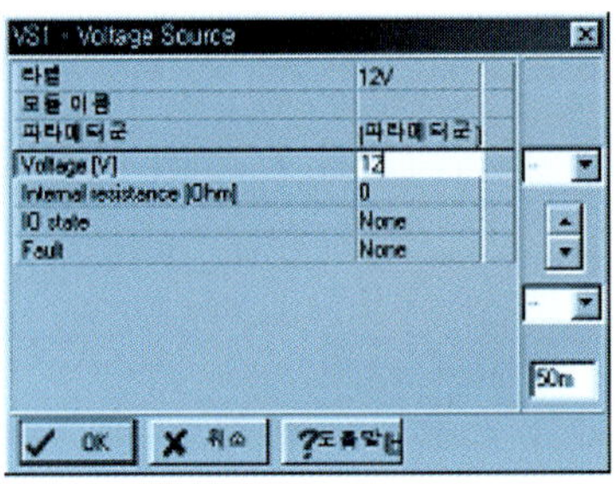

그림 4-26
미터기의 대화상자

미터기 탭에서 제일 왼쪽에 있는 전압 핀을 커패시터 C2와 저항 R4가 접속되는 부분에 배치한다. 전압 핀을 더블 클릭하여 라벨을 VF1에서 Out로 변경 입력한 다음, 레이블을 원하는 위치로 이동시킨다.

이제 [그림 4-27]과 같이 원하는 부품들을 모두 도면에 배치를 완료하였다. 앞의 '1. 배선하기'를 참고하여 선 그리기를 하여 도면을 완성한다.

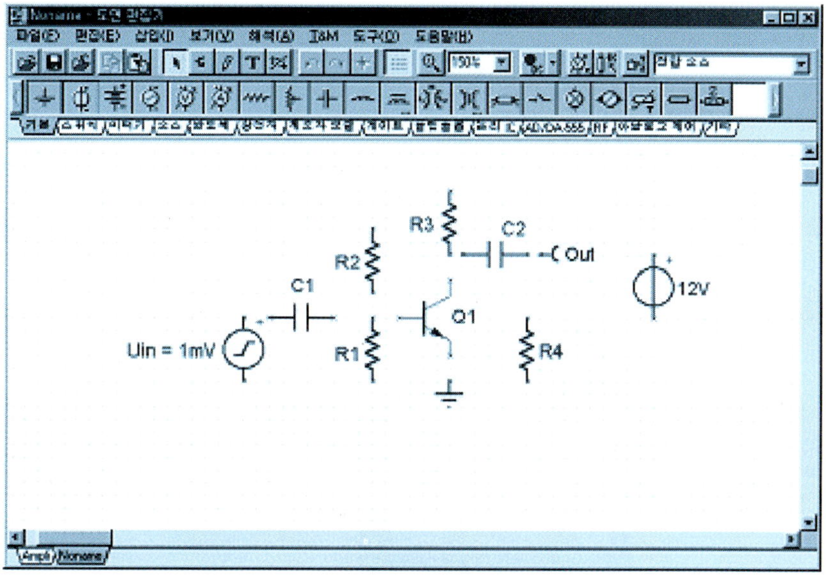

그림 4-27
트랜지스터 증폭기 회로의
부품 배치가 완료된 경우

이제, [그림 4-28]과 같은 디지털 회로의 도면을 그려보자.

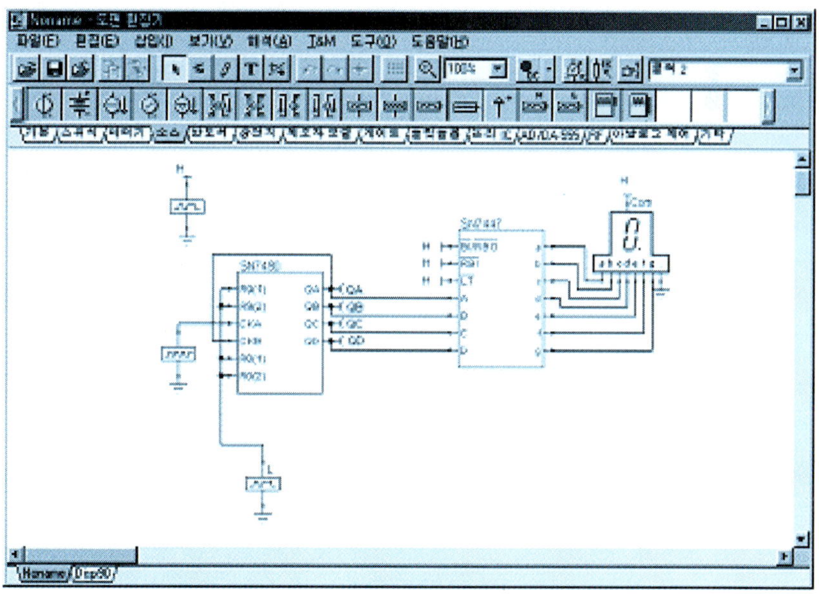

그림 4-28
디지털 회로 그리기의 예

우선 파일 메뉴의 '새 파일' 명령을 사용하여 도면 창을 비운다. 이제 부품을 추가하기 시작한다. SN7490과 SN7447 IC를 도면에 배치한다. 툴바에서 부품 찾기 아이콘을 클릭하면 [그림 4-29]와 같은 소자 찾기 대화상자가 나타난다.

그림 4-29
소자 찾기

[그림 4-25]에서 찾는 소자 상자에 7490을 입력하고 찾기... 버튼을 누르면 SN7490 | Tina Macro가 하이라이트된다. 그 다음 삽입 버튼을 누르면 그 소자가 커서에 붙어서 화면에 나타난다. 원하는 위치로 커서를 옮겨서 클릭한다. 동일한 방법으로 7447 IC을 배치한다.

부품 바의 미터기 탭에서 7세그먼트 표시기 아이콘을 클릭하면 커서가 세그먼트 형태로 바뀔 것이며, 이 커서를 SN7447 IC 오른쪽에 위치시킨다.

부품 바의 소스 탭에서 클럭 부품을 도면으로 불러온다. 이 부품은 주기적인 두 레벨(L과 H 또는 0과 1) 클럭 신호를 발생한다. 아날로그 회로에서 클럭 H레벨은 5V이고, L 레벨은 0V이다. TINA에는 두 종류의 클럭이 있다. 한 클럭은 2개의 단자를 가지면(아이콘 , 다른 클럭은 1개의 단자(다른 단자는 접지)를 갖는다(아이콘). 우리의 경우에는 2개의 단자를 갖는 클럭을 사용하므로, 아이콘 을 클릭하여 위 단자가 N7490의 CKA 단자에 연결될 수 있는 위치로 배치한다. 그리고 클럭 심벌을 더블 클릭하면 [그림 4-30]과 같이 클럭 속성을 변경할 수 있는 대화상자가 나타난다.

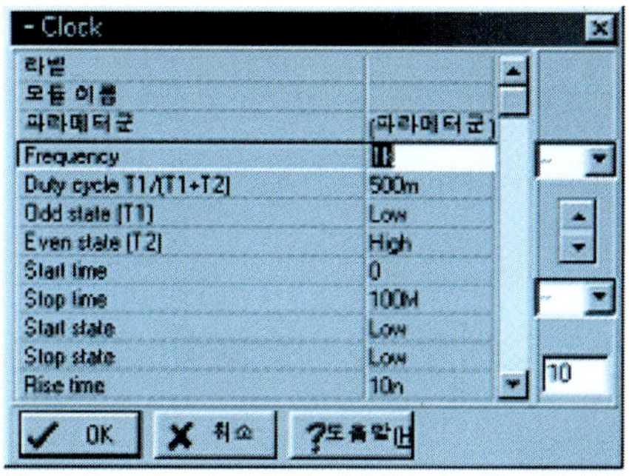

그림 4-30
클럭의 속성 대화상자

- 라벨 : 부품의 이름을 입력할 수 있다. 이름을 입력하는 것은 선택사항이다. 그러나 일부 해석들의 결과에 라벨을 사용하기도 한다. 기본적으로 라벨에 일반적으로 사용되는 이름이 입력된다. 우리의 경우에는 사용하지 않는다.
- 모듈 이름 : 사용하고자 하는 PCB 레이아웃에서 사용할 이름이 입력된다. 이 이름은 PCB 프로그램에 따라서 다를 수 있다. 이 매개변수의 설정은 다른 PCB 프로그램의 포맷으로 변환할 때만 사용된다. 일부 PCB 프로그램에서는 나중에 직접 입력할 수도 있다. 우리의 경우에는 사용하지 않는다.
- 파라메터군 : 이것을 사용하면 현재 회로에 대한 재료목록을 쉽게 생성할 수 있다. 우리의 경우에는 사용하지 않는다.
- Frequency(주파수) : 클럭 신호의 주파수를 설정한다. 우리의 경우는 1k로 설정한다.
- Duty Cycle(듀티 사이클) T1/(T1+T2) : 듀티 사이클 매개변수이다. 이것

은 한 클럭 주기 시간에 대한 홀수 상태의 시간 비이다. 클럭 주기 시간을 위한 클럭 시간의 비율로 설정된다. 클럭 주기는 T=1/f라는 관계를 이용해서 주파수 매개변수로부터 계산될 수 있다.

- Odd state[T1] : 클럭 주기의 첫 번째 부분(T1)을 설정한다. 이것은 Low, High, Don't care, High Z의 논리 레벨을 설정할 수 있다. 우리의 경우에는 Low로 설정한다.
- Even state[T2] : 클럭 주기의 두 번째 부분(T2)을 설정한다. 이것은 Low, High, Don't care, High Z의 논리 레벨을 설정할 수 있다. 우리의 경우에는 High로 설정한다.
- Start time: 클럭 신호가 시작하는 시간을 설정한다. 이 경우에는 0으로 설정한다.
- Stop time : 클럭 신호가 정지하는 시간을 설정한다. 이 경우에는 100M으로 설정한다.
- Start state : 클럭의 시작 상태를 설정한다. 이 경우에는 Low로 설정한다.
- Stop state : 클럭의 정지 상태를 설정한다. 이 경우에는 Low로 설정한다.
- Rise time : 클럭 신호의 상승 시간은 아날로그나 혼합 모드 모의실험에만 영향을 미친다. 이 경우 주기적 근사법이 상승과 하강 에지에서 사용된다. 디지털 회로에서는 상승/하강 시간이 0으로 간주된다.
- Output Voltage : 출력 핀에서의 최대 전압 레벨을 설정한다. 이 경우에 5로 설정한다.

그 다음, 부품 바의 소스 탭에서 펄스 소스 부품을 도면으로 불러온다. 이 부품을 이용하여 비주기 디지털 펄스를 만들 수 있다. 시작점과 논리값을 포함하는 일련의 연속 시간 간격을 정의할 수 있다. 두 레벨은 L과

H 즉, 0과 1이다. 아날로그 회로를 사용하는 경우에 펄스의 H는 5V, L은 0V가 된다. TINA에는 두 종류의 펄스 소스가 있다. 즉, 2개의 단자를 갖는 펄스 소스(아이콘)와 1개의 단자를 갖는 펄스 소스 2(1개의 단자는 접지에 연결)(아이콘)가 있다. 우리의 경우에는 2개의 단자를 갖는 펄스 소스를 사용하므로, 아이콘 을 클릭하여 SN7490의 위, 아래에 하나씩 위치시킨다. 그리고 펄스 소스 심벌을 더블 클릭하면 [그림 4-31]과 같이 클릭 속성을 변경할 수 있는 대화상자가 나타난다.

그림 4-31
펄스 소스의 속성

- **라벨** : 부품의 이름을 입력할 수 있다. 이름을 입력하는 것은 선택사항이다. 그러나 일부 해석들의 결과에 라벨을 사용하기도 한다. 기본적으로 라벨에 일반적으로 사용되는 이름이 입력된다. 이 경우에 SN7490의 위에 위치된 펄스 소스는 라벨을 사용하지 않으며, 아래에 위치된 펄스 소스의 라벨을 L로 설정한다.
- **모듈 이름** : 사용하고자 하는 PCB 레이아웃에서 사용할 이름이 입력된다. 이 이름은 PCB 프로그램에 따라서 다를 수 있다. 이 매개변수의 설정은 다른 PCB 프로그램의 포맷으로 변환할 때만 사용된다. 일부 PCB 프로그램에서는 나중에 직접 입력할 수도 있다. 이 경우에 사용하지 않는다.
- **파라메터군** : 이것을 사용하면 현재 회로에 대한 재료목록을 쉽게 생성

할 수 있다. 우리의 경우에는 사용하지 않는다.

- **Rise time** : 펄스 신호의 상승 시간 매개변수는 아날로그나 혼합 모드 모의실험에만 영향을 준다. 이 경우 포물선 근사방법이 상승과 하강 에지에서 사용된다. 디지털 회로에서는 상승/하강 시간을 0으로 간주한다.
- **패턴** : Low, High, High Z, don't care 상태의 시퀀스를 설정한다. 패턴 박스 옆에 있는 버튼을 클릭하면 시간 간격을 정의할 수 있는 서브 메뉴가 나온다. 이 명령어들은 다음과 같다.

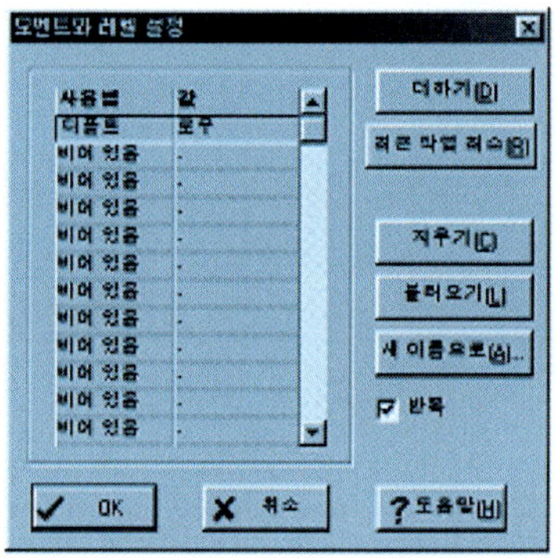

그림 4-32
디지털 신호 편집기

메뉴의 첫 번째 줄에서 신호의 초기 논리 상태(t=0에서)를 기본 상자에 넣을 수 있다. 이 경우에는 로우(Low)로 설정한다. 이 상태는 첫 번째 모멘트 #1과 레벨 #1 쌍의 시간까지 유지된다. 펄스의 각 시퀀스에 새로운 시간 레벨 쌍을 추가할 수 있다. 시간 값은 각 간격의 시작점을 나타내고, t=0으로부터의 절대 시간을 나타낸다. 마지막 간격은 모의실험이 끝날 때까지 유지된다. 이 경우에는 디폴트만을 사용한다.

- **더하기** : 새로운 시간 & 레벨 쌍을 추가한다 ("모멘트 #/레벨 #").
- **최근 작업 취소** : 마지막의 시간 & 레벨 쌍을 지운다.
- **지우기** : 모든 항목을 지운다.

- **불러오기** : 이전에 저장된 항목을 불러온다(.PSG 파일을 불러옴).
- **새 이름으로** : 현재 항목을 나중에 사용하기 위해 저장한다(.PSG 파일로 저장).

- Output voltage : 출력 핀의 최대 전압 레벨을 설정한다. 이 경우는 5V로 설정한다.

부품 바의 기본 탭에서 접지를 클릭의 아래 단자 밑에, 2개의 펄스 소스 아래 단자 밑에, 그리고 7세그먼트 표시기의 도트 단자 밑에 각각 배치한다.

부품 바의 미터기 탭에서 전압 핀 아이콘을 클릭하여 SN7490의 출력 QA, QB, QC, QD 단자 우측으로 배치하고, 전압 핀 심벌을 더블 클릭하여 레이블을 각각 QA, QB, QC, QD로 변경 입력하고 전압 핀의 오른쪽으로 위치시킨다.

부품 바의 기타 탭에서 점퍼 아이콘을 클릭하여 SN7447의BI/RBO 단자 왼쪽에 배치하고, 아이콘을 2번 클릭하여 점퍼를 180°회전시킨다. 그리고 점퍼 아이콘을 더블 클릭하여 나타난 [그림 4-33]의 점퍼 속성 대화상자에서 라벨을 J1에서 H로 변경 입력한다.

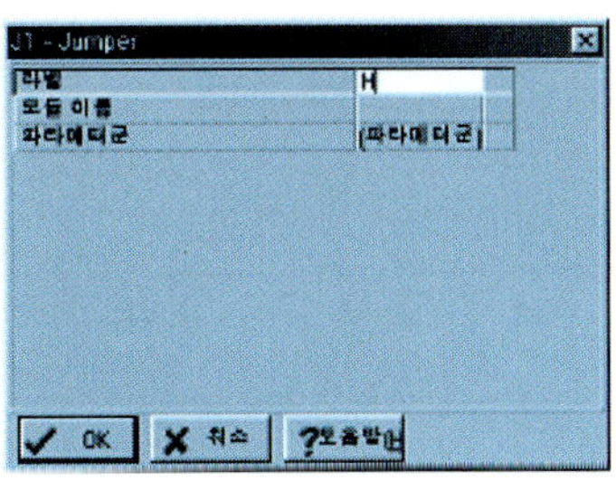

그림 4-33
점퍼 속성 대하상자

동일한 방법으로 SN7447의 RBI와 LT 단자 좌측에 점퍼 심벌을 배치시킨다. 그리고 SN7490 우측에 있는 펄스 소스 위 단자와 7세그먼트 표시기의 Com 단자에 점퍼 심벌을 연결한다. 이때, 점퍼는 아이콘 을 1번 클릭하여 90°회전시킨다.

이제 원하는 부품들을 모두 도면에 배치를 완료하였다. 그러면 4-5의 1. 배선하기를 참고하여 선그리기를 하여 도면을 완성한다.

4-6 TINA의 해석 모드와 옵션

TINA는 다양한 해석 모드와 옵션들을 가지고 있다. 회로가 아날로그 부품만을 포함하고 있을 경우에 해석 방법은 아날로그가 된다. 이때, 부품들은 각자의 아날로그 모형으로 모델링된다. 회로가 아날로그와 디지털 부품을 모두 포함하고 있는 경우에 해석 방법은 혼합된다. 이때, 부품들은 각자의 고속 디지털 모형으로 모델링된다.

이제 [그림 4-15]와 같이 작성된 RLC 회로에서 AC 및 과도 해석을 실행한다.

I. AC 해석

먼저, AC 노드 해석을 수행한다. 해석 메뉴의 AC해석/노드의 전압계산을 선택한다. 커서는 테스트 프로브로 바뀌고 어떤 노드에서나 접속할 수 있게 되어 있다. 노드 전압은 [그림 4-34]와 같이 별도의 창에 디스플레이된다.

도면에 어떤 미터기를 배치했을 경우에 프로브로 이를 클릭하면 해당

미터기로부터 상세한 정보가 제시된다. DC 분석을 통해 유사한 방식으로 DC 노드 전압을 얻을 수 있다.

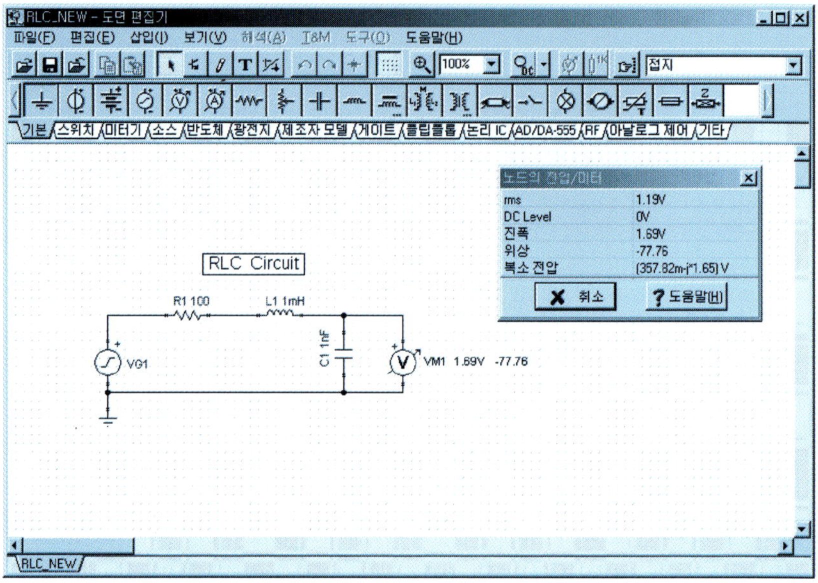

그림 4-34
AC 해석/노드의 전압계산을 선택한 경우

이제 해석 메뉴에서 AC 해석/AC 전달특성을 선택하면, [그림 4-35]와 같은 AC 전달 특성 대화상자가 나타난다.

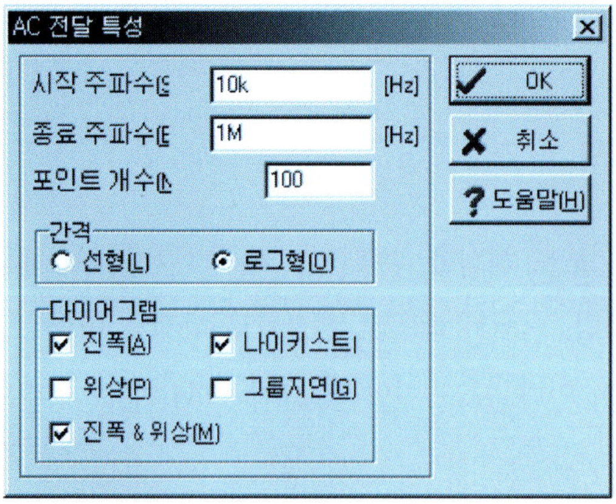

그림 4-35
AC 전달특성 대화상자

디폴트로 진폭 & 위상이 계산될 것이다. 진폭과 나이퀴스트를 추가로 선택한다. 시작 주파수를 10k로 수정한 다음 OK를 누른다. 프로그램이 계산을 수행하는 동안에 진행 막대가 나타난다. 계산이 완료되면 [그림 4-36]과 같은 다이어그램 창에 보드 진폭 특성이 표시된다. 다이어그램 창 하단에 있는 탭을 이용하여 손쉽게 나이퀴스트 또는 진폭 및 위상 다이어그램으로 전환할 수 있다.

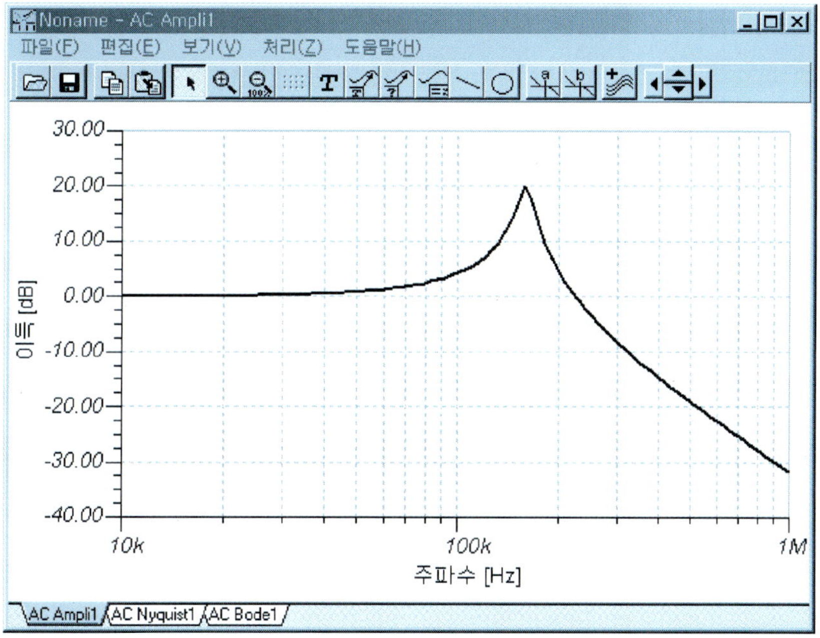

그림 4-36
다이어그램 창에 표시된 보드 진폭 특성

하나 이상의 커서를 활성화함으로써 정확한 입·출력 값을 읽을 수 있다. 어떤 표시 화면에서든 심벌릭 해석을 이용하여 AC 전달함수나 세미-심벌릭 AC 전달함수를 선택함으로써 전달함수의 공식을 얻고 배치할 수 있음에 유의한다. 공식이 수식 편집기 창에 나타나게 되고, 위에서 설명한 것처럼 이것을 다이어그램 창이나 도면 창에 배치할 수 있다.

TINA의 그래픽 기능을 이용하면 보다 유용한 정보를 다이어그램에 추가할 수 있다. 예를 들어, 마커, 특별 주석, 회로도면 등을 도표에 추가해 보자.

마커를 곡선에 추가하려면 커서를 곡선 위로 이동시킨 다음 커서가 '+' 모양으로 바뀔 때 이 지점에서 곡선을 클릭한다. 곡선이 선택되면 빨간색으로 변한다. 이제 이것을 더블 클릭하거나 마우스 오른쪽 버튼을 눌러 팝업 메뉴에서 속성을 선택한다. 그러면 [그림 4-37]과 같은 그래프 설정 대화상자가 나타난다.

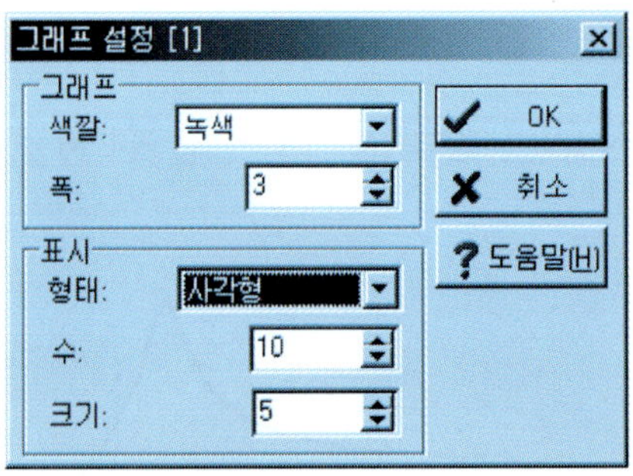

그림 4-37

[그림 4-37]의 대화상자에서 그래프의 색상, 폭, 표시(마커)의 형태, 수, 크기 등 곡선의 파라미터를 설정할 수 있다. 그래프의 색깔은 녹색, 폭은 3, 표시의 형태는 사각형, 수는 10, 크기는 5로 선택하고 OK를 클릭한다.

텍스트를 추가하려면 다이어그램 창에서 텍스트 아이콘 을 클릭한다. 텍스트 편집기가 나타나면 'Resonance'라고 입력한다. 편집기의 폰트 아이콘 을 이용하여 글꼴, 글꼴 스타일, 글자의 색상 및 크기 등을 마음대로 선택할 수 있다. 버튼을 클릭하고 공진 피크 근처에 텍스트를 위치시킨다.

이제 포인트 아이콘 을 클릭한 다음 텍스트를 클릭하고 마지막으로 곡선의 피크를 클릭한다. 커서가 올바른 위치에 놓이면 '+' 모양으로 바뀌는 점에 유의한다. 이렇게 해서 입력된 문자열과 화살표는 텍스트를 다른 위치로 끌거나 다른 변경 사항이 있더라도 항상 텍스트에서 곡선을 가리키게 된다.

이제 다이어그램에 도면 자체를 배치한다. 도면 편집기 창을 클릭하고 편집 메뉴의 모두 선택을 선택한다. 그 다음 편집 메뉴의 복사를 선택하거나, 복사 아이콘을 클릭 또는 Ctrl+C 단축키를 이용하여 선택된 부분을 클립보드에 복사한다. 다이어그램 창을 클릭하고 편집 메뉴의 붙이기를 이용하거나, 붙이기 아이콘을 클릭 또는 Ctrl+V 단축키를 이용한다. 회로도의 프레임이 나타난다. 다이어그램의 좌측 모서리에 위치시키고 고정시킨다. 이 그림을 끌거나 더블 클릭하면 크기나 프레임 또는 배경을 변경시켜 수정할 수 있다.

다음은 도면 창에서 해석 메뉴의 심벌릭 해석/AC 전달함수와 심벌릭 해석/세미-심벌릭 AC 전달함수를 선택하여 전달함수의 공식을 다이어그램 창에 배치한다. 먼저 해석메뉴의 심벌릭 해석/AC 전달함수를 클릭하면 [그림 4-38]과 같은 수식 편집기가 나타난다.

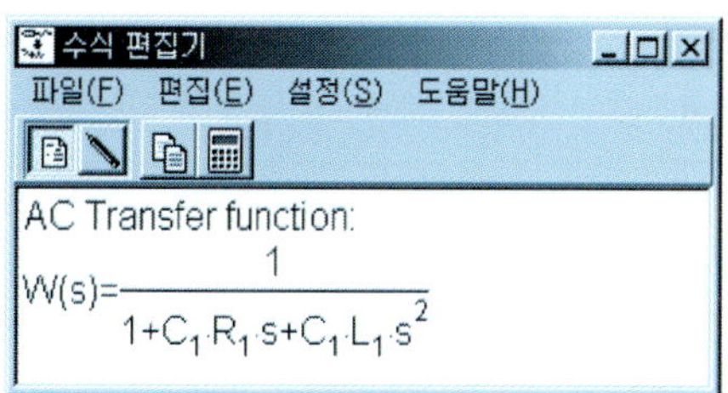

그림 4-38 심벌릭 해석/AC 전달함수를 클릭하여 나타난 수식 편집기 윈도우

[그림 4-38]에서 편집 아이콘을 클릭하여 Transfer function 앞에 AC을 삽입하고 보기 아이콘을 클릭한다. 수식 편집기 창에서 편집 메뉴 복사를 선택하여 클립보드에 복사한다. 다이어그램 창을 클릭하고 편집 메뉴의 붙이기를 선택하면 AC 전달함수가 나타난다. 다이어그램의 좌측 상단에 위치시켜 고정시킨다. 이 그림을 끌거나 더블 클릭하면 크기나 프레임 또는 배경을 변경시켜 수정할 수 있다. 만일 심벌릭 해석/세미-심벌릭 AC 전달함수를 선택하여 전달함수를 구하면 숫자 형태로 주어

질 것이다.

이상과 같은 편집을 통해서 얻은 최종 다이어그램 창은 [그림 4-39]와 같다.

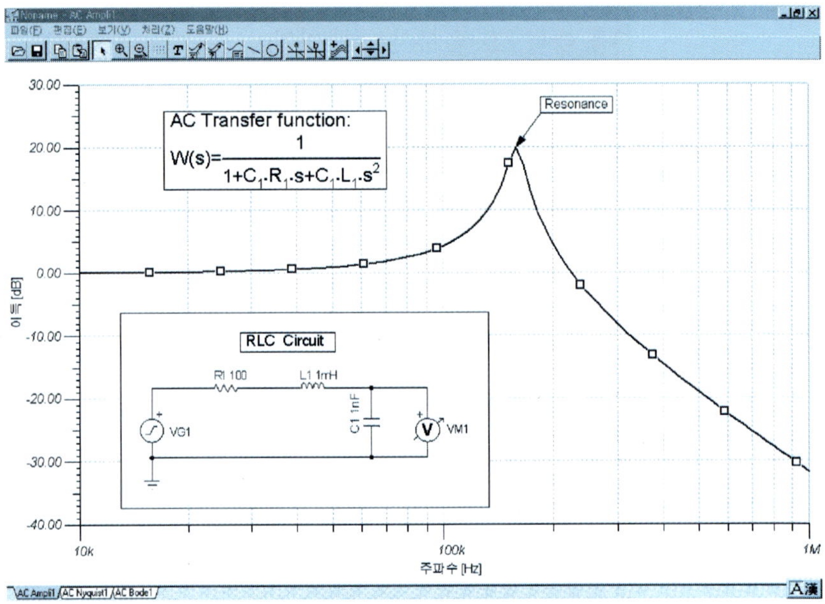

그림 4-39
편집을 통해서 얻은 최종 다이어그램 창

2. 과도 해석

이제 과도 해석을 수행한다. 먼저 커서가 선택 화살표로 되어 있는지 확인한 다음 전압 발생기를 더블 클릭하고, Signal 라인을 선택하여 파형을 단위 계단으로 변경한다. 해석 메뉴의 과도 해석을 선택하면 [그림 4-40]과 같은 대화상자가 나타난다.

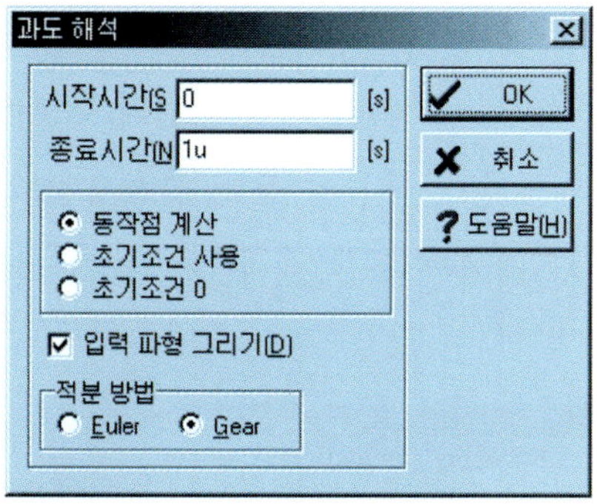

그림 4-40
해석 메뉴의 과도 해석을 선택하여 나타난 대화상자

종료시간을 30u로 변경한 다음 OK를 누른다. [그림 4-41]과 같이 별도의 창에 과도 전류 응답이 나타난다. 예상대로 RLC 회로는 댐핑된 발진의 응답을 나타낸다. a 및 b 그래픽 커서 를 활성화함으로써 정확한 입출력 데이터를 읽을 수 있다.

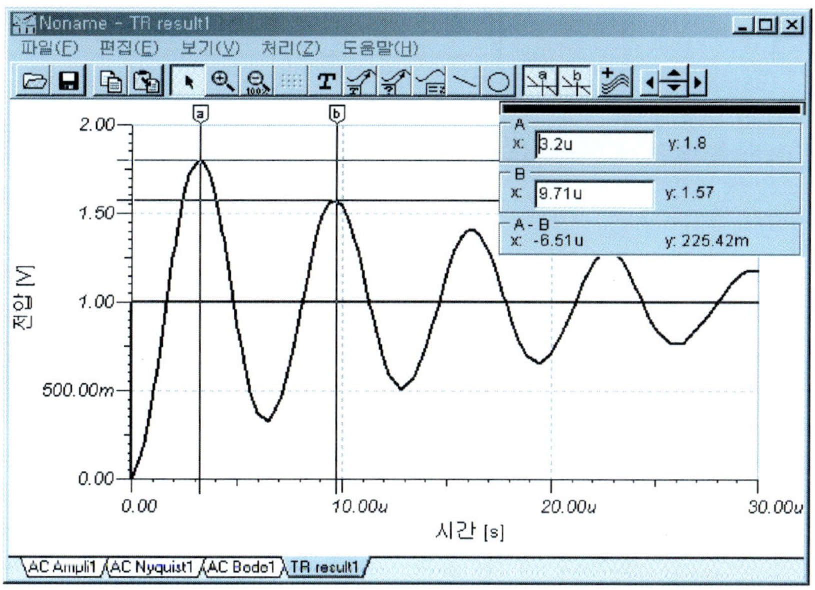

그림 4-41
RLC 회로의 과도 전류 응답

이제 해석 메뉴의 심벌릭 해석/세미-심벌릭 과노현상을 선택한다. 그러면 회로 응답이 수식 편집기 창에 나타난다. 수식 편집기 창의 복사 아이콘을 클릭한 다음 다이어그램 창으로 전환하고 붙이기 아이콘을 선택하면 공식 프레임이 [그림 4-42]와 같이 나타난다. 프레임을 원하는 위치로 이동시킨 다음 마우스 왼쪽 버튼을 눌러 공식을 배치한다. 끌기를 하면 어떤 위치로든 다시 배치할 수 있고 더블 클릭하여 편집할 수 있다.

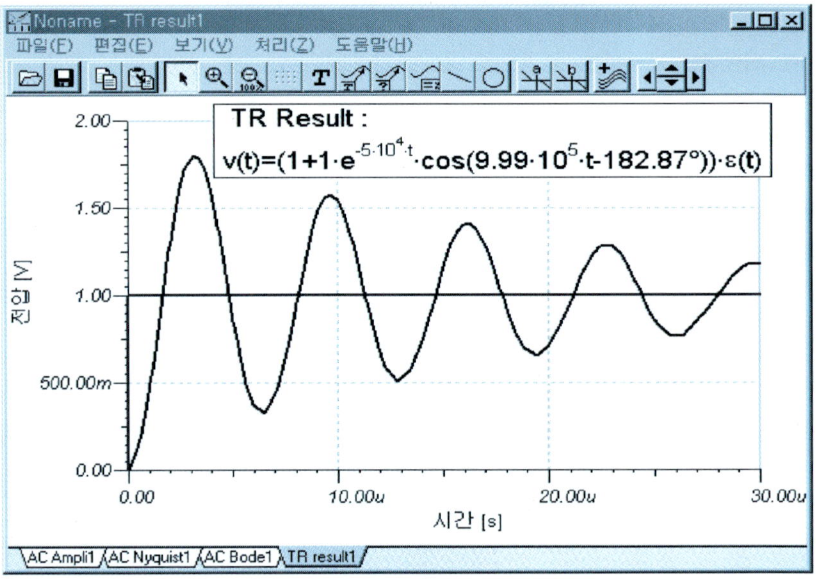

그림 4-42
수식 편집기 내용을 다이어그램 창에 붙인 경우

다이어그램 창에 더 많은 해석 곡선을 추가하기 위해서 툴바에서 커브추가 아이콘을 누르거나 편집 메뉴에서 더 많은 커브추가를 선택한다. 그러면, [그림 4-43]과 같은 포스트-프로세싱 대화상자가 스크린에 나타난다.

주 의

이 특징을 사용하기 위해서 해석 옵션 대화상자에서 "모든 분석 결과 저장"을 체크해야 한다.

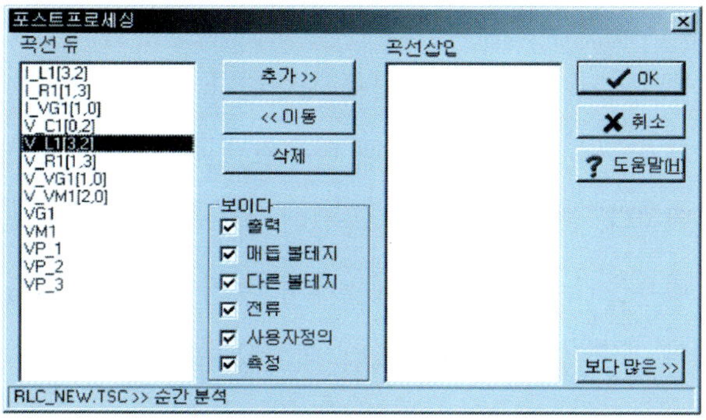

그림 4-43
포스트-프로세싱의 대화상자

포스트-프로세싱 대화상자의 좌측에 이용 가능한 곡선 리스트상자는 이미 계산된 모든 곡선을 나타낸다.

심벌 V_레이블[i, j]와 I_레이블[i, j]는 노드 i와 j 사이에 레이블에 해당되는 부품들 각각의 전압과 전류를 표시한다. 심벌 VP_n은 노드 n의 노드 전압을 표시한다.

코일의 전압을 곡선의 리스트에 추가하기 위해서 V_L1[3, 2]를 선택하고 추가>> 버튼을 누른다. OK를 눌러서 이 곡선을 현재 다이어그램 창에 삽입한다.

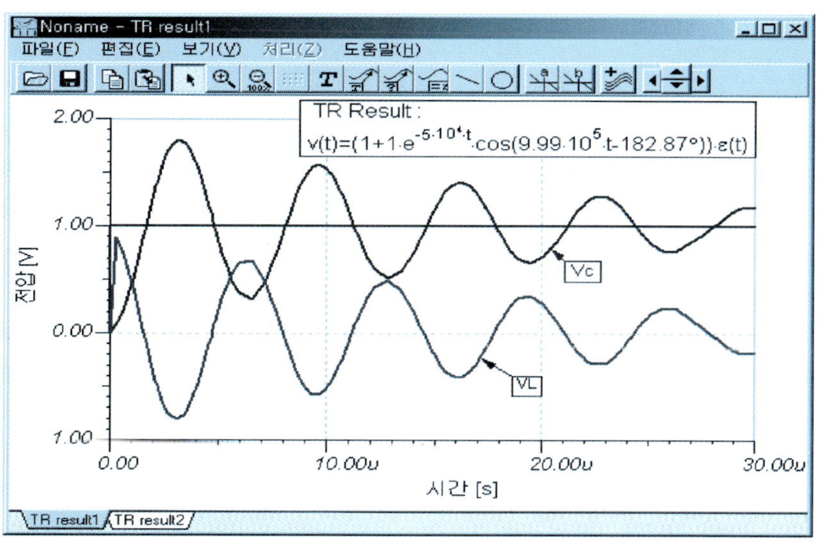

그림 4-44
기존의 다이어그램 창에 코일 전압의 곡선추가

보다 향상된 TINA의 특징을 설명하기 위해서 지금 막 얻어진 비주기 과도 응답의 푸리에 스펙트럼을 시험한다. 먼저 커서를 곡선 위로 이동하고 커서가 '+' 모양을 보일 때 마우스 왼쪽 버튼을 눌러 댐핑 출력 신호를 선택한다. 그러면 선택된 곡선이 빨간색으로 바뀐다. 이제 마우스 오른쪽 버튼을 누르고 팝업 메뉴에서 푸리에 스펙트럼을 선택하면 [그림 4-45]와 같은 푸리에 스펙트럼 대화상자가 나타난다.

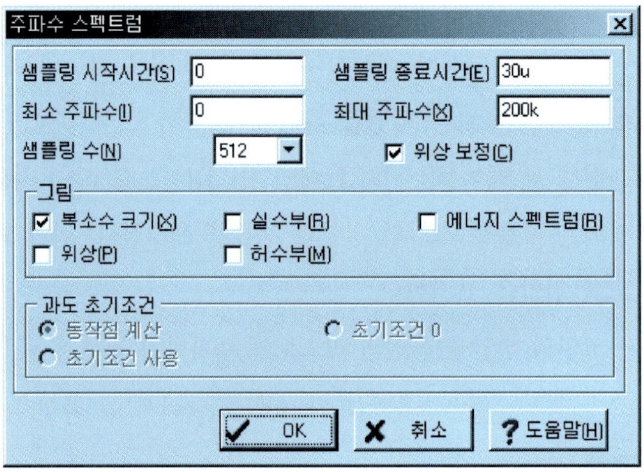

그림 4-45
푸리에 스펙트럼 대화상자

[그림 4-45]에서 최대 주파수를 200k로 설정하고 OK를 누른다. 과도 응답의 푸리에 스펙트럼이 나타날 것이다.(500us 종료시간으로 과도 응답을 반복하면 더 선명한 곡선을 얻게 될 것이다.) 줌 아이콘을 사용하여 100kHz에서 200kHz 사이를 축소한다. 또한, 좌표축을 더블 클릭하여 설정을 변경할 수 있다. 결과는 [그림 4-46]에 나타낸 것과 같은 연속적인 주파수 스펙트럼이 된다. 예상대로 푸리에 스펙트럼이 최대치를 보이는 곳의 주파수는 회로의 공진 주파수가 된다.

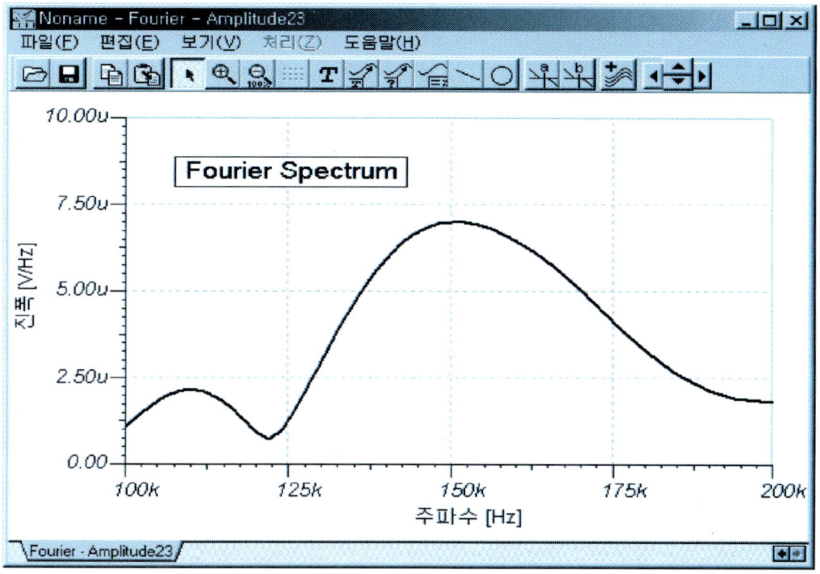

그림 4-46 푸리에 스펙트럼의 최대값 주파수는 회로의 공진 주파수가 된다.

푸리에 스펙트럼과 푸리에 시리즈 대화상자는 또한 해석 메뉴의 푸리에 해석 메뉴로부터 직접 얻어질 수 있다. 이 방법은 수동적으로 과도함수를 계산할 필요가 없다. TINA는 푸리에 시리즈 또는 스펙트럼을 생성하기 전에 자동적으로 과도함수를 계산한다.

주 의

주파수 스펙트럼의 단위가 V/Hz(주파수당 전압)이라는 것에 놀랄 것이다. 이것은 연속적인 푸리에 스펙트럼이 주파수에 대한 밀도함수이기 때문이다. 좁은 주파수 대역의 근사 진폭을 알고 싶으면 대역 내의 평균진폭(V/Hz)에 대역폭(Hz)을 곱하면 된다.

다행히 주기신호에 대한 푸리에 해석은 그다지 복잡하지 않다. 수기신호는 푸리에 시리즈로 표현되거나 바꾸어 말하자면 기본 주파수에서의 코사인파 및 사인파의 합과 기본 주파수의 정수배로 표현될 수 있다. TINA에서 이러한 종류의 푸리에 해석을 시도하기 위해서 EXAMPLES

폴더에서 AMPLI.TSC를 불러온다. 만일 해석 메뉴의 모드를 클릭하면 이것이 증폭기의 온도-종속 해석이라는 것을 알게 될 것이다.

해석 메뉴의 과도 해석을 실행하면 [그림 4-47]과 같은 다이어그램 창이 나타난다. 다이어그램 창에서 가장 큰 진폭을 가진 출력 곡선을 선택한다. 마우스 오른쪽 버튼을 누르고 팝업 메뉴에서 푸리에 시리즈를 선택한다. 그러면 푸리에 시리즈의 대화상자가 나타난다. 여기서 샘플링 시작 시간을 1ms로, 샘플링 수를 2048로 설정한다. 정확성을 높이기 위해서 푸리에 시리즈의 시작점을 초기 과도 응답이 소멸된 후에 설정하는 것이 매우 중요하다. 이제 푸리에 시리즈 대화상자에서 계산 버튼을 누른다. 푸리에 성분의 리스트가 나타날 것이다.

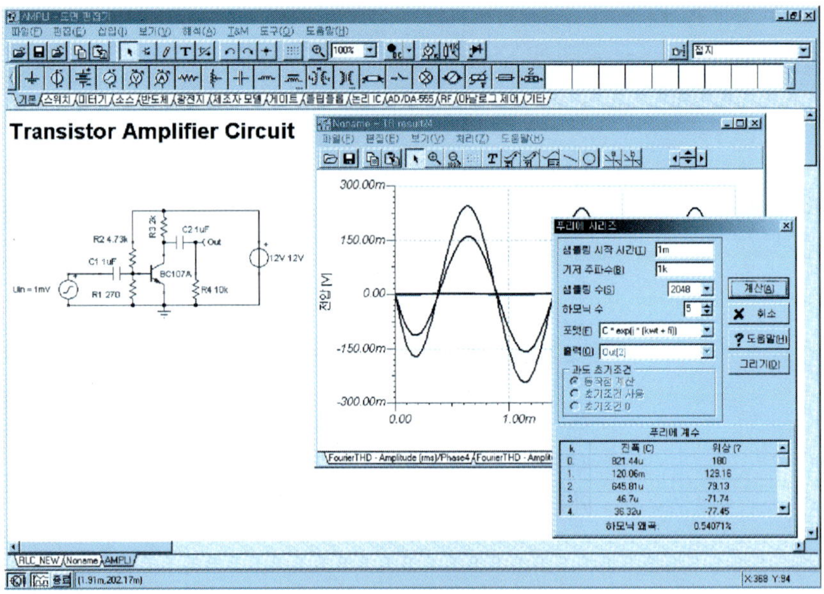

그림 4-47
과도해석 실행과 푸리에 시리즈의 계산

그리고 푸리에 시리즈 대화상자에서 그리기 버튼을 누르면, [그림 4-48]과 같은 기본 주파수의 정수배에서 진폭[V]을 나타내는 다이어그램을 그릴 수 있다.

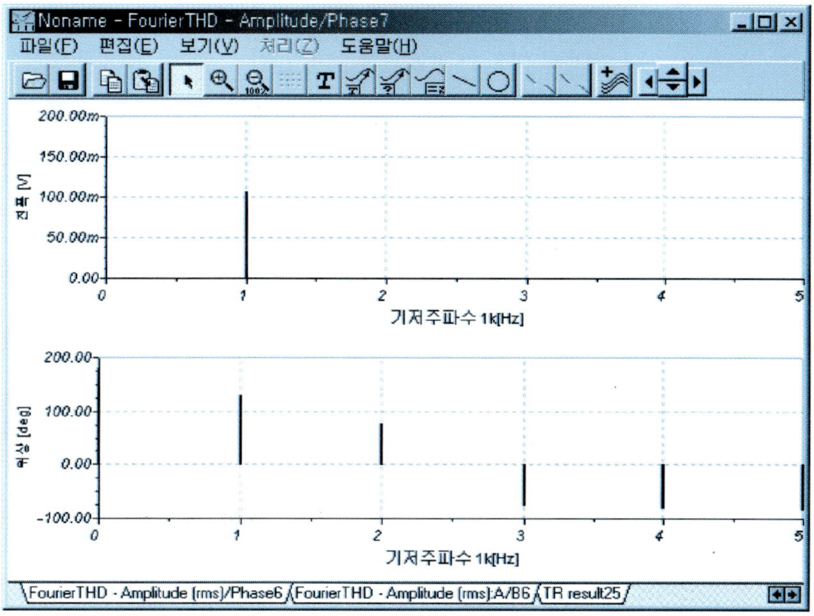

그림 4-48
푸리에 시리즈는 기본 주파수의 정수배에서 진폭을 나타내는 다이어그램을 그린다.

3. 디지털 회로의 해석

이제 디지털 회로를 테스트하기로 한다. EXAMPLES 폴더로부터 HALF_ADD.TSC 파일을 불러온다. 해석 메뉴의 디지털 단계 해석 명령을 시작하면 [그림 4-49]와 같은 화면이 나타난다.

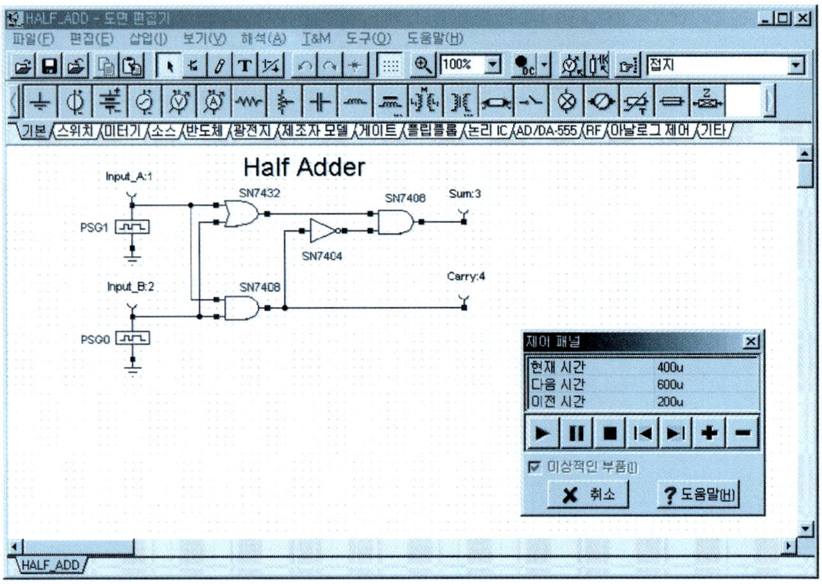

그림 4-49
해석 메뉴의 디지털 단계 해석 명령을 실행한 화면

[그림 4-49]의 제어 패널에서 한 단계 앞으로 버튼을 눌러 단계적으로 회로의 동작을 검사할 수 있다. 자동 실행 모드를 위해서 시작 버튼을 누른다. 회로가 클럭 작동됨에 따라 각각의 노드에서 소형 박스가 논리 레벨을 나타내게 된다. 즉, 빨간색은 High, 파란색은 Low, 초록색은 High Z, 검정색은 미정의를 나타낸다. [그림 4-49]는 디스플레이의 중간 상태를 보여준다.

이제 회로의 과도 특성을 검사하기로 한다. 해석 메뉴의 디지털 시간 해석 명령을 선택하면 [그림 4-50]과 같은 대화상자가 나타난다.

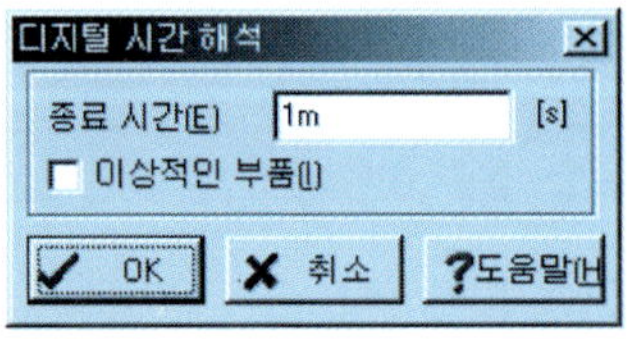

그림 4-50
디지털 시간 해석 명령의 대화상자

종료시간을 1ms로 설정하고 OK 버튼을 누르면, 그 결과가 [그림

4-51]과 같은 타이밍 다이어그램에 나타난다.

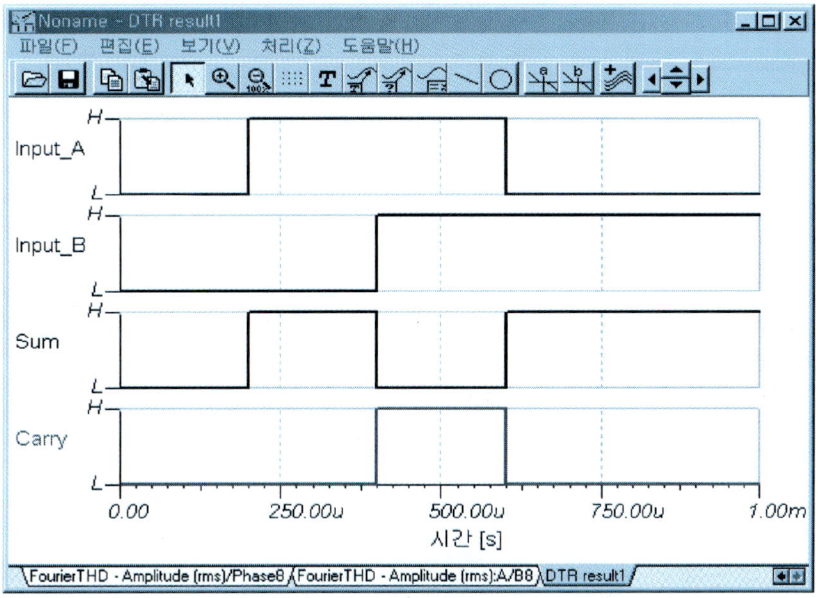

그림 4-51
디지털 시간 해석 명령을 실행한 결과 타이밍 다이어그램

디지털 시간 해석 대신에 과도 해석을 선택할 수도 있다. 이 경우에 프로그램은 아날로그 분석을 수행하여 이상화된 논리 레벨 대신에 상세한 연속파형과 전압을 나타내게 된다. 디지털 부품만을 포함하고 있는 회로는 디지털 및 아날로그 방법 모두로 분석될 수 있다. 반면에 아날로그 및 디지털 부품을 포함하고 있는 회로는 아날로그 방법으로만 분석된다.

다음으로, EXAMPLES 폴더에서 HALFADMX.TSC 파일을 불러온다. [그림 4-52]의 회로는 두 개의 수동 부품(저항기와 커패시터)을 가지고 있으므로, TINA는 반드시 아날로그(또는 혼합 모드) 과도 분석을 이용해야 한다. 결과는 [그림 4-53]과 같은 시간 응답을 나타낸다.

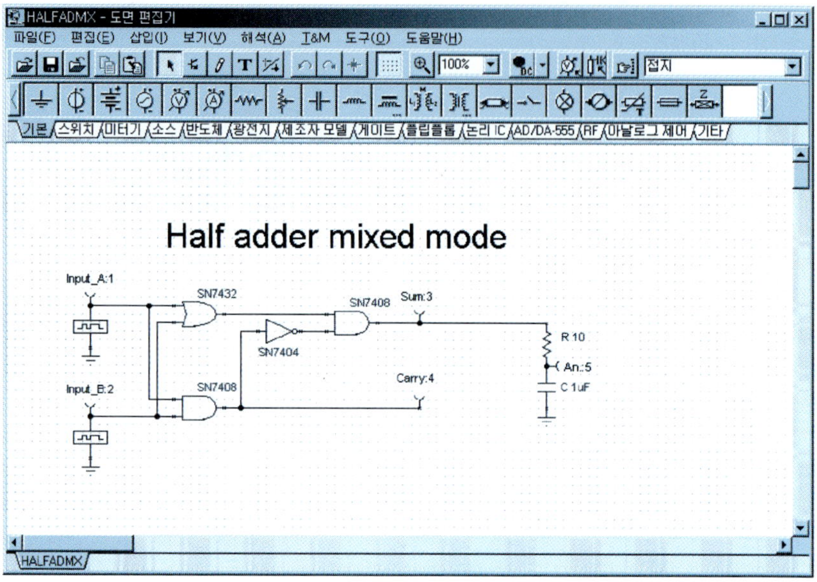

그림 4-52
회로는 디지털 부품과 2개의 수동 부품을 가지고 있으므로, TINA는 반드시 아날로그(또는 혼합 모드) 과도 분석을 이용해야 한다.

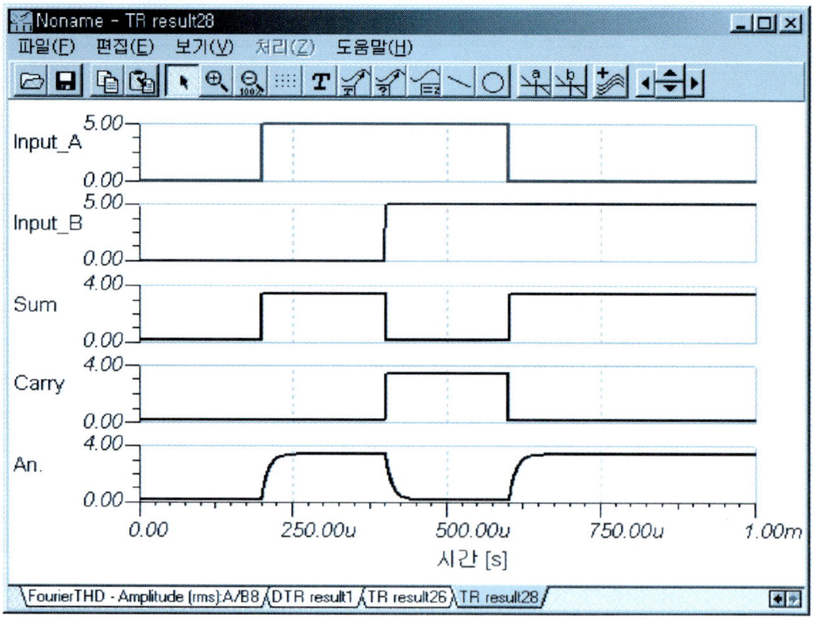

그림 4-53
HALFADMX.TSC 파일의 시간 응답 결과

주 의

- 출력명에 단순히 콜론(:) 문자 및 숫자를 덧붙여서 곡선의 순서를 정할 수 있다. 이는 각각의 출력이 별도의 다이어그램으로 디스플레이되는 디지털 분석의 결과를 제시할 때 특히 중요하다. 예를 들어, OutA, OutB, Carry, Sum 등으로 명명된 출력을 가질 경우 그것들이 OutA:1, OutB:2, Carry:3, Sum:4 등을 이용하여 주어진 순서에 따라 디스플레이되도록 할 수 있다.
- 순수한 아날로그 해석의 결과는 통상적으로 하나의 다이어그램으로 표시된다. 그러나, 위에서 설명한 레이블링 방법을 이용하여 TINA로 하여금 원하는 순서에 따라 별도의 다이어그램으로 결과를 디스플레이하도록 할 수 있다. 곡선들을 분리하려면 반드시 다이어그램 창 내의 보기메뉴의 그래프 분리 명령을 이용해야 한다. 이 레이블링 방법을 이용하지 않을 경우 TINA는 알파벳 순서로 곡선들을 제시한다.

4. 가상 및 실시간 계측기를 통한 회로 테스트

TINA는 이제까지 사용해 온 발생기 및 해석 창을 통해서뿐만 아니라 가상 및 실시간 측정을 통해서도 회로를 테스트하고 조정할 수 있게 해준다. T&M 메뉴를 이용하여 자동으로 발생기 및 해석 창을 대체하게 될 실제적인 가상 계측기들을 화면에 배치할 수 있다. 실제의 실험실에서처럼 이 계측기들의 설정을 제어하고 즉시 그 결과를 볼 수 있다.

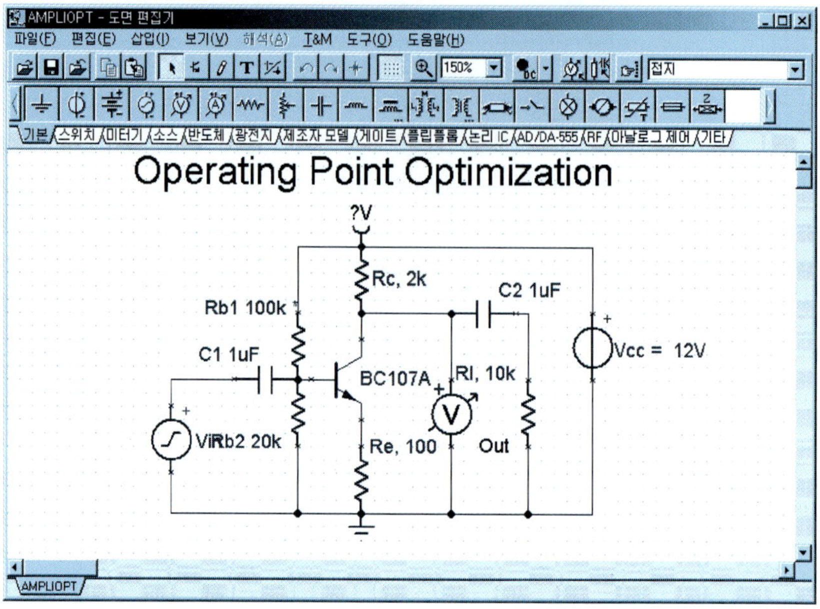

그림 4-54
가상 측정을 위한 AMPLIOPT.TSC 회로

TINA는 일반적으로 해석 엔진을 통해 측정을 가상 실험하지만, TINA의 보조 하드웨어를 가지고 있다면 간단히 실제 측정 모드로 전환할 수 있다(T&M 메뉴의 옵션을 사용해서). 이제 동일한 화면상의 계측기와 설정을 사용하여 실제 회로 상의 실제 측정을 수행할 수 있게 된다. 가상 측정을 시작하려면 예제 디렉토리에서 AMPLIOPT.TSC 회로를 불러온다(그림 4-54).

T&M 메뉴를 선택하고 멀티미터, 함수발생기, 오실로스코프 등을 화면에 배치한다. 오실로스코프 패널에서 Run을 누른다. [그림 4-55]에 보인 것처럼 왜곡된 사인 곡선이 오실로스코프 화면에 나타난다. 멀티미터 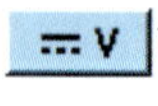버튼을 클릭한다. 멀티미터는 컬렉터(Out)에서 약 0.7V만 표시하게 되는데, 이것이 바로 왜곡의 이유이다.

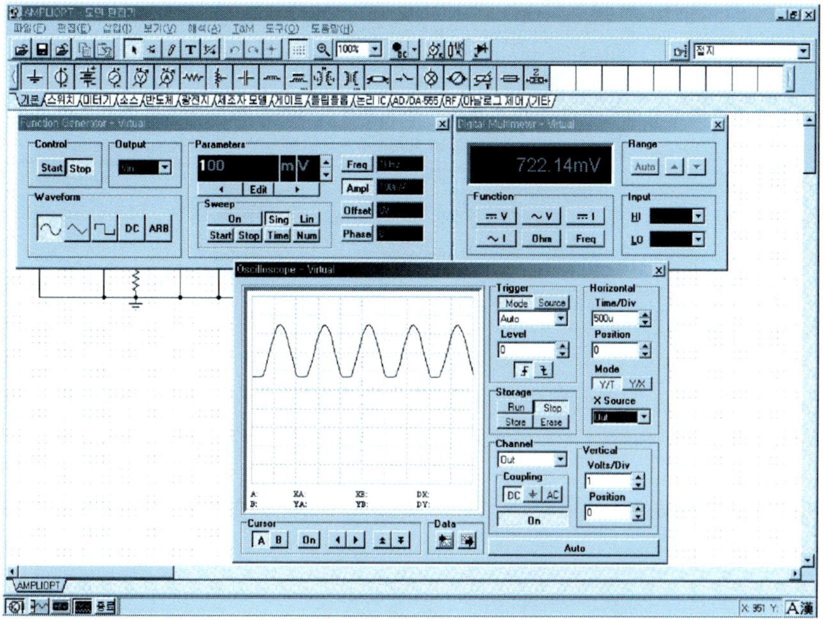

그림 4-55
컬렉터 전압(Out)이 약 0.7V만 보여 왜곡된 사인 곡선이 오실로스코프 화면에 나타난다.

이제 도면 창의 회로에서 Rb1 저항기를 더블 클릭한다. 그러면 저항 속성의 대화상자가 나타나며, Resistance(저항) 필드를 클릭한 다음 대화상자의 오른쪽에 있는 화살표로 멀티미터가 약 6V를 표시할 때까지 값을 변경한다. 값을 설정하는 동안 저항의 조정 범위를 확장해야 할 수도 있다.

이를 수행하는 가장 간단한 방법은 레이블 필드를 클릭한 다음 다시 값 필드를 클릭하는 것이다. 일단 컬렉터 전압이 6V에 이르게 되면 속성 편집기 대화상자를 닫고 오실로스코프의 Run을 누른다. 세로 위치(Vertical Position)를 -6V로 설정하고, Volts/Div를 500mV, Time/Div를 200us로 설정하면 곡선이 가장 표시되는 조정이 된다. 그러면 [그림 4-56]에 보인 것처럼 더 이상 왜곡이 나타나지 않게 된다.

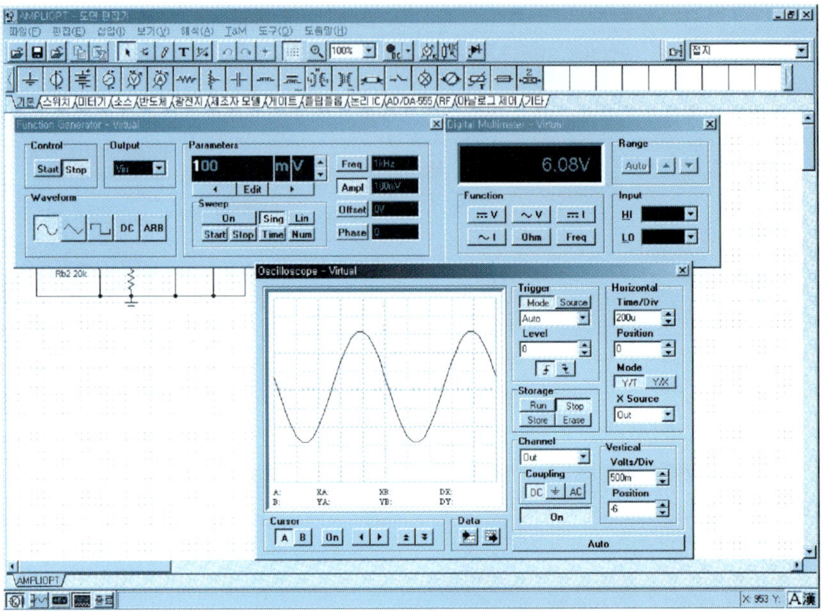

그림 4-56
저항 Rb1을 조절하여 컬렉터 전압이 6V가 될 때 왜곡이 나타나지 않게 된다.

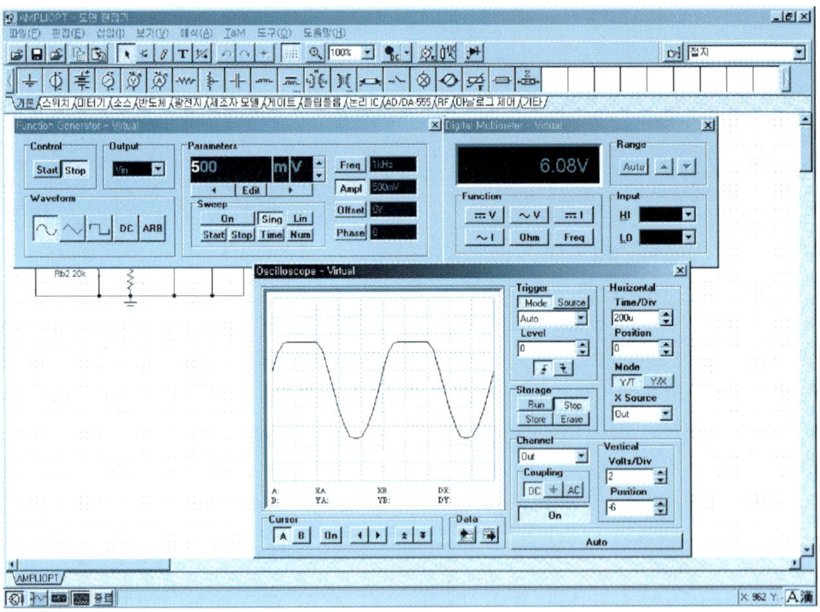

그림 4-57
함수 발생기의 진폭을 약 500mV로 증가시키면 사인파가 다시 왜곡된다.

함수 발생기의 Ampl. 버튼을 누른다. 마지막 진폭 값이 발생기의 큰 숫자 디스플레이 필드에 나타난다. 디스플레이 옆에 있는 세로 화살표를 이용하여 진폭을 변경한다. 약 500mV의 최대 입력으로 진폭을 증가시킴에 따라 [그림 4-57]에 보인 것처럼 사인파가 다시 왜곡되는 것을 볼 수 있다.

이제 파형을 사인 곡선에서 삼각형으로 변경한 다음 다시 사각형파로 변경한다. 함수 발생기의 주파수를 변화시켜 만족스러운 회로 성능을 보이는 주파수 영역을 탐색한다.

5. 상호작용 모드의 회로 테스트

모든 것이 갖추어졌다면 이제 최종적으로 상호작용의 제어장치(키패드나 스위치 등)를 이용하여 회로를 "현실" 상황에서 시험해보고 디스플레이나 그 밖의 표시기를 살펴볼 차례이다. TINA의 상호작용 모드를 이용하여 이러한 테스트를 수행할 수 있다. 여러분은 제어장치를 조작할 수 있을 뿐 아니라 해석이 진행되는 동안 부품의 값을 변경하거나 심지어 부품을 추가하거나 삭제할 수도 있다.

툴바의 오른쪽에 있는 및 버튼으로 TINA의 상호작용 모드를 활성화할 수 있다. 먼저 버튼으로 필요한 상호작용 모드(DC, AC, 과도, 1회 과도, 디지털 등)를 선택한 다음 버튼을 누른다. 이제 도면 내의 디스플레이와 표시기가 여러분이 제어장치로 수행하는 모든 작업을 반영하게 된다. 디스플레이 외에도 TINA에는 빛, 동작, 소리 등에 반응하는 특수한 멀티미디어 부품(전구, 모터, LED, 스위치 등)이 있다.

상호작용 모드를 시험하기 위해서 EXAMPLES/MULTIMED 폴더에 있는 DISPKEY.TSC 회로를 불러온다(그림 4-58).

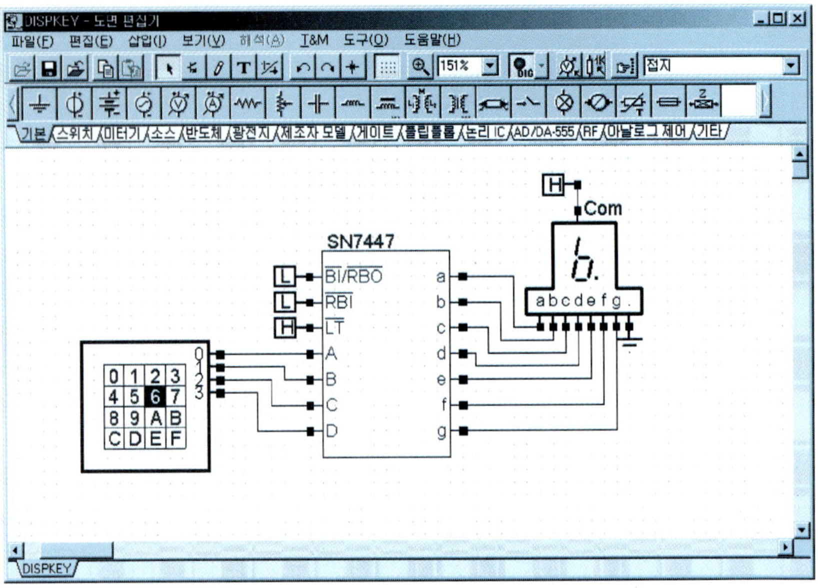

그림 4-58

상호작용 모드를 시험하기 위한 DISPKEY.TSC 회로

버튼을 이용하여 디지털 모드를 선택한 다음 버튼을 누른다. 이제 여러분은 키패드를 조작하고 7세그먼트 디스플레이가 키패드의 설정을 표시하는 것을 살펴볼 수 있다. PC에 사운드카드가 장착되어 있으면 키를 누르는 소리도 들을 수 있다.

EXAMPLES/MULTIMED 디렉토리에는 여러 가지 멀티미디어 예제들이 들어 있다. 회로에서 각 노드에서 소형 박스가 논리 수준을 나타내게 된다. 즉, 빨간색은 High, 파란색은 Low를 나타낸다.

상호작용 모드를 이용하여 회로를 테스트하는 경우에 저항 값을 쉽게 조절할 수 있는 방법을 익히도록 하자. 이를 위해서 Examples 폴더에 있는 Ohmslaw.TSC 파일을 불러온다. 그리고 툴바의 오른쪽에 있는 버튼을 이용하여 상호작용 모드를 DC로 선택한 다음 버튼을 누른다. 그러면 회로의 전류 방향 표시(—▶—) 위에 전류 값이 표시될 것이다. 저항 값의 변화에 따른 전류 값을 보기 위해서 저항을 더블 클릭하면 [그림 4-59]와 같은 속성 대화상자가 나타날 것이다. 여기서 오른쪽 맨 아래에 있는 상자는 단계별 저항 변화 값을 설정할 수 있도록 제공한다. 그리고 ▲버튼을 누르면 5Ω의 저항 값에 50mΩ이 더해지게 되고, ▼버튼을 누르게 되면 50mΩ이 감해지게 되어 회로에 표시되는 전류 값이 변하게 된다. 버튼을 누를 때마다 전류 값 표시를 실시간으로 볼 수 있다.

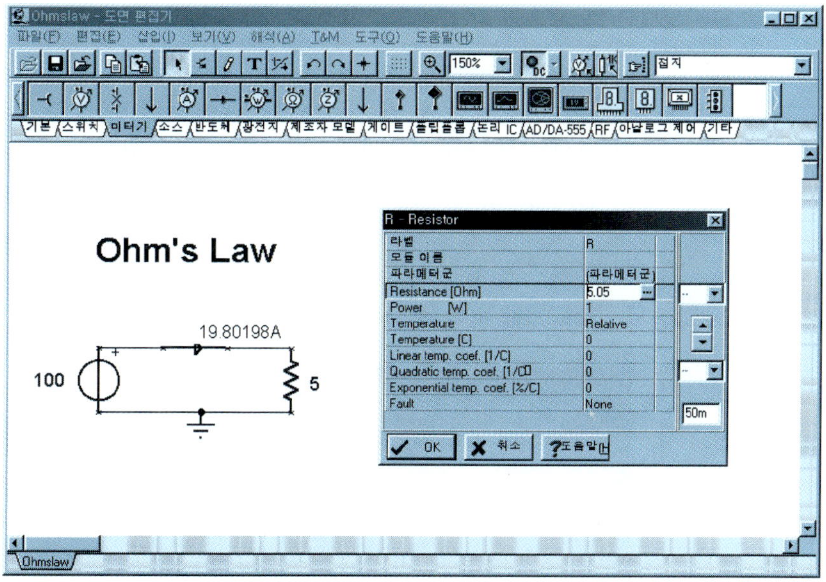

그림 4-59
상호작용 모드에서 저항 값의 가변

상호작용 모드를 수행하는 동안 저항 값의 가변을 위해 저항 대화상자에서 일일이 버튼을 클릭하는 것은 귀찮은 일이다. 대화상자를 열지 않고 간단히 단축키를 이용하여 저항 값을 가변할 수 있는 방법이 있다. [그림 4-60]의 저항 속성 대화상자에서 오른쪽 맨 위에 있는 버튼을 클릭하여 F2로 설정하고, 중간에 있는 버튼을 클릭하여 F3로 설정한 다음 OK 버튼을 누른다. 상호작용 모드 동작시 F2 키를 누를 때마다 저항 값이 50mΩ씩 증가하고, F3 키를 누를 때마다 50mΩ씩 감소한다. 이 때 회로에 있는 저항 값 라벨이 변함을 볼 수 있다.

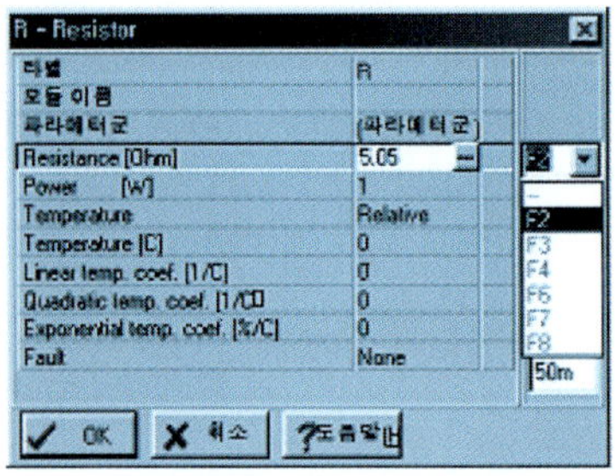

그림 4-60
상호작용 모드시 저항 값 가변을 위한 단축키 설정

또한 전압 소스의 전압 값도 역시 상호작용 모드에서 단축키를 사용하여 가변될 수 있다. 이때, 이미 사용된 단축키를 제외하고 설정한다. [그림 4-61]은 전압 가변을 위해서 F6과 F7키의 사용을 설정하고, 단축키를 누를 때마다 1V씩 전압이 변하도록 설정하였다.

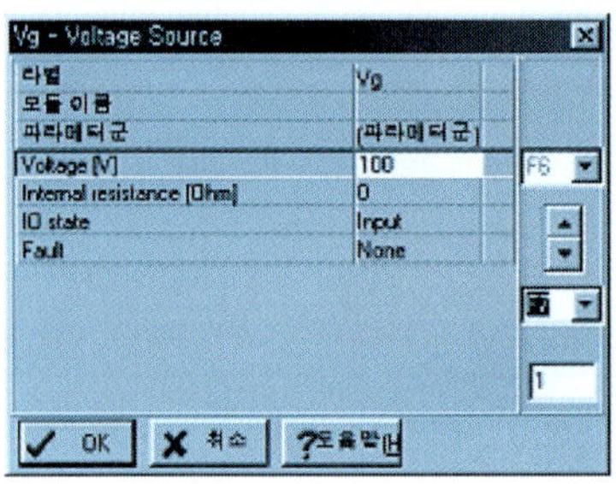

그림 4-61
전압 소스의 단축키 설정

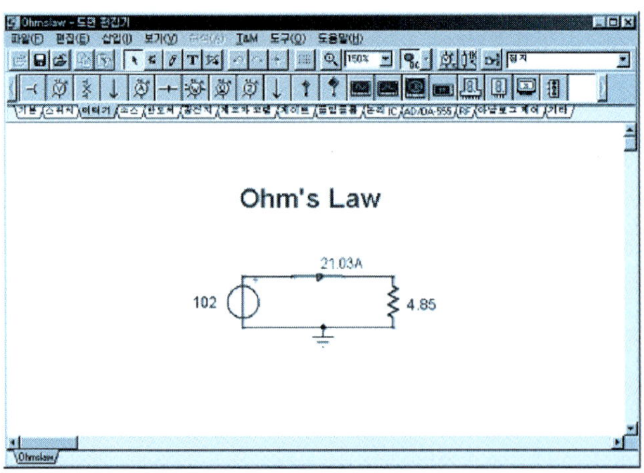

그림 4-62
F2, F3와 F6, F7 키를 사용하여 저항과 전압 값의 변화시킨 예

제 5 장 TINA의 매크로 및 도면 심벌 응용

TINA에서는 도면의 일부분들을 부회로(subcircuit)로 전환하여 단순화시킬 수 있다. 이 장의 TINA에서 이 작업을 수행하는 일이 얼마나 쉬운지 예제를 통해 살펴본다.

5-1 TINA의 매크로 기능 활용

TINA의 매크로 기능을 이용하면 도면의 일부를 부회로로 전환하여 도면을 단순화하고 난잡한 것을 숨길 수 있다. TINA는 자동으로 이 부회로를 도면상에서 직사각형 블록으로 표시하지만, TINA의 도면 심벌 편집기를 이용해 어떤 형태든 원하는 대로 만들 수 있다. 여러분은 단순히 단자를 추가하고 새 회로를 특별한 형식(*.tsm)으로 저장하여 어떠한 도면 다이어그램을 부회로(TINA에서는 매크로라고 부른다.)로 변환할 수 있다.

이제, 예제를 통해 TINA에서 매크로를 생성하는 방법을 살펴보기로 한다. TINA의 Example 폴더에서 반가산기 예제(Half_add.sch)를 불러와서 매크로로 변환해보자(그림 5-1).

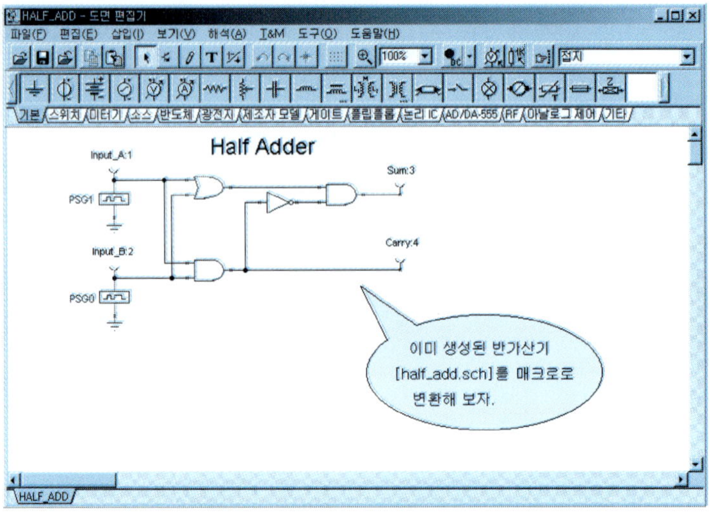

그림 5-1

Example 폴더에서 불러온 Half_add.sch

[그림 5-2]와 같이 이전의 단자들을 삭제하고 TINA에서 매크로 핀(macro pin)이라고 하는 부회로 단자들로 대체한다. [그림 5-3]과 같이 마우스의 오른쪽 버튼을 누른 채 제거하고자 하는 부분을 포함하도록 선택한다. 그러면, 선택된 부분이 적색으로 변할 것이며 이때 편집메뉴에서 지우기 명령을 선택한다.

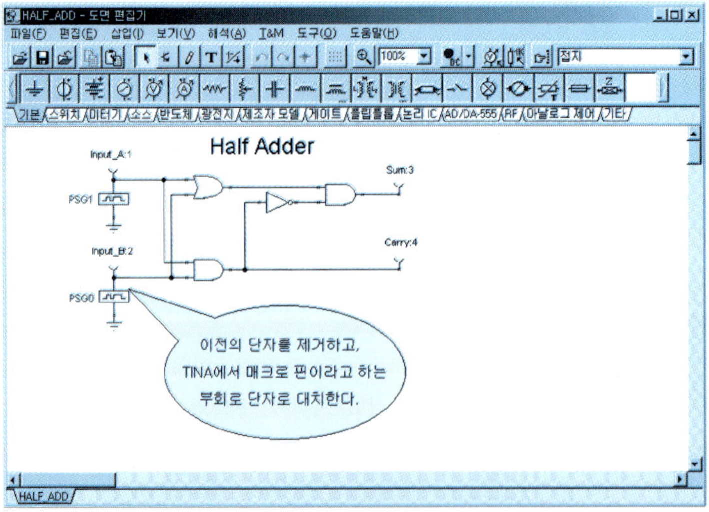

그림 5-2

이전의 단자들을 삭제하고 TINA의 매크로 핀으로 대체한다.

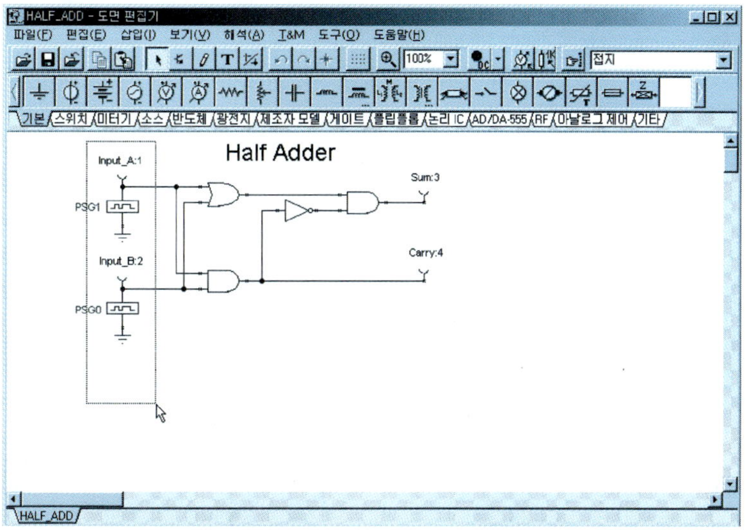

그림 5-3
마우스의 오른쪽 버튼을 누른 채 제거하고자 하는 부분을 포함하도록 선택한다. 그러면, 선택된 부분이 적색으로 변할 것이며 이 때 편집메뉴에서 지우기 명령을 선택한다.

[그림 5-4]와 같이 툴바의 기타 탭에 속해 있는 매크로 핀을 선택한다. 그러면 커서는 손모양으로 변하고 매크로 핀 형태가 붙어 있게 된다. 원하는 위치로 가서 클릭하고, 부품을 회로에 맞게 일치시키기 위해서 [+] 및 [-]키 또는 버튼으로 회전시킨다.

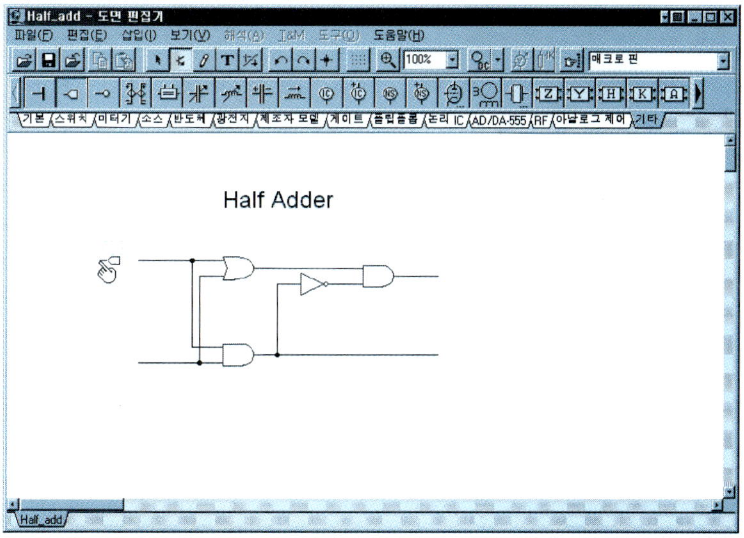

그림 5-4
툴바의 기타 탭에 속해 있는 매크로 핀을 선택한다.

매크로 핀을 배치할 때 레이블(가령 Pin1, Pin2 등)이 미리 붙어 있다. [그림 5-5]와 같이 매크로 핀 심벌을 더블 클릭하여 나타난 대화상자의 레이블 필드에 새로운 명칭을 입력한다. 이와 같이 4개의 단자를 모두 매크로 핀으로 대치한다.

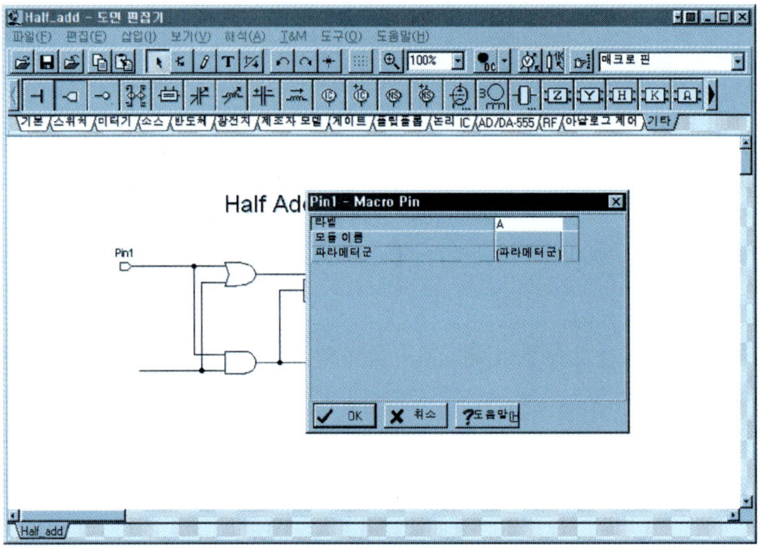

그림 5-5
매크로 핀 대화상자의 레이블 필드에 새로운 명칭을 입력한다.

다음으로, 새 매크로를 만들고 저장한다. [그림 5-6]과 같이 도구 메뉴에서 '새 매크로 마법사' 명령을 선택하면 [그림 5-7]의 대화상자가 나타난다.

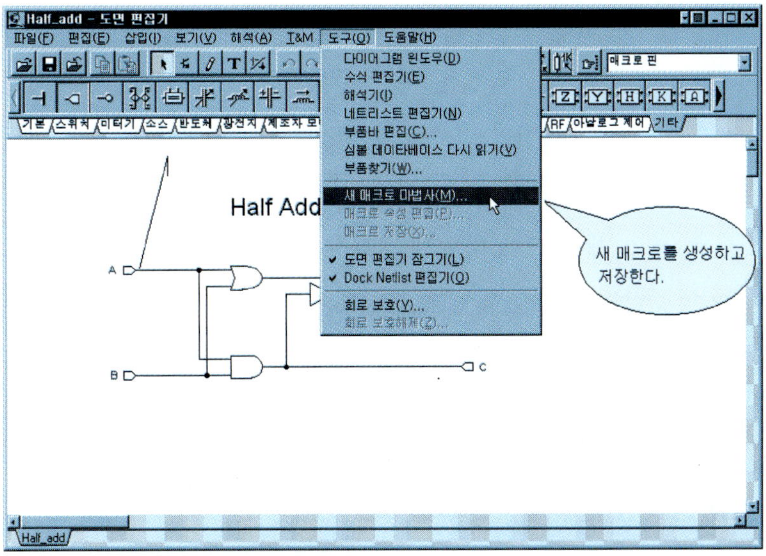

그림 5-6
새 매크로를 만들고 저장하기 위해서 도구 메뉴의 새 매크로 마법사 명령을 선택한다.

[그림 5-7]의 새 매크로 마법사 대화상자를 설명하면 다음과 같다.

- **이름** : 부품의 이름을 지정한다. 만일 여러분이 자동-생성을 선택하였다면, 매크로의 이름은 매크로 상자의 중앙에 위치될 것이다.
- **내용& 현재 회로** : 만일 현재 회로가 체크되었다면, TINA는 현재 회로를 매크로의 내용으로 도면 편집기로 적재하는데 사용할 것이다. 만일 현재 회로가 체크되지 않았다면, 버튼을 누른 후 *.SCH 또는 *.CIR 파일의 어떤 적절한 형식을 선택할 수 있다.
- **형태& 자동-생성** : 만일 자동-생성이 체크되었다면, TINA는 자동적으로 매크로를 위해서 직사각형 형태를 생성할 것이다. 모든 핀들은 상자의 변에 위치될 것이며, 생성된 매크로 핀들의 순서에 대응하는 순서로 마주보고 있다. 형태의 폭과 높이는 각 측면에서 핀의 수에 따라 결정되고, 이름의 폭과 높이는 중앙에 위치된다. 만일 자동-생성이 체크되지 않았다면, 매크로 형태 대화상자로부터 버튼을 눌러서 적절한 형태를 선택할 수 있다. 이 대화상자는 매크로와 호환되는, 즉 핀의 수와 이름이 동일해야 되는 형태만을 보일 것이다.

- **디폴트** : 이 값들은 새롭게 삽입된 매크로에 디폴트 파라미터로 사용될 것이다. 라벨은 내장 부품들의 디폴트 라벨에서처럼 취급될 것이다. 즉, 라벨이 회로에 유일하게 되도록 라벨에 일련 번호가 붙게 될 것이다.

새 매크로 마법사 대화상자의 모든 칸에 지정하였다면 OK 버튼을 누른다. TINA는 매크로를 안전하게 생성할 수 있다는 것을 입증할 것이고, 그렇다면 새로운 부회로를 저장할지를 물어올 것이다.

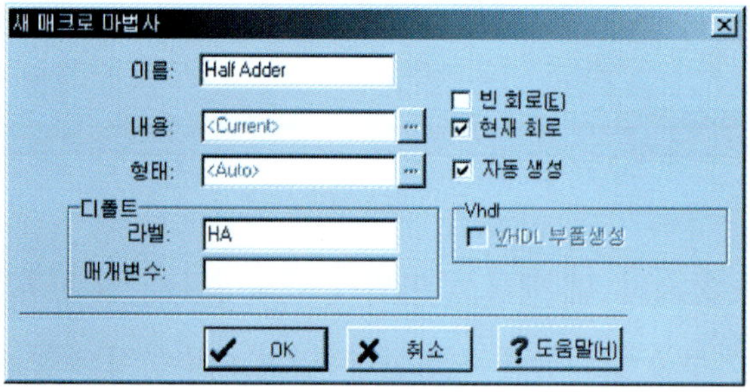

그림 5-7
새 매크로를 만들기 위한 새 매크로 마법사의 대화상자

[그림 5-7]의 대화상자에서 이름을 Half Adder로 설정하고(이것은 자동으로 열리는 매크로 상자에서 디스플레이됨), 라벨을 HA로 설정한다. 이 라벨은 부품 위에 부품 레이블로 디스플레이될 것이다. 부품 레이블을 원하지 않으면 이 필드를 비워 둔다.

다 마친 뒤에 OK를 누르면 [그림 5-8]의 저장 대화상자가 나타난다. 파일 이름을 'Half _Add'로 기입하고 저장 버튼을 누른다. 이미 유사한 이름을 가진 매크로(Half_add.tsm)가 있으므로 유의하기 바란다. 따라서, 기존 파일을 지금 방금 만든 것으로 대체할 것인지 물어올 것이다.

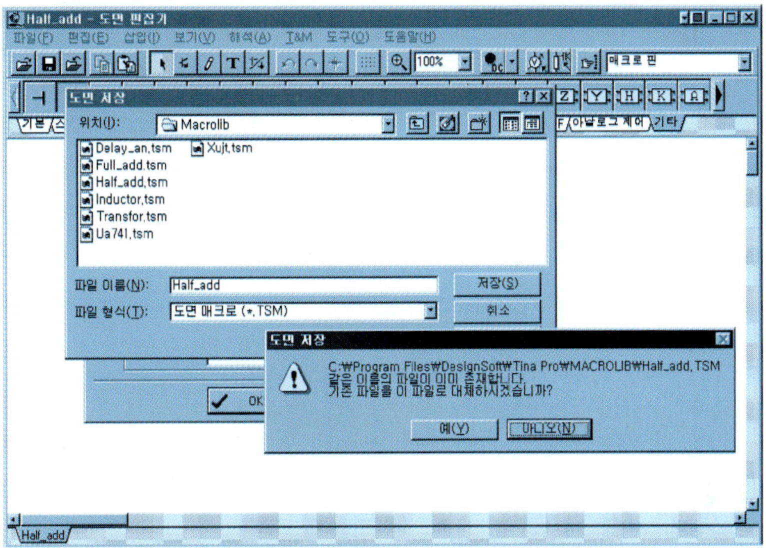

그림 5-8
저장 대화상자

이제 매크로를 도면에 삽입하여 사용하는 방법을 알아보자. 파일 메뉴의 새 파일을 선택하거나 TINA를 다시 시작하여 회로를 소거한다. [그림 5-9]와 같이 삽입메뉴의 매크로를 선택한 다음 우리가 새로 만든 Half_add.tsm를 선택하고 열기 버튼을 클릭한다.

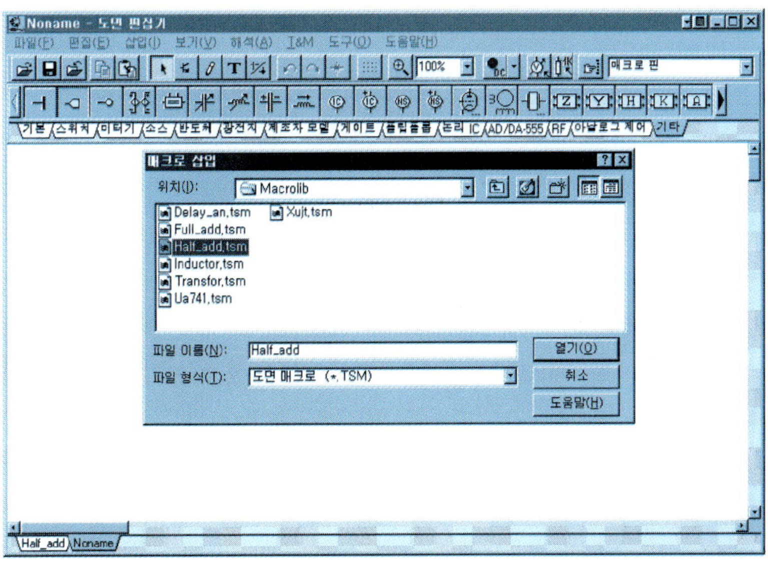

그림 5-9
매크로를 도면에 삽입하여 사용하는 방법

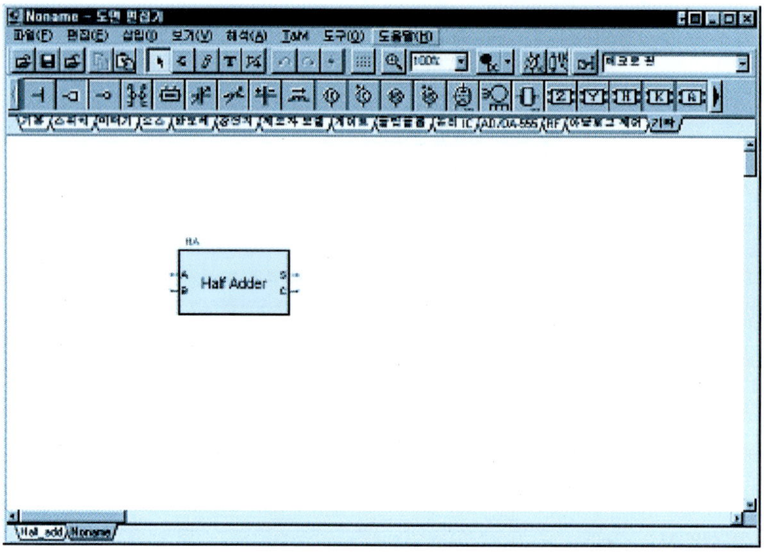

그림 5-10
새 매크로의 전체 심벌을 도면으로 불러온다.

그러면, 새 매크로가 커서로 나타난다. 이를 화면의 적절한 위치로 이동시킨 뒤 마우스 왼쪽 버튼을 클릭하면, [그림 5-10]과 같이 새 매크로의 전체 심벌이 나타난다. 자동으로 만들어진 직사각형 도면 심벌 안에 매크로명이 들어 있고, 그 위에는 레이블명이 있을 것이다.

매크로의 내용을 점검하기 위해 심벌을 더블 클릭하면 [그림 5-11]과 같은 부품 대화상자가 나타날 것이다. 여기서, 매크로 입력 버튼을 클릭하여 TINA는 모델을 디스플레이할 것이다. 메인 회로로 복귀하려면 화면의 왼쪽 상단에 있는 닫기 버튼을 클릭하거나 파일 메뉴의 차단 명령을 이용한다.

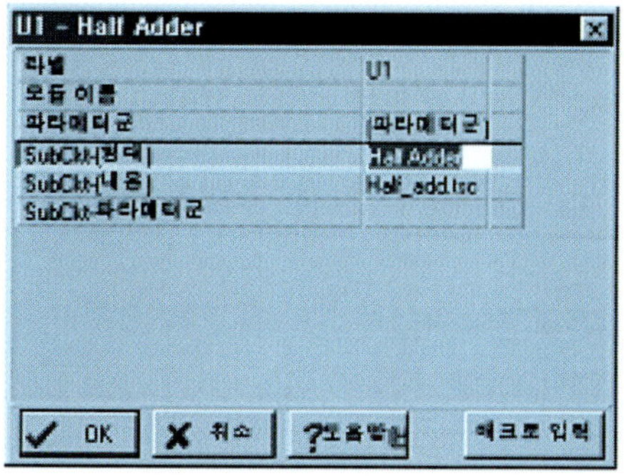

그림 5-11
부품 대화상자

TINA는 계층적인 매크로 구조를 허용한다. 즉, 매크로는 그 안에 다른 매크로를 포함할 수 있다. 이제, 두 개의 반가산기 매크로를 포함하는 전가산기 매크로를 만들도록 하자. 이를 위해서 [그림 5-12]에 표시된 것처럼 새로 만든 반가산기를 새 회로에 두 번 삽입한 다음 추가의 부품과 선을 추가한다.

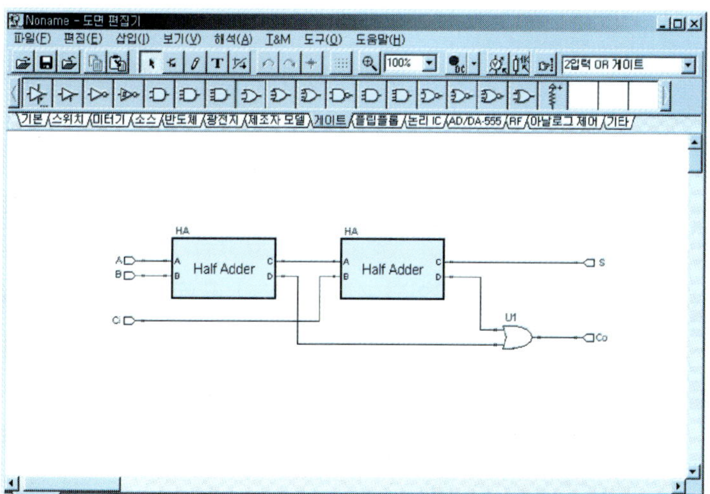

그림 5-12
두 개의 반가산기 매크로를 이용한 전가산기 매크로 생성

이제 [그림 5-12]의 회로를 새 매크로로 만들고 저장하기 위해서 도구 메뉴의 새 매크로 마법사를 이용한다. 자동 심벌 작성은 매우 편리하지

만, 또한 TINA의 도면 심벌 편집기로 직접 도면 심벌을 만들고 여기에 매크로를 할당할 수도 있다. 기존의 심벌로 이 기능을 이용해 보자. 이러한 심벌을 만드는 법에 대해서는 다음 절에서 상세히 설명할 것이다.

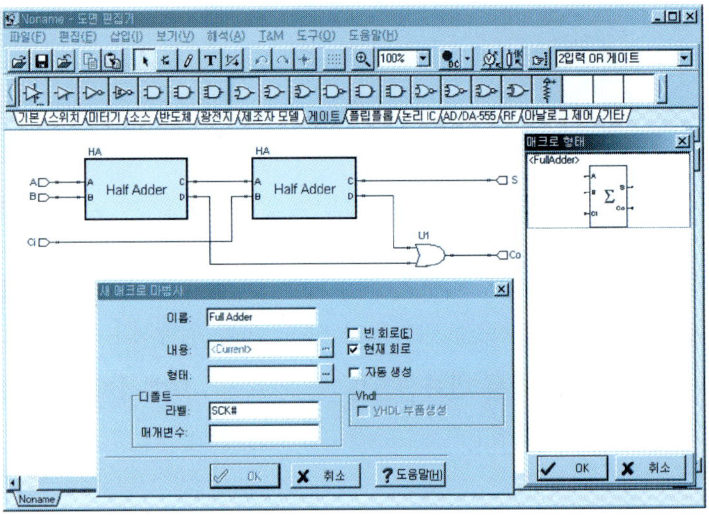

그림 5-13
전가산기 매크로 생성을 위한 새 매크로 마법사의 대화상자

[그림 5-13]의 새 매크로 마법사의 대화상자에서 이름을 전가산기(Full Adder)로 설정하고, 레이블을 FA(이는 형태 위에 부품 레이블로 디스플레이된다)로 설정한다. 자동생성 체크박스를 비워두고 그 옆에 있는 버튼을 누른다. 그러면, 이용 가능한 심벌의 목록이 [그림 5-13]의 오른쪽에 나타난다. 사전 정의된 심벌을 보려면 매크로 핀 레이블명이 심벌 내의 이름들과 정확히 일치해야만 하는 점에 유의하기 바란다. 우리의 예제에서는 이들이 반드시 A, B, Ci, Co, S이어야 한다. [그림 5-13]에 나타난 것과 같은 심벌을 볼 수 없으면 단자들의 이름을 점검하거나, 뒤의 "직접 도면 심벌 만들기"에 설명되어 있는대로 심벌을 재작성한다.

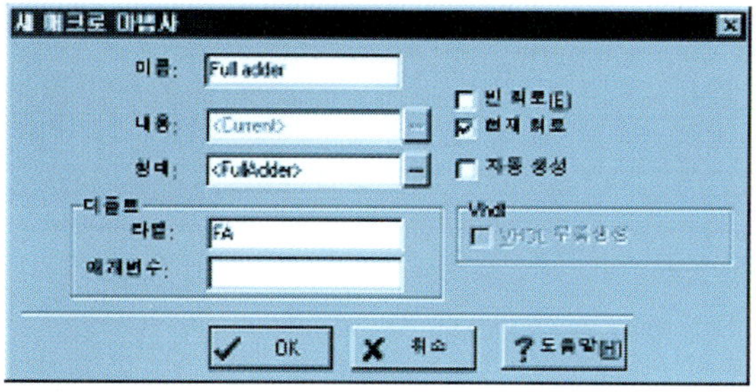

그림 5-14
도면 심벌의 이름이 새 매크로 마법사 대화상자의 형태 칸에 나타난다.

Σ 부호가 있는 도면 심벌을 클릭한 뒤 OK를 누른다. 그러면, [그림 5-14]와 같이 도면 심벌의 이름이 새 매크로 마법사 대화상자의 형태 필드에 나타난다.

마지막으로, 새 매크로 마법사의 윈도우에서 OK를 클릭하면 [그림 5-15]의 저장 대화상자가 나타난다. 이 대화상자의 파일 이름을 Full_add로 기입하고, 파일 형식을 *.TSM으로 선택한 다음 저장 버튼을 눌러서 매크로를 저장한다.

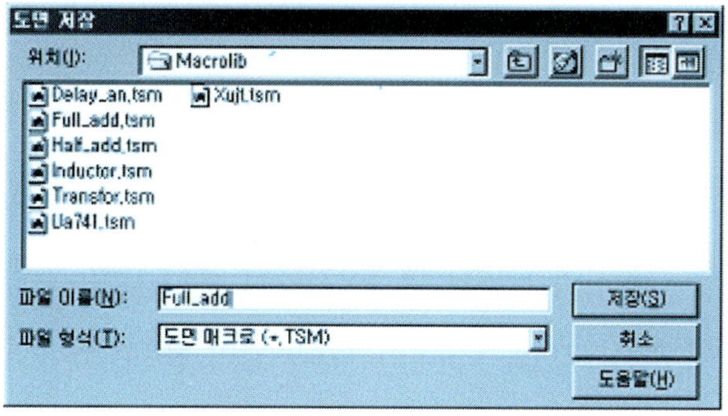

그림 5-15
저장 대화상자

새로 만든 전가산기 매크로를 보려면 삽입메뉴에서 매크로를 선택한 다음 Full_add.tsm을 선택하고 열기를 클릭한다. 그러면, [그림 5-16]과 같이 전가산기 매크로 심벌이 보일 것이다.

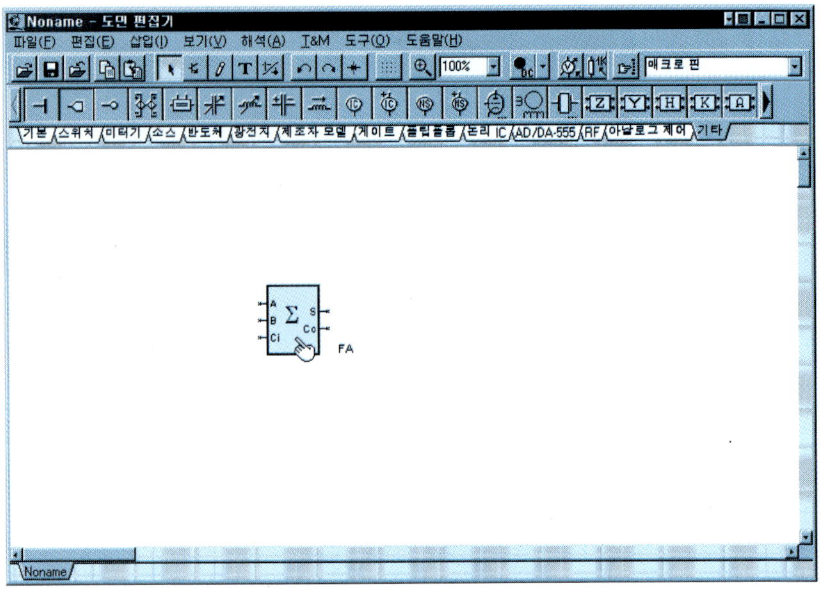

그림 5-16
도면으로 불러온 전가산기 매크로 심벌

이제, [그림 5-16]의 전가산기 심벌을 더블 클릭하면 대화상자가 나타난다. 이 대화상자에서 매크로 입력 버튼을 누르면 회로 내의 도면이 나타나 [그림 5-12]와 같은 이전의 반가산기 매크로 두 개를 표시한다. 또는 전가산기 심벌을 선택하고(심벌이 적색으로 변함) 파일 메뉴의 '매크로 들어가기' 명령을 선택해도 마찬가지가 된다.

그 다음에 [그림 5-12]에서 두 개의 반가산기 매크로 중 하나의 매크로를 더블 클릭하여 나타난 대화상자에서 매크로 입력 버튼을 누르면 반가산기 안에 있는 도면을 [그림 5-17]과 같이 볼 수 있다. [그림 5-17]에서 화면의 왼쪽 상단에 있는 닫기 버튼 을 클릭하거나 파일메뉴의 차단 명령을 이용하여 반가산기 매크로로 복귀하고, 다시 한 번 더 수행하여 메인 회로로 복귀한다.

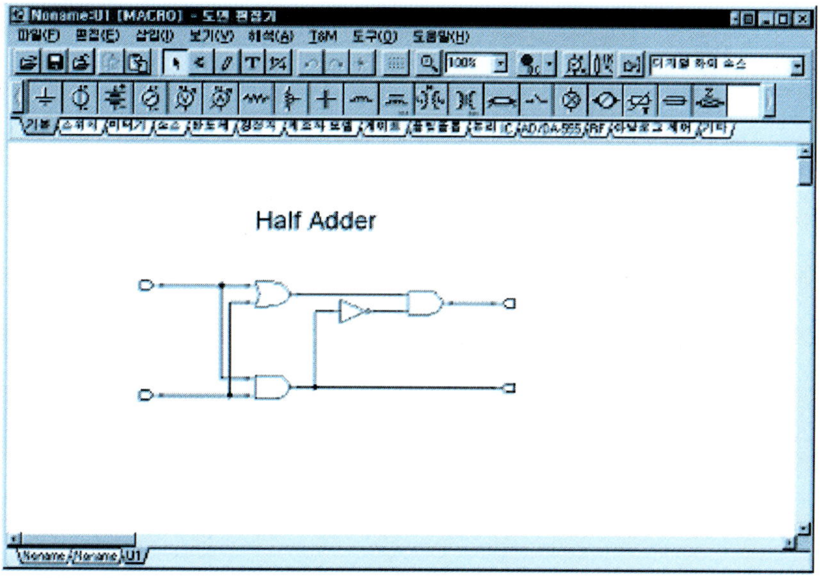

그림 5-17
반가산기 회로

5-2 부회로에서 매크로 구성

TINA에서 자신이 직접 만들거나 인터넷에서 다운로드받은 어떠한 Spice 부회로를 가지고 TINA 부품을 생성할 수 있다. 또한, TINA에서 제공되는 제조업체의 확장 가능한 대형 모델 라이브러리로부터 Spice 부품 모델을 선택한다. 이 라이브러리의 확장에 관해서는 나중에 설명한다.

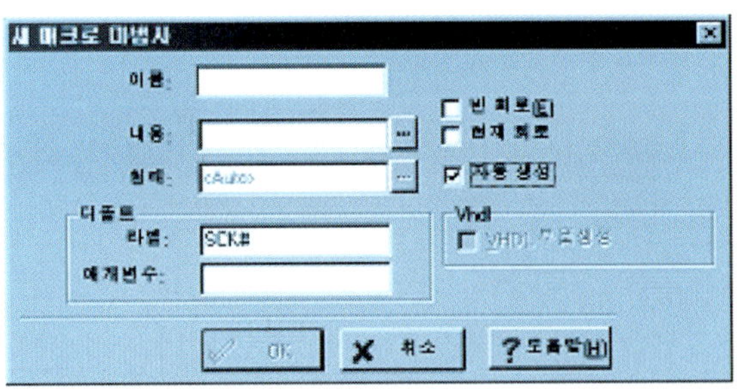

그림 5-18
새 매크로 마법사 윈도우

Spice 부회로를 이용하여 UA741 연산증폭기를 만들어 보기로 하자. 먼저 부회로를 포함하고 있는 파일을 선택한다. 이를 위해서 도구 메뉴에서 새 매크로 마법사를 선택하면 [그림 5-18]과 같은 새 매크로 마법사 윈도우가 나타난다.

[그림 5-18]의 대화상자에서 '현재 회로' 체크박스를 비워두고 ··· 버튼을 누른다. 그러면 [그림 5-19]와 같은 도면 열기 대화상자가 나타난다. 우리는 Spice 파일을 읽어들이려 하므로 대화상자 아래쪽에 있는 '파일 형식' 필드를 'Spice 회로 파일'로 설정한다.

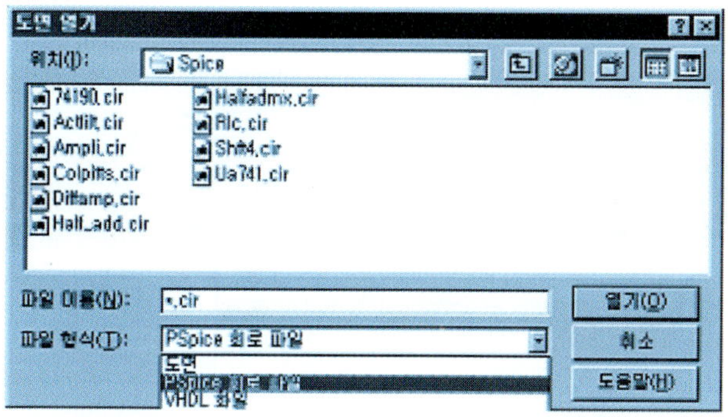

그림 5-19
Spice 파일을 불러오기 위해서 '파일 형식' 필드를 'Spice 회로 파일'로 설정한다.

Examples\Spice 폴더를 선택한 다음 Ua741.cir 파일을 선택하고 열기 버튼을 누른다. 그리고 이름과 라벨 칸에 Ua741를 기입한다. 우리는 형태의 자동-생성 옵션을 이용할 수도 있지만(이 경우에는 직사각형 형태가 자동으로 생성된다.), 더 알맞은 연산증폭기 심벌을 선택해 보기 위해서 [그림 5-20]과 같이 '자동 생성' 체크박스를 비워두고 ··· 버튼을 누른다.

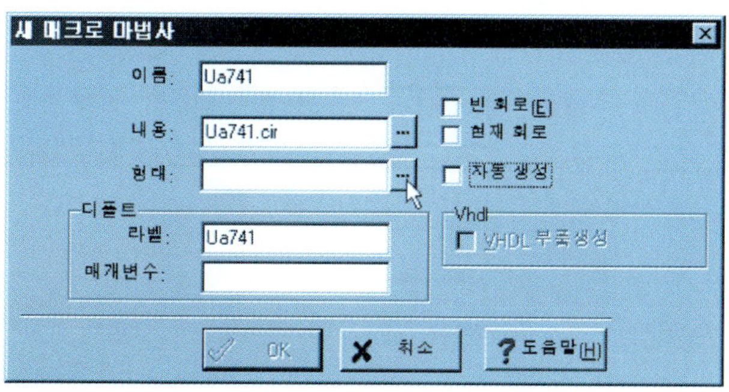

그림 5-20
적절한 연산 증폭기 심벌을 선택한다.

그러면, [그림 5-21]과 같이 이용 가능한 심벌의 목록이 나타난다. 삼각형 Op-amp 심벌(<OpAmp5>)을 선택하고 OK를 눌러서 [그림 5-22]의 새 매크로 마법사로 돌아가서 OK 버튼을 누른다. 그러면, [그림 5-23]과 같은 저장 대화상자가 나타난다. 여기서, 새 Spice 매크로를 UA741.CIR이라는 이름으로 저장한다. Ua741.tsm 파일이 이미 폴더에 존재하고 있다면, 그 파일을 대체하기를 원하는지 물어올 것이다.

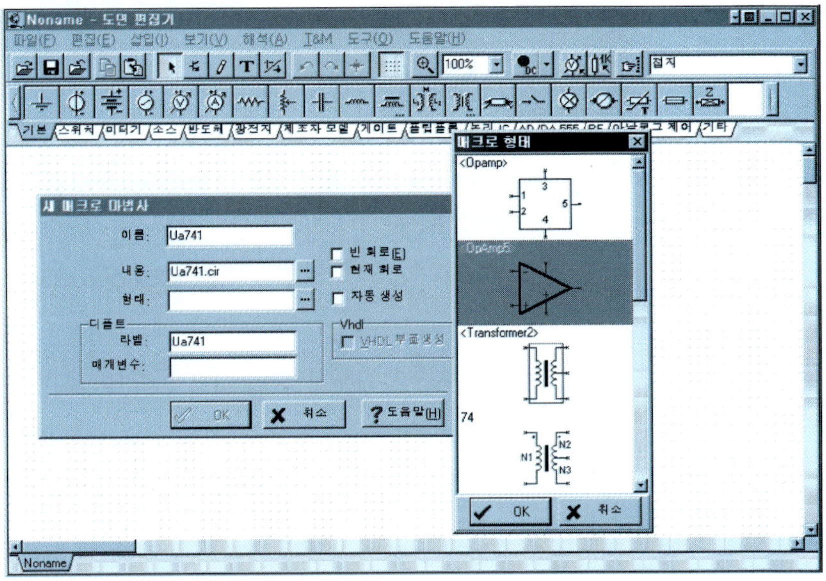

그림 5-21
이용 가능한 심벌의 목록에서 삼각형 Op-amp 심벌을 선택한다.

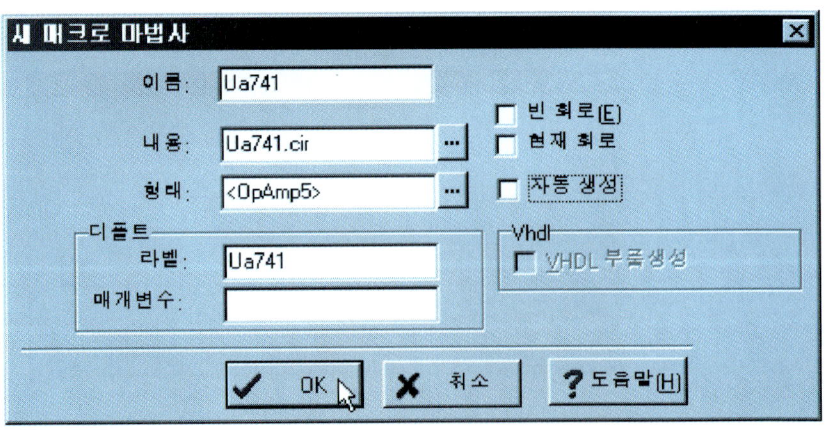

그림 5-22
새 매크로 마법사 대화상자의 모든 칸이 기입되었으면, OK 버튼을 누른다.

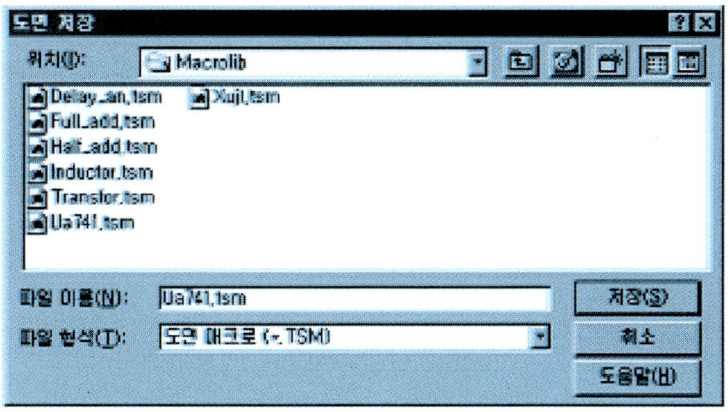

그림 5-23
새 Spice 매크로를 UA741.CIR으로 저장한다.

이제 새 부회로를 도면에 삽입하고 그 내용을 점검해 보기로 하자. 삽입 메뉴의 매크로 명령을 선택한다. UA741.tsm 파일을 클릭한 다음 열기를 누른다. 이제 새 매크로가 커서에 부가된다. 이를 화면상에 배치하고 마우스 왼쪽 버튼을 눌러 고정시킨다. 심벌을 더블 클릭하면 [그림 5-24]와 같은 대화상자가 나타난다.

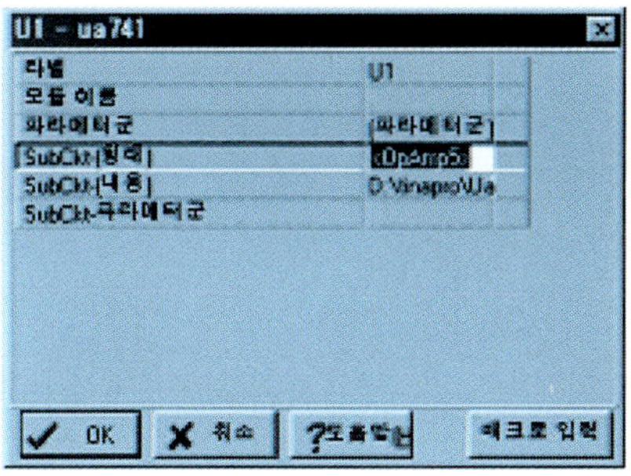

그림 5-24
ua741 대화상자

[그림 5-24]에서 '매크로 입력' 버튼을 클릭하면, [그림 5-25]와 같은 네트리스트(netlist) 편집기가 나타나 매크로를 상세히 보여준다. 이 네트리스트는 수정될 수 있으며, 수정된 네트리스트는 여러분의 회로와 함께 저장된다. 그러나, 원래의 매크로는 변경되지 않은 채로 아무런 영향을 받지 않는다. 네트리스트 편집기를 나와서 도면 편집기로 되돌아가기 위해서 버튼을 누른다.

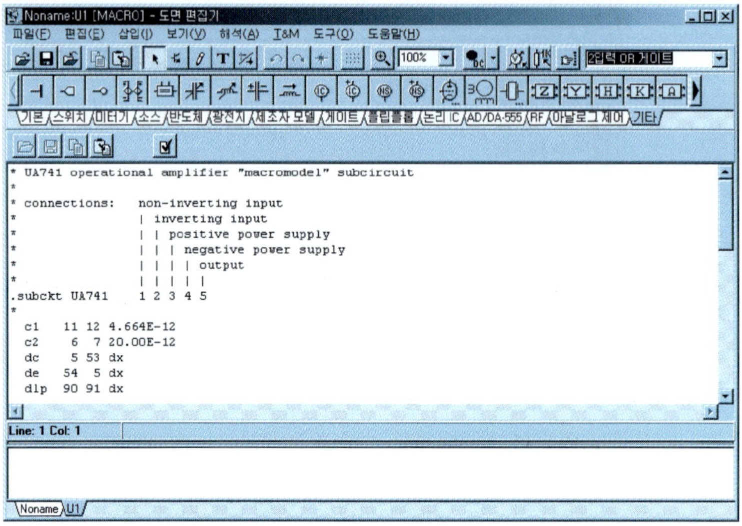

그림 5-25
UA741의 매크로를 나타내는 네트리스트 편집기

5-3 TINA의 도면 심벌 편집기 활용

TINA의 도면 심벌 편집기를 이용하면 새 도면 심벌을 만들어 자신만의 회로 부품을 TINA에 추가할 수 있다. 윈도우즈 98 시작 메뉴를 이용하여 프로그램\TINA Pro for windows\ Schematic Symbol Editor를 선택하거나 윈도우 탐색기에서 C:\Program Files\DesignSoft\Tina Pro을 선택하여 아이콘 을 클릭하여 시동하면 [그림 5-26]과 같은 도면 심벌 편집기 창이 나타난다.

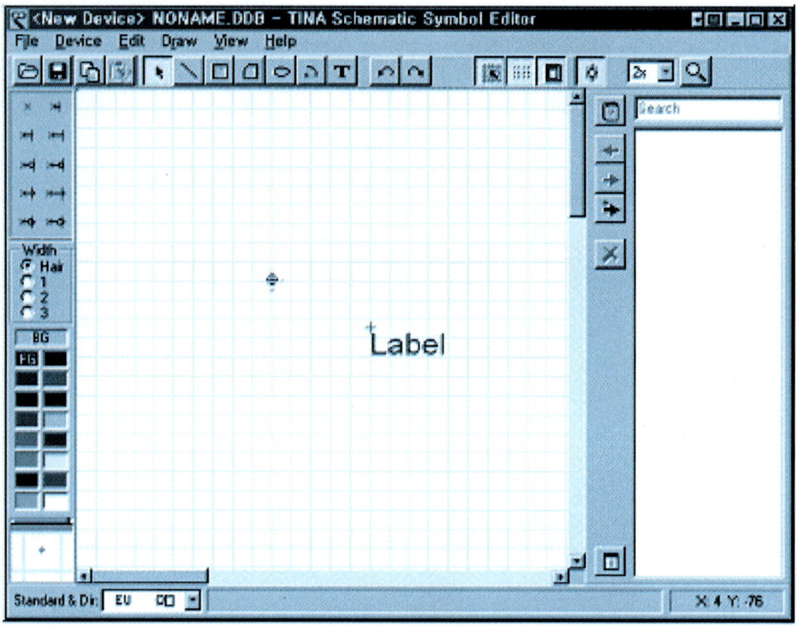

그림 5-26
도면 심벌 편집기 창

심벌 편집기를 사용하여 소자라고 불리는 심벌 형태를 새롭게 만들거나 기존의 심벌 형태를 수정할 수 있다. 심벌 편집기에 의해서 생성되거나 편집된 모든 소자들은 소자 데이터베이스(Device Database) 파일(.DDB 확장자)에 저장된다. TINA는 프로그램이 개시하는 동안에 TINA 루트 디렉토리로부터 DEVICES.DDB 파일을 읽을 것이고, 그곳에서 발견된 소자들을 사용하게 될 것이다.

소자들은 자신들의 이름에 의해서 참조된다. 새롭게 생성된 소자에 대한 이름(CLCF.SRC 참조)으로서 부품 ID를 사용하여 내장 TINA 부품들을 위한 새로운 형태를 제공할 수 있다. 예를 들면, 전류계(Ammeter)에 대해서 6을 사용한다. 편집기는 한 데이터베이스에서 동일한 이름의 다수의 발생을 허용하지 않을 것이다.

File 메뉴의 Import... 명령을 사용하여 .TSM 확장자를 갖는 매크로 파일로부터 다른 DDB 파일이나 소자 형태들을 가져올 수 있고, File 메뉴의Convert... 명령을 사용하여 .SRC이나 .MPL 파일을 변환할 수 있다.

I. 소자 관리자

[그림 5-27]의 소자 관리자(Device Manager)를 가지고 새로운 소자를 생성하고, 기존의 소자들을 수정, 복사 또는 삭제할 수 있다. 또한, 소자 데이터베이스를 시각적으로 조종할 수 있다.

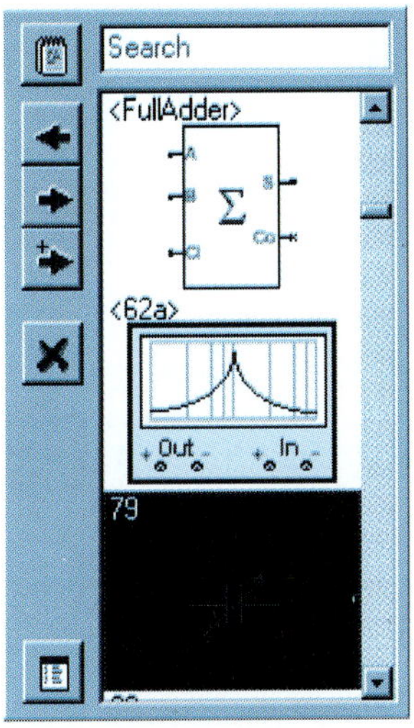

그림 5-27
도면 심벌 편집기의 소자 관리자

소자들은 생성된 순서로 나열되었다. 소자를 수정하는 방법은 먼저 편집을 위해 그 소자를 열고(소자를 더블-클릭하거나, 선택한 후 소자 편집(Edit Device) 버튼을 누른다.), 필요한 수정을 한 다음에 소자 갱신(Update Device) 버튼 을 누른다. 또 다른 소자를 선택하기 전에 소자를 갱신하지 않았다면 수정된 사항이 효력을 나타내지 않을 것이다. 기존의 소자를 복사하는 방법은 먼저 편집을 위해 그 소자를 열고, 소자 속성 대화상자에서 이름을 수정한 다음에 소자 추가(Add Device) 버튼 을 누른다. 클립보드를 사용하여 소자의 일부(심지어 완전한 형태)를 복사할 수 있다.

소자의 이름과 다른 속성들을 설정하기 위해서 소자 속성(Device

Properties) 버튼 을 누르면 [그림 5-28]의 소자 속성 대화상자가 나타난다.

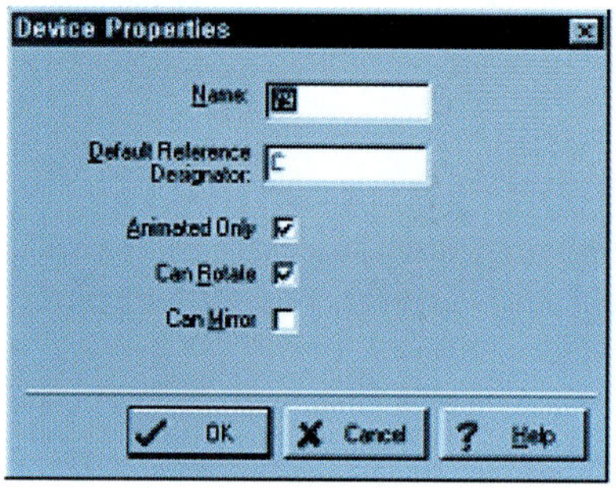

그림 5-28
소자 속성 대화상자

- Name(이름) : 소자를 구별하기 위한 문자열
- Default Reference Designator(디폴트 참조 지명자) : 소자에 대한 디폴트 레이블
- Animated Only(값만 가변) : 이것은 상호작용 부품들에 있어서 향상된 특징으로 수정하지 않고 나간다.
- Can Rotate(회전 가능) : 사용자가 부품을 회전할 수 있는가?
- Can Mirror(대칭 가능) : 사용자가 부품을 대칭시킬 수 있는가?

중요한 보충 소자 속성들은 다음과 같다.

- 원점() : 모든 형태의 소자들은 이 점에 관계된다.
- 회전의 중심() : 소자는 TINA에서 이 점 주위에서 회전된다(또한 형태의 소자들의 그룹을 선택했을 때도 이 점 주위를 회전할 것이고, 그것들의 상호간 상대적인 위치는 유지된다).
- 감지 직사각형 : 마우스 히트가 이 직사각형 안에서 있으면 TINA는 이를 검출할 것이다. 디폴트로 핀들을 제외하고 모든 형태의 소자를 포함하도록 자동적으로 계산된다(툴바에서 감지 직사각형 자동-계산 버튼을 사용하여 턴-오프할 수 있다).

- **경계 직사각형** : 이것은 핀들을 포함하여 전체 형태를 둘러싸고 있다.

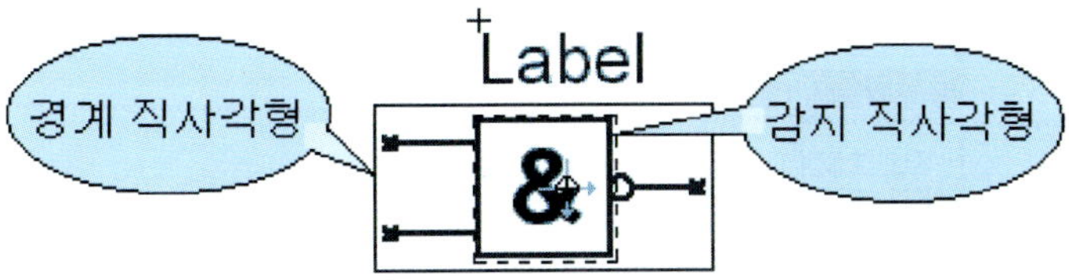

그림 5-29
감지 및 경계 직사각형은 툴바에서 버튼을 사용하여 표시할 수 있다.

- 참조 지정자에 대한 디폴트 위치(⁺Label)

※ 원점, 회전의 중심, 감지 직사각형, 디폴트 레이블 위치 속성 등은 편집기에서 직접 수정될 수 있다.

2. 형태 버전

각 소자는 8개까지 형태의 버전을 가질 것이다. 즉, 2가지 표준(유럽, 미국)에 의한 0°, 90°, 180°, 270°의 4가지 방향을 가진다. TINA는 가장 적절한 형태로부터 누락 형태를 합성할 것이다(유럽 0°로부터 유럽, 미국 0°로부터 미국 또는 미국 0°가 존재하지 않는다면 유럽 0°로부터 미국). 그렇지만, 기저선 버전(baseline version)이라고 하는 유럽 0°를 제공해야 한다.

: 버전 조종자(Version Navigator)

모든 버전들이 동일한 핀 카운트, 핀 이름, 핀 순서를 가지도록 확실하게 해야 한다(핀 순서는 Edit 메뉴의 Pin Order...에서 편집할 수 있다). 이론에서 핀 방향과 배치는 일치되지 않아야 하지만, 대부분의 경우에 그렇게 유지하는 것이 좋은 습관이다.

먼저 디자인을 하고 기저선 버전을 실제 회로에서 사용하고 입증하여 디버그하는 것이 최상이다. 그 다음 기저선 버전을 복사하고 회전하여 다른 버전들을 생성하고 적절한 수정을 행한다.

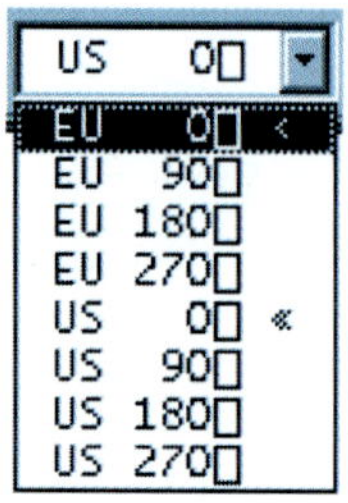

버전 조종자에서 간단히 새로운 버전을 선택하여 생성할 수 있다. 버전을 삭제하기 위해서 간단히 그 버전을 선택하고 모든 형태 소자들을 지운다(Edit 메뉴에서 Select All, Delete 명령을 사용). 버전 조정자가 나타날 때, 기존 버전(<)과 현재의 편집 버전(<<)을 나타낼 것이다.

3. 형태 그리기

기본적인 형태 요소 유형들은 핀, 선, 직사각형, 다각형, 타원, 단순 원호(1/4 타원), 문자 등이다. 가장 일반적인 핀 유형들은 [그림 5-30]의 핀 팔레트(Pin Palette)로부터 추가될 수 있다.

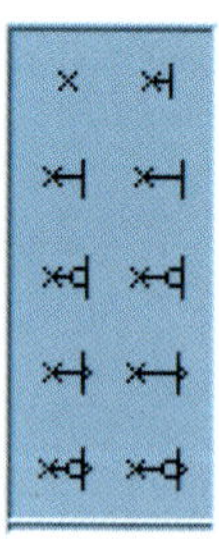

그림 5-30
핀 팔레트

(1) 핀 속성의 변경

만일 다른 유형의 핀이 필요하다면, 가장 적합한 핀을 삽입하고 더블클릭하여 나타난 [그림 5-31]의 대화상자에서 핀 속성을 수정한다.

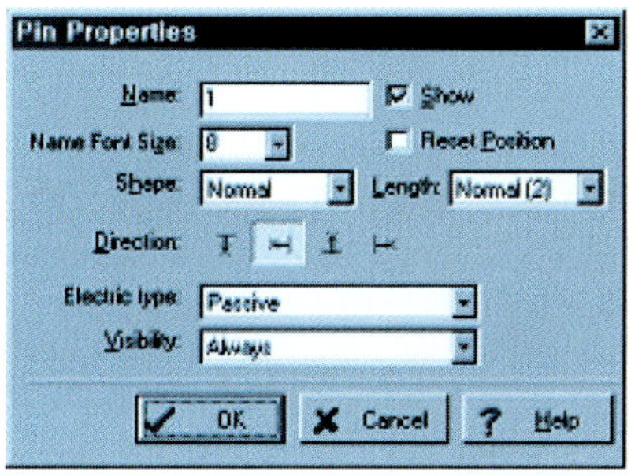

그림 5-31
핀 속성의 대화상자

- Position(위치) : 이것은 [그림 5-30]에서 x로 표시된 점으로 핀의 전기적 접촉점(electrical contact point, ECP)이며, 끌어서 편집기에서 직접 처리될 수 있다.
- Name(이름) : 유일한 이름이어야 하며, 핀을 구별한다.
- Show name(이름 보이기) : 이것을 체크하면, 핀의 non-ECP(핀의 전기적 접촉점의 반대 방향)에 이름이 그려질 것이다.
- Name position(이름 위치) : 핀 이름을 선택했을 때 이름의 좌측에 나타나는 회색 직사각형 핸들을 붙잡아서 핀 이름을 끌 수 있다. 정교한 위치를 정하기 위해서 스냅핑을 턴-오프한다. 디폴트 위치로 리세트하기 위해서 Reset Position 체크박스를 사용한다.
- Name font size(이름 폰트 크기) : 이름의 폰트 크기를 조절할 수 있다.
- Shape(형태) : Normal, Dot, Clock, Dot Clock을 정할 수 있다.
- Length(길이) : Zero[0], Mini[1], Normal[2], Semi-Long[3], Long[4] 중의 하나를 선택할 수 있다. 중괄호 안의 숫자는 1/2 격자 단위이다.
- Direction(방향) : ECP에 관한 방향(북, 동, 남, 서)
- Electrical type(전기적 유형) : In, Out, Bidirectional, Power, Passive,

3-State, Open Collector, Open Emitter 중의 하나를 선택한다. 이 특징은 TINA의 ERC에 사용된다.

- Visibility(시각) : Always, Power, User1, User2, User3, Never 중의 하나를 선택한다. 이 특징은 아직까지 TINA에서 사용되지 않는다.

(2) 형태 팔레트

다른 형태 요소를 추가하기 위해서 Draw 메뉴나 [그림 5-32]의 형태 팔레트(Shapes Palette)를 사용한다.

그림 5-32 형태 팔레트

문자를 제외한 이 형태의 대부분은 별도의 속성 편집기 대화상자를 갖지 않지만, 그것들의 속성들은 직접 변경될 수 있다. 즉, 그것들을 선택하고 [그림 5-33]의 형태 속성 팔레트에서 가장자리 테두리 색상, 가장자리 폭, 배경 색상을 처리할 수 있다.

그림 5-33 형태 속성 팔레트

가장자리 테두리 색상을 설정하기 위해서 색상 팔레트에서 마우스의 왼쪽 버튼을 클릭한다. 그러면 FG가 표시될 것이다. 또는 가장자리 테두리와 배경 색상이 모두 같다면 FB가 표시될 것이다. 배경 색상을 설정하기 위해서 색상 팔레트에서 마우스의 오른쪽 버튼을 클릭한다. 그러면 BG가 표시될 것이다. 또는 가장자리 테두리와 배경 색상이 모두 같다면 FB가 표시될 것이다. 투명한 형태를 만들기 위해서 색상 팔레트 위에 있는 직사각형에서 마우스의 오른쪽 버튼을 클릭한다.

문자 속성들은 문자를 더블 클릭하여 설정될 수 있다. 문자를 삽입하고자 한다면 먼저 문자의 처음 위치를 선택해야 하고, 그 다음에 문자 속성 대화상자에서 문자를 입력한다.

(3) 편집 팔레트

편집을 더 용이하게 만들기 위해서 [그림 5-34]와 같이 몇 가지 옵션들이 편집 팔레트에서 제공된다.

그림 5-34 편집 팔레트

- Snap on/off : 작도할 때 형태 요소를 1/2-격자(4 워드 픽셀)로 스냅 할 것인지를 결정한다. 이 스위치의 상태에 관계없이 원점과 회전의 중심은 항상 격자(8-워드 격자)에 스냅되었다.
- Show grid : 격자(8x8 워드 픽셀)를 그릴 것인지를 결정한다.
- Show supplementary data : 원점, 회전의 중심, 감지 직사각형, 경계 직사각형을 그릴 것인지를 결정한다.
- Auto-calculate sensing rectangle : 이 버튼을 눌렀을 때 핀을 제외한 전체 부품을 포함하도록 감지 직사각형이 자동적으로 계산된다. off될 때 수동적으로 감지 직사각형을 조절할 수 있다.

- 2x Zoom : 1배~8배의 줌을 선택한다.
- Bring in view : 이 버튼을 누르면 작도가 화면에서 벗어났을 때 편집 영역의 중심을 재배치할 것이다.

5-4 TINA의 도면 심벌 편집기 기능

도면 심벌 편집기를 유용하게 사용하기 위해서 메뉴의 기능을 살펴보기로 하자. 도면 심벌 편집기는 File, Device, Edit, Draw, View, Help 메뉴로 구성되어 있다.

I. File 메뉴

(1) New (Ctrl+N)

새로운 소자 데이터베이스를 위해서 편집기를 준비하고, 화면에 있는 어떤 데이터를 완벽하게 지운다. 타이틀 바에 표시되는 파일 이름이 NONAME.DDB로 바뀐다.

(2) Open... (Ctrl+O)

디스크로부터 .DDB 파일명 확장자를 갖는 기존의 소자 데이터베이스를 읽고 편집을 위해 데이터베이스에서 첫 번째 소자를 연다. TINA는

TINA 루트 디렉토리에서 발견된 DEVICES.DDB 파일을 사용한다(예, C:\Program Files\TINA).

타이틀 바에서 표시된 파일명은 열린 소자 데이터베이스의 이름으로 바뀐다.

(3) Save (Ctrl+S)

편집기에서 열린 현재의 소자 데이터베이스를 디스크의 파일로 저장한다. 만일 이 소자 데이터베이스가 File 메뉴의 New 명령으로 생성되었다면 프로그램은 파일 이름을 물어올 것이다. 디폴트로서 NONAME.DDB를 제시한다.

기존 소자 데이터베이스 파일이 열려지고 수정되었을 때, Save 명령은 자동적으로 구 파일명을 사용하고 그 파일에 덮어쓴다.

파일을 저장하기 전에 편집기는 자동적으로 현재 편집되는 소자의 가장 현재 버전을 저장하기 위해서 Update Device 명령을 실행할 것이다.

(4) Save As...

편집기에서 현재 열린 소자 데이터베이스를 파일로 저장하는데 새로운 파일명을 사용하는 기회를 제공한다. 이것은 얻어진 소자 데이터베이스들을 설계하고 저장하도록 허용하는 한편, 원래의 소자 데이터베이스를 건드리지 않고 나가게 된다. Save As 명령은 항상 새로운 파일명을 요구한다. 만일 이미 서브디렉토리에 존재하고 있는 파일명을 입력하면, 구 파일에 덮어쓸 것인지를 확인하는 것을 물어올 것이다.

(5) Import...

이 명령을 사용하여 다른 소자 데이터베이스 파일들로부터 모두 또는 일부 소자들을 가져올 수 있다. 원하는 소자 데이터베이스를 선택한 후에, 현재 열린 소자 데이터베이스에 추가하고자 하는 소자들을 지정할 수 있는 선택 대화상자가 나타난다.

또한, TSM 확장을 갖는 TINA 매크로 파일로부터 소자를 불러올 수 있다. 이를 위해서 Import From 대화상자에서 파일 형식을 TINA Macro(*.tsm)으로 설정한다. 그 다음 위에서 설명한 것과 같이 처리한다.

(6) Convert...

이 명령을 사용하여 .SRC 또는 .MPL 파일로부터 구-유형의 형태 데이터를 불러올 수 있다. 원하는 파일을 선택한 후에 프로그램은 모든 부품 형태를 소자로 변환한다. 변환된 소자들을 검토하기를 권장한다.

(7) Exit...

프로그램을 끝낸다. 편집기가 메모리로부터 스스로 제거되기 전에 확인을 요청한다. 빠져나오기 전에 편집된 소자 데이터베이스를 저장할 기회를 제공받는다.

주 의

나오기 전에 저장하지 않으면 편집기의 현재 파일이 소실될 것이다.

2. Device 메뉴

소자 메뉴의 명령어들은 소자 관리자 패널에 있는 명령 버튼에 대응한다.

(1) New Device

이 명령을 사용하여 새로운 소자를 생성할 수 있다. 편집기의 내용들과 모든 형태 버전들을 삭제할 것이고, 소자 속성이 디폴트로 리세트된다. 편집을 마쳤을 때 Add 명령을 사용하여 이 소자를 소자 데이터베이스에 추가한다.

만일 이 명령을 실행하기 전에 소자를 갱신하지 않으면 현재 편집된 소자에 대한 변경이 효력이 없게 될 것이다. 더 자세한 것은 소자 관리자 절을 참고한다.

(2) Edit Device

이 명령을 사용하여 편집을 위한 소자 관리자에서 선택된 소자를 열 수 있다. 만일 이 명령을 실행하기 전에 소자를 갱신하지 않으면 현재 편집된 소자에 대한 변경이 효력이 없게 될 것이다. 더 자세한 것은 소자 관리자 절을 참고한다.

(3) Update Device

Edit 명령을 사용하여 열린 소자의 수정을 마쳤을 때 이 명령을 사용한다. 변경사항들이 소자 데이터베이스에 있는 원래의 소자에 적용될 것이다. 더 자세한 것은 소자 관리자 절을 참고한다.

(4) Add Device

소자 데이터베이스에 추가하고자 하는 소자의 편집을 마쳤을 때 이 명령을 사용한다. 새로운 소자를 데이터베이스에 추가하기 위해서 New device 명령 후에 이 명령을 사용해야 한다. 열린 소자의 복사를 데이터베이스에 추가하기 위해서 Edit device 명령 후에 이 명령을 선택적으로 사용할 수 있다(후자의 경우에 소자의 이름을 변경하기 위해서 Device properties 명령을 사용하는 것을 잊지 말아야 한다). 더 자세한 것은 소자 관리자 절을 참고한다.

(5) Delete Device

이 명령을 사용하여 소자 관리자에서 선택된 소자를 지울 수 있다. 더 자세한 것은 소자 관리자 절을 참고한다.

(6) Device Properties

이 명령을 사용하여 현재 편집된 소자의 어떤 속성들을 설정할 수 있다. 더 자세한 것은 소자 관리자 절을 참고한다.

3. Edit 메뉴

(1) Cut (Ctrl+X)

현재 선택된 어떤 대상을 클립보드로 복사한 다음 형태로부터 그것들을 지운다. 클립보드의 이전의 내용들이 있다면 소실될 것이다. 만일 선택된 대상이 없다면 이 명령은 효력이 없다.

(2) Copy (Ctrl+C)

현재 선택된 어떤 대상을 클립보드로 복사한다. 클립보드의 이전의 내용들이 있다면 소실될 것이다. 만일 선택된 대상이 없다면 이 명령은 효력이 없다.

(3) Paste (Ctrl+V)

클립보드의 내용을 편집기로 복사한다. 대상들이 복사된 정확한 위치에 대상이 위치하고 편집기에서 선택된 대상만이 위치한다. 붙이기는 대상들을 그룹으로 재위치시키는데 용이하다. 붙이기는 클립보드의 내용을 변경하지 않고 동일한 대상들을 반복적인 배치를 허용한다. 만일 클립보드에 형태 데이터가 없다면 이 명령은 효력이 없다.

(4) Delete (Ctrl+Del)

편집기에서 현재 선택된 대상들을 지운다. 이 명령은 클립보드의 내용을 변경하지 않으며, 만일 선택된 대상이 없으면 효력이 없다.

(5) Select All (Ctrl+A)

편집기에서 모든 대상들을 선택한다. 모든 대상들을 새로운 위치로 이동시키고, 복사하고, 지우기 위해서 이 명령을 사용할 수 있다.

(6) Rotate Left

대부분 대상들은 90°간격으로 4개의 각도 방향 중의 하나로 회전시킨다. Rotate Left는 반시계 방향으로 회전시킨다. 하나 이상의 대상이 선택되었다면 회전의 중심 주위로 그룹을 회전시킨다. 문자는 대개 중심이 회전되지만, 문자 방향은 변하지 않는 특별한 회전된다.

(7) Rotate Right

대부분 대상들은 90°간격으로 4개의 각도 방향 중의 하나로 회전시킨다. Rotate Right는 시계 방향으로 회전시킨다. 하나 이상의 대상이 선택되었다면 회전의 중심 주위로 그룹을 회전시킨다. 문자는 대개 중심이 회전되지만, 문자 방향은 변하지 않는 특별한 회전된다.

(8) Properties...

이 명령을 사용하여 어떤 대상(즉, 핀과 문자)의 속성(파라미터)을 수정할 수 있다. 그것은 대상을 더블클릭하는 것과 같다. 다른 대상들의 속성은 형태 속성 팔레트(Shape Properties Palette)를 사용해서 직접 편집될 수 있다.

(9) Auto-calculate sensing rectangle

이 명령이 턴-온 될 때 감지 직사각형이 핀을 제외하고 부품 전체를 포함하도록 자동적으로 계산된다. 턴-오프될 때 감지 직사각형을 수동적으로 조정할 수 있다.

(10) Pin Order...

이 명령을 사용하여 핀 순서를 재배열할 수 있다. 만일 TINA의 모델이 이름-기반 핀의 참조 대신에 위치적인 참조가 사용된다면 핀 순서가 중요하게 될 것이다. 대부분 내장 TINA 부품들은 위치적인 참조를 사용한다. 다른 버전들을 생성하기 전에 소자의 기저선 버전에서 정확한 핀의 순서 설정을 확실하게 해야 한다. 이것은 모든 버전들이 동기되는 것을 확보할 것이다.

(11) Synchronize Shapes

다수의 형태 버전(예 유럽 & 미국)을 갖는 소자에 대한 변경을 만들 때, 이 명령을 사용하여 다른 형태 버전에서도 동일한 변경을 자동적으로 만들 수 있다. 변경은 현재 편집된 형태 버전에 기반을 둘 것이다.

다음과 같은 항목들을 동기화할 것이다.

- 회전 중심과 디폴트 레이블 위치(만일 Synchronize Shapes 대화상자에서 Origin & COR이 체크되었다면)
- 핀 위치를 제외하고 모든 핀의 속성(만일 Synchronize Shapes 대화상자에서 Pins이 체크되었다면)

- 핀 위치(만일 Synchronize Shapes 대화상자에서 Pin Position이 체크되었다면)

만일 By Index가 체크되었다면 두 가지 버전에서 핀의 수가 일치해야 하고 프로그램은 이름에 관계없이 순서에 입각해서 핀을 동기화할 것이다.

만일 By Index가 체크되지 않았다면 프로그램은 먼저 현재 형태에서 발견되지 않은 모든 핀들을 지울 것이고, 그 다음에 각 핀(일치가 핀 이름에 입각해서 만들어짐)을 동기화한다. 마지막으로 현재 형태에 새로운 어떤 핀을 추가할 것이고, 현재 형태와 같은 핀 순서를 설정할 것이다.

(12) Changing the order of objects

- Bring to Front (Ctrl+PgUp)
- Send to Back (Ctrl+PgDn)
- Bring Forward (PgUp)
- Send Backward (PgDn)

이 4가지 명령을 사용하여 TINA의 도면 심벌 편집기에서 어떤 심벌의 그래픽 요소의 그리기 순서를 조정할 수 있다. 일반적으로, 중첩하는 요소들의 그리기 순서만을 변경하는데 필요하게 될 것이다. 예를 들면, 우선 선을 그린 다음에 부분적으로 선을 중첩하는 채워진 직사각형을 그린다면 직사각형은 선 위에 그려질 것이고 선의 일부가 감춰질 것이다. 한편, 먼저 채워진 직사각형을 그린 다음에 선을 그린다면 그 선은 직사각형 위에 그려져서 완전하게 보이게 될 것이다(선과 채워진 직사각형이 동일한 색상을 갖지 않는다면). 만일 선 위에 직사각형을 그렸고 지금 직사각형 위에서 선이 보이도록 원한다면, 선을 선택하고 Bring to Front 명령을 사용한다. 또는, 채워진 직사각형을 선택하고 Send to Back 명령을 사용하여도 마찬가지가 된다.

디폴트로 도면 심벌에서 그래픽 요소들의 그리기 순서는 그려지는 순서에 의해서 조정된다. 즉, 각 새로운 요소가 이전의 모든 요소들에 중첩될 것이다. 그렇지만, 가끔은 생성된 후에 요소들의 그리기 순서를 제어하기를 바라는 경우가 있다. 예를 들면, 트랜지스터 심벌 주위에 배경이 채워진 원을 넣기로 하는 경우이다. 트랜지스터가 이미 그려졌기 때문에 배치하는 채워진 원이 중복될 것이고 트랜지스터 심벌이 감춰질 것이다. 올바른 그리기 순서는 채워진 원을 선택하고 Sending to Back 명령을 사용하여 간단히 완성될 수 있다.

Bring to Front와 Send to Back은 각각 선택된 그리기 요소를 상부(모든 것을 중첩하는) 또는 하부(모든 것에 중첩되는)에 위치시킬 것이다. Bring Forward와 Send Backward는 그리기 순서에서 요소를 한번에 한 위치를 이동시킬 것이다. 이들 명령을 조합하여 사용함으로써 원하는 결과를 얻는다. 명령은 선택된 모든 요소에서만 작용하고, 선택되지 않은 요소들에 대해서는 그리기를 변경하지 않을 것이다.

4. Draw 메뉴

(1) Line

이 명령을 사용하여 선을 그릴 수 있다. 먼저 선을 시작하고자 하는 점으로 마우스의 커서를 위치시키고, 마우스의 왼쪽 버튼을 누른 채 선의 다른 끝을 원하는 위치로 끈다. 만일 Snap이 턴-온되었다면 끝점이 1/2-격자(4 워드 픽셀) 좌표에 붙게 될 것이다.

새로운 대상은 형태 속성 팔레드(Shape Properties Palette)에서 현재 선택된 속성을 사용할 것이다. 만일 또 다른 대상처럼 보이는 대상을 만들고자 한다면, 먼저 다른 대상을 선택하고(대상의 속성을 반영하기 위해서 형태 속성 팔레트를 갱신), 새로운 대상을 그리기 시작한다.

(2) Rectangle

이 명령을 사용하여 직사각형 대상을 그릴 수 있다. 먼저, 한 모서리가 되는 점으로 마우스 커서를 위치시키고, 마우스의 왼쪽 버튼을 누른 채 원하는 크기로 직사각형을 끈다. 만일 Snap이 턴-온되었다면 끝점이 1/2-격자(4 워드 픽셀) 좌표에 붙게 될 것이다.

새로운 대상은 형태 속성 팔레트에서 현재 선택된 속성을 사용할 것이다. 만일 또 다른 대상처럼 보이는 대상을 만들고자 한다면, 먼저 다른 대상을 선택하고(대상의 속성을 반영하기 위해서 형태 속성 팔레트를 갱신), 새로운 대상을 그리기 시작한다.

(3) Polygon

이 명령을 사용하여 다각형 대상을 그릴 수 있다. 다각형을 만드는 것은 다른 기본적인 형태를 만드는 것과 약간 다르다. 먼저 첫 번째 모서리가 되는 점으로 마우스 커서를 위치시켜서 클릭하고, 다음 모서리의 위치로 커서를 위치시킨 다음 클릭한다. 마지막 모서리를 제외하고 모든 모서리를 만들 때까지 이를 계속한다. 마지막 모서리를 만들기 위해서 그 위치에서 더블 클릭하면 다각형이 자동적으로 만들어질 것이다. 만일 Snap이 턴-온되었다면 끝점이 1/2-격자(4 워드 픽셀) 좌표에 붙게 될 것이다.

새로운 대상은 형태 속성 팔레트에서 현재 선택된 속성을 사용할 것이다. 만일 또 다른 대상처럼 보이는 대상을 만들고자 한다면, 먼저 다른 대상을 선택하고(대상의 속성을 반영하기 위해서 형태 속성 팔레트를 갱신), 새로운 대상을 그리기 시작한다.

(4) Ellipse

이 명령을 사용하여 타원 대상을 그릴 수 있다. 타원의 경계 직사각형을 지정해야 한다. 먼저 마우스 커서를 한쪽 모서리가 되는 점으로 위치시키고 마우스의 왼쪽 버튼을 누른 채 원하는 크기로 타원을 끈다. 만일 Snap이 턴-온되었다면 끝점이 1/2-격자(4 워드 픽셀) 좌표에 붙게 될 것이다.

새로운 대상은 형태 속성 팔레트에서 현재 선택된 속성을 사용할 것이다. 만일 또 다른 대상처럼 보이는 대상을 만들고자 한다면, 먼저 다른 대상을 선택하고(대상의 속성을 반영하기 위해서 형태 속성 팔레트를 갱신), 새로운 대상을 그리기 시작한다.

(5) Arc

이 명령을 사용하여 간단한 원호 대상(1/4 타원)을 그릴 수 있다. 원호의 경계 직사각형을 지정해야 한다. 먼저 한 쪽 모서리가 되는 점으로 마우스 커서를 위치시키고, 마우스의 왼쪽 버튼을 누른 채 원하는 크기로 원호를 끈다. 원하는 1/4 타원을 얻으려면 시작점에 관하여 다른 방향으로 끌어야 한다. 만일 Snap이 턴-온되었다면 끝점이 1/2-격자(4 워드 픽셀) 좌표에 붙게 될 것이다.

새로운 대상은 형태 속성 팔레트에서 현재 선택된 속성을 사용할 것이다. 만일 또 다른 대상처럼 보이는 대상을 만들고자 한다면, 먼저 다른 대상을 선택하고(대상의 속성을 반영하기 위해서 형태 속성 팔레트를 갱신), 새로운 대상을 그리기 시작한다.

(6) Text...

이 명령을 사용하여 형태에 문자를 추가할 수 있다. 먼저 문자 위치를 선택해야 하고, 문자 속성 대화상자에서 문자를 입력한다. 그리고 선택적으로 윈도우즈 표준 폰트 속성 대화상자에서 폰트 속성(활자면, 색상, 이태리체, 굵은체 등)을 설정한다. 만일 Snap이 턴-온되었다면 끝점이 1/2-격자(4 워드 픽셀) 좌표에 붙게 될 것이다.

기존의 문자를 수정하기 위해서 문자를 더블 클릭하거나 그 문자를 선택한 다음 Edit 메뉴의 Properties... 명령을 사용하여 문자 속성 대화상자를 불러와야 한다.

5. View 메뉴

(1) Zoom

이 명령을 사용하여 1x, 2x(디폴트), 3x, 4x, 8x의 줌 스케일을 설정할 수 있다. 줌 스케일을 변경할 때 프로그램은 형태를 보이게 만들기 위해서 자동적으로 Bring in View 명령을 실행할 것이다.

(2) Snap

이 명령은 스냅핑을 턴-온/오프한다. 만일 이 스위치가 on되면, 대부분 대상들은 그리기와 끌기 동안에 1/2-격자(4 워드 픽셀) 좌표로 붙게 된다. 핀, 원점, 회전의 중심은 생성된 형태가 정확하도록 만들기 위해서 이 스위치의 상태에 무관하게 항상 격자에 붙어 있다.

경계 형태 요소들을 그릴 때 스냅핑을 턴-온하는 것이 좋은 생각이 될 것이다. 왜냐하면, 핀들이 경계 모서리와 갭이나 중첩이 없이 쉽게 일치되도록 만들기 때문이다.

(3) Grid

이 명령은 On/Off 스위치의 설정에 따라서 격자가 보이거나 보이지 않도록 한다.

(4) Supplementary

이 명령은 보완 데이터가 보이거나 보이지 않도록 한다. 보완 데이터는 원점, 회전의 중심, 감지 직사각형, 경계 직사각형 등이다.

(5) Pin Markers

이 스위치는 부품 핀의 끝에서 마커가 턴-온과 턴-오프되도록 한다. 이 마커들은 편집할 때 유용하지만, 산만하게 만들 것이다.

(6) Bring in view

형태의 중심이 편집기 화면의 중심에 위치되도록 편집기 화면을 이동시켜 대부분의 형태를 보게 만든다.

(7) Redraw

어떤 명령을 실행한 후에 형태의 일부 묘사가 화면에 정확하게 표시되지 않을 것이다. Redraw 기능은 다시 정확하게 형태를 그린다. F5가 Redraw의 단축키이다.

6. Help 메뉴

(1) Contents

이 명령은 도움 체계의 내용 페이지를 불러온다.

(2) Topic Search

이 명령은 도움 체계의 주제 탐색 페이지를 불러온다.

(3) How to Use Help

이 명령은 도움 체계를 어떻게 사용하는지를 설명하는 도움 체계 자신의 도움 페이지를 불러온다.

(4) About

이 명령으로 불러진 About 상자는 도면 심벌 편집기에 관한 중요한 버전과 저작권 정보가 포함되어 있다.

5-5 TINA의 도면 심벌 구성 응용 실습

TINA의 도면 심벌 편집기를 이용하면 새 도면 심벌을 만들기 위해서 윈도우즈 xp 시작 메뉴를 이용하여 프로그램\TINA Pro for windows\Schematic Symbol Editor를 선택하거나 윈도우 탐색기에서 C:\Program Files\DesignSoft\Tina Pro을 선택하여 아이콘을 클릭하여 도면 심벌 편집기를 시동한다.

새 심벌을 만들려면 선, 원호, 직사각형 그리고 어떤 폰트를 갖는 임의 문자를 배치하고, 선-폭, 선-색상, 영역-색상 채우기 등을 지정한다. 심벌을 작도한 뒤에는 이에 대한 접속을 추가하고 정의한다.

편집기의 기능에 익숙해지기 위해서 기존의 심벌의 목록을 읽어오자. File 메뉴의 Open 명령을 선택하면 [그림 5-35]와 같은 열기 대화상자가 나타난다. 여기서, devices.ddb 파일을 더블 클릭하면, [그림 5-36]과 같이 도면 심벌 편집기 창의 오른쪽에 현재 도면 심벌의 목록이 나타난다.

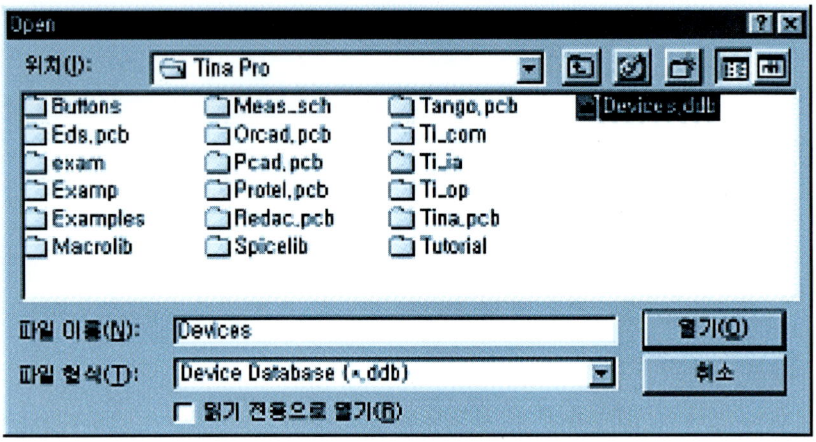

그림 5-35
도면 심벌 편집기에서 열기 대화상자

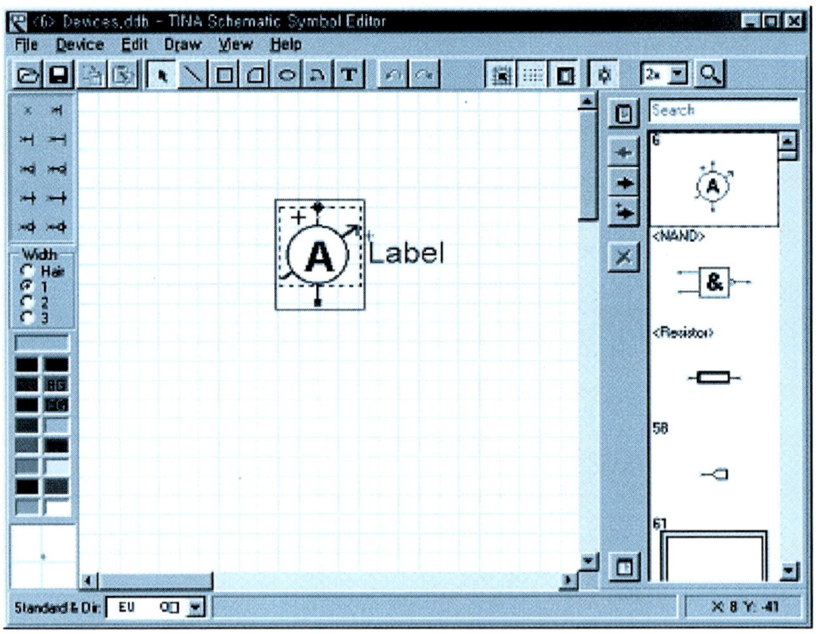

그림 5-36
도면 심벌 편집기 창의 오른쪽에 현재 도면 심벌의 목록이 나타난다.

목록에서 첫 번째 심벌(Ammeter)이 편집기 창에 나타난다. 화면의 하단에 있는 **Dir:** 제어장치를 [그림 5-37]과 같이 시험해 본다. 이 제어장치를 이용하면 심벌 각각을 개별적으로 설계함으로써 각각의 회전 방위에서 심벌들에 다양한 형태를 줄 수 있다.

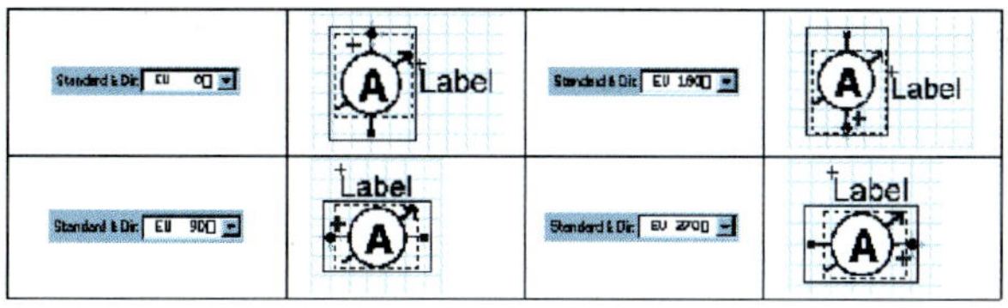

그림 5-37
Dir에 따른 심벌의 다양한 형태(회전)

이제 화면의 오른쪽에 있는 NAND 심벌을 클릭하고 버튼을 누른다. 편집기 창에 NAND 게이트 심벌이 나타난다. **Standard:** 제어장치를 이용하여 [그림 5-38]과 같이 부품 형태를 미국 및 유럽 버전으로 살펴본다. 필요할 경우 각각의 표준에 대한 심벌 버전을 설계할 수 있다. 두 가지 표준에서 심벌이 동일할 경우에는 오직 하나의 버전만을 만들어야 한다.

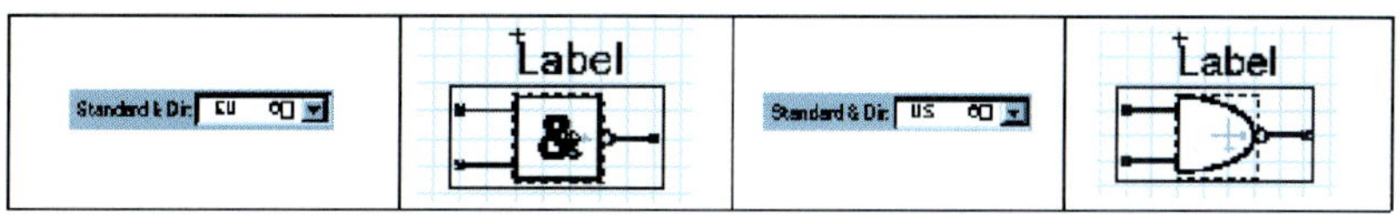

그림 5-38
Standard에 따른 NAND 게이트 심벌의 유럽 및 미국 버전

이제 위에서 반가산기 매크로를 만드는 예제에 사용되었던 전가산기 회로를 위한 심벌을 만들기로 한다. 먼저 [그림 5-39]와 같이 버튼을 누르거나 편집기 창에서 실제 심벌을 선택하고 Del 버튼을 눌러 편집기 창을 소거한다.

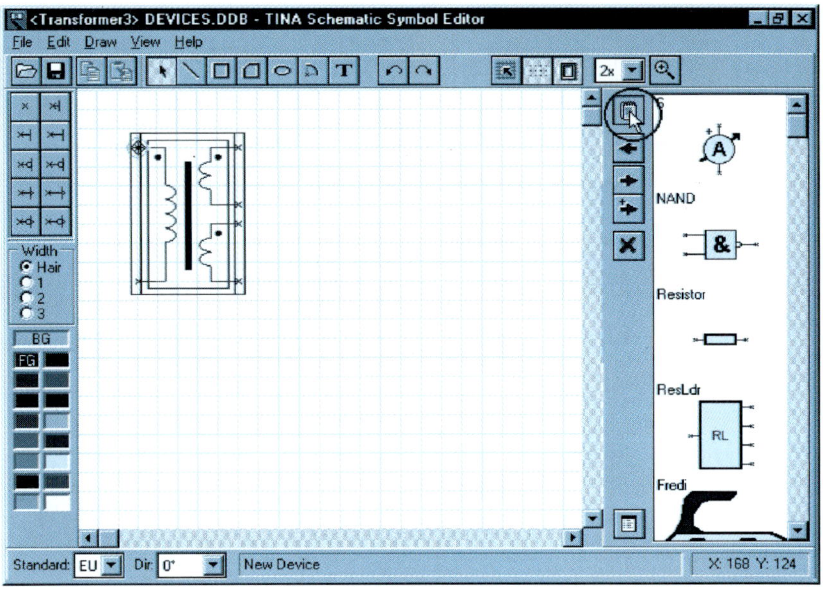

그림 5-39
편집기 창을 소거한다.

이제 부품의 본체로 직사각형을 작도한다. [그림 5-40]과 같이 먼저 버튼을 누른 다음 작도 영역 내에서 임의의 점을 클릭하고 마우스 버튼을 누른 채 직사각형이 적당한 크기로 될 때까지 마우스를 이동한다.

[그림 5-41]과 같이 창의 왼쪽 아래 구석에 있는 팔레트를 마우스 오른쪽 버튼으로 클릭하여 직사각형에 색상(BG)을 채운다. 마우스 왼쪽 버튼을 클릭하면 전경 색상(FG), 즉 우리의 경우에는 직사각형의 경계가 변경된다는 점에 유의하기 바란다.

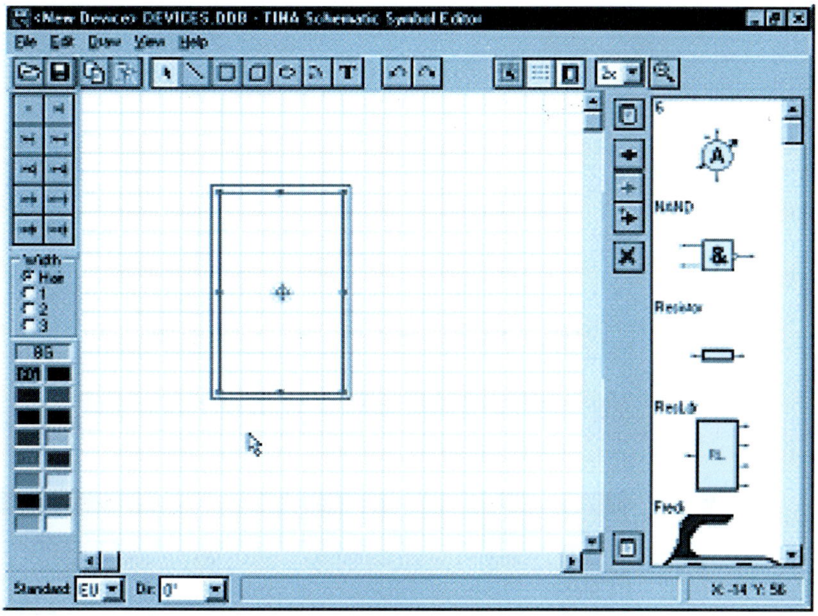

그림 5-40

부품의 본체로 직사각형을 작도한다.

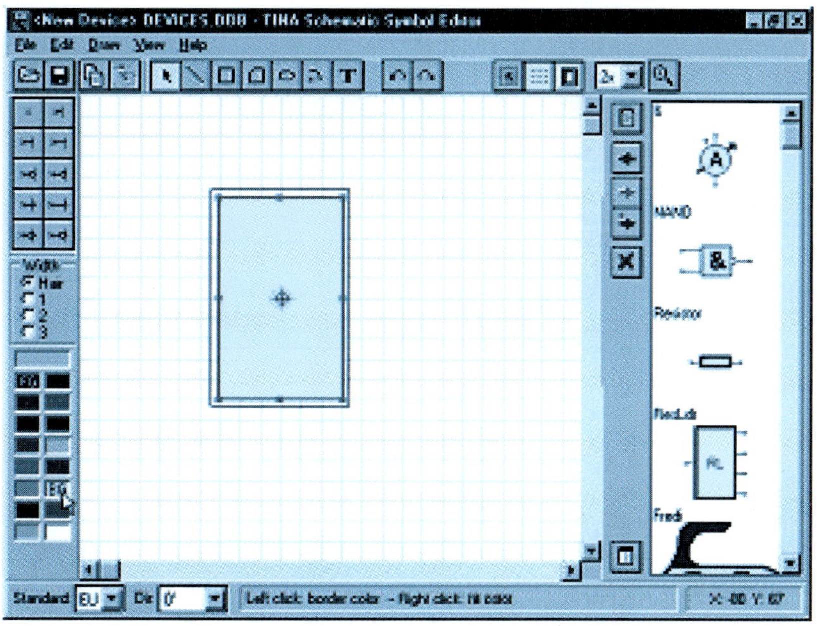

그림 5-41

창의 왼쪽 아래 구석에 있는 팔레트에서 직사각형에 색상(BG)을 채우고, 전경 색상(FG)을 선택한다.

창의 왼쪽 중앙에 있는 Width를 2로 선택하면 직사각형 테두리선의 폭이 [그림 5-41]에 보여진 것보다 [그림 5-42]에 보인 것처럼 더 굵은 선으로 된다. 이제 단자를 추가한다. [그림 5-42]와 같이 창의 왼쪽 위 구석에 있는 단자-툴바에서 원하는 단자 유형을 선택하고 커서를 방금 작도한 직사각형 속으로 이동시킨다. 마우스를 이용하여 배치하거나 [+] 또는 [-]키를 눌러 회전시킨다. 클릭하여 단자의 위치를 고정시킨다. 이때, 펜 종단을 가리키는 작은 적색 x가 본체의 바깥에 놓이도록 하여야 한다. 모든 단자가 배치될 때까지 이 과정을 계속한다.

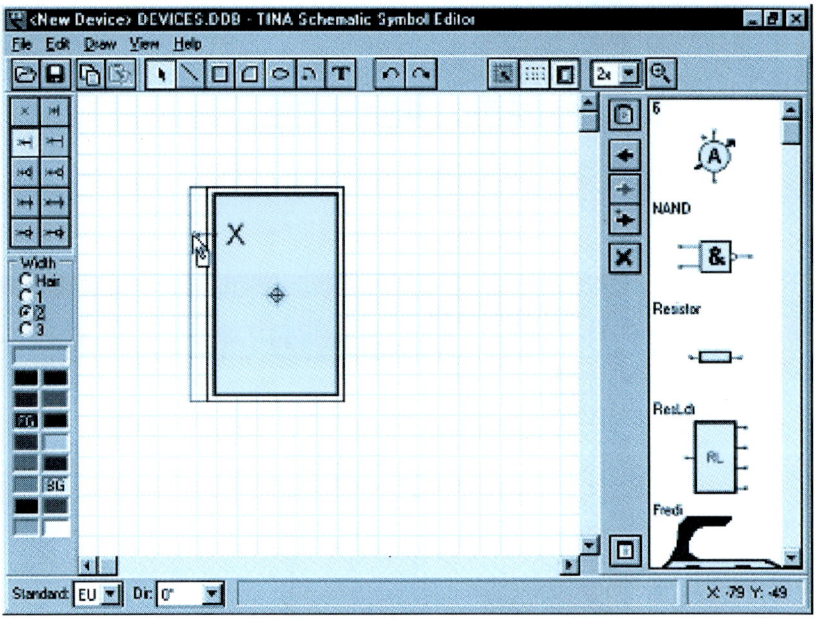

그림 5-42
직사각형에 단자를 추가한다.

모든 단자를 배치한 후에 이 단자들을 각각 클릭하면 [그림 5-43]과 같은 핀 속성 대화상자가 나타나며, 여기서 핀의 속성을 설정할 수 있으며, 또한 단자의 이름을 할당할 수 있다. 이와 같은 과정으로 얻어진 창이 [그림 5-44]이다.

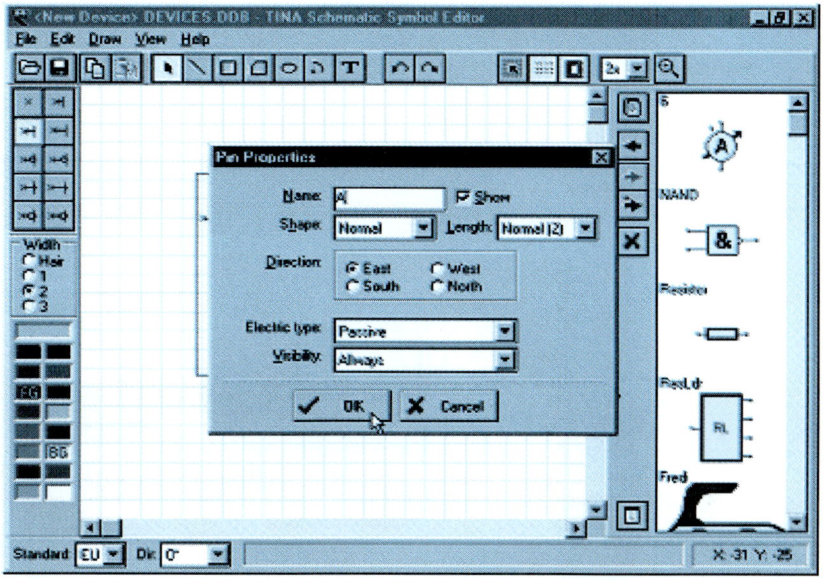

그림 5-43
핀 속성의 대화상자

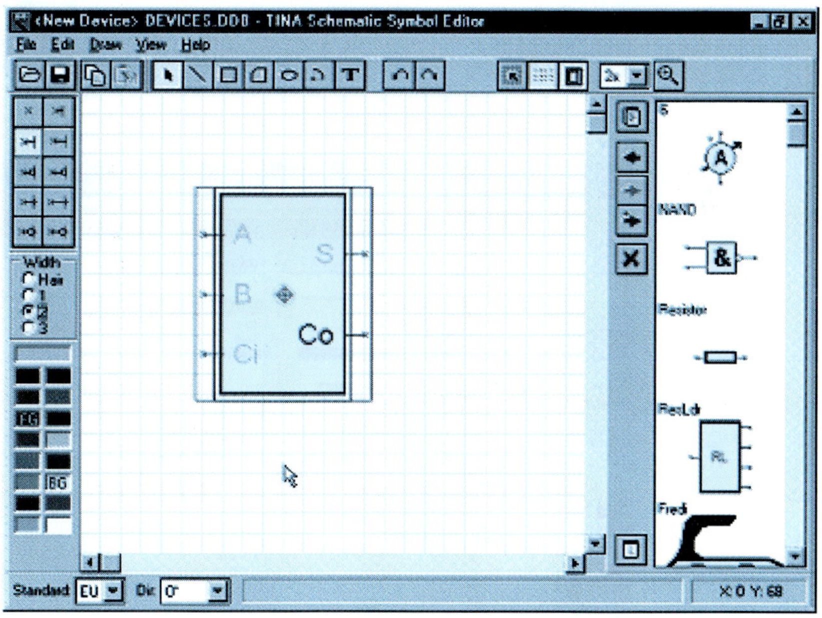

그림 5-44
단자 추가가 완성된 직사각형

나음으로, 큰 합 부호를 추가한다. 도구 모음의 텍스트 편집기 버튼을 클릭하여 [그림 5-45]와 같이 나타난 문자 속성 대화상자에 S를 입력한 다음 폰트 버튼을 클릭한다. 특수한 그리스어 합 부호를 입력하려면 [그림 5-46]과 같이 심벌 폰트를 선택한다.

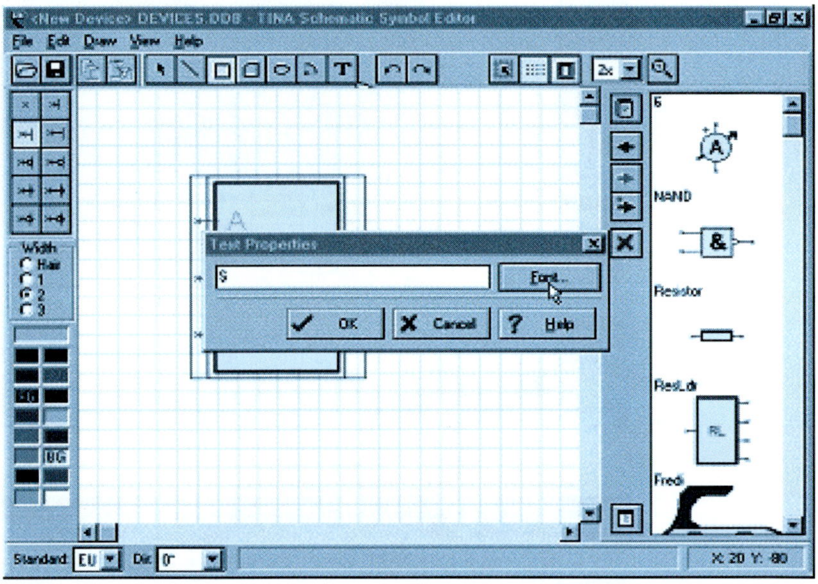

그림 5-45
문자 속성 대화상자에 S를 입력한 다음 폰트 버튼을 클릭한다.

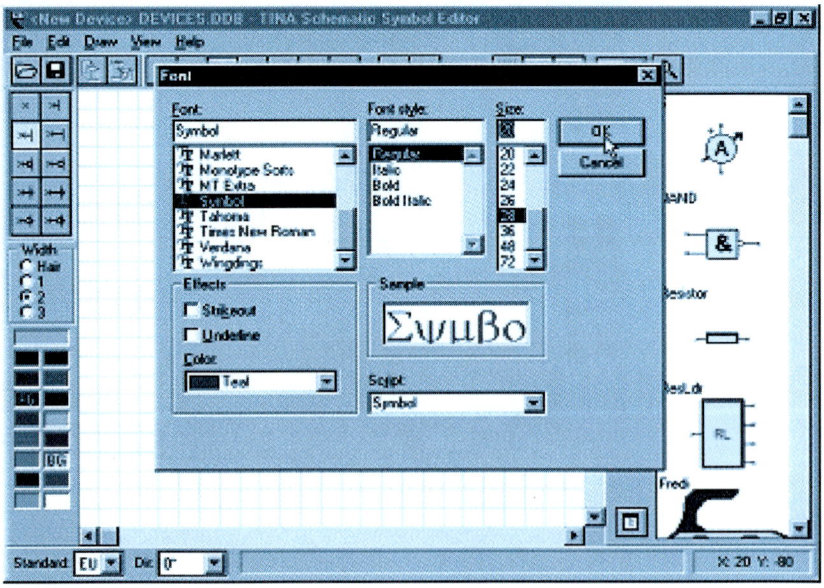

그림 5-46
특수한 그리스어 합 부호를 입력하기 위해 심벌 폰트를 선택한다.

장치 속성 버튼 을 누르고 심벌의 이름을 Full Adder로 설정한 다음 OK를 누른다. 마지막으로, 버튼(목록의 끝에 나타난다.)으로 새 심벌을 심벌 라이브러리에 복사하고, File 메뉴의 Save 명령을 이용하여 확장된 devices.ddb 파일을 TINA 메인 디렉토리에 저장한다.

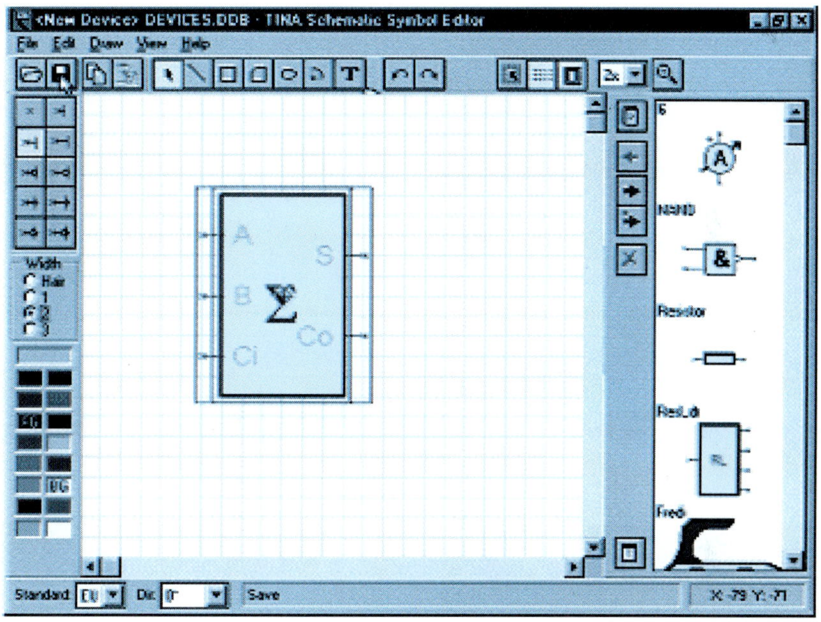

그림 5-45
완성된 전가산기 심벌

제 6 장
TINA의 라이브러리 매니저 활용

6-1 TINA의 라이브러리 관리자 개요

요즈음 대부분 부품 제조업자들은 자신들의 제품에 대한 SPICE 모델을 제공하고 있다. 대개 CD에 기록된 카탈로그에 모델을 포함하고 있으며, 인터넷을 통해서 수많은 모델들을 찾을 수 있다. 대부분의 SPICE 모델 모음에서 각 모델은 별도의 파일에 저장되어 있으며, 모델들이 라이브러리(다수의 모델들을 포함하고 있는 파일)로 조직화되어 있는 것은 거의 없다. 수집한 많은 모델 파일들을 관리하기란 귀찮은 일이며, 수동적으로 라이브러리를 조직화하는 것은 간단한 일이 아니다. 만일 여러분이 워드프로세서나 문자 편집기를 사용하여 모델들을 간단히 하나의 파일로 복사하였다면 심각한 오류가 발생된다. 예를 들면, 특정한 부품을 표현하고 있는 매크로모델은 회로의 일부분을 표현하고 있는 또 다른 모델을 불러올 수 있다. 이 보조 모델(auxiliary models)들은 대개 상당히 간단한 이름(예, MUX, CB, DT)을 가지며, 또 다른 파일에서 동일한 이름을 갖는 다른 회로 표현과 잘 관계되는 이름이다. 만일 이것들을 동일한 라이브러리 파일에 조합한다면 혼농될 것이다.

TINA SPICE 라이브러리 관리자(Library Manager) 프로그램을 사용

하면 SPICE 라이브러리들을 신속하고 안전하게 조직화할 수 있다.

TINA는 여러분이 SPICE 모델을 사용하는 작업에 편안하고 실제적인 사용자 인터페이스를 제공한다. TINA는 '전압기준(voltage reference)'이나 '비교기(comparator)'와 같은 SPICE 매크로모델들의 기능에 따라서 SPICE 매크로모델들을 하나의 라이브러리로 묶는다. 부품 그룹 내에서 부품들에 대한 기호는 모두 동일하게 되지 않아야 하므로, 일부 부품들은 다른 특징 및 다른 핀 수를 제공한다. 사용의 편리성을 위해서 TINA 라이브러리는 SPICE 모델들을 제조자별로 묶는다. 즉, 각 모델 라이브러리(하나의 파일)는 단지 하나의 제조자에 의해서 만들어진 부품들을 포함한다. 물론, 여러분의 생각에 따라서 라이브러리들을 조직화할 것이다. 그러나, 제조자별로 라이브러리들을 조직화하는 큰 장점은 제조자의 새로운 SPICE 매크로모델을 만들었거나, 확장되었거나, 개선된 SPICE 매크로모델 모음을 등록할 때 모델 라이브러리들 중 하나만을 새롭게 할 수 있다는 것이다.

TINA의 편리한 사용자 인터페이스를 위해서 각 부품에 대한 보충 정보가 필요하게 된다. 정보는 SPICE 표준 부품 라이브러리들을 포함하고 있지 않거나, 사용자 코멘트 라인(부품에 대한 부품 그룹, 심벌 정보, 핀 출력 데이터)만을 나타낸다. 각 라이브러리 파일(.LIB 파일)에 대한 이 보충 정보는 TINA SPICE 라이브러리 관리자 프로그램으로 자동 생성되는 관련된 .TLD(Tina 라이브러리 표현)에 포함된다.

6-2 TINA의 라이브러리 메뉴 항목

윈도우즈 xp 시작 메뉴를 이용하여 프로그램\TINA Pro for windows\Library Manager를 선택하거나 윈도우 탐색기에서 C:Files \DesignSoft\Tina Pro을 선택하여 아이콘을 클릭하면 [그림 6-1]과 같은 라이브러리 관리자 창이 나타난다.

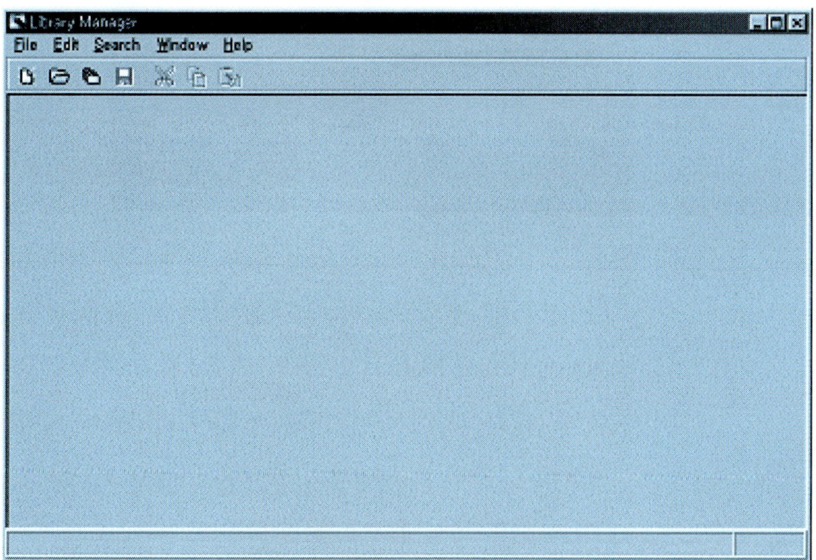

그림 6-1
라이브러리 관리자 창

프로그램의 기본은 SPICE 모델 라이브러리 편집을 위한 메뉴 항목으로 만들어진 간단한 워드프로세서이다. 또한 메뉴들은 간단한 워드프로세서의 표준 항목들을 포함한다.

이 절에서 간단하지만 실제적인 몇 가지 예제를 통해서 라이브러리 편집에 사용되는 가장 중요한 메뉴 항목들의 개요를 설명한다.

I. 라이브러리 편집

첫 번째 예제에서, CD나 웹사이트로부터 얻은 매크로모델들을 하나의 라이브러리로 모은다. TI사의 비교기와 Op-amp SPICE 모델을 제공받아 C:\Program Files\DesignSoft\Tina Pro\Texas Ins 폴더에 저장되었다고 하자.

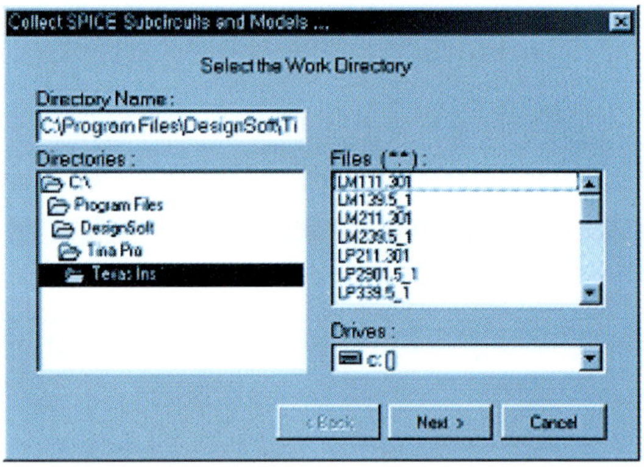

그림 6-2
작업 디렉토리를 선택한다.

라이브러리 관리자 프로그램을 시작한 다음 File 메뉴의 Collect Subcircuits and Models를 선택하면 [그림 6-2]와 같은 대화상자가 나타난다. 이 대화상자에서 편집하고자 하는 파일들이 저장되어 있는 폴더를 결정한다. 그러면, 대화상자의 오른쪽 Files(*.*) 칸에 그 폴더에 저장되어 있는 모든 파일의 목록을 보여준다.

[그림 6-2]의 대화상자에서 Next > 버튼을 클릭하면, [그림 6-3]과 같은 대화상자가 나타나며 여기서 하나의 라이브러리로 모으고자 하는 파일들을 선택한다. Available files 상자에는 이용할 수 있는 파일들을 나열하고 있다. 여기서 선택하고자 하는 파일을 클릭하여 하이라이트가 되면 > 버튼을 클릭한다.

그러면 Selected files 상자에 선택된 파일이 옮겨질 것이다. >> 버튼을 클릭하면 Available files 상자에 있는 모든 파일들이 Selected files 상자로 옮겨진다. Selected files 상자에서 삭제하고자 하는 파일이 있다면, 그 파일을 클릭하여 하이라이트로 만들고 < 버튼을 누른다. 만일 Selected files 상자에 있는 선택된 파일 모두를 지우고자 한다면 << 버튼을 누른다.

Filter는 확장자가 관계없이 모든 파일을 나열할 수 있고(*.* 선택), *.CIR, *.MOD, *.SUB를 각각 선택하여 해당 확장자를 갖는 파일만을 Available files 상자에 나열할 수 있다.

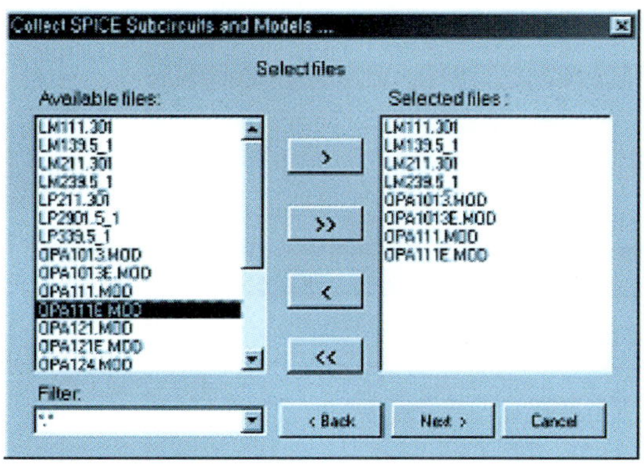

그림 6-3
파일 선택을 위한 대화상자

여러 제조자들(실제, 한 제조자라 할지라도)은 동일한 부품에 대해서 다수의 모델들을 제공할 것이다. 이 경우라면 모델 이름에 접미사를 붙여서(대개 부품 이름은 같다) 모델 집합을 개관하는데 도움을 준다. [그림

6-3]에서 Next > 버튼을 눌러서 나타난 [그림 6-4]의 세 번째 대화상자에서 접미사(Suffix)가 부가될 수 있다.

Texas Instruments의 매크로모델 모음에서 파일명 확장자는 중요한 정보를 수반한다. 일반적으로 파일명은 소자명과 같으며, 공급전압과 매크로모델 레벨을 표시하는 3개의 문자 확장자를 갖는다. 확장자의 처음 2문자들은 다음과 같은 공급전압을 지정한다. 즉,

1_ . . . 1.4 V

3_ . . . 3 V

5_ . . . 5 V

10 . . . 10 V (or +-5 V)

30 . . . 30 V (or +-15 V)

40 . . . 40 V (or +-20 V)

확장자의 세 번째 문자는 각각 레벨 1이나 레벨 2에 대해서 '1'이거나 '2'이다. 각 파일에 있는 표제는 역시 소자를 설명하고, 모델에 대해서 어떤 공급전압이 사용되는지 설명한다.

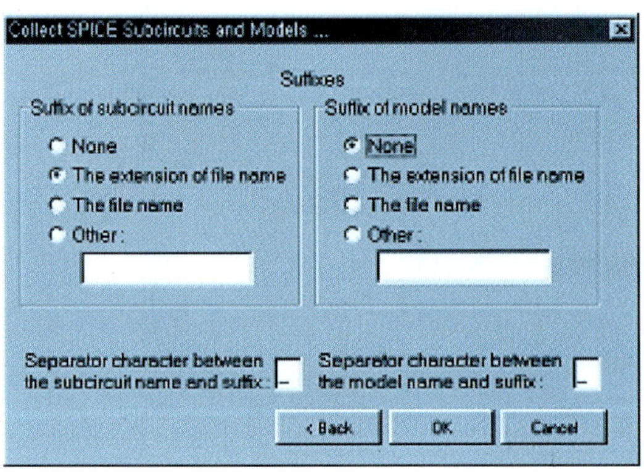

그림 6-4
접미사를 부가하기 위한 대화상자

여러분의 매크로모델명 역시 이 정보를 유지해야 한다. "Suffix of Subcircuit names" 아래에서 "The extension of file name" 옵션 버튼을

클릭한다. 지금 "Suffix of model names" 상자를 무시할 수 있다. 왜냐하면, 여러분이 모으고자 하는 파일들이 매크로모델들을 포함하고 있고, 모델들을 포함하고 있지 않기 때문이다.

[그림 6-4]에서 OK를 클릭하면 프로그램은 선택된 파일들의 내용들을 하나의 파일(라이브러리)로 집합시키고 편집한다. 만일 부회로명(모델명)과 접미사 사이에 분리 문자를 사용하고자 한다면 아래 상자에 원하는 문자를 체크한다. 이제 [그림 6-5]와 같이 워드프로세서의 활성 창에서 라이브러리 편집 과정의 결과를 볼 수 있다.

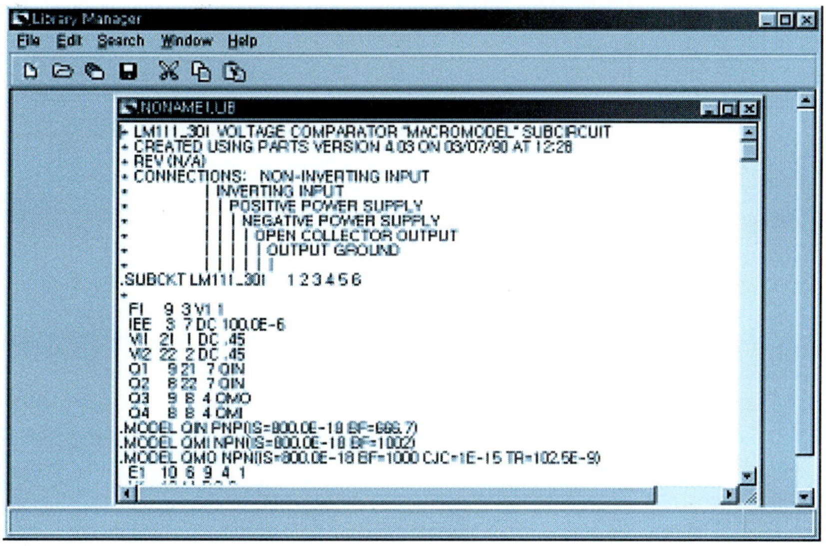

그림 6-5 라이브러리 편집 과정의 결과

파일에 저장된 매크로모델들과 모델들에 관한 내용 표를 생성하기 위해서 Edit 메뉴의 'Insert Contents Table' 명령을 실행한다. 그 결과는 [그림 6-6]과 같다.

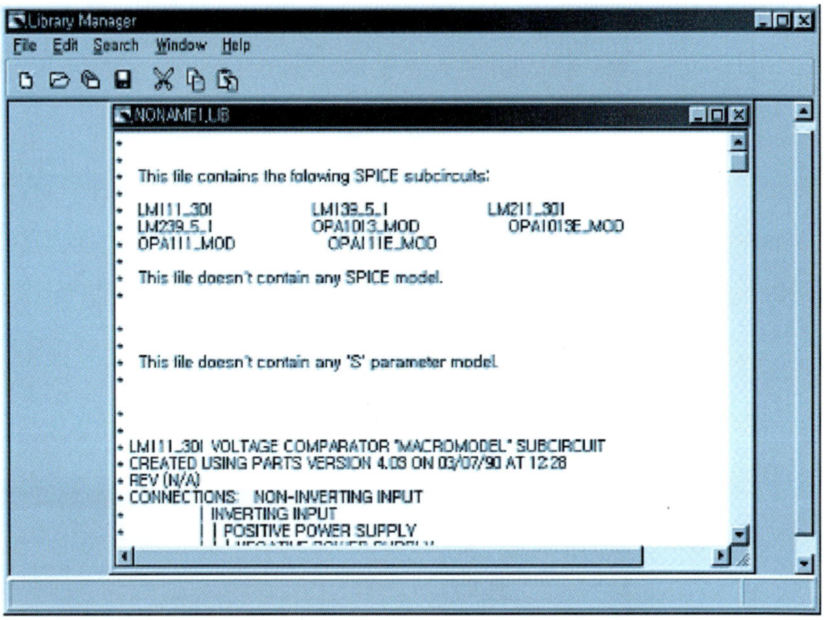

그림 6-6
파일에 저장된 매크로모델들과 모델들에 관한 내용 표

마지막으로, File 메뉴의 Save 또는 File 메뉴의 Save as... 메뉴 항목을 선택하면 [그림 6-7]과 같은 저장 대화상자가 나타난다. 생성된 라이브러리를 Spicelib 폴더에 TI_exam의 이름으로 저장한다.

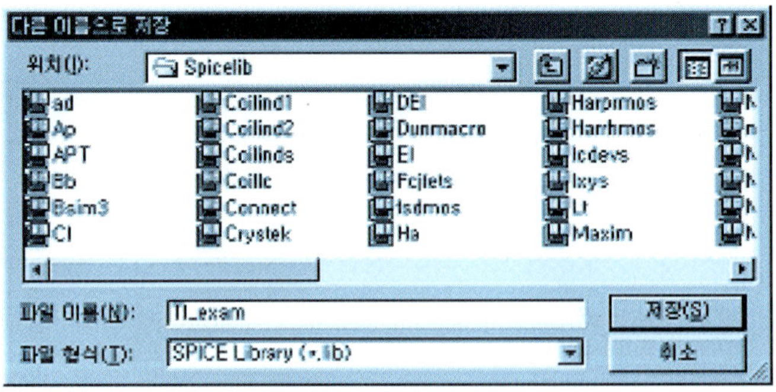

그림 6-7
생성된 라이브러리를 저장한다.

2. 상호 참조표

많은 제조자들에 의해서 만들어지고 여러 파일들에 저장된 모델들을 더 쉽게 볼 수 있도록 위치시키기 위해서 File 메뉴의 Create Cross-Reference Table... 메뉴 항목을 사용하여 상호 참조표를 생성한다. 이 명령을 실행하기 전에 조사하고자 하는 파일들을 공통 폴더에 복사한다.

예를 들어, File 메뉴의 Create Cross-Reference Table... 메뉴 항목을 선택하면, [그림 6-8]과 같은 대화상자가 나타난다. 여기서 작업 디렉토리를 C:\Program Files\DesignSoft\Tina Pro\SPICELIB으로 하고, Next > 버튼을 누르면, [그림 6-9]와 같은 대화상자에서 상호 참조표를 생성할 라이브러리 파일들을 Available files 상자에는 선택하여 하이라이트가 되면 > 버튼을 클릭한다. 여기서 ad.lib, LT.LIB, TI.LIB 파일들을 차례로 선택하고 OK 버튼을 누른다.

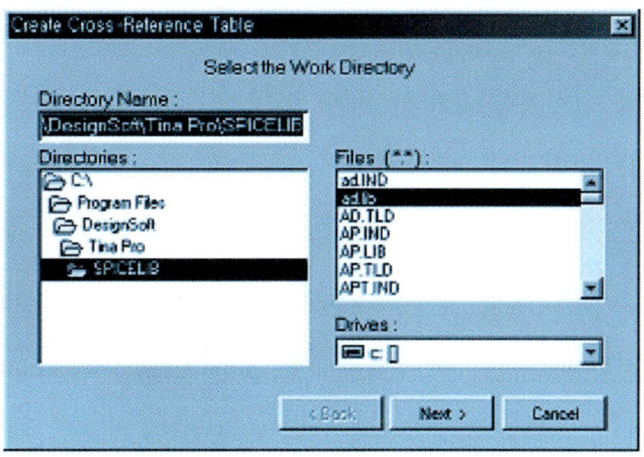

그림 6-8
작업 디렉토리를 선택한다.

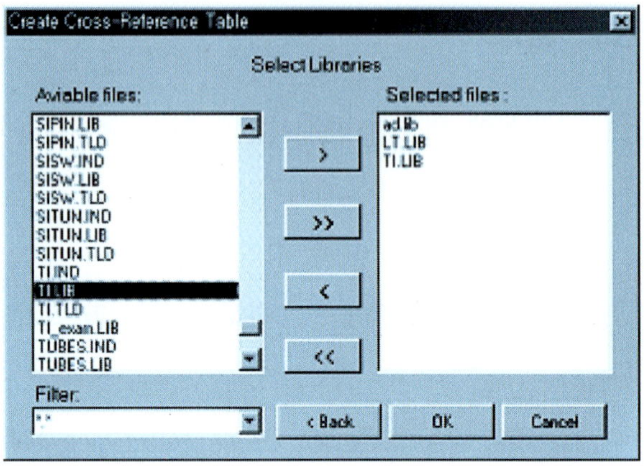

그림 6-9
파일 선택을 위한 대화상자

그러면 프로그램은 선택된 파일들을 검사하고 [그림 6-10]과 같은 상호 참조표 cross.txt 파일이 생성될 것이다. 마지막으로, File 메뉴의 Save 또는 File 메뉴의 Save as... 메뉴 항목을 사용하여 결과를 저장한다.

결과 파일 모두를 나타내기에는 너무 길기 때문에 그 일부만을 발췌하여 [그림 6-10]에 나타내었다. 표시된 파일들은 전체 경로를 포함하여 조사된 파일들을 나열하고 있다. 표의 첫 번째 열은 알파벳 순서로 매크로 모델들의 식별자를 포함하고, 두 번째 열은 특정한 식별자를 포함하는 파일(라이브러리들)을 나열한다.

AD.lib 파일에는 AD581로 명명된 부품의 다수 매크로모델들이 있으며, OP215 연산 증폭기들은 AD.lib과 LT.lib 파일에 모두 포함되어 있다.

두 번째 표는 조사된 파일들에서 정의된 모델의 목록을 나열하지만, 지금 조사된 파일들은 매크로모델만을 포함하고 있기 때문에 비워 있다.

```
****************************************************************
*                                                              *
*            Spice Library Cross-Reference Table               *
*                                                              *
*       Created by the Spice Library Manager of TINA           *
*                                                              *
****************************************************************


Scanned Libraries:

C:\Program Files\DesignSoft\Tina Pro\SPICELIB\ad.lib
C:\Program Files\DesignSoft\Tina Pro\SPICELIB\LT.LIB
C:\Program Files\DesignSoft\Tina Pro\SPICELIB\TI.LIB


Subcircuits          Library/Libraries
-------------------------------------------------------------

AD581               ad.lib
AD581J              ad.lib
AD581K              ad.lib
AD581L              ad.lib
AD581S              ad.lib
AD581T              ad.lib
AD581U              ad.lib
  ⋮                   ⋮
LF155               LT.LIB
LF155A              LT.LIB
LF156               LT.LIB
LF156A              LT.LIB
  ⋮                   ⋮
OP215               ad.lib
OP215A              ad.lib,  LT.LIB
OP215B              ad.lib
OP215C              ad.lib,  LT.LIB
OP215E              ad.lib,  LT.LIB
OP215F              ad.lib
OP215G              ad.lib,  LT.LIB
  ⋮                   ⋮
UA741/301           TI.LIB
UA747/301           TI.LIB
UA748/301           TI.LIB


Models  - Type       Library/Libraries
-------------------------------------------------------------
```

그림 6-10
생성된 상호 참조표 cross.txt 파일

3. TINA 라이브러리 설명

TINA에 의해서 요구되는 보충 정보를 포함하여 SPICE 라이브러리 설명 파일(.TLD 확장자를 갖는 파일)을 생성하기 위해서 처리를 원하는 SPICE 라이브러리를 연다. 만일 파일이 이미 Spice 라이브러리 관리자의 창 중의 하나에 존재하고 있다면 그 창으로 전환한다. 앞에서 이미 생성된 [그림 6-11]의 Ti_exam.lib 라이브러리 파일에 대한 설명 파일을 생성하도록 하자.

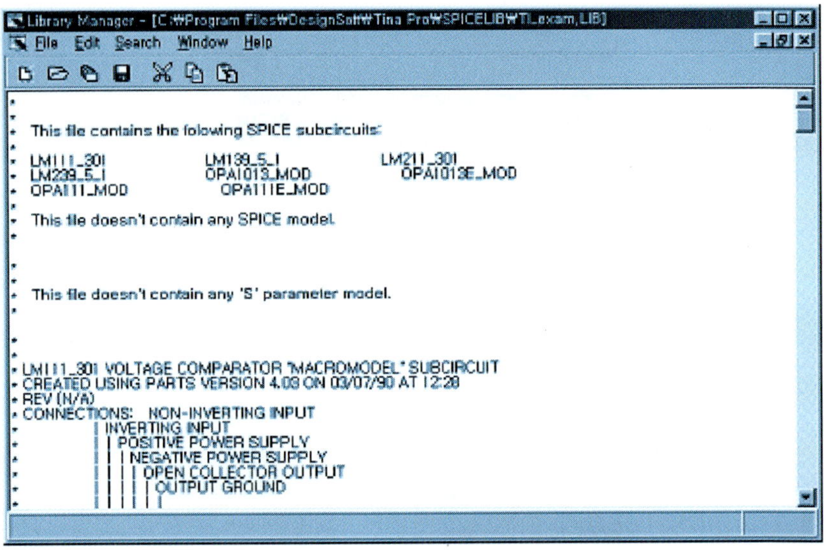

그림 6-11
Ti_exam.lib 라이브러리 파일

File 메뉴의 Create TINA Library Description/...for SPICE models and subcircuits 메뉴 항목을 선택하면 [그림 6-12]와 같은 대화상자가 나타난다. 이 대화상자의 첫 번째 칸에서 라이브러리에 대한 부품 제조자를 입력한다. 이 정보는 TINA의 부품 목록에서 매크로모델 식별자 다음에 표시될 것이다.

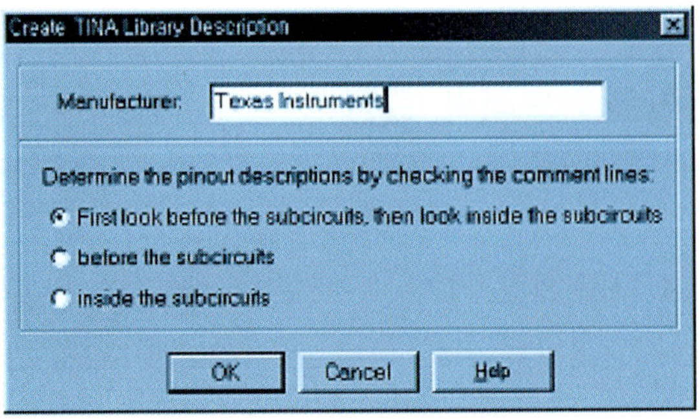

그림 6-12
대화상자의 첫 번째 칸에서 라이브러리에 대한 부품 제조자를 입력한다.

표준의 결함으로 인하여 Spice 부회로의 마디들이 표준 도면 기호의 단자로 접속이 종종 분명하지 않은 경우가 있다. 일반적으로 부회로 내부에 위치된 주해로부터 부회로 단자의 의미를 알 수 있다. 디폴트 조사 절차 'First look before the subcircuits, then look inside the subcircuits'가 대개 적절한 인식을 초래할 것이다. 그렇지 않다면 나머지 두 개의 옵션을 시도할 수 있다. 이들 옵션들을 사용하여도 TINA가 여전히 소자 단자들을 인식할 수 없다면, 단자들로 부회로의 외부 마디 번호를 사용하여 상자 내부의 회로를 위치시킬 것이다.

만일 OK를 클릭하여 대화상자를 닫는다면, 프로그램은 [그림 6-13]과 같이 라이브러리에 속하는 설명 파일 TI_exam.tld를 생성한다.

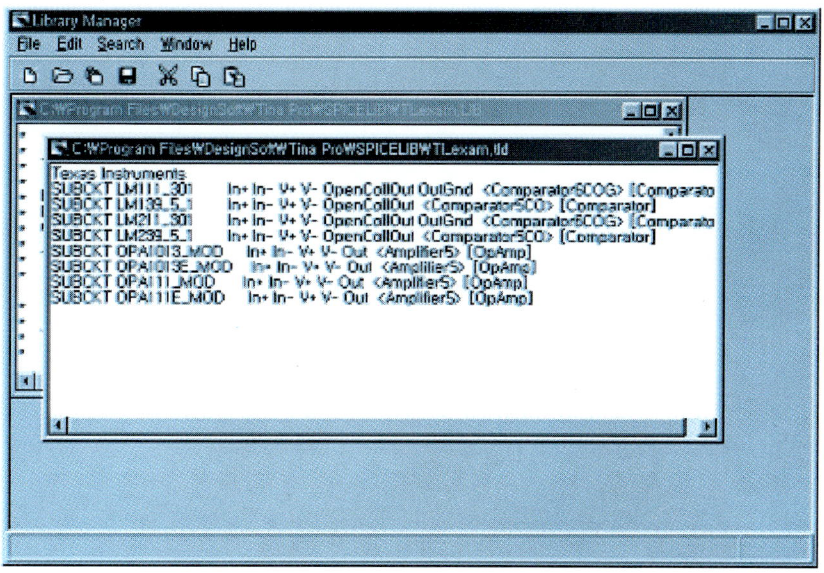

그림 6-13
생성된 TI_exam.tld 파일

절차에서 가장 중요하고 가장 결정적인 부분은 부품의 핀 출력을 확립하는 코멘트 라인들이 정확하게 처리되는 것이다. 만일 핀 출력 처리가 프로그램에 의해서 완성될 수 없다면(예를 들면, 한 매크로모델이 프로그램의 데이터베이스에 포함되지 않은 핀 명칭을 포함하기 때문에), 처리되지 않은 핀 출력 정보를 포함하고 있는 또 다른 창이 .TLD 파일 다음에 나타날 것이다. 이 창에서 작업을 하면 프로그램의 데이터베이스를 확장할 수 있다.

6-3 TINA의 라이브러리 메뉴 활용

I. File 메뉴

(1) New File

워드프로세서의 New File 메뉴 항목과 동일하게 새로운 파일을 만든다. 이 명령은 SPICE 라이브러리 관리에 관련된 특정한 특성을 갖지 않지만, 수동적으로 간단한 변경을 만들고자 한다면 유용하게 될 수 있다.

(2) Open File

선택된 파일을 연다.

(3) Collect Subcircuits and Models...

이 메뉴 항목은 자동적인 라이브러리 편집을 조절한다. 대화상자의 첫 번째 페이지에서 편집하고자 하는 파일들이 저장된 폴더를 선택한다. 라이브러리를 선택한 후에 대화상자의 두 번째 페이지에서 하나의 파일로 모으고자 하는 파일들을 선택한다.

다른 제조자들(실제로 하나의 제조자일지라도)은 동일한 부품에 대해서 다수의 모델들을 제공한다. 이 경우에 모델 이름에 일반적으로 부품 이름과 동일하게 접미사를 붙이면, 모델 집합을 볼 때 도움이 될 수 있다.

대화상자의 세 번째 페이지에서 모델들을 분명하게 하는 접미사뿐만 아니라 여러분이 모으기를 원하는 모델 이름들을 지정할 수 있다. 접미사를 따로 지정할 필요가 없다. 즉, 편집된 라이브러리에서 사용될 때 원래의 이름을 유지할 수 있다.

OK를 클릭한 후에 프로그램은 선택된 파일들의 내용으로부터 모델 라이브러리를 집합시키고 편집한다. 어떤 식별자가 반복되고 있다면 보여줄 것이다. 만일 소스 파일이 동일한 이름을 갖는 다수의 매크로모델들이나 모델들이 있고, 대화상자에서 지정되었던 접미사를 가지고 구별되지 않는다면 [그림 6-14]와 같은 메시지가 화면에 나타날 것이다.

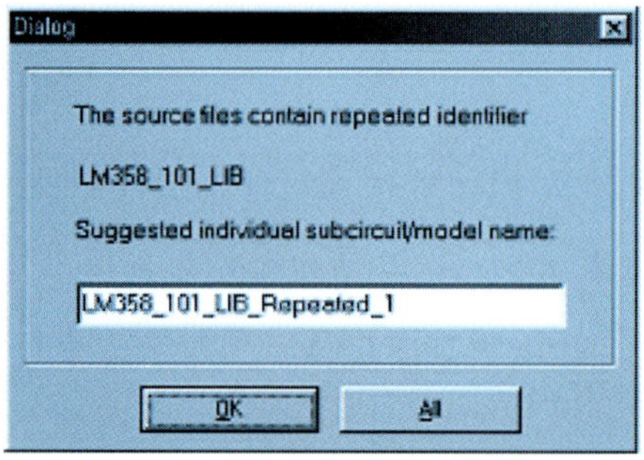

그림 6-14
반복되는 식별자를 갖는 소스 파일을 보이는 메시지 화면

물론 여러분은 프로그램에 의해서 제공된 새로운 이름을 수정할 수 있다. OK를 클릭한 후에 라이브러리 편집을 계속한다. 여러분은  버튼을 클릭하여 특정한 사건에 대한 경고 발행이 없이 강제로 실행시키기 위해서 자동적인 개명을 사용하도록 TINA를 설정할 수 있다.

내부적인 사용(예, 'SUBCKT'와 'ENDS' 라인 사이에서)을 위해 각각 매크로모델에서 정의된 모델 식별자가 전체 파일들에서 유일하다면 프로그램은 보기 위해서 체크하지 않는다. 이런 까닭에 그것들의 반복된 발생이 실패를 일으킬 수 없다.

매크로모델이나 모델을 개명할 때 식별자에 연결된 모든 것들이 또한 수정될 것이다.

(4) Create Cross-Reference Table...

이 메뉴 항목을 사용하면 다수의 SPICE 모델 라이브러리들의 내용들을 포함하는 요약표를 생성할 수 있다. 이 메뉴 항목을 선택한 후에 나타나는 대화상자의 첫 번째 페이지에서 조사하고자 하는 파일을 포함하고 있는 폴더를 선택한다.

대화상자의 두 번째 페이지에서 조사될 파일들을 선택한다. OK를 클릭한 다음에 프로그램은 선택된 파일들을 조사하고 상호 참조표를 생성한다.

상호 참조표의 구조를 설명하면, 표제 다음의 상호 참조표는 전체 경로와 함께 조사된 모델 라이브러리의 이름들을 포함한다. 이어서 하나의 표가 이어진다. 첫 번째 열은 조사된 라이브러리에서 알파벳 순서로 저장된 매크로모델들의 식별자를 포함한다. 두 번째 열에서 라이브러리 목록은 제시된 이름을 갖는 매크로모델을 포함한다.

다음 표의 첫 번째 열은 조사된 라이브러리에서 정의된 모델들의 이름을 포함하고, 두 번째 열은 모델의 형태(NPN, PNP 등)를 포함하며, 세 번째 열은 특정한 이름과 형태의 모델을 포함하고 있는 라이브러리들을 나열한다.

표는 내부적 사용을 위한 특정한 매크로모델들(예 'SUBCKT'와 'ENDS' 라인) 사이에서 정의된 모델들을 포함하지 않는다.

(5) Create TINA Library Description

서론에서 언급한 바와 같이, TINA에 대해 사용하기 쉬운 인터페이스를 설계하는 것은 각 부품에 대한 보충 정보를 필요로 한다. 정보는 SPICE 표준 부품 라이브러리들을 포함하지 않거나 사용자 주해 라인들로만 설명된다(부품에 대한 부품 그룹, 기호 정보, 핀 출력 데이터). 이 정보는 각 모델 라이브러리에 대한 TINA 라이브러리 설명 파일(.TLD)에 위치된다. .TLD 파일들은 이 메뉴 항목을 사용하여 생성될 수 있다.

이 명령을 실행할 때 SPICE 모델 라이브러리는 활성 창에 있어야 한다. 나타난 첫 번째 대화상자에서 라이브러리에 포함된 부품의 제조자를 입력할 수 있다. 이 정보는 TINA 부품 목록에서 모델명 다음에 표시될 것이다.

• TINA 라이브러리 설명 파일의 구조

TINA 라이브러리 설명 파일은 필요하다면 수동적으로 수정될 수 있는 간단한 구조를 갖는다. .TLD 파일은 항상 SPICE 모델 라이브러리에 속하는 보충 정보를 포함한다. 관련된 모델 라이브러리와 설명 파일의 이름은 단지 확장자만 다르다. 즉, SPICE 라이브러리의 이름이 MANUFACT.LIB이라면, 관련된 TINA 라이브러리 설명 파일은 MANUFACT.TLD이다.

TINA 라이브러리 설명 파일의 첫 번째 라인은 관련된 SPICE 모델 라이브러리에 포함된 부품들의 제조사의 이름을 포함한다. 두 번째 라인으로부터 모든 라인의 구조는 유사하다. [그림 6-15]는 Ap.tld 라이브러리 설명 파일의 예이다. 각 라인은 매크로모델의 식별자(identifier)로 시작한다. 다음에는 핀 출력에 관한 정보가 온 다음에 기호 식별자가 있다. 마지막 항은 부품이 TINA 툴바에서 버튼의 종류 아래에 위치되어야 한다는 것을 나타낸다. 종류는 [OpAmp], [Comparator], [InstrAmp], [Ref], [Buffer], [Misc] 등을 포함한다.

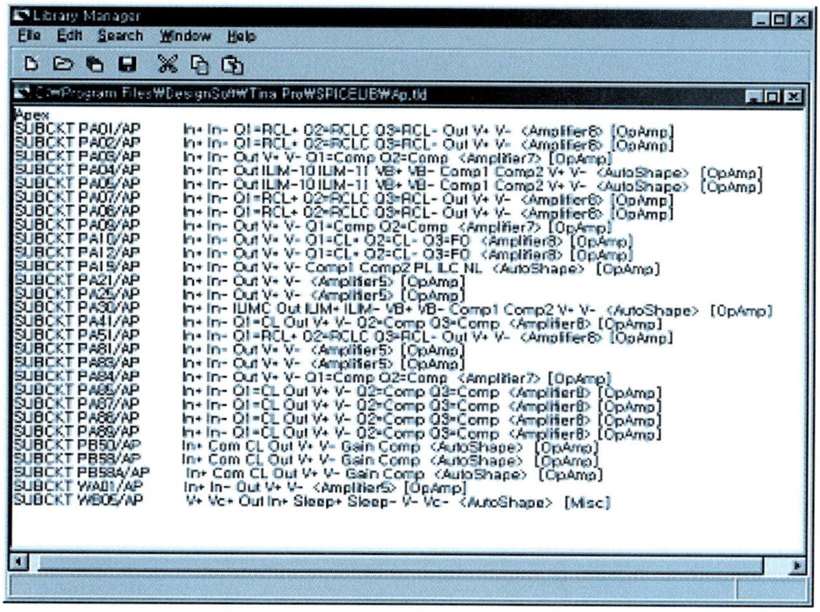

그림 6-15
Ap.tld 라이브러리 설명 파일의 예이다.

SPICE 라이브러리에서 부품(회로)을 설명하지 않지만, 회로의 일부만을 표현하는 매크로모델들을 찾을 수 있다. 이것들은 다른 모델들에 의해서 사용되고, 직접 사용하기 위해서 설계되지 않는다. 대개 이들 매크로모델들에 대한 핀 출력 정보가 없으므로, 프로그램은 그것들에 대해서 TINA 라이브러리 설명항들을 생성할 수 없다. 이 모델들은 'Unresolved pinout'로서 표시되었다. 즉,

DB/BBUnresolved pinout 6 terminals[-]

또한, 어떤 이유로 프로그램이 핀 출력 데이터를 처리할 수 없을 때 이 메시지를 받게 된다. 이 메시지에 관한 많은 정보와 문제 교정에 대해서 다음에 이어지는 '핀 출력 검사' 항목을 참고한다.

TINA 라이브러리 설명 파일은 관련된 SPICE 라이브러리에 포함된 모든 매크로모델에 관한 데이터를 포함해야 한다. 더욱이 부품들의 순서가 일치해야 한다.

• 핀 출력 검사

SPICE 모델 라이브러리를 처리하는 중요한 단계는 핀 출력 정보의 처리이다. 이 데이터는 대개 [그림 6-16]과 같은 형식 중의 하나로 사용자를 위해서 주해 라인에 포함된다.

```
< 예 1>
* BEGIN OPAMP MACROMODEL PA01/AP
* PINOUT ORDER +IN -IN RCL+ RCLC RCL- OUT +V -V
.SUBCKT PA01/AP 1 2 29 31 30 3 4 5
Q1 10 1 8 QI1
Q2 11 2 9 QI2
......
* END OF OPAMP MACROMODEL
.ENDS
.END
*
```

```
< 예 2>
*$
* LF411 operational amplifier
* 'macromodel' subcircuit
*
* connections:
*     1 -   non-inverting input
*     2 -   inverting input
*     3 -   positive power supply
*     4 -   negative power supply
*     5 -   output
*
.subckt LF411/NC  1 2 3 4 5
*
  c1   11 12 2.801E-12
  c2    6  7 8.000E-12
  css  10 99 3.200E-12
  dc    5 53 dx
......
.ends
*$
```

```
< 예 3>
* BUF600X1/BB - DIAMOND BUFFER MACROMODEL SIMPLIFIED VERSION
*
* CREATED 8/92 JS
* REV.B  7/9/93 BCB : CLARIFICATION OF NODE SET INSTRUCTIONS
*
* NOTE : THIS MACRO MODEL WILL CONVERGE QUICKER BY USING THE
*        NODESETS V(Xyour.21)=+4.2847 AND V(Xyour.24)=-4.2855 IN THE ROOT
*        SIMULATION FILE. ('Xyour' IS DEVICE NAME CALLED OUT IN
*        ROOT SIMULATION FILE.)
*
*
* CONNECTIONS: POSITIVE POWER SUPPLY
*               | VOLTAGE IN
*               | | NEGATIVE POWER SUPPLY
*               | | | VOLTAGE OUT
*               | | | |
.SUBCKT BUF600X1/BB 1 4 5 8
C208 8 0 2E-12
L21  21 24  0.1E-6
**
V41  1 41  1.5
V42  42 5  1.5
**
......
.ENDS
*
```

그림 6-16
핀 출력 데이터 형식의 예

핀 출력 데이터는 대개 사용자에 의해서 읽어지고 TINA 등과 같은 SPICE 모델 처리 프로그램들에 의해서 읽어지지 않으므로, 모델의 생성자들은 규칙적인 형식을 사용하도록 강요받지 않으며 단지 알고리즘을 통해 처리하기 쉽게 된다. 가끔 [그림 6-16]의 예제에서 보인 것들과 다른 또 다른 형식들을 [그림 6-17]과 같은 형식을 보게 될 것이다.

```
< 예 1>
* AD624 SPICE Macro-model              9/91, Rev. A
*
* Node assignments
*
*
*            rg1
*            |  inverting input
*            |  |  non-inverting input
*            |  |  |  negative supply
*            |  |  |  |  reference (ground usually)
*            |  |  |  |  |  output
*            |  |  |  |  |  |  positive supply
*            |  |  |  |  |  |  |  rg2
*            |  |  |  |  |  |  |  |  sense
*            |  |  |  |  |  |  |  |  |  G=100
*            |  |  |  |  |  |  |  |  |  |  G=200
*            |  |  |  |  |  |  |  |  |  |  |  G=500
*            |  |  |  |  |  |  |  |  |  |  |  |
.SUBCKT AD624 5  1  2  50 17 32 99 8  11 42 41 40
*
* input stage
*
Q1  4  3  5  QX
Q2  7  6  8  QX
......
.ENDS AD624
```

```
< 예 2>
* AMP01 SPICE Macro-model              2/90, Rev. A
*
* Node assignments
*
*            rg(pin1)
*            |  rg(pin2)
*            |  |  inverting input
*            |  |  | sense
*            |  |  | |  reference
*            |  |  | |  |  output
*            |  |  | |  |  |  output stage negative supply
*            |  |  | |  |  |  |  device negative supply
*            |  |  | |  |  |  |  |  device positive supply
*            |  |  | |  |  |  |  |  |  output stage positive supply
*            |  |  | |  |  |  |  |  |  |  rs
*            |  |  | |  |  |  |  |  |  |  |  rs
*            |  |  | |  |  |  |  |  |  |  |  |  non-inverting input
*            |  |  | |  |  |  |  |  |  |  |  |  |
.SUBCKT AMP01  207 206 2 210 209 32 211 50 99 212 214 216 3
*
*input protection network
*
R201 3 204 250
R202 2 205 250
......
.ENDS
```

그림 6-17
핀 출력 데이터 형식의 또 다른 예

핀 출력 데이터의 대부분은 [그림 6-16]에서 보인 3가지 정규적인 구조 중의 하나를 따른다. Spice 라이브러리 관리자는 이 3가지 형식을 처리할 수 있다. 거의 드문 일이지만 모델 라이브러리의 주해 라인들을 3가지 구조 중의 하나로 일치시키도록 재배열해야 한다.

위의 예제들로부터 알 수 있듯이, 핀을 명명하는데 표준 전문용어가 사용되지 않는다. 몇 가지 이름들이 연산 증폭기와 비교기의 반전 입력과 같이 동일한 기능을 제공하는 핀들에 대해서 사용되었다. [그림 6-18]은 그 예를 보이고 있다.

```
INVERTING INPUT
INVERTING
NEGATIVE INPUT
-IN
IN-
in-
-INPUT
INM
VIN-
input LO
(-)
IN(-)
```

그림 6-18
동일한 기능을 제공하는 핀에 대한 이름

이와 같이 이름이 혼동되기 때문에, 여러 형태의 핀에 적용되는 모든 가능한 이름을 나열하고 있는 검색표(key table)가 필요하다. 검색은 SLM.KEY 파일에 포함되었다. 이것은 사용자가 보완할 수 있고 필요하다면 수정할 수 있는 간단한 텍스트 파일이다.

검색표의 첫 번째 부분은 위에서 보인 3가지 핀 출력 데이터 구조들에 대해 타당한 검색을 포함한다. '#' 문자 다음에 여러분이 사용하는 표준화된 핀의 식별자가 온다. 그 다음 라인들은 이 종류의 핀에 대해서 사용되는 다양한 이름과 표기를 포함한다.

```
#In+
_NON-INVERTING_INPUT_
_Non-Inverting_Input_
_Non-inverting_input_
_non-inverting_input_
_NON-INVERTING_
_Non-Inverting_
_Non-inverting_
_non-inverting_
_Non-inverting_input_
_POSITIVE_INPUT_
_Positive_input_
_Positive_Input_
>>>
```

그림 6-19
비반전 입력에 대한 핀 이름

또한, 모델 라이브러리는 핀 출력 이외에 다른 것들에 대한 주해를 포함하고, 이 라인들은 또한 다른 위치에 있는 핀에 관련된 키워드의 단어들을 포함하게 될 것이다. 이것을 미스-히트(miss-hits)라 하며, 이것이 그리 많지 않다면 문제를 일으키지 않지만 너무 자주 발생하면 실패 결과를 초래할 것이다. 미스-히트의 수를 최소화하기 위해서 프로그램이 인식하게 하는 경우가 있다. 만일 동일한 키워드가 소문자와 대문자 모두에서 발생하거나, 대문자 첫 글자에서 발생하지만 소문자에서 발생하지 않다면, 그 모든 조합이 나열되어야 한다.

대부분의 경우에 모든 키워드는 전체 단어로서 모델 라이브러리에 포함되지만 예외가 발생한다. 미스-히트의 수를 줄이기 위해서 독특하게 키워드 앞 또는 뒤에 위치되는 공백 또는 정확하도록 공백을 대신하는 문자('_' 또는 '-')를 사용하여 키워드를 결정하는 것이 가능하다. 이것은 키워드가 하나의 전체 단어로서 사용될 때만 이루어질 수 있거나, 왼쪽 또는 오른쪽으로부터 다른 식별자와 병합될 수 있다면 이루어질 수 있다.

지금 공백이 중요하다는 것을 알 수 있다. 항목들을 더 읽기 용이하도록 만들기 위한 공백이 SLM.KEY 파일에 위치되지 않는다. 가끔 공백 문자를 식별하기 어렵기 때문에 '_' 문자가 사용된다. 밑줄을 사용하는 것은 좋은 생각이다. 왜냐하면, 공백이 마지막 라인에서 발생할 때 어떤 위드프로세서는 공백 문자들을 오히려 멋대로 취급하기 때문이다.

[그림 6-20]과 같이 여러 다른 핀 출력 이름들이 하나의 라인에 짧게 핀 출력 데이터가 써질 때 가장 쉽게 합병될 수 있다.

```
* Connections: + - V+V-O
.SUBCKT LF155 3 2 7 4 6
*
VCM2 40 4 2.0000E+00
RD1 40 80 2.1221E+03
...
.ENDS LF155
```

그림 6-20
짧게 써진 핀 출력 데이터

이 문자들 또는 짧은 문자열들이 다른 위치에서 발견될 수 있고, 너무 많은 미스-히트가 초래될 수 있기 때문에 신뢰할 수 있는 프로그램 동작과 절충이 이루어져야 한다. 이를 피하기 위해서 이 유형의 키워드의 유효성을 제한할 필요가 있다. 이를 위해서 [그림 6-21]과 같이 '#' 문자 대신에 '$' 문자를 사용하여 핀 정의를 시작할 수 있다.

```
$In+
_+_
$In-
_-_
$V+
V+
$V-
V-
$Out
O_
```

그림 6-21
$' 문자를 사용한 핀 정의

키워드가 이 방법으로 구획이 이루어질 경우에 단지 하나의 라인에서 발생하고 있는 핀 출력 정보의 처리 동안에만 프로그램에 의해서 사용될 것이다.

SLM.KEY 파일에 저장된 데이터에 근거하여 [그림 6-16]에서 보인 3가지 표준화 형식들을 사용하는 프로그램은 주해 라인에서 발생하는 키워드들을 조사한다. 만일 처리할 수 있는 핀 출력 데이터를 포함하고 있는 하나의 블록이 존재한다면, 프로그램은 또한 마디(핀)의 수가 매크로모델의 핀 수와 같은지 검사한다.

일부 제조자들은 같은 모델을 사용하여 다수의 부품들을 설명한다. 종종 [그림 6-22]와 같이 하나의 부품을 표현하고 있는 매크로모델이 단순히 또 다른 매크로모델을 불러온다.

```
.SUBCKT LH2108 3 2 7 4 6 1 8
X_LH2108 3 2 7 4 6 1 8 LM108
.ENDS LH2108
*
```

그림 6-22 다른 매크로모델이 불러진 경우

이러한 경우에, 프로그램은 매크로모델을 불러오는 동안에 핀 식별자의 순서가 바뀌었는지를 보기 위해서 검사한다. 만일 순서가 바뀌지 않았고 불러온 매크로모델이 처리 가능한 핀 출력 정보를 포함한다면 역시 호출자(caller) 모델에 적용될 것이다.

만일 핀 출력 결정 처리가 실패된 라이브러리의 매크로모델이 있다면, .TLD 확장자를 갖는 파일 다음에 또 다른 창이 나타날 것이다. 이 창은 처리가 안된 매크로모델의 표제를 포함한다. 이것에 입각하여 SLM.KEY 파일을 확장할 수 있을 것이다.

※ 핀 출력을 결정하는데 실패하는 3가지 주원인은 다음과 같다.

- 매크로모델 설명이 핀 출력 정보를 포함하지 않는다. 이것은 흔히 직접 사용할 의도가 아닌 내부적 사용을 위해서 작성된 매크로모델에서 발생한다.

```
*
* This is a support circuit for the ELH0101 macromodel
*
.subckt buffer 21 2 1 3 7 8 4
...
.ends
```

그림 6-23 매크로모델 설명이 핀 출력 정보를 포함하지 않는다.

이 매크로모델들은 대개 '실제' 부품들을 설명하는 매크로모델들에 의해서 불러지므로 취급해서는 아니된다.

- 핀 출력 데이터를 포함하고 있는 블록의 구조가 [그림 6-16]에서 보인 3가지 표준 구조 중의 하나와 달라서 프로그램이 인식하지 못한다.

```
* Node assignments
*              rg1
*              |  inverting input
*              |  |  non-inverting input
*              |  |  |  negative supply
*              |  |  |  |   reference (ground usually)
*              |  |  |  |   |   output
*              |  |  |  |   |   |   positive supply
*              |  |  |  |   |   |   |   rg2
*              |  |  |  |   |   |   |   |  sense
*              |  |  |  |   |   |   |   |  |
.SUBCKT AD624  5  1  2  50  17  32  99  8  11  42  41  40
*                                          |   |   |
*                                          |   |   G=500
*                                          |   G=200
*                                         G=100
```

그림 6-24
블록의 구조가 3가지 표준 구조 중의 하나와 다르다.

이 경우에 위에서 언급된 사실에 입각하여 특정한 부품에 속하는 라인(.TLD 파일에서)을 수동적으로 수정하거나 핀 출력 정보를 표준 형식으로 포함시키는 라인들을 변경하도록 선택할 수 있다.

- 새로운 모델 라이브러리에서 일부 부품에 대해 새로운 핀 이름이 될 것이다. 이 경우에 해는 SLM.KEY 파일로 확장되는 것이다.

• 매크로모델의 분류

TINA 라이브러리 설명 파일에서 TINA 툴바에서 부품이 위치될 버튼 종류를 결정해야 한다. 매크로모델 분류는 또한 사용할 화면 기호를 결정할 필요가 있다.

특정한 부품의 종류에서 모든 부품들에 대한 핀의 이름/기능이 전형적으로 같기 때문에 대부분의 경우에 매크로모델의 분류가 핀 식별자에 기초하여 이루어진다. 개개의 부품의 종류에 대한 전형적인 핀 이름은 SLM.BTN 파일로부터 프로그램에 의해서 읽어진다. [그림 6-25]는 SLM.BTN 파일의 내용을 나타낸다.

부품 종류의 이름은 중괄호로 라인의 시작에 위치하고 공백으로 분리되어 그 종류에 대한 전형적인 핀 식별자가 이어진다. 이것들은 매크로모델의 주해 라인들에서 발생하는 키워드가 아니지만, SLM.KEY 파일에서 '#' 또는 '$' 문자를 사용하여 도입된 식별자이다. 또한, 핀 식별자 앞에 '+'나 '!' 문자는 핀 식별자에 특별한 의미를 부여한다.

매크로모델이 주어진 분류에서 표시되도록 하기 위해서 '+' 문자를 사용하여 표시된 핀들이 매크로모델의 핀들 중에 있어야 한다. '+'로 표시된 핀은 필요하지만 주어진 분류에서 하나의 부품을 포함하기 위한 충분조건은 아니다.

'!' 문자를 사용하여 표시된 어떤 핀이 매크로모델의 핀들 중에서 발생하고, '+'를 사용하여 표시된 하나 이상의 핀들이 발생한다면, 부품은 주어진 분류에 포함될 것이다. '!' 문자를 사용하여 표시된 어떤 핀이 매크로모델의 핀들 중에서 발생하고, '+' 문자를 사용하여 표시된 핀들이 없다면 부품은 주어진 분류에 포함될 것이다.

만일, '!' 문자를 사용하여 표시된 핀은 없지만, '+' 조건들이 실행되었다면 조사된 매크로모델은 모든 핀들이 종류-지정 핀들 중에서 발생한다면 주어진 분류에만 포함될 것이다.

```
[Ref] 10.0V
[Ref] 5.0V
[Ref] 2.5V
[Ref] +Gnd
[Ref] Strobe
[Ref] VBG
[Ref] Cap
[Ref] +Vin
[Ref] Trim
[Ref] Out
[Ref] Noise
[Ref] Temp
[Ref] Range
[Ref] Shutdown
[Buffer] +In+
[Buffer] +V+
[Buffer] +V-
[Buffer] +Out
[Comparator] +In+
[Comparator] +In-
[Comparator] +V+
[Comparator] +V-
[Comparator]_|OpenColOut
[Comparator]_|OutGround
[Comparator]_|Ground/EpOut
[Comparator] Gnd
[Comparator] Out
[Comparator] Out+
[Comparator] Out-
[OpAmp] +In+
[OpAmp] +In-
[OpAmp] +V+
[OpAmp] +V-
[OpAmp] +Out
[OpAmp] Comp
[OpAmp] Decomp
[OpAmp] RCL+
[OpAmp] RCLC
[OpAmp] RCL-
[OpAmp] ILIM-10
[OpAmp] ILIM-11
[OpAmp] VB+
[OpAmp] VB-
[OpAmp] CL+
[OpAmp] CL-
[OpAmp] FO
[OpAmp] PL
[OpAmp] ILC
[OpAmp] NL
[OpAmp] ILIMC
[OpAmp] ILIM+
[OpAmp] ILIM-
[OpAmp] CL
[OpAmp] Com
[OpAmp] Gain
[OpAmp] IqAdj
[OpAmp] OutV-
[OpAmp] Buff-
[OpAmp] OTA
[OpAmp] OutV+
[OpAmp] Buff+
[OpAmp] OutL
[OpAmp] In3
[OpAmp] In2
```

```
[OpAmp] In+Aux
[OpAmp] In-Aux
[OpAmp] OutAux
[OpAmp] OutB
[OpAmp] FreqAdj1
[OpAmp] Gnd
[OpAmp] In1
[OpAmp] OutH
[OpAmp] FreqAdj2
[OpAmp] Offset
[OpAmp] Disable
[OpAmp] SupplyCurrAdj
[OpAmp] IccAdj
[OpAmp] VB_TTL
[OpAmp] VclampH
[OpAmp] VclampL
[OpAmp] OutB/I+Fb
[OpAmp] I-BI
[OpAmp] I+BI
[OpAmp] SetCurr
[OpAmp] OutFb
[OpAmp] I-Fb
[OpAmp] IsetOut
[OpAmp] IsetIn
[OpAmp] OCS
[OpAmp] Shutdown
[OpAmp] RegCst
[OpAmp] RegAn
[OpAmp] RegAdj
[OpAmp] Filter
[OpAmp] Ref
[InstAmp] +In+
[InstAmp] +In-
[InstAmp] +V+
[InstAmp] +V-
[InstAmp] +Out
[InstAmp] Ref
[InstAmp] RefA
[InstAmp] RefB
[InstAmp]_|GainSense1
[InstAmp]_|GainSense2
[InstAmp]_|Sense
[InstAmp]_|G=100
[InstAmp]_|G=200
[InstAmp]_|G=500
[InstAmp] GainSet1
[InstAmp] GainSet2
[InstAmp] Feedback
[InstAmp] Gnd
[InstAmp] G10a
[InstAmp] G10b
[InstAmp]_|Rg
[InstAmp]_|Rg1
[InstAmp]_|Rg2
[NMOS] +D
[NMOS] +G
[NMOS] +S
[NPN] +C
[NPN] +E
[NPN] +B
```

그림 6-25 종류-지정 핀들을 포함하는 SLM.BTN 파일의 내용

매크로모델들이 핀 식별자에 의해서만 분류될 수 있는 것은 아니다. 예를 들면, 연산증폭기와 비교기는 흔히 이 방법으로 구별될 수 없다. 그럼에도 불구하고, 가끔 모델 표현이 부품을 분류하는데 유용한 정보를 포함

할 것이다. 프로그램은 SLM.BKW 파일로부터 이 종류-지정 키워드를 읽는다.

```
[InstAmp] INSTRUMENTATION AMPLIFIER
[InstAmp] OPERATIONAL AMPLIFIER + PRECISION RESISTOR NETWORK
[InstAmp] OP AMPS + PRECISION RESISTOR NETWORK
[Comparator] COMPARATOR
[OpAmp] OP AMP
[OpAmp] OP-AMP
[OpAmp] OPAMP
[OpAmp] OPERATIONAL AMPLIFIER
[Ref] VOLTAGE REFERENCE
[MOSFET] Mosfet
[MOSFET] mosfet
[DARL] Darlington
[DARL] DARLINGTON
[DARL] darlington
```

그림 6-26 종류-지정 키워드를 포함하는 SLM.BKW 파일의 내용

TINA가 핀 이름과 SLM.BTN 파일에 저장된 데이터를 사용하여 매크로모델을 확실히 분류할 수 없다면, SLM.BKW 파일에서 종류-지정 키워드에 의해서 분류를 시도한다. 만일 분류가 실패되었다면, 프로그램은 [Misc] 종류로 매크로모델을 분류한다.

분류가 실패한 특수한 경우가 전형적으로 5개의 핀을 갖는 연산증폭기와 비교기(In+, In-, V+, V-, Out)의 부품에서 발생한다. 이 경우는 연산증폭기인지 비교기인지를 분류하기 위한 주해 라인들에서 키워드가 없을 때이다. 이 부품들은 라이브러리 처리 알고리즘이 실행을 시작하기 전에 나타나는 대화상자를 통해서 분류되어야 한다. 이 부품들의 대부분은 연산증폭기이다. 이런 까닭에 많은 비교기들은 모델 주해를 부가하여 프로그램이 식별할 수 있도록 한다. 따라서, 대부분의 경우에 연산증폭기 종류를 선택해야 한다.

• 기호 정보

TINA 라이브러리 설명 파일에서 나열된 핀 식별자(예, In+ In- Q1 Q2 Q3 Out V+ V-)는 그 다음에 오는 기호 식별자(예,<Amplifier8>)

와 관계된 정보를 제공한다. 모든 타당한 기호 식별자는 <AutoShape>를 제외하고 TINA 데이터베이스 파일(DEVICES.DBD)에 저장되어 프로그램이 자동적으로 기호를 생성하도록 지시한다. DEVICES.DBD는 기호들에 속하는 핀 식별자뿐만 아니라 그래픽 정보를 포함한다. 핀 식별자는 매크로모델 설명에서 결정된 순서로 TINA 라이브러리 설명 파일에서 나열되어야 한다.

고정된 핀 수를 갖는 하나의 기호는 다양한 연산증폭기와 비교기들에 의해서 공유될 것이다. 반전과 비반전 입력, 양과 음 전원, 그리고 출력 이외에 핀들은 여러 가지 종류가 될 수 있지만(변경 기능을 갖는 핀들), 동일한 핀 수를 갖는 기호는 같게 될 것이다.

TINA 데이터베이스(DEVICES.DBD 파일)에서 변경 기능을 갖는 특수한 핀들은 Q1, Q2, Q3, Q4로 표시된다. 그러므로, 변경 기능을 갖는 핀들의 식별자들은 .TLD 파일에서 Q1, Q2... 로 변경되어야 한다. 프로그램이 이 변경을 자동적으로 만들기 위해서 특정한 핀 식별자가 SLM.AEN 파일에서 발생되어야 한다.

<AutoShape> 기호 식별자를 사용할 때, 기호는 직사각형이 될 것이고, 핀 식별자들이 핀들 다음에 표시된다.

프로그램은 연산증폭기와 9개 이하의 핀들을 갖는 단일-출력 비교기, 10개 이하의 핀들을 갖는 이중-출력 비교기, 4개의 핀을 갖는 버퍼, 그리고 3개의 핀을 갖는 전압기준들에게 그림에 표시된 기호를 할당한다. 다른 매크로모델들은 자동적으로 생성된 기호(핀 이름을 포함하고 있는 직사각형)로 주어질 것이다.

(6) Save File

활성 창에 표시된 파일을 저장한다. 워드프로세서의 Save File 메뉴 항목과 같다.

(7) Save File As...

활성 창에 표시된 파일을 새로운 이름으로 저장하기 위해서 이 명령을 사용할 수 있다. 이것은 마치 워드프로세서의 Save File As...메뉴 항목과 같다.

(8) Close File

활성 창에 표시된 파일을 닫는다. 워드프로세서의 Close File 메뉴 항목과 같고, 특별한 라이브러리 편집 기능을 갖지 않는다.

(9) Exit

열린 모든 파일을 닫고 프로그램을 빠져나온다.

2. Edit 메뉴

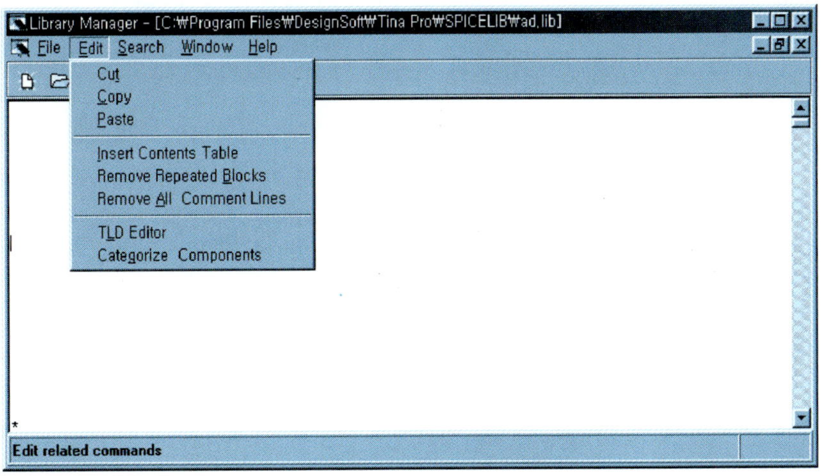

그림 6-27
Edit 메뉴의 윈도우

(1) Cut

텍스트의 선택된 부분을 삭제하고 클립보드로 복사한다.

(2) Copy

텍스트의 선택된 부분을 클립보드로 복사한다.

(3) Paste

활성 창의 클립보드 내용을 현재 커서 위치의 왼쪽에 복사한다.

(4) Insert Content Table

이 명령은 활성 창에서 열린 모델 라이브러리를 조사하고 내용표를 준비한다. 이 표는 그 라이브러리에서 정의된 매크로모델들의 식별자들과 외부적으로 접근할 수 있는 모델들의 식별자(즉, 내부 사용을 위한 'SUBCKT'과 'ENDS' 라인 사이에서 매크로모델로 정의되지 않는다), 그리고 그 형태(NPN, PNP, D 등)를 나열한다.

(5) Remove Repeated Blocks

Spice 매크로모델 및 모델 모음을 만든 회사가 모든 파일에서 주해 라인들을 포함해서 사용자 메시지 블록을 삽입하는 것이 아주 일반적이다. 라이브러리들로부터 모델들을 가져올 때 모든 매크로모델/모델 뒤 또는 앞에 이 메시지 블록을 반복할 필요가 없다. 이것은 파일에서 한번 발생한 것이라면 충분하다. 따라서, 이 명령을 사용하여 과다한 블록들을 삭제한다. 명령을 실행하기 전에 제거하고자 하는 블록을 하이라이트시킨다. 만일 블록이 하이라이트되지 않으면, 경고 메시지가 화면에 나타날 것이다.

(6) Remove All Comment Lines

SPICE 모델들과 매크로모델들을 포함하고 있는 파일들은 대개 아주 적은 수의 주해 라인을 포함한다. 만일 모델 라이브러리가 TINA에 의해서 읽어질 것이라면, 이 메뉴 항목을 사용하여 주해 라인들을 제거함으로써 데이터베이스를 더 간결하게 만들 수 있다.

3. Search 메뉴

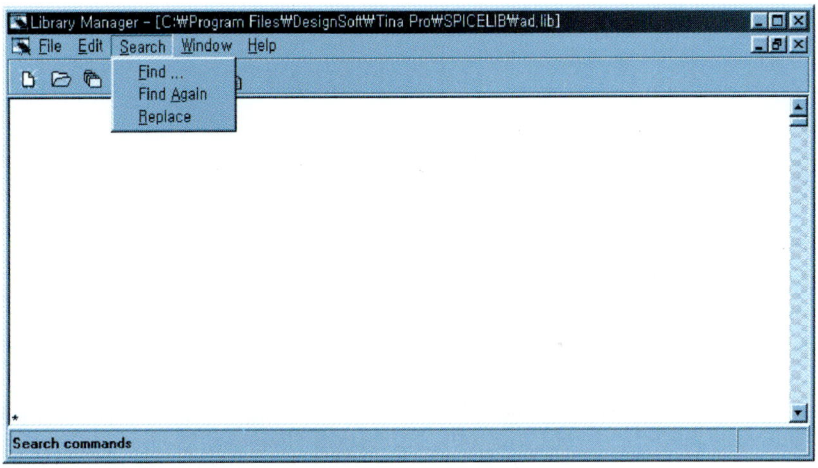

(1) Find

활성 창에서 사용자-지정 문자열을 찾는다. 여러분은 나타나는 대화상자에서 어떤 조사 파라미터들을 설정할 수 있다.

(2) Find Again

Find 대화상자에서 입력한 마지막 파라미터를 사용하여 조사를 다시 시작한다.

(3) Replace

활성 창에서 사용자-지정 문자열을 조사하고 대치한다. 여러분은 나타난 대화상자에서 대치 사양을 설정할 수 있다.

6-4 TINA의 라이브러리 툴바 활용

- File 메뉴의 New File 메뉴 항목과 동일한 효과를 갖는다. 새로운 파일을 생성한다. 이 명령은 Spice 라이브러리 관리에 관련된 특별한 특성을 갖지 않지만, 수동적으로 간단한 조정을 만들고자 할 때 유용하게 될 것이다.
- File 메뉴의 Open File 메뉴 항목과 동일한 효과를 갖는다. 선택된 파일을 연다.
- File 메뉴의 Collect Subcircuits and Models... 메뉴 항목과 동일한 효과를 갖는다. 자동적인 라이브러리 편집을 수행한다. 대화상자에서 선택된 파일들 내부에서 Spice 모델들과 매크로모델들을 모아서 하나의 라이브러리로 위치시킨다. 또한, 어떤 모델이나 매크로모델 식별자가 다른 입력 파일들에서 반복되는지 보기 위해서 검사한다.
- File 메뉴의 Save File 메뉴 항목과 동일한 효과를 갖는다. 활성창에 표시된 파일을 저장한다.
- Edit 메뉴의 Cut 메뉴 항목과 동일한 효과를 갖는다. 텍스트의 선

택된 부분을 삭제하고 그것을 클립보드로 복사한다.

- Edit 메뉴의 Copy 메뉴 항목과 동일한 효과를 갖는다. 텍스트의 선택된 부분을 클립보드로 복사한다.
- Edit 메뉴의 Paste 메뉴 항목과 동일한 효과를 갖는다. 활성 창에서 클립보드의 내용을 현재 커서 위치의 왼쪽으로 복사한다.

제 7 장
TINA의 파라미터 추출기 활용

TINA의 파라미터 추출기(Parameter Extractor)를 이용하면 측정 또는 카탈로그 데이터를 모델 파라미터로 변환함으로써 실세계의 실제 장치를 더욱 근사하게 재현하는 부품 모델을 만들 수 있다.

7-1 TINA의 파라미터 추출기 사용법

윈도우즈 xp 시작 메뉴를 이용하여 프로그램\TINA Pro for windows \Parameter Extractor를 선택하거나 윈도우 탐색기에서 C:\Program Files\DesignSoft\Tina Pro을 선택하여 아이콘 을 클릭하면 [그림 7-1]과 같은 파라미터 추출기 창이 나타난다.

그림 7-1
파라미터 추출기의 창

새로운 트랜지스터를 생성하여 TINA의 트랜지스터 카탈로그에 추가하는 예를 설명하여 파라미터 추출기의 사용법을 설명하도록 한다. [그림 7-2]와 같이 새 트랜지스터를 만들기 위해서 File 메뉴의 New Library\NPN Transistor를 선택한다. 그러면 [그림 7-3]과 같은 NPN 트랜지스터 데이터 시트 대화상자가 나타날 것이다. 이 대화상자를 통해 측정에 의한 데이터나 제조업체의 카탈로그 데이터 또는 TINA의 디폴트 설정값(이 경우 템플릿 캄보 박스를 이용) 등을 입력할 수 있다. [그림 7-3]에서 화면의 하단에 있는 각각의 탭을 클릭하여 트랜지스터 파라미터를 모두 기입한다. 또한, 디폴트 설정값을 선택하거나 직접 값을 입력한다. 여기서는 간단히 디폴트 값을 사용하여 설명할 것이다.

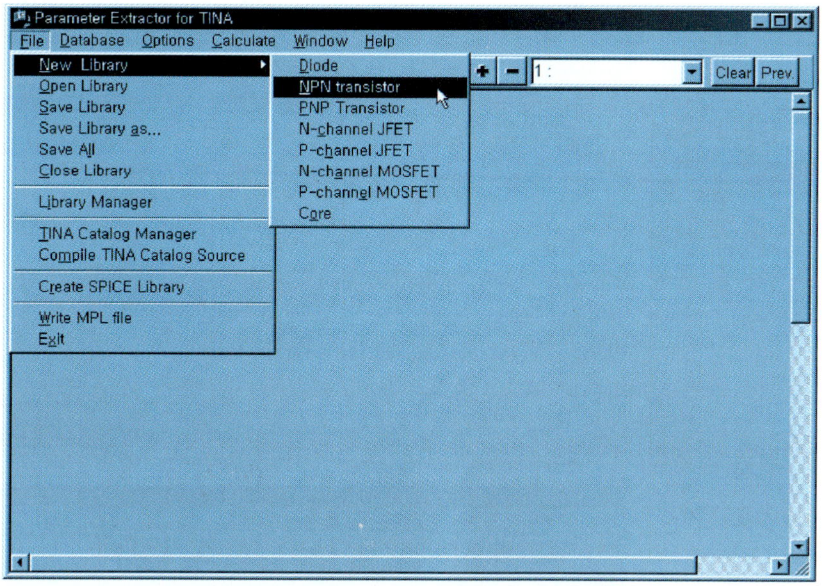

그림 7-2
새 트랜지스터를 만들기 위해서 File 메뉴의 New Library\NPN Transistor를 선택한다.

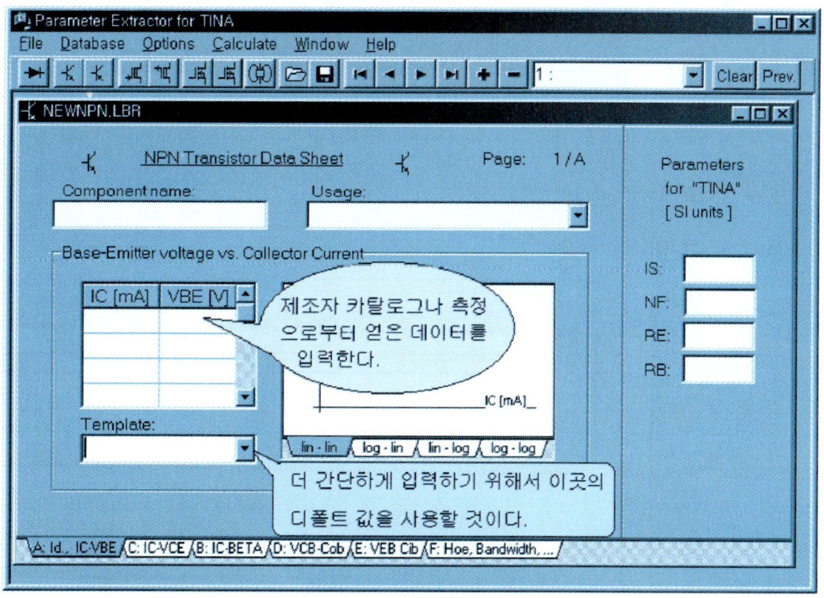

그림 7-3
측정에 의한 데이터나 제조업체의 카탈로그 데이터 또는 TINA의 디폴트 설정값 등을 입력할 수 있다.

주 의

데이터를 누락하면 부정확한 결과를 초래할 수 있으므로 모든 데이터를 기입하여야 한다.

[그림 7-4]와 [그림 7-5]는 각각 디폴트 설정값으로 입력된 베이스-이미터 전압과 컬렉터 전류와 부품의 출력 어드미턴스, 단일-이득 대역폭, 턴-오프 시간이다.

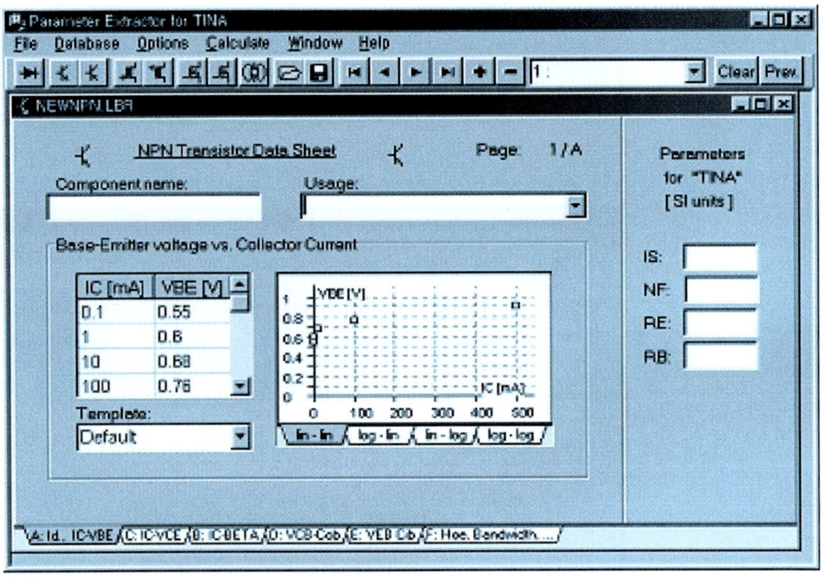

그림 7-4
디폴트 설정값으로 입력된 베이스-이미터 전압과 컬렉터 전류

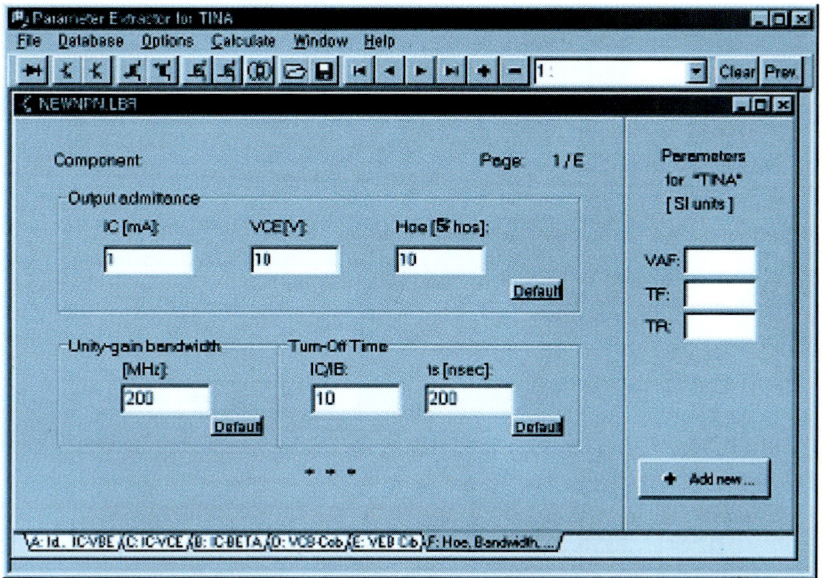

그림 7-5
디폴트 설정값으로 부품의 출력 어드미턴스, 단일-이득 대역폭, 턴-오프 시간

A 탭으로 돌아가서 Component name 칸에 임의 부품명 예를 들면, 'myt'을 입력한다. 다음으로 Calculate 메뉴의 Current Component를 선택한다. 그러면 [그림 7-6]과 같이 그래프가 그려지고, TINA를 위한 파라미터들이 계산된다. TINA의 트랜지스터 모델이 입력 데이터와 잘 들어맞는지 점검하기 위해 각 탭으로 들어가 각 파라미터에 대한 계산된 그래프와 숫자값을 살펴본다.

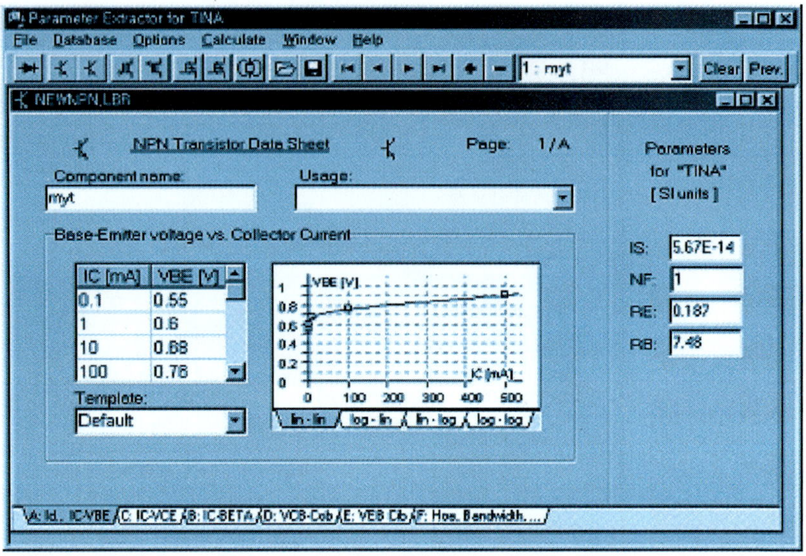

그림 7-6
그래프가 그려지고, TINA를 위한 파라미터들이 계산된다. TINA의 트랜지스터 모델이 입력 데이터와 일치하는지 점검한다.

이제 File 메뉴의 TINA Catalog Manager 명령을 선택하면 [그림 7-7]과 같은 화면이 나타난다. 여기서, 새 트랜지스터 'myt'를 TINA의 트랜지스터 카탈로그를 위한 소스 파일에 삽입한다. TINA와 함께 제공되는 모든 부품 파일은 TINA 디렉토리의 CLCC 서브디렉토리에 있다. 여러분의 부품과 호환되는 부품 파일을 찾아서 연다.

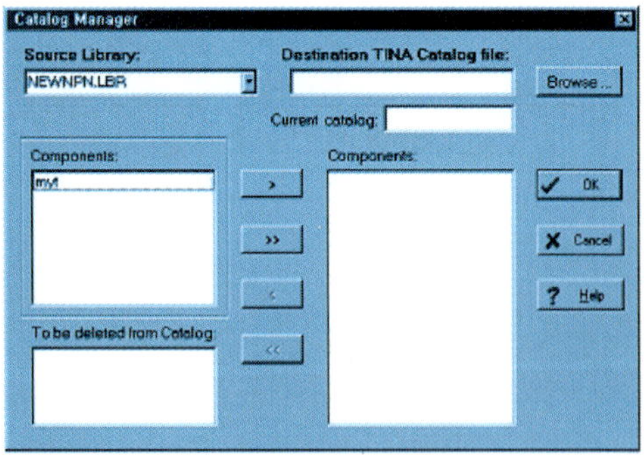

그림 7-7
TINA Catalog Manager의 대화상자

[그림 7-7]의 대화상자에서 Browse... 버튼을 클릭하면 [그림 7-8]과 같은 파일 열기 대화상자가 나타난다. 여기서, 바이폴라 카탈로그 bipol_x.src 파일을 선택하고, 열기 버튼을 클릭하면 [그림 7-9]에 보인 것처럼 선택된 파일의 이용 가능한 카탈로그를 선택하기 위한 대화상자가 나타난다. [그림 7-9]에서 No. 002 : NPN Catalog SPICE BJT model를 선택하고 OK 버튼을 누른다. 그러면, [그림 7-10]과 같이 새 트랜지스터 'myt'가 bipol_x.src 파일에 추가된다.

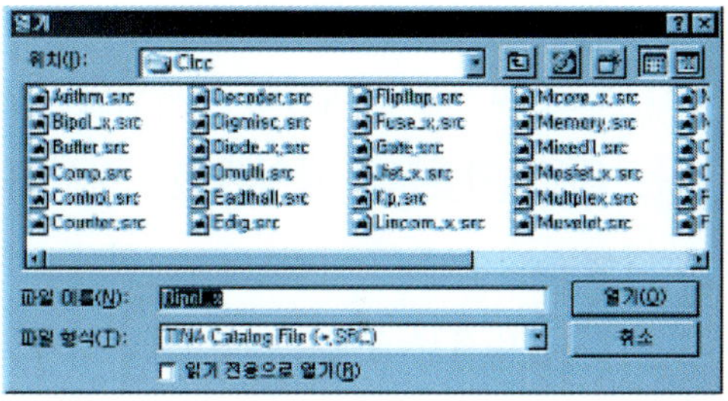

그림 7-8
파일 열기 대화상자에서 바이폴라 카탈로그 bipol_x.src 파일을 선택한다.

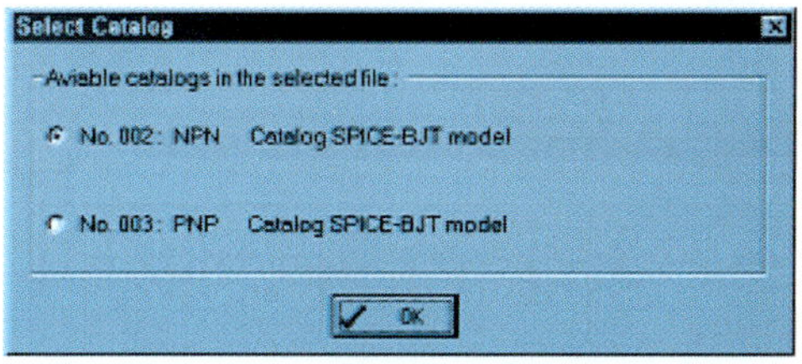

그림 7-9
이용 가능한 카탈로그의 선택

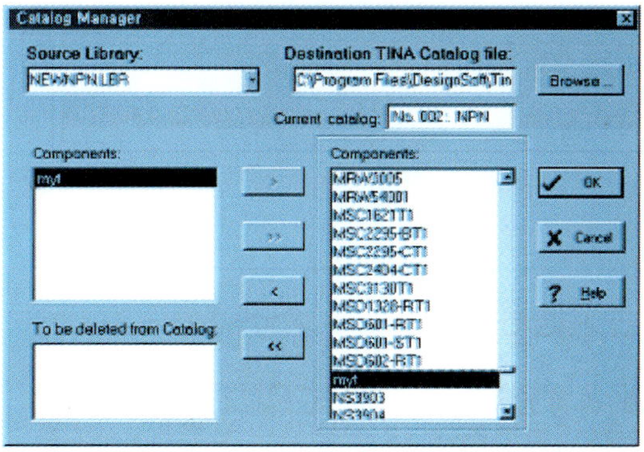

그림 7-10
새 트랜지스터 'myt' 가 bipol_x.src 파일에 추가된 카탈로그 관리자의 화면

새 카탈로그를 이용할 수 있으려면 반드시 수정된 소스 파일을 다시 컴파일한다. [그림 7-10]에서 OK 버튼을 클릭하면 [그림 7-11]과 같이

수정된 TINA 카탈로그 소스 파일을 컴파일할 것인지를 묻는 대화상자가 나타난다.

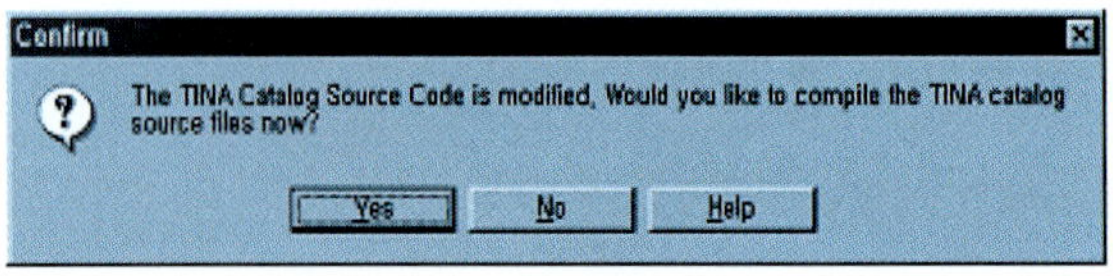

그림 7-11 수정된 TINA 카탈로그 소스 파일을 컴파일 할 것인지를 묻는 대화상자

[그림 7-11]에서 'Yes' 버튼을 클릭하여 컴파일이 완료된 소스 파일을 CLCC 폴더에 있는 .CAT 카탈로그 파일에 링크하여야 한다. 이를 위해서 반드시 TINA 디렉토리의 CLCC 서브디렉토리에서 MKCAT.BAT을 실행하여야 한다. 이로써 새 TINA 부품 라이브러리가 만들어지고, 다음에 TINA를 시동할 때 이용할 수 있게 된다.

7-2 TINA 파라미터 추출기의 메뉴 구조

1. File 메뉴

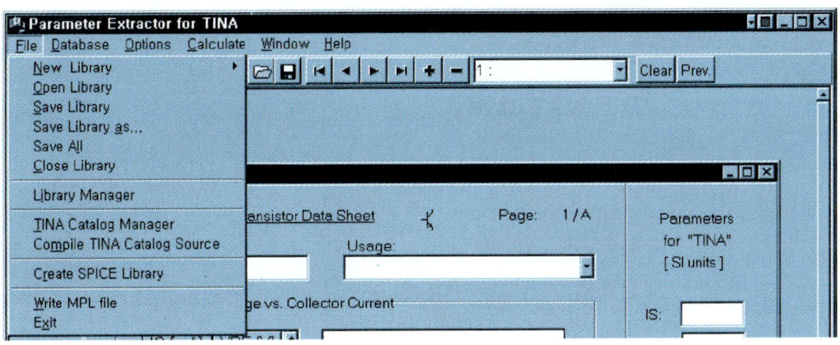

그림 7-12
File 메뉴

(1) New Library

새로운 라이브러리를 생성한다. 라이브러리 구조는 사용하고자 하는 반도체의 유형(다이오드, 트랜지스터 등)에 따라 결정됨을 고려하여 먼저 라이브러리의 유형을 결정해야 한다. New Library 명령을 선택하면 생성하려는 라이브러리의 유형을 선택할 수 있는 서브메뉴가 [그림 7-13]과 같이 나타날 것이다. 하나 이상의 라이브러리, 심지어 다른 종류의 라이브러리를 동시에 열 수 있다.

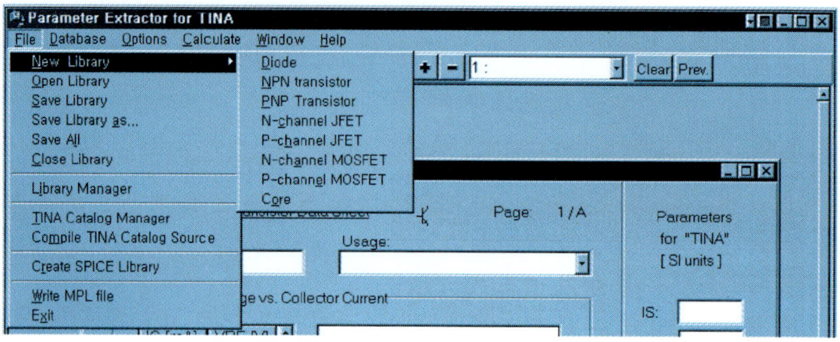

그림 7-13
New Library의 서브메뉴

(2) Open Library

파라미터 평가자(Parameter Estimator)를 사용하여 이미 생성된 라이브러리를 연다. 그것을 선택하면 윈도우즈의 열기 대화상자가 나타날 것이다.

(3) Save Library

파라미터 평가자를 사용하여 이미 생성된 라이브러리를 저장한다. 만일 라이브러리가 여전히 프로그램에 의해서 주어진 이름(예 NEWDIO.LIB)을 가지고 있다면, 윈도우즈의 파일 저장 대화상자가 나타날 것이다.

(4) Save Library as...

새로운 이름 또는 동일한 이름의 라이브러리를 또 다른 디렉토리/폴더에 저장한다. 위에서 언급한 것과 유사하게 윈도우즈의 파일 저장 대화상자가 나타날 것이다.

(5) Close Library

열린 라이브러리를 닫는다. 만일 데이터가 수정되었다면 최종 저장할 것인지를 경고하고 라이브러리를 저장할지를 물어온다.

(6) Library Manager

가끔 두 개의 다른 파일(라이브러리)에 저장된 데이터를 합병하기를 원하거나, 이에 반대로 저신호 레벨과 전력 증폭기 트랜지스터를 사용하여 트랜지스터의 데이터를 다른 파일로 저장하기를 원할 것이다. 이러한 모든 것은 [그림 7-14]의 라이브러리 관리자(Library Manager)를 사용하여 할 수 있다. Source Library와 Destination Library에서 열린 것 중의 하나를 선택할 수 있다. Components 창에서 선택된 라이브러리에 저장된 부품 목록이 보여진다. Destination Library는 부품을 하이라이트하고 >, >>, <, << 버튼을 사용하여 수정될 수 있다.

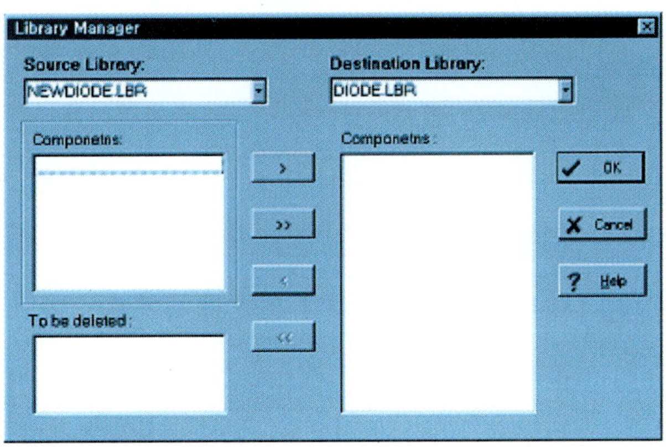

그림 7-14
라이브러리 관리자의 대화상자

Destination Library로부터 제거된 부품들이 To be deleted 창으로 배치될 것이고, 마음을 바꾸어 어떤 단일부품의 제거를 원상태로 하는 것이 가능하다. Source Library는 항상 바뀌지 않는다. 프로그램은 OK 버튼을 사용하여 대화상자를 닫을 때 데이터 수정을 수행한다.

데이터 수정자(data modifier) 버튼의 기능들은 다음과 같다.

- > Source Library 또는 To be deleted 창이 활성화될 때 사용할 수 있고, 최소 하나의 부품이 활성 창에서 선택된다. Source Library의 부품 목록이 활성화될 때, 선택된 부품이 Destination Library에 있는 부품 목록으로 복사될 것이다. To be deleted 창의 목록이 활성화될 때, 선택된 부품이 Destination Library의 부품 목록으로 복사될 것이고, To be deleted 목록으로부터 삭제될 것이다.
- >> Source Library 또는 To be deleted 창이 활성화되고 활성 목록이 비어 있지 않을 때 사용할 수 있다. Source Library의 부품 목록이 활성화될 때 전체 목록이 Destination Library의 부품 목록으로 복사될 것이다. To be deleted 창의 목록이 활성화될 때, 전체 목록이 Destination Library의 부품 목록으로 복사될 것이고, To be deleted 목록이 지워질 것이다.
- < Destination Library의 부품 목록이 활성화되고 비어 있지 않을 때 사용할 수 있다. 선택된 부품은 지워지게 될 것이다. Source Library 목록으로부터 이미 여기로 전달된 목록을 제외한 부품들이 To be deleted 목록으로 전달될 것이다.
- << Destination Library의 부품 목록이 활성화되고 비어 있지 않을 때 사용할 수 있다. 전체 목록은 삭제될 것이다. Source Library 목록으로부터 이미 여기로 전달된 목록을 제외한 부품들이 To be deleted 목록으로 전달될 것이다.

(7) Catalog Manager

[그림 7-15]의 카탈로그 관리자는 TINA의 카탈로그 파일을 새롭게 한다. 이 명령을 사용하여 라이브러리에 있는 부품들이 TINA 카탈로그로

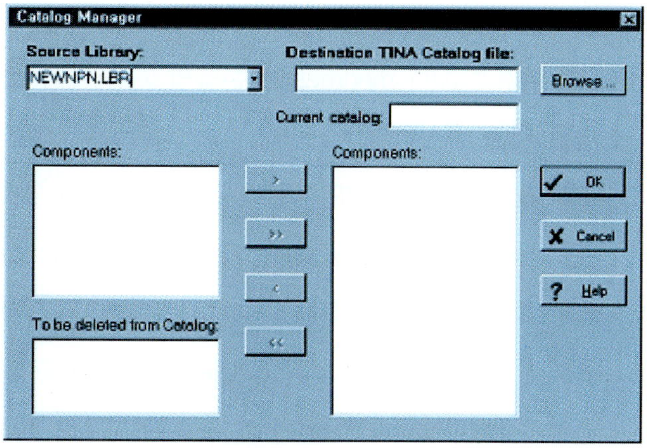

그림 7-15
카탈로그 관리자의 대화상자

통합될 수 있다.

카탈로그 관리자는 라이브러리 관리자와 유사하다. Source Library는 열린 라이브러리 중에서 선택될 수 있다. Destination Catalog는 [Browse ...] 버튼을 누른 후 나타나는 대화상자의 도움으로 TINA 카탈로그의 Source 라이브러리(.SRC 확장자를 갖는 파일) 중에서 선택될 수 있다. 그렇지만, 하나의 TINA 카탈로그 라이브러리는 몇 가지 종류의 카탈로그를 포함할 것이다. 카탈로그 파일을 열 때 선택할 수 있는 카탈로그의 목록을 포함하고 있는 대화상자가 나타날 것이다.

Components 창에서 선택된 라이브러리와 카탈로그에 포함된 부품들의 목록이 보여진다. Destination Catalog는 부품을 하이라이트하고 [›], [››], [‹], [‹‹] 버튼을 사용하여 수정될 수 있다. Destination Catalog로부터 제거된 부품들은 To be deleted 창에 위치될 것이며, 마음 바꾸어 제거를 되살리는 것이 가능하도록 한다.

OK 버튼을 눌러서 대화상자를 닫을 때, 프로그램은 Destination Catalog의 component 목록으로부터 제거된 부품들을 지울 것이고, 라이브러리에 저장된 데이터를 기반으로 TINA를 위해서 그것으로부터 전달된 부품들의 모델 파라미터들을 계산하여 이것들을 TINA 카탈로그 파일로 통합한다.

데이터 수정자(data modifier) 버튼들의 기능은 라이브러리 관리자에서 설명된 것과 유사하다. 즉,

`>` Source Library 또는 To be deleted 창이 활성화될 때 사용할 수 있고, 최소 하나의 부품이 활성 창에서 선택된다. Source Library의 부품 목록이 활성화될 때, 선택된 부품이 Destination Library에 있는 부품 목록으로 복사될 것이다. To be deleted 창의 목록이 활성화될 때, 선택된 부품이 Destination Library의 부품 목록으로 복사될 것이고, To be deleted 목록으로부터 삭제될 것이다.

`>>` Source Library 또는 To be deleted 창이 활성화되고 활성 목록이 비어 있지 않을 때 사용할 수 있다. Source Library의 부품 목록이 활성화될 때 전체 목록이 Destination Library의 부품 목록으로 복사될 것이다. To be deleted 창의 목록이 활성화될 때, 전체 목록이 Destination Library의 부품 목록으로 복사될 것이고, To be deleted 목록이 지워질 것이다.

`<` Destination Library의 부품 목록이 활성화되고 비어 있지 않을 때 사용할 수 있다. 선택된 부품은 지워지게 될 것이다. Source Library 목록으로부터 이미 여기로 전달된 목록을 제외한 부품들이 To be deleted 목록으로 전달될 것이다.

`<<` Destination Library의 부품 목록이 활성화되고 비어 있지 않을 때 사용할 수 있다. 전체 목록은 삭제될 것이다. Source Library 목록으로부터 이미 여기로 전달된 목록을 제외한 부품들이 To be deleted 목록으로 전달될 것이다.

(8) Compile Tina Catalog Source

이 명령을 사용하여 카탈로그를 다시 컴파일할 수 있다. 이것은 하드디스크 공백이 부족하여 이전의 컴파일 시도가 실패되었을 때 필요하게 될 것이다.

2. Database 메뉴

그림 7-16
Database 메뉴

(1) First Component

활성 라이브러리에 저장된 첫 번째 부품의 데이터를 표시한다.

(2) Previous Component

활성 라이브러리에서 이전 부품의 데이터를 방금 표시되고 있는 화면에 표시한다.

(3) Next Component

활성 라이브러리에서 다음 부품의 데이터를 방금 표시되고 있는 화면에 표시한다.

(4) Last Component

활성 라이브러리에서 마지막 부품의 데이터를 표시한다.

(5) Add Component

새로운 부품의 데이터를 받기 위해서 활성 라이브러리를 준비한다. 최종 입력된 데이터를 기록하고 Option 메뉴의 New : Cleared/Previous 명령에 따라서 데이터 시트를 지우거나 이전 부품의 데이터에 그것을 채운다.

(6) Remove Component

활성 라이브러리로부터 하이라이트된 부품을 제거한다.

(7) Clear Data Sheet

활성 라이브러리의 하이라이트된 부품에 대한 데이터 칸을 지운다. Database 메뉴의 Clear Data Sheet 명령의 효과에 다른 것은 지금 빈 칸을 포함하고 있는 데이터 시트가 라이브러리에 남아 있다는 것이다.

(8) Copy Previous Data Sheet

이전 부품의 데이터를 활성 라이브러리의 하이라이트된 부품의 데이터 시트로 복사한다.

3. Options 메뉴

그림 7-17 Option 메뉴

(1) New: Cleared/Previous

가끔 연속해서 서로 약간만 다른 몇 개 부품의 데이터를 기록한다. 이 경우에, 동일한 데이터의 반복되는 타이핑을 피할 수 있다. 이 명령을 선택하면 아래에 대화상자가 나타날 것이다. 여기서, 새로운 부품을 추가하는 경우에 빈 데이터 시트가 표시되거나 이전에 기록된 부품의 데이터를 포함하고 있는 데이터 시트를 선택할 수 있다.

(2) Set default parameters

이 명령은 카탈로그의 데이터가 불충분할 때 사용하려는 디폴트 데이터를 수정한다. 수정은 활성 라이브러리에 효력이 있다.

4. Calculate 메뉴

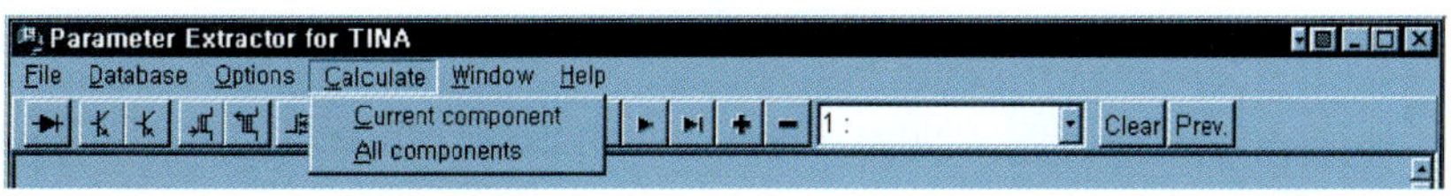

(1) Current Component

활성 라이브러리의 하이라이트된 부품에 속하는 모델 파라미터들을 계산한다. 입력된 데이터를 표현하는 점들 이외에 계산된 파라미터들에 입각하여 주어진 부품의 수학적 모델에 의해서 제공된 곡선을 그래프에 그린다.

(2) All components

활성 라이브러리에서 저장된 모든 부품에 속하는 모델 파라미터들을 계산한다. 입력된 데이터를 표현하는 점들 이외에 계산된 파라미터들에 입각하여 주어진 부품의 수학적 모델에 의해서 제공되는 곡선을 그래프로 그린다. 계산 과정 동안에 메시지 상자가 보일 것이다.

주 의

계산 알고리즘은 TINA의 카탈로그 파일들이 전개되고 있을 때, 카탈로그 관리자에 의해서 불려진다.

5. 프로그램의 툴키트

- New diode Library :File\New Library\Diode 명령과 동일한 효력을 갖는다. 다이오드에 대한 새로운 라이브러리를 생성한다.
- New NPN transistor Library : File\New Library\NPN Transistor 명령과 동일한 효력을 갖는다. NPN 트랜지스터에 대한 새로운 라이브러리를 생성한다.
- New PNP transistor Library :File\New Library\PNP Transistor 명령과 동일한 효력을 갖는다. PNP 트랜지스터에 대한 새로운 라이브러리를 생성한다.
- New N-channel JFET Library : File\New Library\N-channel JFET 명령과 동일한 효력을 갖는다. N-channel JFETs에 대한 새로운 라이브러리를 생성한다.
- New P-channel JFET Library : File\New Library\P-channel JFET 명령과 동일한 효력을 갖는다. P-channel JFETs에 대한 새로운 라이브러리를 생성한다.
- New N-channel MOSFET Library : File\New Library\N-channel MOSFET 명령과 동일한 효력을 갖는다. N-channel MOSFET에 대한 새로운 라이브러리를 생성한다.
- New P-channel MOSFET Library : File\New Library\P-channel MOSFET 명령과 동일한 효력을 갖는다. P-channel

MOSFET에 대한 새로운 라이브러리를 생성한다.

- Create new core Library : File\New Library\core 명령과 동일한 효력을 갖는다. core에 대한 새로운 라이브러리를 생성한다.
- File opening : File\Open Library 명령과 동일한 효력을 갖는다. 파라미터 평가자를 사용하여 이미 생성된 라이브러리를 연다. 라이브러리를 선택할 때 윈도우즈의 파일 열기 대화상자가 나타날 것이다.
- File saving : File\Save Library 명령과 동일한 효력을 갖는다. 파라미터 평가자를 사용하여 생성된 라이브러리를 저장한다. 라이브러리가 프로그램에 의해서 주어진 이름과 여전히 같다면(예 NEWDIO.LIB), 윈도우즈의 파일 저장 대화상자가 나타날 것이다.
- First component : Database\First Component 명령과 동일한 효력을 갖는다. 활성 라이브러리에서 저장된 첫 번째 부품의 데이터를 표시한다.
- Previous component : Database\Previous Component 명령과 동일한 효력을 갖는다. 활성 라이브러리에서 이전 부품의 데이터를 표시한다.
- Next component : Database\Next Component 명령과 동일한 효력을 갖는다. 활성 라이브러리에서 다음 부품의 데이터를 표시한다.
- Last component : Database\Last Component 명령과 동일한 효력을 갖는다. 활성 라이브러리에서 마지막 부품의 데이터를 표시한다. 마지막 입력된 데이터를 기록하고, Options\ New: Cleared/Previous 명령에 따라서 데이터 시트를 지우거나 마지막 입력된 데이터를 이전 부품의 데이터에 채운다.
- Adding a new component : Database\Add Component 명령과 동일한 효력을 갖는다. 새로운 부품의 데이터를 받기 위한 활성 라이브

러리를 준비한다.

- Deleting a component : Database\Remove Component 명령과 동일한 효력을 갖는다. 활성 라이브러리로부터 하이라이트된 부품을 제거한다.
- Navigator : 이 칸은 또한 데이터베이스에서 조종을 도와준다. 그것에 속하는 목록에서 라이브러리에 저장된 부품들을 개략적으로 살펴볼 수 있고, 표시하고자 하는 데이터를 하나 선택할 수 있다. 간단히 숫자를 타이프하면, 그 수에서 부품의 데이터가 표시될 것이다.
- Clear Clearing a Data Sheet : Database\Clear Data Sheet 명령과 동일한 효력을 가진다. 이전 부품의 데이터를 활성 라이브러리의 하이라이트된 부품의 데이터 시트로 복사한다.
- Prev. Copying a Data Sheet : Database\Copy Previous Data Sheet 명령과 동일한 효력을 가진다. 활성 라이브러리의 하이라이트된 부품의 데이터 칸을 지운다. Database\Clear Data Sheet 명령의 효과와 다른 점은 빈 칸을 포함하는 데이터 시트가 라이브러리에 남아 있다는 것이다.

6. 데이터 시트

데이터 시트는 개별 부품의 데이터를 입력하기 위한 대화상자이다. 모든 데이터 시트는 Component name 칸에서 시작하며, 여기에 부품의 모델명을 타이프해야 한다. Usage 칸에서 부품의 사용에 참고되는 짧은 정보 주해를 타이프할 수 있다(예 3V Zener). 다이오드, 트랜지스터, FET는 기록하려는 여러 다른 데이터가 필요하므로, 여러 다른 데이터 시트가 여러 종류의 부품에 속해 있다. 그렇지만, 그것들의 구조는 매우 유사하다. 데이터 입력과 입력 도움 정보를 공급하는 칸은 부품의 복잡도에 따라 3~5 노트 페이지에 위치된다.

NPN과 PNP 트랜지스터, N-과 P-채널 JFET, N-과 P-채널 MOSFET에 속하는 데이터 시트는 본질적으로 동일한 쌍이고, 단지 다른 점은 기록하려는 숫자의 부호이다. 기록하려는 숫자 'X'는 항상 음이고, '-X', 즉 양 숫자가 입력되어야 한다는 것이 일반적인 법칙이다.

페이지의 오른쪽에 입력된 데이터로부터 계산된 모델 파라미터들이 보여진다. 물론 이들 칸들 역시 Compute 명령이나 Catalog Manager를 사용하여 계산이 이루어졌을 때만 오로지 값들을 갖는다.

(1) 그래프 입력

모든 부품 유형의 경우에 기록하려는 정보의 일부는 그래프로 판독되는 데이터이다. 점들은 그래프로 읽고, 입력된 데이터는 엔터 버튼을 누른 후 바로 그려질 것이다. 따라서, 데이터를 읽거나 입력하는 동안 실수가 발생하였다면 알아차리기가 더 용이하다.

그래프 안에 있는 탭의 도움을 사용하여 사용하고자 하는 축과 스케일의 유형, 즉 대수나 선형을 선택할 수 있다. 실제적인 방법은 데이터를 읽고자 하는 동일한 스케일의 종류를 선택하는 것이다. 스케일을 선택할 때 영과 음수가 대수 눈금에서 그려질 수 없다는 것을 고려한다.

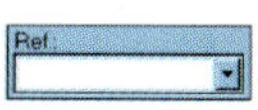

그래프 참조 코드 : 하나의 부품에 속하는 그래프가 유사한 부품의 그래프와 일치하는 것이 종종 발생한다. 이 경우에 반복되는 데이터 입력을 피할 수 있다. 즉, 테이블 아래에 있는 참조칸은 이 목적으로 제공된다. 그래프가 입력되고 있을 때 이 칸은 프로그램에 의해서 부품의 모델명으로 자동적으로 채워진다. 그러나, 다른 참조 코드를 제공할 수 있다. 하나의 부품에 대해서 이미 또 다른 부품과 발생된 그래프를 입력하고자 할 때 참조칸에 속하는 목록으로부터 복사하려는 그래프의 참조

코드를 선택할 수 있고 프로그램은 자동적으로 테이블을 채운다. 이 목록으로부터 또한 디폴트 그래프를 선택할 수 있다.

(2) 디폴트 데이터와 그래프

반도체 부품 제조사에 의해서 제공된 카탈로그는 데이터 시트를 완전하게 채우는데 필요한 모든 데이터를 항상 포함하지 않는다. 예를 들면, 파라미터 평가자(Parameter Estimator)는 제너 저항, 즉 역전압이 인가될 때 다이오드 행동을 묘사하는 특징이 필요하다. 순방향 전압하에서 동작하기 위해서 설계된 다이오드의 경우에 이 파라미터가 대개 카탈로그에 표시되지 않는다. 왜냐하면 그것은 공학적인 관습상 의미를 갖지 못하기 때문이다. 그러나, 정확한 파라미터 계산을 만들기 위해서 데이터 시트는 채워져야 하고, 누락된 데이터는 주어진 반도체 소자에 대한 전형적인 값으로 대치되어야 한다.

데이터 입력 칸 부근에 위치된 Default 버튼을 클릭하면 프로그램은 자동적으로 주어진 반도체 소자에 대한 전형적인 값을 사용하여 주어진 칸들을 채울 것이다.

그래프가 누락되고 있을 경우에 디폴트 그래프는 그래프에 속하는 참조칸으로부터 선택되어야 한다.

디폴트 데이터는 Options\Set default parameters 명령으로 수정될 수 있다.

제 8 장
TINA의 TTask 목록 유틸리티

8-1 TINA의 TTask 메뉴 구성

1. File 메뉴

파일 메뉴는 [그림 8-1]과 같은 명령을 포함한다.

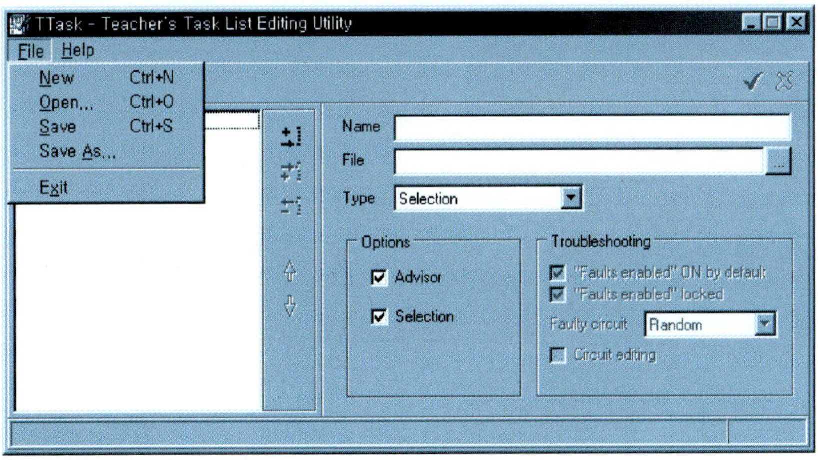

그림 8-1
파일 메뉴의 창

(1) New(Ctrl+N)

New 명령은 새로운(빈) 과제 목록을 연다. 이 명령은 현재 과제 목록의 변경을 저장하게 되므로 이전의 변경은 없어진다.

(2) Open(Ctrl+O)

Open 명령은 기존의 과제 목록을 열기 위해서 [그림 8-2]와 같은 표준 파일 열기 대화상자를 표시한다. 선택된 파일의 내용은 과제 목록 패널(Task List Panel)에 나타난다.

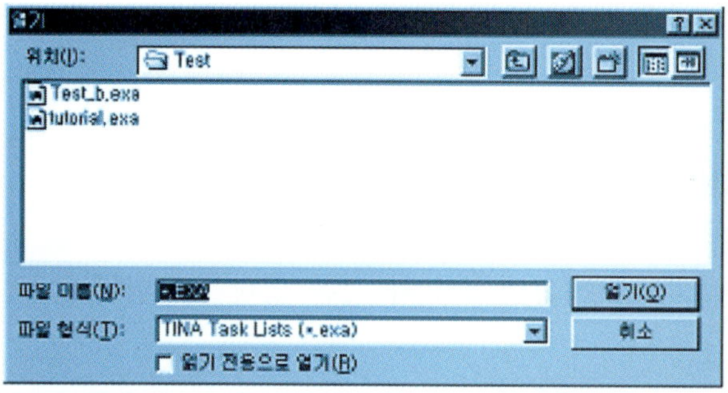

그림 8-2
표준 파일 열기 대화상자

(3) Save(Ctrl+S)

이 명령에 의해서 현재 과제 목록이 저장된다. Save 아이콘이다.

(4) Exit

TTask를 나간다. Exit 아이콘이다.

2. Help 메뉴

Help 메뉴는 표준 도움 기능을 포함한다.

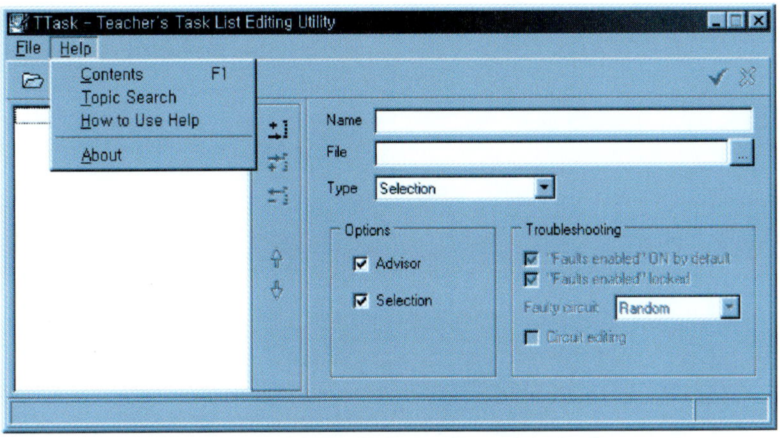

그림 8-3
Help 메뉴의 창

(1) Contents

메인 도움 페이지를 연다.

(2) Topic search

도움 체계의 색인에서 찾도록 한다.

(3) How to use help

도움 체계를 사용하는 방법을 설명한다.

(4) About

저작권과 버전 정보를 지닌 대화상자가 나타난다.

8-2 TINA의 과제 목록 패널(Task List Panel) 구조

이 패널은 모든 과제의 명칭을 나열하고, 과제의 명칭을 클릭하여 수정할 과제를 선택할 수 있으며, 그 과제의 상세한 내용들은 과제 편집 패널(Task Editing Panel)에 나타난다.

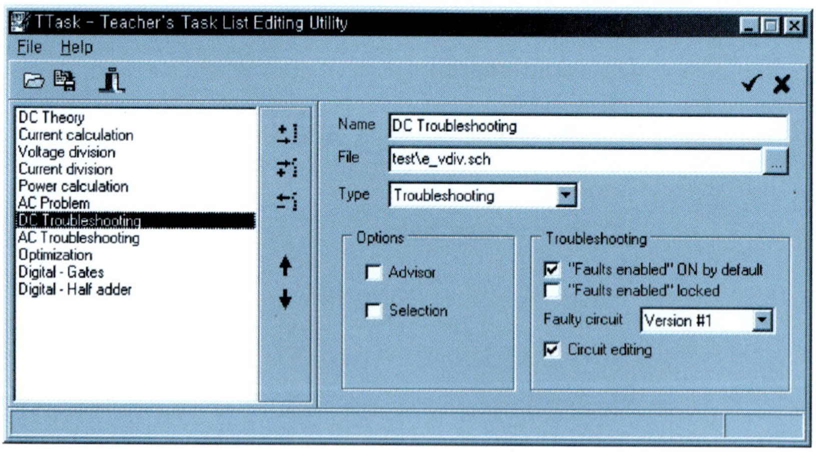

과제 목록 패널(Task List Panel) 과제 편집 패널(Task Editing Panel)

그림 8-4
과제 목록과 편집 패널

목록의 끝에 새로운 과제를 추가한다.

선택된 과제 다음 순서에 새로운 과제를 삽입한다.

선택한 과제를 지운다.

목록에서 선택할 과제를 위로 이동시킨다.

목록에서 선택할 과제를 아래로 이동시킨다.

과제 목록은 15개의 과제만을 포함할 수 있다. 15개 과제 이상이 되면 추가와 삽입 버튼이 활성화되지 않는다.

8-3 TINA의 과제 편집 패널(Task Editing Panel) 설정

과제 편집 패널은 사용자가 각 과제의 파라미터들을 설정하도록 한다. 이 패널은 고장수리 과제들의 경우에만 활성화되는 몇 가지 제어들을 가지고 있어서 더 많은 파라미터들을 설정할 수 있다.

I. 과제 파라미터

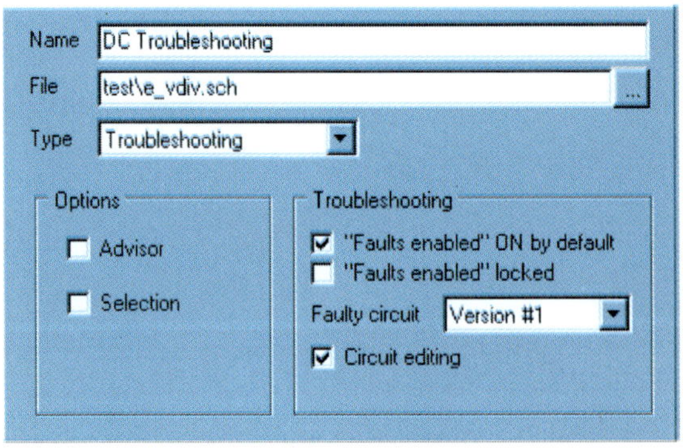

그림 8-5
과제 파라미터 설정 화면

(1) Name

과제의 이름(최대 30문자까지)을 입력한다.

(2) File

과제에 대응하는 회로 파일의 이름(.SCH 또는 .TSC)으로, (browse) 명령을 사용하여 원하는 회로 파일을 찾을 수 있다.

(3) Type

과제의 형태(Selection, DC problem, AC problem, Troubleshooting)를 지정한다.

(4) Options

- **Advisor** : 조언자를 사용할 경우에(대응하는 조언이 있는 경우) 체크박스를 체크한다.
- **Selection** : 옵션으로 제공된 선택형이 DC/AC/Troubleshooting 문제들과 함께 사용될 수 있을 때 체크박스를 체크한다.

2. 고장수리 과제의 파라미터

고장수리(Troubleshooting) 문제에 대해서 아래와 같은 파라미터를 설정할 수 있다.

(1) "Faults enabled" ON by default

Faults enabled 스위치의 초기 상태에 대한 파라미터(On/Off)를 설정할 수 있다.

(2) "Faults enabled" locked

이 체크박스를 체크하여 학생이 “Faults enabled” 스위치의 상태를 바꾸지 못하도록 할 수 있다. 체크하지 않았다면, 학생은 “양호(good)”와 “틀린(bad)” 회로의 버전 사이를 전환할 수 있다. 체크하였다면 학생은 이전의 스위치(디폴트로 “Faults enabled” ON)에 의한 상태에서만 회로 연구를 할 수 있다.

(3) Faulty circuit

폴트 회로는 1~15 사이의 수 또는 가변 랜덤(Random)이 될 수 있다. 이는 단순히 숨겨진 회로의 버전 수이다. 만일 가변 랜덤이 선택되었다면, 프로그램은 각 학생들이 불규칙하게 다른 폴트 회로를 선택할 것이다. 기존 문제에 대응하는 회로 버전 수를 사용해야 한다. 만일 여기에 틀린 수가 입력되면 TINA는 Random을 선택할 것이다.

(4) Circuit editing

회로 편집을 활성화/비활성화한다. 회로 편집이 활성화되면 학생은 배선과 미터기들을 삭제하거나 배치할 수 있고, 실세계 고장수리를 시뮬레이션할 수 있다. 또한, 학생은 폴트 소자를 재배치하기 위해 TINA에서 편집메뉴의 다시하기 명령을 사용할 수 있다.

여러 유형의 문제들은 임의로 하나의 문제 집합으로 통합될 수 있지만, 한 집합에 포함되는 문제의 수는 15개 이하로 한다. 이것은 문제 설명 파일에 대한 통상적인 명칭을 만드는데 도움이 된다. 예를 들면, [year][class][date of test][group].EXA의 이름으로 만든다.

8-4 TINA와 TTask의 활용

TINA는 별도의 저작 시스템을 사용하지 않으면서 독특하고 유용한 방법으로 문제의 구성과 풀이를 지원한다. 시험 관리자(보기메뉴의 시험 관리자)의 도움으로 정상적인 해석 모드나 측정 모드에서 TINA를 사용하여 문제들을 만들고 시험될 수 있다. 이 방법으로 준비된 문제들은 연습이나 시험 모드에서 어떤 변경이 없이 쉽게 사용된다. 이들 모드에서 문제가 사용될 때, TINA는 학생의 해를 평가하지만 표시하지 않는 대신에 정답과 비교할 것이다. 연습/시험 모드에 있는 동안, 학생은 해를 검사하거나 구하는데 TINA의 해석과 측정 지원을 모두 사용할 수 있다. 이것은 일반적인 저작 시스템보다 훨씬 더 유연성이 있다.

I. TINA의 시험 관리자

시험 관리자는 [그림 8-6]과 같이 도면 편집기의 보기 메뉴로부터 활성화된다. 시험 관리자의 임무는 교수가 회로에 폴트를 삽입하고, 선택형 해를 위한 답항 작성 및 주어진 문제에 대한 힌트(조언)를 만들어서 문제 풀이 과제를 준비하는데 도움을 주는 것이다.

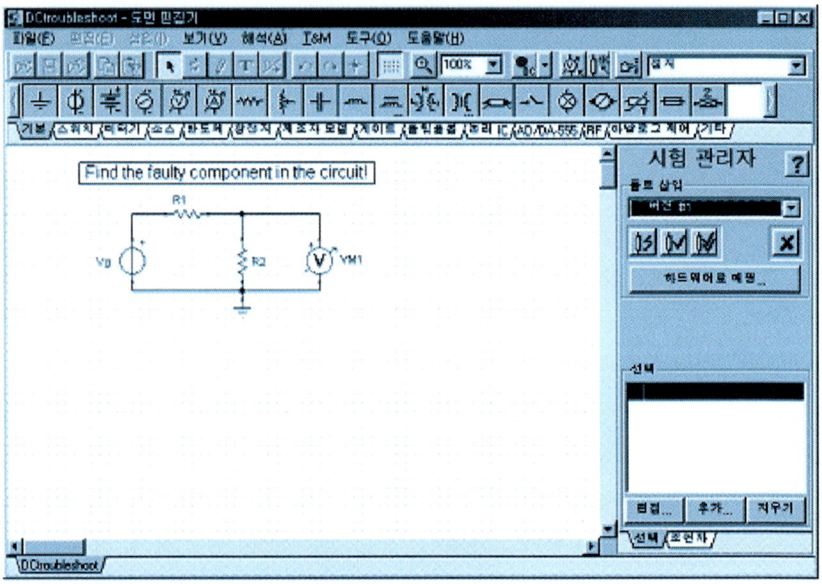

그림 8-6
시험 관리자는 도면 편집기의 보기 메뉴로부터 활성화된다.

(1) 폴트 관리(Fault Management)

폴트 관리 패널은 폴트를 삽입하고 제거할 수 있도록 한다. 폴트를 삽입하기 전에 폴트를 포함시키는 회로의 새로운 버전을 생성해야 한다. 이를 위해서 현재 회로 목록 상자로부터 사용하지 않은 버전을 선택한다. 또, 삭제 버전 버튼을 눌러서 현재 버전을 삭제할 수 있다(기본 회로는 삭제할 수 없다).

- 폴트 삽입하기

- 폴트를 삽입하고자 하는 버전을 선택한다.
- 삽입 폴트 버튼을 클릭한다. 커서 모양은 폴트 삽입 모드에 있다는 것을 표시하는 형태인 스크루드라이버로 변할 것이다.
- 폴트를 삽입하기를 원하는 부품을 클릭한다. 그러면 부품 속성 편집

기가 나타날 것이다.

- 부품에 변경 내용을 만든다(일반적으로 한 부품에 하나의 파라미터 만을 변경하는 것으로 제한해야 한다). 준비가 완료될 때 OK를 누른다. 부품은 폴트 상태를 표시하기 위해서 색상을 바꿀 것이다.

● **폴트 회로 부품을 원래의 버전으로 되돌리기**

- 원래로 되돌리기 버튼을 클릭한다. 커서는 지금 복귀 모드에 있음을 나타내는 모양으로 바뀐다.
- 원래의 버전으로 복귀하고자 한다면 폴트 회로의 해당 부품을 클릭한다. 폴트(특히 색상이 있는) 부품만을 클릭한다. 부품의 색상이 원래로 되돌아온다.
- 현재 버전에 있는 모든 부품들을 원래 버전으로 되돌리기 위해서 모두 되돌림 버튼 을 누른다.

만일 여러분이 가상실험의 회로를 위한 TINALab 테스트 카드를 가지고 있다면, 하드웨어로 매핑의 대화상자를 통해서 여러 회로 버전을 하드웨어로 매핑한다. 이 대화상자를 활성화하기 위해서 하드웨어로 매핑 [하드웨어로 매핑...] 버튼을 누른다.

(2) 선택형 관리

한 문제에 대한 여러 답항을 준비하기 위해서 선택 관리 패널을 사용한다. 학생은 시험/연습 모드에서 이 선택형 답항들 중에서 하나를 선택할 수 있다.

DC와 AC 문제에서 TINA는 실제로 해 문자열(solution string)을 해석하여 정답을 매번 결정한다. 이것은 해 해석기 구문에 따라서 해를 선택해야 한다는 것을 의미한다.

또 다른 문제의 유형에 대해서 선택형 편집기 대화상자에서 분명하게 정답을 지정해야할 것이다. 물론, 정답으로 하나의 답만을 선정할 수 있다. 이는 선택 목록에서 "■"으로 표시될 것이다.

새로운 선택 항을 추가하기 위해서 [추가...]버튼을 누른다. 그러면, 선택 편집 대화상자가 나타날 것이다. 여기서 **"이것이 정답입니다."** 를 체크하여 정답을 지정할 수 있으며, 체크하지 않으면 정답으로 지정하지 않는 것이다. 이미 추가된 선택을 편집하기 위해서 [편집...]버튼을 누른다. 그러면, 추가의 경우와 동일한 편집 대화상자가 나타날 것이다. 해를 지우기 위해서 그 항을 하이라이트로 만들고 [지우기]버튼을 누른다.

학생들에게 목록이 제시될 때 TINA는 목록들이 불규칙하게 재배열되므로, 답항들을 입력하는 순서는 문제가 되지 않는다.

(3) 조언 관리자

학생을 위한 힌트를 마련하기 위해서 [그림 8-7]과 같이 조언자를 사용할 수 있다. 조언의 각 항목은 페널티를 수반하거나 수반하지 않을 것이다. 만일 페널티가 있다면 학생들의 점수는 감점될 것이다(득점과 페널티는 모두 퍼센트로 채점된다.)

조언 관리자의 상단 우측 모서리는 현재 조언의 수와 총 조언의 수를 표시한다. 여러분은 왼쪽과 오른쪽 화살표를 사용하여 조언 사이를 이동할 수 있다. 조언의 순서는 중요하다. 조언이 시험 관리자에서 배열될 때와 같은 순서로 학생이 조언을 접근할 수 있기 때문이다.

조언 목록의 끝에 새로운 조언을 추가하기 위해서 추가 버튼 을 누른다. 그러면, 조언 편집기 대화상자가 나타날 것이며, 이 대화상자에서 조언과 페널티(%)를 입력할 수 있다.

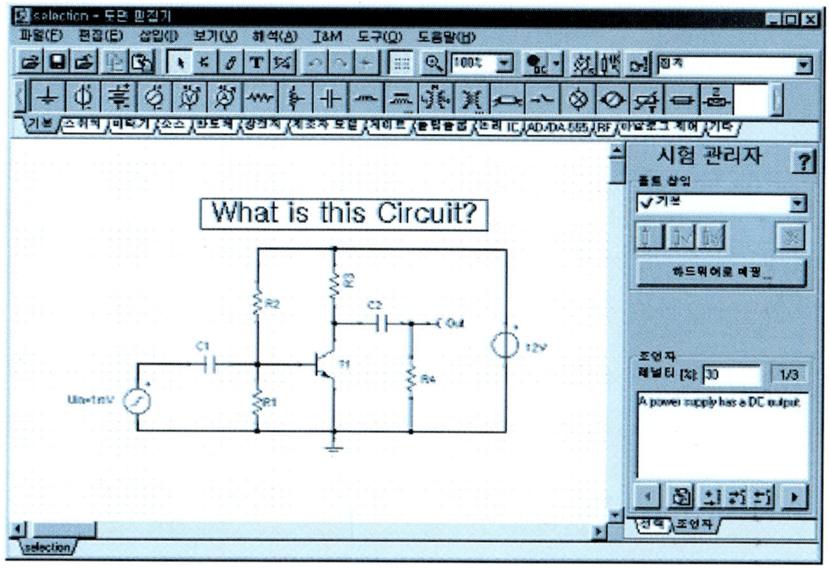

그림 8-7
조언자를 사용하여 힌트를 마련할 수 있다

현재 조언 앞에 새로운 조언을 삽입하기 위해서 삽입 버튼 을 누른다. 그러면 추가 버튼을 눌렀을 경우와 동일한 조언 편집기 대화상자가 나타날 것이다.

현재의 조언을 지우기 위해서 삭제 버튼 을 누르고, 현재의 조언을 편집하기 위해서 편집 버튼 을 누른다.

2. 일반적인 고려사항

문제들을 포함하고 있는 파일(.TSC 파일 또는 .SCH 파일)은 TINA 디렉토리나 그 서브디렉토리 중의 하나에 위치되어야 한다. 동일한 문제 집합에 대응하는 파일들은 별도의 서브디렉토리에 문제 설명자 파일(.EXA)로 되어 있어야 한다. 그러나, 만일 고장수리가 데이터 포획 카드(data acquisition card)와 관련되어 이루어진다면, 이 회로들의 SCH 파일들은 MEAS_SCH 서브디렉토리에 위치되어야 한다.

모든 파일(문제들의 파일과 문제 집합을 포함해서)은 공유가 되어야 한다. 그 이유는 다음과 같은 명령 중의 하나를 사용해야 하기 때문이다.

Novell 3.x:

FLAG *.* S RO SUB

Novell 4.x:

FLAG *.* +SH /S

WindowsNT:

CACLS *.* /e /t /p <username>|<groupname>:c

참 고

여러분의 NT 시스템의 설정에 따라서 모든 사용자(〈username〉)가 CALCS 명령을 사용하여 별도로 접근하는 것을 제공해야 하거나, 자동적으로 적절한 권리를 가지게 되는 회원 그룹(〈groupname〉)에 권리를 제공할 수 있어야 한다.

교수는 두 가지 형태로 문제들을 취할 수 있다. 하나의 형태는 정답이 단위와 함께 수치로 주어지는 것이고, 두 번째의 경우는 정답이 선택형 목록으로부터 선택될 수 있어야 한다.

학생은 교수에 의해서 제어되는 내용과 조언자의 도움을 따를 수 있다. 문제의 구성은 일반적으로 TINA의 동작 모드에서 이루어지고, 문제 집합들은 TTask에 의해서 컴파일된다.

3. 조언자를 사용하여 작업하기

조언자 힌트 상자에 완전히 일치되는 문자를 사용한다. 또한, 주어진 문제에 대한 모든 힌트의 퍼센트의 합이 100을 초과할 수 없다. 그리고 0%의 힌트는 학생들이 페널티가 없이 힌트를 얻을 수 있다는 것을 의미한다.

선택형의 DC와 AC 문제들에서 힌트들은 메인 회로에 위치되어야 한다. 그 이유는 숨겨진 회로들은 역할을 하지 못하기 때문이다. 고장수리 문제에서 힌트들은 폴트를 포함하고 있는 회로 버전에 있어야 한다. 이들 회로에서 일련의 힌트들은 각 폴트에 첨부될 수 있다.

학생이 TTask를 사용하여 특정한 문제에 관한 힌트에 접근하지 못하도록 교수는 항상 조언자를 비활성화한다.

TINA에서 다음과 같은 문제 풀이 모드가 있다.

(1) 선택형

이 모드에서 TINA의 해석 함수들은 역할을 하지 못하고, 단지 하나의 정답만을 선택한다. 연습/시험 모드에서 답항들은 순서대로 나타나지 않을 것이며, 답항들은 텍스트 파일로 주어진다. 답항이 7개 이상을 제공하지 않도록 한다. 더 많은 텍스트(질문, 힌트 등)나 보충설명 그림들은 직접 문제의 회로 다이어그램에 배치되는 것이 더 유용하다.

(2) DC 문제

프로그램은 해석 메뉴/DC 해석/동작점 계산 명령을 실행하고, 그 결과를 학생들의 답과 비교할 것이다. TINA는 측정 계기에 의해서 표시된 값에 대해서 질문을 할 것이다. 현재 버전은 한번에 단지 하나의 계측기만을 취급하므로, 여러분의 문제들은 단지 하나의 계측기로 한정된다. 단

위는 계기의 유형에 따라서 결정된다. 즉,

전압계 또는 전압 탭 : 볼트[V]

전류계 또는 전류 흐름 : 암페어[A]

임피던스계 : 옴[Ω]

전력계 : 와트[W]

DC 문제들은 선택형으로 취할 수 있다. 만일 선택형 메뉴가 한 문제와 관련된다면, 수치적인 답을 요청하는 대신에 선택형 답이 나타날 것이다. 프로그램은 정답을 결정하기 위해서 각 답항의 문자들을 해석하므로, 구문과 의미적으로 모두 선택형 메뉴의 정답이 TINA에 의해서 기대되는 답과 정확하게 일치해야 한다. TINA는 문자의 답항들을 체크하고 있으므로, 정답을 지정할 필요가 없다. 반드시 정확한 단위를 입력하여야 하고, 만일 문제를 바꾼다면 대응하는 문자를 바꾸어야 한다.

(3) AC 문제

DC 문제의 경우처럼 프로그램은 미터기에 보이게 되는 값을 요구한다. 그러나, 학생은 크기와 위상각을 갖는 복소 형태로 답을 제공해야 한다. TINA는 특정한 주파수에서 해석/AC 해석/노드 전압 계산 명령을 실행하고, 주파수는 바꾸어질 수 없다. TINA는 문제를 푸는 동안에 이 주파수를 사용하므로, 문제를 만들 때 주파수가 설정되어야 한다.

각주파수(ω)가 전통적으로 회로 공식에 사용되지만, TINA는 Hz 단위의 주파수 데이터를 요구한다. 두 단위와 관련되는 잘 알려진 공식은 $\omega = 2\pi f$이다. 예를 들어, $\omega = 1000$ radians/s가 예제에 사용되었다면, 해석에서 주파수는 159.1549Hz이다. 선택형 메뉴가 DC 문제에서 설명된 동일한 방법으로 AC 문제에서도 사용될 수 있다. 단지 차이점은 학생이 전압뿐만 아니라 위상에서 정확한 답을 선택해야 한다. 위상의 단위는 [deg] 또는 [°]이다.

(4) 고장수리

먼저, 교사는 고장수리가 컴퓨터 시뮬레이션으로 동작시킬 것인지, 실제 측정으로 동작시킬 것인지를 결정해야 한다. 만일 실제 측정이라면 교사는 적합한 테스트 장비를 제공해야 한다.

시뮬레이션과 측정이 동일한 회로에 사용될 때, 모델링과 실제 사이의 차 및 측정 과도현상 때문에 문제가 될 것이다. 예를 들어, 시뮬레이션이 지연이 없이 쉽게 회로 버전을 바꿀 수 있을지라도 측정 장비에서는 그렇게 사용될 수 없다. 한 예로써, 하나의 커패시터가 하나의 회로 버전에서 충전되었다면, 교환으로 인하여 그 커패시터는 전하를 그대로 유지하려는 경향이 있다. 이러한 영향으로 초래되는 오류는 신중하게 설계하여 피할 수 있다(예 이 예제에서 적합한 병렬 저항기를 사용한다).

- TINA에서 회로의 구성은 다음과 같은 단계로 구성된다

① 기준(무결점) 회로(기본#)를 그린다.

② 시험 관리자 패널에서 버전 #1 회로를 선택한다.

③ 폴트 삽입 버튼 을 사용하여 폴트를 삽입한다. 부품 값을 수정하거나 폴트 속성을 설정하도록 대화상자가 나타날 것이다.

④ 조언자 및 선택 텍스트를 추가한다.

⑤ 다른 폴트 버전을 만들기 위해서 위의 단계를 반복한다.

⑥ 버전들이 의도한 것처럼 동작하는지 입증하기 위해서 해석으로 검사한다. 이를 위해서 폴트 회로가 표시되어야 하고 양호한 회로와 폴트 회로 사이를 전환하기 위해서 해석 메뉴의 에러 삽입 스위치1이 사용되어야 할 것이다. Off 상태에서 정상 회로만이 해석되고, On 상태에서 고장 회로만이 해석된다.

- **고장수리를 위한 회로의 구성에 관한 다음의 측면을 고려하자.**
  ① 최대 회로의 수는 16개이므로 가능한 폴트 버전의 최대 수는 15개이다.
  ② 학생의 어려움을 최소로 하기 위해서 해석 파라미터들을 적절하게 설정하여야 한다. 기준과 폴트 회로 버전들이 동일한 해석 파라미터들을 모두 사용하도록 한다.
  ③ 학생들이 고장수리하는 동안 회로에 미터기와 도선을 배치하도록 허용한다.

원하는 조언자 문자(힌트)가 폴트(숨겨진) 회로 버전에 위치되어야 한다. 학생들이 폴트가 있는 곳을 선택하여 선택 옵션을 사용하도록 할 수 있다. 이를 위해서 표시된 하나의 오류 설명(선택) 라인을 각 폴트 회로 버전에 배치해야 한다. 덧붙여 몇 개의 부가적인 선택 라인들을 기준 회로에 배치한다. 프로그램은 이 선들을 모두 모아 혼합하여 학생이 연습/시험 모드에서 선택하게 되는 하나의 집합 형태로 표시한다.

4. TTask 프로그램을 사용한 프로그램의 집합 구성

TTask는 TINA의 연습/시험 모드를 위해서 문제를 컴파일하는 유틸리티이다. TTask와 그 보조 파일들은 TINA 설치 프로그램에 의해서 TINA 디렉토리에 자동적으로 설치된다.

TINA의 연습/시험 모드에서 학생들은 문제의 집합을 풀도록 요청을 받는다. 각 문제 집합은 .EXA 확장자를 갖는 파일로 저장된다. 이 파일과 대응하는 문제들은 TINA 디렉토리의 별도 서브디렉토리에 저장되어야 한다.

(1) TTask 실행

윈도우즈 98 시작 메뉴를 이용하여 프로그램\TINA Pro for Windows – Workstation\Tina – examination을 선택하거나 TTask 아이콘을 더블 클릭하면 [그림 8-8]과 같은 파라미터 추출기 창이 나타난다.

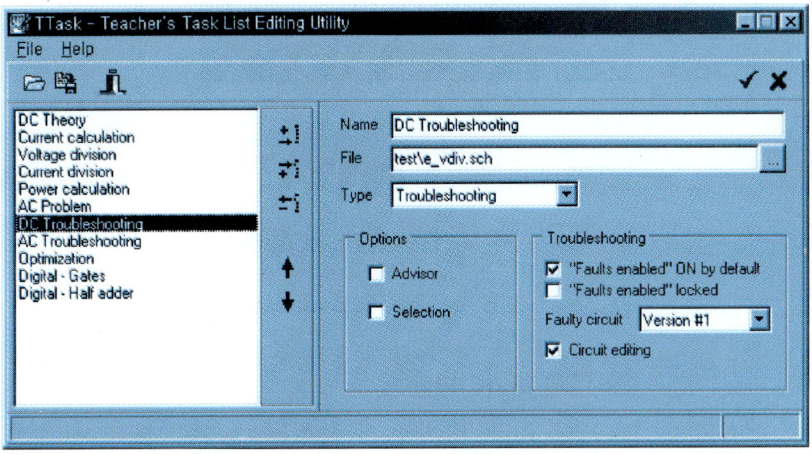

과제 목록 패널(Task List Panel) 과제 편집 패널(Task Editing Panel)

그림 8-8
파라미터 추출기 창

기존 문제 집합을 수정하기 위해서 File 메뉴의 Open 명령을 사용한다. 일단 문제 설명 파일(.EXA)을 열면, 과제 목록 패널이 문제 집합에 포함된 문제 이름을 나타낼 것이다. 어떤 한 문제를 선택할 때(과제 목록 패널에서 그 이름을 클릭하여), 과제 편집 패널에서 선택된 문제의 파라미터들을 보게 될 것이다. 이들 파라미터들은 이하의 절에서 설명될 것이다. 또한, File 메뉴의 New 명령을 사용하여 새로운 문제 집합을 생성할 수 있으며, 이때 빈 과제 목록 패널이 나타날 것이다. 추가 명령 버튼 을 사용하여 새로운 항목을 생성하고 문제 파일 이름(.SCH 또는 .TSC), 문제 이름, 그리고 일부 더 많은 파라미터들(이하의 소절에서 설명)을 지정한다.

지금의 문제가 완료될 때 문제 집합으로 다시 저장하기 위해서 저장하기 버튼 을 클릭하거나, 나가기 버튼 을 눌러서 나타난 [그림 8-9]의 대화상자에서 "예(Y)" 버튼을 누른다. 만일 최종 변경을 사용하지 않고자 한다면, "아니오(N)" 버튼을 눌러서 변경을 버릴 수 있다.

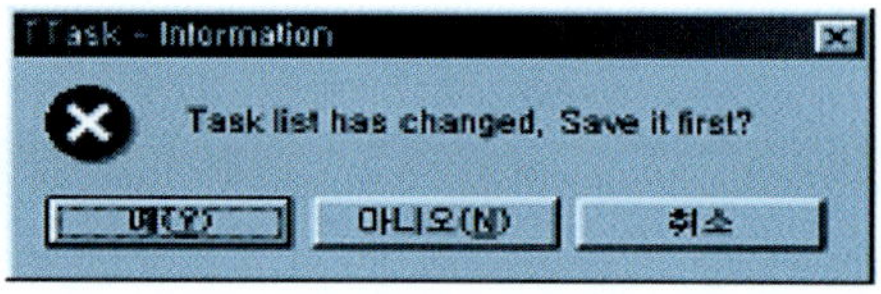

그림 8-9
저장확인 대화상자

TTask의 동작은 간단하고, F1 키를 눌러서 상세한 Help를 이용할 수 있다. TTask 창의 맨 아래 선(상태선)에서 명령과 다른 유용한 정보들이 주어진다.

(2) 문제 파라미터들

- 과제 편집 패널
  - **Name** : 30문자를 넘지 않는 문자열이 될 수 있다. 문제 이름은 문제에 대한 실마리로 주어지거나(1. Ohm's law) 또는 더 일반적(Problem 1)으로 될 수 있다.
  - **File** : TINA로 만들어진 회로 파일의 이름(.SCH 또는 .STC 파일)이다. 이름은 TINA 메인 디렉토리에 대한 상대적인 경로를 포함할 수 있다.
  - **Type** : 선택형, DC, AC, 고장수리 중의 하나가 될 수 있다.

- 옵션 그룹
  - **Advisor** : 이 옵션을 선택하여 조언자의 사용을 허용한다. 물론, 조언자를 사용할 경우 필요한 힌트를 생성해야 한다.
  - **Selection** : 이 옵션을 선택하여 특정한 문제에 대한 선택 목록을

활성화/비활성화할 수 있다.

고장수리(Troubleshooting) 문제

- **"Faults enabled" ON by default** : Faults enabled 스위치의 초기상태에 대한 파라미터(On/Off)를 설정할 수 있다.
- **"Faults enabled" locked** : 이 체크박스를 체크하여 학생이 "Faults enabled" 스위치의 상태를 바꾸지 못하도록 할 수 있다. 이 체크박스를 체크하지 않았다면, 학생은 "양호(good)"와 "틀린(bad)" 회로의 버전 사이를 전환할 수 있다. 체크하였다면 학생은 이전의 스위치(디폴트로 "Faults enabled" ON)에 의한 상태에서만 회로 연구를 할 수 있다.
- **Faulty circuit** : 이것은 1~15 사이의 수가 될 수 있거나 가변 랜덤이 될 수 있다. 이는 단순히 숨겨진 회로의 버전 수이다. 만일 가변 랜덤이 선택되었다면, 프로그램은 각 학생들이 불규칙하게 다른 폴트 회로를 선택하도록 할 것이다. 기존 문제에 대응하는 회로 버전 수를 사용해야 한다. 만일 여기에 틀린 수가 입력되면 TINA는 랜덤을 선택할 것이다.
- **Circuit editing** : 회로 편집을 활성화/비활성화한다. 회로 편집이 활성화되면 학생은 배선과 미터기들을 삭제하거나 배치할 수 있고, 실세계 고장수리를 시뮬레이션할 수 있다. 또한, 학생은 폴트 소자를 재배치하기 위해 TINA에서 편집 메뉴의 다시하기 명령을 사용할 수 있다.

여러 유형의 문제들은 임의로 하나의 문제 집합에 통합될 수 있지만, 한 집합에 포함되는 문제의 수는 15개 이하로 한다. 이것은 문제 설명 파일에 대한 통상적인 명칭을 만드는데 도움이 된다. 예를 들면, [year][class][date of test][group].EXA의 이름으로 만든다.

8-5 TINA와 TTask의 응용 실습

위에서 언급한 것을 충실하게 익히기 위해서 개별적으로 연습할 수 있는 내용을 소개할 것이다. 그 내용의 순서는 다음과 같다.

- TINA을 사용하여 4개의 문제를 생성한다.
- TTask을 사용하여 별개의 문제들을 하나의 문제 집합으로 모은다.
- TINA와 TSUPER를 사용하여 시험 부분을 준비하고 시작하여 결과를 얻는다.

TINA의 TEST 서브디렉토리는 문제 집합을 저장하는 이상적인 위치이다. 여기서는 혼잡성을 피하기 위해서 4A-2003-04-07-Basic Electronics라고 하는 서브-서브디렉토리를 생성하기로 결정한다(4A는 학습 ID, 2003-04-07은 시험 일자, Basic Electronics는 과정명을 나타낸다). 이 디렉토리에 도면 파일과 과제 목록을 모두 저장할 것이다. 이것은 단지 하나의 관습상의 명칭으로서, 여러분이 가장 적합한 관습상 명칭을 만드는 것이 편리하다.

이하의 절에서 각 문제와 더불어 자체적으로 문제 집합을 생성하는 것을 보일 것이지만, 필수적인 사항은 아니다. 먼저 TINA을 사용하여 문제를 생성할 수 있고, 그 다음 TTask를 사용하여 문제 집합(과제 목록)을 생성할 수 있다.

TINA와 TTask 아이콘을 더블 클릭하여 시작하자. TINA가 시작될 때, 보기 메뉴로 가서 시험 관리자를 클릭하면 화면의 오른쪽에서 시험 관리자를 볼 수 있다. TTask에서 File메뉴의 New 명령을 사용하여 새로운 문제 집합을 시작한다. 문제 집합(여전히 빈)을 EXAM.EXA의 이름(또는 원하면 어떤 다른 이름)으로 G:\TINAPRO\TEST\4A-2003-04- 07-Basic Electronics 디렉토리에 바로 저장하는 것이 나중에 저장하기 위해서 단지 Save 버튼만 누르면 된다.

I. 선택형

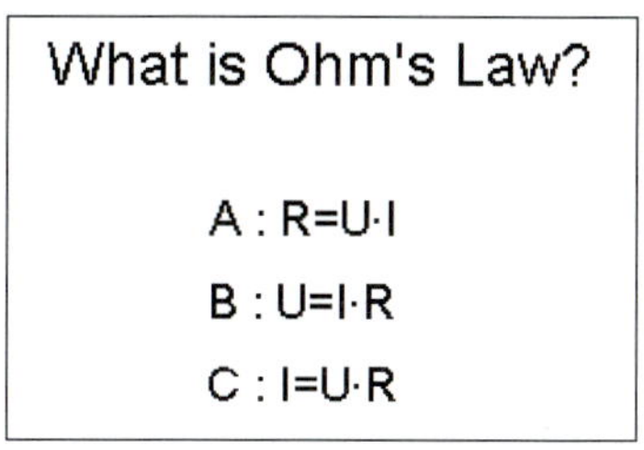

그림 8-10
선택형 문제의 예

(1) TINA

파일 메뉴에서 새 파일 명령을 실행한다. 삽입 메뉴의 문자 명령을 사용하여 문자 “What is Ohm′ law?”를 입력한다. 문자를 화면의 중앙에 적절하게 위치되도록 한다.

시험 관리자에서 선택 탭으로 가서 추가... 버튼을 누른다. 인용부호 없이 U=I*R을 입력하고 “이것이 정답입니다.”를 체크한다. 추가... 다시 버튼을 누른 다음 R=U*I를 입력하고, "이것이 정답입니다."를 체크하지 않는다. 버튼을 한번 더 누르고 I=U*R을 입력하고 "이것이 정답입니다." 체크박스를 체크하지 않고 다시 나온다.

이 점에서 질문에 대한 설명을 더 추가하기 위해서 회로에 문자, 그래픽, 심지어 회로 소자를 추가할 수 있다. 또한, 선택적으로 조언자 문자를 추가할 수 있다.

문제의 편집을 종료하였으면, G:\TINAPRO\TEST\4A-2003-04-07-Basic Electronics \OhmsLaw.TSC로 회로를 저장하기 위해서 파일 메뉴의 저장 명령을 사용한다.

(2) TTASK

과제 추가 버튼 을 누른다. 과제 목록 패널에서 새롭게 추가된 과제를 선택하면, TTask는 과제 편집 패널에서 과제 파라미터들을 표시할 것이다.

Name 칸에 인용부호 없이 "Ohms Law"를 입력한다. File 칸에서 생략 버튼을 클릭하고 TINA에서 방금 저장한 OhmsLaw.TSC를 선택한다. File 편집 상자에서 파일의 상대적인 경로만(TINA 디렉토리에 대해서) 보게 될 것이다. 이는 TINA가 자동적으로 홈 디렉토리를 경로의 시작으로 하여 추가하기 때문이다. 이것은 모든 연습/시험 도면 파일이 TINA 디렉토리 또는 TINA의 서브디렉토리 중의 하나로 위치되어야 한다는 것을 의미한다.

Type을 Selection으로 설정한다. 만일 회로에 조언자 힌트들을 포함하고, 학생들이 이 힌트에 접근할 수 있도록 하고자 한다면 조언자 체크박스를 체크한다. 그리고 Selection 체크박스를 체크하고 저장 버튼 을 누르면, 파일명 EXAM.EXA에 저장된다. TTask를 빠져 나온다.

2. DC 문제

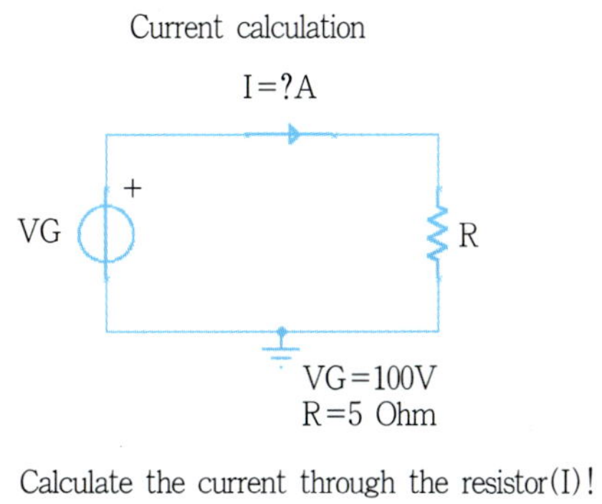

그림 8-11
DC 문제의 예

(1) TINA

파일 메뉴의 새 파일 명령을 실행한다. 지금 [그림 8-11]과 같은 회로를 구성하기 위해서 대개 삽입과 편집 메뉴의 명령을 사용한다. 문장 "Calculate the current through the resistor(I)!"를 추가한다. 회로에 "VG=100V"와 "R=5 ohm" 문장을 포함하면 학생들이 이 값들을 스스로 조사하지 않아도 될 것이다. "Ohm's Law"의 문자는 조언(힌트)으로 고려하기 때문에 추가하지 않는다.

특별한 주의가 필요한 하나의 특정한 부품이 전류계이다. TINA는 전류계에 의해서 표시될 값을 계산하지만, 연습/시험 모드(TINA가 정상적인 모드에 있을 때)에서 표시되지 않을 것이다. 대신에 TINA는 이 값을 학생이 입력한 값과 비교할 것이다. 따라서, 이 값은 어떤 명백한 수(예, 3.75)로 확실하게 만드는 것이 좋은 생각이고, 1.66666666...과 같은 입력하기 어려운 값으로 만들지 않는 것이 좋다. 이 유형의 문제들에 대해서(DC와 AC), 회로에 한 개의 미터만 있을 수 있다는 것에 유념하는 것이 중요하다. TINA는 이 미터의 값을 요구할 것이다.

시험 관리자에서 조언자 탭으로 가서 추가 버튼을 누른다. [그림 8-12]

평가 편집 대화상자에서 인용부호 없이 "Use Ohm's law"을 입력하고, 페널티 상자에 10을 입력한다. 따라서 지금, 학생이 조언을 요청할 때 첫 번째 힌트에 대해서 10%의 페널티가 부가될 것이다(학생들을 위해서 경고 대화상자가 나타날 것이다).

그림 8-12
평가 편집 대화상자

다시 추가 버튼 을 누르고 평가와 페널티 상자에 각각 "Ohm's law is : U=I*R"과 40을 입력한다. 한번 더 추가 버튼 을 누르고 "I=VG/R"과 35를 각각 입력한다. 지금 모든 힌트를 사용한 후에 학생들은 정답을 입력한 것에 대해서 100-10-40-35=15% 점수를 얻을 것이다. 이 점에서 질문에 설명을 더 추가하기 위해서 회로에 문자와 그래픽(그러나, 회로 소자는 아님)을 부가할 수 있다.

이 문제의 편집을 완료하였으면, 파일 메뉴의 저장 명령을 사용하여 회로를 G:\TINAPRO \TEST\4A-2003-04-07-Basic Electronics\DC.SCH에 저장한다.

(2) TTASK

과제 추가 버튼 을 누른다. 과제 목록 패널에서 새롭게 추가된 과제를 선택하면, TTask는 과제 편집 패널에서 과제 파라미터들을 표시할 것이다.

Name 칸에 인용부호 없이 DC Problem을 입력한다. File 칸에서 생략 버튼을 클릭하고, TINA에서 방금 저장한 DC.TSC 파일을 선택한다.

Type을 DC problem으로 설정한다. Option 메뉴에서 Advisor 체크박스를 체크하고, Selection 체크박스를 체크하지 않는다. 이 작업을 저장한다.

3. AC 문제

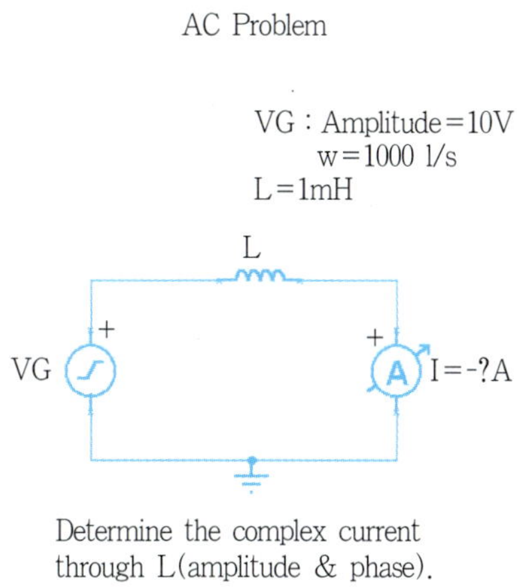

그림 8-13
AC 문제의 예

(1) TINA

파일 메뉴의 새 파일 명령을 실행한다. 이제, [그림 8-13]과 같은 회로를 구성하기 위해 대개 삽입과 편집 메뉴의 명령을 사용한다. 전류계에서 10A와 -90°를 얻기 위해서 전압 발생기를 신중하게 취급해야 한다. 즉, DC level을 0으로 설정하고, Signal을 사인파, 신호 편집기에서 진폭을 10V, 주파수를 159.15494Hz(159.15494Hz*2*PI=1000 1/s), 위상을 90°로 설정한다. 이 점에서 질문을 더 설명하기 위해서 문자, 그래픽(그러나, 회로 소자는 아님)을 회로에 추가할 수 있다.

이 문제의 편집을 완료하였으면, 회로를 G:\TINAPRO\TEST\4A-2003-04-07-Basic Electronics\AC.TSC에 저장하기 위해서 파일 메뉴의 저장 명령을 사용한다.

(2) TTASK

과제 추가 버튼 을 누른다. 과제 목록 패널에서 새롭게 추가된 과제를 선택하면, TTask는 과제 편집 패널에서 과제 파라미터들을 표시할 것이다.

Name 칸에 인용부호 없이 AC Problem를 입력한다. File 칸에서 생략 버튼을 클릭하고, TINA에서 방금 저장한 AC.TSC 파일을 선택한다.

Type을 DC problem으로 설정한다. Option 메뉴에서 Advisor 체크박스를 체크하지 않는다(만일 체크하여도 문제는 없지만, 회로에 어떤 조언(힌트)을 가지고 있지 않다면, 이것을 off하는 것이 좋은 습관이다). Selection 체크박스를 체크하지 않는다. 이 작업을 저장한다.

4. 고장수리

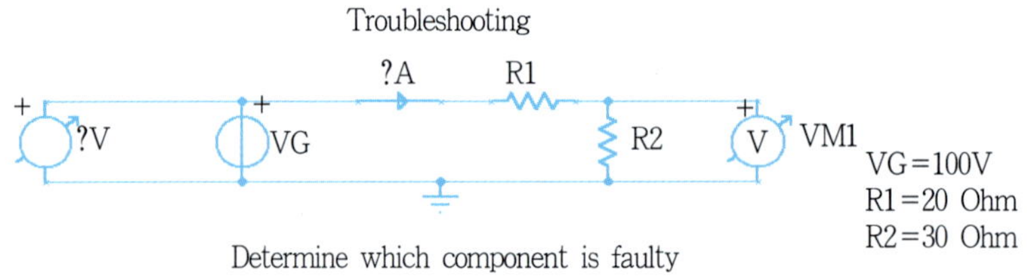

그림 8-14
고장수리 문제의 예

(1) TINA

파일 메뉴의 새 파일 명령을 사용한다. 지금 [그림 8-14]와 같은 회로를 구성하기 위해서 대개 삽입과 편집 메뉴의 명령을 사용한다. 계속하기 전에 TINA의 해석 특징을 사용하여 기대하는 것과 같은 회로 동작을 확실하게 한다. 3단계로 즉, (a) 좋은 회로 설계, (b) 좋은 회로 미세-조정(디버그), (c) 폴트 추가로 고장수리 회로를 설계하는 것이 좋은 생각이다.

만일 이 회로를 위해서 적절한 테스트-카드를 가지고 있다면, 이제 기본 버전을 위한 폴트 발생기 스위치를 설정하기 위해 하드웨어로 매핑 대화상자를 사용한다.

이 점에서 질문을 더 많이 설명하기 위해서 문자, 그래픽(그러나, 회로 소자는 아님)을 회로에 추가할 수 있다.

지금 하나의 폴트를 삽입하자. 시험 관리자의 폴트 삽입으로 가서 현재 회로 목록으로부터 Version #1을 선택한다. 모든 편집 기능들은 비활성화되었다는 것에 유념하자. 기본 버전을 제외하고는 어떤 버전의 회로를 편집할 수 없다. 폴트 삽입 버튼 을 클릭한 다음 R1을 클릭한다. Fault 파라미터를 Short로 설정하자. 지금, 이 회로에 대해서 적절한 테스트-카드를 갖고 있다면, 폴트 발생기 스위치를 적절하게 설정하기 위해서 하드웨어로 매핑 대화상자를 사용할 것이다.

위의 단계를 반복하여(현재 회로를 새로운 버전으로 설정하는 것으로부터) 원하는 추가 폴트들을 생성할 수 있다. 이 문제의 편집을 완료하였다면, 회로를 G:\TINAPRO\TEST\ 4A-2003-04-07-Basic Electronics\Trouble.TSC에 저장하기 위해서 파일 메뉴의 저장 명령을 사용한다. 이제 TINA를 나갈 수 있다.

(2) TTASK

과제 추가 버튼 을 누른다. 과제 목록 패널에서 새롭게 추가된 과제를 선택하면, TTask는 과제 편집 패널에서 과제 파라미터들을 표시할 것이다.

Name 칸에 인용부호 없이 Troubleshooting을 입력한다. File 칸에서 생략 버튼을 클릭하고, TINA에서 방금 저장한 Trouble.TSC 파일을 선택한다.

Type을 Troubleshooting으로 설정한다. Option 메뉴에서 Advisor와 Selection 체크박스를 체크하지 않는다. 학생들이 문제를 열 때 폴트 동작을 보게 하는 방법으로 "Faults enabled" ON by default 체크박스를 체크한다. "Faults enabled" 체크박스를 체크하지 않는다. 따라서 학생은

"양호"와 "나쁜" 회로 버전 모두를 학습할 수 있다. Faulty circuit를 Version #1로 설정한다(방금 생성한 폴트 버전). Circuit editing을 체크하지 않는다. 따라서 학생들에게 미터기를 회로에 부가하지 못하도록 한다.

이 과제와 전체 저작 프로젝트를 수행하였으므로, 작업을 저장하고 TTask를 나간다.

5. 시험기간의 준비와 시작

이제 문제 집합을 준비하였고, 시험기간을 수행하기 위한 시간이다. 연습이나 시험 모드 양쪽에서 TINA를 사용하는 것은 아니다.

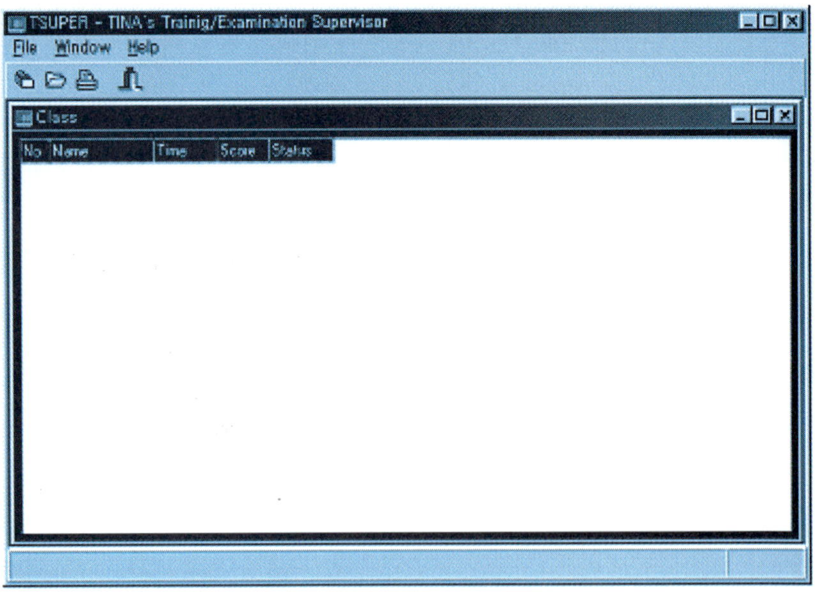

그림 8-15
TSUPER의 화면

TSUPER 아이콘을 더블 클릭하거나 시작 메뉴에서 TSUPER를 선택하여 [그림 8-15]와 같은 창을 갖는 TSUPER를 시작할 수 있다. 이 창에서 File 메뉴의 Delete All 명령을 실행한다.

File 메뉴의 Startup settings를 선택하면 [그림 8-16]과 같은 대화상자가 나타난다. 이 대화상자에서Normal과 Training mode를 체크하지 않고, Examination mode를 체크한 다음 OK를 누른다. 이 방법은 TINA가 단지 /EXAM 스위치로 시작될 수 있음을 의미한다.

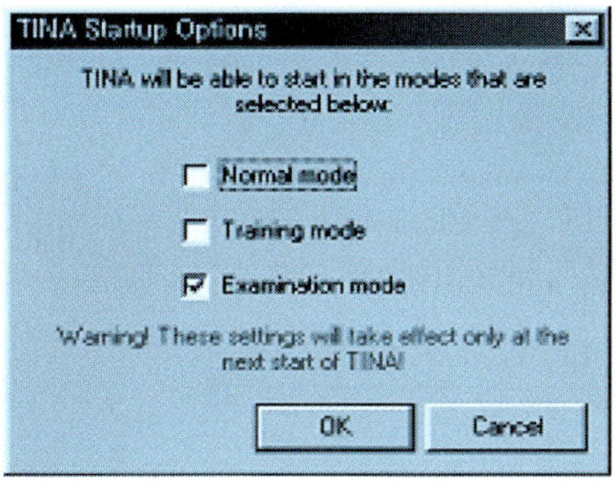

그림 8-16
시작 설정 대화상자

File 메뉴의 Evaluation 명령을 사용하면 [그림 8-17]과 같은 대화상자가 나타나며, 이 대화상자에서 이번에 평가할 규정을 정한다. 학생들이 TINA를 시작하기 전에 고려해야 할 몇 가지 사항들이 있다(대개 컴퓨터 시스템/네트워크 관리자에 의해서).

- 학생들이 G:\TINAPRO\EXAM 디렉토리에 쓰기를 허용해야 한다.
- 학생들이 TTask와 TSUPER 프로그램을 실행하지 못하도록 한다.
- 학생들이 TINA 디렉토리 트리에서 파일들을 수정하지 못하도록 한다(EXAM 서브디렉토리를 제외).

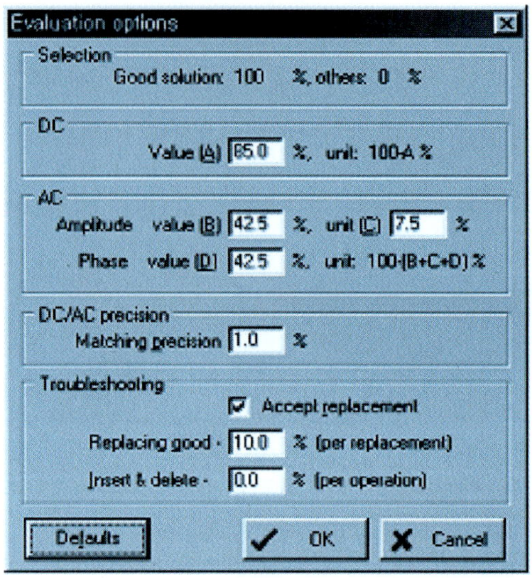

그림 8-17
평가 옵션 대화상자

지금, Tina-examination icon을 클릭하거나 시작 메뉴로부터 적절한 옵션을 선택하여 자신들의 워크스테이션을 이용하여 시험 모드에서의 TINA를 시작하도록 학생들에게 요청할 수 있다. 그러면 [그림 8-18]과 같은 시험모드 로그온 대화상자가 나타날 것이다. 여기에 학생은 각각 자신의 이름을 입력해야 한다.

그림 8-18
시험 모드 로그온 대화상자

지금 디폴트 디렉토리로서 G:\TINAPRO\TEST(물론 셋업에 따라 G:\TINAPRO)에서 [그림 8-19]와 같은 "예제/시험 파일 열기" 대화상자가 나타날 것이다. 학생들은 "4A-2003-04- 07-Basic Electronics" 서브 디렉토리 안에 있는 "EXAM.EXA" 파일을 열어서 OK를 누른다.

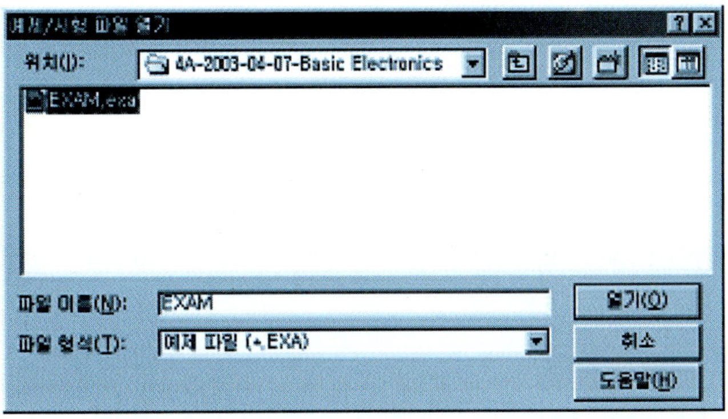

그림 8-19
예제/시험 파일 열기 대화상자

지금, 학생들은 문제에서 작업할 수 있으며, 교수는 [그림 8-20]과 같은 TSUPER의 Class 창을 통해서 학생들을 감시할 수 있다.

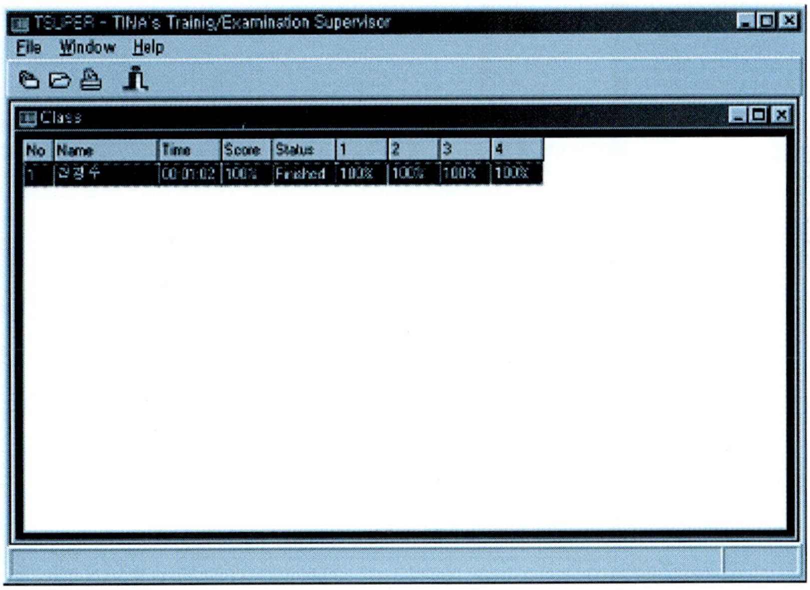

그림 8-20
교수는 TSUPER의 Class 창을 통해서 학생을 감시할 수 있다.

시험 기간이 끝나면 모든 학생들은 자신들의 시험 결과를 적절하게 종료하기 위해서 TINA로부터 파일 메뉴의 나가기 명령을 사용한다. 이 기간 후에 모든 학생들의 상태가 TSUPER의 Class 창에서 Status가 "Finished"로 변경될 것이다.

지금 교수는 [그림 8-21]과 같이 Class 창에서 해당 학생을 더블 클릭하여 각 학생들의 결과를 상세히 볼 수 있고, 학생들의 상세한 창이 활성화되는 동안에 Print 버튼을 눌러서 출력할 수 있다.

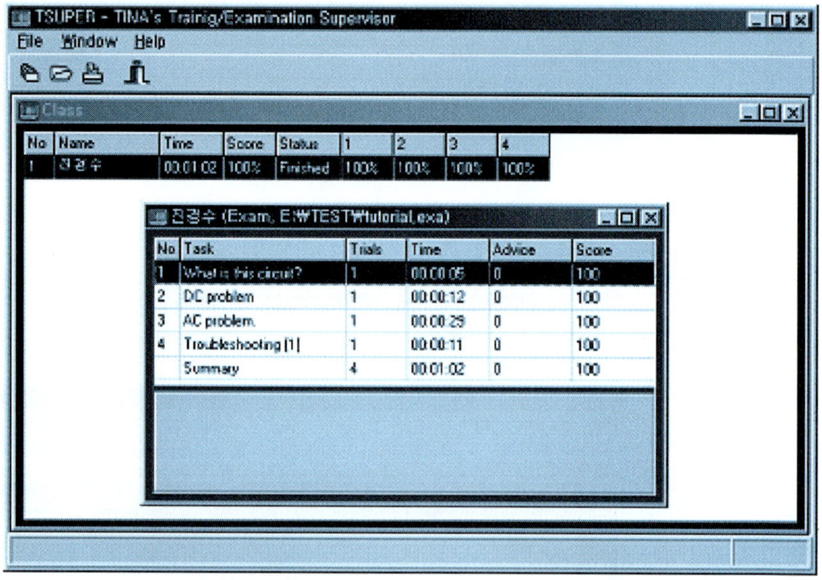

그림 8-21
Class 창에서 한 학생을 더블 클릭하면 해당 학생의 결과를 상세히 볼 수 있다.

시험이 종료된 후, 시험 결과를 보관하는 것이 좋은 생각이다. G:\TINAPRO\EXAM 디렉토리에 있는 파일들을 백업 위치로 복사하여 간단히 수행할 수 있다. 이때, 개인비밀 유출을 고려하여 결과를 공개적으로 이용 가능한 디렉토리에 복사하지 않는다. 결과를 플로피나 비밀 사적 네트워크 디렉토리에 복사하는 것이 최상이다.

제 9 장
TINA의 TSUPER 응용

9-1 TINA의 TSUPER 메뉴 구조

1. File 메뉴

파일 메뉴는 다음과 같은 명령을 포함한다.

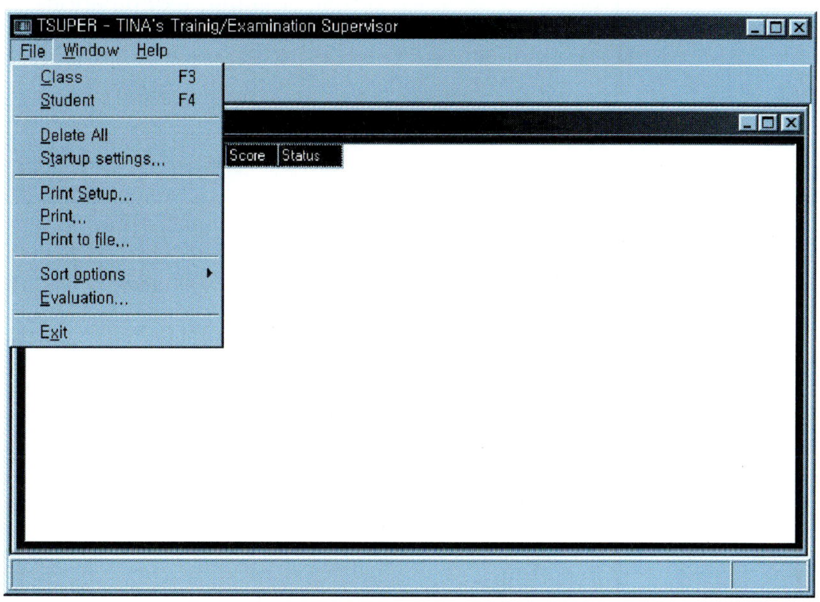

그림 9-1
파일 메뉴

(1) Class (F3)

Class 창을 표시한다.

(2) Student (F4)

Class 창이 열렸을 때만 이 명령이 활성화된다. Class 창에서 하이라이트된 학생에 관해서 Student 창이 표시된다.

(3) Delete all

이 명령은 모든 학생과 그들의 결과를 모두 지운다. 사실상, 그것은 EXAM 서브디렉토리로부터 모든 파일을 지울 것이다. 시험기간을 시작하기 전에 일단 이 명령을 사용하기를 권장한다.

(4) Startup settings

이 명령을 선택하면 [그림 9-2]의 대화상자가 나타나며, 여기서 TINA의 허용된 동작 모드(normal, training, examination)를 제어할 수 있다. 학생들은 이 모드들 중 선택되지 않은 모드로는 TINA을 동작시키지 못한다.

예를 들면, 만일 교사가 시험을 수행하고자 한다면 학생들이 제한된 기능에 접근할 수 없도록 TINA의 normal과 training 모드를 비활성화 하기를 권장한다. 이 경우에 여러분은 Normal과 Training을 체크하지 않아야 하고 Examination을 체크해야 한다.

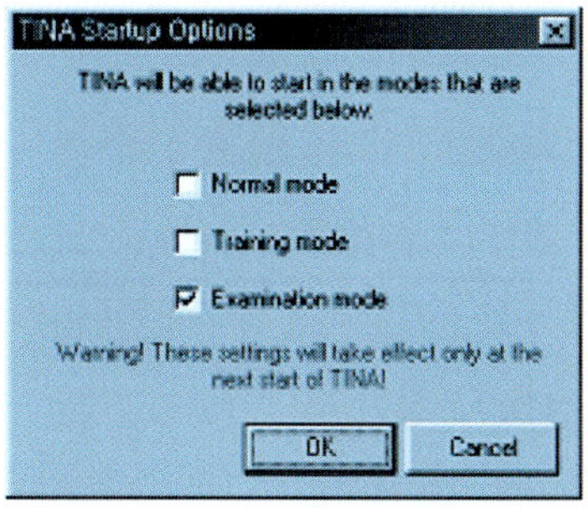

그림 9-2
시작 설정 대화상자

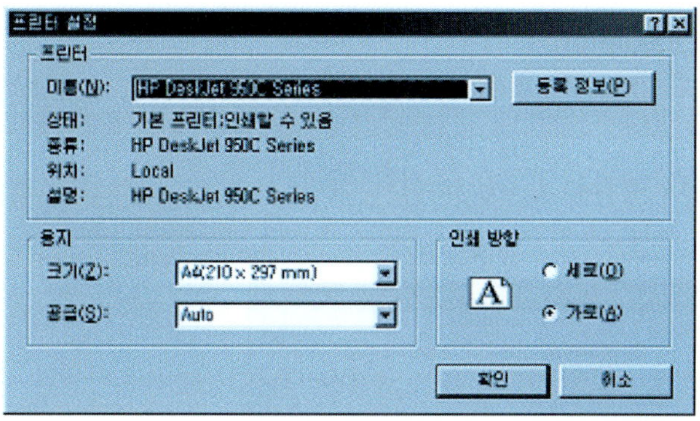

그림 9-3
표준 윈도우즈 프린터 설정 대화상자

(6) Print

이 명령은 프린터에서 현재 창의 내용을 출력한다. 만일 목록이 학급 또는 학생에 관해 요구된다면, 학급 창 또는 학생 창을 각각 선택하고 이 명령을 선택한다.

(7) Print to file

출력을 프린터로 보내는 Print 명령과 같은 작업으로, 출력을 프린터로 보내는 대신에 향후 처리하기 위해서 의도된 텍스트 파일로 저장시킨다.

(8) Sort options

학급 창에서 학생들의 순서는 이 서브메뉴에서 정의될 수 있다.

(do not sort)정렬하지 않는다.

- by Name : 알파벳 순서로
- by Score : 점수 순으로
- by Time : 경과시간 순으로
- by Result : 점수와 경과시간 순으로
- Ascending : 순서의 과정을 결정한다.
- Descending : 순서의 과정을 결정한다.

(9) Evaluation

각 형태의 문제에 대한 평가 모드는 이 명령에 의해서 지정될 수 있다. 디폴트 평가는 [그림 9-4]와 같다.

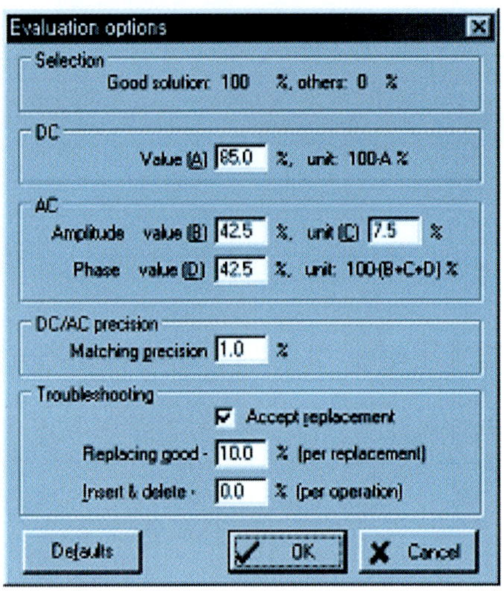

그림 9-4
평가 옵션의 디폴트 평가

- Selection :

  만일 해가 정확하다면 100%

  그렇지 않다면 0%

- DC problem :

  정확한 수치값에 대해서 85%

정확한 단위에 대해서 15%

- AC problem :

정확한 수치적 진폭에 대해서 42.5%

정확한 진폭 단위에 대해서 7.5%

정확한 수치적 위상에 대해서 42.5%

정확한 위상 단위에 대해서 7,5%

최적화의 경우에 DC 규정이 타당하다.

- DC/AC precision : (Matching precision 1%)

이 정밀도로 학생의 결과가 TINA에 의해서 계산된 충분한 결과와 일치되어야 한다.

- Troubleshooting

$$100 * \frac{F-G}{S}\% - R\% - E\%$$

F : 발견한 폴트의 수

G : 폴트로 간주한 정상 소자의 수

S : 폴트의 합

R : 정상 소자를 교체하는데 대한 페널티

E : 삽입과 삭제(편집)하는 것에 대한 페널티

- Default button : 이 버튼은 위의 설정을 디폴트로 다시 설정한다.

2. Window 메뉴

창 메뉴는 창을 조작하고 열기 위한 다음과 같은 명령을 포함한다.

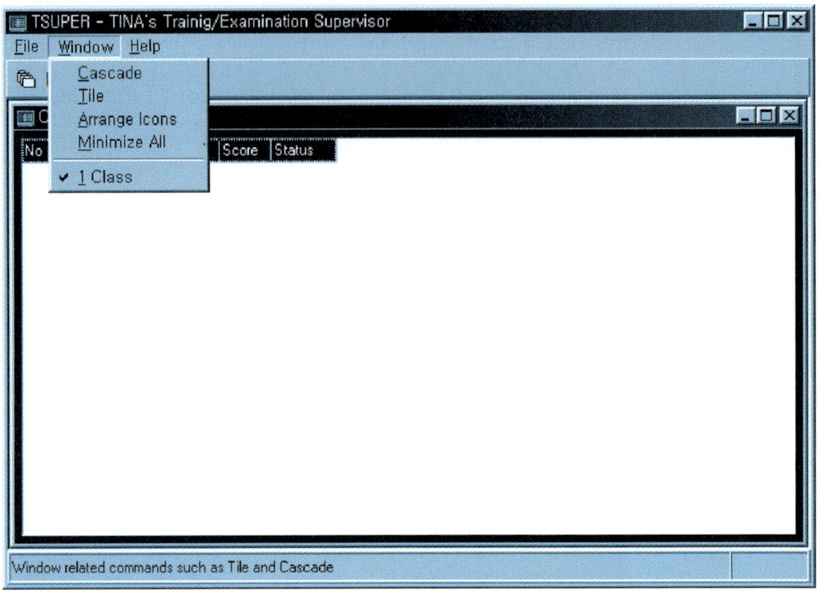

그림 9-5
Window 메뉴

(1) Cascade

창들을 이동하기 편리하게 각 창들의 타이틀 바가 보이도록 종이가 쌓인 것처럼 화면에 배치된다.

(2) Tile

창들이 서로 덮지 않도록 화면에 배치되고, 이용할 수 있는 공간을 채울 것이다.

(3) Arrange icons

최소화 창들이 TSUPER의 창의 밑 부분에 일렬로 정렬된다.

(4) Minimize all

열린 모든 창들을 최소화한다. 또한, 이 메뉴의 아래에서 현재 열린 창들의 목록을 찾을 수 있다. 원하는 적절한 창을 활성화하기 위해서 이 라인들 중의 어떤 하나를 클릭할 수 있다.

3. Help 메뉴

(1) Help

이 메뉴는 표준 도움 기능을 포함한다.

(2) Contents

메인 도움 쪽을 연다.

(3) Topic search

도움 체제의 색인에서 탐색하도록 한다.

(4) How to use help

도움 체제를 사용하는 방법을 설명한다.

(5) About

대화상자가 저작권과 버전 정보와 함께 나타난다.

그림 9-6
TINA TSUPER의 저작권과 버전에 관한 정보

9-2 TINA의 TSUPER Class 창

이 창은 [그림 9-7]과 같은 열을 갖는 테이블이다.

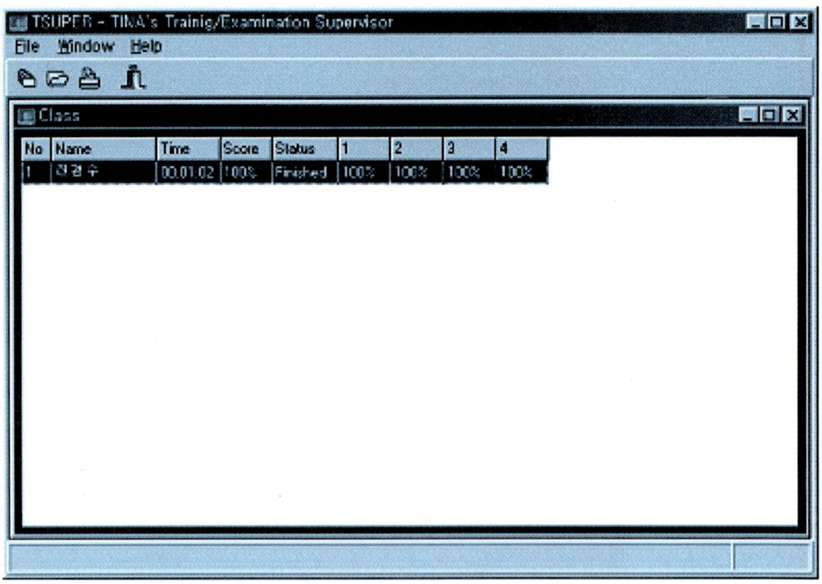

그림 9-7
TINA TSUPER의 Class 창

- 학생들의 일련번호(No.)
- 학생들의 이름(Name)

- 경과시간(Time)
- 총 점수(%) (Score)
- 상태(작업중/완료/오답) (Status)
- 각 문제의 점수(%)

학생들의 순서는 정렬 옵션 메뉴에 의해서 변경될 수 있다.

만일 화면에 표시될 수 있는 것보다 더 많은 학생들이 있다면 수직 스크롤 바가 목록 사이를 이동하는데 도움이 될 수 있다. 엔터를 누르면 하이라이트된 학생들의 창이 화면에 나타난다. 만일 화면에 표시될 수 있는 더 많은 열(즉, 과제들)이 있다면 수평 스크롤 바를 사용한다.

9-3 TINA의 TSUPER Student 창

[그림 9-8]의 학생 창에서 정보는 학생에 의해서 수행된 작업을 받아들인다. 학생들의 이름은 창의 타이틀에 나타난다. 다음의 열들이 이 창에 있다.

- 과제의 일련번호(No.)
- 과제명(Task)
- 앞선 시도의 수(Trials)
- 경과시간(Time)
- 조언자의 가중 인자(%) (Advice)
- 얻은 점수(Score)

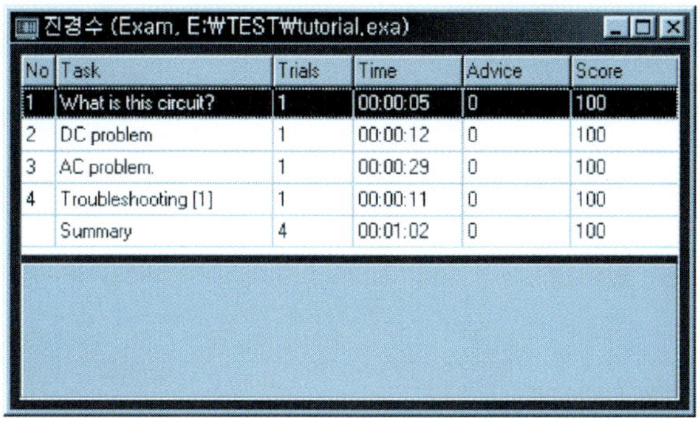
진경수 (Exam. E:₩TEST₩tutorial.exa)

No	Task	Trials	Time	Advice	Score
1	What is this circuit?	1	00:00:05	0	100
2	DC problem	1	00:00:12	0	100
3	AC problem.	1	00:00:29	0	100
4	Troubleshooting [1]	1	00:00:11	0	100
	Summary	4	00:01:02	0	100

그림 9-8
TINA TSUPER의 학생 창

테이블의 마지막 줄은 통계를 포함한다. 문제 집합의 이름뿐만 아니라 동작 모드(연습이나 시험 모드) 또한 타이틀에 표시된다.

화면에 표시되는 것보다 더 많은 과제가 있다면 수직 스크롤 바가 목록 사이를 이동하는데 도움이 된다. 만일 테이블이 창에 맞추기에 너무 넓다면 수평 스크롤 바를 사용한다.

학생 창의 아래 부분은 DC와 AC 문제의 경우에 제출된 해를 보이는데 사용된다.

9-4 TINA의 TSUPER 활용

TSUPER 유틸리티를 사용하여 교수는 연습/시험 과정을 감독(모니터)할 수 있다. Novell 네트워크를 사용하여 프로그램은 실시간(온라인)으로 동작하므로, 교수는 모든 학생들을 동시에 추종할 수 있다. 하나의 워크스테이션이 사용될 때, 학생들의 작업이 연습/시간 기간 후에(오프라인) TSUPER를 사용하여 평가될 수 있다.

I. TSUPER의 설치와 실행

TSUPER와 그 보조 파일들은 TINA 설치 프로그램에 의해서 TINA 디렉토리로 자동적으로 설치된다. 프로그램은 TSUPER 아이콘을 더블 클릭하거나 시작 메뉴에서 TSUPER를 선택하여 시작할 수 있다.

프로그램을 시작한 후, 학생들의 목록을 갖는 Class 창이 화면에 나타난다. 특정 학생에 관한 상세한 정보를 포함하고 있는 창을 보기 위해서 학생을 더블 클릭하고 Student 창을 연다.

TSUPER의 동작은 간단하고 F1 키를 눌러서 이용 가능한 상세한

Help가 있다. TSUPER 창의 맨 아래 선에서(상태라인) 명령과 다른 유용한 정보가 주어진다.

2. 네트워크에서 TSUPER 사용하기

학생들의 결과(USRNAMES.LST and U*.RES)가 EXAM 서브디렉토리로부터 프로그램에 의해서 취해진다. EXAM 서브디렉토리 없이 프로그램은 실행할 수 없다. 테스트를 실행하기 전에 이 서브디렉토리는 삭제되어야 한다. 그렇지 않으면, 여기서 저장된 이전의 테스트 결과가 화면에 나타날 것이다. 이것은 TSUPER의 File|Delete All 명령으로 수행될 수 있다. File|Delete All이 EXAM 서브디렉토리를 삭제하기 위해서 사용될 때까지는 학생들이 작업을 시작하도록 허용하지 않아야 한다. 그렇지 않으면 삭제 이전에 얻어진 결과들이 잃어버리게 될 것이다.

File|Startup Settings 명령에 의해서 어떤 모드에서만 TINA가 실행하도록 임의적으로 제한할 수 있다. 3가지 이용 가능한 모드(Normal, Training, Examination) 중의 어떤 것을 체크하거나, 체크하지 않아서 TINA 동작을 활성화/제한할 수 있다. 시험 기간에 대해서 학생들이 회로 파일들을 조사하여 보고할 수 없도록 TINA를 시험 모드로만 동작(단지 이 옵션을 체크하여서)하도록 제한한다.

연습이나 시험기간 동안에 TSUPER와 관계없이 하드디스크에 계속적이면서 자동적으로 저장된다. 이것은 TSUPER가 데이터의 손실없이 어떤 시간 동안이나 기간 후에 시작되고 빠져 나올 수 있다는 것을 의미한다.

만일 결과들을 얻고자 한다면 EXAM 서브디렉토리의 전체 내용들이 적절한 기록 위치(예, 플로피 디스크)로 복사되어야 할 것이다. 관련된 문제늘(.SCH 파일)과 과제 목록(.EXA 파일) 역시 저장하는 것이 바람직하다.

3. TSUPER의 단일 사용자

학생들이 별도 워크스테이션이 네트워크에 연결되지 않고 작업하고 있을지라도 교사는 여전히 TSUPER를 사용할 수 있다. 이 경우에

- 각 워크스테이션은 EXAM 서브디렉토리를 가져야 한다.
- 연습/시험기간을 실행한 후에 TSUPER가 각 워크스테이션에서 TINA 디렉토리에서 시작되어야 한다.

그 다음에 네트워크를 갖는 TSUPER를 사용하기 위한 모든 제안이 이어진다. 이 경우에 결과들을 플로피 디스크에 저장하는 것은 위험하다. 왜냐하면, 각 워크스테이션에서 이름과 결과 파일(U1.RES과 USRNAMES.LST)들이 동일하기 때문이다. 단일 플로피 디스크에서 결과를 얻는 한 가지 방법은 플로피에서 다른 서브디렉토리에 각 워크스테이션의 데이터를 저장하는 것이다.

제 10 장
TINA의 연습 모드와 시험 모드 활용

교육적인 사용자를 위해서 TINA는 두 가지 특별한 모드를 가지고 있다. 시험 모드에서 학생은 전통적인 연필과 종이 방법이나 해석기와 해석 기능들을 사용하여 일련의 문제(문제 집합)들을 푸는 것이다. 학생이 답을 찾을 때 프로그램은 정답을 바로 교수의 기계로 보내지고, 교수 기계의 TSUPER 감독 유틸리티에 의해서 정답이 즉시 표시된다. 연습 모드는 TINA가 학생들의 답의 정확성에 관하여 항상 피드백을 제공하고 학생은 교수가 준비한 도움을 얻기 위해서 조언자(Advisor)로 돌아갈 수 있다는 것을 제외하고 시험 모드와 동작이 비슷하다.

10 - 1 TINA의 시험(EXAM)/연습(TRAIN) 모드

명령어 라인 스위치를 갖는 TINA를 실행함으로써 사용자는 특별한 교육자 모드 중의 하나로 TINA를 설정할 수 있다.

일반적인 형태 : TINA [모드 스위치] [파일 이름]

여기서, [모드 스위치] 는 /EXAM 또는 /TRAIN이다. 그리고 [파일 이름]은 문제 집합 표현 파일의 이름과 경로이다(.EXA 확장자). 이 파일은 TTask 프로그램을 사용하여 만들어진다. 그리고 연습/시험 선택에 따라 집합에서 문제들의 이름이 주어진다. 이 경로는 항상 TINA의 홈 디렉토리와 관련되어 있다. 즉, 표현 파일은 TINA 디렉토리(설치된 디렉토리) 또는 서브디렉토리 중의 하나에 존재해야 한다. 예를 들면, 표현 파일은 TEST_B.EXA라고 가정하고, 이것이 TEST라는 서브디렉토리에 존재한다고 하면 프로그램은 다음과 같은 명령어를 사용해서 시작된다.

TINA /EXAM TEST₩TEST_B 또는 TINA / TRAIN TEST₩TEST_B

편리한 사용을 위해 연습/시험 모드에서 프로그램을 시작하기 위해 TINA 프로그램에서 제공하는 두 개의 아이콘-Tina-training과 Tina-examination-이 있다.

TINA 프로그램 그룹에서 또는 윈도우 98아래 시작 메뉴 옵션을 선택하면 TINA는 표현 파일에 접근을 시도한다. 프로그램이 시작될 때 학생의 이름을 묻는다. 이것은 한글자 정도로 매우 짧아도 되지만 모든 이름을 쓰는 것이 가장 좋은 방법이다.

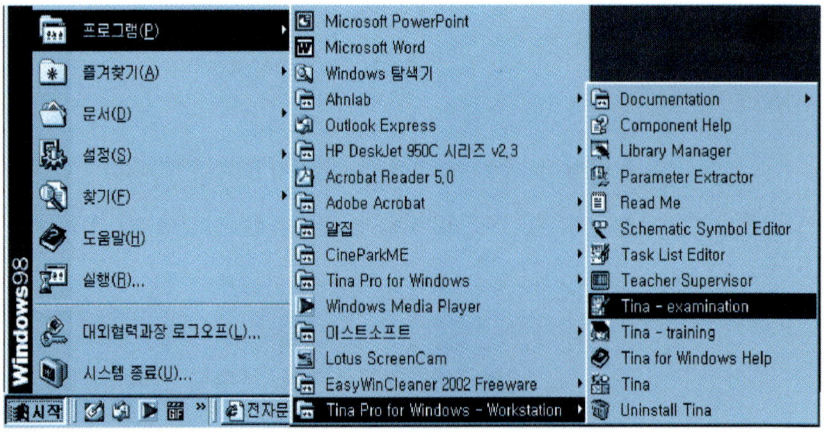

그림 10-1
TINA의 시험 모드 시작을 위한 메뉴

10-2 TINA 프로그램의 상태 정보

학생은 시험/연습 패널에서 과제 목록을 동작시키기 위해 프로그램을 선택할 수 있다. 과제 목록은 두 개의 열을 갖는다.

첫 번째 열은 프로그램에 대한 다음과 같은 상태 정보를 포함하고 있다.

- empty : 프로그램이 아직 시작되지 않았다.
- ? : 프로그램은 시작되었지만, 아직 대답이 주어지지 않았다.
- √ : 해답이 이미 주어졌다(프로그램은 이 해답이 맞는지 틀린지는 검사하지 않는다).

두 번째 열은 프로그램의 이름을 포함하고 있다.

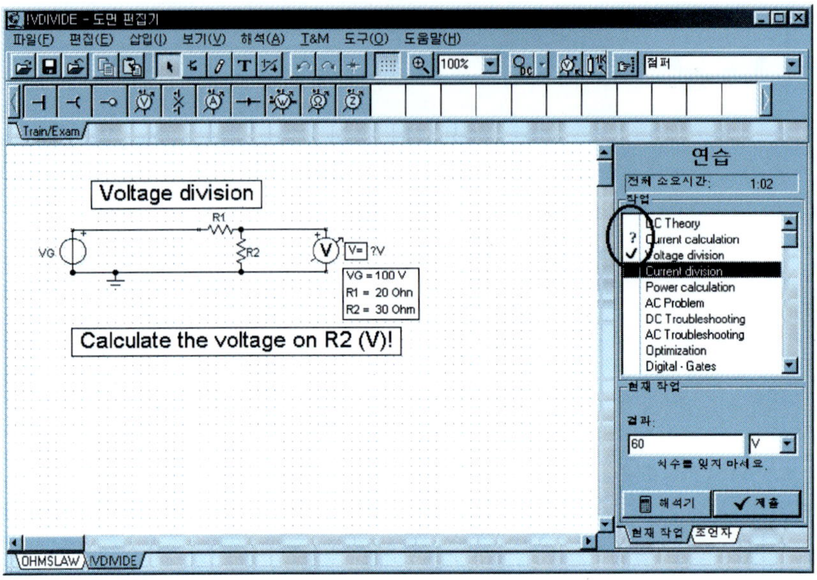

그림 10-2
프로그램의 상태 정보와 이름

10-3 TINA 프로그램의 문제 형태

프로그램은 선택형, DC와 AC 문제, 고장수리 등과 같은 문제 형태로 구분한다.

1. 선택형

이 문제 형태에서 학생은 선택 목록으로부터 정확한 답을 선택해야만 한다. TINA의 일반 함수를 사용할 수 없다.

2. DC와 AC 문제

DC와 AC 문제들은 유사하다. 그러나, AC 문제에서는 위상과 진폭 모두에 대한 해가 요구된다. 이 모드에서 명령어들 가운데 제한된 몇 개만 사용 가능하다.

3. 고장수리

이 모드에서 폴트가 회로에 삽입될 수 있고 학생들의 목적은 폴트 성분을 규명하는 것이다. 프로그램은 다양한 옵션을 허용한다. 교육자는 주어진 문제에 사용될 수 있도록 이 옵션을 조절할 수 있다. 가능한 것들은 다음과 같다.

(1) 회로 편집

선과 미터기의 삭제와 추가로 제한된다. 다른 부품들은 편집할 수 없다.

(2) 부품 교체

이 기능은 프로그램의 이 모드에서만 가능하다. 교체 명령어를 사용해서 이것을 활성화할 수 있다. 학생은 의심나는 부품을 교체해야만 하고 이것은 좋은 성능을 가진 것으로 교체될 수 있다.

(3) 해석

해석 메뉴는 손쉽게 문제를 발견하고 해를 구하는데 사용될 수 있다. 에러 스위치 삽입(해석|에러 삽입)은 여기에서 중요한 규칙이다. Off 상태에서 정상 회로만이 해석되고 On 상태에서 고장 회로만이 해석된다.

(4) 측정

측정은 해석 옵션에 대한 위의 설명과 유사한 방법으로 사용될 수 있다. 에러 스위치 삽입은 위와 같은 규칙을 갖는다.

10-4 TINA의 시험/연습 패널 활용

시험/연습 패널은 시험 또는 연습 모드에서 TINA가 시작될 때 자동으로 나타난다. 현재 모드(연습 또는 시험)가 패널의 맨 위에 표시된다. 아래쪽 모드 표시기는 전체 누적된 시간을 표시한다. 학생이 처음으로 작업을 선택했을 때 카운트가 시작된다.

해답을 주는 2가지 방법은 다음과 같다.

- 문제 형태에 따른 방법(예 타이핑, 포인팅 등). 이 장의 위에 설명해 놓았다.
- 복합 선택. 학생은 가능한 해의 목록을 나타내고 그 중 정확한 것을 선택해야 한다.

교육자는 학생이 대답을 요구하게 될 방법을 결정할 수 있다.

학생은 연속적으로 몇 개의 대답을 줄 수 있다. TSUPER 프로그램은 마지막 해만을 계산한다.

1. 작업 목록

학생은 작업 목록으로부터 작업을 선택할 수 있다. 작업 이름의 오른쪽의 지시자는 학생이 문제를 선택했지만 해를 구하는 시도를 하지 않은 경우에는 녹색의 물음표를 나타낸다. 학생이 해답을 제출했다면 붉은 색 체크 표시가 나타날 것이다.

2. 현재 작업

현재 작업 패널은 학생이 문제에 대한 해를 작성해서 제출할 수 있도록 한다. 이 패널의 구성은 문제 형태에 의존한다. 해석기 표준 버튼은 TINA의 해석기 구성을 불러온다. 제출 표준 버튼은 해를 확인하고 이것을 학생들 기록에 저장한다.

TINA는 정해진 형태로 된 이들 해답들을 보정한 것으로 받아들이기만 한다. 예를 들어 DC 문제에서 수학적 값과 단위들은 모두 보정된 것임에 틀림없다. 대답이 수학적/기호적인 표현이라면 보정 단위가 주어져야 한다. 연습 모드를 사용할 때 TINA는 대답을 확신시키거나 해가 어떻게 틀리다는 것을 학생들에게 말해줄 것이다(예를 들어, 단위가 빠졌다. 구문 문제 등).

현재 작업 패널 중 일부는 작업 형태에 따라 그리고 문제가 복합 선택 형태로 주어졌는지 아닌지에 따라 다양하다. 즉,

- 만약 문제가 복합 선택형으로 주어진다면 선택 가능한 목록이 표시된다. 학생들은 가장 중요한 것을 하나 선택해서 제출 버튼을 눌러야 한다.
- DC와 AC 최적화 문제에 대해 학생들은 결과와 단위를 제출해야 한다.
- 비최적화 종류의 AC 문제에서 진폭과 위상 두 값은 정해진 단위가 일

치해야 한다.

- 폴트 삽입 문제에 대해 두 개의 버튼이 사용 가능하다. 폴트를 선택하면 학생들이 폴트가 있다고 생각되는 부품을 지적할 수 있다. 교체는 선택된 부품을 폴트가 없는 부품으로 교체할 수 있다. 학생은 해를 제출하기 위해 제출 버튼을 눌러야 한다.

3. 조언자

조언자 패널은 교육자에 의해 주어진 힌트에 접근할 수 있다. 몇몇 조언 아이템은 권한을 요구하고 이 경우 학생은 권한 적용의 경고가 주어진다. 왼쪽, 오른쪽 화살표를 이용해 조언을 둘러볼 수 있다.

4. DC와 AC 문제에서의 주의점

학생이 제출 버튼을 누른 후에 TINA는 정확한 결과를 계산하고 학생의 해를 요구한다. 시험 모드에서 TINA는 단지 규정 검사만 한다(단위(치수)가 빠졌거나, 구문 오류 등). 연습모드에서 또한 단위(치수), 수학적인 값, 크기의 차수 등을 검사한다.

DC 모드에서 프로그램은 단지 한 개의 값을 요구한다. 이것은 일반적으로 미터기의 값이나 등가 부품(예 전류 방향)의 값이다.

AC 모드에서 요구된 값은 미터기의 값이지만 이것은 복소수 피크값이다. 진폭과 위상 모두의 값을 요구한다.

이것은 또한 기호 형태의 대답을 줄 수도 있다. 몇몇 예제가 아래에 있다.

해석기 버튼을 눌러서 해를 쉽게 구하기 위해 유용한 영역과 강력한 함수를 가진 해석기를 사용할 수 있다. 대답은 결과(해[단위])나 결과2(해

[단위], 해[단위]) 명령어를 사용해서 주어질 수 있다. 사용자는 또한 제출(해[단위]) 또는 제출2(해[단위], 해[단위])를 이용해 자동적으로 결과를 제출할 수 있다. 만약 결과 또는 결과2 명령어를 사용한다면 해를 제출하기 위해 수동으로 제출 버튼을 눌러야 한다.

주 의

- 단위는 드롭다운 단위 영역 안에서 정해져야 한다. 단위의 문자를 조심해야 한다. (예를 들어 암페어는 A이며 a가 아니다.)
- TINA는 AC문제에서 복소수 피크 값을 요구하며 유효값을 요구하지 않는다는 점을 기억해라.
- 위상은 도 또는 라디안으로 정할 수 있다. 이것의 단위는 각각 다음과 같다. [°] 나 [deg] 또는 [rad].
- 프로그램은 결과의 정확성에서 1%의 허용오차를 갖고 있다.

5. 문제 해결의 주의점

연습 모드에서 TINA는 답이 정확하다면 학생에게 알려준다. 프로그램은 얼마나 많은 부품이 교체됐고 삽입되었거나 지워졌는지를 보고한다. 교육자는 벌점의 근거로 이것을 사용할 수 있다.

10-5 TINA의 문제 해결

문제 해결은 파일 메뉴에서 나가기 명령어를 사용해서 TINA를 나가면 끝나게 된다. 학생은 어떤 사고에 의해서 갑자기 프로그램이 종료되지 않도록 주의해야 한다. 이것이 발생하면 이전의 옵션과 이름으로 TINA를 실행하고 중간에 끊겼던 곳에서부터 해를 계속 구해야 한다. TSUPER는 학생들의 점수를 2줄로 표시한다. 이들 점수들은 수동으로 요약할 수 있다.

제 Ⅱ 장

TINA의 시험/연습 패널 활용

시험이나 연습 모드에서 TINA를 시작할 때 시험/연습 패널이 자동적으로 나타난다. 현재 모드(연습이나 시험)는 화면 최상단에 표시된다. 전체 시간은 패널 이름 밑의 윈도우에 표시된다. 학생이 첫 번째 작업을 선택하면 카운트를 시작한다.

11-1 조언 관리

조언 관리 패널을 사용해서 학생들에게 현재 문제와 관련된 힌트를 줄 수 있다. 또한 힌트를 사용하는데 감점을 부여할 수도 있다. 학생이 감점을 갖는 힌트를 요구할 경우 학생의 최대 점수는 감점될 것이다(점수와 감점은 퍼센트로 측정된다).

조언 관리자의 위 오른쪽 부분은 현재 조언과 전체 조언의 수를 표시한다. 왼쪽과 오른쪽 화살표를 사용해서 이 조언들 사이를 이동할 수 있다. 조언 순서는 중요하다. 학생이 시험 관리자에서 요구되는 것들의 시퀀스에서만 이들에게 접근할 수 있기 때문이다.

조언 목록의 마지막에 새로운 조언을 추가하려면 추가 버튼을 누른다. 조언 편집기 다이얼로그가 나타날 것이다. 이 다이얼로그에서 조언과 감점(퍼센트)을 입력할 수 있다.

현재 조언 전에 새로운 조언을 삽입하려면 삽입 버튼을 누른다. 같은 조언 편집기 다이얼로그가 나타날 것이다.

현재 조언을 지우려면 삭제 버튼을 누른다.

현재 조언을 편집하려면 편집 버튼을 누른다.

11-2 TINA의 폴트 관리 패널 활용

폴트 관리 윈도우는 폴트를 삽입하고 제거할 수 있게 한다. 회로에 폴트 삽입하기를 선택하면 학생에게 교육 및 테스트 실험으로 설정할 수 있다. 회로의 부품에 폴트를 먼저 삽입한다. 그러면 각 폴트에 해당하는 질문과 힌트를 결합할 수 있다.

폴트를 삽입하기 전에 폴트를 포함할 회로의 새로운 버전을 만들어야 한다. 현재 회로 목록 상자로부터 사용되지 않는 회로 버전을 선택한다. 현재 버전을 지우려면 버전 지우기 버튼을 누른다(원래 회로는 지울 수 없다).

(1) 폴트 삽입

- 폴트를 삽입할 회로 버전을 선택한다(원래 회로에서 폴트를 삽입할 수 없다).
- 폴트 삽입 버튼을 클릭한다. 커서는 어떤 모양으로 바뀔 것이다.
- 폴트를 삽입할 부품을 선택한다. 부품 매개변수 편집기가 나타날 것이다.
- 폴트 윈도우를 클릭해서 나타나는 버튼을 다시 클릭한다. 폴트 형태를

선택하고 확인 버튼을 누른다. 일반적으로 주어진 부품의 하나의 매개변수보다 더 많은 수의 폴트를 넣지 않는다. 부품은 폴트 상태를 나타내는 색으로 바뀔 것이다.

(2) 폴트 부품을 다시 원래 매개변수로 복구

- 원래 상태로 복구 버튼을 클릭한다. 커서는 어떤 모양으로 바뀔 것이다.
- 다시 복구하고자 하는 부품(폴트를 갖고 있어야 하며, 특정한 색깔로 표시되어 있어야 한다)을 선택한다. 부품의 색은 원래 색으로 복구된다.

현재 버전에서 모든 부품을 다시 원래 버전으로 바꾸려면 모두 바꾸기 버튼을 누른다.

모의실험 회로에 대한 TINALab 테스트카드를 갖고 있다면 Map 폴트에서 하드웨어 다이얼로그에 걸쳐 다른 회로 버전을 하드웨어에 매핑해야 한다. 이 다이얼로그를 활성화하기 위해 하드웨어로 매핑 버튼을 누른다.

폴트 삽입

원래로 되돌리다

전부 되돌리다

버전 삭제

11-3 TINA의 선택 관리 패널 활용

선택 관리 패널을 사용해서 다수 선택 문제를 사용한다. 시험이나 연습하는 동안 학생은 정확한 것을 선택해야만 한다. 다수 선택 형태로 DC, AC 그리고 폴트 삽입 문제까지 만들 수 있다. 올바른 답으로는 단지 하나만을 지정해야 한다. 이것은 선택 ≫ 로 표시된다.

새로운 선택을 추가하려면 추가 버튼을 누른다. 선택 편집 다이얼로그가 나타날 것이다. "이것이 올바른 답이다." 영역을 체크해서 이것이 맞는 답인지 아닌지를 결정할 수 있다.

이전에 입력한 선택을 편집하기 위해서는 편집 버튼을 클릭한다. 같은 편집 다이얼로그가 나타날 것이다.

이전에 입력한 해를 지우기 위해서는 이것을 강조한 다음 지우기 버튼을 누른다.

이들 선택사항을 넣는 순서는 중요하지 않다. 왜냐하면 TINA는 학생에게 보여줄 때 이것들의 순서를 불규칙하게 보여주기 때문이다.

11-4 TINA의 해석기 활용

교육자는 이들 문제들을 학생들이 (IG^2)*R과 같은 심벌릭 형태로 대답할 수 있도록 설정할 수 있다. DC와 AC 문제에 대해 프로그램은 해답 스트링을 해석해서 대답이 옳은지를 결정한다. 물론 해답은 정확한 TINA 해석기 구문에서 주어져야만 한다. 다른 문제 형태의 경우에 선택 편집 다이얼로그에서 정확한 대답을 정해야 한다.

11-5 TINA의 조언자 패널 활용

조언자 패널은 학생들이 선생님에 의해 놓여진 힌트에 접근할 수 있게 한다. 조언을 실행하는데 감점이 있다면 학생은 이것이 나타나기 전에 감점이 된다는 경고문을 보게 될 것이다. 왼쪽과 오른쪽 화살표를 사용해서 힌트를 살펴볼 수 있으나 임의로 힌트에 접근할 수는 없다.

11-6 TINA의 현재 작업 패널 활용

학생은 현재 작업 패널을 사용해서 해답을 위치시키고 제출할 수 있다. 이 패널의 내용은 문제 형태에 따라 변한다. 대답이 해석기를 통해 주어질 수 있다면 학생은 해석기 버튼을 클릭하고 해답을 넣는다. 종종 대답이 정확한 단위를 갖는 숫자 형태(예 2k)로 주어지면 제출 버튼은 해가 유용한지 검사하고 이것을 학생 점수에 저장한다. 정확하게 받아지기 위해서는 결과들은 규정된 값이어야 한다(예 DC 문제에서 이것은 유용한 숫자 값이나 정확한 단위를 갖는 유용한 숫자/심벌릭 표현이어야 한다).

연습 모드에서 TINA는 학생들에게 대답이 정확한지 정확하지 않은지를 묻고 해에 문제가 있는 것에 대한 힌트를 준다(예를 들어 단위가 빠졌다, 구문 문제 등).

현재 작업 패널의 외관은 작업의 형태에 의존하고 선택에 의한 대답이 된다.

- 문제가 선택된 형태에 있다면 학생은 가능한 해답 목록을 볼 수 있을 것이다. 학생은 이 중에서 하나를 골라서 제출 버튼을 누른다.

- DC와 AC 최적화 문제의 결과가 이것의 단위는 정해져 있다.
- 비최적화 AC 문제에서 두 가지 값과 이들과 일치하는 단위들이 정해져 있다.
- 폴트 부품을 포함한 문제가 동작 중일 때 두 개의 버튼이 사용 가능하다. 폴트를 선택하면 학생이 폴트라고 여겨지는 부품을 지적한다. 교체 버튼을 사용해서 학생은 선택된 부품을 폴트가 없다고 확신하는 부품으로 교체한다. 이런 경우 역시 해를 제출하려면 제출 버튼을 눌러야 한다.

11-7 TINA의 작업 목록 선택

더블 클릭으로 작업 목록으로부터 작업을 선택할 수 있다. 작업 이름 왼쪽의 표시기는 학생이 문제에 접근했지만 해답을 구하려고 하지 않을 경우 녹색 물음표를 포함할 것이다. 학생이 해답을 보내면 해가 맞든 안 맞든 붉은색 체크 마크가 나타난다.

제 12 장
TINA의 문제 파일 생성과 설정

다음의 연습은 4가지 문제를 단계적으로 생성하고, 그 문제를 TINA의 연습과 시험 모드에서 사용하도록 설정한다.

12-1 TINA의 선택형 문제 생성

TINA를 시작하고 [그림 12-1]과 같은 회로(selection.tsc)를 생성한다.

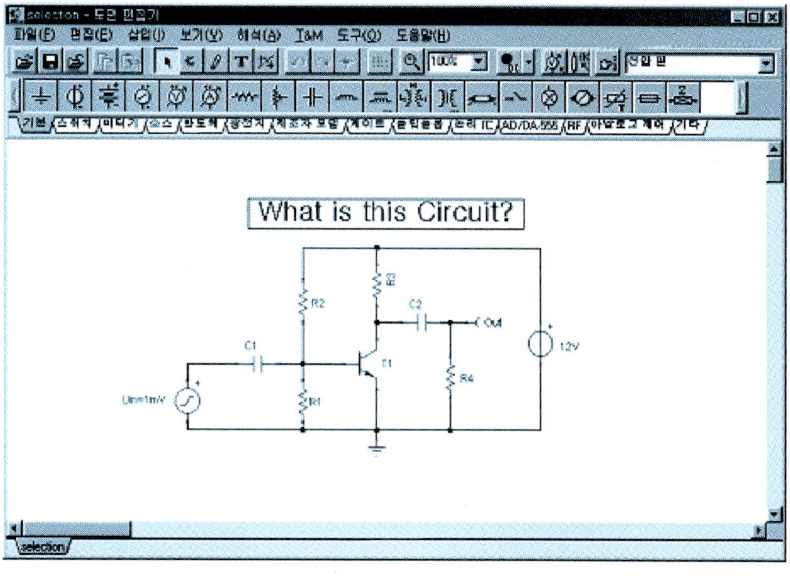

그림 12-1
선택형 문제의 회로

보기 메뉴에서 TINA의 시험 관리자를 불러오면 [그림 12-3]과 같이 도면 편집기의 오른쪽에 시험 관리자 창이 나타난다.

또 다른 선택을 추가하기 위해서 추가... 버튼을 누른다. 그러면 [그림 12-2]와 같은 선택 편집 대화상자가 나타나며, 여기에 원하는 문자(답항이 될 수 있는 내용)를 입력할 수 있다. 만일 이 선택이 바로 정답이라면, “이것이 정답입니다.”의 체크 박스를 체크한다.

그림 12-2
선택형 편집 대화상자

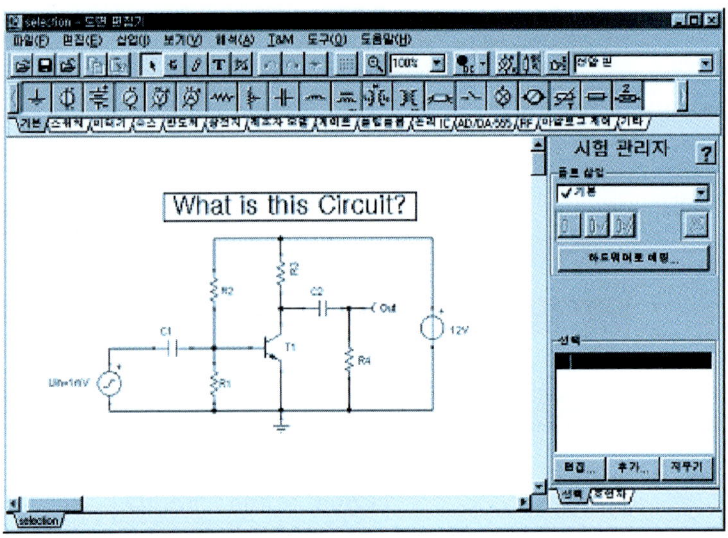

그림 12-3
TINA의 시험 관리자

이전에 입력한 선택을 편집하기 위해서 편집... 버튼을 누른다. 그러면 동일한 편집 대화상자가 나타날 것이다. 이전에 입력한 해를 삭제하기 위해서 그것을 하이라이트로 하고 지우기 버튼을 누른다. 3가지 다른 선택을 추가한 후에는 [그림 12-4]와 같은 화면이 된다.

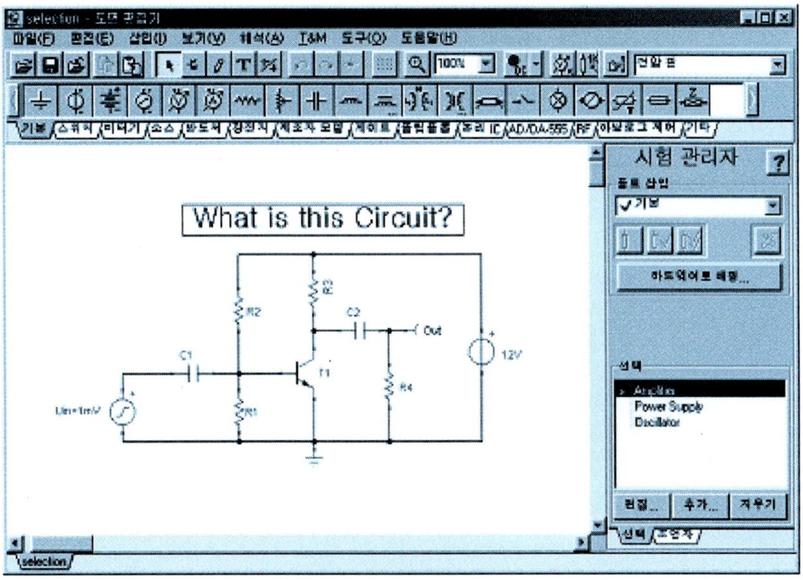

그림 12-4
3가지 선택형 답항의 생성을 완료한 경우

조언자(힌트) 관리 패널을 사용하여 힌트를 추가함으로써 학생들이 문제를 해결하는데 도움을 줄 수 있다. 만일 힌트를 포함할 때 힌트 사용에 대한 페널티를 할당할 수 있다. 페널티가 주어진 힌트를 요청하면 학생들은 얻을 수 있는 최대 점수에서 페널티만큼 감소된다. 점수와 페널티 모두가 퍼센트로 채점된다.

조언 관리자의 바로 오른쪽 코너에 현재 조언의 수와 조언의 총수가 표시된다. 왼쪽, 오른쪽 화살표를 사용하여 힌트 사이를 이동할 수 있다. 힌트의 순서는 학생이 시험관리자에서 힌트를 접근할 수 있는 순서이기 때문에 중요하다.

힌트 목록 끝에 새로운 힌트를 추가하기 위해서 조언자 탭을 선택하고 추가 버튼을 누르면 [그림 12-5]와 같은 조언 편집 대화상자가 나타날 것이다. 여기에 힌트와 페널티(%)를 입력하고 OK 버튼을 누른다. 그러면 [그림 12-6]과 같이 선택형 답항이 추가될 수 것이다.

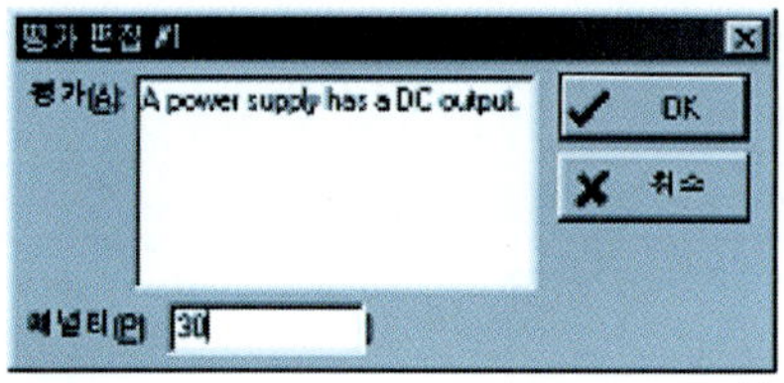

그림 12-5
조언 편집 대화상자

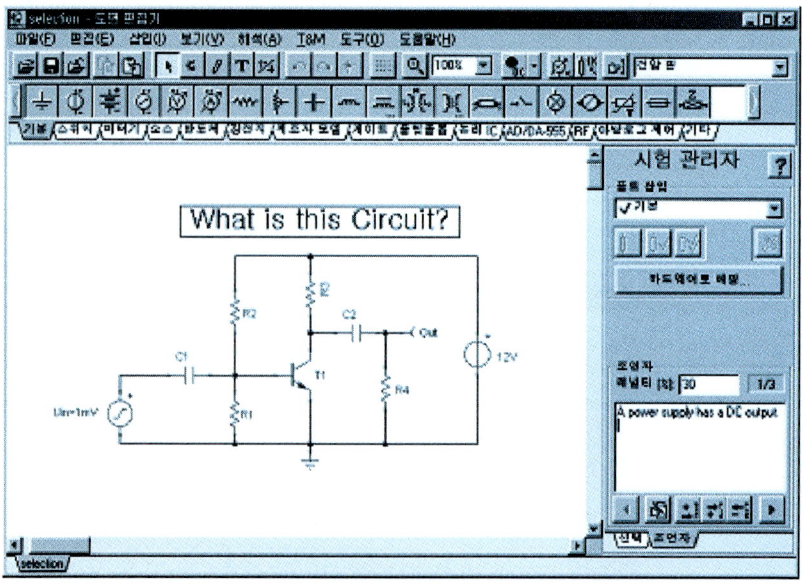

그림 12-6
선택형 답항의 추가

현재 힌트 앞에 새로운 힌트를 삽입하기 위해서 삽입 버튼 을 누른다. 그러면 조언 편집 대화상자가 나타날 것이다. 현재 조언을 삭제하기 위해서 삭제 버튼 을 누르고, 현재 조언을 편집하기 위해서 편집 버튼 을 누른다. 마지막으로, selection.tsc 파일을 TINA의 메인 폴더 아래에 있는 Test라는 사전에 정의된 폴더에 저장한다.

12-2 TINA의 DC 문제 생성

DC 문제를 생성하기 위해서 [그림 12-7]과 같은 회로(DCproblem.tsc)를 생성한다.

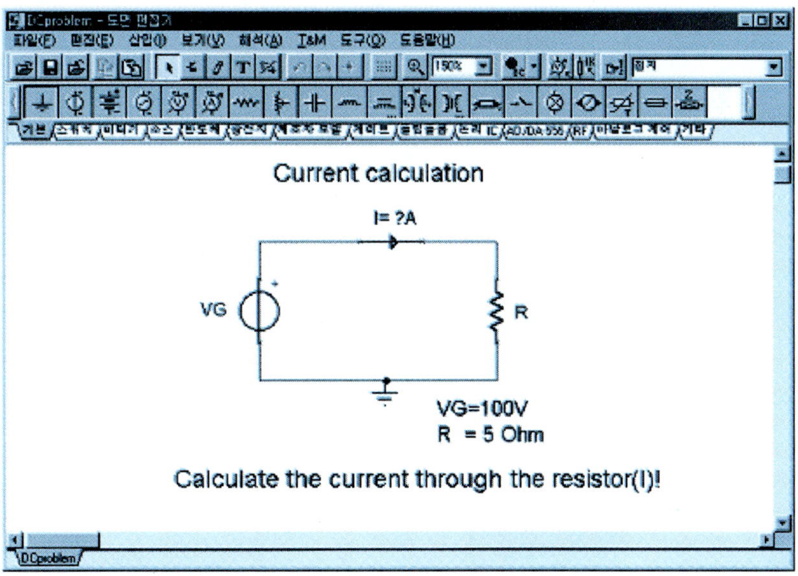

그림 12-7
DC문제를 생성하기 위한 회로

회로는 구하고자 하는 값의 회로 변수를 표시하기 위해서 전류 화살표를 포함하고 있다. 여러분은 또한 전류계를 사용할 수 있다. 일반적으로, 모든 DC 문제는 미지의 양을 구하기 위해서 하나 이상의 계측기를 가져야 한다. TINA의 연습과 시험 모드에서 회로에 배치된 계측기는 측정된 값을 표시하지 않는 대신에 그 값을 학생들에게 질문할 것이다.

또한, 앞의 선택형 문제에서 설명한 것처럼 문제에 대한 힌트를 추가할 수 있다. 모두 마쳤을 때 도면을 TINA의 Test 폴더에 저장한다.

12-3 TINA의 AC 문제 생성

AC 문제는 DC 문제와 매우 유사하지만, 정현파 여기와 리액티브 성분을 포함할 것이다. 연습과 시험 모드에서 프로그램은 계측기에 의해서 표시되는 값의 크기와 위상을 질문할 것이다.

한 예로 AC 문제를 만들기 위해서 [그림 12-8]과 같은 회로(AC problem.tsc)를 생성하고 TINA의 Test 폴더에 저장한다.

여기서, 전압 발생기 심벌을 더블 클릭하면 [그림 12-9]와 같은 속성 창이 나타난다.

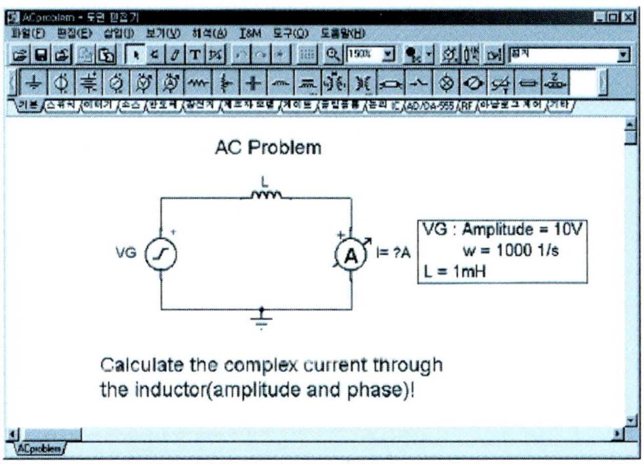

그림 12-8
AC문제를 만들기 위한 회로

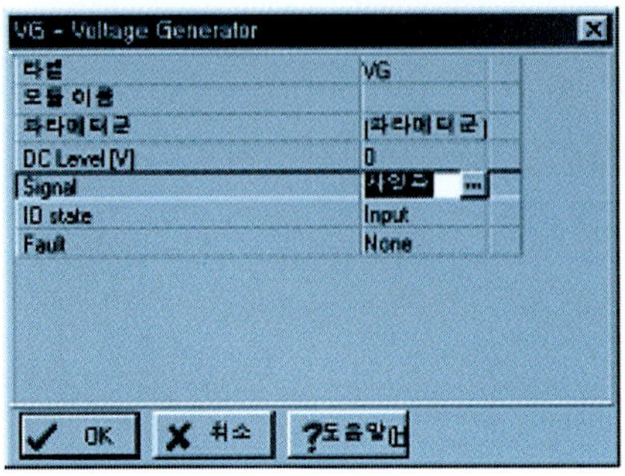

그림 12-9
전압 발생기의 속성 창

[그림 12-9]의 Signal 행에서 버튼을 누르면 [그림 12-10]과 같은 신호 편집기 창이 나타난다. 이 창에서 사인파를 선택하고, 진폭을 10, 주파수를 159.15494, 위상을 90으로 설정한다.

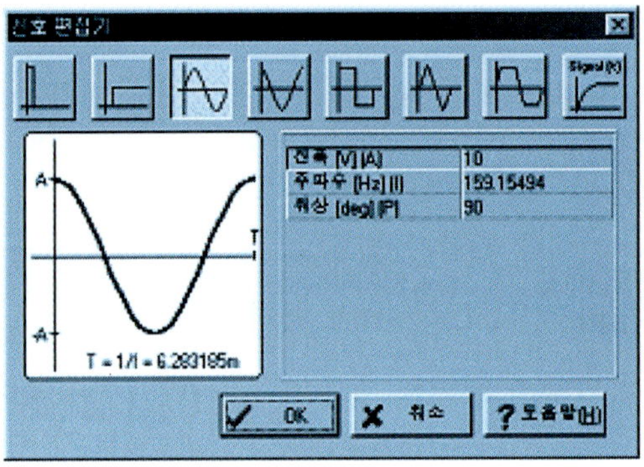

그림 12-10
신호 편집기의 창

12-4 TINA의 고장수리 문제 생성

[그림 12-11]과 같은 회로(DCtroubleshooting.tsc)를 생성하고, 보기 메뉴로부터 시험 관리자를 불러온다.

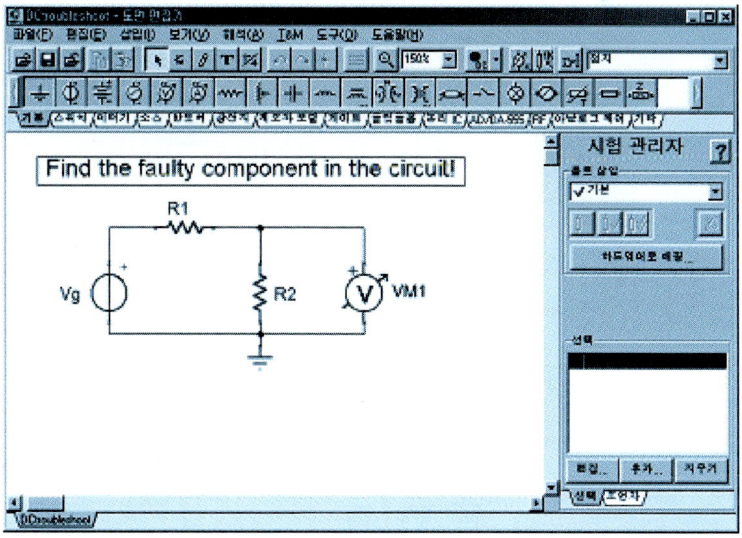

그림 12-11
고장수리를 위한 회로

오른쪽 상단의 시험 관리자에서 '기본'으로 표시하고 있는 리스트 상자를 사용하여 회로의 새로운 버전을 생성한다. 기존의 DC troubleshooting.tsc 파일을 적재하였다면 버전 #1이 이미 존재할 것이다. 지금, 버전 리스트 상자 아래에 있는 가장 왼쪽 버튼(폴트 삽입) 을 사용하여 어떤 부품에 폴트를 삽입할 수 있다. 이 버튼을 누르면 커서는 스크루드라이버 기호로 바뀔 것이다. 이 커서를 원하는 부품(이 예제에서 R1)으로 이동시키고 그 부품을 클릭한다. 그러면 [그림 12-12]와 같이 부품의 속성 창이 나타날 것이다. Fault 선이 나타날 때까지 속성 창의 스크롤을 아래로 내린다. 지금 이 선의 왼쪽 칸을 클릭하면 작은 목록상자가 나타날 것이다. 여기서 이 부품에 대해 허용되는 폴트를 선택할 수 있다. 본 예제에서 Open(개방 회로 부품)을 선택한다.

[그림 12-12]의 속성 상자에서 OK를 누르면, 이 회로에 폴트를 삽입한 것이 된다. 여러분은 다른 폴트를 가지고 회로의 다른 버전을 계속 만들 수 있다. TINA는 연습과 시험 모드에서 불규칙적으로 이 다른 버전을 표시할 것이다.

마지막으로, 시험 관리자의 상단에 있는 리스트 상자를 사용하여 기본 버전으로 돌아가서 회로를 Test 폴더에 DC troubleshoot.tsc로 저장한다.

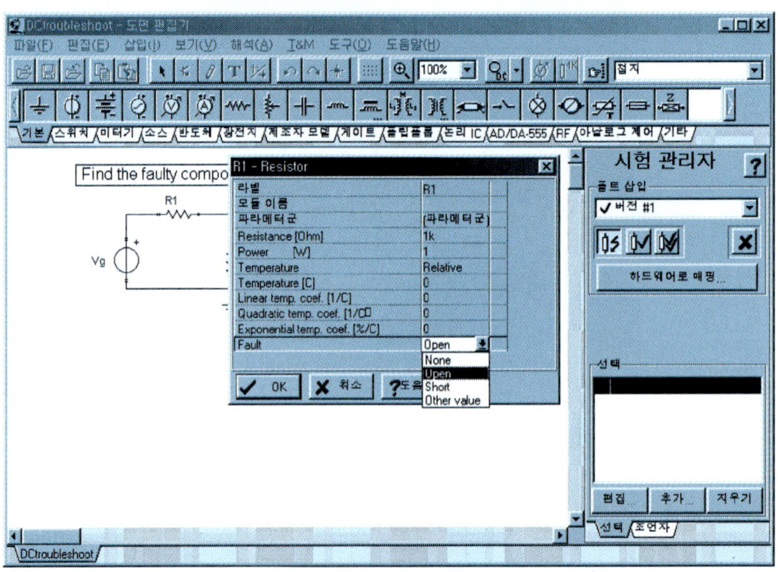

그림 12-12
부품의 속성 창에서 폴트를 삽입한다 (개방 회로 부품).

12-5 TINA의 연습/시험 모드를 위한 문제 집합

TINA의 연습과 시험 모드에서 문제 파일들을 사용하기 위해서 문제 파일들이 문제 집합으로 모아져야 한다. 연습과 시험 모드에서 TINA는 한번에 하나의 문제 집합을 적재한다. 학생은 적재된 집합으로부터 문제를 자유롭게 선택하고 풀게 된다.

위에서 생성된 4가지 문제들을 새로운 문제 집합으로 모으도록 하자. 윈도우즈 XP 시작 프로그램의 TINA 폴더로부터 Task List Editor를 시작하거나 [그림 12-13]과 같이 윈도우 탐색기에서 Ttaskw 버튼을 클릭한다.

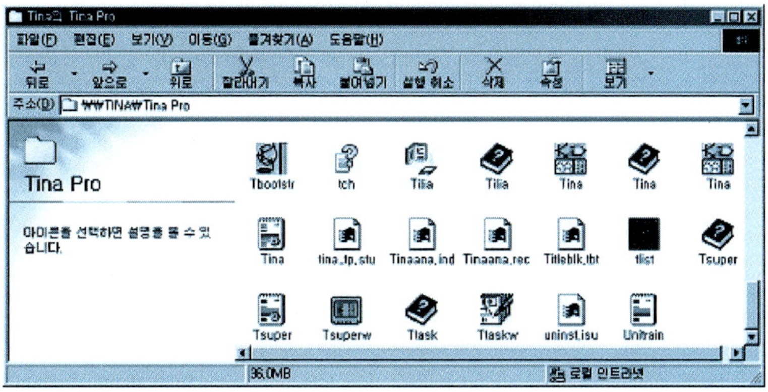

그림 12-13
윈도우 탐색기에서 Ttaskw 버튼을 클릭한다.

그러면 [그림 12-14]와 TTask 창이 나타날 것이다.

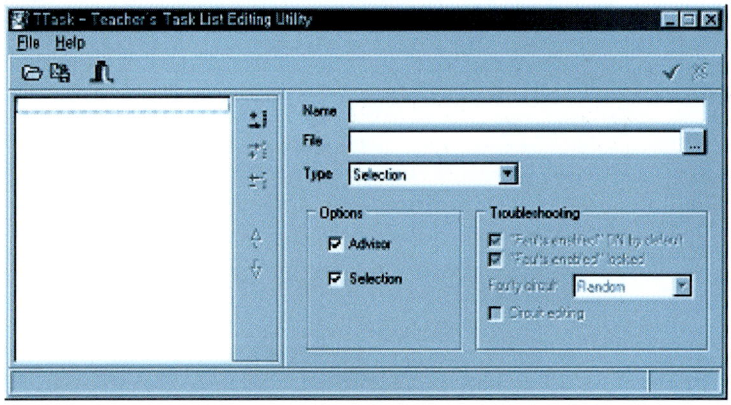

그림 12-14
TTask 창

Name 칸의 바로 왼쪽 옆에 있는 Add Task 버튼 을 누른다. 첫 번째 과제의 디폴트 이름이 나타날 것이다. 그 이름을 “What is this circuit?”로 변경한다(문제 집합이 사용될 때 왼쪽과 오른쪽 화살표들은 나타나지 않을 것이다). File 칸 옆에 있는 버튼을 누르고 test\selection.tsc를 선택한다. 문제의 형태(Type)를 Selection으로 설정하고, Selection 체크박스를 체크하고 나온다. 이제 첫 번째 과제를 추가하였다.

다시 Add Task 버튼 을 누른 다음 과제의 이름을 DC Problem으로 변경하고 test\DCproblem 파일을 선택한다. Type을 DC problem으로 설정하고 Selection 체크박스를 체크하지 않는다. 그 다음에 과제의 이름을 AC Problem으로 변경하고 test\ACproblem 파일을 선택한다. Type을 AC problem으로 설정하고 Selection 체크박스를 체크하지 않는다.

지금, 마지막 문제인 고장수리 형태의 문제를 이 집합에 추가하자. 다시 Add Task 버튼 을 누르고, 과제의 이름을 Troubleshooting으로 변경하고 test\DCtroubleshooting 파일을 선택한다. Type을 Troubleshooting으로 설정하고 Selection 체크박스를 체크하지 않는다.

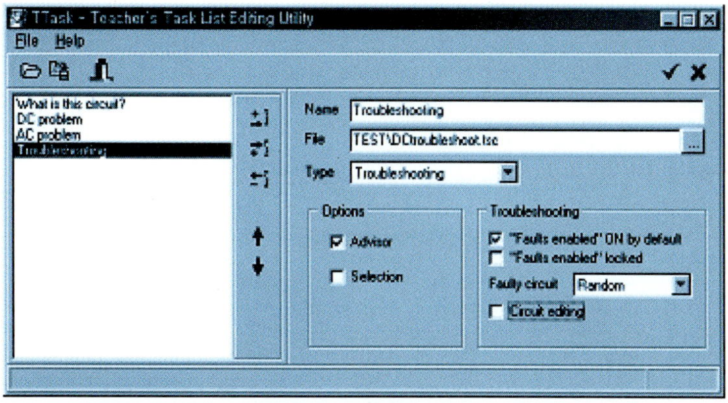

그림 12-15
TTask에 의한 과제 모으기

- 다른 Troubleshooting(고장수리) 파라미터 사용하기

  - Faults enabled "ON" by default : 부품에 배치된 어떤 폴트들이 연습/시험 모드의 TINA에서 활성화된다.
  - Faults enabled locked : 이것이 체크되면 학생은 폴트를 비활성화할 수 없다. 만일 체크하지 않으면 학생은 폴트를 해석 메뉴의 폴트 활성화 메뉴 항목을 사용하여 비활성화할 수 있다.
  - Faulty circuit : 만일 Random을 선택하면 프로그램은 회로 버전들을 불규칙하게 선택할 것이고, 그렇지 않으면 회로 비전(예 버전 #1)을 선택해야 한다. 이 버전은 연습/시험 모드에서 사용될 것이다.
  - Circuit Editing : 이것이 체크되면 연습/시험 모드에서 회로를 편집할 수 있다.

마지막으로, 문제 집합을 TINA의 test 폴더에서 tutorial.exa로 저장한다. 이 문제 집합을 입증하기 위해서 TINA 폴더에서 TINA Training이나 TINA Examination 아이콘을 사용하여 TINA를 재시작하고 tutorial.exa을 적재한다. 그러면 문제 집합이 나타날 것이다.

문제들의 정확성을 입증하기 위해서 문제들을 실행하도록 하자. TINA

폴더에서 TINA Training이 시작될 때 학생의 이름을 묻는 창이 나타난다. 이름은 한글자 정도로 매우 짧아도 되지만 모든 이름을 쓰는 것이 가장 좋은 방법이다.

① 첫 번째 과제를 더블 클릭하면 [그림 12-16]과 같은 화면이 나타날 것이다.

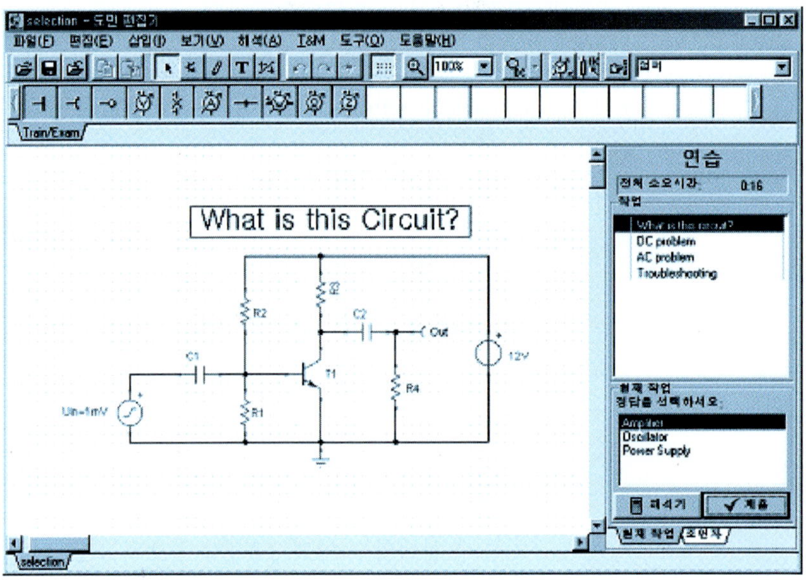

그림 12-16
선택형 과제가 열린 화면

여러 가지 정답 목록 중에서 Amplifier를 선택하고 제출 버튼 을 누른다.

② DC Problem을 더블 클릭한다.

이 문제의 해는 옴의 법칙 $I = V_G$을 이용해서 결정될 수 있다. 그러면,

$$I = \frac{V_G}{R} = \frac{100V}{5\Omega} = 20A$$

해는 다음과 같이 주어진다.

- 수학적으로 : 20 [A]
- 기호적으로 : VG/R [A]
- 해석기를 통해서 :

i := VG/R

Result(i[A])

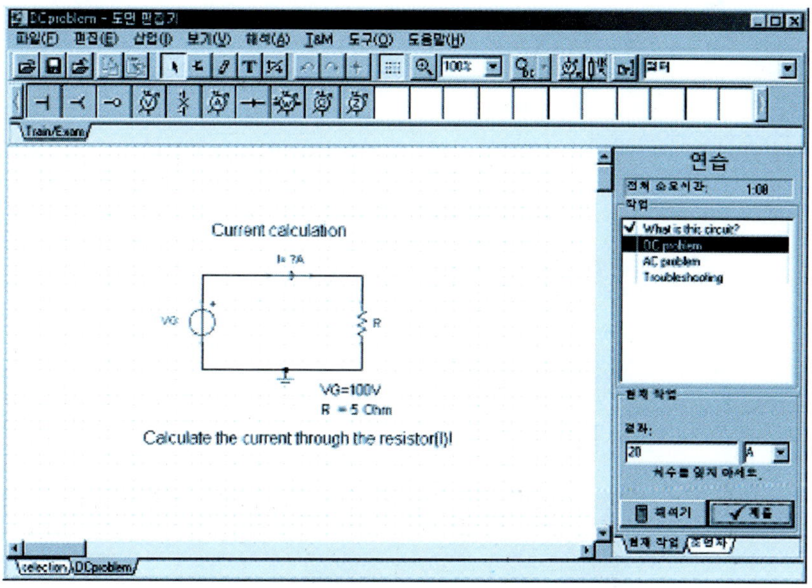

그림 12-17
DC 과제가 열린 화면

결과의 왼쪽 칸에 20 또는 VG/R을 입력하고 오른쪽 칸에 A를 입력한 다음 을 누른다.

③ AC Problem을 더블 클릭한다.

이 해는 앞의 예제와 유사하지만, 복소수 피크 값과 임피던스를 다루어야 한다.

$\overline{V_c} = \hat{I} Z$, 여기서 $Z = j\omega L$,

수학적인 값을 대입하면,

$$\hat{I} = \frac{\widehat{V_G}}{Z} = \frac{\widehat{V_G}}{j\omega L} = \frac{10V}{j1000\frac{1}{S}1mH} = \frac{10}{j}A = -10jA$$

이 해는 다음과 같이 주어진다.

- 수학적으로 : 10 [A]
  -90 [deg]
- 기호적으로 : Abs(VGA/(j*VGω*L) [A]
  Arc(VGA/(j*VGω*L) [rad]
- 해석기를 통해 : i := VG/R
  Z := j*VGw*L
  i := VGA/Z
  Results2(Abs(I) [A], Arc(I) [rad])

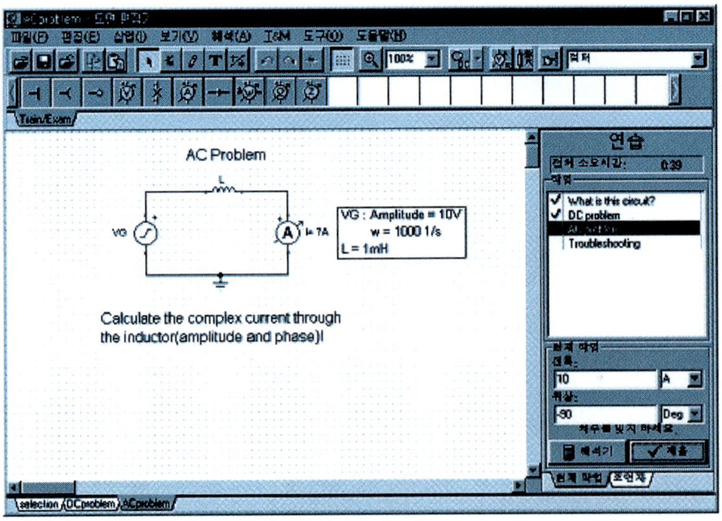

그림 12-18
AC 과제가 열린 화면

답의 진폭 부분에 대해서 값의 칸에 10을 입력하고 단위 칸에서 A를 선택하며, 위상 부분에 대해서 -90을 입력하고 단위 칸에서 Deg을 선택한 다음 ✓제출 을 누른다.

④ Troubleshooting을 더블 클릭한다.

해를 구하기 위해서 처음에 어떤 현상이 있는지를 조사해야 한다.

- 폴트 활성화를 Off(체크 없음) : 정상회로 결과만 표시된다.
- DC 해석|DC 결과표를 실행 : 정상회로의 전자 상태를 표시한다.
- 폴트 활성화를 On(체크) : 폴트 회로 결과만 표시된다.
- DC 해석|DC 결과표 계산을 실행 : 폴트 회로의 전자 상태를 표시한다.
- 결과를 시험하고 현상을 발견한다.

지금 전압 발생기는 폴트가 없고 정상적으로 동작하고 있다는 것을 확신할 수 있기 때문에 폴트 부품은 저항 중의 하나임에 틀림없다. 저항 중에 어느 하나가 개방된 것이다.

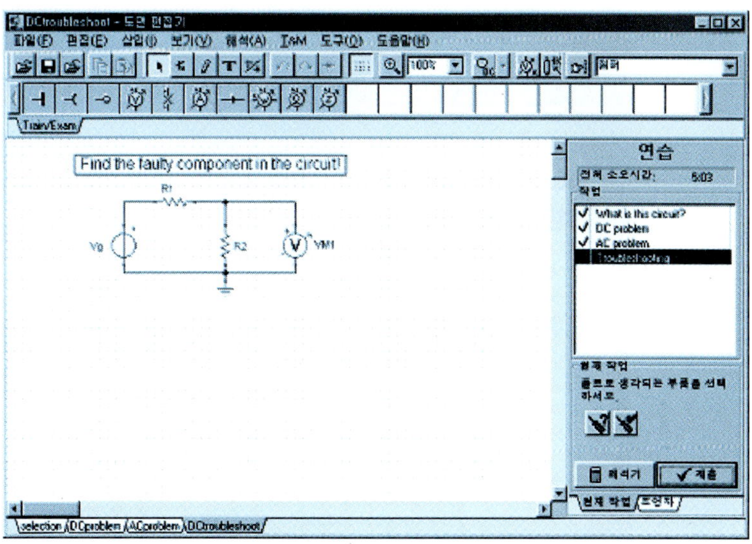

그림 12-19
고장수리 과제가 열린 화면

스크루드라이버 아이콘으로 된 버튼들 중의 하나를 눌러서 스크루드라이버를 R1로 이동한 다음 클릭하고 [✓제출]을 누른다.

지금, 모든 문제들을 입증하였고, 파일메뉴의 나가기를 선택할 때 [그림 12-20]과 같이 나타나는 "시험 세션을 끝낼까요" 대화상자에서 예를 선택한다.

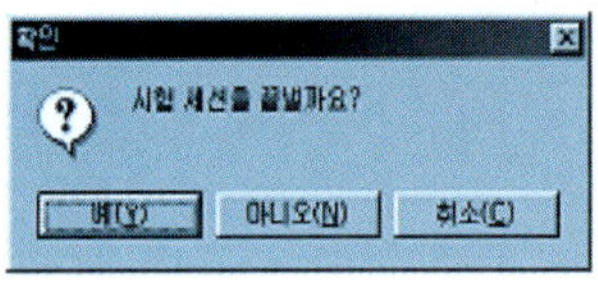

그림 12-20
시험 세션 끝내기의 대화상자

④ Teacher Supervisor 프로그램을 사용하여 점수를 확인한다.

마지막으로, 여러분의 점수를 검사하기 위해서 Teacher Supervisor 프로그램을 사용한다. Teacher Supervisor 프로그램을 사용하면 문제 집합의 해를 계속 진행할 때 전체 학급을 관리할 수 있으며, 네트워크 환경의 모든 사용자가 문제를 푸는 노력을 감독할 수도 있다.

[그림 12-21]은 앞에서 생성된 문제를 푼 결과를 보이고 있다. Class 창에는 학생의 이름과 문제를 푼 시간, 점수, 상태 등이 표시된다. 각 학생의 라인을 더블 클릭하면 개개의 학생들이 푼 여러 문제에 대해서 풀이의 시도 횟수, 시간, 조언사용, 점수 등을 볼 수 있다.

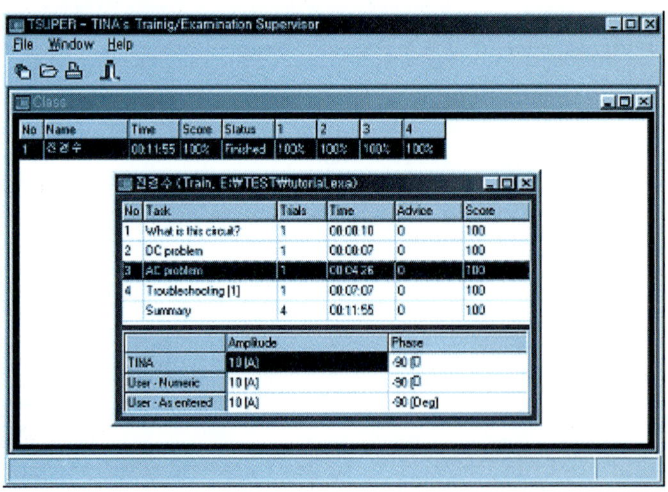

그림 12-21
Teacher Supervisor 프로그램을 사용하여 점수를 확인한다.

제 13 장
TINA의 해석기 활용

해석기(interpreter)는 TINA의 유용성을 확장하는 강력한 도구이다. 해석기는 수학적 표현의 평가, 방정식의 해와 방정식의 체계, 미적분의 계산, 결과 그래프 등 많은 것을 허용하고 있다.

TINA가 결과를 점검한다는 것 이외에, 문제를 풀기 위해서 종이와 연필을 사용하는 것에 해석기가 비유될 것이다. 여러분이 DC, AC, 과도해석 후에 해석기를 사용한다면 결과를 후-처리하는데 매우 편리할 것이다.

또한, 해석기는 회로를 여기(excitation)하는데 사용되는 신호를 임의로 정의하는데 응용될 수 있다. 이러한 신호들은 아날로그 발생기에 할당될 수 있다.

교육적인 사용자들을 위해서 TINA는 두 가지 특별 모드를 갖는다. 시험 모드에서 학생은 전통적인 연필과 종이로 또는 해석기와 해석 기능을 사용하여 일련의 문제(문제 집합)를 푼다. 학생이 정답을 찾았을 때 프로그램은 즉시 교수의 장비로 전달된다. 여기서 그것은 TSUPER 감독 유틸리티에 의해서 즉시 표시된다. 연습 모드에서 동작은 TINA가 그의 정답의 정확성에 관하여 학생에게 피드백을 제공하고 학생은 교수가 마련한 도움을 얻기 위해서 조언자(Advisor)로 전환되는 것을 제외하고는 시험 모드와 마찬가지이다.

해석기는 도구 메뉴로부터 활성화될 수 있다. 인터페이스는 TINA의 문자 편집기와 유사하다. 여러분은 문자로 표현식을 입력하고 난 다음 평가하거나 그래프를 그리기 위해서 프로그램이나 표현식으로서 해석기를 실행한다.

13-1 TINA의 해석기 사용법

이 장에서 몇 가지 간단한 예제를 생각해 보고, 해석기를 사용하여 풀 수 있는 문제의 유형을 알게 된다.

1. 해석기와 도면 창 사이의 관계

해석기는 도면 창에서 도면 파일을 열지 않고 전적으로 자신만으로 사용될 수 있지만, 도면의 동작과 관련하여 사용할 때 강력해진다. 도면 파일이 도면 창에서 열릴 때 도면의 회로 변수와 부품 파라미터들을 접근할 수 있다.

부품 파라미터를 접근할 수 있게 하기 위해서 각 부품의 속성 창의 레이블 필드에서 부품 기준 심벌을 입력해야 한다. 예를 들면, 250Ω 저항기에 대한 레이블은 R,250, R 또는 R=250으로 판독된다. 이 3가지 레이블 중의 어떤 것을 사용함에 있어서 해석기는 기준 명칭으로 R을 사용할 것이고, 값 필드로부터 값을 얻게 될 것이다. 값을 나타내고 있는 레이블들은 도면상에서 사용자 서류에 도움을 준다. 인덕터나 커패시터와 같은 부품의 경우에 추가적인 파라미터들(각각 병렬 저항이나 직렬 저항)이 이용될 수 있다. 일반적으로 각 부품 기준 심벌은 유일해야 한다(동일한 값들을 갖는 복수 부품 모두가 있는 곳을 제외).

도면에서 소스의 여러 파라미터들(예 사인파, DC 레벨, AC 진폭, 주파수, 위상)이 해석기에서 또한 이용 가능하다. 그것들은 회로 변수의 표제 아래에 심벌표에 나타난다. 소스에 대한 레이블 필드를 채워야 한다.

마지막으로, 도면에서 실행되는 해석의 결과들이 또한 시간이나 주파수의 함수로 이용 가능하다. 이것들은 다이어그램 창에 의해서 할당된 이름 하에서 외부 함수로서 해석기 심벌에 나타난다(예 AC_Ampli2, AC_Group_delay3).

2. 계 산

다음의 예제는 해석기에서 간단한 계산이 행해지는 방법을 보일 것이다. 도면 편집기에서 [그림 13-1]에 보인 기본적인 RLC 회로(e1.tsc)를 만든다. 회로의 각 소자값들은 저항이 250Ω, 커패시터가 500nF, 인덕터가 62.5mH이다. 전압발생기는 진폭이 5V, 주파수가 1kHz인 코사인파이다. 도면 편집기의 삽입메뉴에서 입력 명령을 사용하여 전압발생기 양단을 입력으로 설정하고, 출력 명령을 사용하여 저항기 양단을 출력으로 설정한다.

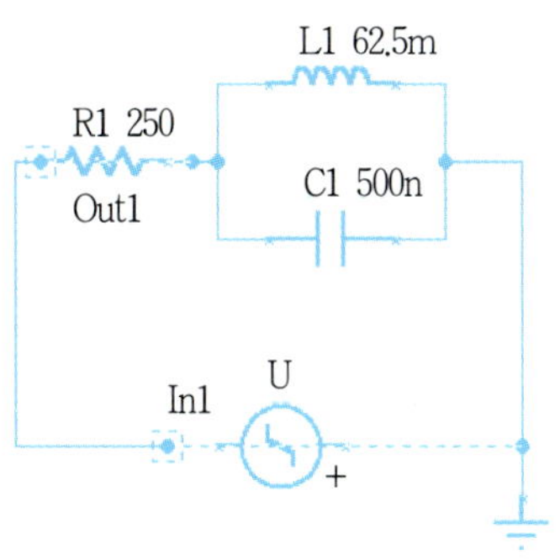

그림 13-1
기본적인 RLC 회로(e1.tsc)를 만든다.

도면 편집기의 해석 메뉴에서 과도해석을 클릭하면 [그림 13-2]의 과도해석 대화상자가 나타난다. 이 대화상자에서 과도해석 조건들을 다음과 같이 설정한다.

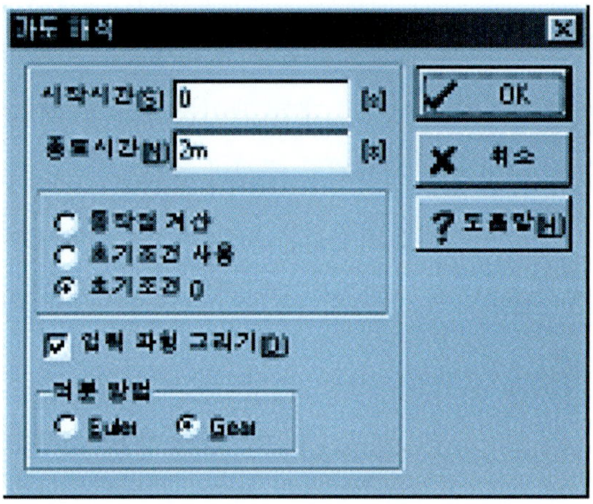

그림 13-2
과도해석 설정 대화상자

[그림 13-2]의 과도해석 대화상자에서 OK 버튼을 클릭하면 TINA는 과도해석을 수행하여 다음 [그림 13-3]과 같은 다이어그램 상자를 나타낼 것이다.

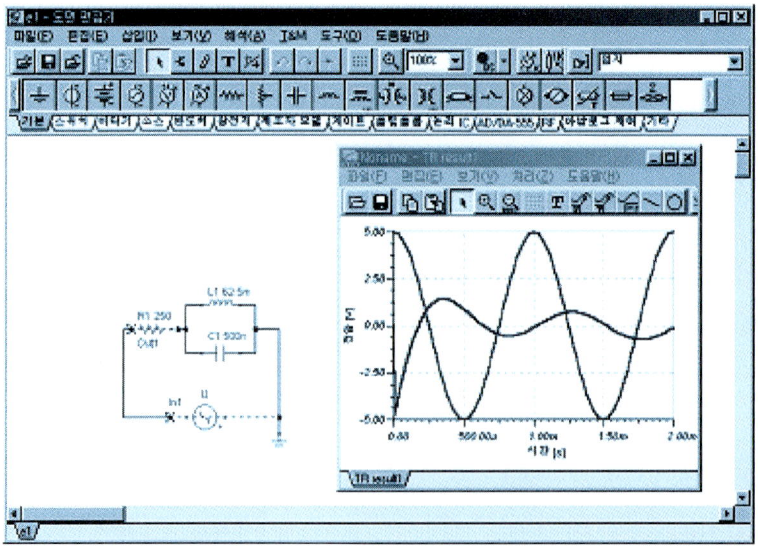

그림 13-3
과도해석 결과를 나타내는 다이어그램 상자

주 의

이 TINA 스크린 장면을 이 매뉴얼(MicroSoft Word 서류)에 삽입하기 위해서, 스크린을 클립보드로 복사하기 위해 TINA에서 *PrintScreen* 키를 사용한다. 여러분은 또한 창을 선택하고 *Alt+PrintScreen* 키를 눌러서 TINA의 어떤 창을 클립 보드로 복사할 수 있다. 그러면 우리는 클립 보드 매용을 이 서류로 붙인다.

도면 편집기의 도구 메뉴에서 해석기를 선택한 간단한 계산을 위해서 다음의 순서를 수행해 본다.

① 우선 회로 파라미터 중의 하나인 R을 점검하자.

해석기에 "R1="을 기입한 다음 엔터를 누르면, 해석기는 다음의 결과를 제공한다.

```
R1 = [250]
```

이것은 250Ω이라는 것을 의미한다.

② 100kHz의 라디안 주파수에서 회로의 임피던스를 계산하자.

$$W(s) = R + sL \parallel \frac{1}{sC}$$

해석기에 다음을 쓴다.

```
R1=↵
R1=[250]
w:=100k
Z:=R1+Replus(j*w*rL1, 1/(j*w*rC1))
Z= ↵
Z=[250-20.0642*j]
```

Abs(Z)= ↵
Abs(Z)=[250.8039] { 절대값 }
Arc(Z)=↵
Arc(Z)=[-80.0852m] { 위상값(라디안) }

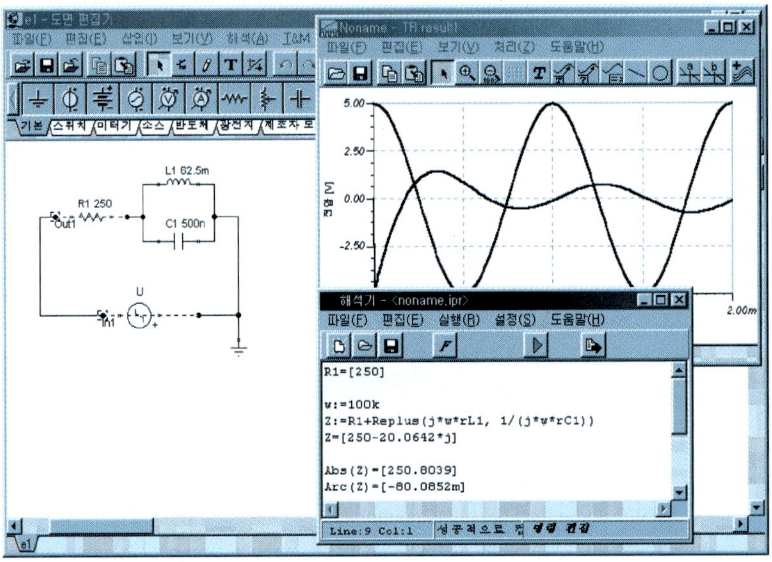

그림 13-4
해석기를 이용한 간단한 계산의 예

더 많은 기능들을 이용할 수 있으며(부록 참조), 툴바에 있는 버튼을 클릭하여 이 계산을 저장할 수 있다. 결과를 다시 계산하기 위해서 툴바에 있는 버튼 을 누르거나 실행 메뉴를 사용한다.

3. 신호처리

회로의 해석 결과를 후 처리하는데 TINA를 사용할 수 있다. DC, AC 또는 과도해석이 도면상에서 수행된 후, 해석 결과는 해석기의 기호표에 놓여 있어서 해석기에서 표현식을 작성할 때 참조할 수 있다.

이 예에서, 이전의 TINA 과도해석 결과를 사용하여 저항기에서 순시 전력을 그래프로 나타낼 것이다. 저항기에서 순시 전력은 다음과 같다.

$$p(t) = v(t) \cdot i(t) = \frac{u^2(t)}{R}$$

이 신호를 플로팅하기 전에 해석기에서 설정 메뉴의 도면설정 명령을 선택하여 나타난 [그림 13-5]의 대화상자에서 오른쪽 한계를 설정해야 한다. 이 파라미터를 2.0m으로 설정한다.

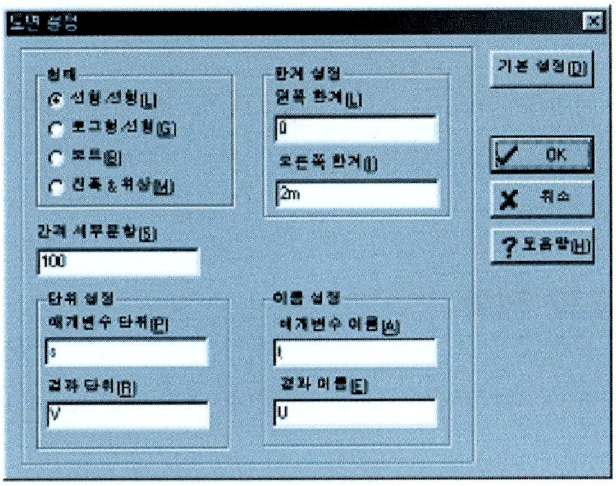

그림 13-5
해석기에서 설정 메뉴의 도면설정 명령을 선택하여 나타난 대화상자에서 오른쪽 한계를 설정해야 한다.

해석기에 다음을 작성한다.

```
Draw( Sqr(TR_result1(t))/R1, MyResult )
```

그리고 해석기에서 실행 ▷ 버튼을 누르면 [그림 13-6]과 같은 다이어그램 창이 나타난다.

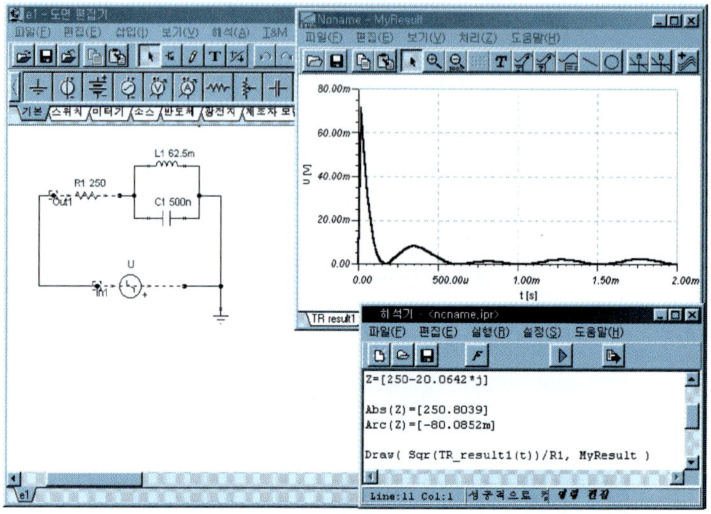

그림 13-6
해석기를 실행한 결과 다이어그램

4. 신호의 정의

해석기에서 흥미로운 응용은 회로에 대한 여기(excitation)로 사용되는 신호를 임의로 정의할 수 있다는 것이다. 이 신호들은 아날로그 발생기에 할당된다. 사용자 정의된 파형들은 매우 일반적이며, 수식 편집기 창을 불러와서 파형들을 수학적 표현으로 정의한다. 신호 정의를 더 용이하게 만들기 위한 수정 가능한 템플릿이 편집기 창에서 제공된다.

주 의

TINA의 해석기가 신호 정의에 이용되는 동안, 도면 편집기 창을 통해서 신호 정의를 접근하지만, 도구 메뉴의 해석기 메뉴를 통해서는 접근되지 않는다.

이 특징의 간단한 예제로서 툴바에서 전압 발생기를 끌어서 도면 편집기 창에 위치시킨 다음 더블클릭한다. 그러면 [그림 13-7]과 같은 전압 발생기의 대화상자가 나타날 것이다. 이 대화상자의 Signal 필드에서 단위계단을 클릭하고 버튼을 누르면, 이용 가능한 신호를 나타내는 새로운 대화상자가 [그림 13-8]과 같이 열린다. 지금, 신호 편집기 창에서 사용자 정의 버튼인 가장 오른쪽 버튼을 누른다. 간단한 선형 시간 함수의 곡선과 설명이 나타날 것이다. 이것을 2차 함수로 변경하기 위해서 오른쪽에 있는 설명에서 ti을 $t*t$로 바꾸고 테스트 버튼을 누른다. 새로운 함수의 시간에 대한 파형 다이어그램이 나타날 것이다. 이제 여러분은 과도해석을 하는 동안에 어떤 회로에서 이 새로운 신호를 사용할 수 있다.

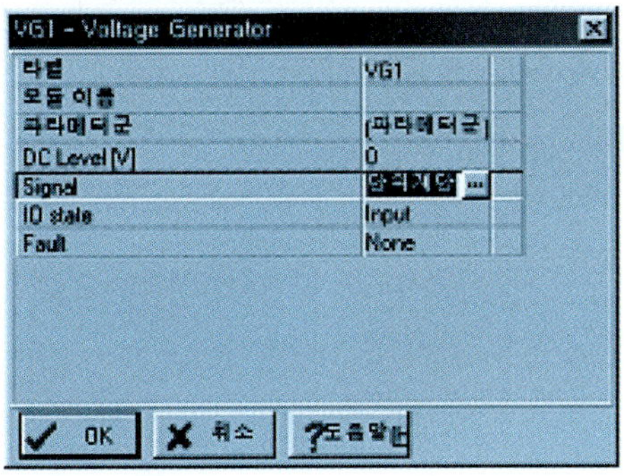

그림 13-7
전압 발생기의 대화상자

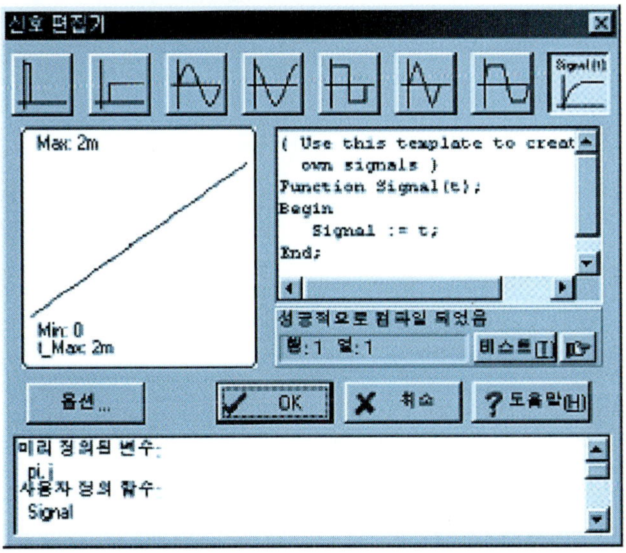

그림 13-8
전압 발생기의 신호 편집기 대화상자

5. 문제 풀이

TINA는 교육적 목적을 위해서 두 가지 특별한 모드를 가지고 있다. 시험 모드(examination mode)에서 학생들은 연필과 종이 또는 해석기와 해석기능을 사용하여 일련의 문제들(문제의 집합)을 푼다. 학생들이 답을 찾았을 때 프로그램은 그것을 바로 교수의 기계장치로 보내고, 그것은 TSUPER 감독 유틸리티에 의해서 즉시 표시되었다.

동작은 TINA가 학생의 답의 정확성에 관해서 학생들에게 피드백을 제공하는 것을 제외하고는 연습 모드(training mode)와 유사하다. 더욱이, 연습 모드에서 학생은 교수에 의해서 준비된 도움을 얻기 위해서 조언자(Advisor)로 전환할 것이다.

13-2 TINA 해석기를 활용한 계산

여러분은 계산을 수행하는데 해석기를 사용할 수 있다. 본 절에서 해석기를 이용하여 계산을 할 수 있는 예제들을 제시할 것이다.

문제를 풀기 위해서 먼저 여러분은 해석기가 컴파일하고 실행할 '소스 코드'를 생성해야 한다. 이 코드는 두 개의 부분으로 구성된다. 즉, 첫 부분은 함수 정의를 포함하고, 두 번째 부분은 실행할 수 있는 명령을 포함한다. 함수들은 복잡한 문제들을 푸는 데 도움이 된다.

I. DC 문제 풀기

[그림 13-9]의 회로에서 저항기 R1, R2, R3이 병렬로 접속되었다. 총 저항을 계산하시오.

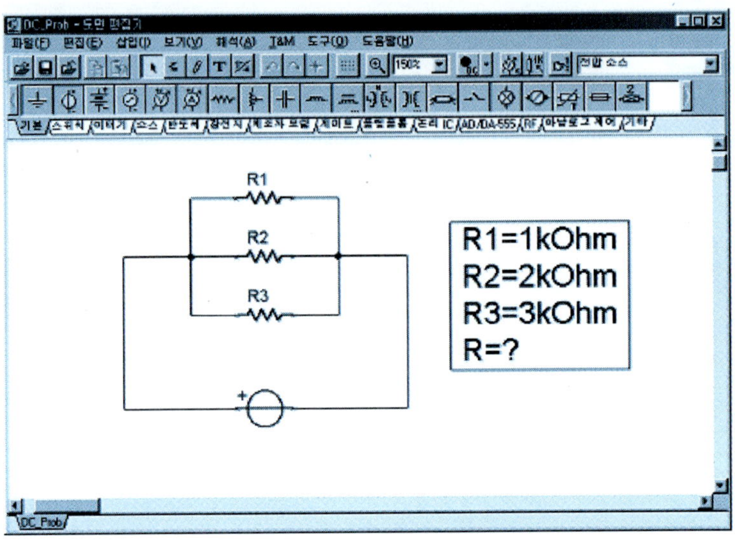

그림 13-9
DC 문제 풀기의 예(병렬 합성 저항 구하기)

■ **풀이**

(방법-1) R에 대한 수식을 해석기에 직접 작성하여 푸는 방법이다.

해석기에서

R := 1/(1/R1+1/R2+1/R3)
R = ↵

해석기는 다음 결과를 제공할 것이다.

R = [545.4545]

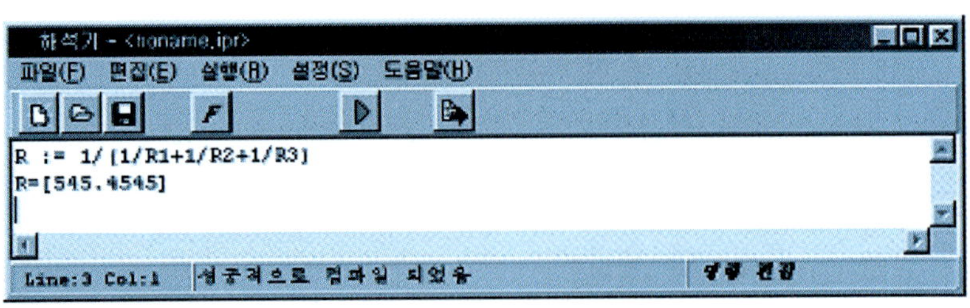

그림 13-10
해석기의 수식을 이용한 병렬 합성 저항을 구하는 예

도면 파일을 열었으므로 이 예에 대한 부품명 레이블 R1, R2, R3로부터 얻어진 변수들에 접근할 수 있다. 이용 가능한 변수들을 보기 위해서 설정 메뉴의 심벌 테이블 보기에 대한 메뉴를 클릭한다.

(방법-2) 레이블이 R1, R2, R3인 임의 병렬 접속 저항의 총 저항을 계산하기 위한 함수를 정의한다. 해석기의 함수 선언은 복잡한 문제들을 푸는데 사용된다. 함수 선언의 구문법은 다음과 같다.

```
Function 함수명(병렬명1, …, 병렬명n);
Begin
함수 본문
End
```

```
Function Parallel( r1, r2, r3 );
Begin
Parallel := 1/( 1/r1+1/r2+1/r3 );
End;
```

도면상에서 R1, R2, R3의 값을 기반으로 하는 수치 해를 얻기 위해 해석기에 다음과 같이 입력한다.

```
Parallel( R1, R2, R3 )=↵
```

결과는 다음과 같다.

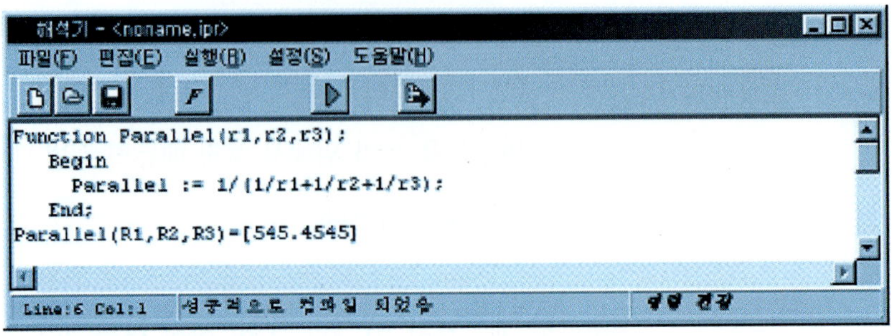

그림 13-11
해석기의 함수를 이용한 병렬 합성 저항을 구하는 예

2. AC 문제 풀기

[그림 13-12]의 회로를 고려하자. f=1MHz일 때 Out으로 명명된 전압의 위상, 절대값, 그리고 시간함수를 계산하라. 전압 발생기의 시간함수는 다음과 같다.

$$V_{source}(t)=10\cos(\omega t+45^{\circ})$$

■ **풀이**

우선, AC 전달함수를 구한다.

$$W(s)=\frac{\frac{1}{sC}}{R+sL+\frac{1}{sC}}=\frac{1}{1+sRC+S^2CL}$$

그 다음 복소 전원을 표현하면 그 첨두값은 다음과 같다.

$$V_{source}=10e^{45^{\circ}}$$

그 해는 다음과 같이 될 것이다.

$$V_{out}(j\omega_0)=V_{source}\cdot W(j\omega_0)$$

여기서, ω_0는 원하는 주파수이다.

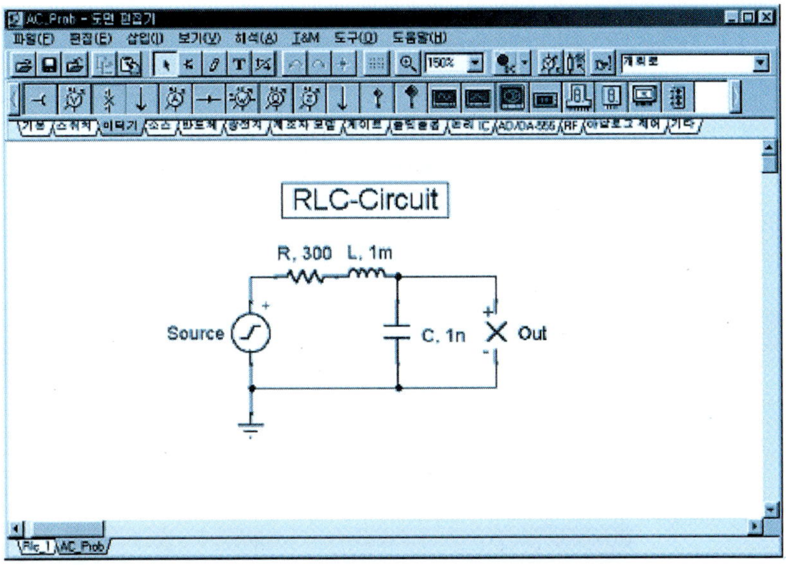

그림 13-12
AC 문제 풀기의 예(RLC 직렬회로의 출력전압 구하기)

프로그램에서 먼저 복소 주파수 값 $s = j\omega_0$를 유지하기 위해서 변수 s를 정의한다. 그 다음 복소 첨두값 V_{source}를 사용하여 전달함수 $W(s)$를 계산한다. 디폴트에 의해서 TINA는 라디안으로 위상각을 제공한다. 이를 각도로 표현하기 위해서 간단히 설정 메뉴에서 숫자 포맷 & 정밀도 명령을 선택하여 나타난 [그림 13-13]의 각을 RAD에서 DEG로 변경한다.

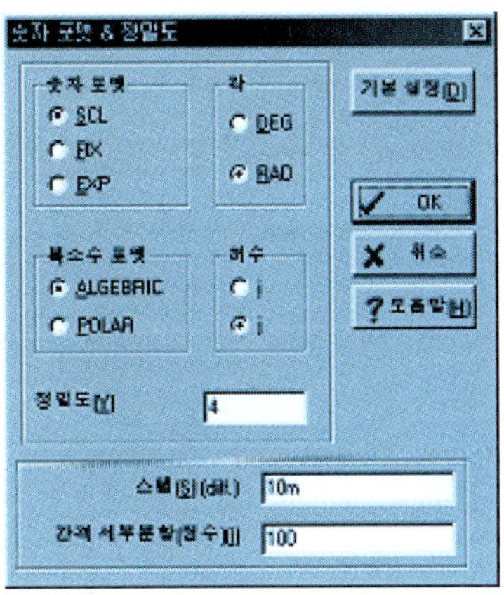

그림 13-13
각도의 변경

다음과 같이 해석기를 사용하여 출력 전압을 계산한다.

```
s:= j*2*pi*1e6
W := 1/(1+R*rC*s+rC*rL*s^2)
VSource := 10*exp(j*pi/4) {소스의 복소 첨두값}
VOut := VSource*W
VAbs := Abs(VOut) {Abs. 출력 전압의 값}
VFi:= Arc(VOut) {출력 전압의 위상 값}
VFi = [-2.3072]
VFiDeg := RadToDeg(VFi)
VAbs=[259.5747m]
VFiDeg=[-132.1955]
```

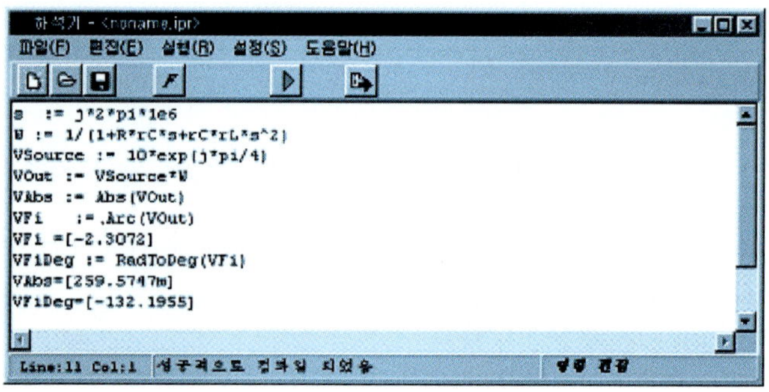

그림 13-14 해석기를 이용하여 구한 RLC 직렬 회로의 출력 전압

이들 결과를 사용하여 출력 전압은 다음과 같이 작성된다.

$$V_{out}(t) = V_{Abs} \cdot \cos(\omega t + V_{Fi}) = 0.259\cos(\omega t - 132.1955)$$

3. 적분 계산

해석기를 이용하여 임의 적분에 대한 수치 해를 계산하는 것이 가능하다.

$$\int_{-\pi}^{+\pi}(\sin 2x + \cos^2 x)dx$$

해석기에서 사용된 적분 명령어(Integ)의 구문법은 다음과 같다.

```
Integ[표현식(τ), 한계1, 한계2, τ]
```

표현식(τ)은 적분하고자 하는 표현식이고, 좌와 우의 한계는 각 한계1, 한계2이며, 적분 변수는 τ이다.

■ **풀이**

해석기에서 적분하고자 하는 함수를 유지하기 위해서 함수 $f(x)$를 정의한다.

```
Function f(x):
Begin
  f : = sin(2*x)+Sar(cos(x));
End:
```

그 다음 TINA의 Integ 기능을 사용하여 적분을 계산하기 위해서 다음과 같이 입력한다.

```
Integ( f(s), -pi, pi, s )=↵
```

결과는 [그림 13-15]와 같다.

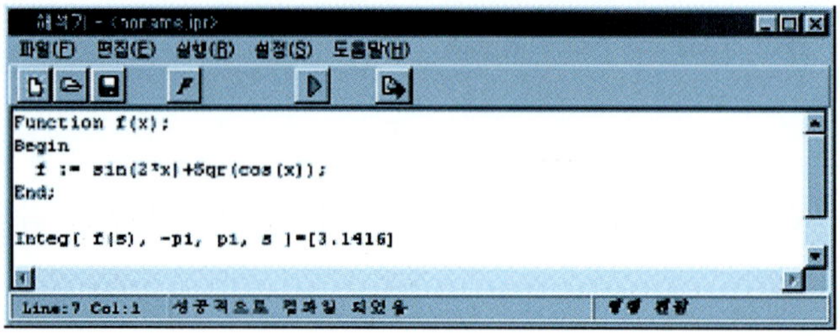

그림 13-15
해석기를 이용하여 적분 계산

해석기에는 사용 가능한 내장 함수들이 많이 있으며, 일부 함수(sin, cos, exp 등과 같은)의 형식 파라미터들은 복소수이다. 상세한 것은 부록을 참고하자.

4. 선형 시스템 풀기

해석기의 가장 강력한 특징 중의 하나는 선형 방정식 해석기이다. 선형 방정식을 사용하면 해를 얻기 위해서 수동적으로 방정식을 줄일 필요가 없다. 방정식 해석기의 구문법은 다음과 같다.

```
Syc 명칭1, …, 명칭 i
  방정식 1
    .
    .
  방정식 i
End
```

여기서, 방정식 i는 i번째 방정식이고, 명칭 i는 i번째 미지 변수이다. 만일 해가 없거나 다중 해가 있다면, 해석기는 에러 메시지를 제시할 것이다.

[그림 13-16]과 같은 회로에서 Ψ_1의 마디 전압을 결정하자. 이 선형 시스템의 예제는 마디 방정식의 시스템에 대한 해가 될 것이다.

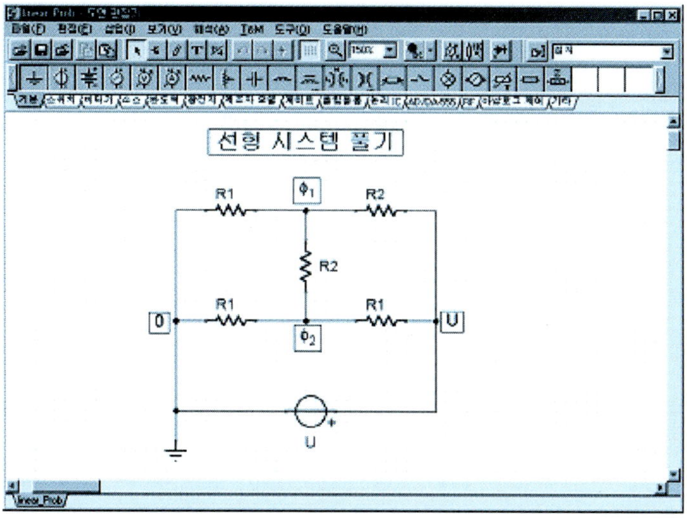

그림 13-16
회로에서 Ψ의 마디 전압을 결정하는 예

■ **풀이**

정확한 방정식을 입력만 하면 해석기가 자동적으로 풀 것이다. 마디 방정식은 다음과 같다.

$$\frac{\Psi_1}{R_1}+\frac{\Psi_1-U}{R_2}+\frac{\Psi_1-\Psi_2}{R_2}=0$$

$$\frac{\Psi_2}{R_1}+\frac{\Psi_2-U}{R_2}+\frac{\Psi_2-\Psi_1}{R_2}=0$$

여기서, 부품 값들은 R1=1kΩ, R2=2kΩ, U=5V이다. 우리는 도면으로부터 변수를 참조할 것이다. 이것을 소스 코드로서 해석기에 입력하여 Ψ_1의 마디 전압을 계산한다.

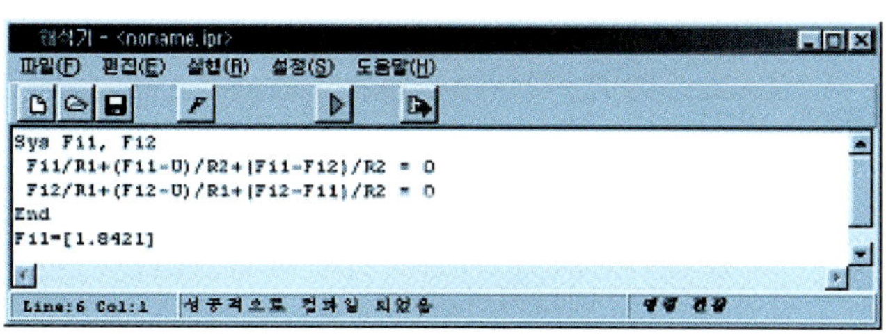

그림 13-17
해석기를 이용한 Ψ_1의 마디 전압의 계산

이 예제에서 변수 Fi1, Fi2에 대한 방정식의 체제는 U, R1, R2가 이미 정의되었다고 가정하여 풀어진다. TINA에서 이 파라미터들은 적절한 부품의 레이블에 의해서 자동적으로 참조된다. 문서상의 도움을 위해서 우리는 문자항목으로 도면상에 $\Psi_1 \cdot \Psi_2$마디 변수 레이블을 넣기 위해서 TINA의 문자 편집기를 사용하였다.

■ 검증

해석기에 의해서 얻어진 해를 검사하기 위해서 [그림 13-18]과 같이 해석 메뉴에서 DC 해석의 노드의 전압계산 항목을 사용한다. 노드의 전압계산을 선택한 후 커서가 연필 모양으로 변한다. Ψ_1마디의 전압을 입증하기 위해서 그 마디를 커서로 클릭한다. 그러면, 1.84V가 얻어질 것이며, 이는 해석기에 의해서 계산된 값과 일치한다.

그림 13-18
DC 해석의 노드의 전압계산 항목을 사용하여 해석기에 의해서 얻어진 해를 검사한다.

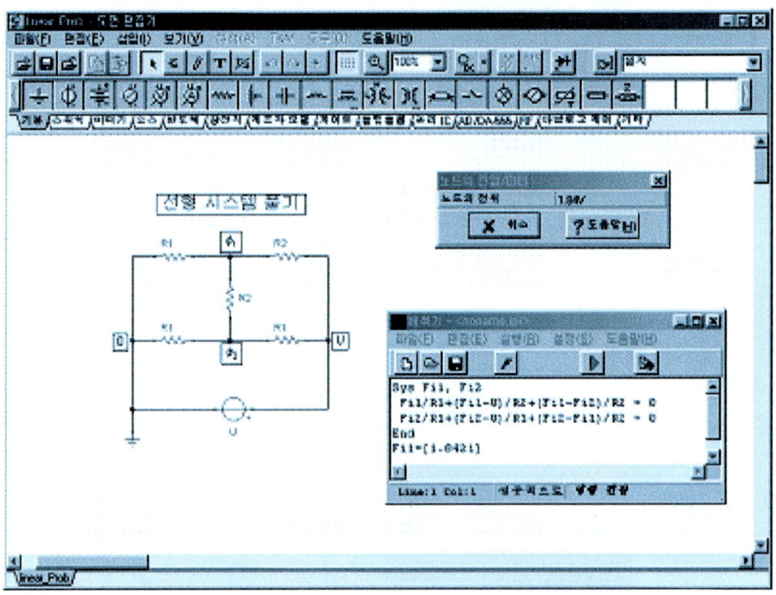

[그림 13-18] DC 해석의 노드의 전압계산 항목을 사용하여 해석기에 의해서 얻어진 해를 검사한다.

13 - 3 TINA의 다이어그램 작성

해석기를 사용할 때 이전의 해석 결과를 접근할 수 있다. 또한, 임의 함수들을 정의하여 그래프로 그릴 수 있고, 이론적인 해를 해석 결과와 비교할 수 있다.

1. 시간 다이어그램 그리기

해석기를 사용하여 시간에 대한 임의 함수를 정의할 수 있고, 시간영역에서 결과를 그래프로 그릴 수 있다. 도면 다이어그램으로서 입력된 [그림 13-19]의 RL 회로를 참고하여 이론적인 결과를 그래프로 그리기 위해서 해석기를 사용한다.

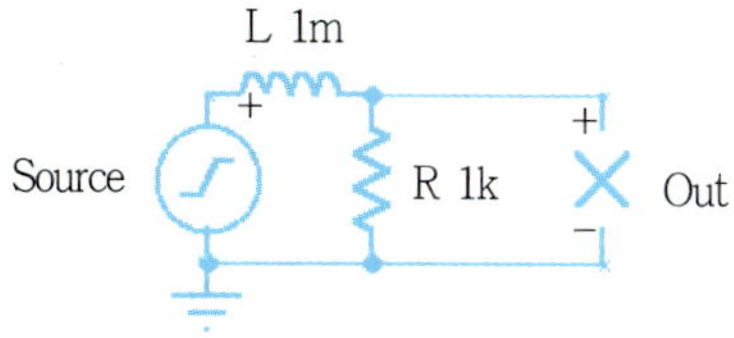

그림 13-19
RL 회로

① 시간응답은 다음과 같다.

$$u(t) = 1 - e^{-\frac{R}{L}t}$$

이 응답을 도면 파라미터를 참고하여 Draw 명령을 사용하여 해석기에 직접 입력한다. 즉,

```
Draw( 1-exp( -R/rL*t ), MyResult )
```

과도해석 결과와 이론 결과를 비교할 수 있다(이 경우에서 결과들은 거의 같다).

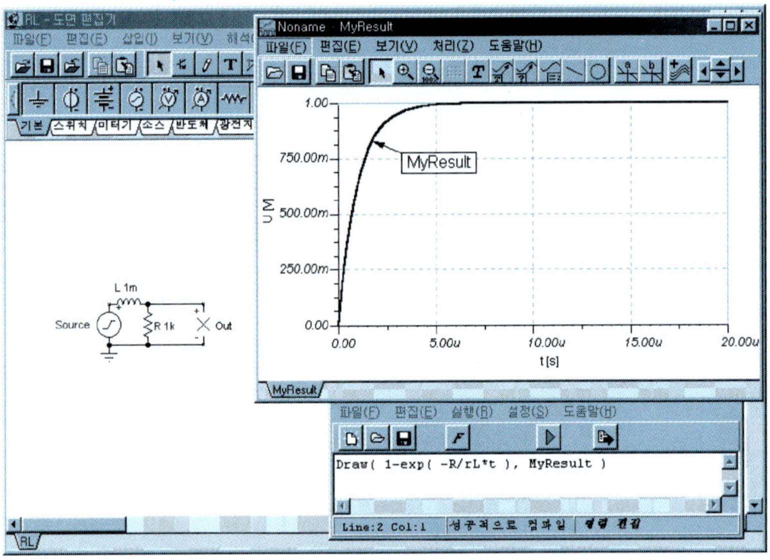

그림 13-20
해석기를 사용한 RL 회로에 대한 이론적 결과 그래프

② R 파라미터를 변경하여 출력 신호가 어떻게 바뀌는지 볼 수 있다. 다이어그램에 3가지 곡선을 위치시키기 위해서 각각 다른 R 파라미터를 가지고 Draw 명령의 3가지 경우를 사용한다. 즉,

```
Draw( 1-exp( -R/rL*t ), MyResult1 )
Draw( 1-exp( -2*R/rL*t ), MyResult2 )
Draw( 1-exp( -3*R/rL*t ), MyResult3 )
```

3개의 다이어그램이 나타날 것이며, MyResult1과 MyResult2의 곡선을 편집 메뉴의 복사 명령을 사용하여 MyResult3에 편집 메뉴의 붙이기 명령을 사용하여 옮긴다. 그러면 [그림 13-21]과 같이 3개의 곡선을 비교해 볼 수 있다.

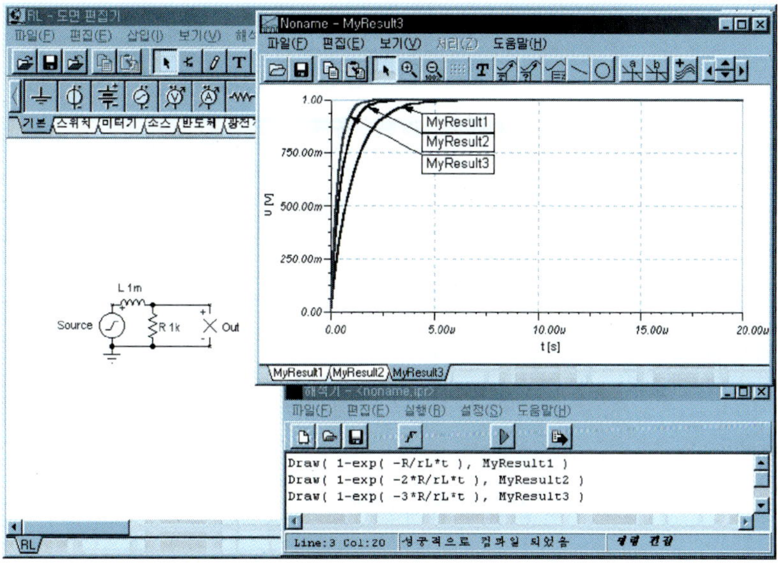

그림 13-21
R 파라미터를 변경에 따른 출력 신호의 변화 그래프

2. 보드 다이어그램

주파수 영역에서 임의 함수를 정의할 수 있고, 그 함수들을 그래프로 그릴 수 있다. [그림 13-22]와 같은 RC 회로를 생각해 보자. 이 회로의 AC 전달함수를 그리고, f=5kHz에 대한 진폭과 위상을 계산하자.

주어진 디폴트를 가지고 AC 해석을 실행한다. 심벌릭 해석 메뉴의 AC 전달함수 명령을 사용하여 [그림 13-22]와 같은 AC 전달함수를 얻을 수 있다. 즉,

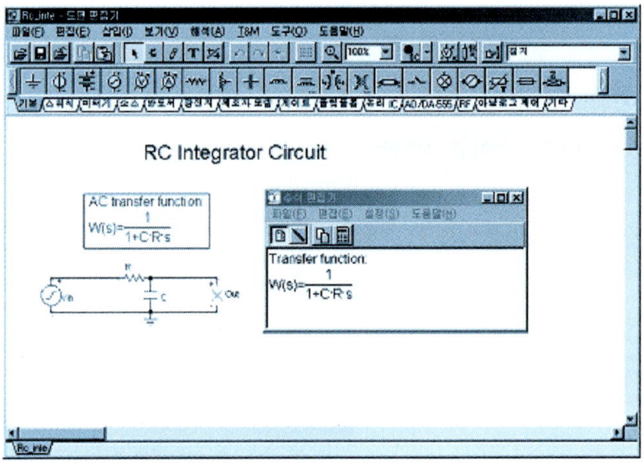

그림 13-22
RC 회로의 심벌릭 해석 메뉴의 AC 전달함수 명령을 사용하여 얻은 AC 전달함수

(1) AC 전달함수 그리기

이제, 주어진 디폴트를 가지고 AC 전달함수를 그리기 위해서 해석기를 사용하자. 결과를 그래프로 그리기 전에 설정 메뉴의 도면설정 명령을 선택하여 나타난 [그림 13-23]의 대화상자에서 일부 파라미터들을 다음과 같이 설정해야 한다.

- 도면설정 대화상자에서 왼쪽 한계와 오른쪽 한계 파라미터를 설정한다. 이것은 AC 해석의 시작과 종료 주파수를 설정한다.

- 이 대화상자에서 매개변수 이름을 s로 설정한다.
- 형태를 보드(Bode)로 설정한다.

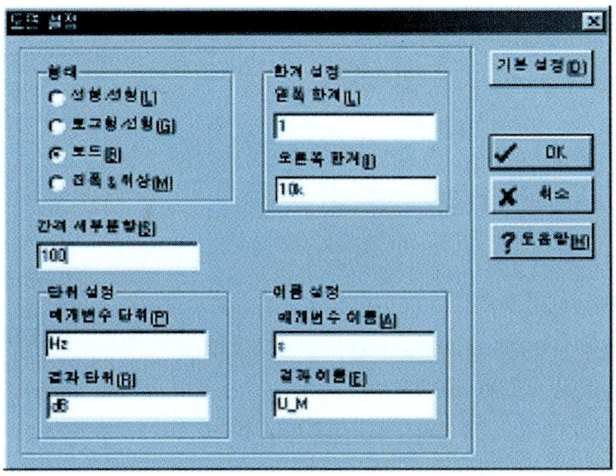

그림 13-23
도면 설정의 대화상자

그 다음 원하는 함수를 그리기 위해서 해석기에 다음을 입력한다.

```
Draw( 1/(1+rC*R*s), MyResult )
```

그러면, [그림 13-24]와 같이 함수의 진폭과 위상 다이어그램에 대한 2개의 새로운 페이지가 다이어그램 창에 열릴 것이다.

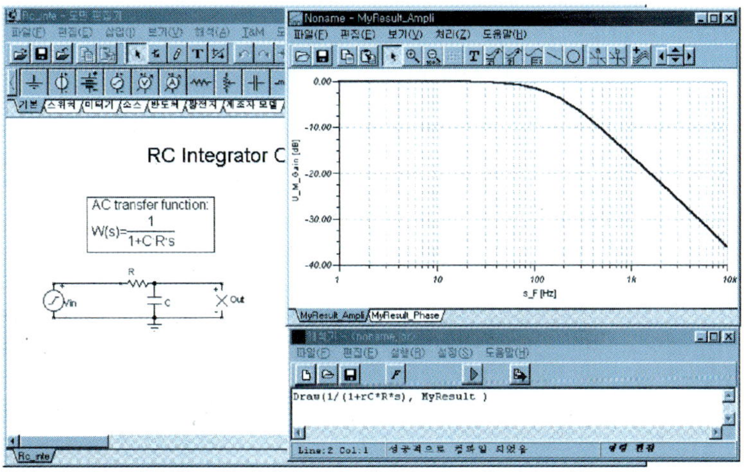

그림 13-24
함수의 진폭과 위상 다이어그램에 대한 2개의 새로운 페이지

(2) f = 5kHz일 때 진폭과 위상의 계산

해석기는 많은 내장 함수를 제공하고 복잡한 문제들을 푸는데 도움을 준다. 이 문제를 해석기의 Abs와 Arc 함수를 사용하여 쉽게 풀 수 있다.

```
f:=5k
ZAbs := Abs( 1/(1+C*R*j*2*pi*f) )
ZAbs =[31.8149m]
Db( ZAbs )=[-29.9474]
ZFi := Arc( 1/(1+C*R*j*2*pi*f) )
ZFi =[-1.539]
```

이 예제에서 주파수에 대해서 변수 f로 정의하고, 그것을 주어진 값으로 설정한다. 그 다음, Abs 함수를 사용하여 주어진 주파수에서 전달함수의 절대값(크기)을 계산한다. 다음에 Db 함수를 사용(20*log10(x)로 복귀, 단 x>0)하여 데시벨 진폭을 얻는다.

이 결과들을 [그림 13-25]와 같이 도면 창의 회로에서 AC 해석을 실행하여 검사할 수 있으며, 다이어그램 창으로 가서 커서를 진폭이나 위상 곡선 상에서 5kHz로 위치시켜서 그때의 값을 읽을 수 있다. [그림 13-25]에서 진폭 다이어그램 창의 y축이 -29.95를 표시하는 것은 해석기에서 Db (ZAbs)=[-29.9474]에 대응한다. 마지막으로, 위상각(라디안/초)을 얻기 위해서 Arc 함수를 사용한다.

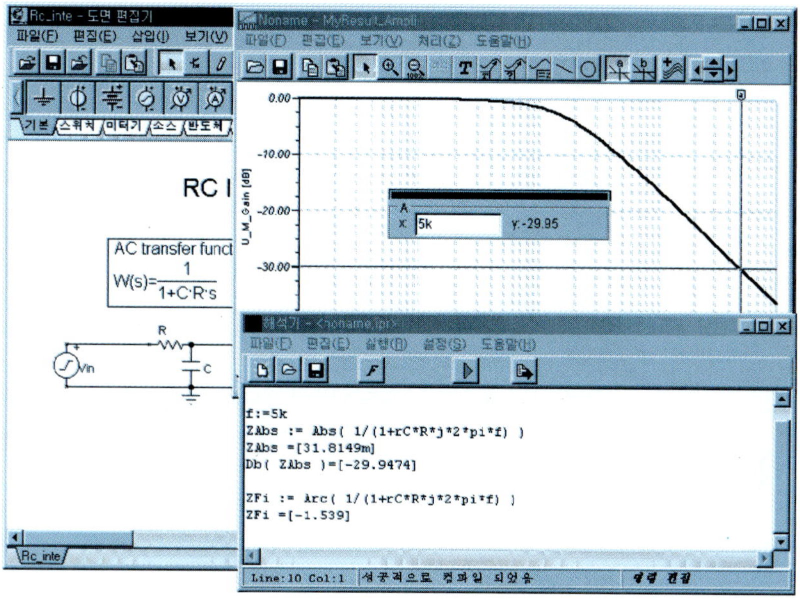

그림 13-25
해석기의 내장 함수를 이용한 진폭과 위상 계산의 예

3. 임피던스 그리기

해석기는 선형(linear), 대수-선형(log-lin) 또는 보드(Bode) 다이어그램 중에서 선택하여 임피던스 함수를 그릴 수 있다.

[그림 13-26]의 RL 회로를 가지고 시작하자. 임피던스를 주파수의 함수로서 그리기 위해서 해석기의 로그형-선형 다이어그램을 사용할 것이다. 소스(전원)가 그 단자로부터 회로망 안으로 바라보는 임피던스를 구한다. 동일한 이름과 값의 인덕터 2개와 저항기 2개를 갖는다는 것에 유의한다. 만일 저항기가 다른 값들을 갖는다면, 해석기가 정확한 값을 얻어내도록 그 저항기들을 다른 참조 지명자들을 사용하여 레이블을 붙여야 한다.

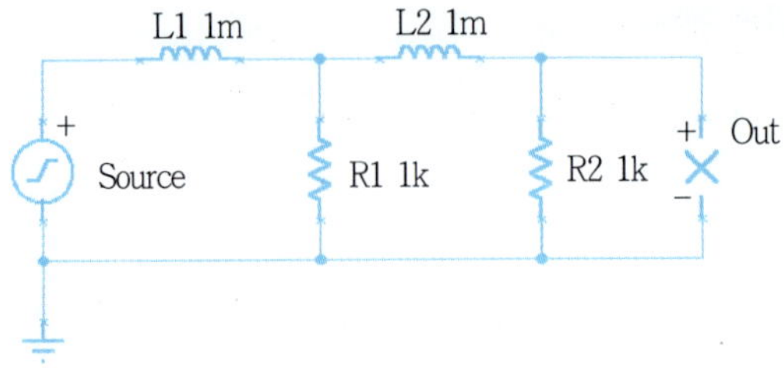

그림 13-26
임피던스 그래프를 그리기 위한 RL 회로

(1) 주파수 영역에서 임피던스 그리기

임피던스 함수를 플로팅하기 전에, 해석기의 설정메뉴의 도면설정 명령을 선택하여 나타난 [그림 13-27]의 대화상자에서 일부 파라미터를 다음과 같이 설정해야 한다.

- 도면설정 대화상자에서 왼쪽 한계와 오른쪽 한계 파라미터를 설정한다. 이 파라미터는 AC 해석의 시작과 종료 주파수(10k와 10M)를 설정한다.
- 매개변수 이름을 s로 설정한다.
- 결과 이름을 ZAbs로 설정한다.
- 매개변수 단위를 *f*로 설정한다.
- 결과 단위를 Ohm으로 설정한다.
- 형태를 로그형-선형으로 설정한다.

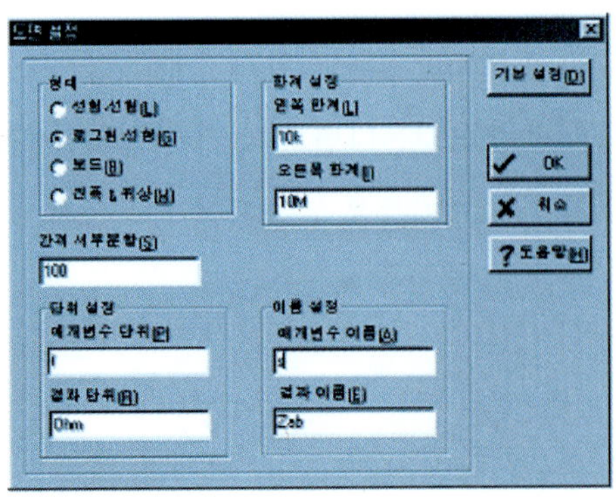

그림 13-27
도면설정의 대화상자

아래와 같은 원하는 함수를 해석기에 입력하여 임피던스 그래프를 그릴 수 있다.

```
Function Z(u);
Begin
Z := u*rL1+Replus(R1, R2+u*rL2);
End;
Draw(Z(s), Impedance)
```

먼저, 우리는 임피던스 표현식을 유지하기 위해서 함수를 정의한다. 함수에서 u는 파라미터이며, 함수가 Draw 문에서 실제 불러질 때 s로 대치됨에 유의한다. 여기서, 2개의 병렬 접속된 임피던스를 계산하기 위해서 내장된 Replus 함수를 사용한다. Replus 함수는 복소수이거나 실수 인수를 수용한다. 그 다음, Draw 문에서 이 함수를 사용하고, 기본 도면의 현재 부품값에 의존하여 다이어그램 창에서 임피던스 함수가 [그림 13-28]과 같이 그려진다.

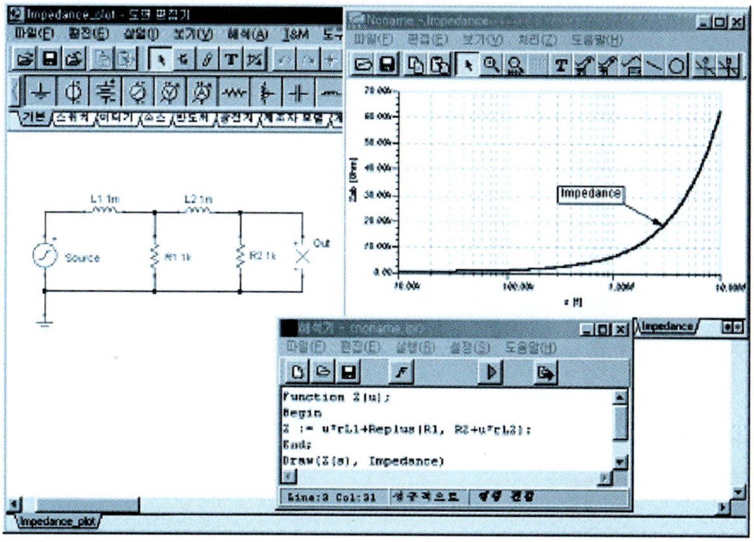

그림 13-28
해석기의 내장 함수를 이용한 임피던스 그래프의 결과

13-4 TINA 해석기의 컨볼루션 활용

여기서 시간 영역에서 회로의 응답을 얻는데 컨볼루션(convolution)을 사용할 것이다. 컨볼루션은 회로 이론에서 수학적인 절차로 시간영역에서 응답을 결정하는데 사용된다.

1. 컨볼루션의 예

[그림 13-29]의 RL 회로에 대한 시간영역 응답을 구하기 위해서 컨볼루션을 사용한다. 회로에 대한 입력은 단위 계단(unit step) 전압 발생기이고, 출력은 저항기 R양단의 전압이다.

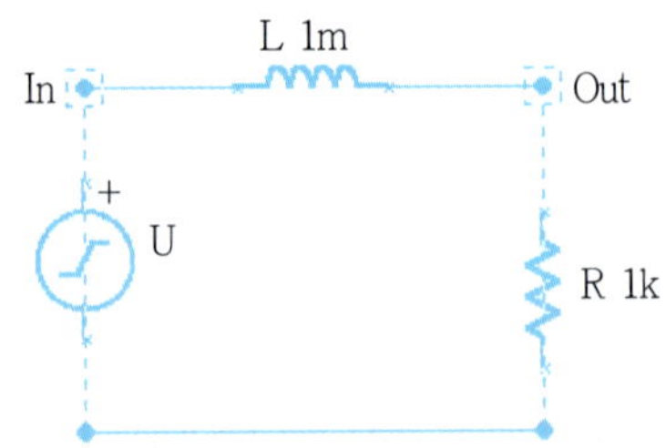

그림 13-29
시간영역 응답을 구하기 위한 RL 회로

(1) 해

시간영역에서 이 회로의 이론적인 응답은 다음과 같다.

$$U_R(t) = 1 - e^{-\frac{R}{L}t}$$

컨볼루션의 의미는 무엇이고, 시간영역에서 이 회로의 응답을 결정하는 데 컨볼루션이 어떻게 사용되는가? 두 개의 임의 신호의 컨볼루션은 다음과 같다.

$$f_1(t) * f_2(t) = \int_{-\infty}^{\infty} f_{1(\tau)} f_2(t-\tau) d\tau$$

소스 $s(t)$에 대한 회로의 시간응답이 다음과 같음을 입증할 수 있다.

$$y(t) = \omega(t) * s(t) = \int_{\infty}^{\infty} \omega(\tau) s(t-\tau) d\tau$$

여기서, $\omega(t)$는 Dirac 임펄스에 대한 회로의 응답이다. 이 경우에,

$$\omega(t) = \frac{R}{L} e^{-\frac{R}{L}t}$$

이다. 따라서, [그림 13-30]과 같이 해석기에서 원하는 컨볼루션 적분을 계산하는 함수를 정의해야 한다. 다음은 해석기의 내용이다.

```
Function Conv(u);
begin
Conv:=Integ(R/L*exp(-R/L*tau),0,u,tau);
end; {Conv}
draw(Conv(t),Conv)
```

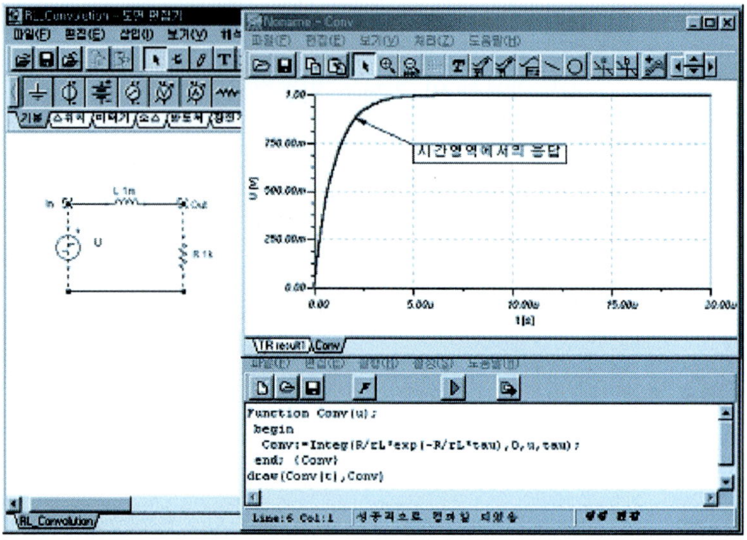

그림 13-30 해석기에서 컨볼루션 적분을 이용한 시간영역 응답

(2) 검 증

아래의 이론적인 컨볼루션 함수를 사용하여 지금 금방 구한 결과를 검사하기 위해서 회로에서 과도해석을 사용한다.

$$U_R(t) = 1 - e^{-\frac{R}{L}t}$$

다이어그램 창에서 복사-붙이기 기능을 사용하여 과도해석을 실행한 후에 이 결과를 검사할 것이다. 탭을 클릭하여 과도해석 창에 있는 TR_result1으로 이동하여 곡선을 클릭하여 선택한 다음에 Ctrl+C 키를 눌러서 클립보드로 넣는다. 이제, 다이어그램 창의 Conv 탭으로 변경하여 Ctrl+V 키를 눌러서 선택된 곡선을 이 다이어그램으로 복사한다. [그림 13-31]에서 결과들이 정확하게 겹치는 것을 볼 수 있다.

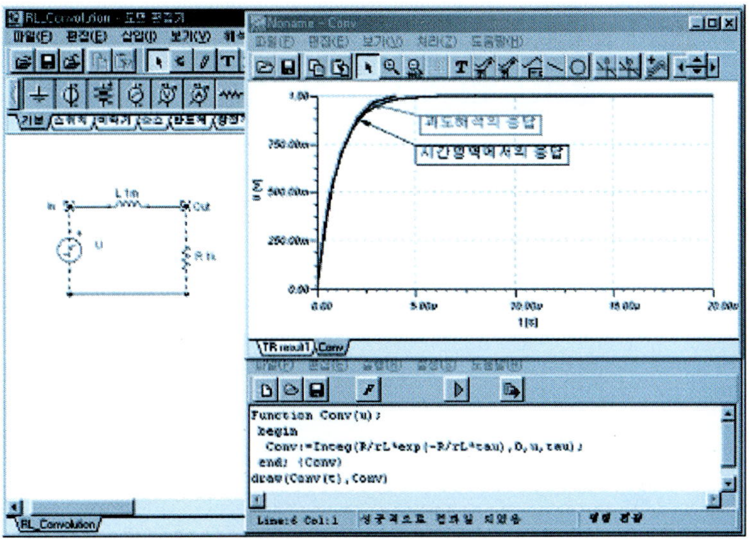

그림 13-31
시간영역 응답을 과도해석 응답과 비교한 검증

13-5 TINA 해석기에 사용될 신호의 정의

해석기는 회로에 대한 여기로 사용될 신호를 임의로 정의하는데 응용된다. 이 신호들은 아날로그 발생기에 해당된다. 사용자 정의 파형들은 매우 일반적이고, 수식 편집기 창을 불러와서 파형을 수학적 표현으로 정의할 수 있다. 신호 정의를 용이하게 하기 위해서 수정 가능한 템플릿이 편집기 창에 제공된다. TINA의 해석기가 신호 정의에 이용되는 동안, 도면 편집기 창을 통해서 신호 정의를 접근하고, 도구 메뉴의 해석기 메뉴를 통해서 접근하지 않음에 유의한다.

발생기를 더블클릭하여 신호 속성을 설정할 수 있다. 사용자 정의 형태를 선택하고 신호 편집기를 연다. 이 편집기에서 해석기 편집기와 같이 편집, 저장하고 소스 코드를 컴파일할 수 있다.

편집기 바로 아래에서 볼 수 있는 별도의 창은 사전에 정의된 변수, 회로 변수, 그리고 사용자 정의된 함수들을 위한 심벌의 목록을 포함하고 있다. 이것들을 새롭게 사용자 정의된 파형을 생성하기 사용할 수 있다. 여기서, 진폭 변조 신호를 정의한다. 즉,

```
Function Signal(t):
Begin
        fCarrier :=1M:
        wC : =fCarrier*2*pi:
        m : =0.5:
        fmodsig : =100k:
        wS : =fmodsig*2*pi:
        Signal : =1*sin(wC*t)*(1+m*sin(wS*t)):
End:
```

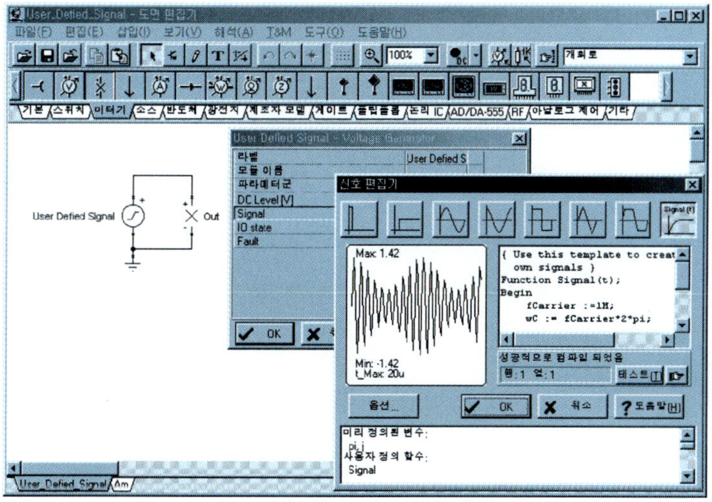

그림 13-32
해석기에서 사용자 정의된 파형(예, 진폭 변조 신호를 정의)을 생성하기 사용할 수 있다.

만일 더 많은 함수들을 계속하고 정의한다면 신호를 명명한 함수가 심벌 목록의 상단에 나타날 것이다. 함수의 본문에서 변수를 정의할 수 있고 내장 함수의 임의 지정을 사용할 수 있다.

13-6 TINA의 연습과 시험 모드에서 해석기 활용

교육적인 사용자를 위해서 TINA는 두 가지 특별한 모드를 가지고 있다. 시험 모드에서 학생은 전통적인 연필과 종이 방법이나 해석기와 해석 기능들을 사용하여 일련의 문제(문제 집합)들을 푸는 것이다. 학생이 답을 찾을 때 프로그램은 정답을 바로 교사의 기계로 보내지고, 교사 기계의 TSUPER 감독 유틸리티에 의해서 정답이 즉시 표시된다. 연습 모드는 TINA가 학생들의 답의 정확성에 관하여 항상 피드백을 제공하고 학생은 교사가 준비한 도움을 얻기 위해서 조언자(Advisor)로 돌아갈 수 있다는 것을 제외하고 시험 모드와 동작이 비슷하다.

I. DC 문제 풀기

다음의 예제는 DC 문제이다. 문제는 학생이 저항기 R2에서 전압을 계산하도록 요구한다. 시험 패널에서 Voltage division을 클릭하면 회로가 나타난다.

TINA의 연습/시험 모드에서 문제를 푸는데 두 가지 방법이 있다. 첫 번째는 연습/시험 패널에서 결과 칸을 사용하는 방법이고, 두 번째는 직접 해석기를 사용하는 방법이다. 해석기를 직접 사용하여 결과 값을 TINA의 연습/시험 모듈로 보내기 위해서 Result와 Submit 기능을 사용할 수 있다.

(1) 결과 칸에서 해석기 사용하기

[그림 13-33]과 같이 결과 칸의 수뿐만 아니라 회로의 심벌에 입각한 공식을 입력할 수 있다. 이 경우에 해석기가 자동적으로(내부적으로) 불러와져서 공식을 평가한다.

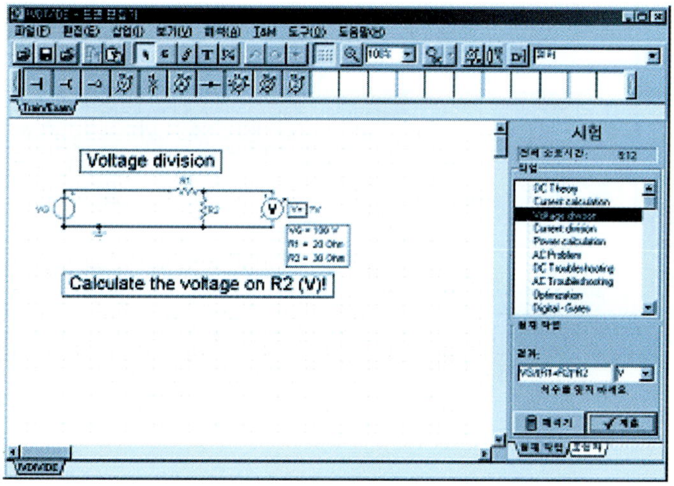

그림 13-33
연습/시험 패널에 있는 결과 칸을 사용하여 문제를 푸는 방법

(2) 해석기 창으로부터 해를 제출하기

[그림 13-34]에서처럼 해석기 버튼 [해석기]을 클릭하면 해석기 창이 열린다. 이 예제 문제는 저항기 R2의 전압을 계산하는 것이다. 옴의 법칙을 사용하여 R2에서 전류와 전압을 유지하기 위해서 두 개의 변수(I와 U2)를 정의한다. Submit 함수를 사용하여 결과를 시험 모듈로 보낸다.

해석기에서 해는 다음과 같다.

```
I := VG/(R1+R2)
I=[2]
U2 := I*R2
U2=[60]
Submit(60[V])
```

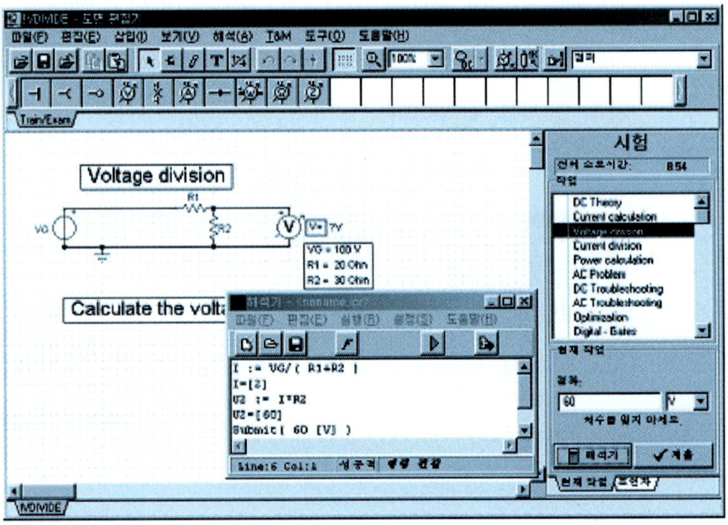

그림 13-34
해석기를 이용하여 문제를 푸는 방법으로, Submit 함수를 사용하여 결과를 시험 모듈로 보낸다.

2. AC 문제 풀기

다음은 AC 문제의 한 예이다. 시험/연습 패널에서 AC problem을 클릭하면 풀고자 하는 회로가 나타난다. 해석기 버튼 을 클릭하면 해석기 창이 열린다.

AC 문제는 일반적으로 결과 칸에 온-라인 해를 허용하기에 너무 복잡하므로, [그림 13-35]와 같이 해석기 창을 사용한다. 그러나, 표현식이 충분히 작다면 결과 칸을 이용할 수 있을 것이다.

문제는 인덕터에 흐르는 복소 전류를 계산하는 것이다. 먼저, 복소 임피던스와 복소 전류를 유지하기 위해서 두 가지 복소 변수(Z와 I)를 정의한다. Submit2 함수를 사용하여 결과를 시험 모듈로 보낸다.

해석기에서 해는 다음과 같다.

```
Z := j*VGw*rL
I := VGA/Z
Abs(I)=[10]
Arc(I)=[-1.5708]
Submit2(10[A], -1.5708[rad])
```

VGA는 전압 발생기 진폭을 나타내고, VGw는 라디안 주파수를 나타낸다. Submit 명령을 해에 추가하기 전에 결과를 신중하게 살펴보는 것이 좋은 습관이다. 일단 Submit 명령을 포함하고 있는 프로그램에서 실행 버튼을 누르면, 해가 넘겨진 것이다. TINA는 해를 검사할 것이고, 그것이 정답인지 오답인지 여러분에게 알려주고 제출한다.

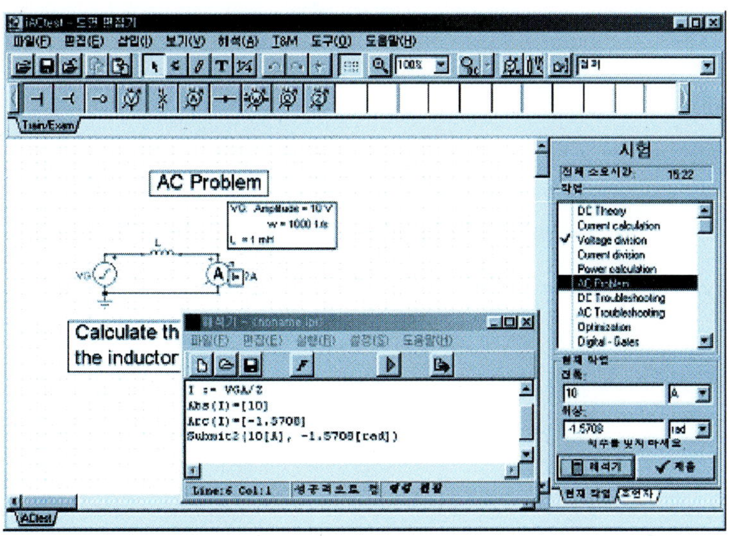

그림 13-35
해석기를 이용하여 AC 문제를 푼다.

제 14 장
TINA의 다양한 응용

TINA는 전자공학을 설계, 시험, 교육하기 위한 많은 유용하고 진보된 특징들을 제공한다. 이것들은 S-파라미터 모델, 회로망 해석, 푸리에 급수와 푸리에 스펙트럼 해석, 잡음 해석, 심벌릭 해석, 해석 결과의 후-처리, 페이저 다이어그램, 나이퀴스트 다이어그램, 내장 해석기, 다중 파라미터 최적화, 더 많은 것을 포함한다.

이 특징들 모두에 대한 상세한 설명은 이 전자공학 매뉴얼에서 찾을 수 있다. 새로운 주제와 예제를 본 장에 계속적으로 추가하고 있으므로, 가장 최근의 버전을 위해서 웹사이트 www.tina.com를 정규적으로 방문하여 주기 바란다.

14-1 파라미터 스텝핑

파라미터 스텝핑 모드에서 TINA는 주어진 범위에서 주어진 횟수에 걸쳐 관련된 부품 값들을 단계적으로 변화시키면서 각 변화 값에 대해 선택된 해석을 실행한다. 이것은 계산을 초래하고 관련된 파라미터에서 변화에 대한 회로의 민감도를 도시하는 곡선의 집합을 플로팅한다.

파라미터 스텝핑은 4가지 파라미터, 즉 시작값, 종료값, 경우의 수, 스위프 형태(선형, 대수 또는 목록)에 의해서 제어된다.

부품 값 파라미터들의 스텝핑은 TINA 부품들의 어떤 수치적인 파라미터, 예를 들면, 저항기의 저항, 포텐쇼미터의 설정, 또는 트랜지스터 데이터표의 파라미터가 될 수 있다.

한 부품에 대한 파라미터 스텝핑을 설정하기 위해서 해석 메뉴의 제어대상 항목을 클릭하거나 제어 대상 버튼 을 클릭한다.

저항기처럼 보이는 커서가 도면 편집기 창에 나타날 것이며, 여러분이 스텝 파라미터를 할당하기를 원하는 부품을 지정하기를 기다릴 것이다. 원하는 부품을 지적하고 바로 클릭하면 그 부품과 관련된 파라미터들 모두가 대화상자 창에 표시될 것이다.

한 예를 들어, 저항기의 경우에 [그림 14-1]과 같은 대화상자 창이 나타날 것이다.

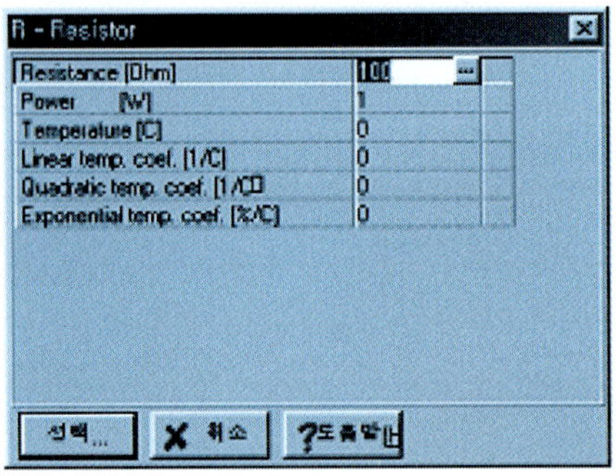

그림 14-1
저항기 속성의 대화상자

스텝 파라미터를 포함하고 있는 칸을 선택한 다음 선택... 버튼에서 클릭한다. 그러면 [그림 14-2]와 같은 파라미터 설정 대화상자가 나타날 것이다.

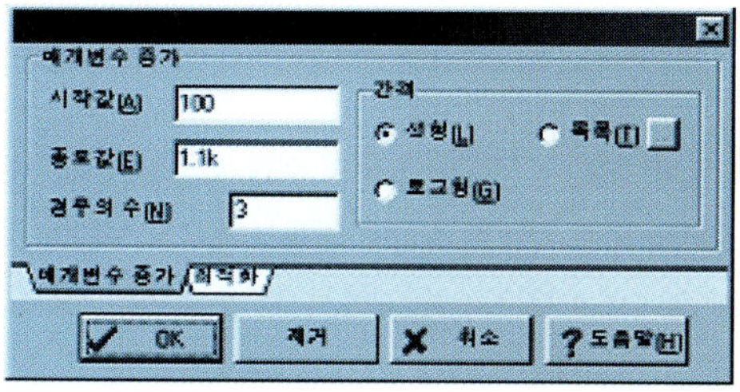

그림 14-2
파라미터 설정 대화상자

이 대화상자에서 적절한 스텝 파라미터를 설정한다. 경우의 수는 시작값과 종료값을 포함한다. 경우의 수를 1로 설정하면 파라미터의 시작값에 의해 정의된 값에서 한번 해석을 수행할 수 있다. 이것은 여러분에게(원래 값을 수정하지 않고) 파라미터의 임시 변화만으로 응답을 시험하는 방법을 제공한다.

만일 목록 버튼을 누르고 오른쪽에 있는 버튼[...]을 누른다면, [그림 14-3]과 같은 파라미터 스텝핑을 위한 편집자 리스트가 나타날 것이다.

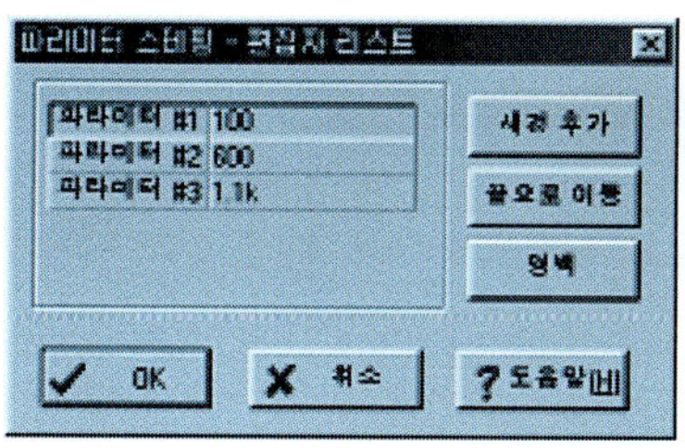

그림 14-3
파라미터 스텝핑을 위한
편집자 리스트

디폴트로 시작값과 종료값 사이에서 계산된 3가지 값을 나타내지만, 원하는 어떤 값들을 입력할 수 있거나 값들을 제거 또는 전체적으로 목록을 지울 수 있다.

이전의 대화상자 창으로 되돌아가기 위해서 OK를 누르고 차례로 다른 대화상자의 OK 버튼을 눌러서 닫을 수 있다. 또한, [제거]버튼을 사용하여 이 부품에 대한 파라미터 스텝핑을 턴-오프할 수 있다. 여러분은 스텝하고자 하는 어떤 파라미터의 수에 대해서 위의 절차를 반복할 수 있다.

주 의

스텝되고 있는 각 값에 대해서 동일한 경우의 수를 사용할 수 없다는 것에 유의한다. TINA는 스텝된 값들의 모든 가능한 조합에 대해서 해석을 실행할 것이다. 예를 들면, 만일 여러분이 3단계에서 A 부분과 4단계에서 B부분을 변하도록 요구한다면 여러분은 12개 곡선을 얻을 것이다.

한 부품이 위의 절차에 따라서 제어 대상으로 설정될 때마다 프로그램은 자동적으로 파라미터 스텝핑 모드로 갈 것이다. 해석 메뉴의 '모드' 항목을 선택하여 나타난 [그림 14-4]의 대화상자 창을 통해서 모드 상태들을 검사할 수 있다.

여러분은 단일 해석 또는 파라미터 스텝핑 해석을 선택하기 위해서 이 대화상자 창을 사용할 수 있다. 또한, 이 대화상자 창을 사용하여 온도증가, 최악의 경우 그리고 몬테카를로 해석을 선택할 수 있다.

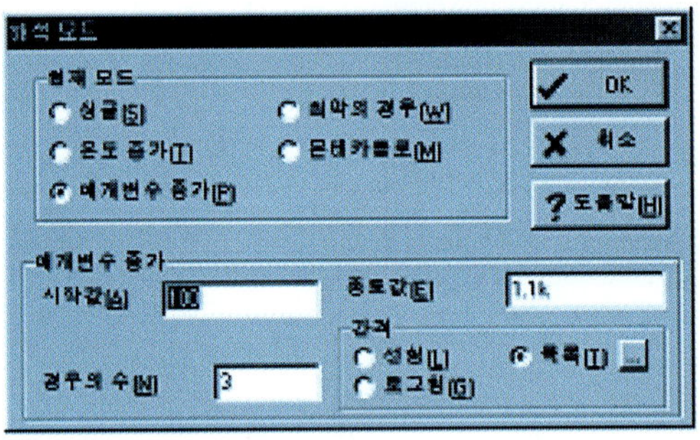

그림 14-4
해석 모드의 대화상자 창을 통해서 모드 상태들을 검사할 수 있다.

다음의 한 예는 파라미터 스텝핑을 분명하게 이해할 수 있도록 제공할 것이다. TINA의 EXAMPLE 폴더에서 RLC_1.TSC를 불러온다. 이 회로는 100Ω과 1.1kΩ 사이에서 변하는 저항기 R에 대해서 이미 3단계로 파라미터 스텝핑 모드에 있다. 버튼을 클릭하여 새로운 커서를 가지고 R저항기를 선택하여 나타난 대화상자에서 선택... 버튼을 누른다. 그러면 [그림

14-5]와 같은 대화상자 창을 보게 될 것이다.

그림 14-5
파라미터 설정 대화상자

이 대화상자를 닫은 후 해석 메뉴에서 AC해석의 AC 전달특성 항목을 실행하고, AC 전달특성 대화상자에서 다이어그램을 진폭으로 선택하면 [그림 14-6]과 같은 AC 진폭에 대한 전달특성의 다이어그램이 나타날 것이다.

곡선의 높낮이에 관련되는 스텝 파라미터의 값을 결정하기 위해서 곡선 위로 커서를 이동시키고 스크린 밑에 있는 라인에서 대응하는 값을 읽는다. 또한, 대응하는 스텝 값들을 보기 위해서 다이어그램 창에서 도표 버튼과 자동문자 버튼을 사용할 수 있다. [그림 14-7]의 다이어그램을 참고하자.

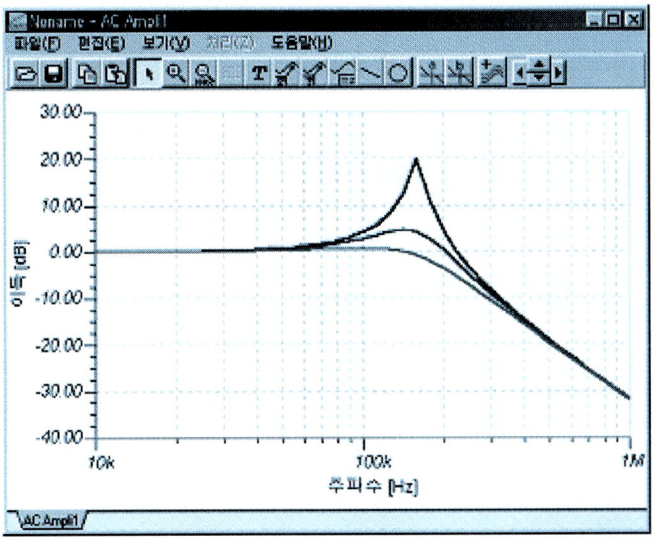

그림 14-6
AC 진폭에 대한 전달
특성의 다이어그램

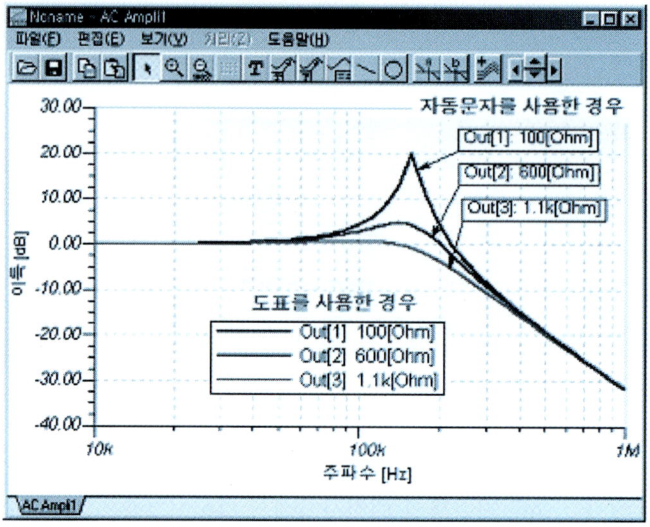

그림 14-7
대응하는 스텝 값들을 보기 위해서 다이어그램 창에서 도표 버튼과 자동문자 버튼을 사용한다.

이제 목록 옵션을 사용하여 커패시터의 값을 스텝핑하도록 한다. 값을 100pF과 1nF으로 하자. 버튼을 클릭하고 커패시터 C를 선택한 다음 대화상자에서 선택... 버튼을 누른다. 그러면 [그림 14-8]과 같은 대화상자 창을 보게 될 것이다.

[그림 14-8]에서 목록 옵션을 선택하고 목록 버튼을 누르고, 오른쪽에 있는 ... 버튼을 누른다면, [그림 14-9]와 같은 파라미터 스텝핑을 위한 편집자 리스트가 나타날 것이다.

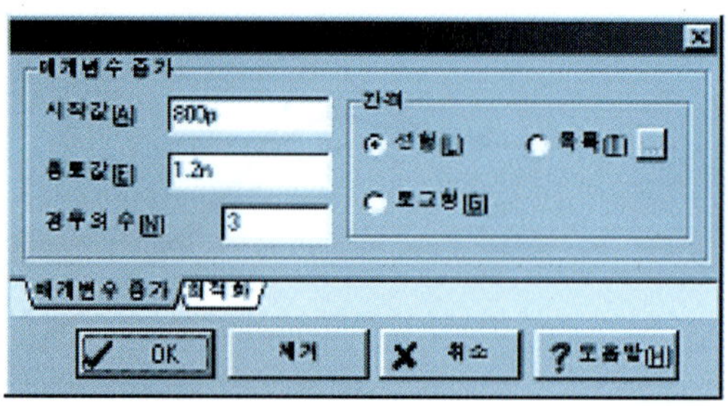

그림 14-8
편집자 리스트

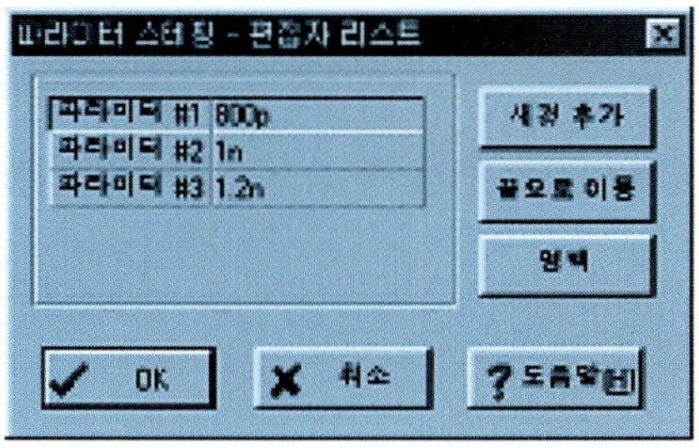

그림 14-9
파라미터 설정 대화상자

[그림 14-9]에서 [끝으로 이동] 버튼을 눌러서 마지막 항목 파라미터를 제거하고, 첫 번째 파라미터를 100p로 설정한다. 이제 OK 버튼을 눌러서 모든 대화상자 창을 닫고 해석 메뉴에서 AC 해석의 AC 전달특성 항목을 실행하면, [그림 14-10]의 다이어그램 상자가 나타날 것이다.

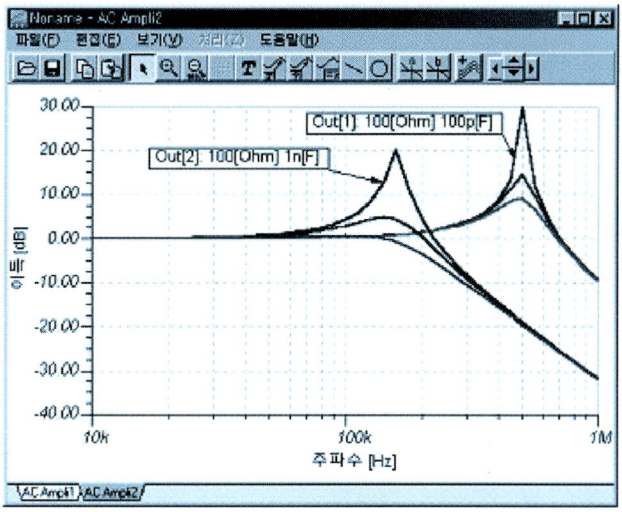

그림 14-10
파라미터에 따른 AC 전달특성의 다이어그램

C=100pF인 경우에 속하는 곡선들의 새로운 집합이 분명히 다이어그램의 오른쪽에 나타날 것이다. 위 다이어그램에 자동문자를 사용하여 곡선에 대한 파라미터의 전형적인 값을 보이도록 하였다.

14-2 DC 전달특성과 파라미터 스위핑 활용

DC 전달특성을 계산하기 위해서 정확하게 하나의 입력(일반적으로 하나의 전압이나 전류원 또는 발생기 또는 하나의 저항기)과 최소한 하나의 출력을 할당해야 한다. 나중에, DC 전달특성 대화상자 창에서 할당된 입력을 변경할 수 있다. 또한, 후-처리기를 사용하여 더 많은 출력을 부가할 수 있다. DC 파라미터 스위핑이라 불리는 저항기 값들의 범위의 함수로서 결과를 플로팅하도록 한다.

하나의 부품을 입력으로 작용하도록 할당하는 몇 가지 방법이 있다.

- TINA 6.0 버전에서 가장 간단한 방법은 DC 전달특성 대화상자 창에서 입력 상자로부터 부품을 선택하는 것이다. 일단 선택되면 TINA는 기억하고, 여러분의 회로 파일에서 선택된 입력으로서 저장될 것이다.
- 그것들을 입력으로 할당하기 위해서 발생기와 소스들의 I/O 상태 필드를 사용한다.
- 또한, 한 입력을 source/generator 또는 저항기로 할당하기 위해서 삽입 메뉴의 입력 명령을 사용할 수 있다. 먼저 삽입메뉴의 입력 명령을

선택하면 특별한 I+ 형태의 커서가 나타난다. 선택하고자 하는 부품의 첫 번째 마디를 클릭하고 그 입력을 다른 마디로 끌어당기는 동안에 마우스버튼을 누른다. 삽입 메뉴의 입력 명령을 사용하는 것은 DC 전달 입력을 선택하는 가장 간단한 방법이 아니며, 방법 (1)이나 (2)가 선호된다.

하나의 출력을 할당하기 위해서 미터기 툴바(전압핀, 전압계, 전류계, 전력계 등)로부터 적절한 미터를 사용하거나, 삽입 메뉴의 출력 명령을 사용한다. 대부분의 경우에 미터기는 최상의 선택이다. 그러나, 만일 출력이 서로 멀리 떨어진 마디라면 출력 명령이 유용하다.

최소한 하나의 출력을 할당한 후에 해석 메뉴에서 DC 해석의 DC 전달특성 명령을 실행한다. 그러면 [그림 14-11]과 같은 DC 전달특성 대화상자가 나타날 것이다.

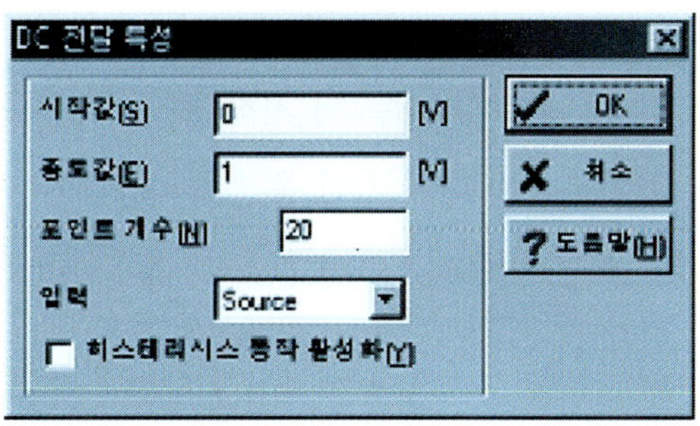

그림 14-11
DC 전달특성 대화상자

[그림 14-11]의 DC 전달특성 대화상자에 있는 파라미터에 대한 설명은 다음과 같다.

- **포인트 개수[N]** : 프로그램은 정의된 포인트 개수에서 전달특성을 계산한다. 디폴트 값은 20이다.
- **시작값[S]과 종료값[E]** : 프로그램은 포인트 개수가 시작값과 종료값을

포함하도록 특정한 입력 범위를 평등하게 나눈다. 각 입력점에 대해서 프로그램은 출력값을 계산하고 전달특성을 만들기 위해서 그것을 사용한다. 중괄호에 표시된 단위들은 입력의 단위에 대응한다(예 전압 발생기에 대해서 V). 일반적으로, 입력 값들은 오름차순으로 발생된다. 그러나, 내림차순으로 계산하고자 한다면, 입력 범위의 더 큰 한계를 시작값에 할당하고 더 작은 한계를 종료값에 할당한다. 단지 계산의 순서만이 히스테리시스를 갖는 회로의 DC 특성에서 문제이다(예 슈미트 트리거).

- **입력** : 여기서 여러분은 원한다면 입력을 검사하고 변경할 수 있다. 입력을 변경하기 위해서 이 필드에서 화살표를 클릭하고 이용 가능한 입력 양들(회로에서 소스와 저항기들의 레이블 명칭들)이 나타날 것이다. 만일 한 부품이 레이블을 갖지 않는다면, TINA는 그것에 V_no_label_1의 형태로 자동적으로 레이블을 붙인다. 입력으로 선택하기 위해서 명칭을 클릭한다.
- **히스테리시스 동작 활성화** : 만일 이 체크박스가 체크되었다면, TINA는 우선 시작값으로부터 종료값으로 입력 양을 변화시키는 해석을 실행할 것이고, 그 다음 종료값으로부터 시작값으로 해석을 실행한다. 히스테리시스를 갖는 부품에 대해서 이 옵션을 사용해야 한다(특성이 변화의 방향에 의존하는 곳에서).

만일 입력으로서 하나의 저항기를 사용한다면, TINA는 저항의 각 스텝에 대해서 일단 전달특성을 몇 번 계산한다(파라미터 스위핑).

비선형 회로망에서 해석을 실행할 때, DC 해석은 어떤 점에서 수렴하지 않을 것이다. 이 점들은 응답을 플로팅할 때 뛰어넘을 것이다. 만일 수렴하지 않는 점들이 시작값 및 종료값에 있다면 표시된(입력) 범위는 그에 따라서 잘리게 될 것이다.

다음 두 가지 예제를 살펴보자. 먼저, TINA의 EXAMPLE 폴더에서 CHARBIPO.TSC를 불러와서 바이폴라 트랜지스터의 특성을 그려보자.

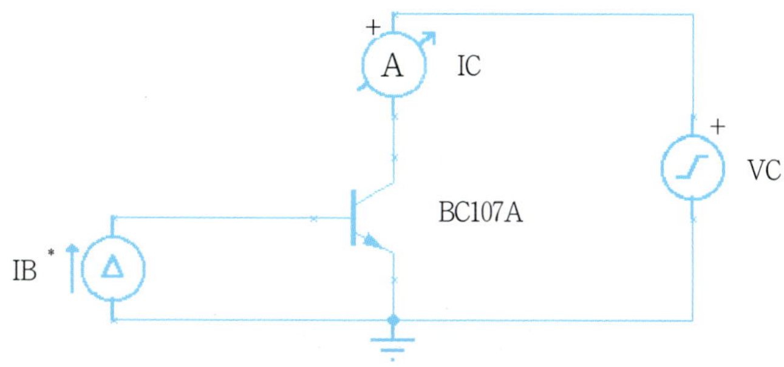

그림 14-12
바이폴라 트랜지스터의 특성을 그리기 위한 시험 회로

베이스 전류 IB가 어떻게 스텝되는지 보기 위해서 전류원을 클릭하고 해석 메뉴의 모드 명령을 선택한다. 그러면 [그림 14-13]과 같은 해석모드 창을 보게 될 것이다.

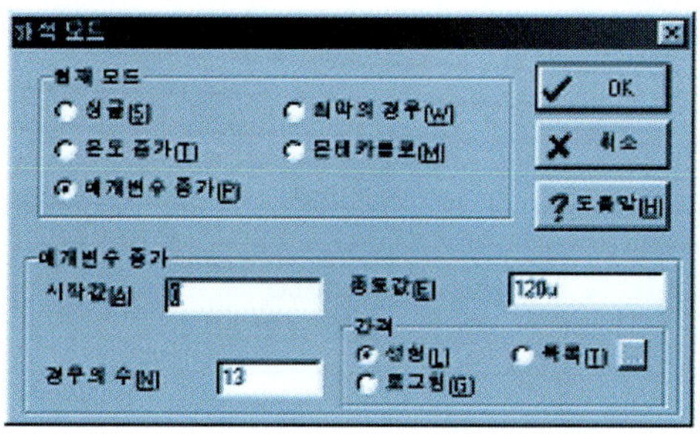

그림 14-13
전류원의 해석모드 창

그 다음 해석 메뉴에서 DC 해석의 DC 전달특성 명령을 불러온다. 그러면, [그림 14-14]와 같은 DC 전달특성 대화상자를 보게 된다.

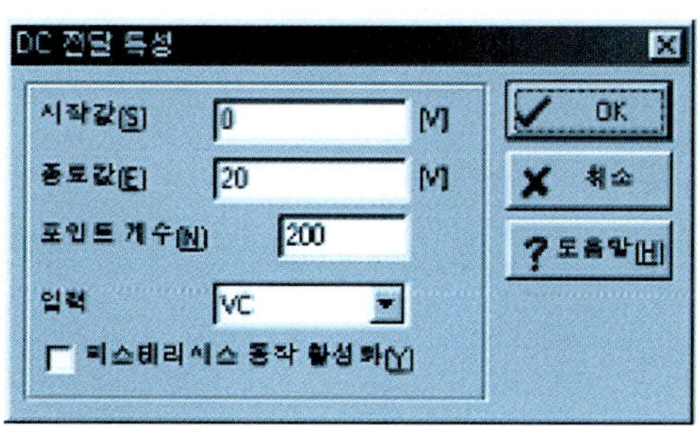

그림 14-14
DC 전달특성 대화상자

[그림 14-14]의 대화상자 창에서 설정된 값에 따라서 입력 VC는 시작 값(0V)으로부터 종료 값(20V)까지 변할 것이다. DC 전달특성의 결과는 [그림 14-15]에 보인 것처럼 트랜지스터의 공통 이미터 특성을 구성하는 곡선의 군과 유사하다.

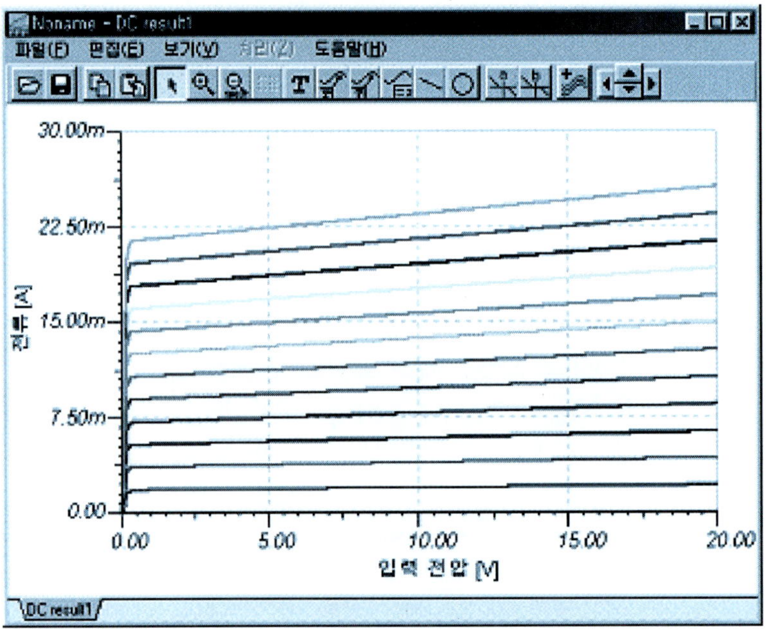

그림 14-15
DC 전달특성의 결과

이제 파라미터 스위핑의 한 예를 보자. 먼저, TINA의 EXAMPLE 폴더에서 sweep.tsc 파일을 불러온다. 회로는 다음과 같다.

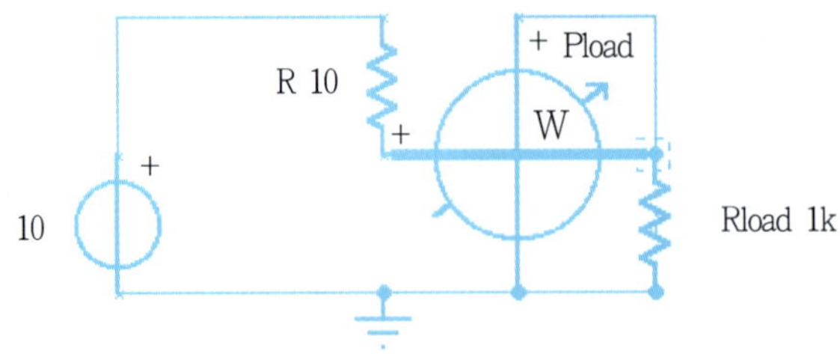

그림 14-16
파라미터 스위핑을 보기 위한 회로

출력은 전력계이고 Rload에서 소비를 나타낸다. 만일 해석 메뉴에서 DC 해석의 DC 전달특성 명령을 불러온다면, [그림 14-17]과 같은 DC 전달특성의 대화상자를 보게 될 것이다.

그림 14-17
DC 전달특성의 대화상자

[그림 14-17]의 대화상자에서 저항기 Rload가 0에서 100Ω까지 스위프함에 유의한다. OK를 누르면 [그림 14-18]과 같은 DC 전달특성의 결과 다이어그램이 얻어진다.

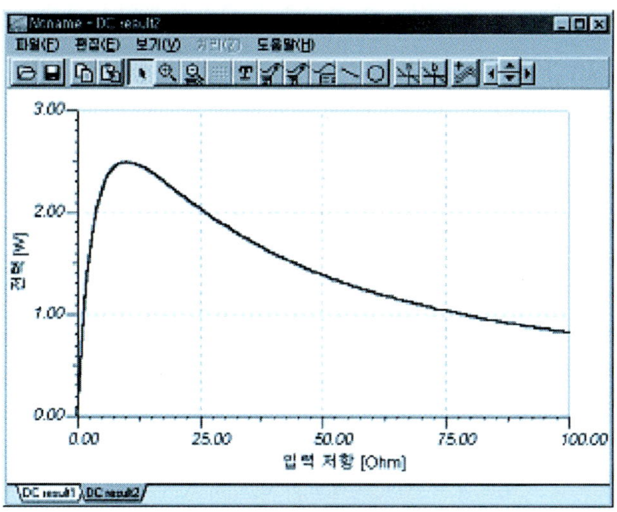

그림 14-18
DC 전달특성의 결과 다이어그램

이것은 부하 저항이 변할 때 부하 저항기에서 소비되는 전력의 곡선이다. 소스 저항과 부하 저항이 같을 때 최대 전력이 전달된다.

14-3 페이저 다이어그램 활용

페이저 다이어그램은 복소 페이저(벡터)를 통해 회로 동작을 설명하고 연구하기 위한 강력한 도구이다. 페이저 다이어그램은 선형 동작점에서 선형 회로나 비선형 회로를 갖는 AC 해석에서만 사용될 수 있다.

RC 회로의 페이저 다이어그램을 그리기 위해서 TINA를 사용하자. 먼저 TINA의 EXAMPLE 폴더에서 phasor 파일을 불러온다. 그 파일의 회로는 [그림 14-19]와 같다.

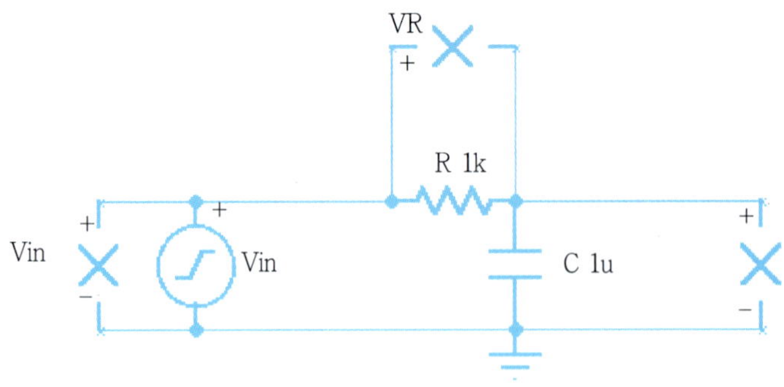

그림 14-19
phasor 파일의 회로

해석 메뉴에서 AC 해석의 위상 다이어그램 명령을 실행하자. TINA는 [그림 14-20]과 같이 다이어그램 창에 3개의 벡터를 포함하고 있는 새로운 다이어그램을 생성한다. 그림에서 보는 바와 같이, Vin은 VR과 VC의 벡터 합이지만, 이것을 더 분명하게 만들기 위해서 벡터의 위치를 변경할 수 있다.

디폴트에 의해서 모든 벡터들은 좌표계의 원점으로부터 시작한다. 그러나, 여러분은 벡터들을 클릭하고 끌어서 다른 장소로 옮길 수 있다. 하나의 벡터를 또 다른 벡터의 시작이나 종점 부근에 가깝게 끌 때 자동적으로 붙을 것이다. Vin를 갖는 삼각형을 형성하기 위해서 벡터 VR를 VC의 종점으로 끌어당기자. 여러분이 커서를 한 벡터 위로 이동시킬 때 TINA는 상태-라인에 그 벡터의 명칭, 진폭, 위상을 나타낸다.

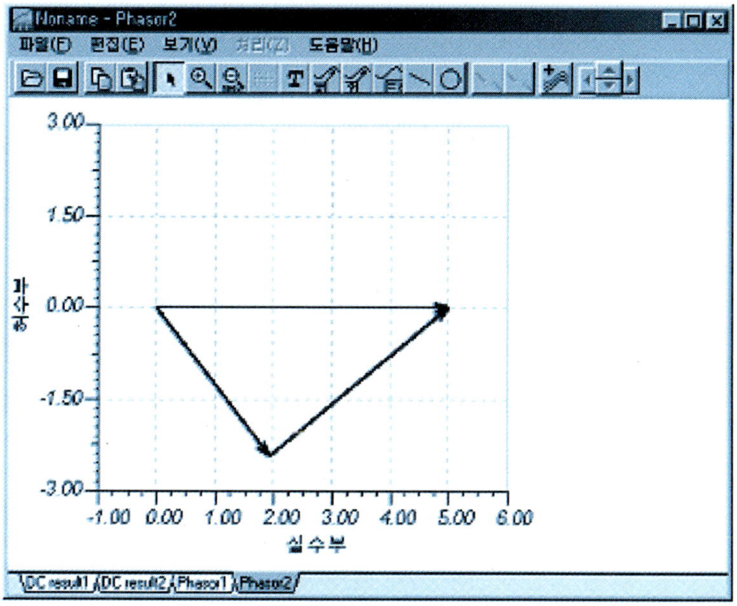

그림 14-20
3개의 벡터를 나타내고 있는 다이어그램 창

만일 축을 표시하지 않기를 원한다면, 보기 메뉴에서 표시축 명령을 사용하여 축을 턴-오프 한다. 여러분이 한 벡터를 더블 클릭(또는 그것을 오른쪽 마우스를 클릭하여 속성을 선택한다)한다면, [그림 14-21]과 같은 벡터의 구성 대화상자가 나타난다. 여기서 벡터의 색상, 폭, 형태에 대한 일반적 설정 이외에 벡터의 머리 형태를 설정할 수 있다.

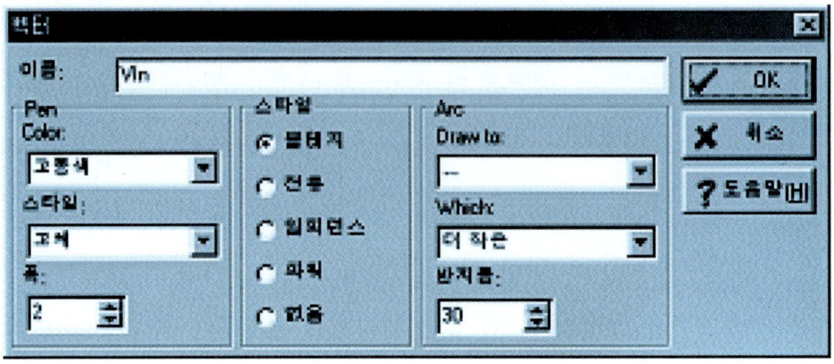

그림 14-21
벡터의 구성 대화상자

이 벡터의 구성 대화상자를 통해서 3개의 벡터에 대한 색상을 다른 색으로 변경해보도록 하자. Arc 설정을 사용하여 Vin 벡터의 구성 대화상자에서 Arc의 Draw to에서 VR를 설정하여 Vin과 VR 사이에서 호를 그릴 수 있다. 여러분은 호의 반경을 설정할 수 있고, 더 작거나(<=180°) 더 큰(>180°) 호가 표시되는 것을 선택할 수 있다. 여기서 주의할 점은 호를 그릴 때 한 벡터가 나머지 두 벡터의 기준으로 설정할 수 없다는 것이다.

다음, 툴바에 있는 도표 버튼을 눌러서 동시에 모든 벡터에 레이블을 추가할 수 있다. 또한, 개별적으로 사용부호의 설명을 추가할 수 있다. 즉, 자동문자 버튼을 누른 다음 벡터들을 하나씩 선택한다. 실제 레이블 형식은 보기 메뉴의 벡터 라벨 명령에 따라서 결정된다. 마지막으로, 다이어그램을 종료하기 전에 선, 원, 또는 문자를 추가할 수 있다. 문자 T 아이콘을 누르면 문자 편집기 창이 나타난다. 여기에 "Phasor diagram of an RC circuit"를 쓰고 ✔ 버튼을 누르면 페이저 다이어그램에 문자가 나타나게 된다.

이와 같은 처리를 완료한 페이저 다이어그램은 [그림 14-22]와 같다.

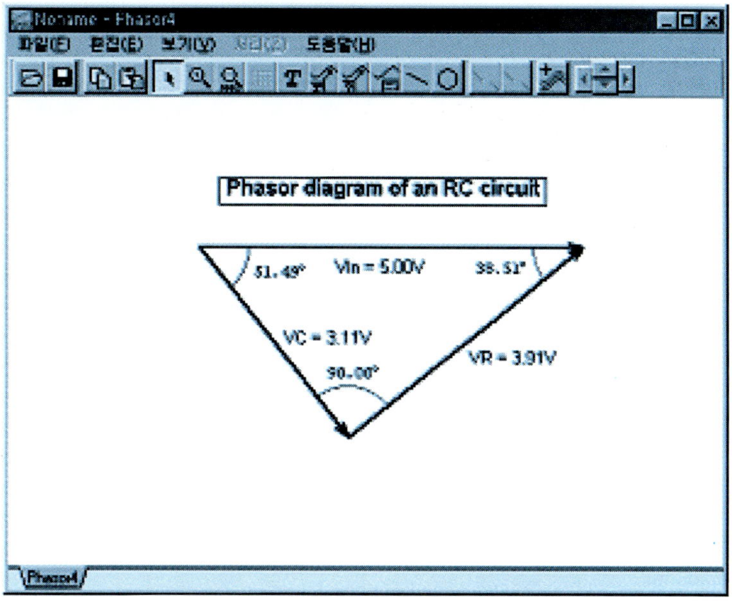

그림 14-22
사용자 조작된 페이저 다이어그램

그 다음 이 다이어그램은 클립보드로 복사될 수 있고 도면 편집에 붙이거나 어떤 다른 워드프로세서 프로그램에 붙일 수 있다.

14-4 나이퀴스트 다이어그램 활용

TINA의 AC 전달 해석은 아날로그 회로에 대한 전달함수의 진폭, 위상, 그룹 지연뿐만 아니라 나이퀴스트 다이어그램(Nyquist diagram)을 그릴 수 있다. 이 동작을 보기 위해서 먼저 EXAMPE 폴더에 있는 rlc_new.sch 회로를 불러온다. 그 다음에 해석 메뉴에서 AC 해석의 AC 전달특성 항목을 선택한다. 이제, [그림 14-23]과 같은 AC 전달특성의 대화상자가 화면에 나타나고, 여기서 여러분은 해석의 주파수 범위, 스위프 형태, 그리고자 하는 다이어그램(진폭, 위상, 나이퀴스트, 그룹 지연)을 선택할 수 있다.

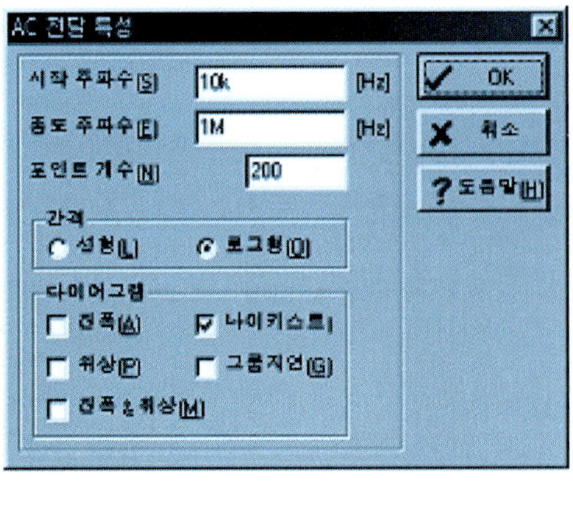

그림 14-23
AC 전달특성의 대화상자

주파수를 10k에서 1M로 설정하고 다이어그램 형태를 나이퀴스트로 설정한다. 완만한 곡선을 얻기 위해서 포인트 개수를 200으로 증가시킨다. OK 버튼을 누르고, 다이어그램 창에서처럼 계산되고 그려진 회로의 나이퀴스트 다이어그램을 [그림 14-24]에서 볼 수 있다.

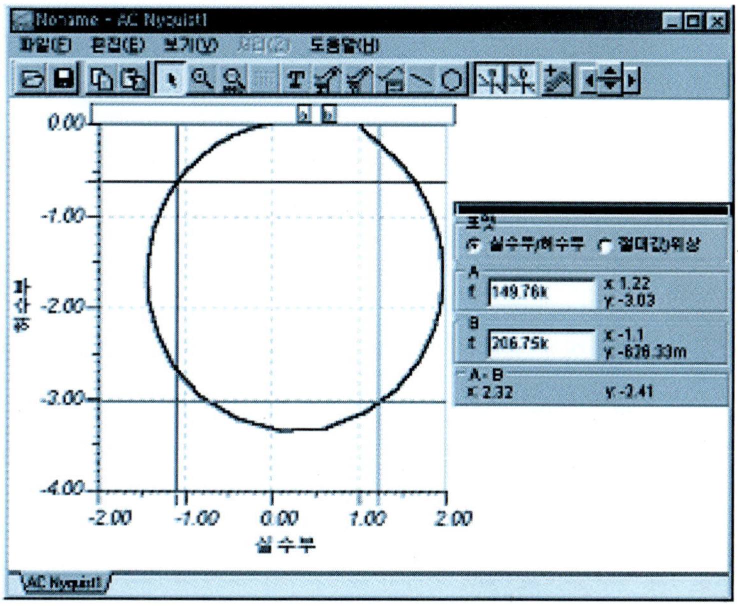

그림 14-24
회로의 나이퀴스트 다이어그램

이 다이어그램은 일반적인 과도해석이나 AC 해석 다이어그램과는 다르다. 나이퀴스트 다이어그램은 수평과 수직 눈금들이 항상 서로 비례되는 것을 요구한다. 이것은 여러분이 창의 크기를 다른 크기로 할지라도 원형 곡선을 유지한다.

더욱이, 주파수가 변할 때 나이퀴스트 곡선은 벡터 양의 궤적을 나타낸다. 커서를 활성화시키고 그 궤적을 조사할 때 커서 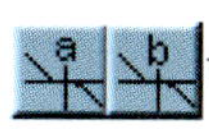 대화상자는 주어진 주파수에서 실수-허수이거나 진폭-위상 형식으로 곡선들의 수치적인 값들을 보인다.

14-5 잡음 해석 활용

주어진 회로가 측정 또는 증폭할 수 있는 최소 신호 레벨은 회로 부품에서 발생하는 자발적 동요(spontaneous fluctuations)에 의해서 결정된다. 이 자발적 동요를 잡음(noise)이라 한다. 잡음은 대개 사용하는 주파수 범위에 대해 모든 부품에서 에너지를 갖는다.

TINA는 회로 부품의 잡음 기여를 계산하고, 그 다음 출력으로 보내지는 것을 나타낸다. 불규칙한 잡음 동요는 통계적으로 해석되고, 평균이 0으로 되는 시간영역을 고려하지만 제곱의 분산과 합은 0이 아니다. 잡음 해석 결과는 AC 해석의 보드 다이어그램과 유사한 주파수 범위에 관하여 표시되고 출력될 것이다.

TINA는 저항기와 반도체(트랜지스터, 다이오드)에 대해서 고유 잡음원을 고려한다. 저항기는 이상적인 무잡음 저항기와 등가 열잡음 전류가 병렬인 것으로 모델링된다. 이 등가잡음은 백색 잡음(white noise), 즉 동일한 진폭 밀도로 모든 주파수 성분을 포함하고 있는 잡음으로 모델링된다. 회로에서 모든 잡음 발생기의 기여가 출력에서 각 잡음의 크기를 결정하기 위해서 계산된다. 출력 잡음은 이들 개개의 기여의 제곱의 합의 제곱근(rms

값)으로 형성된다.

연산 증폭기의 잡음 기여를 정확하게 계산하기 위해서 여러분은 Spice 매크로 모델 툴바로부터 소자들을 선택하여 제조자에 의해서 만들어진 모델을 사용해야 한다. 매크로를 열고 잡음 모델을 체크한다. 일부 제조자 모델들은 특수 목적의 잡음 모델을 갖거나 전혀 잡음 모델을 갖지 않는다. TINA의 이상적, 표준, 선형 연산 증폭기 모델(반도체 툴바에서)은 잡음 모델을 포함하지 않는다.

회로의 전달함수를 알고 있으므로, 출력 잡음으로부터 등가입력 잡음을 계산할 수 있다. 등가입력 잡음에 의해서 모든 회로 잡음을 표현하는 것은 입력에 존재하는 실수 신호의 레벨을 입력을 기준으로 하는 회로 잡음과 비교가 가능하게 만든다. 작은 입력 신호, 즉 등가입력 잡음의 크기에 가까운 신호들을 증폭하기 위해서 예상되는 회로는 매우 유용하지 않다.

저항기는 저항성(열적) 잡음을 발생하며, 이것은 다음과 같은 소스 전류로서 계산된다.

$$i^2 = \frac{4kT}{R}$$

여기서 $k = 1.38e^{-23}$ 볼츠만 상수

T = 온도 K

R = 저항 Ω

반도체들은 열적 잡음(저항기와 마찬가지로)뿐만 아니라 플리커 잡음(1/f)을 발생한다. 플리커 잡음의 스펙트럼 밀도는 주파수에 반비례하므로 1/f 잡음이라 명명한다.

TINA는 입력과 출력 잡음을 계산하고, 대역폭의 $\sqrt{Hz}$당 잡음 전압으로서 잡음을 표현한다. 또한, TINA는 출력에서 주파수의 함수로써 총 잡음의 곡선으로 잡음을 표현할 수 있다. 이 곡선을 계산하는데 TINA는 시작 주파수에서 특정 최대 주파수 값까지 모든 잡음을 합하고, 그것을 총 잡음으로 나타낸다. 당연히 곡선은 단조롭게 증가한다. 예를 들면, 만일 시작 주파수를 20Hz와 종료 주파수를 20kHz로 설정하였다면, 전형적인 음성 대역폭에 관하여 총 출력 잡음을 알게 될 것이다.

잡음의 또 다른 척도는 신호 크기를 고려하는 신호 대 잡음 비이다. 이것은 잡음 전력에 대한 신호 전력의 비로 다음과 같은 공식을 따른다.

$$S/N = 20\log\frac{V_{sig}}{V_{Tot}}$$

여기서, V_{Tot}는 총 입력-관련된 잡음 전압(total input-referred noise voltage)이고, V_{sig}은 잡음해석 대화상자에서 입력한 사용자 정의된 값이다. 디폴트 값은 1mV이다.

이 잡음 개념에 대해서 더 잘 이해하기 위해서 TINA의 EXAMPLE 폴더에 있는 noise.tsc 파일을 불러와서 [그림 14-25]와 같은 기본 증폭기의 등가회로를 공부하도록 하자.

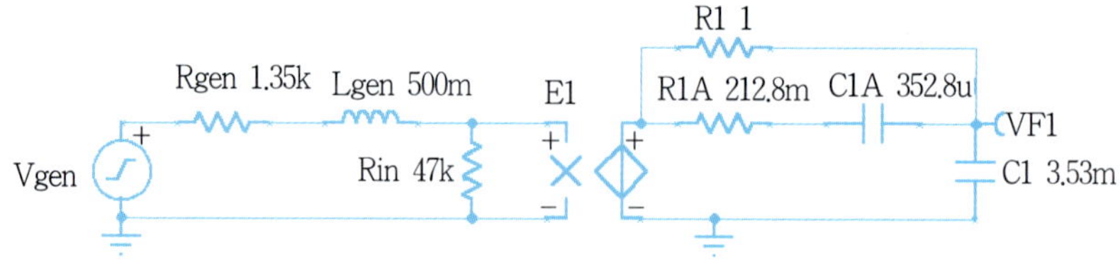

그림 14-25 잡음의 개념을 이해하기 위한 기본 증폭기의 등가회로

해석 메뉴에서 노이즈해석을 선택하면 [그림 14-26]과 같은 노이즈 해석의 대화상자가 나타난다.

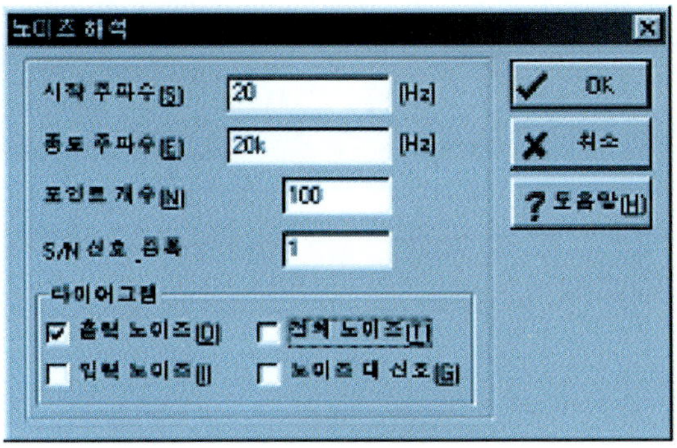

그림 14-26
노이즈 해석의 대화상자

이 대화상자는 계산하고자 하는 잡음에 대해서 시작 주파수, 종료 주파수, 포인트 개수, 그리고 S/N 신호 증폭을 설정할 수 있도록 한다. 또한, 필요한 해석 결과, 즉 출력 노이즈, 전체 노이즈, 입력 노이즈, 신호 대 잡음비를 선택할 수 있다.

[그림 14-26]의 대화상자에서 OK 버튼을 누르면, [그림 14-27]과 같이 주파수에 따른 출력 노이즈의 그래프를 다이어그램 창에 보이게 된다.

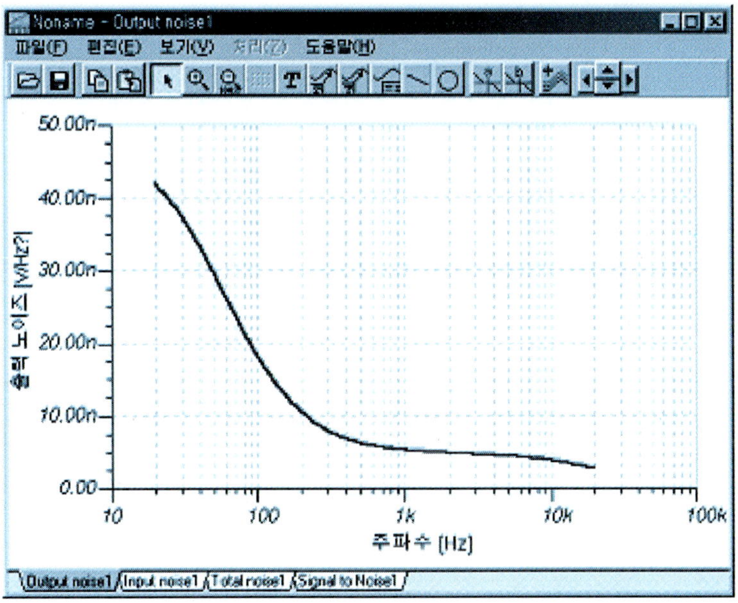

그림 14-27
노이즈 해석의 의한 주파수에 따른 출력 노이즈의 그래프 다이어그램 창

14-6 네트워크 해석과 S-파라미터

TINA는 네트워크 해석을 수행하고, 네트워크의 2-포트 파라미터(S, Z, Y, H)를 결정하는데 도움이 된다. 이것은 RF 회로를 가지고 작업하는 경우에 특히 유용하다. 결과들은 스미스, 폴라 또는 다른 다이어그램으로 표시될 수 있다.

네트워크 해석은 TINA의 네트워크 해석기의 도움으로 수행된다. 회로 소자의 RF 모델은 기생 성분들을 포함하는 SPICE 부회로(SPICE 매크로)나 회로 소자의 S(주파수) 함수로 정의된 S-파라미터 모델로 정의될 수 있다. S-함수는 일반적으로 부품 제조자(제조자의 측정에 근거한)에 의해서 주어지고, 인터넷을 통하여 다운로드받을 수 있으며 수동작으로나 TINA의 라이브러리 관리자를 사용하여 TINA에 삽입된다.

한 예제를 가지고 시작하도록 하자. TINA의 EXAMPLE\rf\spar_tr.sch 회로를 열면, 이 회로는 [그림 14-28]과 같은 RF 트랜지스터에 접속된 네트워크 해석기로 구성된다. 네트워크 해석기의 첫 번째 포트는 베이스-이미터 특성을 측정하는 한편 두 번째 포트는 트랜지스터의 컬렉터-이미터 특성을 측정한다. 트랜지스터에서 더블 클릭하면, 이 트랜지스터의 실제 특성들이 트랜지스터의 S11, S12, S21, S22 파라미터와 R1과 R2 입력/출력 임피던스에 의해서 정의된다는 것을 [그림 14-29]의 트랜지스터 속성의 대화상자로부터 알 수 있을 것이다.

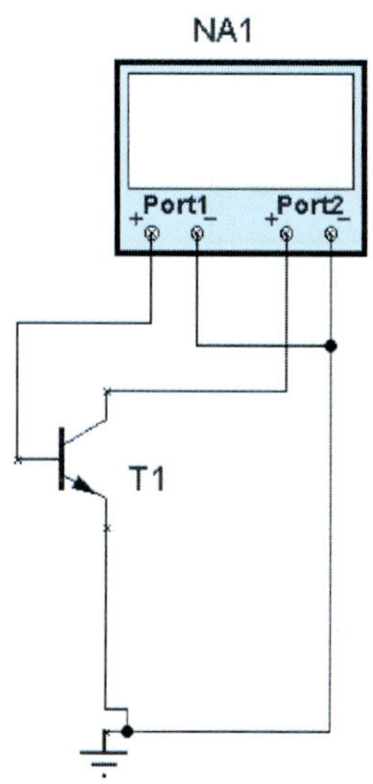

그림 14-28
RF 트랜지스터에 네트워크 해석기가 접속 회로

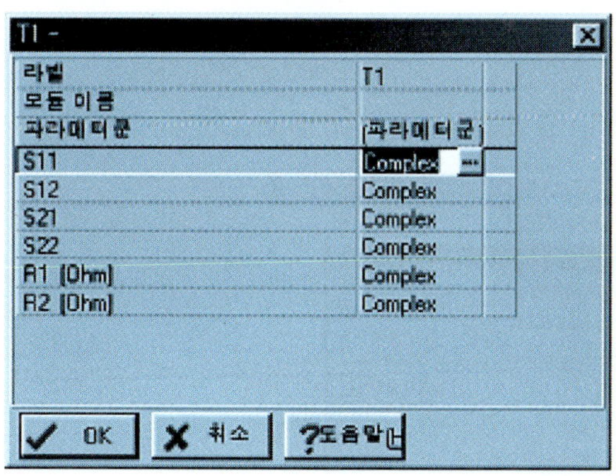

그림 14-29
트랜지스터 속성의 대화상자

각 함수는 S 파라미터와 주파수의 도표로 정의된다. 만일 Complex 레이블 옆에 있는 버튼을 클릭하면 [그림 14-30]과 같은 매개변수 편집기를 볼 수 있다.

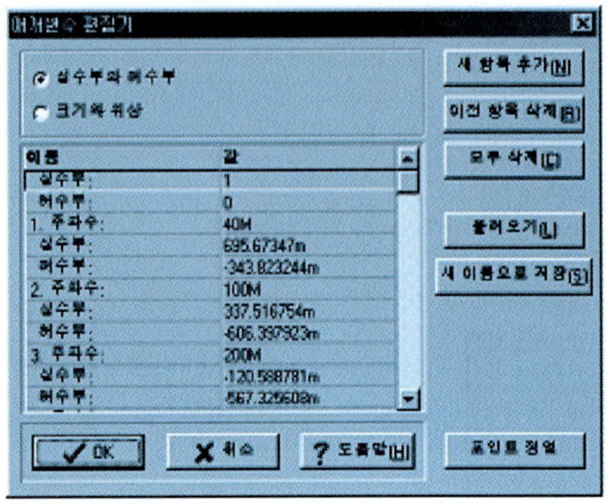

그림 14-30
매개변수 편집기

[새 항목 추가(N)] 버튼을 가지고 더 많은 점들을 함수에 쉽게 추가할 수 있거나, [불러오기(L)] 버튼을 가지고 전적으로 새로운 함수를 로드할 수 있다. 유사하게, [이전 항목 삭제(R)] 버튼은 마지막 점을 제거하고, [모두 삭제(C)]은 목록으로부터 모든 점들을 제거한다. [포인트 정열] 버튼은 주파수의 오름차순으로 모든 점들을 분류한다.

TINA는 (RF 툴바 아래에 있는) S-파라미터에 의해서 정의된 많은 다른 모델을 따른다는 것에 유의한다.

모든 대화상자를 닫고 해석 메뉴에서 AC 해석의 네트워크 해석 항목을 실행한다. 그러면 [그림 14-31]과 같은 네트워크 해석 대화상자가 나타난다. 이 대화상자에 있는 많은 파라미터 중에서 해석의 주파수 범위와 모드(즉, 무엇을 그릴 것인가)를 지정할 수 있다.

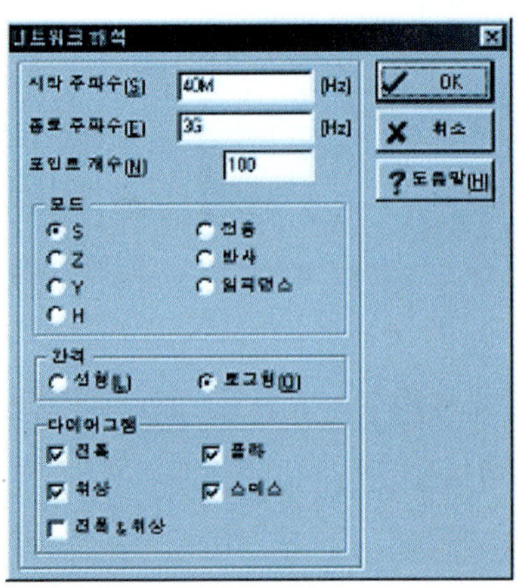

그림 14-31
네트워크 해석 대화상자

이용 가능한 다이어그램들은 선택된 해석 모드에 따라 결정된다. S 해석에서 진폭, 위상, 폴라, 스미스 다이어그램이 그려질 수 있다. 해석 모드 S를 선택하고, 진폭, 위상, 극, 스미스 다이어그램 형태를 선택한 다음 OK를 누른다. 그러면, [그림 14-32]와 같이 4개의 새로운 페이지가 다이어그램 창에 삽입된다. 각 새로운 페이지는 4개의 곡선(S11, S12, S21, 그리고 S22 곡선)을 포함하고, 적절한 다이어그램 형태로 표시된다.

원하는 점에 커서를 위치시켜서 특정한 데이터 값들을 얻을 수 있다. [그림 14-32]의 스미스 곡선에 커서 를 위치시킬 때 특수 커서 다이어그램이 생기고, 포맷과 매개변수(S-파라미터, Z-파라미터 등) 필드에서 설정된 형식으로 곡선의 값들을 표시할 수 있다.

어떤 다른 다이어그램 형태일 때 문자, 원, 선들을 추가하여 이들 다이어그램에 주석을 달 수 있다. 커서들을 이용하여 곡선에서 특정한 점들의 데이터 값들을 조사할 수 있고, 확대와 축소를 할 수 있다.

스미스와 폴라 다이어그램 모두에 대해서 축 설정은 다르게 취급된다. 비록 이들 다이어그램들이 폴라 다이어그램처럼 보일지라도, 좌표 범위들은

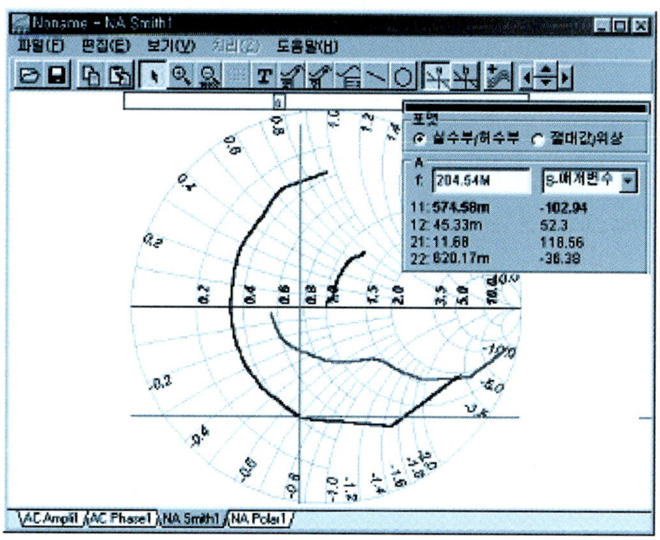

그림 14-32
해석 모드 선택에 따른 4개의 페이지가 다이어그램 창에 삽입된다.

실수-허수 영역에서 정의된다. 실수부(즉, 실수축)는 수평적으로 정렬된 수(폴라 다이어그램에서 진폭 값들)에서 더블 클릭하여 설정할 수 있고, 허수부는 원형으로 정렬된 수(폴라 다이어그램에서 위상 값들)에서 더블 클릭하여 설정할 수 있다. 축의 설정을 위한 해당되는 축을 더블 클릭하여 나타난 [그림 14-33]과 같은 축 설정 대화상자를 사용하여 수의 형식과 다이어그램의 수평 또는 수직 범위를 설정할 수 있다.

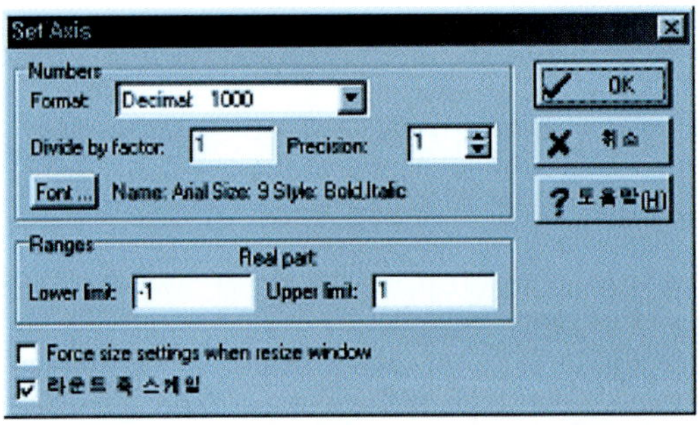

그림 14-33
축 설정 대화상자

회로망 해석을 위한 모델들은 또한 Spice 부회로를 사용하여 정의할 수 있다. 이것을 설명하기 위해서 도면 편집기에서 examples\rf\spice_tr.sch 회로를 연다. 이 예제는 우리가 금방 보았던 것과 유사한 회로를 포함한다. 즉, 네트워크 해석기가 트랜지스터, 전류원, 커패시터에 접속되고 네트워크 해석기를 포함한다.

그러나, [그림 14-34]의 회로에서 트랜지스터는 Spice 부회로를 포함한다. 이 트랜지스터의 네트리스트는 [그림 14-35]의 트랜지스터의 속성 대화상자에서 매크로 입력을 클릭하여 볼 수 있다.

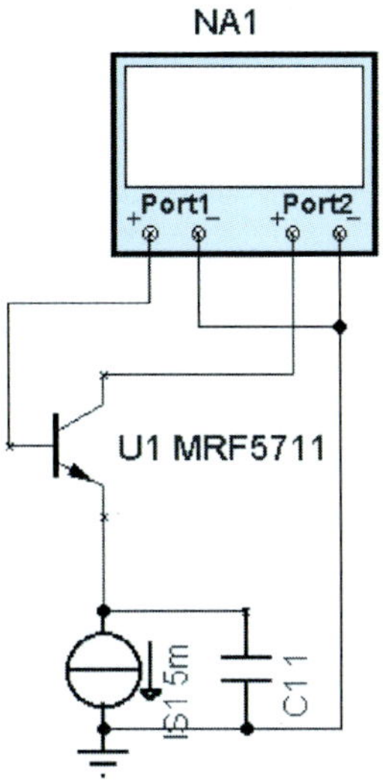

그림 14-34
트랜지스터는 SPICE 부회로를 포함한다.

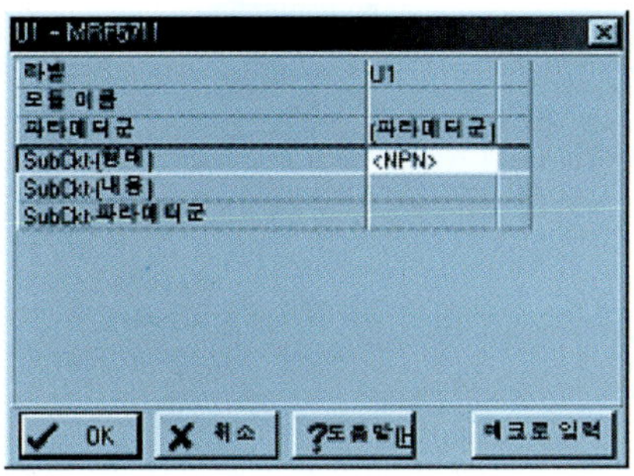

그림 14-35
트랜지스터의 네트리스트는 대화상자에서 매크로 입력을 클릭하여 볼 수 있다.

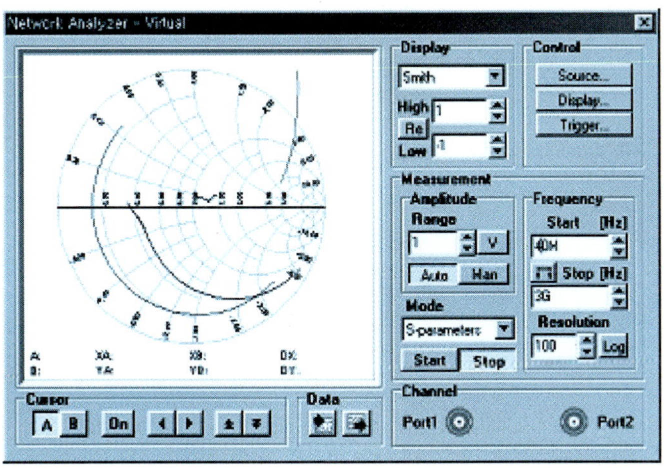

그림 14-36
T&M 메뉴의 네트워크 해석기를 사용하여 생성된 네트워크 곡선

TINA는 Spice 매크로 모델 툴바 아래서 발견할 수 있는 다른 수많은 RF 모델들을 포함한다. 이제, 다시 해석 메뉴에서 AC 해석의 네트워크 해석을 실행하면 S-파라미터 모델들로 얻어진 결과와 유사한 결과가 얻어진다.

네트워크 곡선들은 또한 [그림 14-36]과 같이 T&M 메뉴 아래에 있는 TINA의 네트워크 해석기를 사용하여 생성될 수 있다. 원하는 다이어그램을 선택하기 위해서 먼저 네트워크 해석기 모드를 설정한 다음 디스플레이 형태를 설정한다. 그 다음 Start 버튼을 누르면 선택된 곡선들이 계측기에서 표시될 것이다.

14-7 심벌릭 해석의 활용

TINA의 심벌릭 해석은 전달함수의 closed form 표현식, 등가저항이나 임피던스뿐만 아니라 선형회로의 DC, AC, 과도 응답을 생성한다. 그 다음 이들 방정식들은 도면 편집기나 다이어그램 창으로 삽입될 수 있다. 내장 해석기(interpreter)의 도움을 사용하여 이 방정식들을 더 처리할 수 있고 다이어그램 창에서 다이어그램으로 표시할 수 있다. 심벌릭 해석에 의해서 제공된 공식들은 설계와 교육 모두에서 중요한 회로 동작에 대해 철저한 이해를 할 수 있도록 한다.

몇 가지 예들을 보도록 하자. 먼저, TINA의 examples\symbolic\actfilt.sch를 불러온다. 이 회로는 [그림 14-37]과 같이 이상적인 연산 증폭기를 사용한 능동 필터이다.

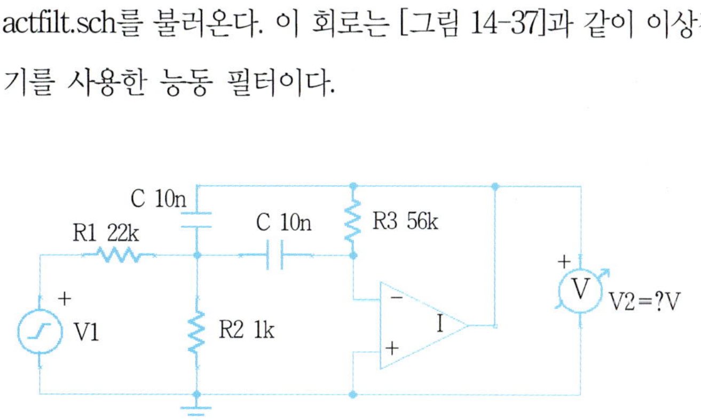

그림 14-37
이상적인 연산 증폭기를 사용한 능동 필터

이제, 해석 메뉴에서 Symbolic 해석의 AC 전달함수를 실행한다. 전달함수가 생성되고 [그림 14-38]과 같이 수식 편집기에 표시된다.

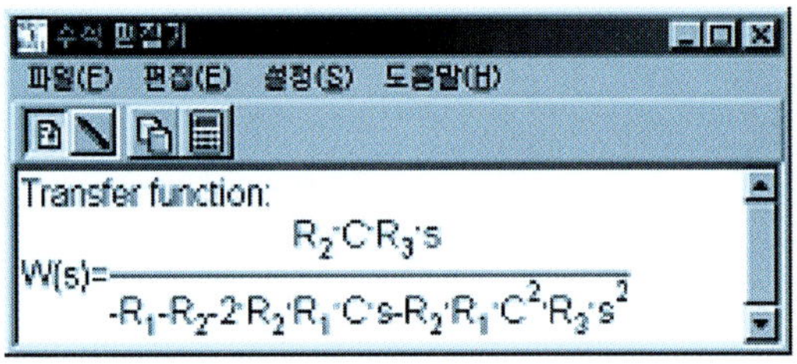

그림 14-38
수식 편집기에 표시된 심벌릭 해석의 AC 전달함수의 결과

모든 변수들(커패시터, 저항기 등의 값)은 미지의 심벌로 취급되므로, 표현식은 그것들의 심벌릭 명칭을 포함한다. 그러나, 회로 소자의 실제 값을 사용하여 전달함수의 수치적인 형태를 계산하고자 원하는 경우에 해석 메뉴에서 Symbolic 해석의 Semi-symbolic AC 전달함수를 클릭한다. 그러면 [그림 14-39]와 같은 표현식이 나타날 것이다.

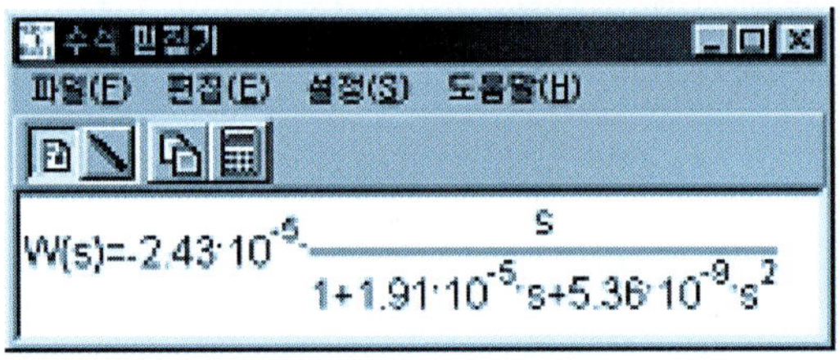

그림 14-39
수식 편집기에 표시된 Semi-Symbolic 해석의 AC 전달함수의 결과

그 다음, [그림 14-40]에 보인 것처럼 이 표현식을 툴바에서 복사 버튼을 눌러서 클립보드로 복사할 수 있고, 도면 편집기나 어떤 다이어그램 페이지로 붙일 수 있다.

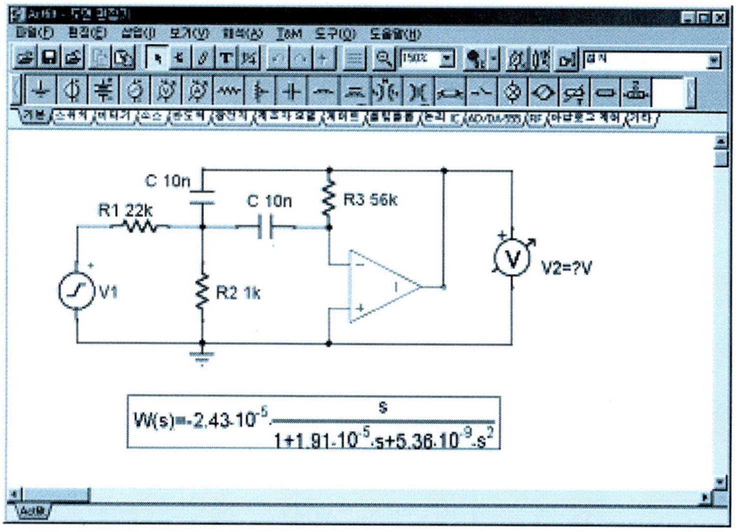

그림 14-40
수식 편집기의 내용을 복사하여 도면 편집기나 어떤 다이어그램 페이지로 붙일 수 있다.

또한, 몇 개의 심벌릭 변수들만 가지고 심벌릭 결과를 생성할 수 있다. 이때, 나머지 변수들의 수치적인 값들은 대입된다. 심벌릭 해석은 도면 편집기에서 회로 소자의 레이블로부터 변수의 심벌을 취한다. 레이블이 비워 있거나 타당한 심벌 명칭으로 되지 않는다고 결정될 때, 심벌릭 해석은 부품의 수치적인 값들을 사용한다. 예를 들면, 만일 여러분이 저항기 R1의 레이블을 22k로 변경하거나 R1=22k한다면, 부품의 값(22k)이 심벌 R1 대신에 사용될 것이다. 즉, 해석 메뉴에서 Symbolic 해석의 AC 전달함수를 실행하면, [그림 14-41]과 같은 수식 편집기가 나타난다.

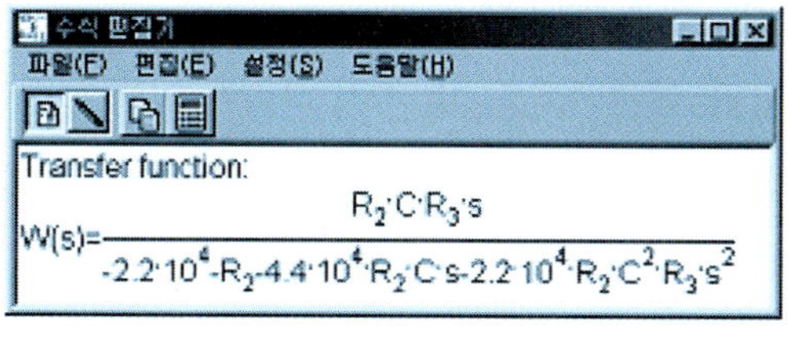

그림 14-41
레이블 대신에 부품의 값으로 대치된 Symbolic 해석의 AC 전달함수의 결과

TINA는 단순히 함수를 수식으로만 표현하지 않는다. 이들 함수들 중의

어떤 것을 다이어그램 창에 설명하고 그릴 수 있다. 이를 설명하기 위해서 우선, TINA의 examples\symbolic \myrlc1.sch 회로 [그림 14-42]를 도면 편집기로 불러와서, RLC 직렬 공진회로의 과도응답을 생성하도록 하자.

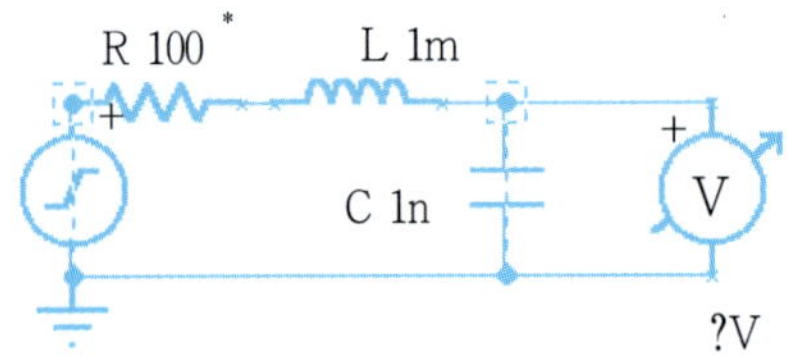

그림 14-42
myrlc1.sch 회로

다음에, 해석 메뉴에서 Symbolic 해석의 Semi-symbolic 과도해석을 실행한다. 그러면, 단위 계단 파형을 갖는 전압 발생기에 대한 이 회로의 과도응답이 [그림 14-43]과 같이 수식 편집기에 나타난다.

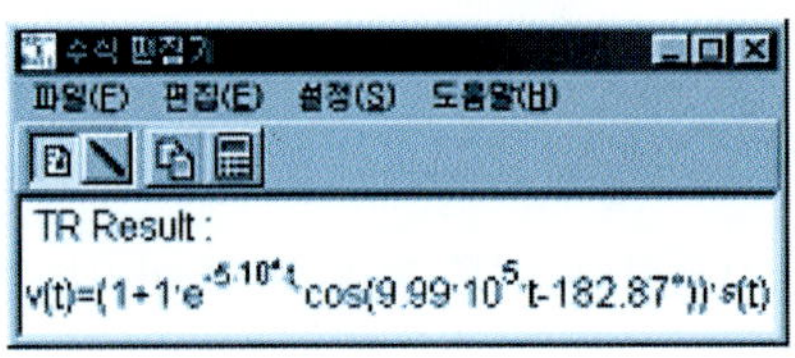

그림 14-43
Semi-symbolic 과도해석을 실행한 회로의 과도응답

이제 수식 편집기의 툴바에 있는 작은 계산기(해석기) 버튼 을 누른다. 그러면, [그림 14-44]와 같은 해석기 창이 나타나고, 우리의 과도함수가 이미 v_1 함수로 정의되었다.

보는 바와 같이, 함수 정의는 몇 가지 그리기 선택 설정에 따른다. 여기서 함수의 범위와 계산될 함수에서 포인트의 수를 정의할 수 있다. 마지막으로, 최종 명령어는 다이어그램 창에서 이 함수를 그리며, 그리기 명령의 두 번째 파라미터(SR)는 새로 생성된 함수의 명칭을 정의한다. 실행 버튼 을 누르면, [그림 14-45]와 같이 함수가 다이어그램 창에 나타난다.

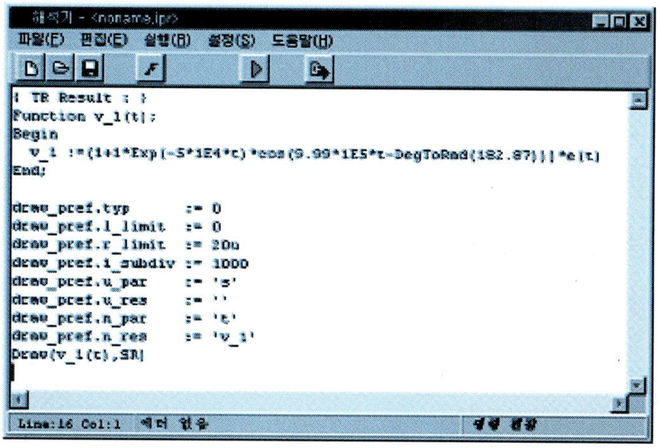

그림 14-44
수식 편집기의 툴바에 있는 해석기 버튼을 눌러서 나타난 해석기 창

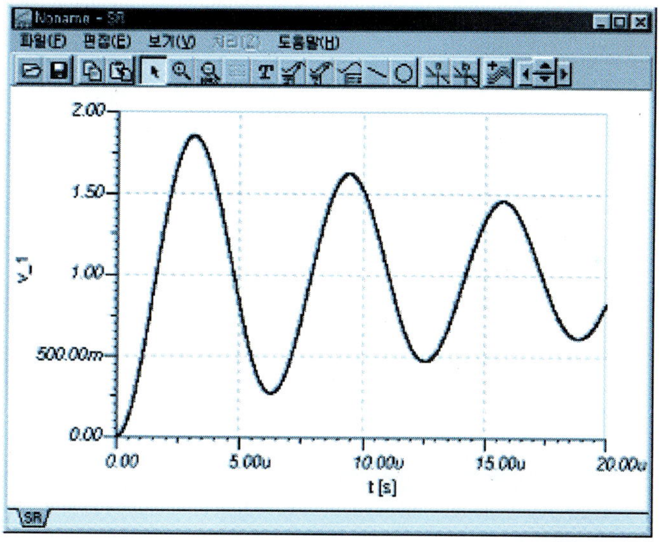

그림 14-45
해석기 창에서 실행 버튼을 누르면 함수가 다이어그램 창에 나타난다.

심벌릭 해석은 또한 하나 이상의 소스를 포함하고 있는 선형 회로망의 DC와 AC 결과(응답)를 계산할 수 있다. AC 전달함수의 심벌릭 해석과 마찬가지로 이 결과들은 Symbolic과 Semi-Symbolic 형태 모두에서 생성될 수 있다. 만일 Symbolic 형태를 선택하였다면, 심벌릭 식별자(레이블)를 가지고 있는 회로의 모든 변수들은 순수한 심벌로 취급될 것이다. 만일 Semi-Symbolic 형태를 선택하였다면, 회로의 모든 파라미터는 수로써 취급될 것이다. 회로가 하나의 발생기(소스) 이상을 포함할 때, 이들 발생기 각각에 기인한 결과가 계산되고(중첩 법칙을 사용하여) 함께 합해질 것이다.

회로의 심벌릭 해석 결과를 알기 위해서 [그림 14-46]과 같은 간단한 저항의 병렬회로를 사용하도록 하자. 우선, TINA의 examples\symbolic\suppos.sch 회로를 불러오자.

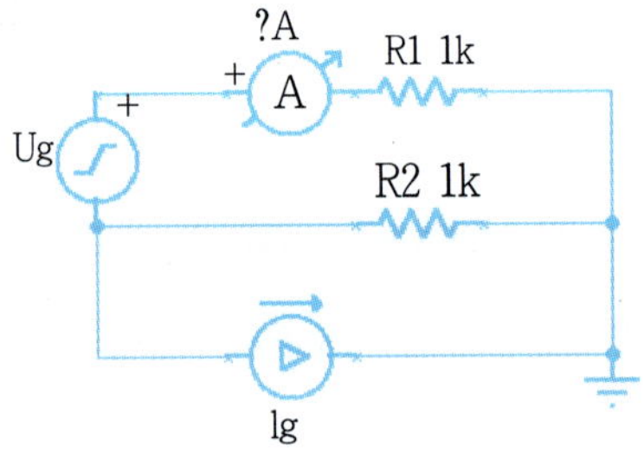

그림 14-46
심벌릭 해석 결과를 알기 위한 저항의 병렬회로

이 회로는 두 개의 발생기, 즉 전압과 전류 발생기를 포함한다. 지금 해석 메뉴에서 Symbolic 해석의 DC 응답을 선택한다. 그러면, [그림 14-47]과 같이 DC 응답이 수식 편집기에 나타날 것이다.

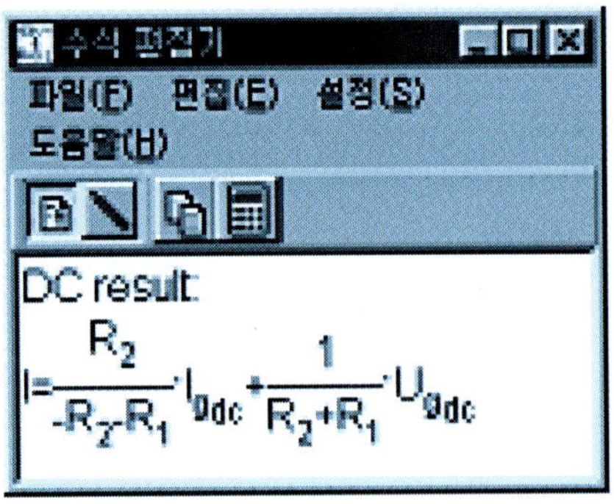

그림 14-47
Symbolic 해석의 DC 응답

위의 결과는 각 발생기에 대한 회로 응답의 완전한 심벌릭 조합이다. 이제, 해석 메뉴에서 Symbolic 해석의 Semi-symbolic DC 응답을 선택한다. 그러면, [그림 14-48]과 같은 DC 응답이 나타날 것이다.

그림 14-48
Semi-symbolic DC 응답

이 Semi-symbolic DC 응답에서 I_{gdc}과 U_{gdc}의 계수가 수치로 계산되었다. 물론, 이것은 R1과 R2가 레이블과 수치적인 값 모두를 할당하는 것이 필요하다.

14-8 후-처리 해석 결과 활용

1. 새로운 곡선을 다이어그램과 후-처리 해석 곡선에 추가하기

TINA는 실질적으로 어떤 마디와 부품 전압 또는 전류의 새로운 곡선들을 추가하기 위한 강력한 도구를 가지고 있다. 그 외에, 곡선을 추가하거나 제거 또는 수학적인 함수들을 적용하여 기존의 곡선을 후-처리할 수 있다. 또한 궤도, 즉 어떤 전압이나 전류를 또 다른 전압이나 전류의 함수로 그릴 수 있다.

만일 해석 메뉴의 옵션 대화상자에서 "모든 분석결과 저장"을 체크하였다면, TINA는 현재 회로에서 합당한 모든 결과를 계산하고 저장할 것이다. 그러나, 출력으로서 설정된 결과들만이 자동적으로 다이어그램 창에 삽입된다.

다이어그램에 곡선들을 추가하거나 새로이 사용자 정의된 곡선들을 추가하기 위해서 툴바에 있는 커브 추가 버튼 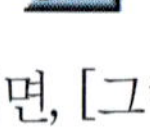을 누르거나 편집 메뉴에서 "더 많은 커브추가" 메뉴를 불러온다. 그러면, [그림 14-49]와 같은 후-처리(포스트-프로세싱) 대화상자가 화면에 나타난다.

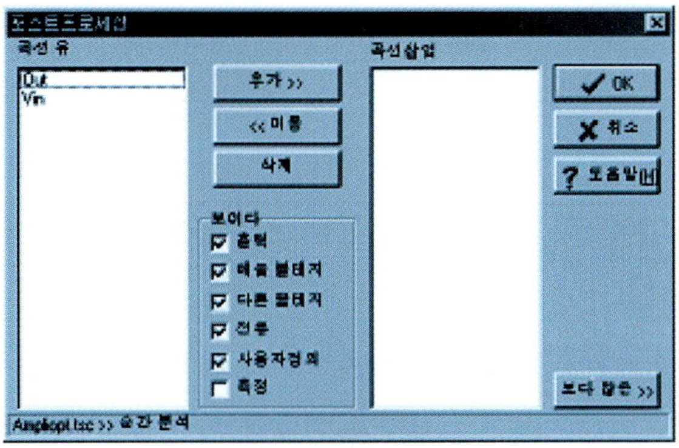

그림 14-49
포스트-프로세싱 대화상자

이 대화상자는 2가지 부분, 즉 여러분이 선택하고 현재 다이어그램으로 기존의 곡선들을 삽입하거나 제거하는 상단 부분(upper part), 여러분 자신의 곡선들을 정의할 수 있는 하단 부분(lower part)으로 구성된다. 대화상자의 하단 부분은 디폴트로 감춰져 있다. 만일 여러분이 새로운 곡선들을 생성하기를 원한다면  버튼을 누른다.

(1) 상단 부분

이 대화상자가 처음 열릴 때, 곡선 유(Available curves) 목록 상자는 이미 계산된 모든 곡선을 포함한다. 상태 바는 회로 파일명과 실행된 해석을 보인다. 곡선 유 목록 상자에서 곡선들 중의 어떤 것을 선택하고  버튼을 눌러서 곡선 삽입(Curves to insert) 목록 상자 안으로 선택 추가할 수 있다.마찬가지로, 곡선 삽입 목록 상자로부터 어떤 곡선들을 선택하고  버튼을 눌러서 다시 곡선 유 목록 상자로 이동시킬 수 있다. 선택을 더 용이하게 하기 위해서 보이다(Show) 형태 중의 일부를 체크하지 않으면 이용 가능한 곡선들 중에서 일부를 제거할 수 있다. OK를 누를 때 곡선 삽입 목록 상자에 있는 모든 곡선들이 활성 다이어그램 페이지로 삽입될 것이나.

TINA는 다이어그램에 포함시키고자 하는 곡선들을 선택하는데 또 다른 방법을 제공한다. 후-처리 대화상자를 열고 도면상에 커서를 이동시킨다. 커서가 연필 모양으로 변할 것이다. 도면에 있는 마디나 회로 부품 위로 커서를 이동시켜서 클릭한다. 대응하는 곡선이 곡선 유 목록 상자에서 선택될 것이고, 여러분은 추가>> 버튼을 클릭하여 그것을 다이어그램으로 추가할 수 있다.

선택된 곡선들 또한 삭제 버튼을 사용하여 삭제될 수 있다. 삭제된 곡선들은 목록 상자와 대화상자 창 페이지 모두로부터 제거될 것이다.

(2) 하단 부분

이 부분은 디폴트로 숨겨져 있다. 만일 여러분이 새로운 곡선들을 생성하고자 한다면 보다 많은>> 버튼을 누른다. 그러면, [그림 14-50]과 같이 후-처리 대화상자의 하단 부분이 나타난다.

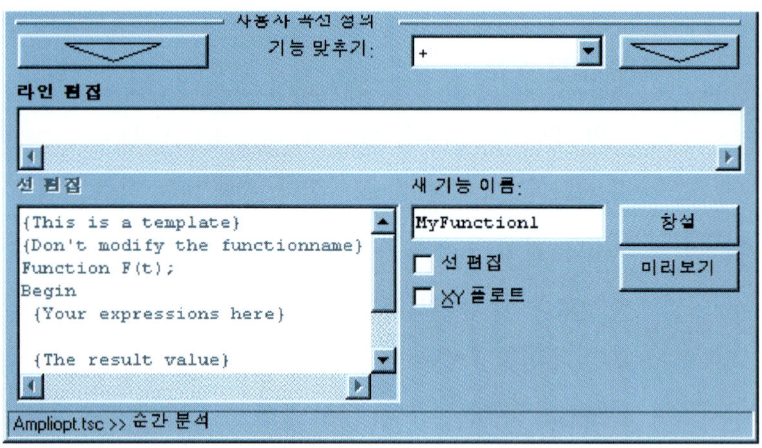

그림 14-50
후-처리 대화상자의 하단 부분

여기서, 산술 연산자와 수학적 함수들을 사용하여 여러분 자신의 곡선들을 정의할 수 있다. 이들 주문 곡선들은 단선(single-line) 수학적 표현식이나 파스칼 같은 함수로서 정의되어야 한다.

만일 여러분이 곡선들의 독립 변수를 바꾼다면, 예를 들어 v(t) 대신에

v(t+1)로 작성한다면 특별한 주의가 필요하다. 변환된 변수는 계산이 실행되는 기간을 넘어서 결과를 예상한다. 이 경우에서 TINA는 선택을 하지 않을 것이지만, 새로운 곡선을 계산 기간의 0 밖으로 설정한다.

단선 표현식이 라인 편집 필드에서 입력될 수 있는 한편, 더 복잡한 함수는 선 편집(Advanced Edit) 필드에서 정의되어야 한다. 선 편집 체크박스는 선 편집 필드를 사용하거나 사용하지 않도록 한다.

라인 편집 필드 위에 있는 편집 지역 추가(Add to edit area) 버튼 을 눌러서 여러분은 곡선 유 목록 상자로부터 현재 선택된 곡선을 편집기 필드로 삽입할 수 있다.

내장 함수 드롭-다운 목록의 오른쪽에 있는 편집 지역 추가 버튼 을 눌러서 내장 함수 목록으로부터 현재 선택한 함수를 편집기 필드로 삽입할 수 있다.

또한, XY 플로트 체크박스를 사용하여 결과를 또 다른 결과의 함수로 표시할 수 있다(예, i(t)의 함수로서 v(t)). 만일 이 상자를 체크하면 라인 편집 필드가 X-부분과 Y-부분으로 나누어진다. 곡선 명칭을 편집 지역 추가 버튼 을 사용하거나 곡선 명칭을 타자하여 두 가지 필드로 만들어낸다. 몇 개의 곡선들, 산술 연산, 함수들을 사용할 수 있지만, 이 모드에서 선 편집을 사용할 수 없다.

새로운 함수(곡선)에 대한 명칭을 입력하기 위해서 새 함수 명칭(New function name) 편집 필드를 사용할 수 있다.

정의를 완성한 후 미리보기 버튼 

을 눌러서 새로운 곡선을 다이어그램 창으로 직접 그릴 수 있거나, 창설 

버튼을 눌러서 결과를 먼저 저장한 다음 OK 버튼을 사용하여 삽입할 수 있다.

이제 EXAMPLES 디렉토리에 있는 AmpliOpt 회로를 불러오고, 해석 메뉴의 옵션 대화상자에서 "모든 분석결과 저장"을 체크한 후에 과도해석을 실행한다. 그러면, [그림 14-51]과 같이 2개의 곡선들이 다이어그램 창에 그려질 것이다. 즉, 입력 Vin과 컬렉터 전압 Vout이다.

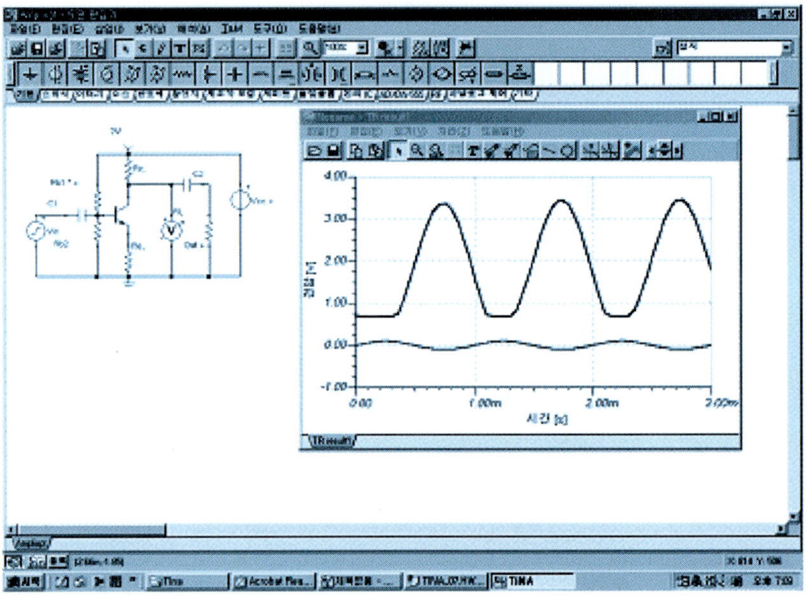

그림 14-51
과도해석을 실행하여 다이어그램 창에 2개의 곡선이 그려졌다.

이제 다이어그램 툴바에서 커브 추가 버튼을 누르면, [그림 14-52]와 같은 후-처리 대화상자가 나타난다. 왼쪽에 있는 곡선 유 목록상자는 이미 계산된 모든 곡선들을 나타낸다.

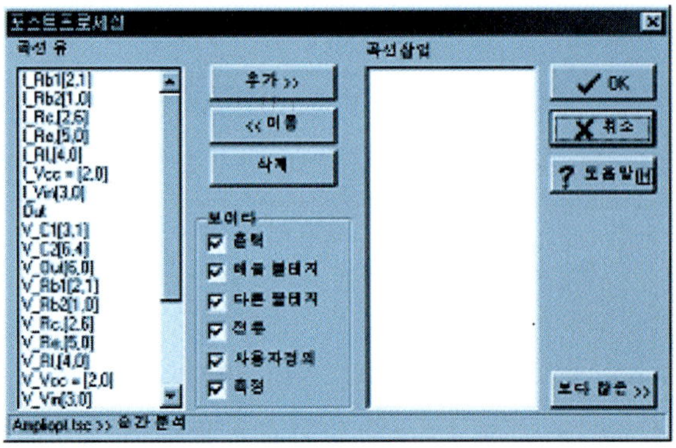

그림 14-52
후-처리 대화상자

여기서, 심벌 V_label[i,j]과 I_label[i,j]은 각각 마디 i와 j 사이에 레이블이 붙은 부품들의 각각 전압과 전류를 나타낸다. 심벌 VP_n는 마디 n의 마디 전압을 나타낸다.

지금, V_C2[6,4](즉, 마디 6과 4 사이에 접속된 커패시터 C2의 전압)를 선택하고 추가 >> 버튼을 누른 다음에 OK를 눌러서 이 곡선을 현재 다이어그램 페이지로 삽입한다.

다음 단계로서 트랜지스터의 컬렉터와 이미터 양단의 전압을 그리도록 하자. 다시 커브 추가 버튼을 누른 다음 다이어그램의 하단 부분을 보이기 위해서 보다 많은 >> 버튼을 누른다. 그러면, [그림 14-53]과 같은 후-처리 대화상자가 나타난다. 이 대화상자의 라인 편집 필드에 VP_6(t)-VP_5(t)를 타자 입력한다.

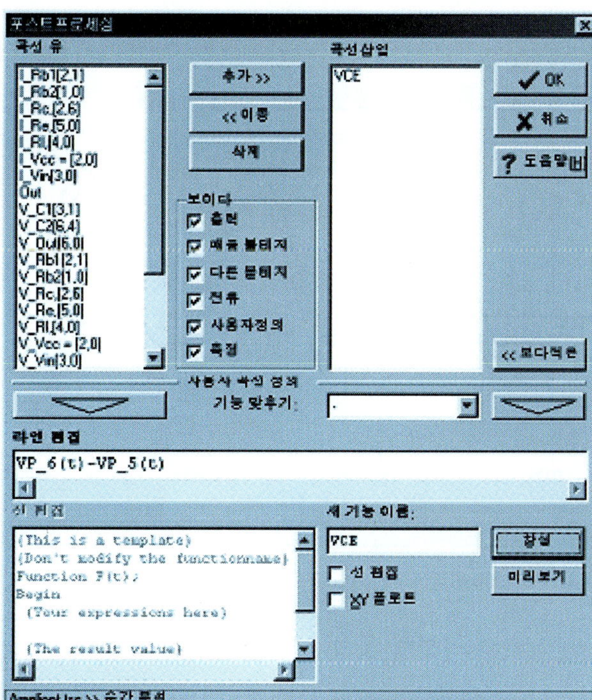

그림 14-53
후-처리 대화상자

주 의

VP_6 또는 VP_5를 편집 필드로 삽입하는 또 다른 용이한 방법은 커서를 Q1의 컬렉터나 이미터 위로 이동시켜서 클릭하고 목록상자 아래의 편집 지역 추가 버튼 을 누른다.

또한, 마우스를 사용하여 회로에서 어떤 마디에서 더블 클릭하면 대응하는 마디 전압 심벌이 현재 커서 위치에서 자동적으로 라인 편집 필드로 삽입될 것이다.

이제 [그림 14-53]에서 우리 함수의 디폴트 명칭을 VCE로 변경하고 버튼을 누른다. 그러면, 새로운 함수(VCE)가 생성되고 자동적으로 곡선 삽입 목록상자로 삽입된다. 만일 OK를 누르면, [그림 14-54]와 같이 새로운 곡선이 즉시 다이어그램에 나타날 것이다.

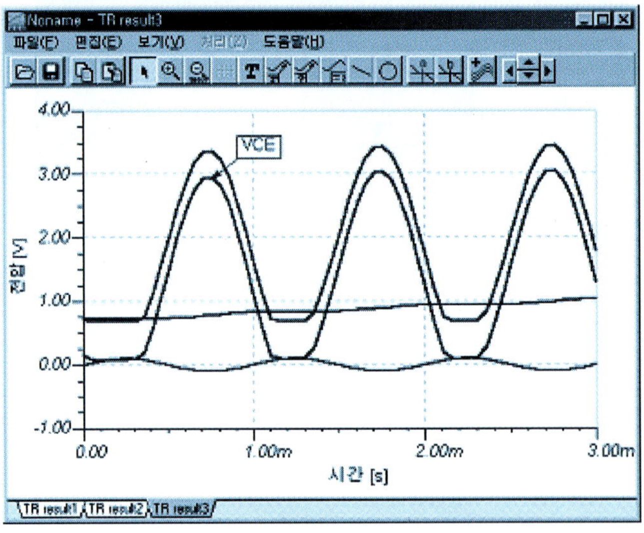

그림 14-54
새로운 곡선(VCE)이 다이어그램에 추가된다.

가끔 새로운 곡선의 정의는 더 많은 편집 공백이나 다른 변수들을 필요로 한다. 이 경우에 후-처리 대화상자의 선 편집 필드를 사용한다. 이를 설명하기 위해서 차동 증폭기의 출력 전력 소비를 그려보도록 하자.

TINA의 Examples 디렉토리에서 DiffAmp이라고 하는 [그림 14-55]의 회로를 열고 과도해석을 실행한다. 그 결과로 얻어진 다이어그램 창에서 커브 추가 버튼 을 누르면, [그림 15-56]과 같은 후-처리 대화상자가 나타난다. 대화상자의 하단 부분을 보이기 위해서 보다 많은 >> 버튼을 누른다. 선 편집 체크박스를 체크를 한다. 주해({Your expressions here}) 아래의 선 편집 필드에 커서를 위치시킨다. 그리고 다음과 같은 내용을 타자 입력한다.

```
IR2 := I_R2[14,16](t);
VCE := VP_15(t)-VP_3(t);
```

주해({The result value}) 아래에 있는 라인 “F := 1;”을 “F := IR2*VCE;”로 변경한다. 그리고 새로운 함수의 명칭을 ‘OutDissipation’으로 입력하고 Create 버튼을 누른다.

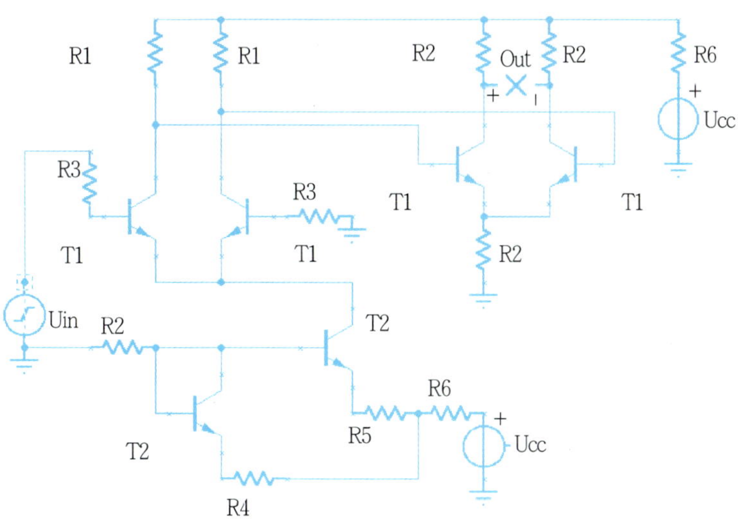

그림 14-55
DiffAmp 파일의 회로

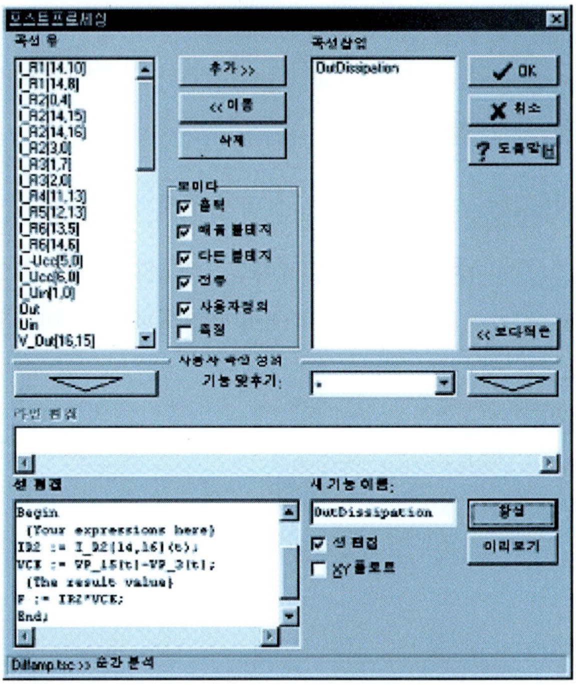

그림 14-56
후-처리 대화상자

마지막으로, 다이어그램 창에서 우리의 새로운 함수를 그리기 위해서 [그림 14-56]의 대화상자에서 OK 버튼을 누른다. 보기 메뉴에서 그래프 분리 명령을 선택하면 [그림 14-57]과 같은 다이어그램을 볼 수 있다.

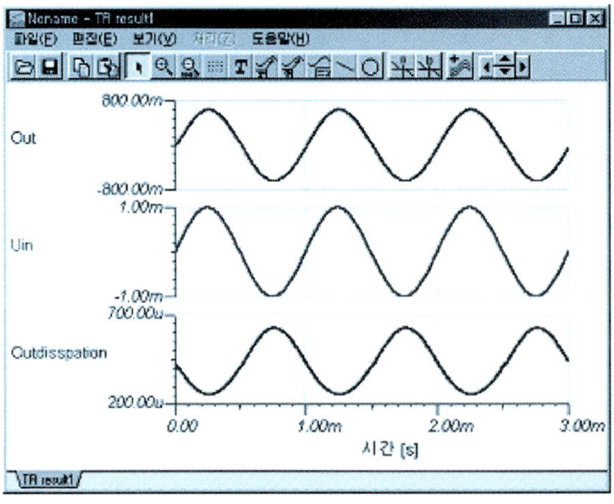

그림 14-57
그래프 분리 명령으로 표시된 다이어그램

2. TINA에서 궤적(XY-플로트) 그리기

후-처리기(Post-processor)에서 XY-플로트를 그려서 한 신호를 또 다른 신호의 함수로 표시할 수 있다.

예를 들어, [그림 14-58]에 보인 발진기에서 커패시터 전압 Out2를 인덕터 전류 IL의 함수로 그려보자.

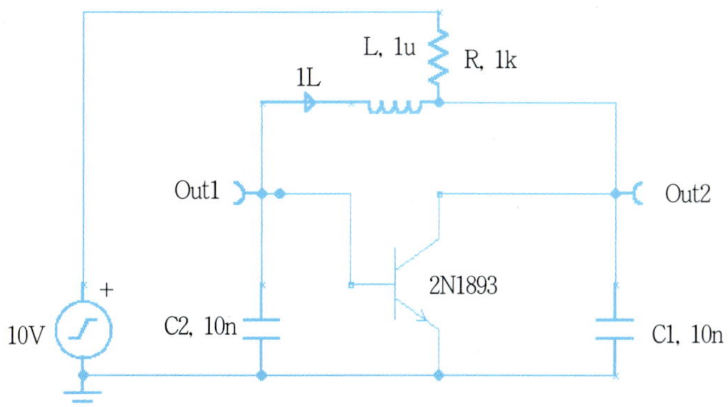

그림 14-58
XY-플로트를 그리기 위한 발진기 회로

먼저, TINA의 EXAMPLES 디렉토리에서 limitc.tsc 회로를 불러오고, 해석 메뉴에서 과도해석을 실행한다. 그러면, 다이어그램 창은 [그림 14-59]에 보인 것과 같이 두 개의 곡선, 즉 커패시터 전압 Out2와 인덕터 전류 IL를 나타내게 된다.

[그림 14-59]의 다이어그램 창에서 커브 추가 버튼 을 누르면, [그림 14-60]과 같이 후-처리 대화상자가 나타난다. 대화상자의 하단 부분을 보이기 위해서 보다 많은 >> 버튼을 누른다. 그리고 XY-플로트 체크박스를 체크한다. 그림에서 볼 수 있듯이 라인-편집 부분이 X-부분과 Y-부분으로 나누어진다. X-부분에 Out2(t)를 입력하고 Y-부분에 IL(t)를 입력한 다음 새 기능 이름에 MyFunction3을 입력하고 창설 와 OK 버튼을 누른다.

다른 방법으로, 편집 영역 추가 버튼 을 사용하여 두 개의 필드로 명칭을 가져올 수 있다.

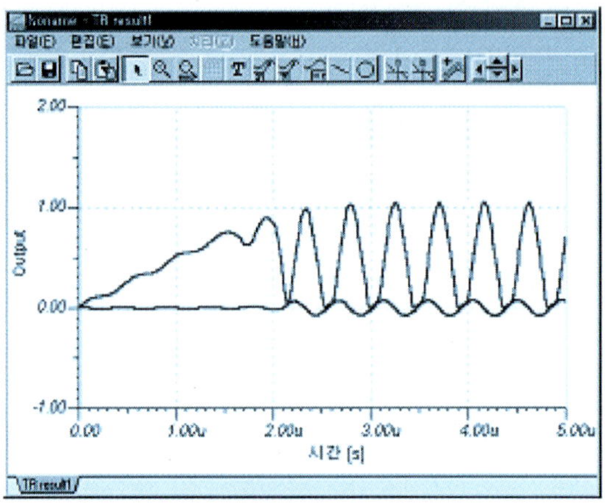

그림 14-59
Out2와 IL의 곡선을 나타낸 다이어그램

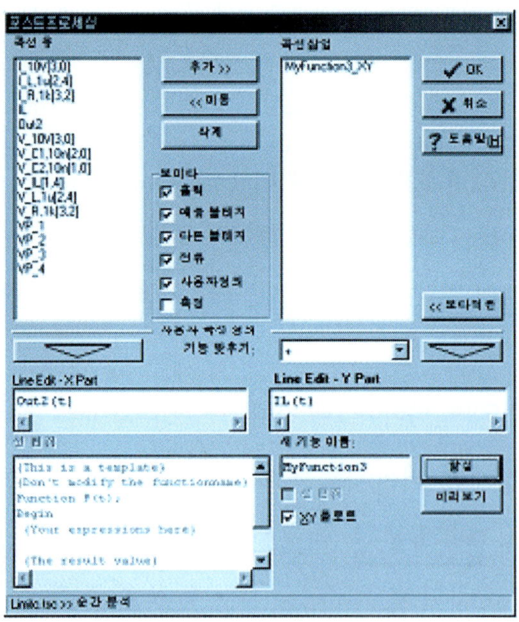

그림 14-60
후-처리 대화상자

계산된 곡선을 [그림 14-61]에 보였다. 어떤 곡선에 커서를 위치시키고 커서를 움직인다. 곡선이 (0, 0) 점에서 시작하고 닫힌 궤적에 수렴할 때,

우리는 하나의 한계 사이클(limit cycle)을 보게 된다. 한계 사이클은 발진기의 이론에서 매우 중요하다.

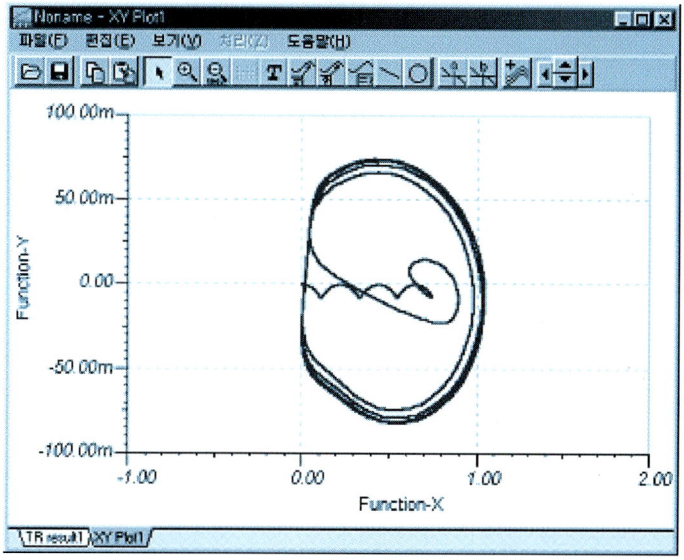

그림 14-61
계산된 궤적 곡선

14-9 TINA의 최적화 도구 활용

TINA의 최적화 도구는 사전에 정의된 회로 목표 응답(최적화 목표)을 만족하는 하나 이상의 미지의 회로 파라미터(제어 대상)를 결정할 것이다. 목표 회로 응답(전압, 전류, 임피던스, 또는 전력)은 원하는 위치에 이미 삽입된 하나 이상의 미터에 의해서 감시되어야 한다. 미지의 회로 파라미터들은 회로가 목표 출력을 발생하도록 자동적으로 결정될 것이다. 최적화를 구하는데 두 가지 다른 반복 방법(simple and pattern search)이 사용된다.

해석 메뉴의 제어대상, 해석 메뉴의 최적화 목표 또는 제어대상 버튼 을 사용한다. 최적화 모드를 설정하거나 그 설정을 변경하기 위해서 최적화 목표 버튼 을 선택한다.

먼저, 최적화 목표를 표현하기 위해서 도면상에 전압, 전류, 임피던스 또는 전력계를 위치시킨다. 최적화 목표 버튼 을 클릭 하거나 해석 메뉴의 최적화 목표 항목을 선택한다. 여러분이 미터기를 구별하기 위해 기다리는 동안 특수 커서 가 도면 편집기 창에 나타날 것이다. 최적화 목표를 표현하기 위해서 더 많은 미터가 필요하게 될 것이고, 다른 미터들에 대해서 위의 절차를 반복한다.

최적화의 해석 모드(DC나 AC)에 따라서 선택할 수 있는 몇 개의 목표 함수가 있다.

DC 최적화 문제에 대해서 여러분은 DC 목표 함수가 필요할 것이다. 최적화 목표 버튼을 눌러서 나타난 특수 커서을 가지고 미터기를 클릭할 때 몇 개의 목표 함수를 나타내는 대화상자가 [그림 14-62]와 같이 나타날 것이다.

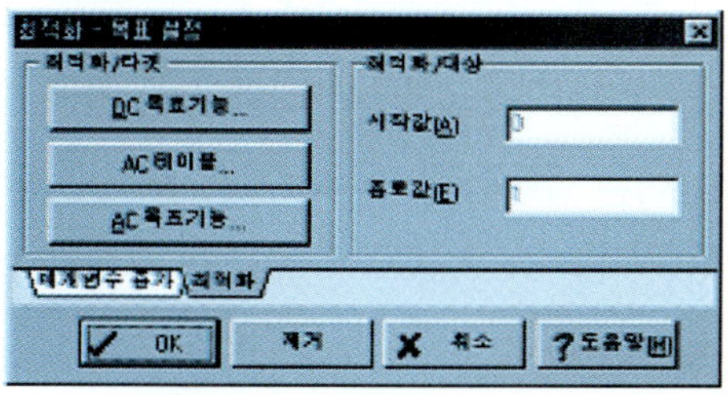

그림 14-62
몇 개의 목표 함수를 나타내는 최적화 대화상자

버튼을 클릭하면 DC 목적 함수를 설정할 수 있는 또 다른 대화상자가 [그림 14-63]과 같이 나타난다.

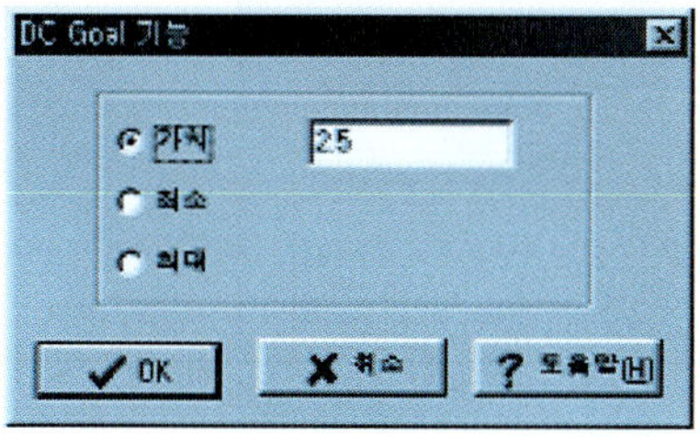

그림 14-63
DC 목적 함수 설정

목표 값을 최적화하기 위해서 원하는 값을 입력한다. 최대 또는 최소로 최적화하기 위해서 적절한 옵션을 선택한다.

AC 최적화 문제에 대해서 AC 목적 함수가 필요하다. 명령어 해석 메뉴의 최적화 목표 또는 최적화 목표 버튼 을 사용하여 선택된 전압계

(Out)를 클릭하면 [그림 14-64]의 대화상자가 나타난다.

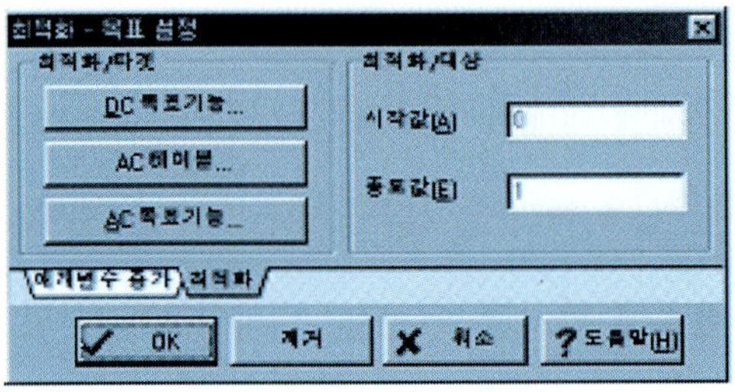

그림 14-64
몇 개의 목표 함수를 나타내는 최적화 대화상자

이 대화상자에서 AC 테이블... 이나 AC 목표기능... 버튼을 클릭한다. AC 테이블을 클릭하면 [그림 14-65]와 같은 목표 설정 편집자의 대화상자가 나타나며, 이는 일련의 주파수와 진폭 값들에 의해서 정의된 특수 AC 목표 함수를 지원한다. 이 주파수-진폭 쌍을 사용해서 AC 전달 함수가 정의될 수 있다.

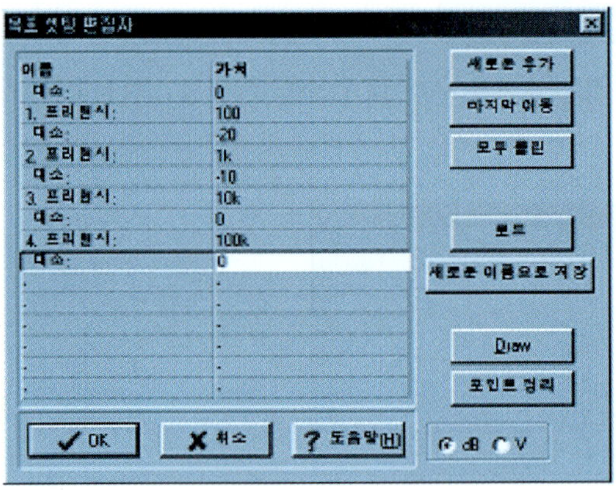

그림 14-65
AC 테이블을 클릭하여 나타난 이 대화상자에 주파수-진폭 쌍을 입력하여 AC 전달 함수가 정의될 수 있다.

AC 목표기능... 버튼을 누르면, [그림 14-66]과 같은 다른 AC 목적 함수에 접근할 수 있다. 여기서 중심 주파수, 고역통과, 대역통과, 저역통과 목표 함수뿐만 아니라 최소와 최대 목표 함수를 볼 수 있을 것이다. 이 함수들을 조합하여 효과적으로 하나의 기준 이상의 설정을 할 수 있다.

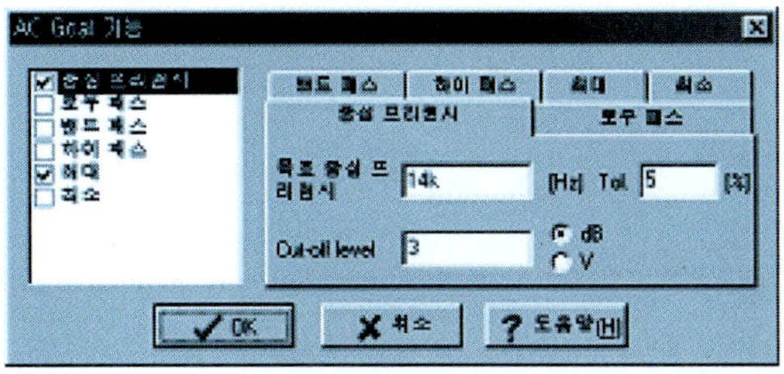

그림 14-66

AC 목표 기능을 눌러서 다른 AC 목적 함수에 접근할 수 있다.

이제 목표 항목들을 설정하였고, 제어 대상과 최적화에 의해서 결정하고자 하는 파라미터들을 구별해야 한다. 하나의 부품을 선택하기 위해서 해석 메뉴의 제어대상 항목 또는 제어대상 버튼 을 클릭한다. 최적화될 파라미터가 속하는 부품을 식별하기 위해서 기다리는 동안에 특수 커서 가 도면 편집기 창에 나타날 것이다. 만일 하나 이상의 부품을 사용하여 최적화한다면 다른 부품에 대해서도 위의 절차를 반복한다.

커서로 부품을 클릭할 때 TINA는 대화상자 창에서 부품과 관련된 파라미터를 모두 표시할 것이다.

[그림 14-67]은 저항기를 클릭하여 나타난 대화상자 창이다. 이 대화상자 창에서 최적화 과정에 의해서 결정하고자 하는 파라미터를 선택하고 버튼을 누르면, [그림 14-68]과 같은 최적화의 범위 설정을 위한 대화상자가 나타난다. 이 창에서 해당 부품 값의 변화를 위해서 시작값과 종료값들을 입력한다.

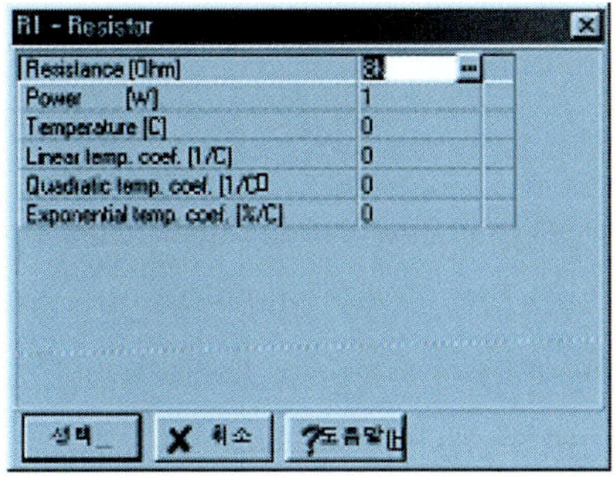

그림 14-67

저항기 속성 대화상자

그림 14-68
최적화의 범위 설정을 위한 대화상자

만일 원하는 파라미터가 카탈로그 부품에 속하거나 이 속성이라면, 먼저 적절한 데이터 표를 접근할 수 있도록 반도체나 파형 형태를 선택해야 한다.

선택된 파라미터는 TINA가 목표로 하는 최적의 결과를 탐색하는 동안 시작값과 종료값 사이의 범위에서 변할 것이다. 만일 최적이 발견되지 않으면 범위를 더 크게 해야 한다. 만일 범위에서 하나 이상의 최적이 있는 경우에 TINA는 그들 중의 하나를 찾을 것이다. 만일 이것이 최적의 경우가 아니라고 생각한다면, 다수의 더 좁은 범위, 하나 또는 더 적은 최적화를 갖는 경우를 사용해 본다. 이미 할당된 제어대상이나 최적화 목표의 선택을 해제하기 위해서 제거 버튼을 사용할 수 있다.

최적화는 전자회로의 설계에서뿐만 아니라 예제와 문제를 구성하는데 사용할 수 있는 교육에서도 유용하다.

예제 1 차동 증폭기(DC 최적화)

이 예제는 차동 증폭기의 동작점을 설정하기 위해서 DC 최적화를 어떻게 사용하는가를 설명한다.

1. 사 양

먼저, TINA의 Examples/Optimization 부디렉토리에서 diffamp.tsc 파일을 불러오고 원래의 VF1, VF2 컬렉터 전압(3.78V)을 보기 위해서 해석 메뉴에서 DC 해석의 노드의 전압계산 항목을 선택한다. 최적화의 목표는 양 컬렉터 전압이 2.5V 사양을 만족하는 값을 찾기 위해서 R1A, R1B의 값을 변경하는 것이다.

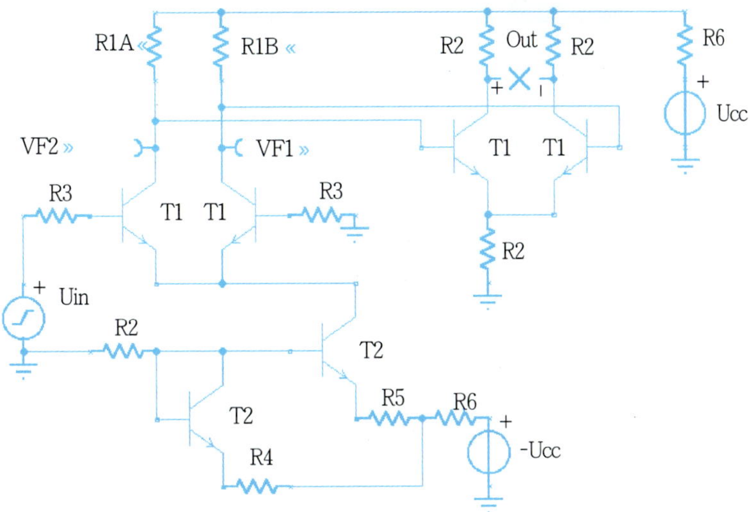

그림 14-69
diffamp.tsc 파일의 회로

2. 최적화 설정

최적화를 시작하기 전에 반복하는 동안에 모니터링하고, 최적화의 목표를 나타내는 미터기들을 선택해야 한다. 이 예제에서 미터기들은 VF1과 VF2이고, 목표는 트랜지스터의 컬렉터에서 2.5V로 설정한다. 또한, 최적화에 의해서 결정될 파라미터를 선택해야 한다. 이 예제에서 R1A와 R1B의 저항이다.

- **목표**

명령어 해석 메뉴에서 최적화 목표 또는 최적화 목표 버튼 을 사용하여 첫 번째 전압 핀(VF1)을 클릭하면 대화상자가 나타난다. 여러분이 DC 목표기능... 버튼을 누를 때, 이 미터기에 대한 목표 함수를 설정할 수 있도록 또 다른 대화상자가 나타난다. 가치(Value) 옵션을 선택하고 값을 2.5로 설정한다(여러분은 여기서 단위를 사용해서는 안 된다는 점에 유의한다). 그 다음 OK를 두 번 누른다. 다른 전압 핀 VF2에 대해서 이 절차를 반복한다.

- **제어대상**

명령어 해석 메뉴의 제어대상 또는 제어대상 버튼 을 사용하여 첫 번째 제어대상(R1A)을 클릭하면, [그림 14-70]과 같은 저항기 속성 대화상자가 나타난다.

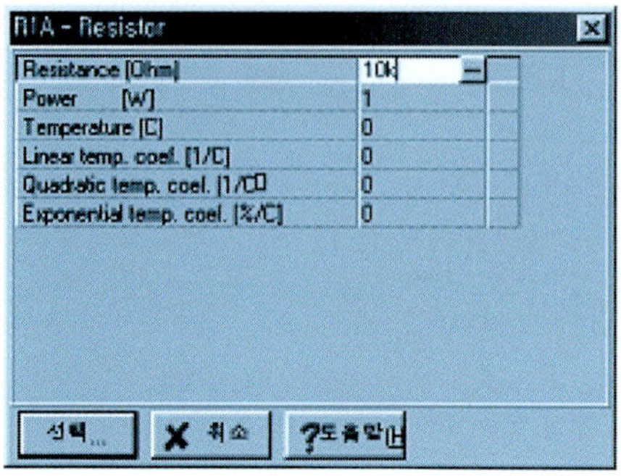

그림 14-70
저항기 속성 대화상자

첫 번째 라인(저항 파라미터)을 선택하고 버튼을 누르면, 이 파라미터의 변화에 대해서 시작값과 종료값들을 정의하기 위한 또 다른 대화상자가 [그림 14-71]과 같이 나타난다.

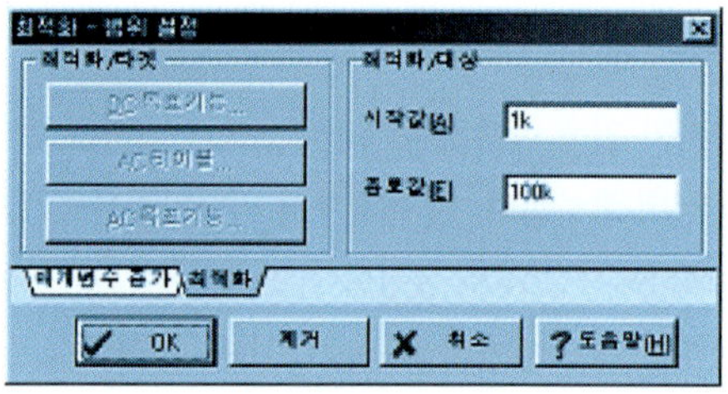

그림 14-71
최적화의 범위 설정을 위한 대화상자

[그림 14-71]의 대화상자에서 시작값과 종료값을 각각 1k와 100k를 입력하고 OK를 누른다. 그 다음 저항기 R1B에 대해서 이 절차를 반복한다.

3. 최적화 시작

해석 메뉴로부터 최적화의 DC 최적화(D)...를 선택하면 [그림 14-72]와 같은 최적 설정의 대화상자가 나타날 것이다.

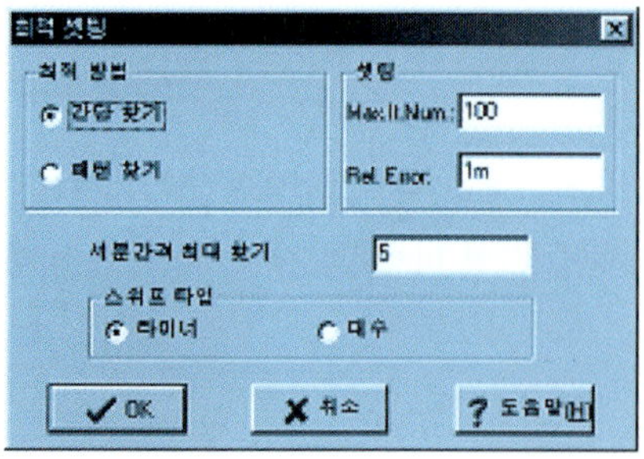

그림 14-72
최적 설정의 대화상자

이 대화상자는 최적화 방법을 간단 찾기 또는 패턴 찾기를 설정할 수 있도록 한다. 간단 찾기(simple search)는 가능한 모든 조합을 시도한다. 이것은 신뢰할 수 있지만 느리며, 특히 하나 이상의 파라미터들이 제어되고 있을 때 속도가 느리다. 그러나, 오늘날 컴퓨터의 고속으로 인하여 간단 찾기가 매우 유용하며, 여러분은 상대적인 속도 느림을 느끼지 못할 것이다. 패턴 찾기(pattern search)는 더 정교하고 훨씬 빠른 알고리즘이지만, 수렴을 보장하지 않는다. 최대 반복 회수(the maximum number of the iteration)와 반복의 상대 오차(the relative error of the iteration)를 설정할 수 있다. 다음 두 파라미터들은 사용하는 최적화 방법에 따라 결정된다. 간단 찾기에 대해서 위의 대화상자에서 보인 것과 같이 세분간격 최대 찾기(maximum search interval subdivision)와 스위프 타입(sweep type)을 선택할 수 있다.

세분간격 최대 찾기값은 세분간격의 수를 설정한다. 이 수에 따라서 주어진 파라미터 영역이 세분간격으로 나누어진다. 최적이 이들 세분간격의 중앙에 있는 파라미터들을 사용하는 모든 조합에서 찾아진다. 만일 TINA가 최적을 찾지 못하거나 기대할 수 없다면 반복이 더 느려지더라도 세분간격의 수를 증가시킨다. 만일 부품 값에 대해서 더 넓은 범위를 정의하였다면 대수 스위프의 선택을 고려하라.

세분간격 최대 찾기 파라미터는 반복의 속도와 정밀도를 제어한다. 또한, 여러분은 최적화를 찾는데 도움이 되도록 부품의 시작값을 설정할 수 있다.

최적 세팅 대화상자에서 OK를 누른다. 이제 TINA는 원하는 2.5V 컬렉터 전압을 얻기 위해서 새로운 R1A, R1B 값을 찾을 것이다. 짧은 반복 후에 최적화의 결과로 새로운 저항기 값들이 [그림 14-73]과 같은 대화상자에 나타날 것이다.

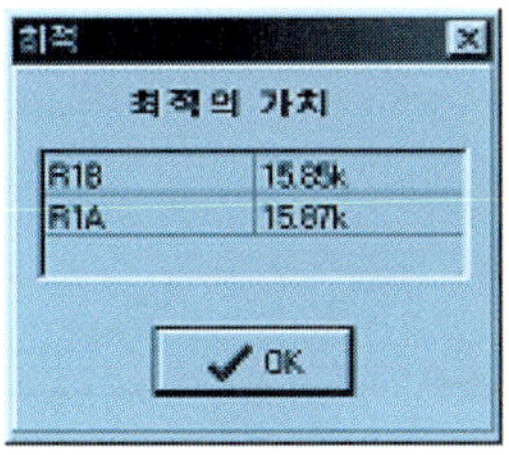

그림 14-73
최적화 결과의 대화상자

4. 결과 검사

TINA는 최적화된 저항기 값들을 유지할 것이다. 이 값들을 갖는 새로운 컬렉터 전압을 체크하기 위해서 해석 메뉴에서 DC 해석의 노드의 진입 계산 항목을 실행한다. 이미 사양에서 정의된 것처럼 정확하게 2.5V가 되며, 최적화가 성공적이라는 것이 입증된다.

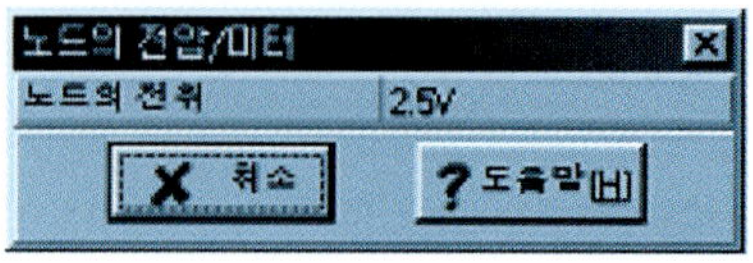

그림 14-74
DC 해석의 노드의 전압 계산으로 나타난 대화상자

예제 2 대역통과 필터(AC 최적화)

이 예제는 전달함수 목표를 만족하는 대역통과 필터를 얻기 위해서 어떻게 AC 최적화를 사용하는가를 설명한다.

1. 사 양

TINA의 Examples/Optimization 부디렉토리에서 bandpass.tsc 파일을 불러오고 원래의 전달함수를 보기 위해서 해석 메뉴에서 AC 해석의 AC 전달특성을 실행한다. [그림 14-75]의 다이어그램은 곡선의 최대가 약 10kHz에 있고, 곡선의 첨두 진폭이 -10dB를 보인다. 최적화의 목표는 첨두 진폭을 -7dB, 곡선의 최대에 도달하는 주파수를 14kHz로 설정하는 것이다.

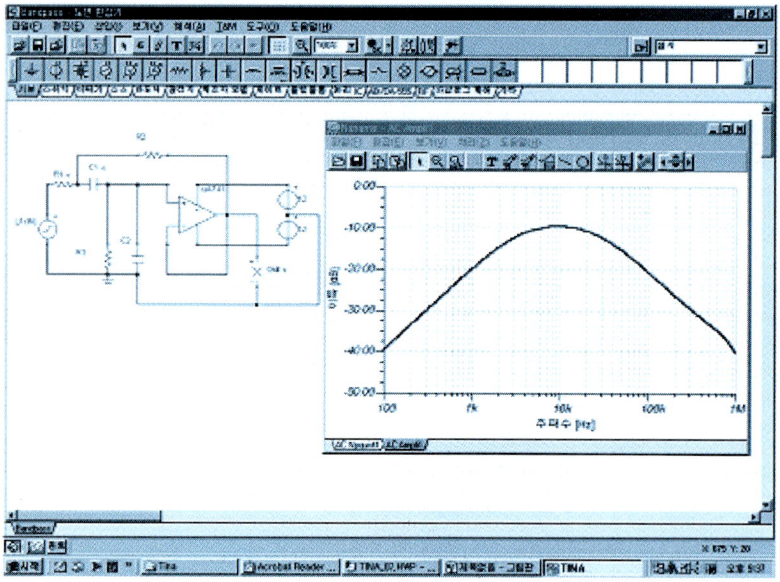

그림 14-75
AC 최적화를 위한 회로와 AC 전달특성의 다이어그램

2. 최적화 설정

최적화를 행하기 위해서 반복하는 동안에 모니터링하고 최적화의 목표가 나타나게 될 미터기들을 선택해야 한다. 이 예제에서 미터기는 Out이다. 또한, 최적화 동안에 변할 파라미터들을 선택해야 한다. 이 예제에서 파라미터들은 저항 R1과 커패시턴스 C1이다.

• 목표

명령어 해석 메뉴의 최적화 목표 또는 최적화 목표 버튼 을 사용하여 전압계(Out)를 클릭하면 대화상자가 나타난다. AC 목표기능... 버튼을 누르면 미터기에 대한 목표 함수를 설정할 수 있는 또 다른 대화상자가 [그림 14-76]과 같이 나타난다. 사양은 두 가지 조건이 있다. 첫 번째는 곡선의 새로운 최대점을 정의한다. 이 값을 설정하기 위해서 중심 주파수 탭을 클릭한 다음 목표 중심 주파수 편집 필드에 14k를 입력한다. 또 다른 조건은 새로운 최대 -7dB이다. 최대 탭을 선택하고 최대 편집 필드에 -7을 입력한다. 마지막 단계는 두 개의 함수들을 조합하여 현재 목표 함수를 활성화하는 것이다. 대화상자의 왼쪽면에서 중심 주파수와 최대 함수 옆에 있는 체크박스를 클릭하여 선택한다. 마지막으로 OK를 두 번 누른다.

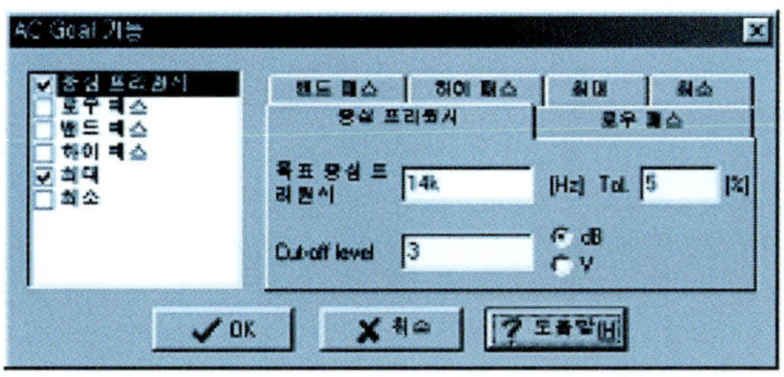

그림 14-76
이 대화상자에서 미터기에 대한 목표 함수를 설정할 수 있다.

• 제어 대상

명령어 해석 메뉴의 제어대상 항목 또는 제어대상 버튼 을 사용하여 첫 번째 제어 대상(R1)을 클릭한다. 저항기 속성 대화상자에서 첫 번째 라인인 저항 파라미터를 클릭한다. 버튼을 눌러서 나타나는 대화상자에서 이 파라미터의 변화에 대한 시작값과 종료값들을 정의한다. 각각 1k와 10k를 입력하고 OK를 누른다. 커패시터(C1)에 대해서 이 절차를 반복하고 시작값과 종료값들을 각각 1n와 10n로 지정한다.

3. 최적화 시작

해석 메뉴로부터 최적화의 AC 최적화(변환)를 선택하면 최적 세팅 대화상자가 [그림 14-77]과 같이 나타날 것이다.

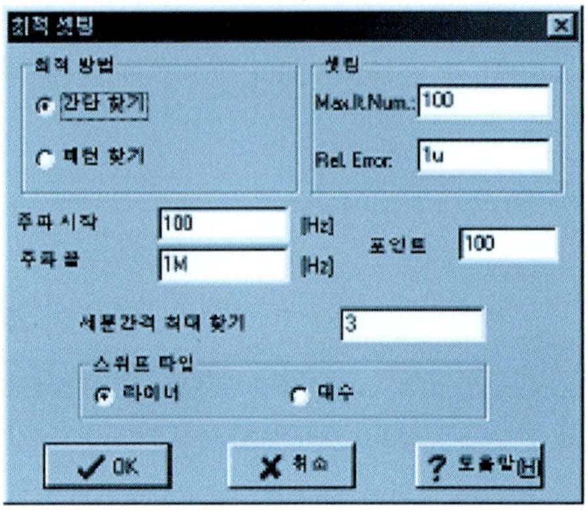

그림 14-77
최적화 설정 대화상자

이 대화상자의 파라미터들은 DC 최적화 모드의 경우와 유사하지만, AC 해석을 위한 포인트 수와 시작과 끝 주파수를 정의해야 한다. 패턴 찾기에 대해서도 동일하게 적용된다. 대화상자에서 OK 버튼을 누른다. 이제 TINA는 전달함수에 대한 사양을 만족하게 될 새로운 R1과 C1을 찾을 것이다. 짧은 반복 후에 최적의 결과인 새로운 저항기와 커패시터 값들이 [그림 14-78]의 대화상자에 보일 것이다.

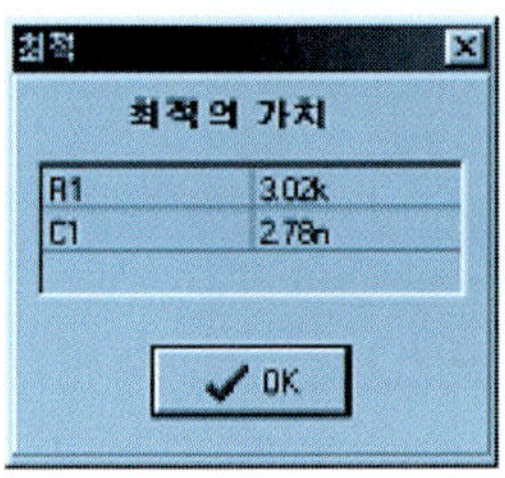

그림 14-78
최적화 결과의 대화상자

4. 최적화 검사

새로운 전달함수를 검사하기 위해서 해석 메뉴에서 AC 해석의 AC 전달특성을 실행한다. 지금 -7dB의 최대에서 레벨을 갖는 최대가 14kHz에서 발생한다. 이는 최적화가 성공적이라는 것을 의미한다. [그림 14-79]는 최적화 전의 그래프이고, [그림 14-80]은 최적화 후의 그래프를 나타낸다.

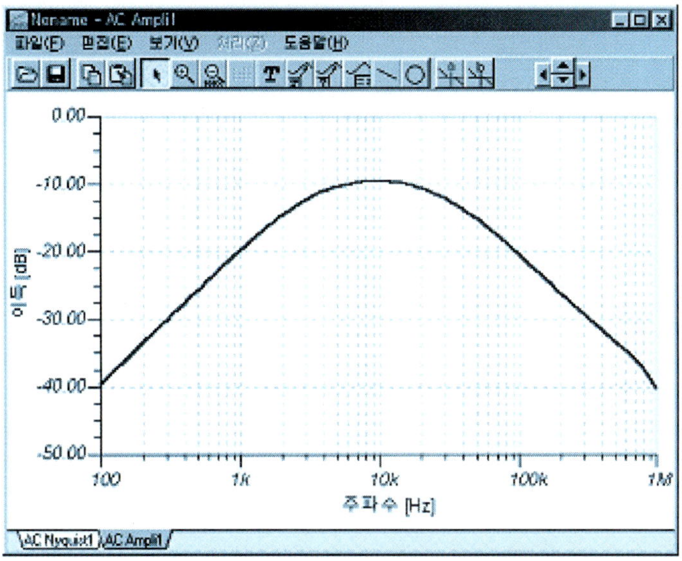

그림 14-79

최적화 전의 그래프

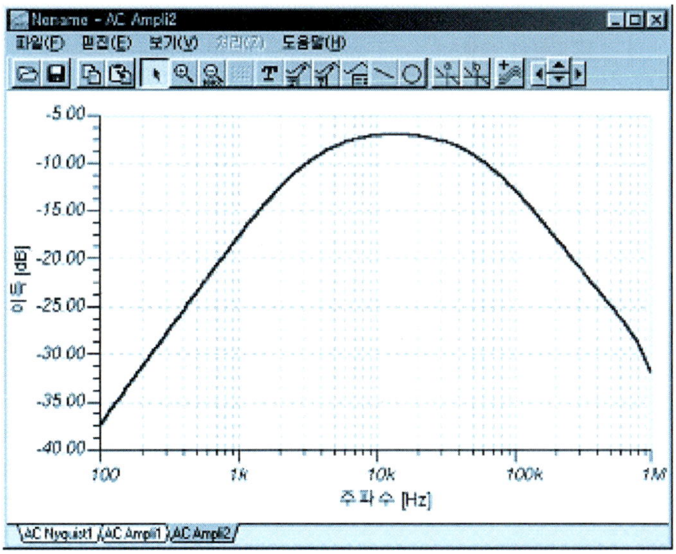

그림 14-80

최적화 후의 그래프

14-10 푸리에 시리즈와 푸리에 스펙트럼의 활용

1. 푸리에 해석

TINA는 수치 및 그래프로 전자회로를 연구하고 평가하기 위한 강력한 전문적인 도구를 제공하는 많은 진보된 해석 특징들을 가지고 있다. 그 중의 하나가 스펙트럼 또는 푸리에 해석이라 한다. 여기서 두 가지 다른 방법, 즉 푸리에 시리즈와 푸리에 스펙트럼을 포함하는 푸리에 해석을 TINA에서 구현하는 것을 설명할 것이다. 특히, 앞장에서 상세히 설명하지 않은 응용을 강조할 것이다. 그리고 푸리에 해석의 이론적 배경을 간략하게 요약한 다음 논제에 관한 예제를 소개한다. 모든 예제들은 플로피 디스크로 이용 가능하다.

TINA에서 푸리에 해석은 항상 과도해석과 관련하여 수행되어야 한다. 이것은 항상 회로에 관한 과도해석을 먼저 수행해야 한다는 것을 의미한다. 다이어그램 창이 나타날 때, 커서를 사용하여 처리를 원하는 곡선을 선택해야 하고 처리 메뉴로부터 푸리에 시리즈나 푸리에 스펙트럼을 사용한다. 여기서, 첫 번째 부분은 푸리에 시리즈를 조사하고 나중에 푸리에 스펙트럼에 관하여 조사할 것이다.

2. 푸리에 시리즈

스펙트럼 해석 중의 하나의 형태를 푸리에 또는 고조파 분해(decomposition)라고 한다. 이는 어떤 주기 함수가 사인 함수의 합 또는 급수로 표현될 수 있다는 이론에 근거한다. 만일 주기함수가 이 방법으로 표현된다면, 급수의 각 성분은 원래의 함수와 동일한 간격에 관하여 주기적이어야 한다. 성분들은 원래 함수의 기본 주파수의 정수배 또는 배음이다. 이 분해는 다음과 같은 공식에 의해서 설명된다.

$$f(t) = \sum_{k=0}^{\infty}(A_k \cos k\omega t + B_k \sin k\omega t) \text{ 또는 } f(t) = \sum_{k=-\infty}^{\infty} C_k e^{jk\omega t}$$

여기서, A_b, B_b, C_b는 푸리에 계수이다.

몇 가지 실제 파형의 경우에 이 분해를 살펴보자.

$$\text{삼각파 } f(t) = \frac{8}{\pi^2}\left[\sin\omega t - \frac{1}{3^2}\sin 3\omega t + \frac{1}{5^2}\sin 5\omega t - \cdots\right]$$

$$\text{구형파 } f(t) = \frac{4}{\pi}\left[\sin\omega t + \frac{1}{3}\sin 3\omega t + \frac{1}{5}\sin 5\omega t - \cdots\right]$$

f =1kHz의 주파수, 1V의 진폭의 구형파의 경우에 대해서 TINA를 사용해서 위의 이론을 3개의 사인파까지 증명해보도록 하자.

[그림 14-81]의 회로는 직렬로 접속된 3개의 사인파 발생기와 기준 구형파 발생기로 구성된다. 더 용이한 방법은 Fourex2.tsc와 Fourex3.tsc를 함께 도면 편집기가 넣어서 새로운 파일(Fourex4.tsc)을 생성한다.

사인파발생기의 주파수는 $f_1 = 1\text{kHz}$, $f_2 = 3f_1 = 3\text{kHz}$, $f_3 = 5f_1 = 5\text{kHz}$이지만, 진폭은 위의 공식에 따라서

$A_1 = 4/\pi = 1.2732$, $A_2 = 1/3 \cdot A_1 = 0.4244$, $A_2 = 1/3 \cdot A_1 = 0.4244$

이다.

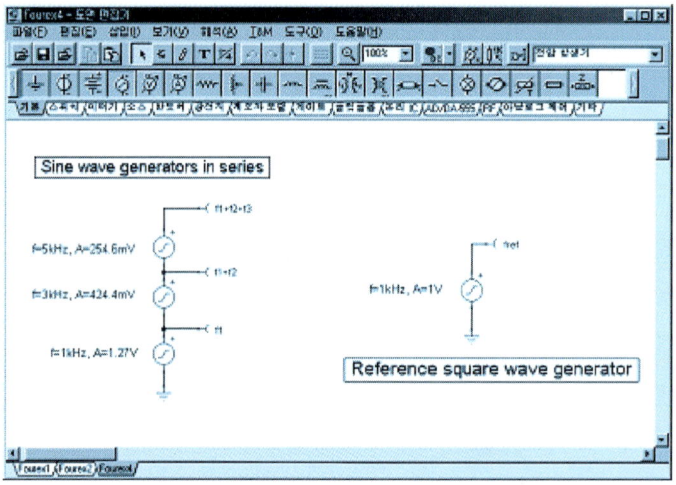

그림 14-81
푸리에 시리즈를 위해 정현파 발생기로 구성한 회로

[그림 14-81]의 과도해석의 결과는 [그림 14-82]와 같이 나타난다.

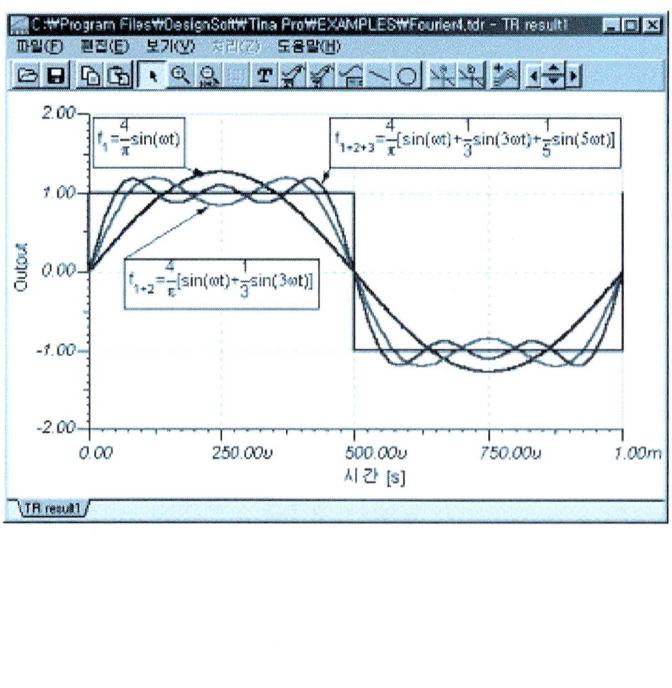

그림 14-82
[그림 14-81]의 과도해석의 결과

앞의 그림은 다이어그램 창에서 곡선에 대한 공식은 수식 편집기를 사용하여 TINA에 의해서 전적으로 만들어진 것임에 유의한다. 예를 들어, $f_1 = 4/\pi \cdot \sin(\omega t)$는 수식 편집기의 텍스트 모드에서 [그림 14-83]과 같은 방법으로 표현된다.

그림 14-83
편집 모드

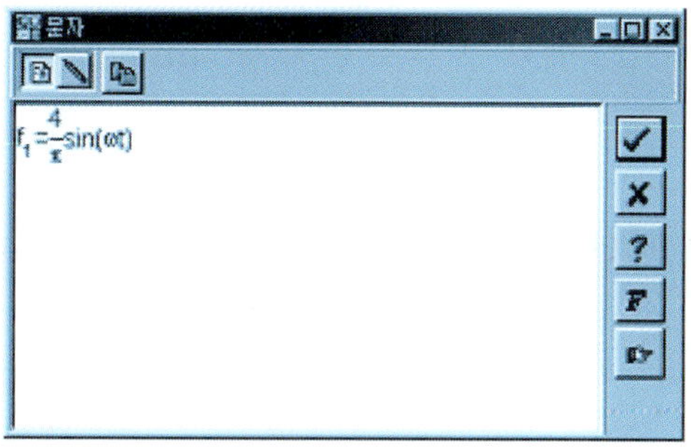

그림 14-84
보기 모드

보기 버튼 을 누르면, [그림 14-84]와 같이 수식 편집기의 공식을 미리 볼 수 있다. 수식을 더 변경하고자 한다면 텍스트 모드로 되돌아가기 위해서 편집 버튼 을 누른다. 마지막으로 다이어그램 창으로 공식을 위치시키기 위해서 복사 버튼 을 누른다.

분명히 3개 이상의 발생기를 직렬로 접속한다면, 더 좋은 일치성을 얻을 것이다. 이를 입증하는데 용이한 방법은 TINA의 해석기를 사용하는 것이다. 도구 메뉴의 해석기를 불러와서 [그림 14-85]와 같이 문자를 입력한 후

이를 Fourier1.ipr로 저장한다.

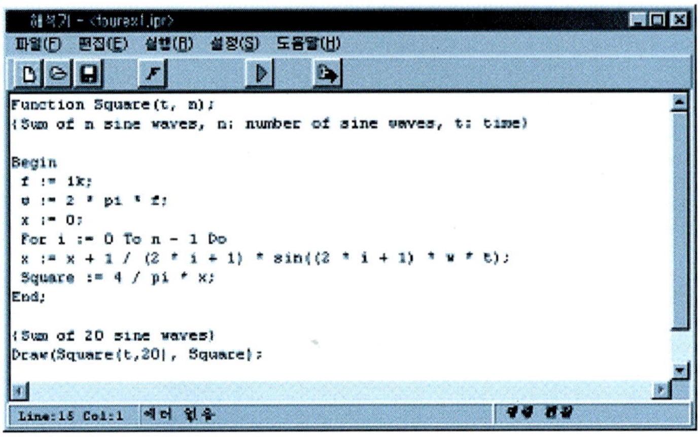

그림 14-85
20개의 발생기를 이용한 푸리에 시리즈에 TINA의 해석기를 이용한다.

그리고 설정 메뉴의 도면 설정을 선택하면 도면 설정 대화상자가 나타난다. 여기서, 한계 설정에서 "오른쪽 한계"를 1m로 입력하고 OK 버튼을 누른다. 그 다음 해석기 창에서 실행 ▷ 버튼을 누르면 [그림 14-86]과 같은 다이어그램이 나타난다. 다이어그램에 표시된 그래프의 눈금 축을 더블 클릭하여 축 설정을 바꿀 수 있다.

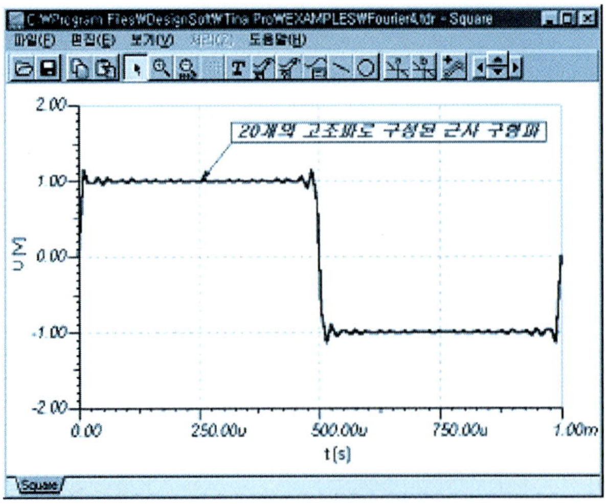

그림 14-86
해석기를 실행하여 생성된 다이어그램

사인파를 많이 합할수록 구형파에 더 일치하는 결과를 얻을 수 있다. 그러나, 구형파의 모서리에 작은 첨두, 즉 깁스(Gibbs) 현상이 발생된다. 수학적 이론에 의하면 푸리에 시리즈는 불연속점에서 비연속 함수를 적절하게 근사할 수 없다. 구형파의 경우에 다수의 사인파를 근사하는데 모서리에서 항상 18% 과구동(overrun)될 것이다. 이것을 50개의 고조파를 가지고 입증해 보자. 위의 예제(fourex1.ipr)의 Draw 명령에서 간단히 20을 50으로 변경한다. 그 결과는 [그림 14-87]과 같다.

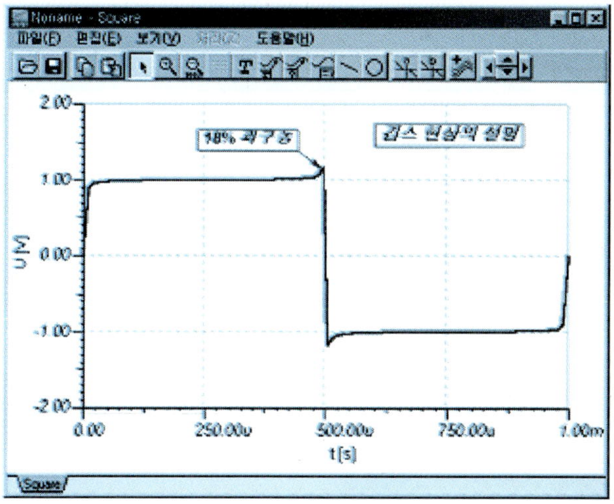

그림 14-87
50개의 발생기를 이용한 푸리에 시리즈 결과

그러나, 불연속 부근에서 푸리에 시리즈의 수렴을 향상시키는 방법들이 있다. 이 기법의 본질은 각 계수에 가중 인자를 곱하여 푸리에 계수를 수정하는 것이다. 이 방법을 윈도우 함수 기법이라고도 부른다. 헝가리 수학자 Fejér와 Lánczos가 실제 일반적으로 사용되는 이러한 윈도우 함수를 발명하였다.

그러나 실제로 상승/하강 시간이 주기 시간에 비해 매우 짧을 수 있어서 불연속 파형이 아니다.

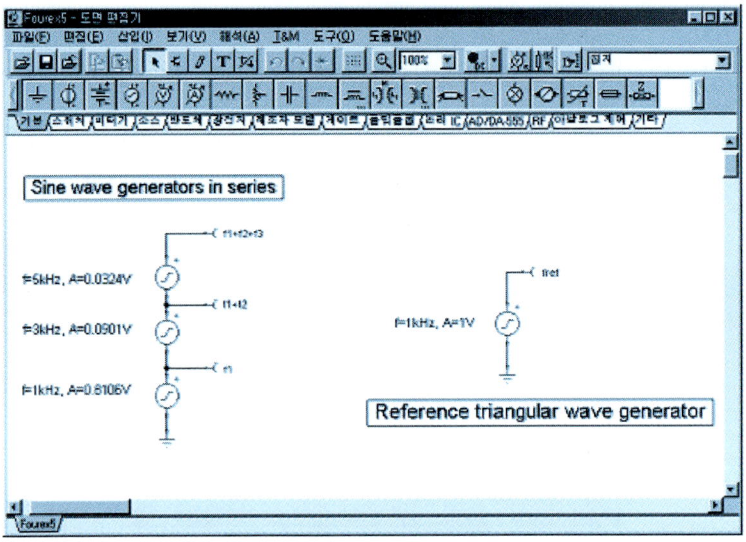

그림 14-88
푸리에 시리즈가 항상 수렴함을 증명하기 위한 회로

이것은 푸리에 시리즈가 항상 수렴할 것이라는 것을 의미한다. 이것을 [그림 14-81]의 회로를 사용하여 3개의 고조파를 갖는 삼각파로 입증해 보자. [그림 14-88]과 같이 사인파 발생기의 진폭을

$$A_1 = 8/\pi^2 = 0.8106,\ A_2 = -1/3^2 \cdot A_1 = 0.0901,$$
$$A_2 = 1/5^2 \cdot A_1 = 0.0324$$

로 변경한다. 기준 발생기의 파형을 삼각파로 변경한다.

실제 과정에서 반대로 TINA의 푸리에 시리즈 옵션을 사용한다. 주기함수를 가지고 푸리에 성분을 알기를 원한다면, 이를 위해서 TINA에서 먼저 과도해석을 실행해야 하고 그 결과로 나타난 [그림 14-89]의 다이어그램 창에서 한 곡선을 선택한다. 그 다음 다이어그램 창에서 처리 메뉴에서 푸리에 시리즈를 선택해야 한다. 이 메뉴 항목을 선택한 후 TINA는 고조파 분해를 수행하고 어떤 전압이나 전류의 사인 성분에 대한 푸리에 계수를 계산한다. 푸리에 시리즈를 선택하면 대화상자가 나타나며, 여기서 샘플링 시작 시간, 기저 주파수, 샘플링 수, 하모닉 수, 포맷 등을 선택해야 한다.

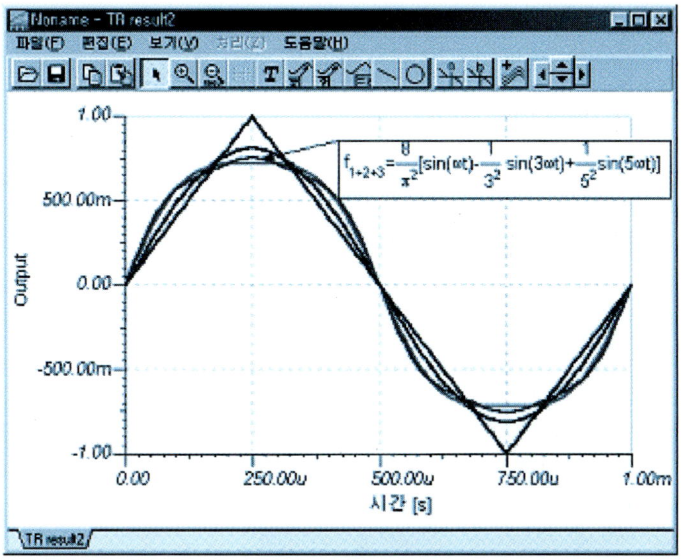

그림 14-89
과도 해석을 실행한 결과

이전의 구형파(f =1kHz, A=1V)에 대한 푸리에 분해를 결정해 보자. 우리는 이론적 분해를 TINA에 의해서 계산된 결과와 비교할 것이다.

구형파 함수의 푸리에 시리즈는

$f(t) = \frac{4}{\pi^2}\left[\sin\omega t + \frac{1}{3}\sin\omega t + \frac{1}{5}\sin 5\omega t + \cdots\right]$이다. 구형파 함수는 기수 함수, 즉 $f(-x) = -f(x)$이므로, 모든 계수 $A_k = 0$이고 역시 $A_0 = 0$이다. 위의 함수를 푸리에 시리즈의 정의와 비교하면 아주 분명해진다. 즉,

$$B_1 = \frac{4}{\pi} = 1.27,\ B_2 = 0,\ B_3 = \frac{1}{3}B_1 = 0.42441,\ B_4 = 0,$$

$$B_5 = \frac{1}{5}B_1 = 0.25464$$

TINA에서 대략적으로 위와 동일한 결과를 얻는다. 그러나 수치적 부정확성으로 인하여 이론적으로 0 계수에 대해서 정확하게 0을 얻지 못한다. 만일 이 값들을 더 신중하게 조사하면 기본값들보다 $10^{-6} \sim 10^{-9}$배 작기 때문에 중요하지 않다는 것을 알게 될 것이다.

TINA의 Examples 폴더에서 fourex2.tsc 파일을 불러오자. 과도해석을 실행한 다음 나타난 구형파를 선택하고 처리 메뉴에서 푸리에 시리즈를 선택한다. 그러면, [그림 14-90]과 같은 푸리에 시리즈 대화상자가 나타날 것이다.

그림 14-90
푸리에 시리즈 대화상자

이 대화상자에서 디폴트 포맷인 복소 표현 $c * \exp(k\omega f + \Phi)$을 실수 표현 $A * \cos(k\omega f) + B * \sin(k\omega f)$로 변경한다. 모든 파라미터들을 설정하였다면 [계산(A)] 버튼을 누른다. 그러면, 대화상자의 하단에 푸리에 계수들이 [그림 14-91]과 같이 나타난다.

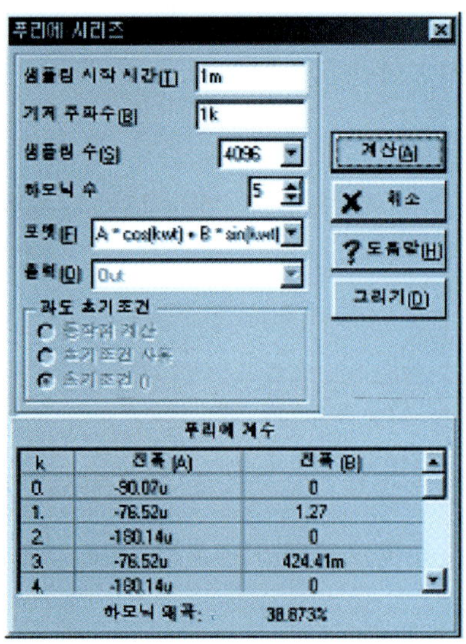

그림 14-91
계산된 푸리에 계수

TINA는 다른 프로그램에서 이 값들을 사용할 수 있도록 하고 있다. 계산(A) 버튼을 누를 때마다 계수들이 대화상자의 하단뿐만 아니라 클립보드에도 배치된다. 여러분은 처리를 위해서 다른 프로그램 예를 들어, 워드나 엑셀에서 푸리에 성분의 이 테이블을 불러올 수 있다.

k	진폭 (A)	진폭 (B)
0.	-90.	07u0
1.	-76.5	2u 1.27
2.	-180.1	4u0
3.	-76.5	2u424.41m
4.	-180.1	4u0
5.	-76.5	2u254.65m

위의 결과를 그래픽으로도 평가하는 것이 가능하다. 단지 [그림 14-91]에서 그리기(D) 버튼을 누르면 TINA는 푸리에 계수들을 갖는 다이어그램을 [그림 14-92]와 같이 생성한다.

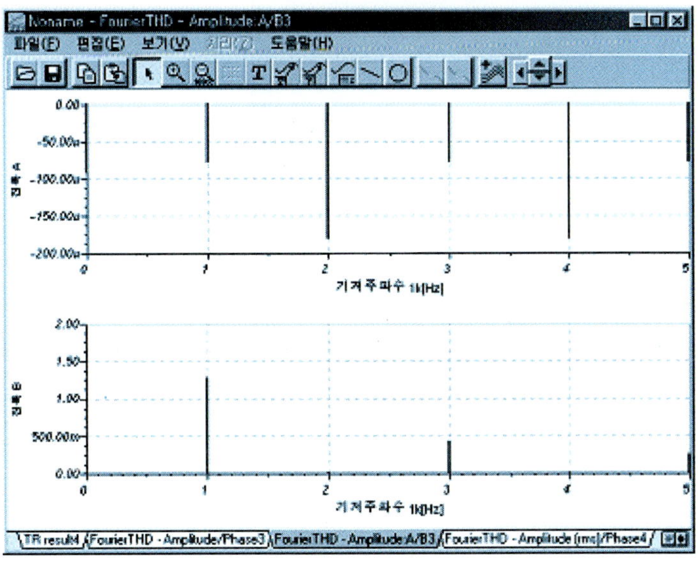

그림 14-92
푸리에 계수들의 다이어그램

또한, TINA를 사용하여 복소 푸리에 성분을 얻을 수 있다. 이것을 행하기 위해서 푸리에 시리즈 대화상자에서 복소 표현을 선택하고 다시 계산(A) 버튼을 누른다.

[그림 14-93]~[그림 14-95]에서 동일한 사인파($f = 1\text{kHz}$, $A = 1\text{V}$)의 고조파 분해를 보게 되지만, 이번은 복소 표현을 사용한 것이다.

[그림 14-93]은 푸리에 계수들이 클립보드에 놓여질 때를 보이며, [그림 14-94]는 푸리에 시리즈 대화상자를 나타내며, [그림 14-95]는 결과의 그래픽 표현이다.

k	진폭(V)	위상 (Deg)
0.	90.0	7u 180
1.	636.6	2m-90
2.	90.0	7u180
3.	212.2	1m-90.01
4.	90.0	7u180
5.	127.3	2m-90.02

그림 14-93
푸리에 계수들이 클립보드에 놓여질 때

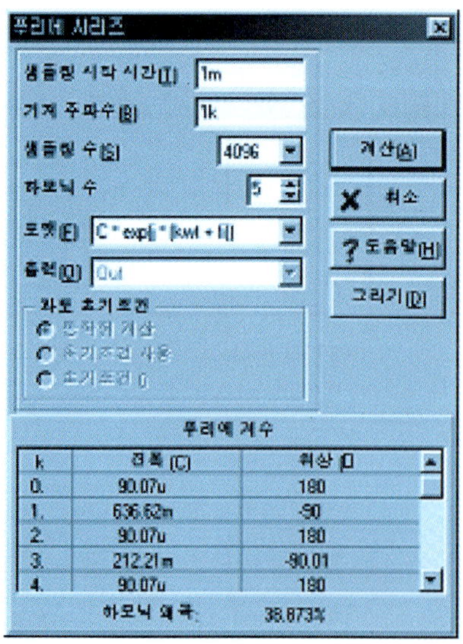

그림 14-94
푸리에 시리즈 대화상자

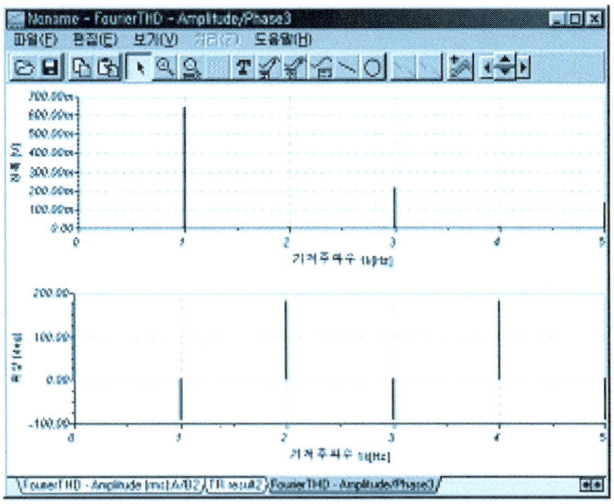

그림 14-95
결과의 그래픽 표현

이 결과를 이전의 결과와 비교하기 위해서 간단한 수학적 변환을 수행해야 한다. 오일러 공식과 $\frac{A_k + jB_k}{2} = C_{-k}$와 $\frac{A_k - jB_k}{2} = C_k$ 또는 $C_k + C_{-k} = A_k$와 $C_{-k} - C_k = B_k$을 사용한다. 이로부터 $C_1 = \frac{A_1}{2} = 0.63662$, $C_2 = 0$, $C_3 = \frac{A_3}{2} = 0.21221$, $C_4 = 0$, $C_5 = \frac{A}{2}$를 얻는다. 다시 수치적 부정확성으로 인하여 우리는 이론적으로 0 계수들에 대해서 정확하게 0을 얻지 못하다는 것을 언급하는 것이 중요하다. 이것은 특히 위상값들의 경우에 대해 그렇다. 크기가 작게 될 때 위상을 결정하기가 어려워지게 된다. 이것은 단지 수치적 문제이다.

3. 푸리에 스펙트럼

TINA는 푸리에 변환이라고 하는 스펙트럼 해석의 또 다른 형태를 제공한다. 푸리에 변환은 푸리에 계수의 확장으로 생각할 수 있다. 이것은 푸리에 변환이 시간의 함수를 주파수의 함수로 변환될 수 있고 그 역도 성립함을 의미한다. 푸리에 변환의 물리적 설명은 시간 영역 신호를 AC 정상상태 주파수 스펙트럼으로 변환하는 것이다. 즉,

$$F(j\omega) = Ff(t) = \int_{-\infty}^{\infty} f(t)e^{-j\omega t}dt$$

그러나, 역푸리에 변환은 AC 정상상태 신호를 신호영역으로 변환한다. 즉,

$$f(t) = F^{-1}F(j\omega) = \frac{1}{2\pi}\int_{-\infty}^{\infty} F(j\omega)e^{j\omega t}d\omega$$

TINA에서 푸리에 변환은 이산 푸리에 변환(DFT, discrete Fourier transform)이다. 여기서 푸리에 적분은 신호의 균등 간격 표본에 적용된 거의 등가 합 공식으로 대치되었다. 처리 속도를 향상시키기 위해서 변환은 FFT(fast Fourier transform)이라고 하는 특수 기법에 의해서 수행된다. FFT는 데이터 점의 적절한 수를 갖는 표본의 집합으로부터 데이터를 얻는다. 때때로 FFT는 실수 스펙트럼(진폭-밀도)을 정의하는데 유용하다. 즉,

$$F(j\omega) = \frac{A(\omega) - jB(\omega)}{2}$$

여기서, $A(\omega) = 2Re\,F(j\omega)$와 $B(\omega) = -2Im\,F(j\omega)$이다.

TINA는 $F(j\omega)$을 계산하고 $0 < \omega < \infty$영역에서만 표시된다. $-\infty < \omega < 0$영역에 대해서 $F(j\omega) = F(j\omega)^t$을 적용한다. 그러므로 진폭은 같고 위상은 반대 부호를 갖는다.

$A(\omega)$, $B(\omega)$ 또한 시간 함수로부터 직접 계산될 수 있다.

$$A(\omega)=2\int_{-\infty}^{\infty} f(t)\cos\omega t dt \text{ 그리고 } B(\omega)=2\int_{-\infty}^{\infty} f(t)\sin\omega t dt$$

$A(\omega)=A(-\omega),\ B(-\omega)=-B(\omega)$이므로 $A(\omega)$는 우수함수이고 $B(\omega)$는 기수함수이다.

예제 1 펄스 복소 스펙트럼

펄스(진폭 1, 폭 T=1n)의 복소 스펙트럼을 결정하고, 이론적 결과와 비교해 보자.

먼저, TINA의 Examples 폴더에 있는 fourex1.tsc 파일을 불러와서 과도해석을 수행하면 [그림 14-94]와 같은 다이어그램 창이 얻어질 것이다. 이 다이어그램에서 펄스 파를 선택하고 처리 메뉴에서 푸리에 스펙트럼을 선택한다. 그러면, [그림 14-97]과 같은 주파수 스펙트럼의 대화상자가 나타난다. 이 대화상자에서 샘플링 시작과 종료시간, 최소와 최대 주파수, 샘플링 수를 설정해야 한다. 또한 표시를 원하는 다이어그램을 선택할 수 있다. [그림 14-97]의 대화상자에서 OK를 누르면 TINA는 이산 푸리에 변환을 수행한다. 그 결과 복소 진폭 스펙트럼이 [그림 14-98]과 같이 나타날 것이다.

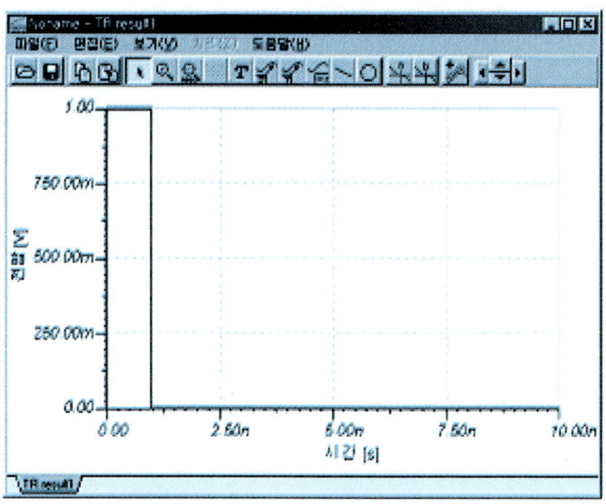

그림 14-96
과도 해석의 결과 다이어그램

그림 14-97
주파수 스펙트럼 대화상자

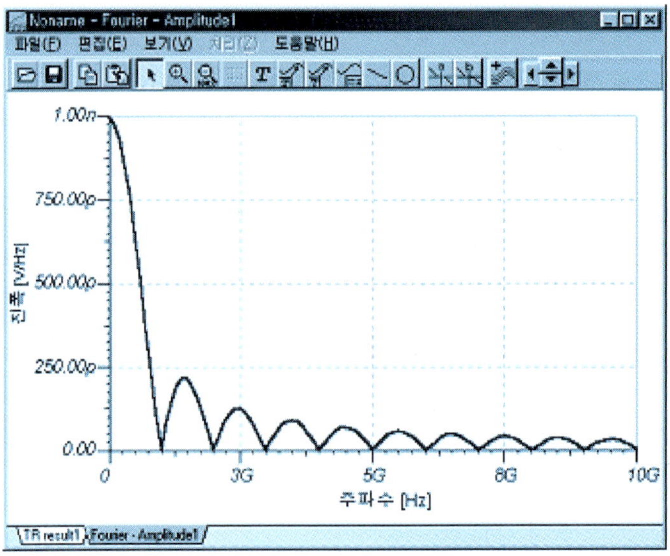

그림 14-98
이산 푸리에 변환을 수행한 결과의 복소 진폭 스펙트럼

이 함수는 잘 알려진 공식으로 표현된다. 즉,

$$F(j\omega) = \int_0^T 1 * e^{-j\omega t}dt = \frac{1-e^{-j\omega T}}{j\omega} = e^{-j\omega T/2}\frac{e^{j\omega T/2} - e^{-j\omega T/2}}{j\omega}$$

$$= \frac{2}{\omega}\sin\frac{\omega T}{2}e^{-j\omega T/2}$$

그러므로, 진폭 스펙트럼은 $|F(j\omega)| = \frac{2}{\omega}\left|\sin\frac{\omega T}{2}\right|$, $0 < \omega < \infty$ 이다.

지금, 앞의 결과를 검사하기 위해서 위의 공식을 사용하여 TINA의 해석기에서 진폭 스펙트럼을 다시 계산한다. 이를 수행하기 위해서 도구 메뉴에서 해석기를 불러와서

[그림 14-99]와 같이 문자를 타자 입력한다.

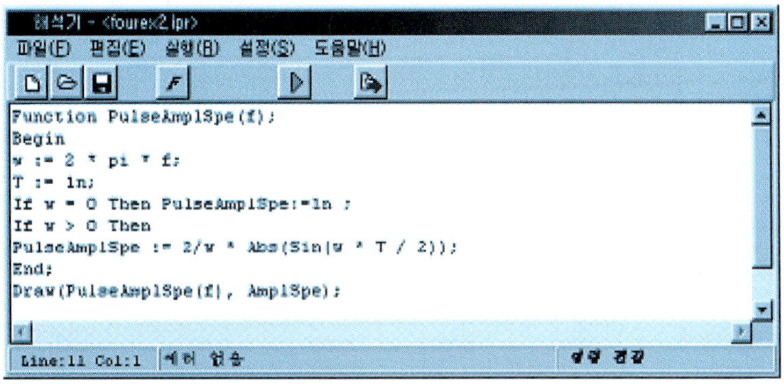

그림 14-99
해석기에서 진폭 스펙트럼을 다시 계산한다.

여기서, 주의할 점은 설정 메뉴의 도면 설정을 [그림 14-100]과 같이 한다.

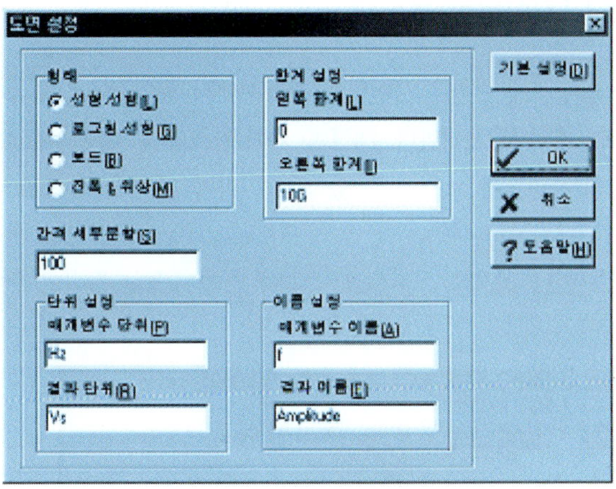

그림 14-100
도면 설정의 대화상자

해석기의 내용을 fourex2.ipr로 저장하고 해석기에서 실행 버튼 ▷을 누르면, [그림 14-101]의 함수가 나타난다.

여러분은 closed formula로 제공되는 위의 스펙트럼과 TINA의 푸리에 스펙트럼 명령에 의해서 제공되는 스펙트럼이 정확히 같다는 것을 쉽게 검사할 수 있다. 오히려 이 곡선들을 클립보드를 사용하여 비교하는 것이 쉽다. 먼저 해석기에 의해서 생성된 곡선을 선택한 다음 이 곡선을 클립보드에 복사하고, 다이어그램 창에서 이전의 페이지로 다시 돌아가서 곡선을 다시 붙인다. 곡선들은 동일하게 될 것이므로 우리는 여기서 두 개의 곡선을 보지 못하게 된다.

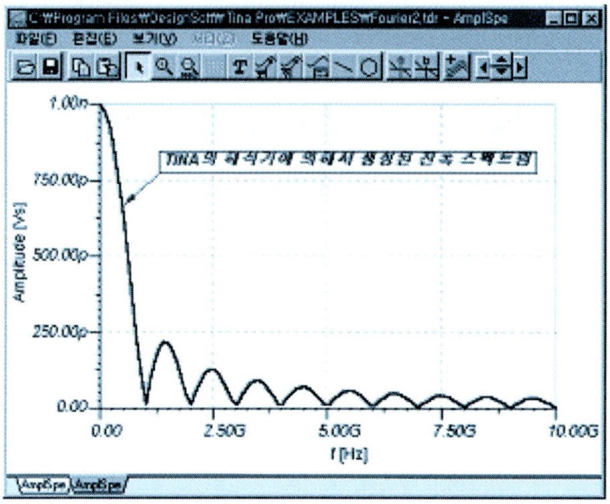

그림 14-101
TINA의 해석기에 의해서 생성된 진폭 스펙트럼

예제 2 사인파의 푸리에 변환

사인파의 푸리에 변환은 사인파의 주파수에서 폭이 0이고 무한히 높은 스파이크인 Dirac- delta 함수를 초래한다. DFT를 가지고 그것을 재생할 수 없다. 우리는 실제로 유한 길이의 사인파를 조사할 수 있다. 사인파가 길수록 더 크고 더 좁은 스펙트럼이 된다.

우선, [그림 14-102]와 같은 1kHz 주파수를 갖는 3ms 길이의 사인파를 조사해 보자.

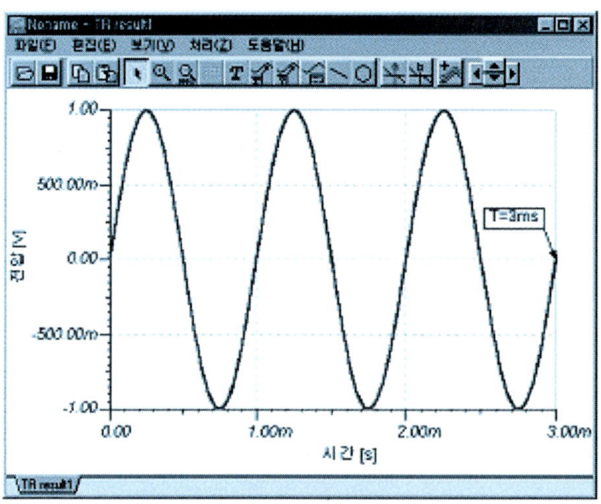

그림 14-102
1kHz 주파수를 갖는 3ms 길이의 사인파

[그림 14-102]의 곡선에서 푸리에 스펙트럼을 실행한다면, [그림 14-103]과 같은 결과를 얻을 것이다.

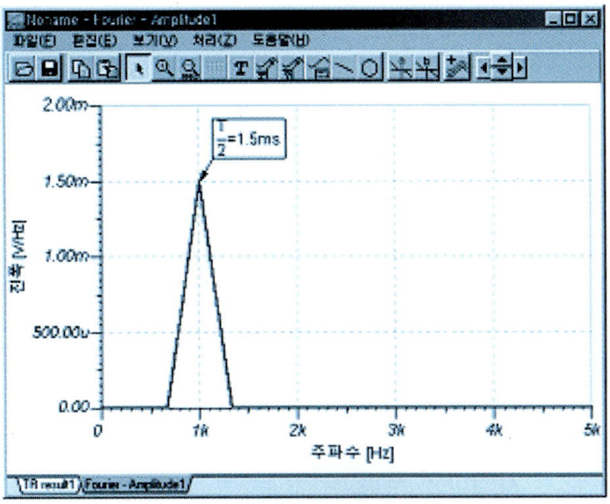

그림 14-103
푸리에 스펙트럼을 실행 결과

이 스펙트럼의 첨두값이 정확할지라도 스펙트럼의 모양은 아주 거칠다. 더 좋은 스펙트럼을 얻기 위해서 시뮬레이션 시간을 21ms로 변경하고 다시 해석을 수행한다. FFT에서 주파수 분해능은 신호의 지속시간에 반비례한다.

사인파의 주기가 3ms이고 주파수 1kHz이면서 시뮬레이션 시간을 21ms로 결정하기 위해서는 우선 전압 발생기가 3ms 동안에도 1kHz의 사인파를 발생하고, 나머지 시간에는 신호가 0이 되도록 사용자 정의를 해야 한다. 신호 편집기에서 사용자 정의를 선택하고 [그림 14-104]와 같이 문자를 타자 입력한다.

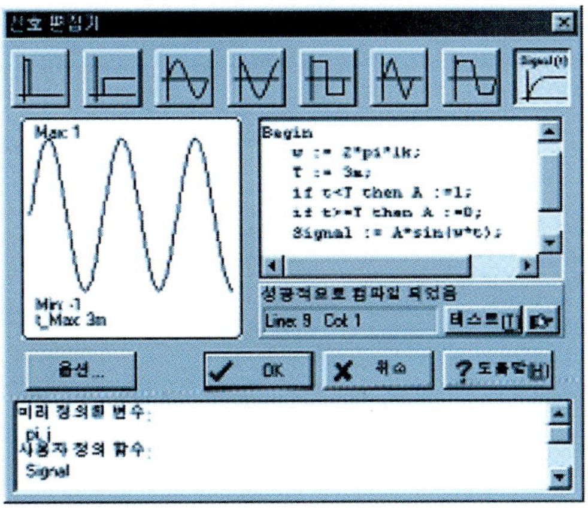

그림 14-104
전압 발생기가 3ms 동안에도 1kHz의 사인파를 발생하고 나머지 시간에는 신호가 0이 되도록 사용자 정의를 한다.

```
Function Signal(t):
Begin
        w : = 2*pi*1k:
        T : = 3m;
        if t<T then A : =1:
        if t>=T then A : =0:
        Signal : = A*sin(w*t):
End
```

OK 버튼을 두 번 눌러서 신호 편집기와 전압 발생기 대화상자 창을 닫는다. 그리고 과도해석의 종료 시간을 21ms로 설정하고, 과도해석을 수행하면 [그림 14-105]와 같은 다이어그램을 보게 될 것이다.

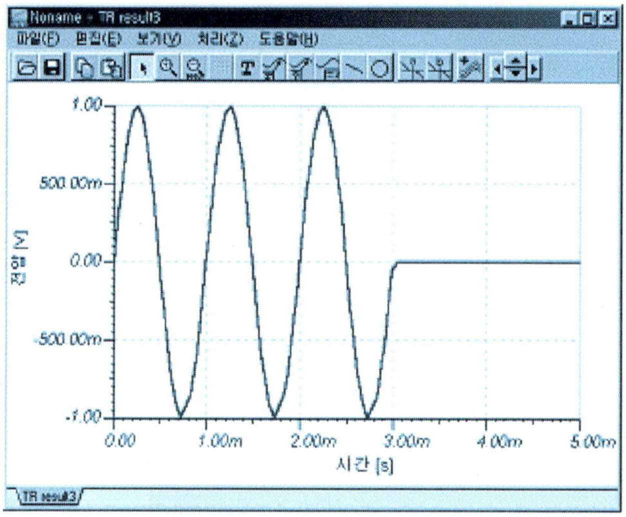

그림 14-105
과도해석의 결과

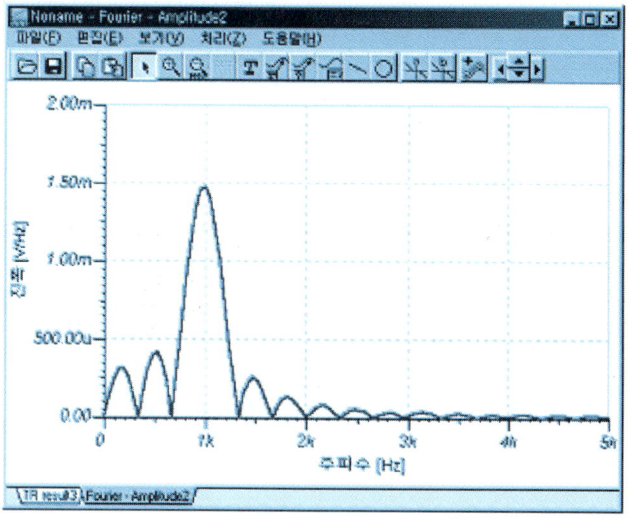

그림 14-106
푸리에 스펙트럼의 실행 결과

다이어그램의 파형을 선택하고 처리 메뉴에서 푸리에 스펙트럼을 선택하면 대화상자가 나타날 것이다. 여기서, 샘플링 종료시간을 21ms, 최대 주파수를 5kHz, 샘플링 수를 4096으로 설정하고 OK 버튼을 누른다. 그러면, [그림 14-106]과 같은 다이어그램을 얻게 된다.

푸리에 변환의 이론을 사용하여 이 결과를 검사해 보자.

$$F\{d(t)\sin\omega_0 t, \text{ 여기서 } d(t)=\varepsilon(t)-\varepsilon(t-T)=\begin{cases}0, \text{if } \ t<0 \ \text{ 또는 } \ t>T \\ 1, \text{if } \ 0\le t\le T\end{cases}$$

$$F(j\omega)=\int_{-\infty}^{\infty} d_T(t)\sin\omega_0 t e^{-j\omega t}dt=\int_{-\infty}^{\infty} d_T(t)\frac{e^{j\omega_0 t}-e^{-j\omega_0 t}}{2j} e^{-j\omega t}dt$$

$$=\frac{1}{2}\left\{\int_{o}^{T} e^{-j(\omega-\omega t)}dt-\int_{-\infty}^{\infty} e^{-j(\omega+\omega_0)t}dt\right\}$$

$$=e^{-j(\omega-\omega_0)\frac{T}{2}}\frac{\sin(\omega-\omega_0)\frac{T}{2}}{j(\omega-\omega_0)}=e^{-j(\omega+\omega_0)\frac{T}{2}}\frac{\sin(\omega+\omega_0)\frac{T}{2}}{j(\omega+\omega_0)}$$

$\omega=\omega_0$와 $\omega=-\omega_0$에서 스펙트럼의 주 진폭은 $T/2$임에 유의하자.

이 함수를 TINA의 해석기를 사용하여 그려볼 수 있다. 이것은 여러분의 연습 문제로 남긴다.

예제 3 고조파 일그러짐

TINA에서는 고조파 일그러짐을 계산할 수 있다. 이를 설명하기 위해서 TINA의 Examples 폴더에서 ampli.tsch를 불러온다.

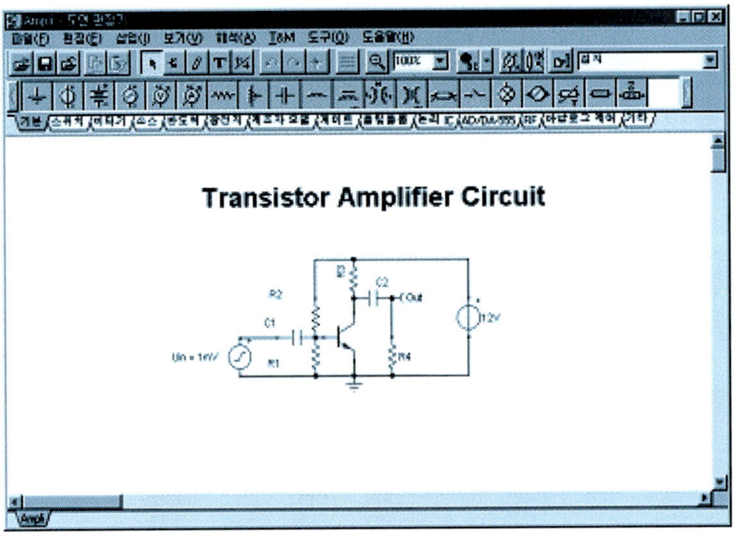

그림 14-107
ampli.tsch 파일의 회로

이 회로에서 과도해석을 실행하면 [그림 14-108]과 같은 다이어그램이 나타난다.

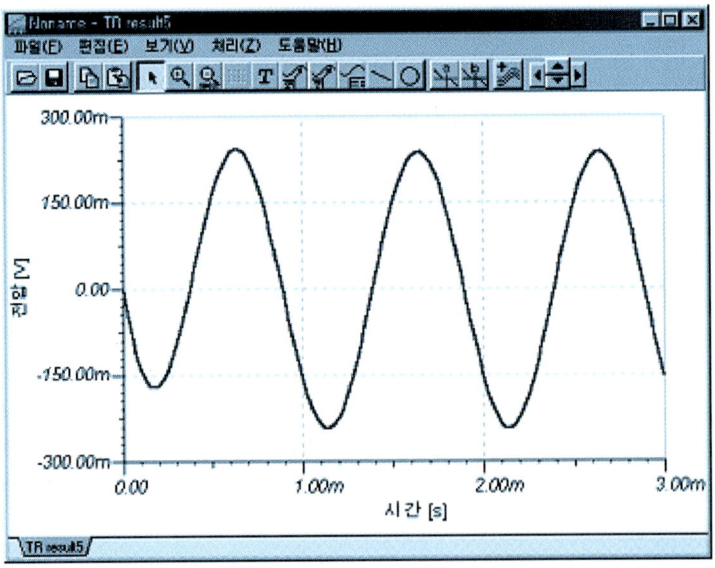

그림 14-108
과도해석의 결과

출력 곡선을 선택한 다음 마우스의 오른쪽 버튼을 누르고 처리 메뉴로부터 푸리에 시리즈를 선택한다. 그러면 [그림 14-109]와 같이 나타난 푸리에 시리즈의 대화상자에서 샘플링 시작 시간을 1ms, 샘플링 수를 4096, 하모닉 수를 10으로 설정한다. 최상의 정확도를 위해서 푸리에 시리즈에 대한 시작 시간을 초기 과도가 사라진 후로 설정하는 것이 매우 중요하다. 지금 계산 버튼을 누른다. TINA는 푸리에 계수와 고조파 일그러짐을 계산하며, 기본파의 크기에 대한 고조파들의 크기의 RMS 합의 비로 정의되거나 백분율로 정의된다. 즉,

$$\% THD = 100 * \sqrt{\frac{V_2^2 + V_3^2 + \cdots + V_n^2}{V_1^2}}$$

이것을 백분율 총 고조파 일그러짐(%THD)이라 한다.

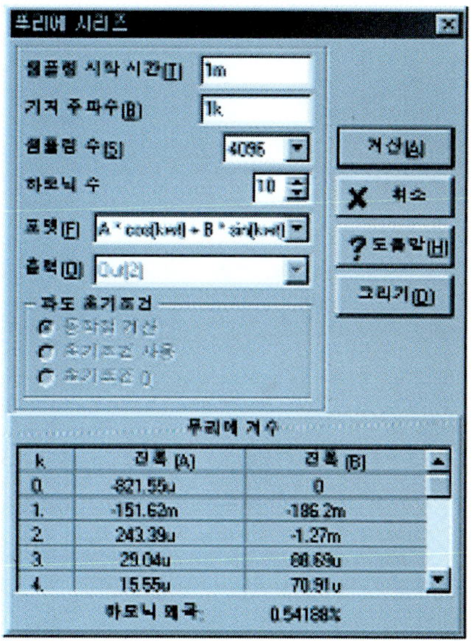

그림 14-109
푸리에 시리즈 대화상자

제 15 장

실전 활용 실습 예제

이 장에서는 앞에서 배운 내용을 기반으로 실제 도면을 그려보는 연습을 해보기로 한다.

15-1 저항의 직 · 병렬연결

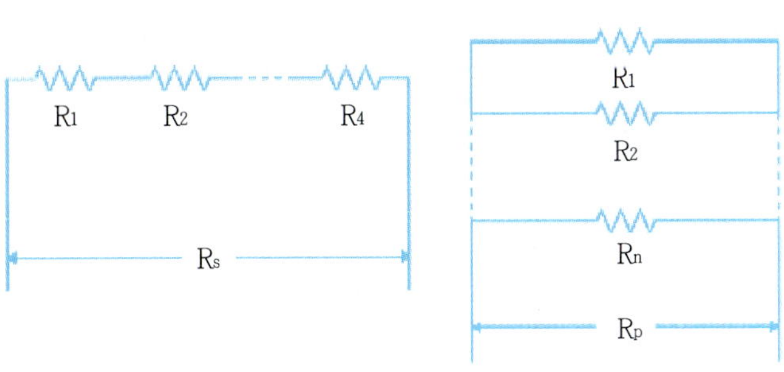

(a) (b)

그림 15-1
저항의 직렬 및 병렬연결

[그림 15-1](a)과 같이 회로에서 두 개 이상의 저항이 직렬로 연결되어 있을 때 합성 저항을 R_s 라고 하면 저항의 합성 저항은 다음과 같다.

$$R_3 = R_1 + R_2 + \cdots + R_n$$

[그림 15-1](b)과 같이 회로에서 두 개 이상의 저항이 병렬로 연결되어 있을 때 합성 저항을 R_p라고 한다면 저항의 합성 저항은 다음과 같다.

$$\frac{1}{R_p} = \frac{1}{R_1} + \frac{1}{R_2} + \cdots + \frac{1}{R_n}$$

또는 $$R_p = \frac{1}{\frac{1}{T_1} + \frac{1}{R_2} + \cdots + \frac{1}{R_n}}$$

위의 수식에서 알 수 있듯이 저항이 직렬로 연결되어 있으면 그 합성 저항은 증가하고, 병렬로 연결되어 있으면 합성 저항은 감소한다.

1. 저항의 직렬연결

① [그림 15-2]와 같이 기본 탭에 있는 저항을 선택한다.

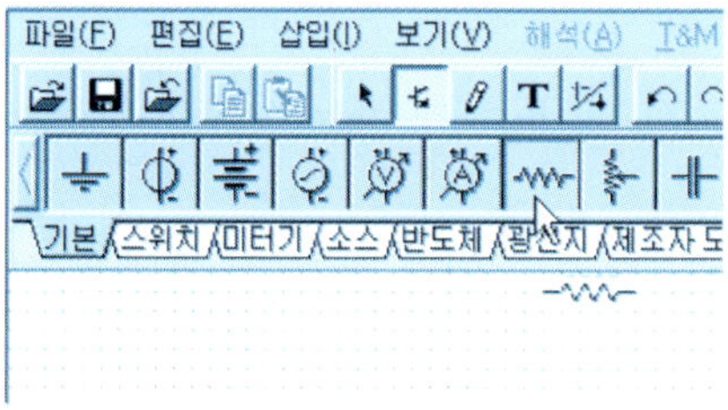

그림 15-2
저항소자 선택

② 화면 위에 [그림 15-3]처럼 선택한 저항소자와 스위치, 저항계를 선택하여 배치한다.

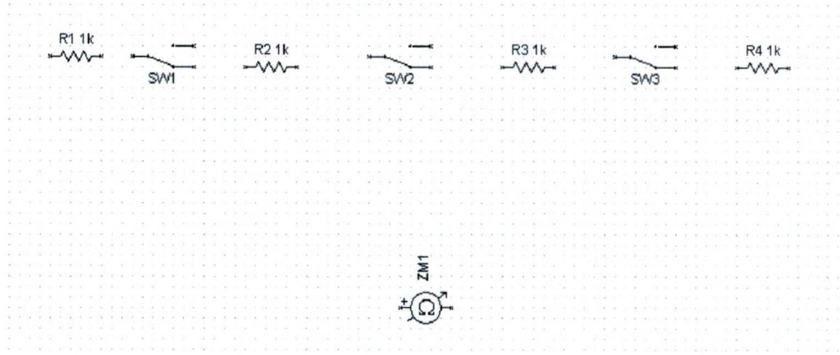

그림 15-3
소자 배치

③ [그림 15-4]와 같이 도선연결(Cntl+Space)을 한다.

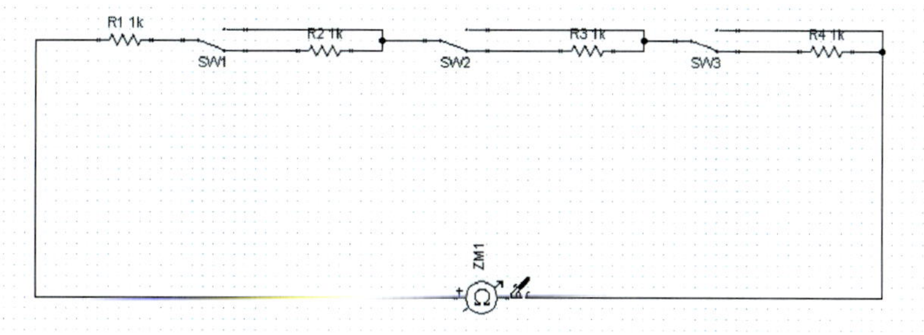

그림 15-4
회로 연결

④ DC 상호작용 모드를 선택한다.

그림 15-5
DC 상호작용 모드 선택

⑤ 스위치 SW1, SW2를 변화시키면서 저항 값의 변화를 관찰한다.

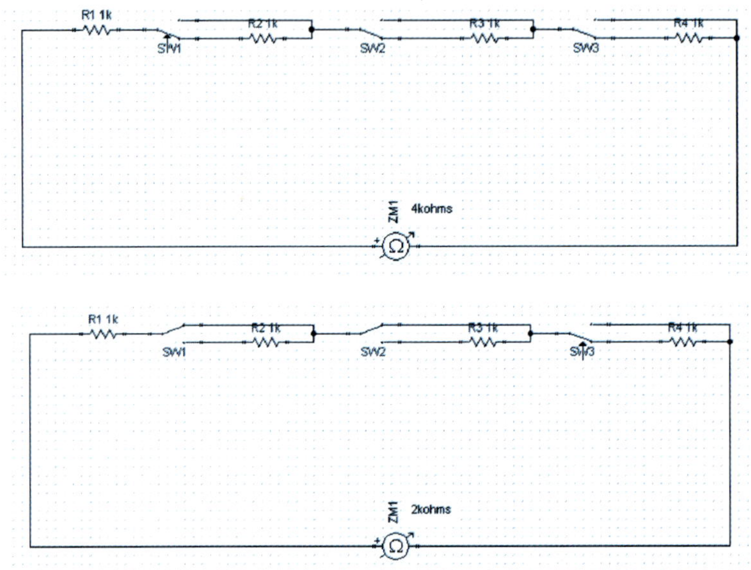

그림 15-6
스위치 변화에 따른 저항값의 변화

⑥ 변화된 저항 값을 공식에 대입하여 나온 값과 같은지 비교한다.

2. 저항의 병렬연결

① 다음의 그림처럼 탭에 있는 소자를 선택하여 화면에 배치한다.

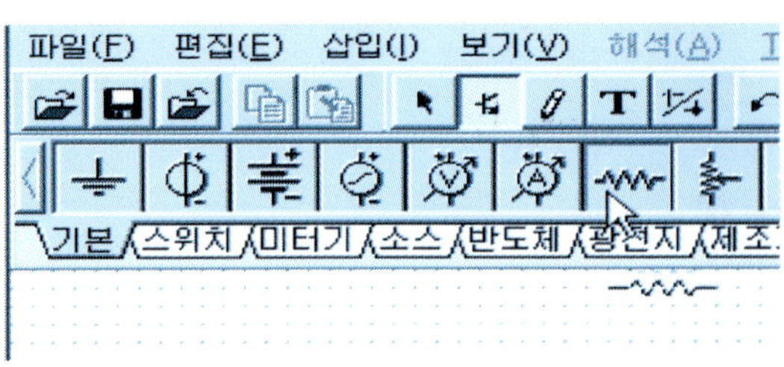

그림 15-7
소자 선택

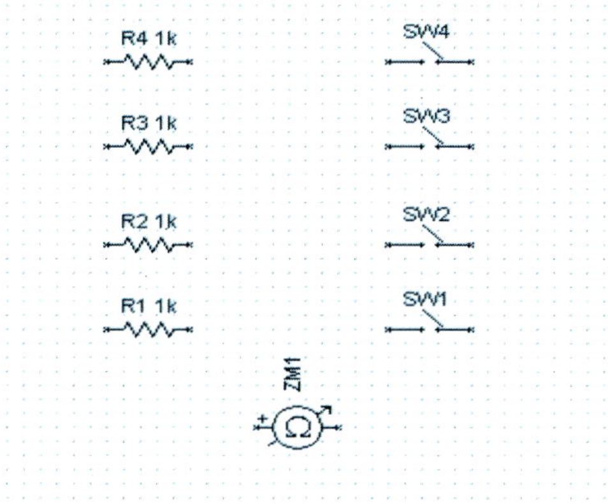

그림 15-8
소자 배치

② 배치된 소자를 도선으로 연결한다.

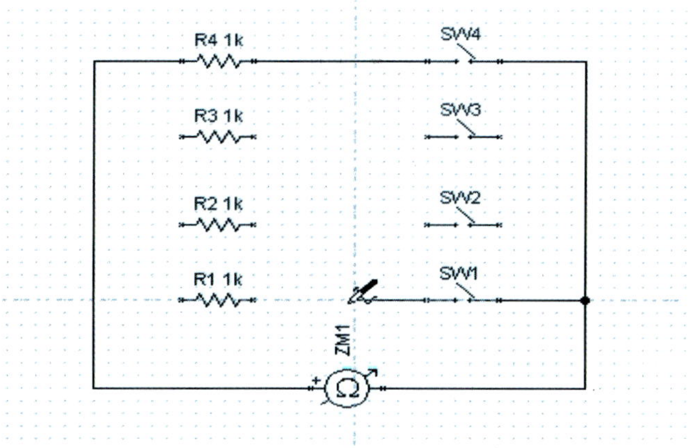

그림 15-9
배치된 소자 결선

③ 여기서 회로가 올바르게 결선되었는지 확인해 보자. [해석-ERC]를 선택하면 회로의 상태를 보여주는 창이 뜨게 된다. 결함이 있다면 창에 있는 내용을 클릭하면 해당 사항을 보여 주게 된다.

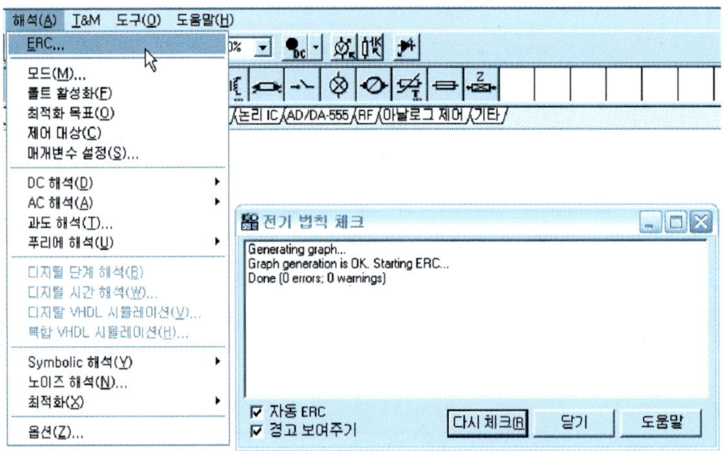

그림 15-10
회로의 이상유무 확인

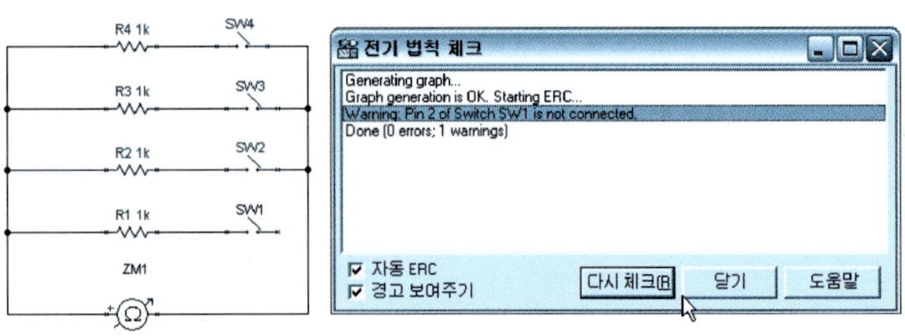

그림 15-11
이상 시 선택하여 대상 확인

④ DC 상호작용 모드를 선택한다.

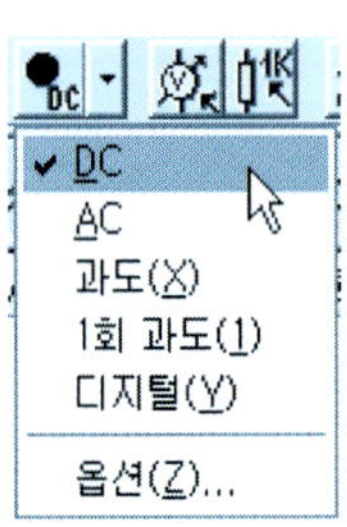

그림 15-12
DC 상호작용 모드 선택

⑤ 스위치 SW1, SW2, SW3, SW4를 변화시켜 저항값의 변화를 관찰한다.

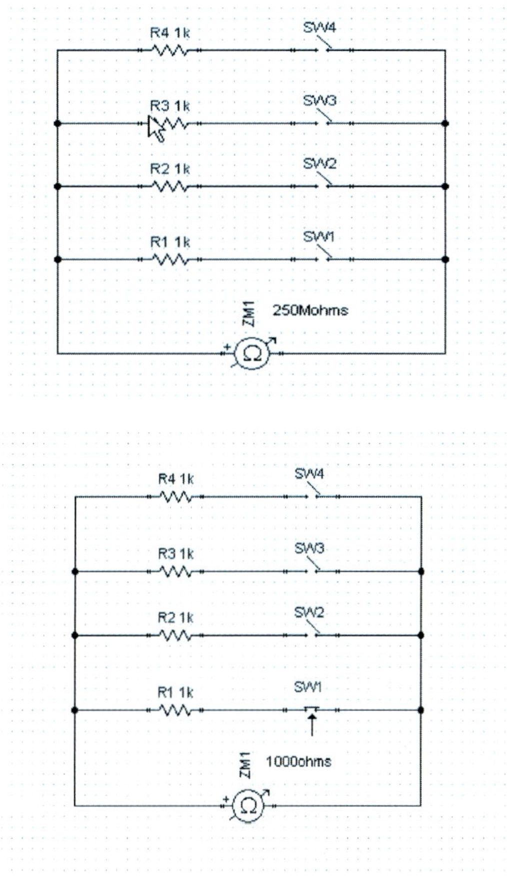

그림 15-13
스위치의 변화에 따른 저항값의 변화

⑥ 저항의 병렬연결 계산식과 비교해 본다.

15-2 인덕터의 직·병렬 연결

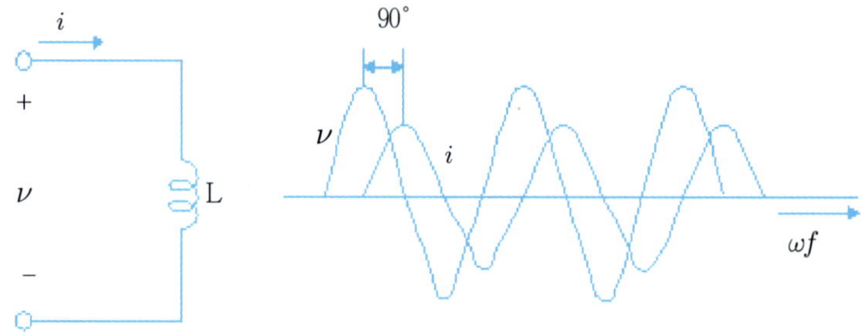

그림 15-14
인덕턴스 회로의 전압과 전류

인덕턴스 L을 갖는 이상적 유도기에 $i = I_m \sin\omega t$ 로 표시되는 정현파 전류가 흐를 때 전류의 방향으로 생기는 전압강하 v는 다음과 같이 표현될 수 있다.

$$v = L\frac{di}{dt} = L\frac{d}{dt}(I_m \sin\omega t) = \omega L I_m \cos\omega t = \omega L I_m \sin(\ \omega t + 90^\circ\ )$$

여기서 전압, 전류의 최대치의 관계는 $V_m = \omega L I_m$ 이 된다. 또 실효치로는 $V = \omega LI$ 또는 $I = V/(\omega L)$로 표시할 수 있다. [그림 15-14]는 인덕턴스 회로에서 전압과 전류의 관계를 보여주고 있다. 여기서 알 수 있듯이 인덕턴스만의 교류회로에서는 전압과 전류는 동일 주파수의 정현파이며 전압은 전류보다 위상이 90° 앞선다. 전압과 전류의 실효치(또는 최대치)의 비는 $X_L = \omega L$과 같다. 인덕터는 교류에서만 나타내는 일종의 교류 저항기이다. X_L을 유도성 리액턴스(inductive reactance)라 부르며 다음과 같이 정의한다.

$$X_L = \omega L = 2\pi f L[\Omega]$$

여기서 f는 교류의 주파수(단위 : Hz)를, L은 코일의 인덕턴스(단위 : Henry)를 표시한다. 그리고 단위는 저항과 동일한 단위 Ω을 사용한다.

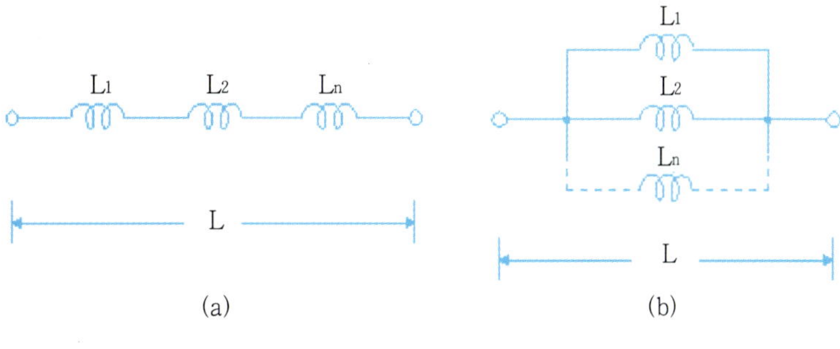

그림 15-15
인덕터의 직·병렬연결

인덕터는 저항과 마찬가지로 직렬로 연결되면 연결된만큼 증가되고 병렬로 연결시키면 감소한다. [그림 15-15](a)와 (b)는 각각 인덕터의 직렬연결과 병렬연결 회로를 보여주고 있으며 각각의 경우의 합성 인덕턴스를 구하는 식은 다음과 같다.

• 인덕터의 직렬연결시 합성 인덕턴스

$$L = L_1 + L_2 + \cdots + L_n$$

• 인덕터의 병렬연결시 합성 인덕턴스

$$\frac{1}{L} = \frac{1}{L_1} + \frac{1}{L_2} + \cdots + \frac{1}{L_n}$$

1. 인덕터의 직렬연결

① 소자를 선택하여 [그림 15-16]의 회로와 같이 배치한다.

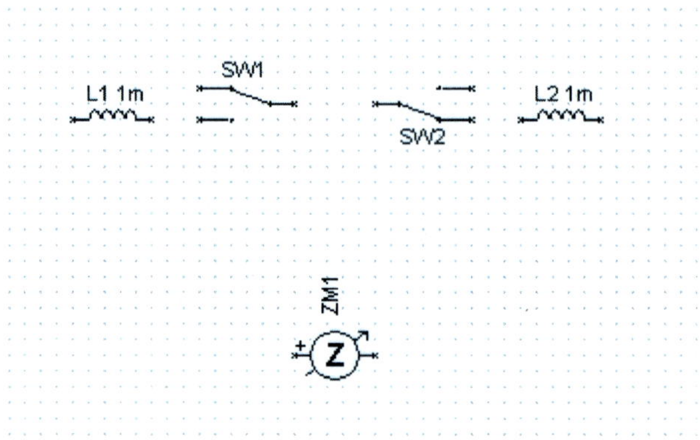

그림 15-16
소자 배치

② 배치한 소자를 결선한 뒤에 회로의 이상유무를 확인한다.

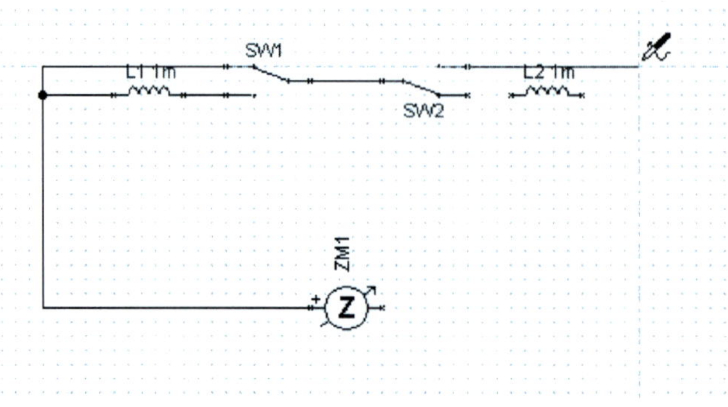

그림 15-17
소자들의 결선

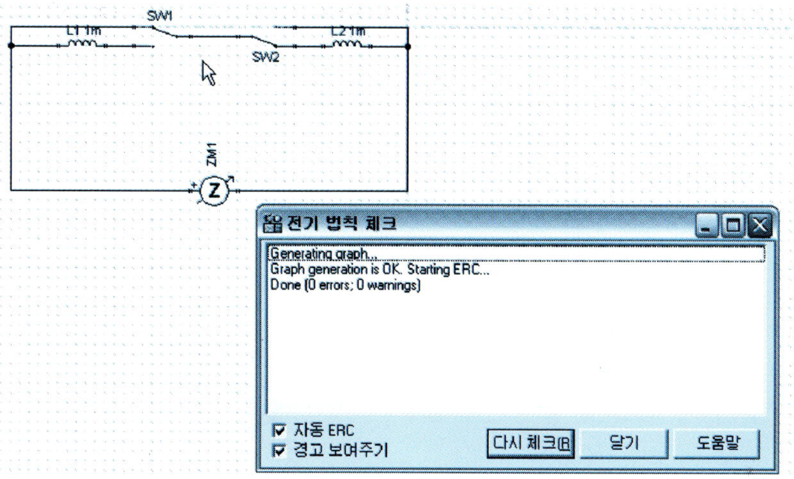

그림 15-18
완성된 회로의 이상유무 확인

③ AC 상호작용 모드를 선택한다.

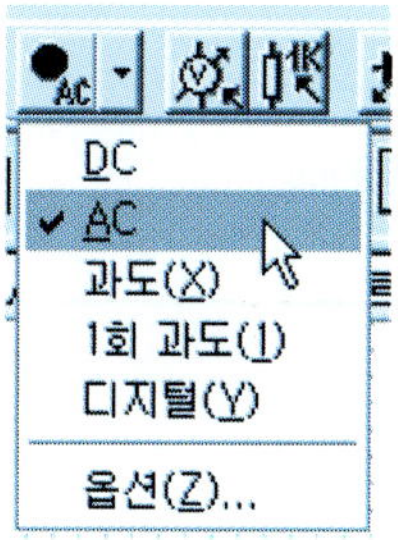

그림 15-19
AC 상호작용 모드 선택

④ 스위치 SW1, SW2를 변화시켜 수치의 변화를 확인한다.

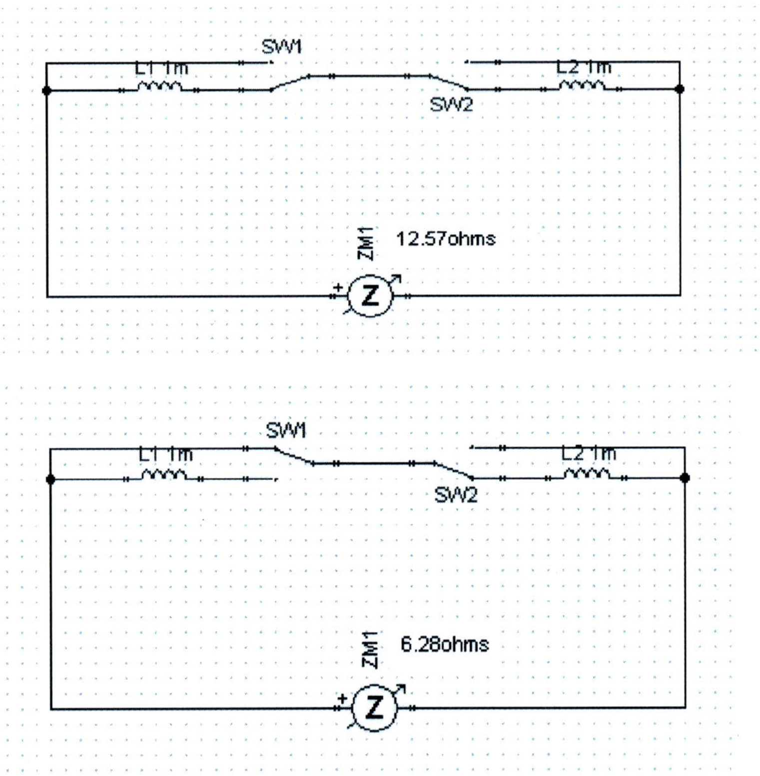

그림 15-20
스위치의 변화에 따른 수치의 변화

⑤ 계산값과 수치값을 비교해본다.

2. 인덕터의 병렬 연결

① [그림 15-21]처럼 화면에 소자를 배치한다.

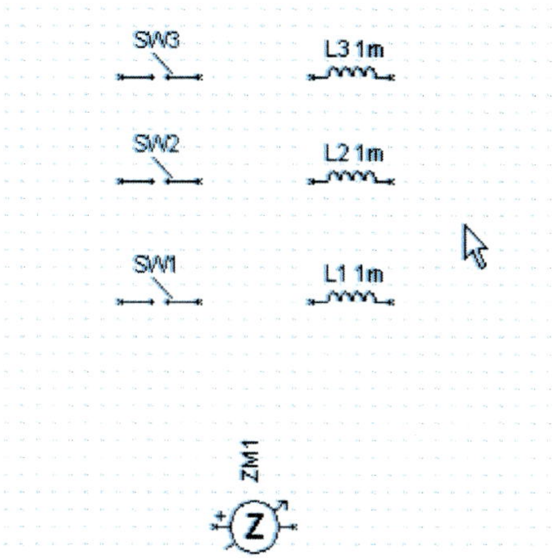

그림 15-21
소자 배치

② 배치된 소자들을 결선한 뒤 이상유무를 확인한다.

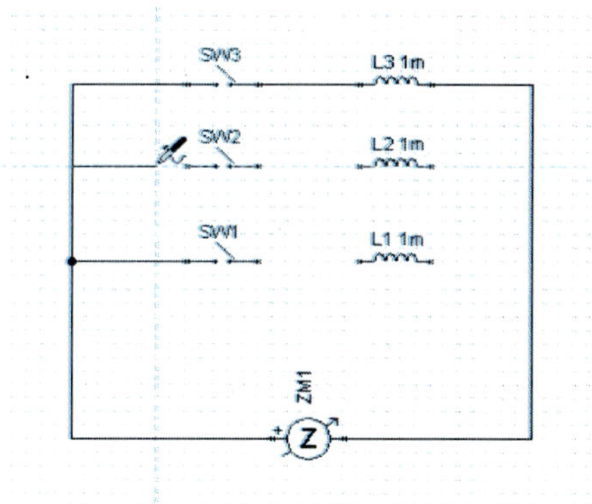

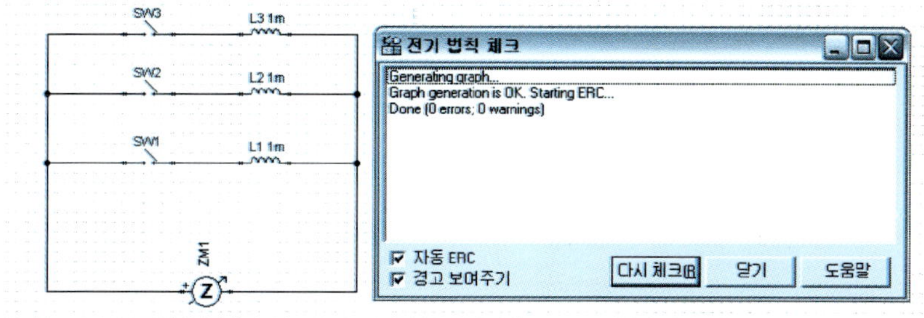

그림 15-22
회로 결선 후 이상유무 확인

③ AC 상호작용 모드를 선택한다.

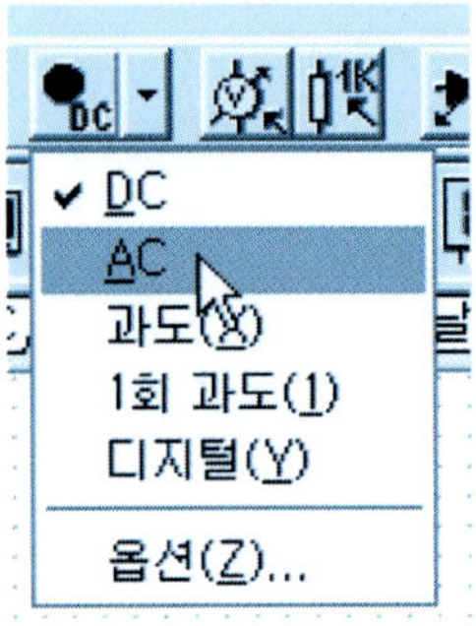

그림 15-23
AC상호작용 모드 선택

② 스위치 SW1, SW2의 변화에 따른 결과 값을 관찰한다.

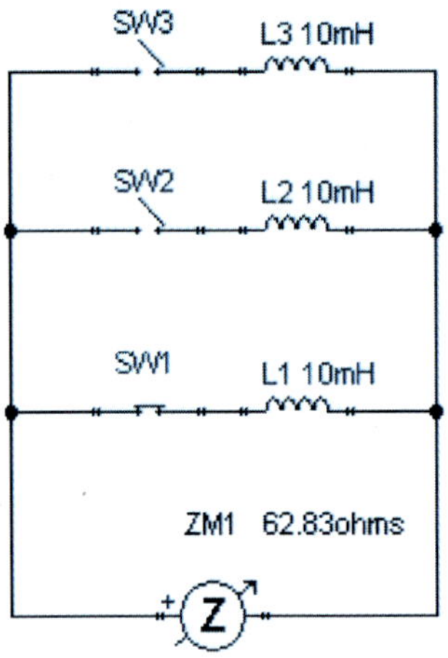

그림 15-24
스위치의 변화에 따른 수치 값의 변화

③ 계산값과 수치값을 비교해본다.

15-3 커패시터의 직 · 병렬 연결

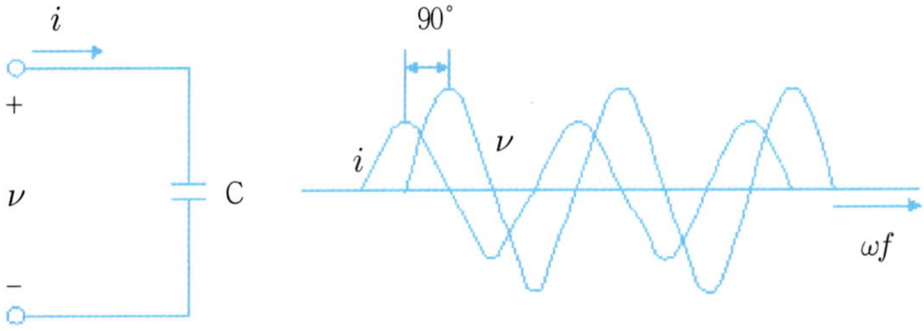

그림 15-25
커패시턴스 회로의 전압과 전류

커패시턴스(C)만을 가지는 이상적 용량기에 $i = I_m \sin\omega t$ 로 표시되는 정현파 전류가 흐를 때 전류의 방향으로의 전압강하 v는 다음과 같이 표현된다.

$$v = \frac{1}{C}\int i dt = \frac{1}{C}\int I_m \sin\omega t dt = -\frac{1}{\omega C} I_m \cos\omega t$$

$$= \frac{1}{\omega C} I_m \sin(\omega t - 90^\circ)$$

여기서 전압, 전류의 최대치의 관계는 $V_m = (1/\omega C)I_m$ 이며, 실효치로는 $V = (1/\omega C)I$ 또는 $I = \omega CV$ 와 같다. [그림 5-25]는 커패시턴스회로의 전압과 전류의 위상관계를 보여주고 있다. 따라서 커패시턴스만을 가지는 교류회로에서 전압과 전류는 동일 주파수의 정현파이고 전압은 전류보다 위상이 90° 늦다. 그리고 전압과 전류의 실효치의 비는 $X_c = 1/(\omega C)$와 같다. 또한 X_c는 커패시턴스회로의 전류를 제한하는 일종의 교류 저항기 역할을 하는데 이 X_c를 용량성 리액턴스라 부르며 다음과 같이 정의한다.

$$X_c = -\frac{1}{\omega C} = -\frac{1}{2\pi f C} \ [\Omega]$$

여기서 C를 커패시턴스(단위 : Farad), f는 교류의 주파수(단위 : Hz)를 표시하며, X_c의 단위는 저항과 같이 Ω를 사용한다.

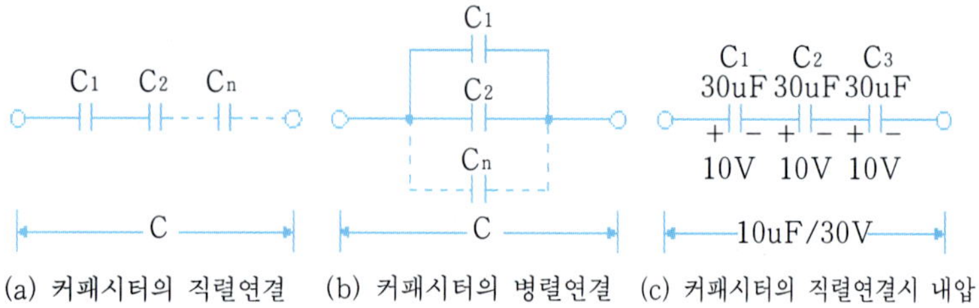

그림 15-26
커패시터의 직·병렬 연결

커패시터는 직렬로 연결되면 용량은 직렬로 연결된 것 중 제일 적은 용량보다도 더 적게 되고 병렬로 연결시키면 반대로 합한 용량 값으로 증가한다. [그림 15-26] (a)와 (b)는 각각 커패시터를 직렬연결과 병렬연결한 회로를 보여주고 있으며 각각의 경우에 대한 합성 커패시턴스를 구하는 식은 다음과 같다.

• **커패시터의 직렬연결시 합성 커패시턴스**

$$\frac{1}{C} = \frac{1}{C_1} + \frac{1}{C_2} + \cdots + \frac{1}{C_n}$$

• **커패시터의 병렬연결시 합성 커패시턴스**

$$C = C_1 + C_2 + \cdots + C_n$$

여기서 한가지 알아야 할 것은 커패시터에서는 반드시 사용 전압, 즉 커패시터의 내압을 표시하고 있으므로 이 표시 전압 이하에서만 사용하여야 한다. 만약 같은 용량, 같은 내압의 커패시터를 직렬연결하는 경우에는 그 직렬수만큼 양단의 내압도 증가하게 된다. [그림 15-26](c)는 $30\mu F/10\,V$ 커패시턴스 3개를 직렬연결하면 합성용량이 $10\mu F/30\,V$가 됨을 보이고 있다.

1. 커패시터의 직렬연결

① [그림 15-27]과 같이 소자를 배치한다.

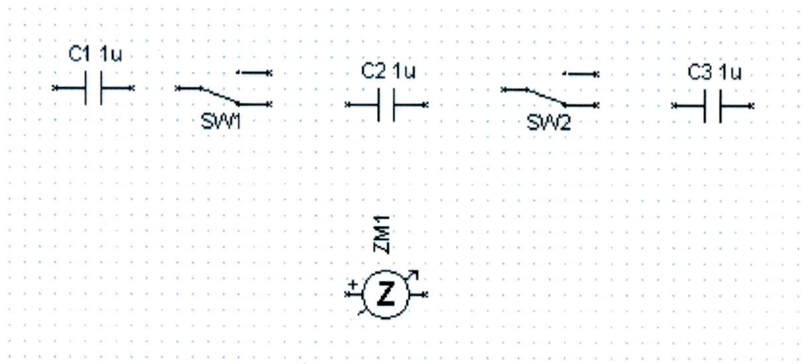

그림 15-27
소자 배치

② 그림과 같이 결선하고 회로의 이상유무를 확인한다.

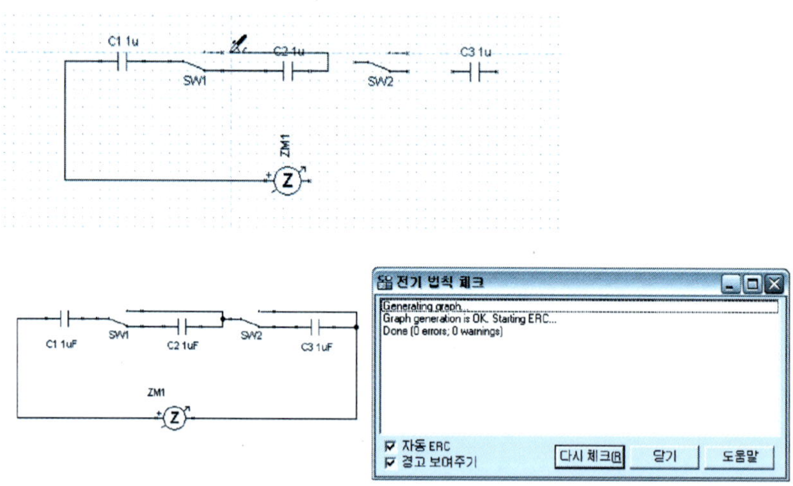

그림 15-28
회로 결선 및 이상유무 확인

③ AC 상호작용 모드를 선택한다.

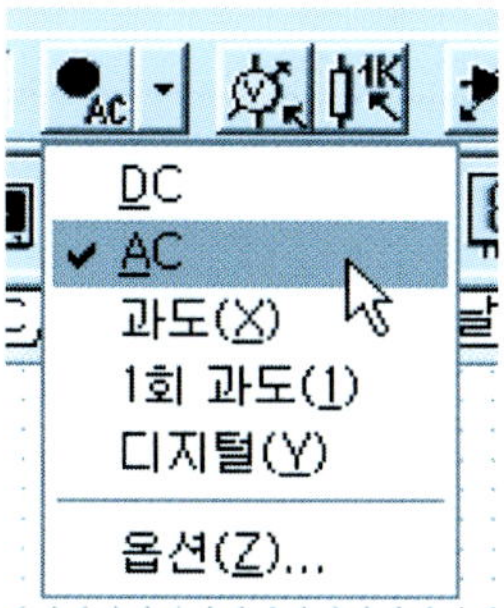

그림 15-29
AC 상호작용 모드 선택

④ 스위치 SW1, SW2의 변화에 따른 수치 값의 변화를 확인한다.

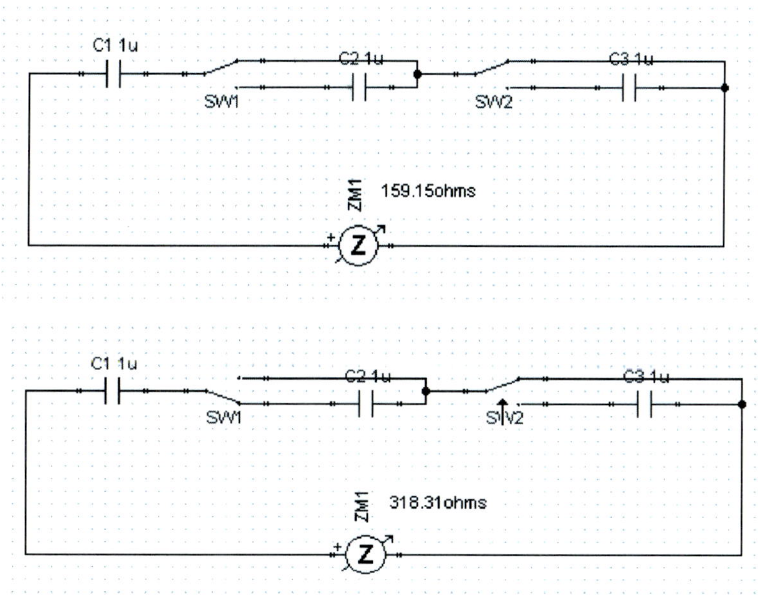

그림 15-30
스위치 변화에 따른 수치 변화

⑤ 계산값과 수치값의 차이를 확인한다.

2. 커패시터의 병렬연결

① [그림 15-31]과 같이 소자를 배치한다.

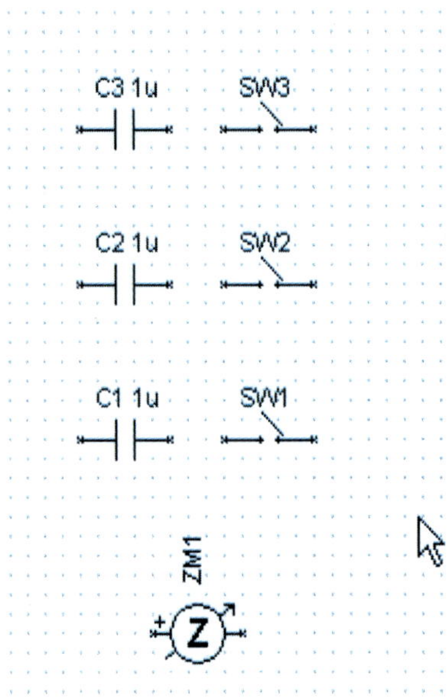

그림 15-31
소자 배치

② 회로를 결선하고, 이상유무를 확인한다.

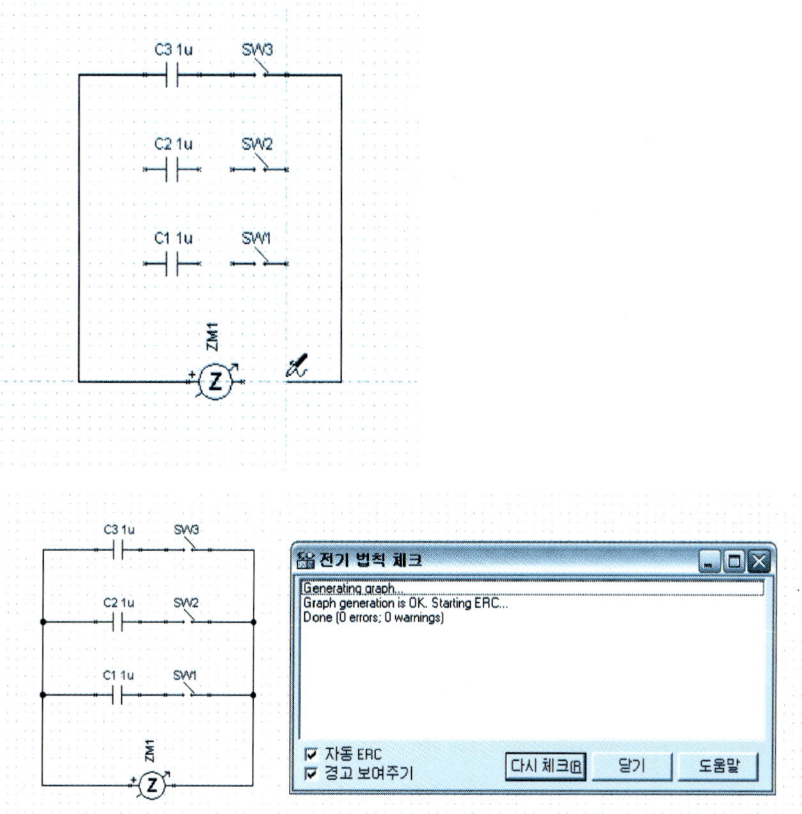

그림 15-32
회로 결선 및 이상유무 확인

③ AC 상호작용 모드를 선택한다.

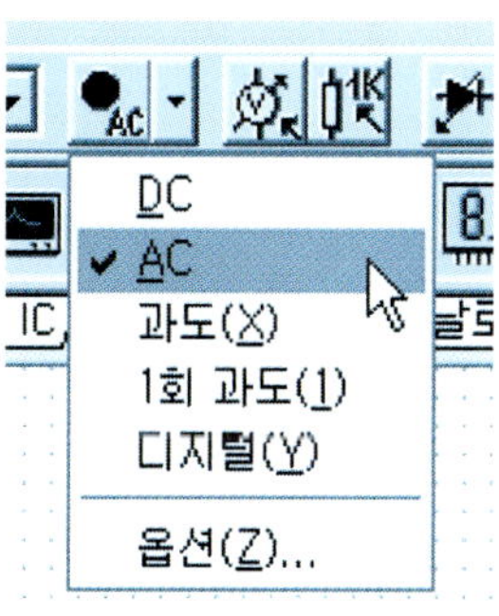

그림 15-33
AC 상호작용 모드 선택

④ 스위치 SW1, SW2, SW3의 변화에 따른 수치의 변화를 확인한다.

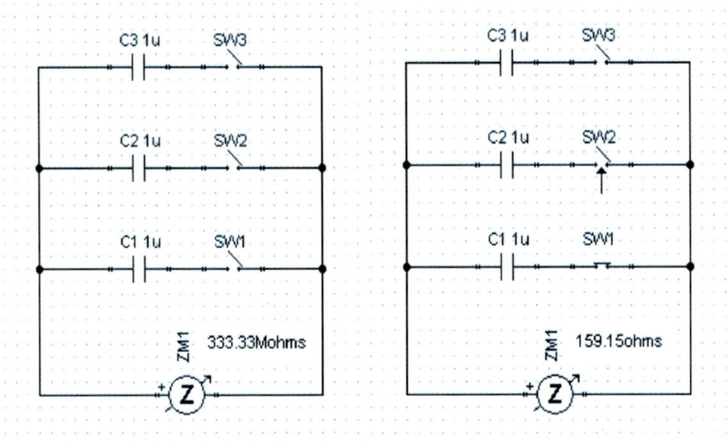

그림 15-34 스위치 변화에 따른 수치의 변화

⑤ 계산값과 수치값을 비교해 본다.

15 - 4 옴의 법칙(Ohm's Law)

옴(Ohm)의 법칙은 전압(E), 전류(I), 저항(R)의 상호관계를 정의한다. 즉 전압은 전류와 저항에 비례하며, 전류와 저항은 서로 반비례한다는 것을 보여준다. 전압은 두 점간의 전위차를 말하는 것으로 전기(전류)압을 의미하고, 기호는 "E"로 표시하며 단위는 V(Volt)로 나타낸다. 전류는 전하의 이동을 말하며 정전하가 이동하는 방향을 +방향으로 정한다. 단위 시간(Sec) 내에 흐르는 전류를 표시할 때 기호로는 "I"로 나타내고, 단위는 A(Ampere)로 나타낸다. "R"로 표시되는 저항은 전류의 흐름을 방해하는 정도를 정의하며 단위는 Ω(Ohm)으로 나타낸다. 1V의 전압에서 1A의 전류가 흐른다면 이 회로의 저항은 1Ω인 것이다. 옴의 법칙을 수식적으로 표현하면 다음과 같다.

$$E = R \times I,\ I = \frac{E}{R},\ R = \frac{E}{I}$$

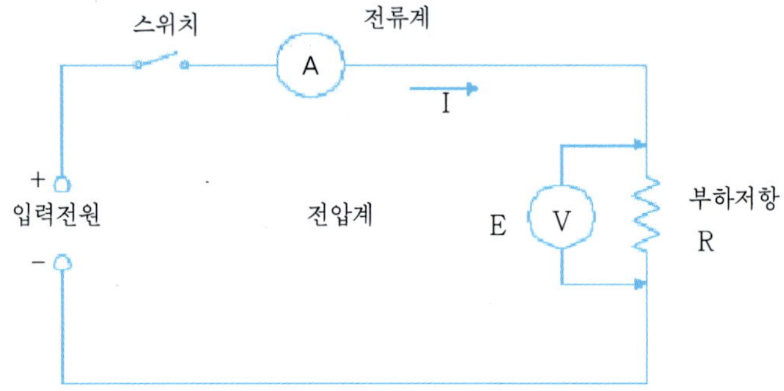

그림 15-35
전류와 전압의 측정방법

[그림 15-35]는 기본적인 전류 회로를 보여주고 있다. 여기서 전류계는 회로에 직렬로, 전압계는 측정하고자 하는 부하에 병렬로 연결한다. 저항이 거의 없다는 것은 단락(short), 저항이 무한대와 같다는 것은 개방(open)됨을 말한다. 또한, 전류가 흐르는 회로에 저항이 연결되면 일(work)이 발생하며 이를 전력이라 부른다. 전력은 전류가 단위 시간에 하는 일의 양을 말하며 기호로는 "P"로 표시하고, 단위는 W(Watt)로 나타낸다. 만약 일정한 저항을 갖는 부하일 경우에는 그 부하 양단의 전위차(전압)의 제곱에 비례한다. 전력을 전압, 전류, 저항과의 관계로 수식적으로 표현하면 다음과 같다.

$$P = EI = I^2 R = \frac{E^2}{R} \text{ [단위 : W(Watt)]}$$

① 다음의 그림과 같이 회로를 결선한다(단, 수치를 확인할 것).

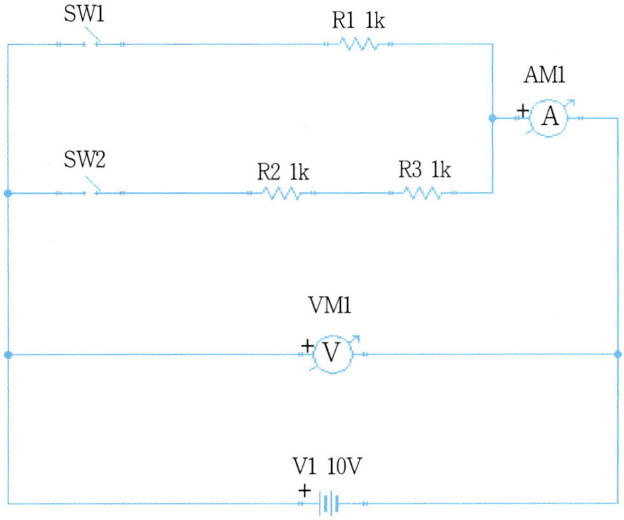

그림 15-36
옴의 법칙을 위한 회로

② 스위치 SW1, SW2를 모두 Off시킨 뒤 DC 상호작용 모드를 선택한다.

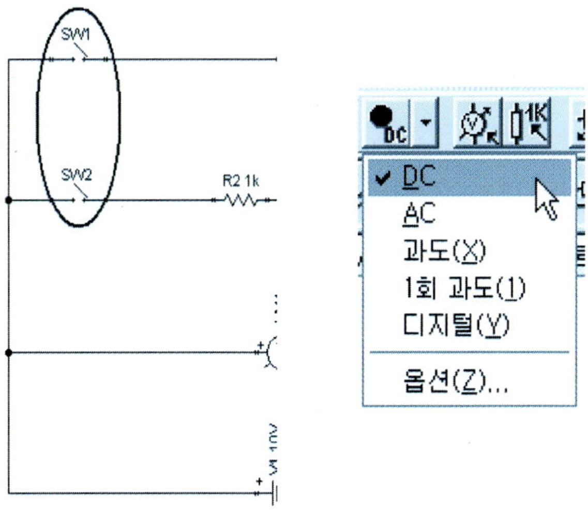

그림 15-37
DC 상호작용 모드 선택

③ 스위치 SW1을 on시킨 뒤 나온 수치를 옴의 법칙에 의해 나온 계산 값과 비교해본다.

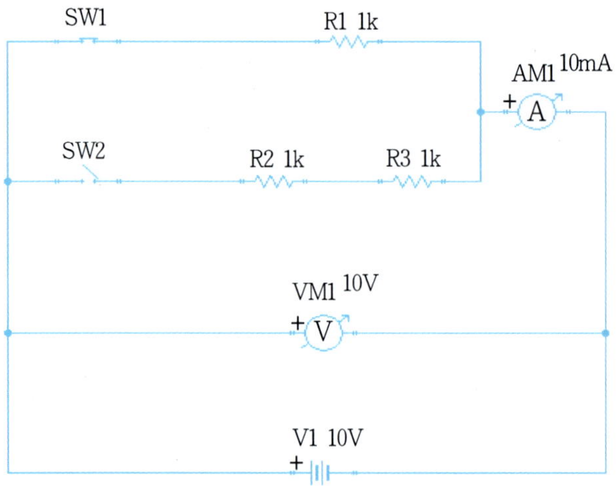

그림 15-38
스위치1(SW1)만 켰을 때

④ 스위치 SW1을 off시키고, SW2를 on시킨 뒤 수치를 확인하고, 옴의 법칙에 의해 나온 계산 값과 비교해보자.

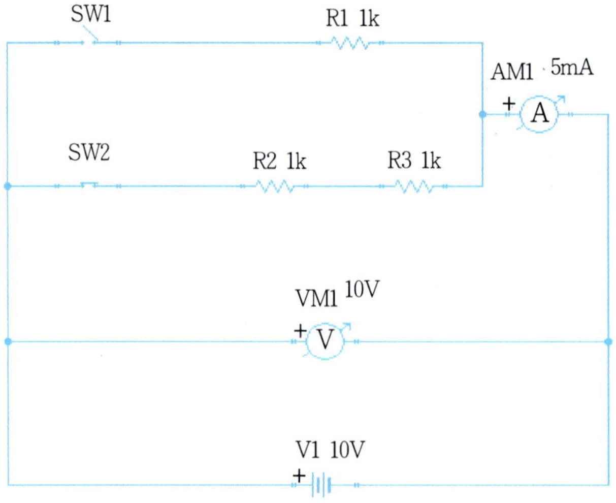

그림 15-39
스위치2(SW2)만 켰을 때

15-5 키르히호프의 전류법칙(KCL)

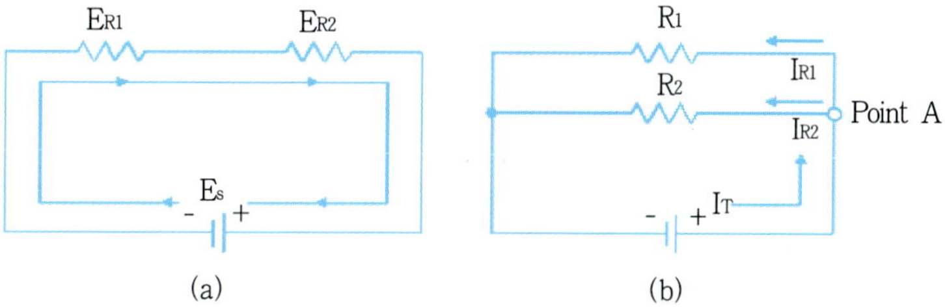

그림 15-40
키르히호프의 전압과 전류법칙

키르히호프의 법칙은 전압원이 둘 이상되는 복잡한 회로의 전류 전압 관계를 설명하는 방법으로 전압과 전류의 법칙으로 구분된다.

〈키르히호프의 전류법칙〉

☞ 병렬회로의 각 node에서 들어오는 전류의 합은 나가는 전류의 합과 같다. [그림 15-40](b)에서 node A로 들어오는 전류는 I_T이고, 나가는 전류는 I_{R1}, I_{R2}가 된다. 따라서

$I_T = I_{R1} + I_{R2}$

즉 $I_T = I_{R1} - I_{R2} = 0$이 된다.

① [그림 15-41]과 같이 회로를 결선한다.

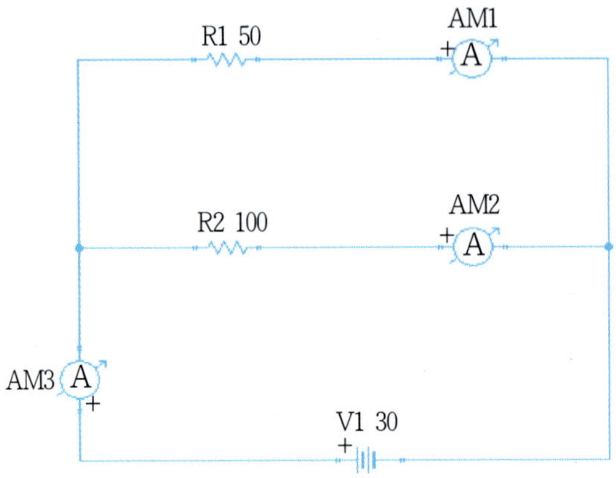

그림 15-41
KCL법칙을 위한 회로 결선

② AC 상호작용 모드로 선택한 뒤 각각의 전류계에 결과값이 나오는지 확인한다.

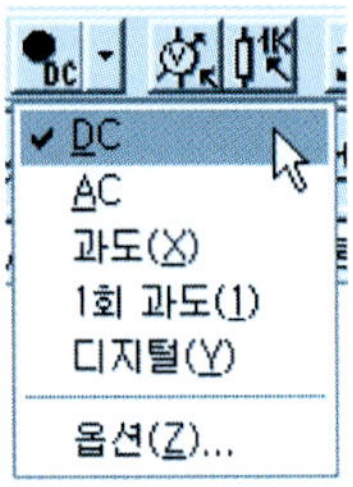

그림 15-42
DC 상호작용 모드 선택

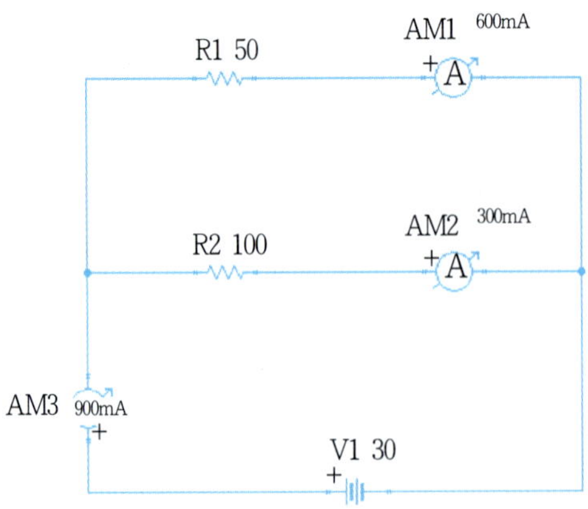

그림 15-43
결과값 확인

③ 그림에서 보이는 A지점의 전류값을 계산식으로 나타내어라.

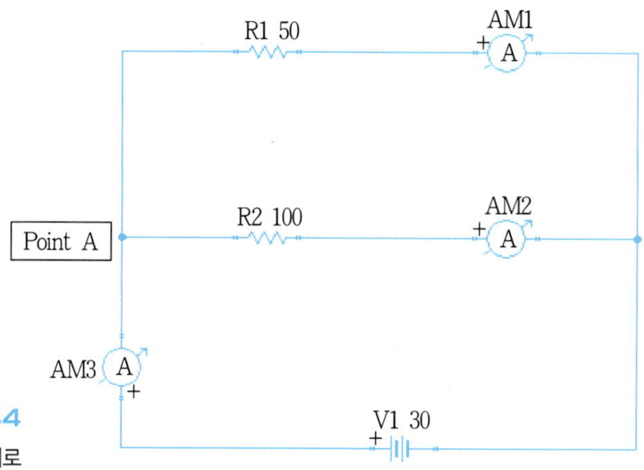

그림 15-44
A지점이 표시된 회로

④ 저항 R1, R2 값을 변화시키면서 KCL을 실습한다.

15-6 키르히호프의 전압법칙(KVL)

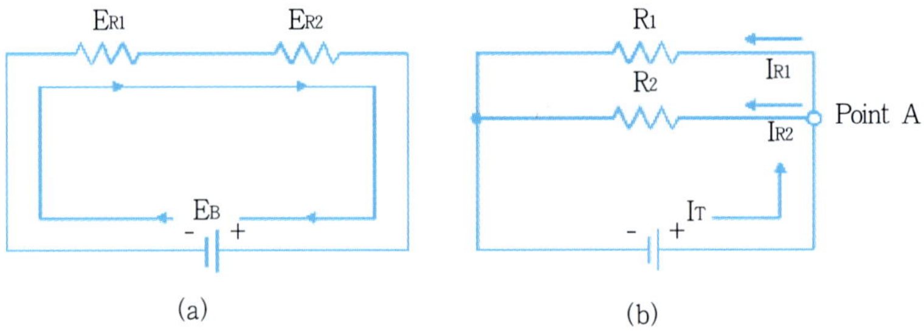

그림 15-45
키르히호프의 전압과 전류법칙

〈키르히호프의 전압법칙〉

☞ 복수의 전압원을 가진 회로에서 각각의 전압원에 대해 폐회로를 구성하면 폐회로의 상승 전압과 하강 전압의 합은 같다. 즉, 폐회로 내의 모든 전압의 합은 "0"이다.

[그림 15-45](a)에서 전류가 시계방향으로 흐른다고 볼 때 E_B는 상승 전압이고 E_{R1}, E_{R2}는 하강 전압이다. 따라서

$E_B = E_{R1} + E_{R2}$,

즉 $E_B - E_{R1} - E_{R2} = 0$이 된다.

① 다음 그림과 같이 회로를 결선하라.

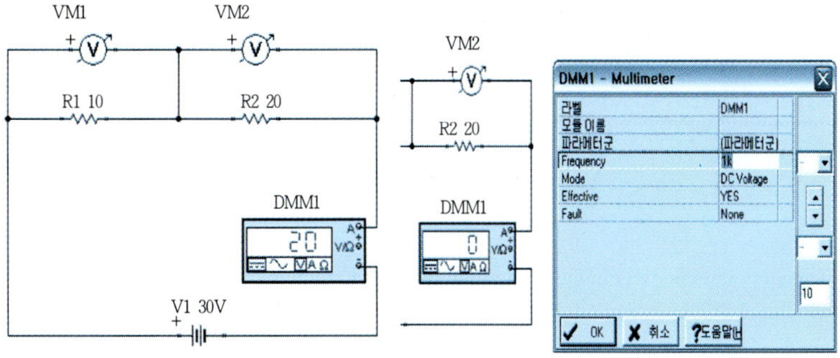

그림 15-46
회로 결선 및 멀티미터 세팅

② DC 상호작용 모드로 설정한 뒤 전압계에 나온 수치를 확인한다.

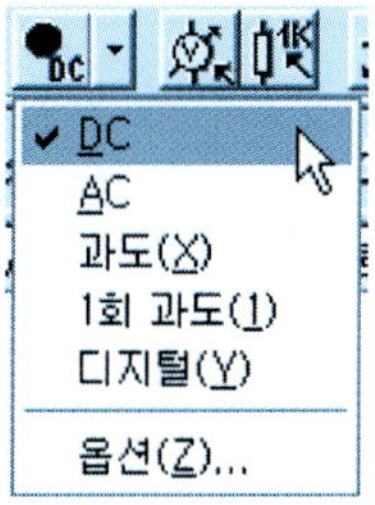

그림 15-47
DC상호작용 모드로 설정

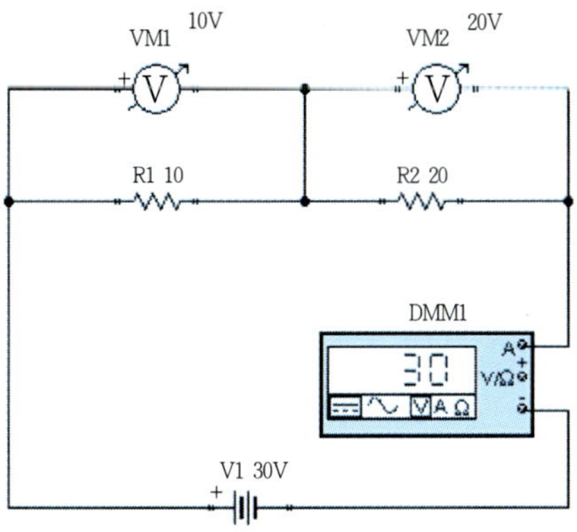

그림 15-48
수치 확인

③ 수치값과 계산값을 비교한다.

15-7 RLC회로의 주파수 특성

RLC로 구성된 회로에 교류전압을 가할 때 전압과 전류의 위상이 동위상이 되는 경우를 공진(resonance)이라 하며, 이때의 주파수를 공진주파수(resonance frequency)라 한다. 공진시에는 리액턴스 성분은 서로 상쇄되므로 임피던스는 순 저항성분만 남게 된다. 따라서, 어떤 회로의 합성 임피던스를 구하고, 이의 허수부가 "0"이 되는 조건을 찾으면 이 조건이 공진조건이 된다. 또한 공진시에는 리액턴스 성분이 "0"이 되므로 무효전력은 존재할 수 없고, 순 저항성분에서 소모되는 유효전력만 존재하게 되므로 역률(power factor)은 "1"이 된다.

1. RLC 직렬공진회로

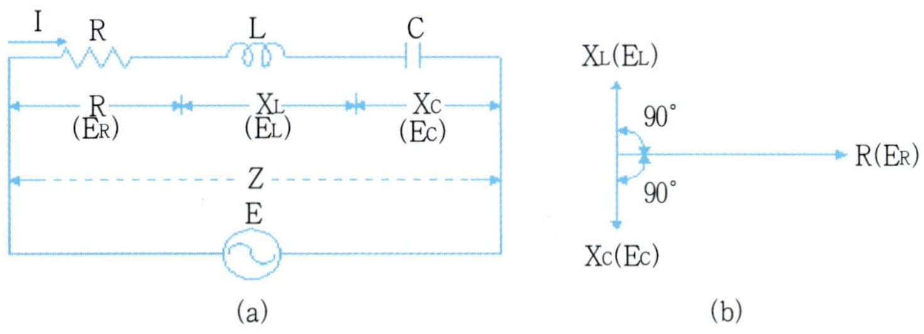

그림 15-49
R-L-C 직렬 회로

[그림 15-49] (a)와 같이 R, L, C소자가 직렬로 연결되었을 때 이들의 교류적 합성 저항, 즉 임피던스 Z와 Z의 크기와 위상은 다음과 같이 된다.

- **임피던스** : $Z = R + j(\omega L - \frac{1}{\omega C})$
- **크기** : $|Z| = \sqrt{R^2 + (\omega L - \frac{1}{\omega C})^2}$
- **위상** : $\theta = \tan^{-1}\frac{(\omega L - \frac{1}{\omega C})}{R}$

LC 직렬회로에서 $\omega_0 L = 1/(\omega_0 C)$가 되는 주파수에서 회로의 Z는 순 저항성분만 가지며 이때의 주파수가 공진주파수가 된다. 이 조건을 만족하는 각주파수 $\omega_0 = 1/\sqrt{LC}$이 되며, 이 ω_0를 공진 각주파수라 하고, 공진주파수 f_0는 다음과 같다.

$$f_0 = \frac{1}{2\pi\sqrt{LC}}$$

공진주파수와 전류의 관계는 [그림 15-49](b)와 같다. 이때 공진주파수

f_0에서 흐르는 전류를 "1"이라고 할 때 $\pm(1/\sqrt{2})$이 되는 주파수를 각각 f_1, f_2라 놓으면 곡선의 첨예도를 나타내는 Q(quality factor)는 다음과 같이 정의된다.

$$Q = \frac{f_0}{f_2 - f_1} = \frac{\omega_0 L}{R} = \frac{1}{\omega_0 CR}$$

Q가 클수록 대역폭이 좁아지고, 작을수록 넓어진다.

2. R-L-C 병렬공진회로

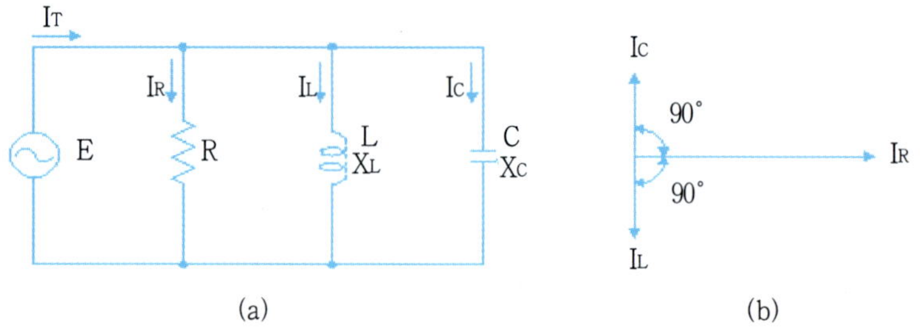

그림 15-50
RLC 병렬연결회로

[그림 15-50] (a)와 같이 R, L, C소자를 병렬로 연결되었을 때 이들의 교류적 합성 저항, 즉 임피던스 Z와 Z의 크기와 위상은 다음과 같이 된다.

- 임피던스 : $\frac{1}{Z} = \frac{1}{R} + j(\omega C - \frac{1}{\omega L})$
- 크기 : $|Z| = \frac{1}{\sqrt{\frac{1}{R^2} + (\omega C - \frac{1}{\omega L})^2}}$
- 위상 : $\theta = \tan^{-1} R(\omega C - \frac{1}{\omega L})$

LC 병렬회로에서 $\omega_0 C = 1/\omega_0 L$가 되는 주파수에서 임피던스 Z가 순 저항 성분만 가지며 이때의 주파수가 공진주파수가 된다. 이 조건을 만족하는 각주파수 $\omega_0 = 1/\sqrt{LC}$이 되며, 이 ω_0를 공진 각주파수라 하고, 공진주파수 f_0는 $f_0 = 1/(2\pi\sqrt{LC})$이다.

병렬공진 회로에서의 Q는 직렬공진 회로와 마찬가지로 $Q = f_0/(f_2 - f_1)$로 정의되고 $Q = \omega_0 CR = R_1/(\omega_0 L)$로 표현된다. 즉 Q는 R에 비례한다. [그림 15-50](b)는 병렬공진회로에서의 공진주파수와 전류의 관계를 나타내는 그래프를 보여주고 있다.

3. R-C회로의 주파수 특성

① [그림 15-51]과 같이 결선한다.

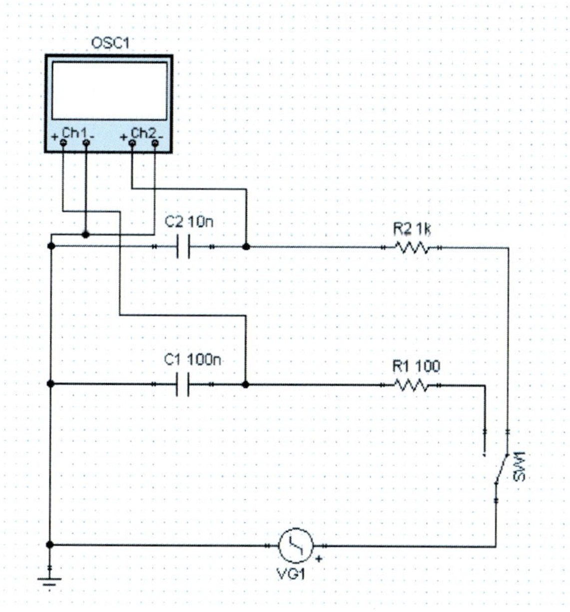

그림 15-51
회로 결선

② 스위치 SW1을 왼쪽으로 위치시킨다.

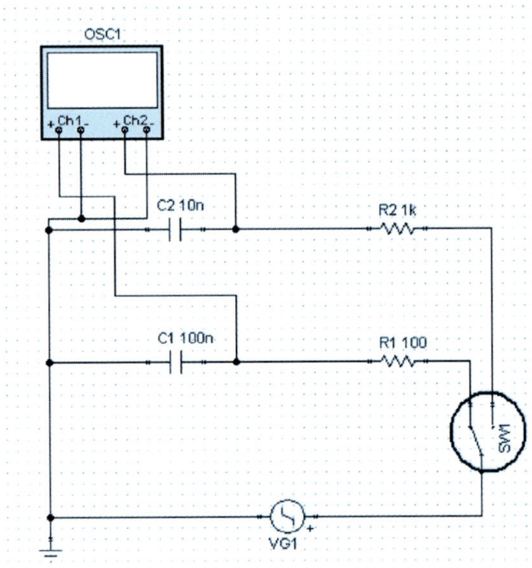

그림 15-52
스위치 위치 변경

③ TINA에서는 주파수 특성을 한번에 확인할 수 있는 애플리케이션이 있다. 이를 통해 AC 주파수 전달특성을 확인한다.

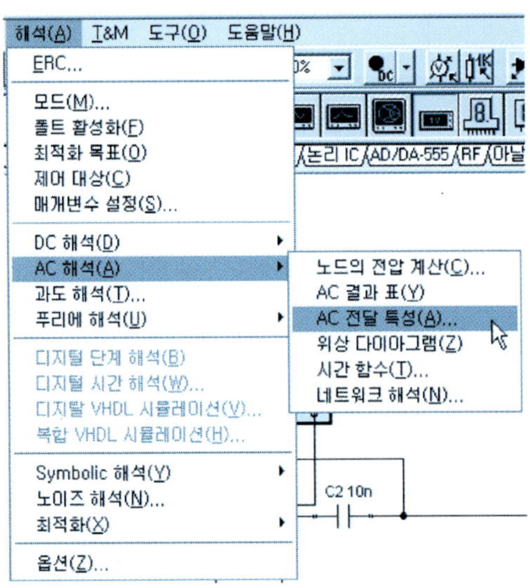

그림 15-53
AC 전달특성 선택

④ 시작 주파수를 1kHz, 종료 주파수를 100kHz로 설정한 뒤 특성을 이해한다.

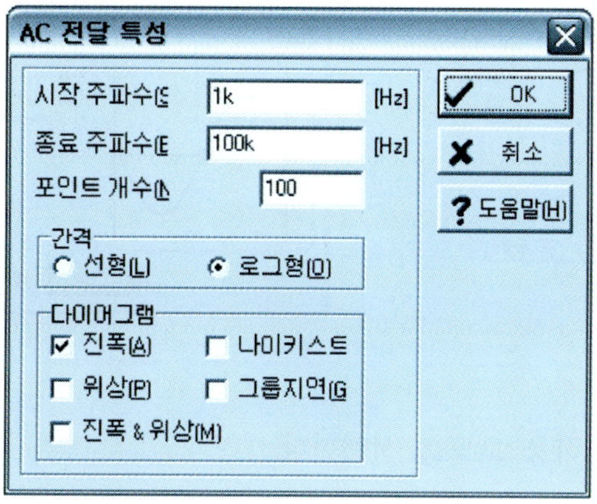

그림 15-54
주파수 설정

⑤ 스위치 SW1의 위치를 바꿔서 위의 실험을 반복해본다.

4. LC 주파수 특성

① 다음과 같이 회로를 결선한다.

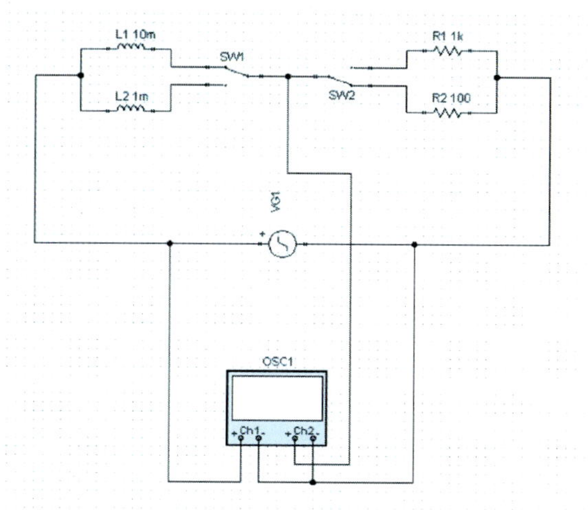

그림 15-55
회로 결선

② 전원 VG1을 사인파, 주파수 50Hz인 상태로 설정한다.

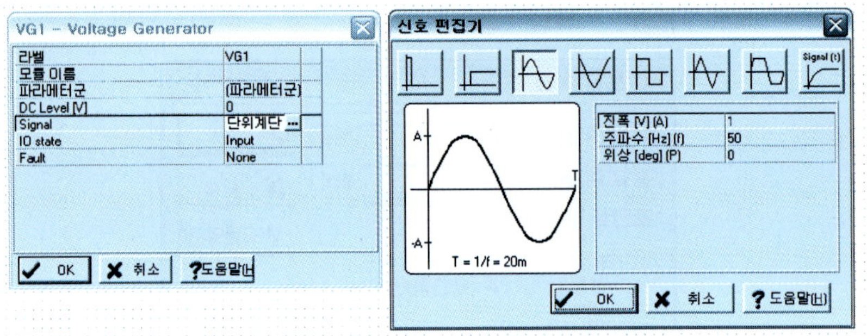

그림 15-56
전원부 설정

③ AC 상호작용 모드를 선택한다.

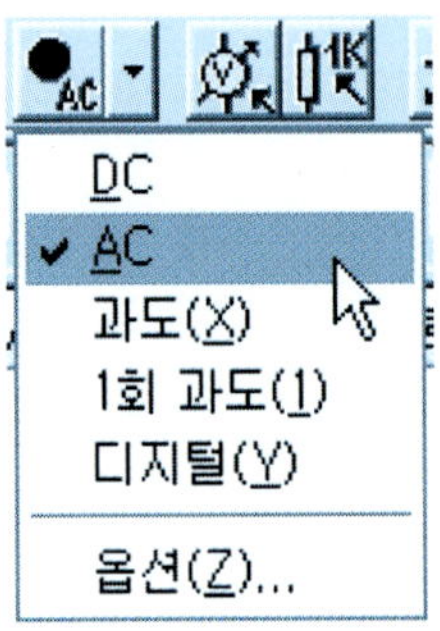

그림 15-57
AC 상호작용 모드 선택

④ 스위치 SW1과 SW2를 10mH, 1K에 연결시킨다.

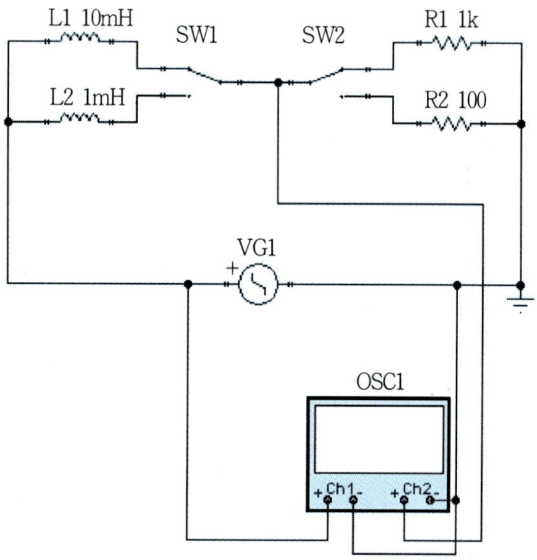

그림 15-58
스위치 위치조정

⑤ 전원 VG1을 1kHz~100kHz까지 가변시키면서 그래프를 작성한다.

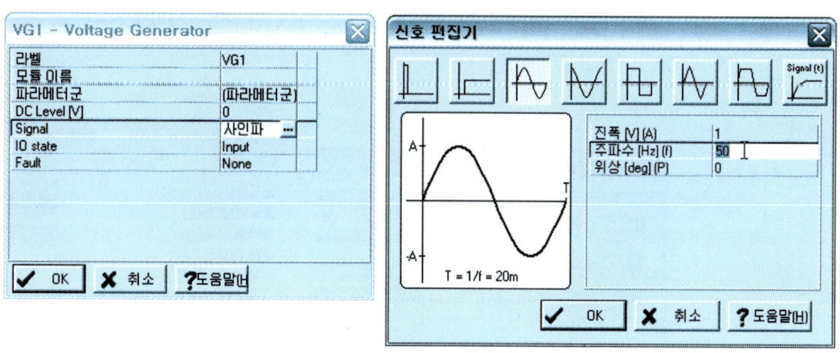

그림 15-59
주파수 가변

⑥ SW1과 SW2를 1mH, 100Ω에 연결시킨다.

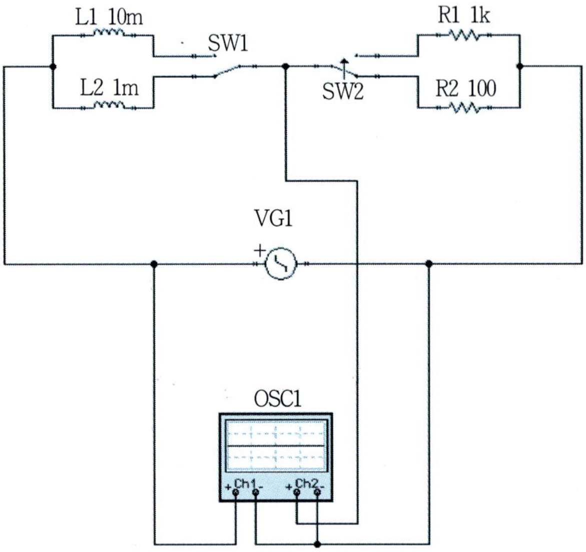

그림 15-60
스위치 위치변경

위에서 해 본 주파수를 변경한다.

또 다른 방법으로는 AC 주파수 전달특성으로 확인해 볼 수 있다. 시작 주파수는 1kHz, 종료주파수는 100kHz로 한다.

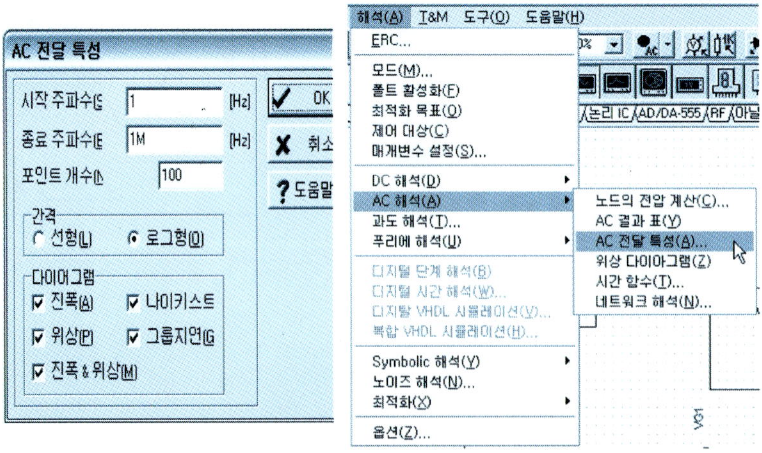

그림 15-61
AC주파수 전달특성 확인

15-8 브리지(bridge) 회로

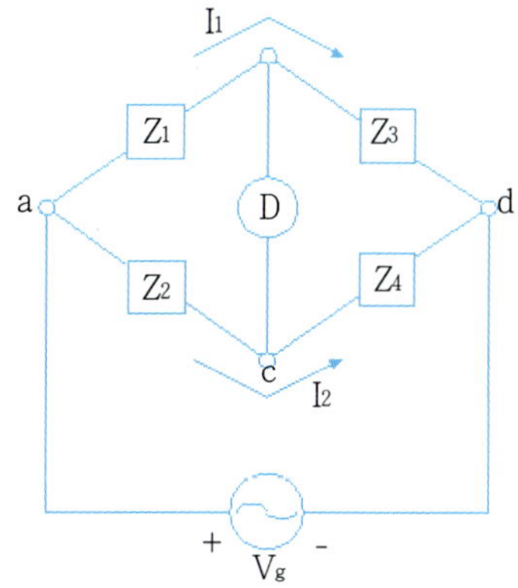

그림 15-62
브리지 회로

브리지 회로는 R, L, C 또는 주파수 등의 측정에 널리 사용된다. [그림 15-62]에서 브리지 회로를 보여주고 있다. 각 arm이 순저항인 직류 휘트스톤 브리지에서는 검출기로 검류계가 많이 쓰인다. D에 흐르는 전류가 "0"이 되었을 때 브리지는 평형(balance)되었다고 말한다. 평형 상태가 되었을 때에는 D양단의 전위차는 "0"이 되고 [그림 15-62]의 b점과 c점 사이에는 전류가 흐르지 않는다. 접속점 a에서 b까지의 전압강하는 a에서 c까지의 전압강하와 크기와 위상에 있어서 모두 같아야 한다. 즉, 다음 조건을 만족한다.

$$Z_1 I_1 = Z_2 I_2, \quad Z_3 I_1 = Z_4 I_2$$

이 두 식으로부터 각 임피던스 사이의 관계를 다음과 같이 얻을 수 있다.

$$\frac{Z_1}{Z_2} = \frac{Z_3}{Z_4} \quad \text{또는} \quad Z_1 Z_4 = Z_2 Z_3$$

이것이 브리지의 평형 조건(condition of balance)이다. 만약, D에서 전류가 검출된다면(unbalancing), 이것은 외부의 힘(환경)이 회로에 가해졌음을 의미하며 이러한 기능은 감지 회로에 응용된다.

① 다음의 회로를 결선하라.

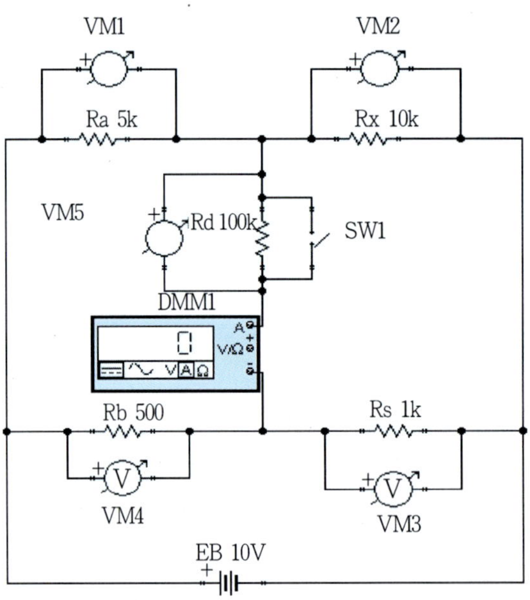

그림 15-63
회로 결선

② 멀티미터를 다음과 같은 값으로 조정하라. 그리고 스위치 SW1을 open하고, 멀티미터의 값이 0이 되도록 Rs값을 조정하라.

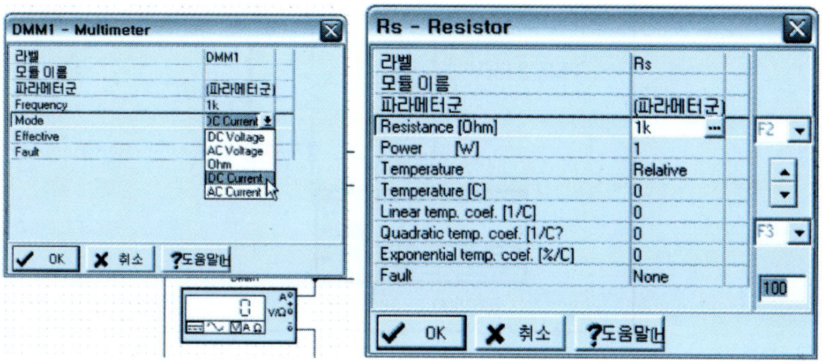

그림 15-64
멀티미터 조정과 저항(Rs)값 조정

③ DC 상호작용 모드를 선택한 뒤 Ra, Rx, Rs, Rb의 양단전압을 VM1 ~ VM4를 이용하여 측정한다.

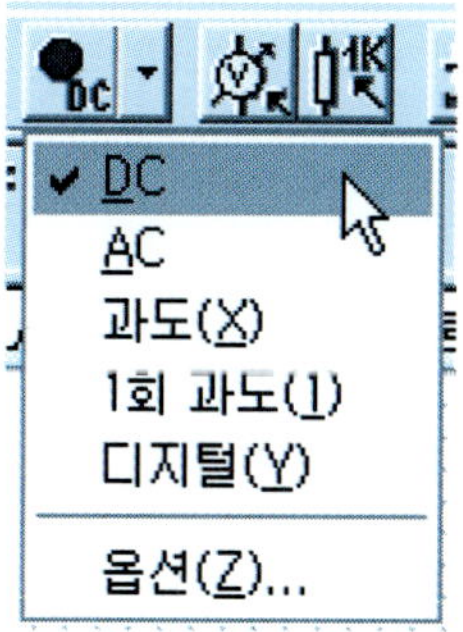

그림 15-65
DC 상호작용 모드 선택

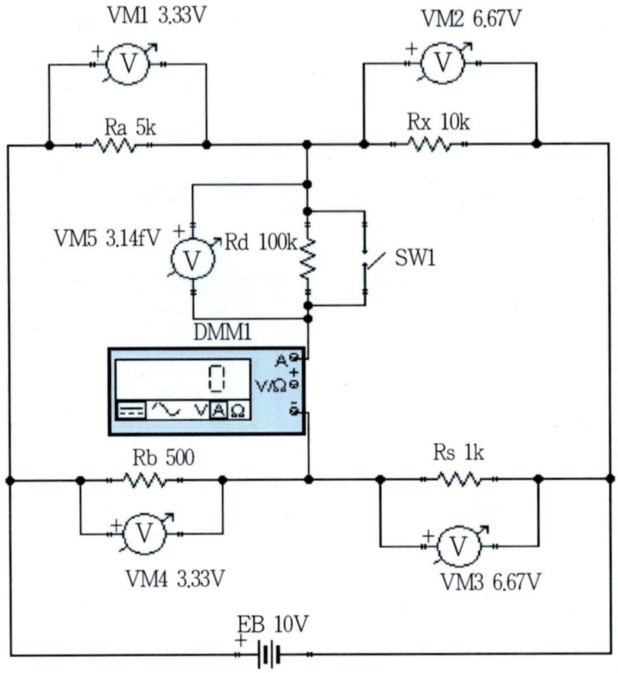

그림 15-66
회로에 나타난 수치값

④ DMM1의 전류와 회로의 관계에 대해 생각해본다.

15 - 9 인덕티브 리액턴스(Inductive Reactance)

☞ 인덕터의 교류저항 X_L의 특징은 회로에 흐르는 전류와 전압의 위상이 90° 차이를 갖는다. 그러나 코일에 DC 저항성분인 R이 직렬로 들어 있다고 하면 이의 합성 저항(임피던스) Z는 다음 식으로 나타내고 전압과 전류의 관계도 옴의 법칙을 따른다.

$$Z = R + jX_L, \quad Z = \frac{E}{I}, \quad \Phi = \tan^{-1}\frac{X_L}{R}$$

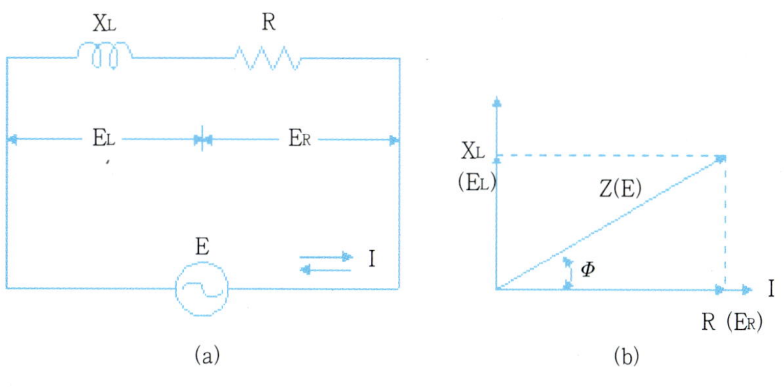

그림 15-67
R-L 회로와 위상관계

[그림 15-67]은 RL 직렬회로를 나타내며 합성 저항(임피던스)은 $Z=\sqrt{R^2+X_L{}^2}$가 된다. 그리고 회로에 DC 저항성분 R이 있게 되면 전류에 대한 전압의 위상차도 90°가 아닌 [그림 15-67](b)와 같이 된다. 교류저항(reactance)이 없는 회로에서의 부하전력의 계산은 $P=IE$의 값으로 계산된다. 그러나 교류회로에서는 전류전압의 위상각에 의해서 단순한 직류저항만 있는 부하의 경우와는 다르다. 임피던스 Z와 R성분의 비를 역률(power factor)이라 하고 $PF=R/Z=\cos\Phi$ 로 나타낸다. 여기서 R성분 부하에 대한 전력을 유효전력(effective power)이라 하고 Z에 대한 전력을 피상전력(apparent power)이라고 하며 다음과 같이 나타낸다.

$$PF=\frac{\text{유효전력}}{\text{피상전력}}=\cos\Phi$$

① 아래와 같이 회로를 결선하고 오실로스코프를 다음과 같이 설정하라.

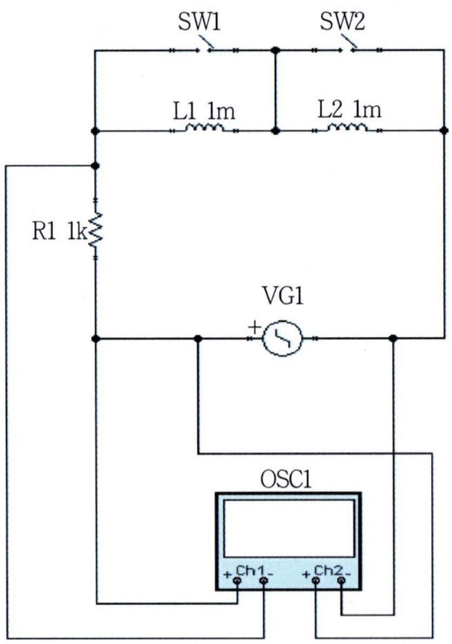

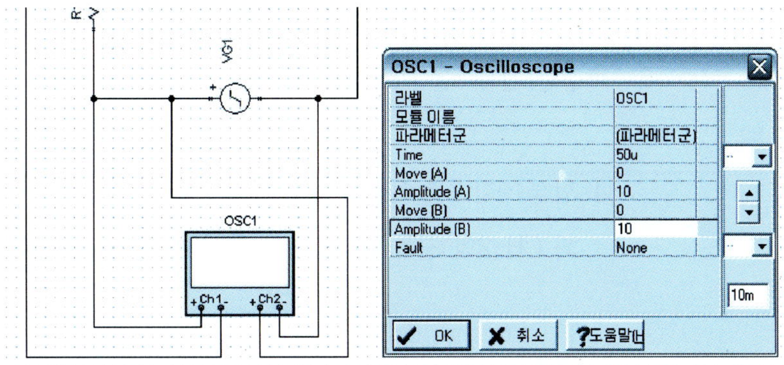

그림 15-68
회로 결선 및 OSC 설정

② 전원 VG1을 다음과 같이 설정해준다.

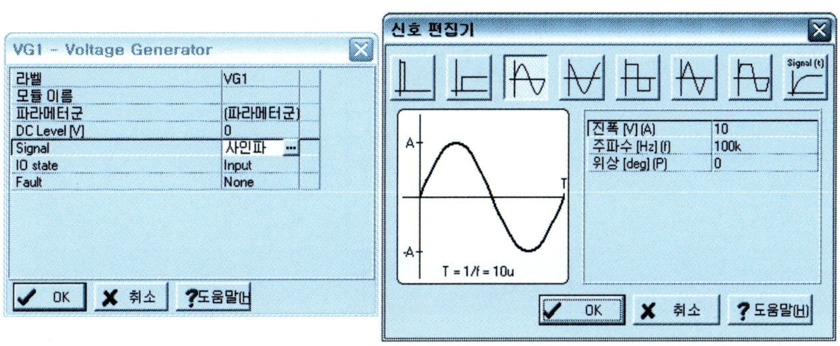

그림 15-69
전원(VG1) 설정

③ AC 상호작용 모드를 선택한 뒤 검출저항 Rd를 이용하여 회로전류 I를 계산한다.

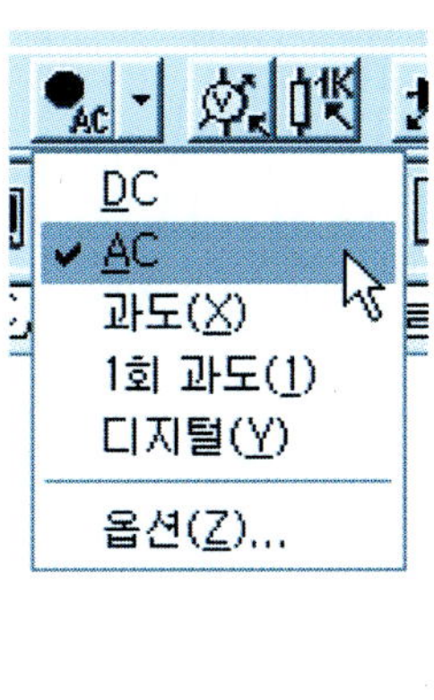

그림 15-70
AC 상호작용 모드 설정

검출저항 Rd를 이용하여 회로전류 I를 계산한다.

측정된 전류 I를 이용하여 합성저항 Z를 계산한다.

④ 합성 저항 Z를 이용하여 XL을 구한다. 오실로스코프에 나타나는 CH-1과 CH-2의 진폭이 같도록 조절한 뒤 두 위상의 위상 차를 비교한다.

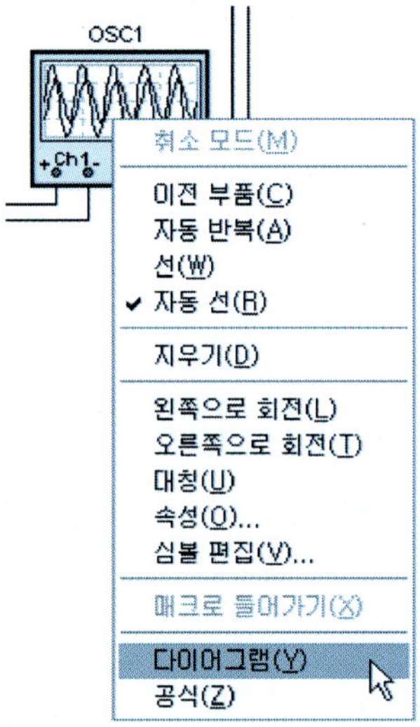

그림 15-71
위상 차 그래프 확인

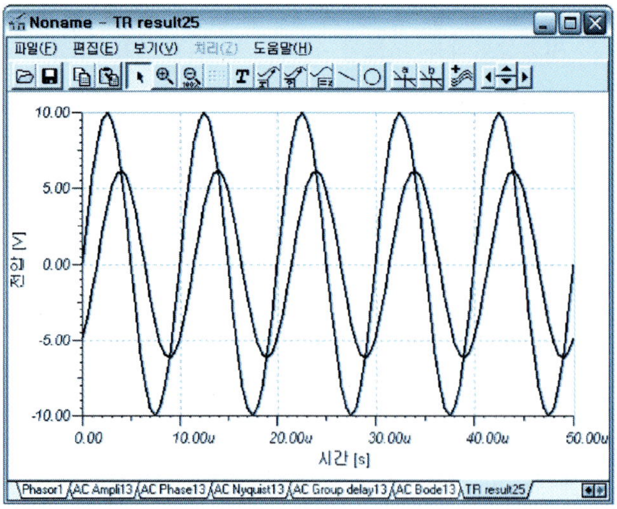

그림 15-72
오실로스코프에 나타난 두 개의 위상 그래프

15-10 커패시턴스 리액턴스(Capacitive Reactance)

☞ 커패시터의 교류저항은 $X_C = -1/(2\pi fC)$이며, X_C는 커패시터를 흐르는 교류전류의 주파수가 높을수록 낮아진다. 이러한 특성의 모든 콘덴서들은 교류적 성분의 저항뿐만 아니라 에너지 충전을 지연시키는 DC 저항성분 및 충전된 에너지를 방전시키는 손실 저항성분을 함께 갖고 있다. 따라서 커패시터의 교류저항 성분을 X_C, 그리고 직류저항 성분을 R이라 하면 이의 합성저항을 임피던스라 하고 Z로 표시한다. 전류와 전압과의 관계는 옴의 법칙을 따르며, 임피던스 Z와 위상(phase)은 다음과 같이 표현한다.

$$Z = R - jX_C, \quad Z = \frac{E}{I}, \quad \Phi = \tan^{-1}\frac{-X_C}{R}$$

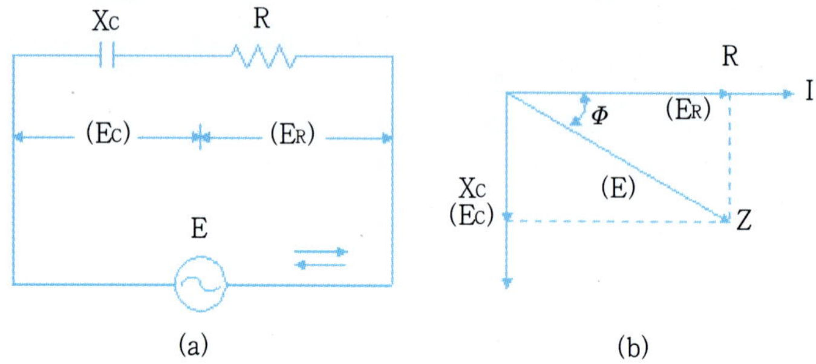

그림 15-73
RC 회로와 위상관계

[그림 15-73]은 RC 직렬회로를 보여주고 있다. RC회로의 합성저항(임피던스)은 $Z=\sqrt{R^2+X_C{}^2}$가 된다. 그리고 전류에 대한 전압의 위상차도 90°가 아닌 [그림 15-73](b)와 같이 된다.

① 다음 회로와 같이 회로를 결선하라.

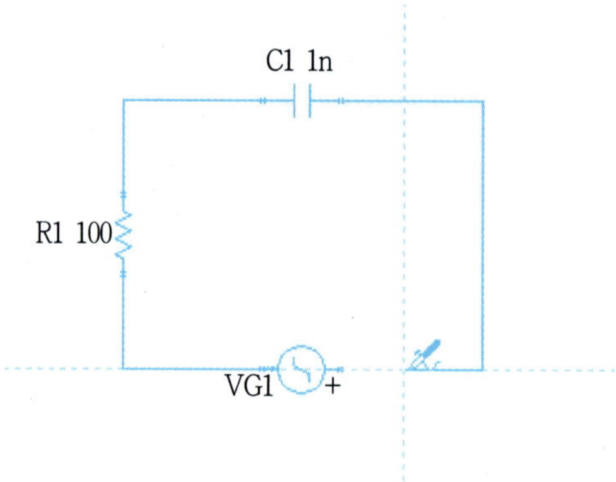

그림 15-74
회로 결선

② 전원 VG1을 다음과 같이 설정하라.

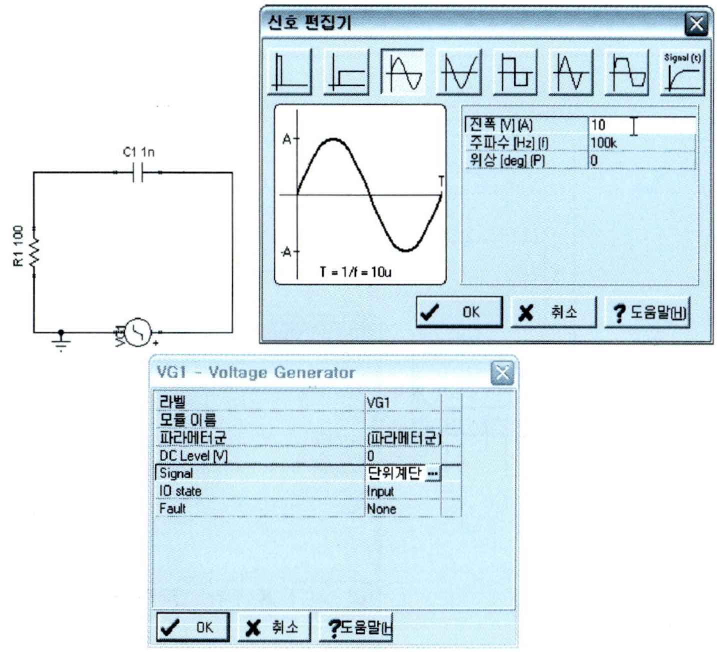

그림 15-75
전원(VG1) 설정

③ AC 상호작용 모드를 설정한다.

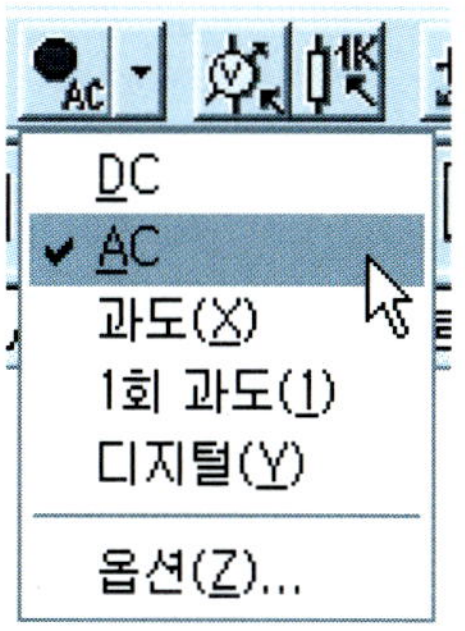

그림 15-76
AC 상호작용 모드 설정

④ OSC1의 화면에 2사이클 정도 나타나도록 OSC1의 Time/Div과 Volt/Div를 조정한다.

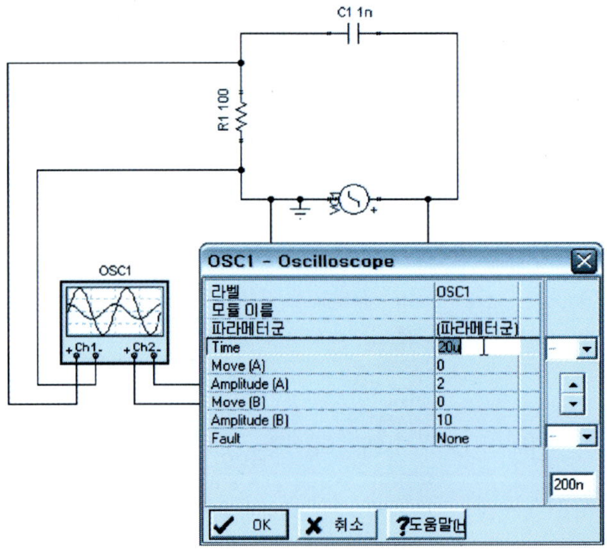

그림 15-77
OSC 설정

⑤ 다이어그램 윈도우를 통해 Rd 양단의 전압과 회로의 전류 I를 계산하고, Ch1과 Ch2의 위상차를 비교하라.

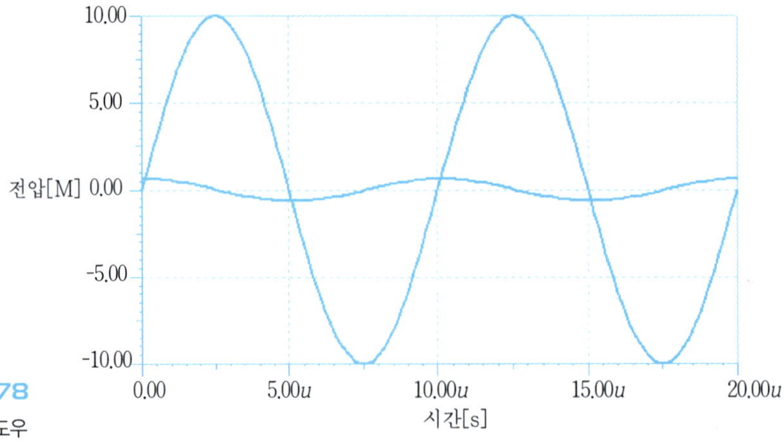

그림 15-78
다이어그램 윈도우

15 - 11 고역통과필터(High Pass Filter : HPF)

인덕터(L)와 커패시터(C)는 정상상태에서 직류와 교류에 대하여 다음과 같은 특성이 있다. DC에서 L은 short되고 C는 open된다. AC에서는 반대로 L은 open, C는 short된다. 이상은 극단적인 예이지만 이러한 특성을 이용하여 필터회로를 구현할 수 있다. 다음은 커패시터와 인덕터를 이용한 LPF(Low Pass Filter), HPF(High Pass Filter), BPF(Band Pass Filter)의 회로와 주파수에 따른 전압변화를 보여준다.

1. LPF

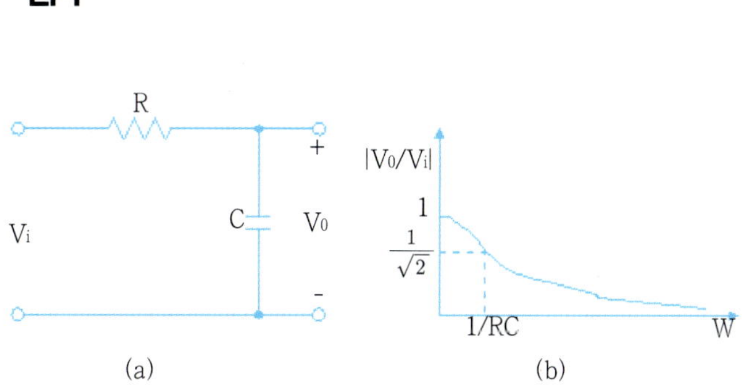

그림 15-79 저역통과필터(LPF)

[그림 15-79](a)에서 v_i 와 v_o의 관계는 다음과 같다.

$$\frac{v_o}{v_i} = \frac{\frac{1}{j\omega C}}{R + \frac{1}{j\omega_0 C}} = \frac{1}{1 + j\omega CR} = K_L$$

위 식에서 ω, 즉 f가 증가하여 일정한 값 f_c보다 크게 되면 v_o/v_i 는 점차로 작아져서 "0"에 가깝게 되는 것을 [그림 15-79](b)를 보면 알 수 있다. 따라서 $v_o = Kv_i$ 의 관계로부터 v_i 의 주파수가 f_c보다 커질수록 v_o는 "0"에 가까워지고, v_i 에서 낮은 주파수 성분만이 v_o에 나타나는 것을 알 수 있다. 이와 같이 [그림 3-79](a)의 회로는 저주파 성분만을 통과시키는 저역통과필터(LPF)의 역할을 한다.

2. HPF

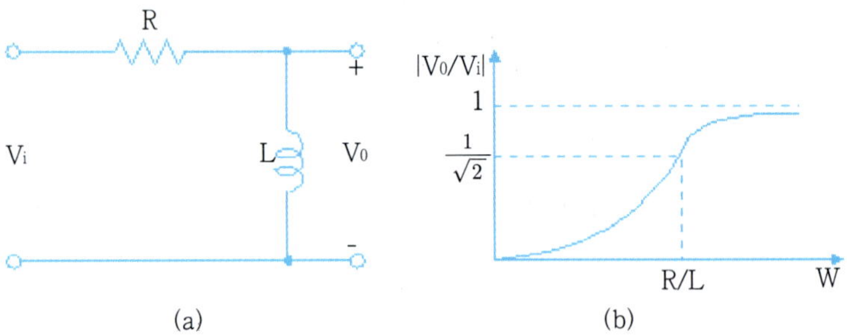

그림 15-80
고역통과필터(HPF)

[그림 15-80](a)는 R과 L을 사용한 고역통과필터(HPF) 회로인데 여기서 v_i 와 v_o의 관계는 다음과 같다.

$$\frac{v_o}{v_i} = \frac{j\omega L}{R + j\omega L} = \frac{j\omega \dfrac{L}{R}}{1 + j\omega \dfrac{L}{R}} = K_H$$

위 식에서 ω, 즉 f 가 감소하여 일정한 값 f_c보다 작게 되면 v_o/v_i 는 점차로 작아져서 "0"에 가깝게 되는 것을 [그림 15-80](b)에서 알 수 있다. 따라서 $v_o = Kv_i$ 의 관계로부터 v_i의 주파수가 f_c보다 작아질수록 v_o는 "0"에 가까워지고 v_i에서 높은 주파수 성분만이 v_o에 나타날 수 있게 된다. 이러한 특성을 이용하여 [그림 15-80](a)의 회로는 고역통과필터(HPF)로 사용할 수 있다.

3. BPF

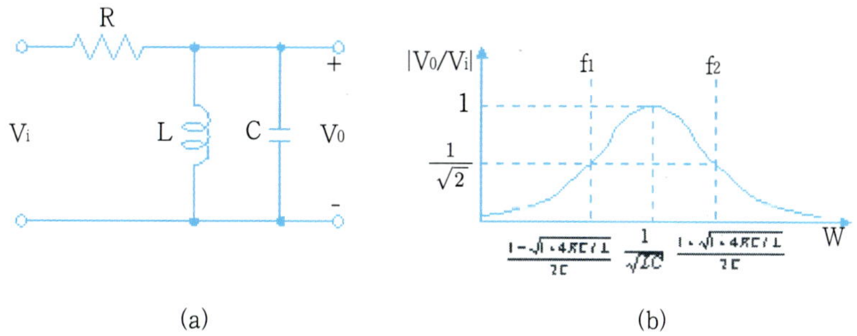

그림 15-81 대역통과필터(BPF)

[그림 15-81](a)는 대역통과필터(BPF) 회로이며 여기서 v_i 와 v_o는 다음과 같은 관계를 갖는다.

$$\frac{v_o}{v_i}=\frac{\dfrac{j\omega L\dfrac{1}{j\omega C}}{j\omega L+\dfrac{1}{j\omega C}}}{R+\dfrac{j\omega L\dfrac{1}{j\omega C}}{j\omega L+\dfrac{1}{j\omega C}}}=\frac{\dfrac{j\omega L}{1-\omega^2 LC}}{R+\dfrac{j\omega L}{1-\omega^2 LC}}$$

$$=\frac{j\omega L}{R(1-\omega^2 LC)+j\omega L}=K_B$$

위 식에서 ω, 즉 f 가 증가하여 일정한 값 f_1보다 크게 되면 v_o/v_i 는 점차로 커지고 f_2보다 크게 되면 v_o/v_i 는 다시 작아져서 "0"에 가깝게 되는 것을 [그림 15-81](b)에서 알 수 있다. 따라서 v_i 의 주파수가 f_1보다 크고 f_2보다 작은 범위의 주파수 성분만이 v_o에 나타날 수 있게 된다. 이러한 특성을 이용하여 [그림 15-81](a)의 회로는 대역통과필터(BPF)로 사용할 수 있다.

① 다음과 같이 회로를 결선하라. 여기서 VF1은 출력부로 전압 핀을 설정한 것이다.

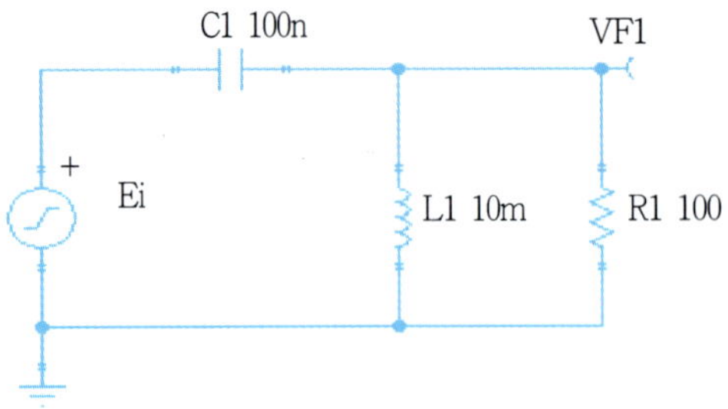

그림 15-82
HPF 회로 결선

② AC 전달특성을 선택하여 시작주파수 1Hz, 종료주파수 50kHz로 하여 특성 곡선을 확인한다.

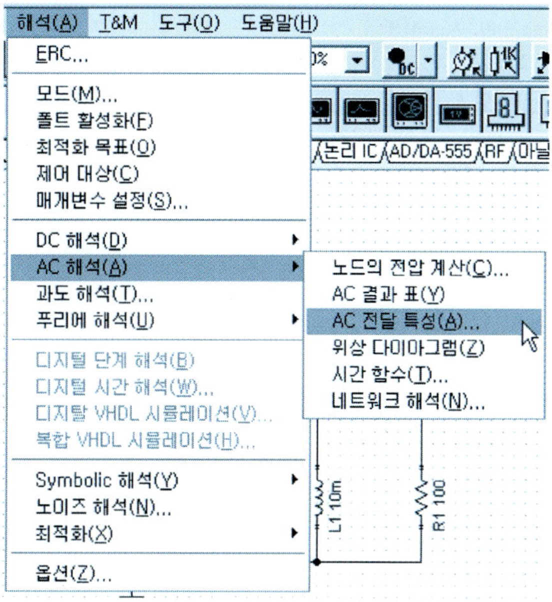

그림 15-83
AC 전달특성 선택

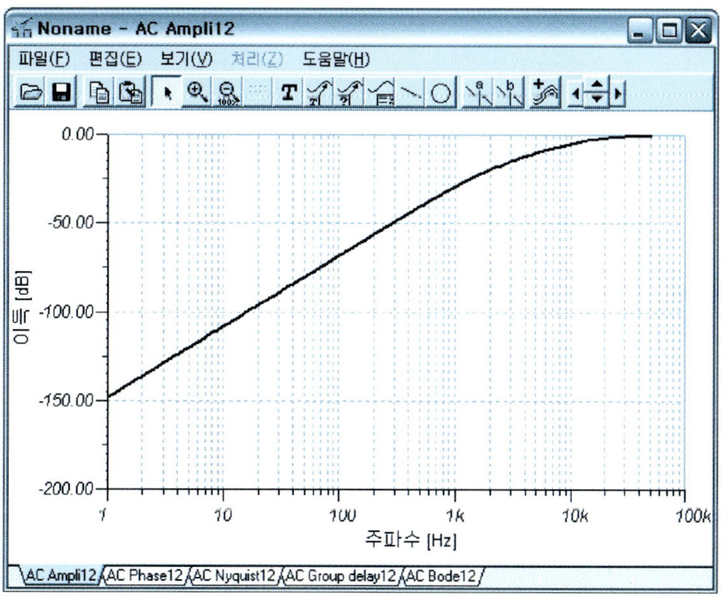

그림 15-84
AC 전달특성 곡선

③ 다이어그램 윈도우를 확대하여 −3dB 주파수를 관찰하고, 커서를 이용하여 −3dB의 cutting 주파수를 측정한다.

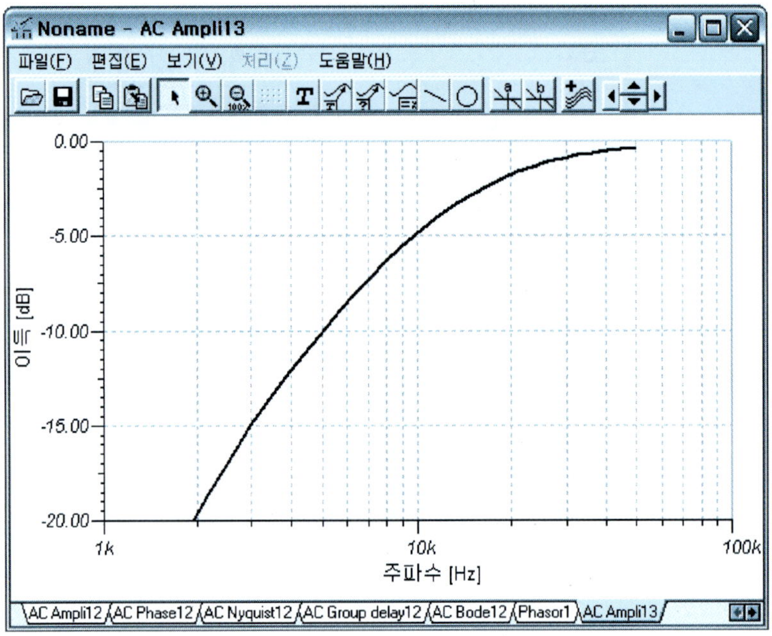

그림 15-85
확대된 특성 곡선

15-12 저역통과필터(Low Pass Filter : LPF)

① 다음과 같이 회로를 결선하라.

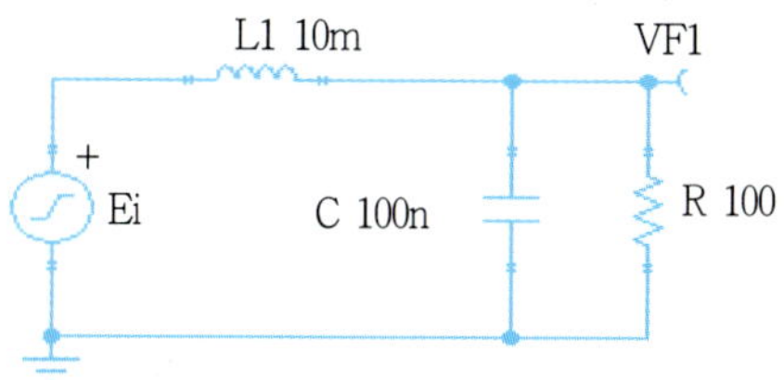

그림 15-86

LPF 회로 결선

② AC 전달특성을 선택하고, 시작주파수 1Hz, 종료주파수 50kHz를 선택한다.

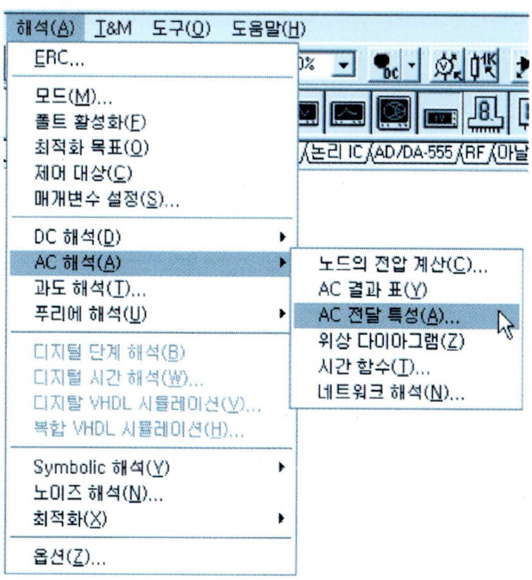

그림 15-87

AC 전달특성 선택

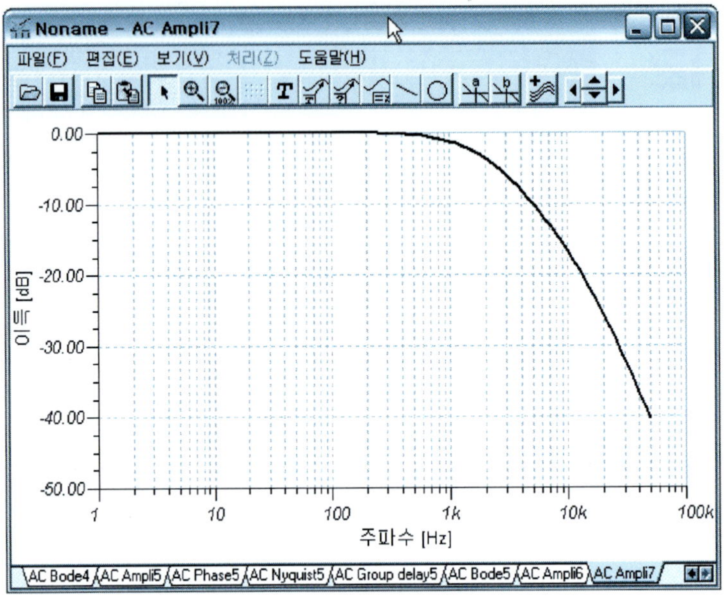

그림 15-88
AC 전달특성 곡선

③ 다이어그램 윈도우를 확대하여 −3dB 주파수를 관찰하고, 커서를 이용하여 −3dB의 cutting 주파수를 측정한다.

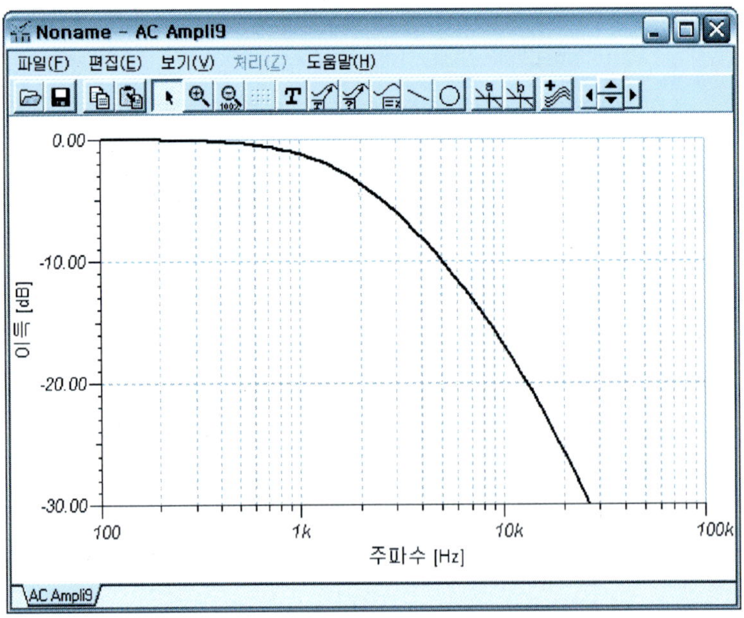

그림 15-89
확대된 전달 특성 곡선

15 - 13 병렬공진 회로

① 다음 그림과 같이 회로를 결선하라.

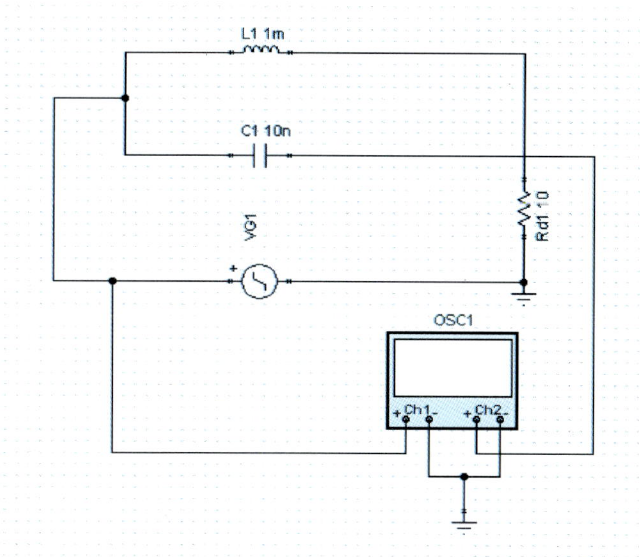

그림 15-90

병렬 공진 회로

② AC 전달특성을 선택하고, 시작주파수 1Hz, 종료주파수 1MHz를 선택한다.

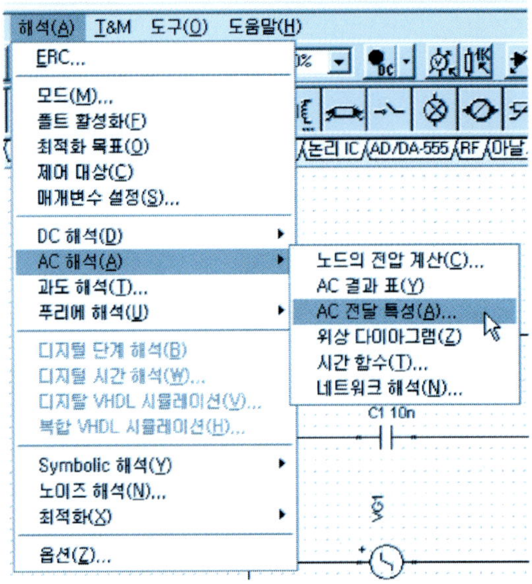

그림 15-91
AC 전달특성 선택

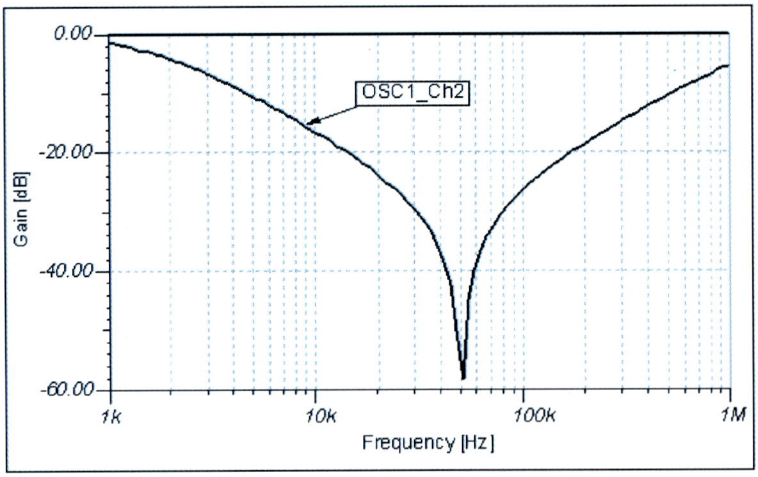

그림 15-92
AC 전달특성 곡선

③ 다이어그램 윈도우를 확대하여 공진주파수를 관찰하고, 커서를 이용하여 공진주파수를 측정한다.

15 - 14 병렬공진 회로에서의 전류 측정

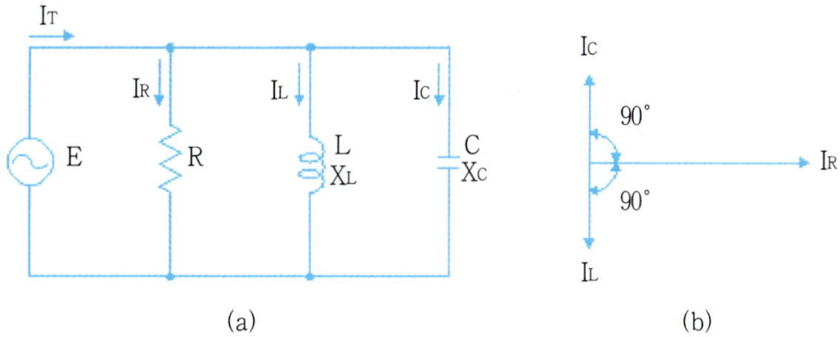

그림 15-93

RLC 병렬연결 회로

[그림 15-93](a)와 같이 R, L, C소자를 병렬로 연결되었을 때 이들의 교류적 합성 저항, 즉 임피던스 Z와 Z의 크기와 위상은 다음과 같이 된다.

- 임피던스 : $\frac{1}{Z} = \frac{1}{R} + j(\omega C - \frac{1}{\omega L})$
- 크기 : $|Z| = \frac{1}{\sqrt{\frac{1}{R^2} + (\omega C - \frac{1}{\omega L})^2}}$
- 위상 : $\theta = \tan^{-1} R(\omega C - \frac{1}{\omega L})$

LC 병렬회로에서 $\omega_0 C = 1/\omega_0 L$가 되는 주파수에서 임피던스 Z가 순저항 성분만 가지며 이때의 주파수가 공진주파수가 된다. 이 조건을 만족하는 각주파수 $\omega_0 = 1/\sqrt{LC}$이 되며, 이 ω_0를 공진각주파수라 하고, 공진주파수 f_0는 $f_0 = 1/(2\pi\sqrt{LC})$이다. 병렬공진 회로에서의 Q(quality factor)는 직렬공진회로와 마찬가지로 $Q = f_0/(f_2 - f_1)$로 정의되고 $Q = \omega_0 CR = R_1/(\omega_0 L)$로 표현된다. 즉 Q는 R에 비례한다. [그림 15-93] (b)는 병렬공진 회로에서의 공진주파수와 전류의 관계를 나타내는 그래프를 보여주고 있다.

① 다음과 같이 회로를 결선한다.

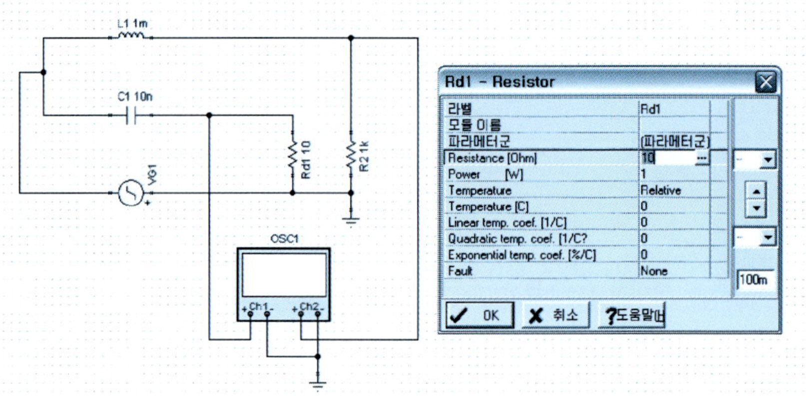

그림 15-94
회로 결선

② AC 전달특성을 선택하고, 시작주파수를 1 Hz, 종료주파수 1MHz를 선택한다.

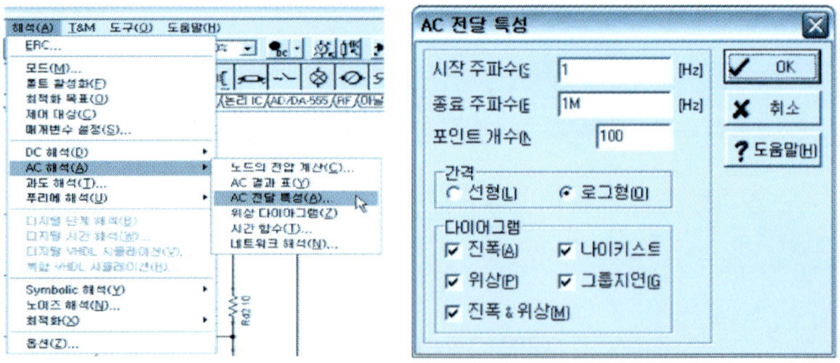

그림 15-95
AC 전달특성 선택

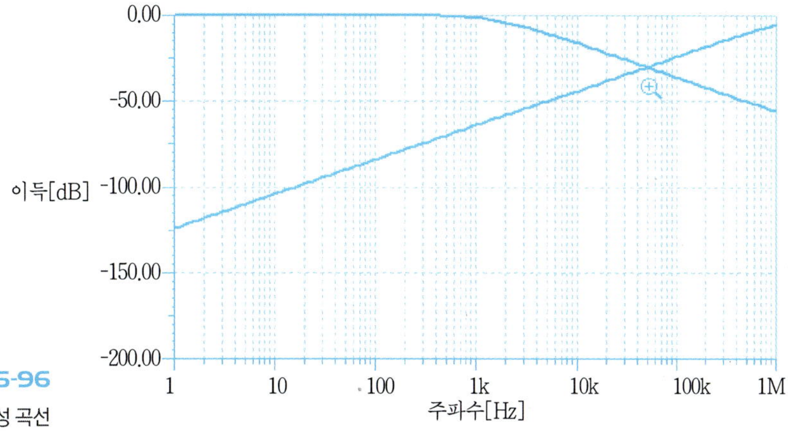

그림 15-96
AC 전달특성 곡선

③ 다이어그램 윈도우를 확대하여 공진주파수를 관찰하고, 커서를 이용하여 cutting 주파수를 측정한다.

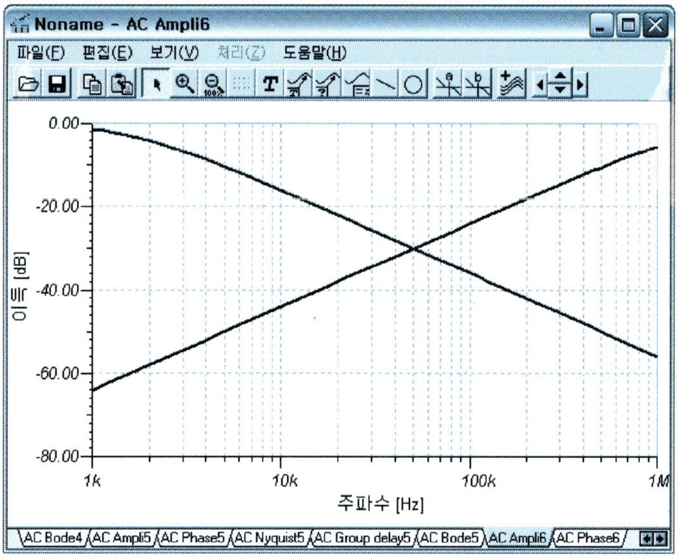

그림 15-97
확대된 AC전달특성곡선

15 - 15 전파정류 회로

1. 반파정류기(Half-Wave Rectifier)

교류를 직류로 변화시킬 때 다이오드를 사용하는 데 이를 정류기라 하며, 그 과정을 정류라고 한다. 정류의 가장 기본적인 방법은 [그림 15-98]에 보인 반파정류 회로이다. 변압기의 2차 전압이 정의 반주기(V_{AB}가 +)일 때 다이오드 $D1$은 순방향 바이어스가 되며, 따라서 전압원에 대하여 매우 낮은 저항값을 나타내므로 2차 전압의 대부분이 부하저항 R_L양단에 나타난다. 순방향 바이어스된 다이오드는 대표적으로 실리콘의 경우 0.5V에서 1.0V, 게르마늄의 경우 0.2V에서 0.6V의 순방향 전압강하를 나타낸다. 회로 해석을 간단히 하기 위해 전압강하는 대부분 무시하며, 특히 공급전압이 높을 경우에는 다이오드의 순방향 전압강하는 출력전압에 대하여 아주 작은 비율이 된다.

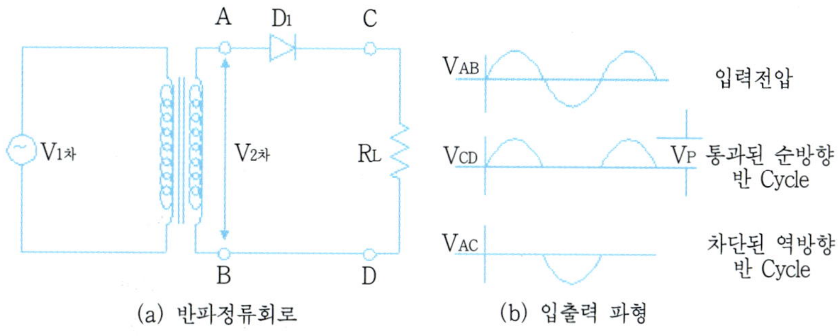

그림 15-98
반파 정류 회로

[그림 15-98](b)는 반파정류기의 동작을 설명한 것이다. 여기서 출력 V_{CD} 는 변압기 전압 V_{AB}가 부(−)일 때 0이 됨을 주목하라. 이것은 다이오드가 역방향 바이어스(음극에 대하여 양극이 −가 된다)가 되기 때문이다. 이상적으로 개방회로와 같다. 평균 직류전압(V_{dc})은 최대치의 0.318배 ($0.318 = 1/\pi$)와 같다. 대부분의 전압계는 평균값을 나타내므로 반파정류 회로에 대하여 최대 전압의 0.318을 지시하게 된다. 그러나 전력을 계산하기 위해서는 실효치가 사용되어야 한다. 반파정류 회로에 대한 실효전압은 최대치의 0.5배이다.

반파의 경우

$$V_{dc} = V_{av} = \frac{1}{\pi} V_P = 0.318\, V_P$$

$$V_{rms} = 0.5\, V_P$$

전압을 나타내는 두 가지의 다른 방법은 혼란의 요인이 될 수 있다. 다행히도 우리가 보통 다루는 직류에서는 실효치와 평균치가 거의 같으므로 대개는 염려하지 않아도 된다. 부하의 평균 전압을 부하저항으로 나눔으로써 얻어지는 전류를 평균전류 I_o라고 한다.

$$I_o = I_{av} = \frac{V_{av}}{R_L}$$

순방향 바이어스시 전압강하는 매우 작다. 그러나 역방향 바이어스시 최대 입력전압은 다이오드 양단에서의 전압강하로 나타난다. 이것을 첨두 역전압(peak reverse voltage ; PRV)이라고 한다. 모든 다이오드가 초과해서는 안되는 최대 허용 PRV정격을 가지며, 이를 초과할 경우 소자는 타버리게 된다. 다이오드가 역바이어스시 [그림 15-98](b)의 다이오드 전압 V_{AC}는 V_{AB}를 따르며, 이때문에 다이오드는 매우 큰 저항값을 갖게 된다. 또한 $D1$이 순방향 바이어스시 전압강하(V_{AC})는 "0"이 아니며, 작은 정의 값을 가짐에 주의하라. 이것이 다이오드의 순방향 전압강하이며, 보통 1V 이하이다.

2. 전파정류기(Full-Wave Rectifier)

일반적으로 교류를 직류로 변환시키는 더욱 유용하고 효율적인 방법은 교류 입력신호의 정-부 영역을 모두 활용하는 것이다. 이러한 목적을 위하여 사용되는 두 가지 회로가 있는데 그 중 한 가지를 [그림 15-99]에 나타내었다. 이 방법은 입력파형 전부를 직류출력으로 이용하므로 전파정류라고 알려져 있다.

[그림 15-99]의 중간탭(center-tap)정류기는 중간탭이 있는 2차 권선을 사용한 것이다. 어떤 순간에 전압의 극성이 그림과 같다면 양극이 음극에 대하여 정의 극성을 가지므로 $D1$은 순방향 바이어스가 되어 전도상태가 되며, 이에 반하여 $D2$는 역방향 바이어스가 되어 비전도상태가 된다. 그러므로 단지 $D1$만이 부하에 전류를 공급하게 된다.

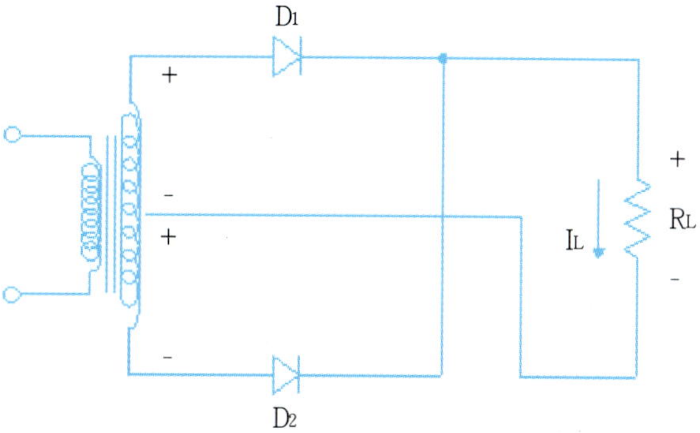

그림 15-99
중간탭(center-tap) 전파 정류기

교류의 다음 반주기에서는 변압기 2차 전압의 극성이 반전되므로 상황이 반대로 된다. 그러므로 $D1$은 역방향 바이어스, $D2$는 순방향 바이어스가 되어 $D2$가 부하에 전류를 공급하게 된다. 각 다이오드는 반주기동안만 전도상태가 되므로(교대로 반주기), 반파정류 전류의 2배가 되는 부하전류가 공급된다.

이에 대한 출력파형을 [그림 15-100]에 나타내었다. 여기서, 실질적으로 주파수가 2배로 증가하는 현상이 출력에서 나타남을 유의하라. 이는 출력파형의 주기 T가 교류 입력신호의 1/2이 되기 때문이다. 주파수는 주기의 역수임을 상기하라($f=1/T$).

대부분의 직류 전원장치에서 진공관 다이오드가 실리콘 다이오드로 대치되었을 때까지 중간탭 회로는 가장 보편적인 전파정류 회로였다. 그러나, 현재는 저렴한 가격, 높은 신뢰도 및 작은 크기의 실리콘 다이오드의 출현으로 브리지 회로가 가장 보편적인 형태가 되었다.

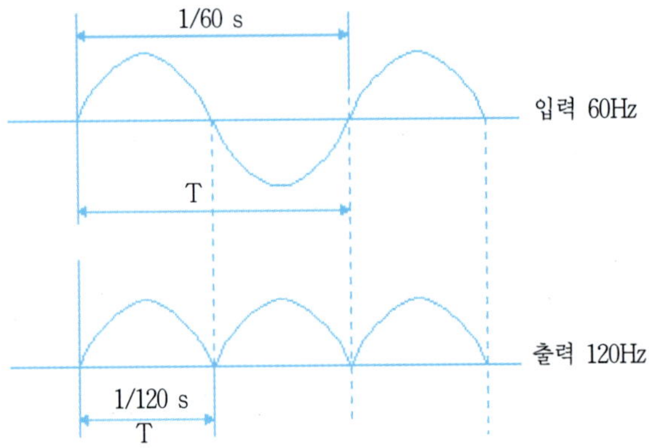

그림 15-100
전파정류기의 입력과 출력

그 이유는 중간탭 회로와 같은 정도의 출력을 얻는데 필요한 변압기의 크기를 축소할 수 있기 때문이다. 중간탭 회로에서는 정-부의 각 반주기동안에 교대로 전류가 변압기의 2차측을 반분하여 반대방향으로 흐른다.

3. 브리지 정류기(Bridge Rectifier)

[그림 15-101]의 브리지 정류기는 반파 정류기에 비하여 동일한 변압기 전압으로 2배의 DC 부하전류를 흘릴 수 있다. 변압기전압 $V = V_{ac}$가 +인 반 주기에서 전류는 [그림 15-101](c)에 표시된 방향으로 흐르고 V가 −인 반 주기에서는 (d)에 표시된 방향으로 흐르므로 R_L에는 항상 같은 방향의 전류가 흐른다. 그래서 이런 정류기를 전파 정류기라 하며 전류는 다음과 같이 정의된다.

$$I_{dc} = \frac{2V_m}{\pi R_L} = \frac{2I_m}{\pi}$$

한편 브리지 정류기의 단점은 4개의 다이오드가 필요하고, +, − 어느 주기에서나 2개의 다이오드에서 전력소비가 있고, 부하전압이 2개의 다이오드에서의 전압강하만큼 낮다는 것이다.

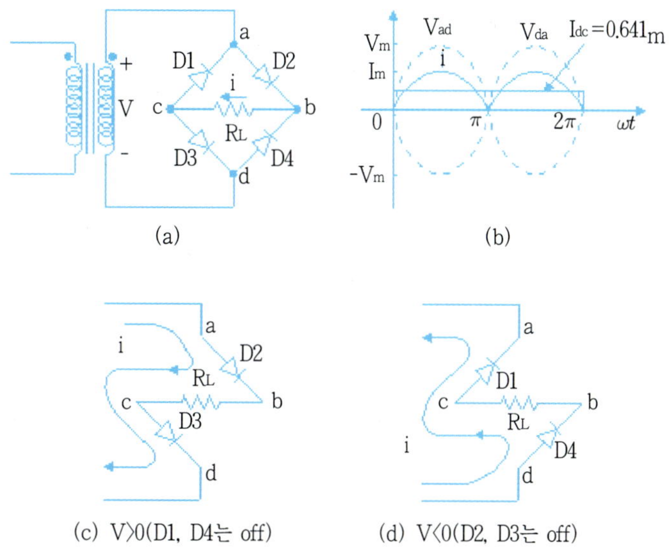

그림 15-101
브리지 전파 정류기

4. 평활회로(Smoothing Circuit)

AC를 DC로 변류하려면 다이오드에 의하여 정류를 한 후에 반드시 low pass filter(평활 회로)를 거치지 않으면 안된다.

다시 말하면 정류된 맥류를 맥동(ripple)이 없는 DC로 만들기 위해서는 평활 회로에 의하여 맥동전류를 가능한 없도록 해야 한다.

여기서 가장 흔히 사용되고 있는 몇 가지 방법 중 그 장단점은 다음과 같다.

(1) 초크와 콘덴서를 사용한 평활 회로

이는 RC 평활 방법보다 부하에 의한 출력전압 변동률이 적으며 또한 출력효율이 높다. 그 이유는 초크의 DC 저항은 극히 적기 때문에 부하 전류에 의한 DC 전압강하는 거의 없으며, 다만 맥동부분에 대해서만 전압변동률이 있게 된다. 그러나, 초크의 교류적인 리액턴스는 크므로 리플을 크게 감소시킬 수 있게 된다.

참 고

$$전압변동률 = \frac{무부하\ 출력전압 - 부하\ 출력전압}{부하\ 출력전압} \times 100[\%]이다.$$

- 초크(인덕터)를 사용한 평활회로에서 콘덴서 입력형은 정류기 입력의 AC 전압보다 높은 ($\sqrt{2}$배 이하) DC 전압을 얻을 수 있다. 그러나 초크 입력형은 오히려 약간 낮은 ($1/\sqrt{2}$배 이하) 전압으로 출력된다.
- 초크 입력형은 콘덴서 입력형보다 출력전압 변동률이 적으므로 전압 안정도를 필요로 하거나 또는 정전압을 하기 힘든 수천 볼트 이상의 DC 전원 공급회로에서는 초크 입력방식을 택하고 있다.
- 초크를 사용한 평활 회로는 저항을 사용한 회로에 비하여 출력효율이 대단히 높다. 그 이유는 초크는 리플에 대하여는 큰 리액턴스를 나타내지만 DC에 대하여는 코일의 DC저항만이 영향을 주므로 부하전류에 의한 순수 DC 전압 강하가 극히 적기 때문이다.
- L과 C 또는 R과 C의 값은 상호 적절할 때 낭비없는 최대의 리플 제거 효율과 출력효율을 올릴 수 있다.

참 고

$$양\ 파의\ 경우\ 리플률 = \frac{Ripple\ 전압(V_{rms})}{DC\ 출력전압(V_{AV})} \times 100[\%]$$

$$여기서,\ 평균값\ 전압(V_{AV}) = 최대\ 전압\ (V_{PK}) \times \frac{2}{\pi}$$

$$실효값\ 전압(V_{rms}) = 최대\ 전압\ (V_{PK}) \times \frac{1}{\sqrt{2}}$$

(2) 레지스터와 콘덴서를 사용한 평활회로

RC 평활회로는 저가격인 것이 특징이고 또한 부착 장소가 적게 될 수 있다. 그러나 부하전류가 클 경우 회로의 직렬 필터 저항에서의 전압강하가 많이 생기며 따라서 전압변동률이 크고 또한 출력효율이 적어지는 단점이 있다. 그러므로 수백 mA 이하의 적은 부하전류 회로에서만 사용되고 있다.

RC 평활회로에서 유의하여야 할 것은 R의 전력용량(rate power)이 충분히 설계에 반영되어야 한다. 즉, 직렬 레지스터를 흐르는 전류가 I_R일 경우 이때 전력 용량은 $W = R \cdot I_R^2$이 되며 실제 사용에서는 이 값의 약 2배로 하여 주고 있다.

- 같은 전압회로에서 부하전류가 커질수록 평활 초크나 저항보다는 콘덴서 용량을 증가시켜야 한다. 그 이유는 초크나 저항은 리플률에만 적용되며 오히려 부하전류 증가에 의한 전압변동률에는 단점이 되기 때문이다.
- 저항 평활회로는 전력효율을 생각할 필요없는 작은 전력소모의 부하를 위해서만 사용된다. 이는 그 회로가 소형화되기 때문이다.
- L과 C로 된 평활회로에서 적정 L값보다 L값을 줄이고 C를 증가시킨다면 그만큼 출력전압 변동률은 증가한다.

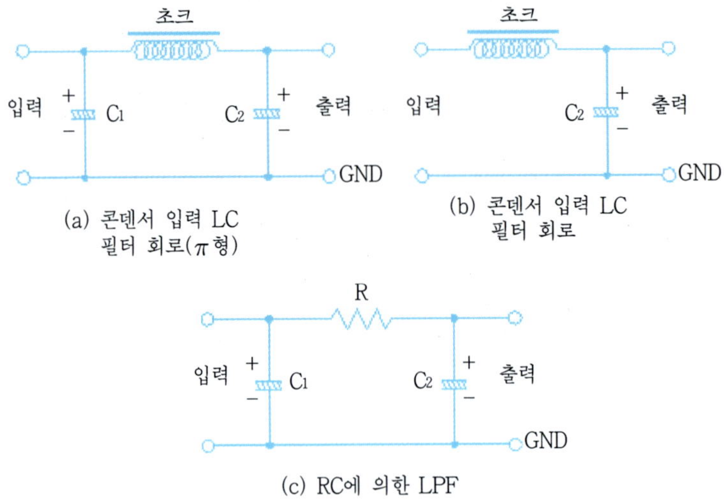

그림 15-102 평활 회로

참 고

L과 C로 구성된 평활회로의 L과 C 값의 적정설계(C는 최소한 값임)

- L(인덕턴스) 값의 설계

$$X_L = \frac{1}{K} \cdot \frac{E(\text{초크 입력전압 } V)}{I(\text{초크를 통해 흐르는 전류 } A)}$$

여기서 L을 구하면

$$L(Henry) = \frac{1}{K} \cdot \frac{E(Volt)}{2\pi f \cdot I\ (Ampere)} \fallingdotseq \frac{E\ (Volt)}{I\ (mA)}$$

- C(커패시턴스) 값의 설계

$$C(\mu F) \fallingdotseq \left[\frac{I_L t}{0.5 r_R}\right] \cdot 10^4$$

여기서 I_L = 부하전류 (A), r_R = 리플률(%), 맥동주기 t는 60Hz 양파정류이므로

$t = \frac{1}{120\text{Hz}} = 8.3 \times 10^{-3}\text{sec}$. 이다.

참 고

L R과 C로 구성된 평활회로의 R과 C 값의 적정설계(C는 최소한 값임)

- 레지스터 값의 설계

$$R(\Omega) = K_R \cdot \frac{E\ (R\ \text{입력전압}\ V)}{I(\text{부하전류}\ A)}$$

여기서 $K_R = \frac{25}{100}$ 이다. 이는 평활 저항 R 양단의 전압강하가 R 입력전압의 25%로 설정됨을 말한다.

- 커패시턴스 값의 설계

$$C(\mu F) \fallingdotseq \left[\frac{I_L \cdot t}{0.12 r_R}\right] \cdot 10^4$$

여기서 I_L = 부하전류 (A)

r_R = 리플률 (%)

$t = \frac{1}{120} = 8.3 \times 10^{-3}\text{sec.}$ 이다.

① [그림 15-103]과 같이 회로를 결선한다.

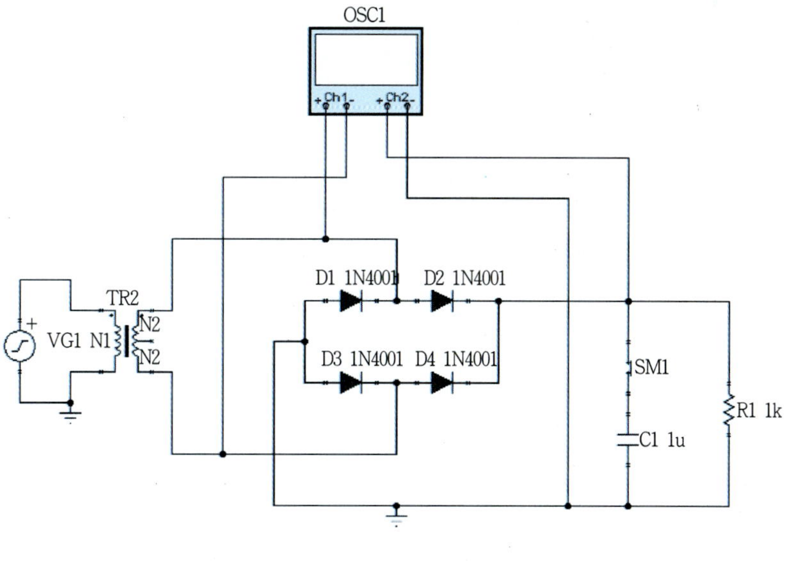

그림 15-103
전파정류회로

② 회로들을 다음과 같이 설정한다.

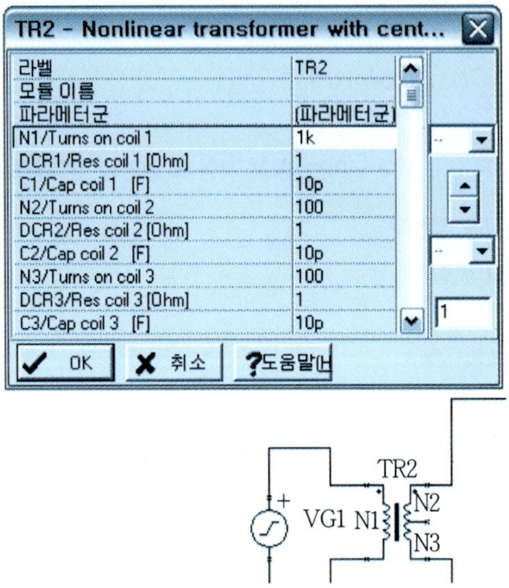

그림 15-104
트랜지스터 설정

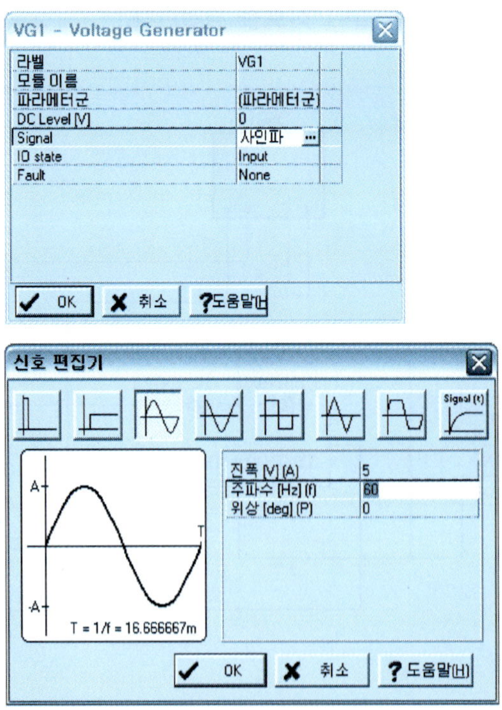

그림 15-105
전원부 설정

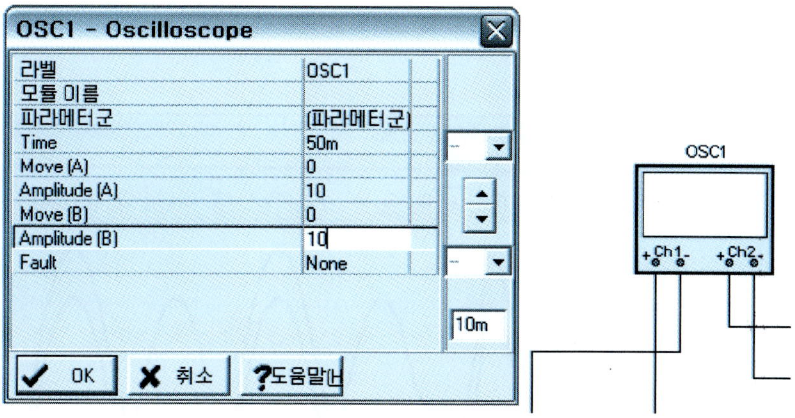

그림 15-106
OSC 설정

③ 상호모드 옵션을 선택하여 다음과 같이 설정한다.

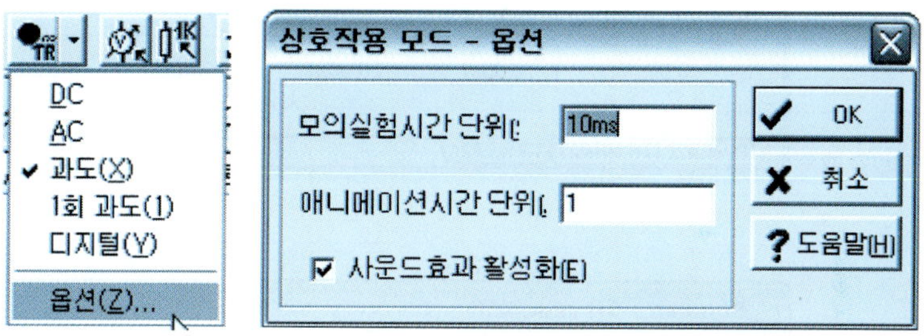

그림 15-107
옵션선택과 설정

④ AC와 DC의 동시 해석을 하므로 과도 모드로 설정해야 한다. 따라서 상호작용 모드를 과도응답 부분으로 설정한다.

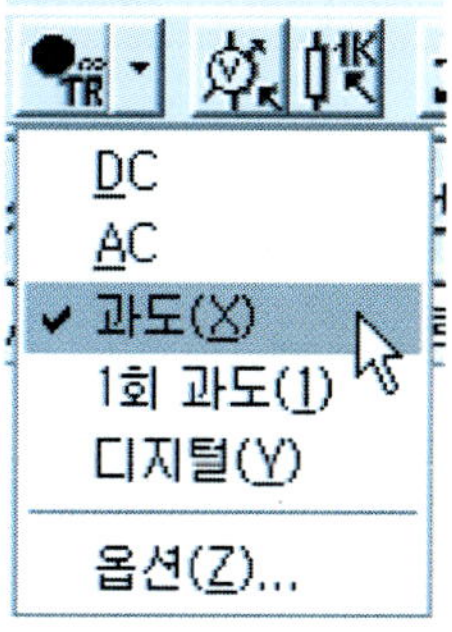

그림 15-108
과도응답 설정

⑤ 스위치 SW1를 open, close시키면서 OSC Ch2의 파형을 관찰한다.

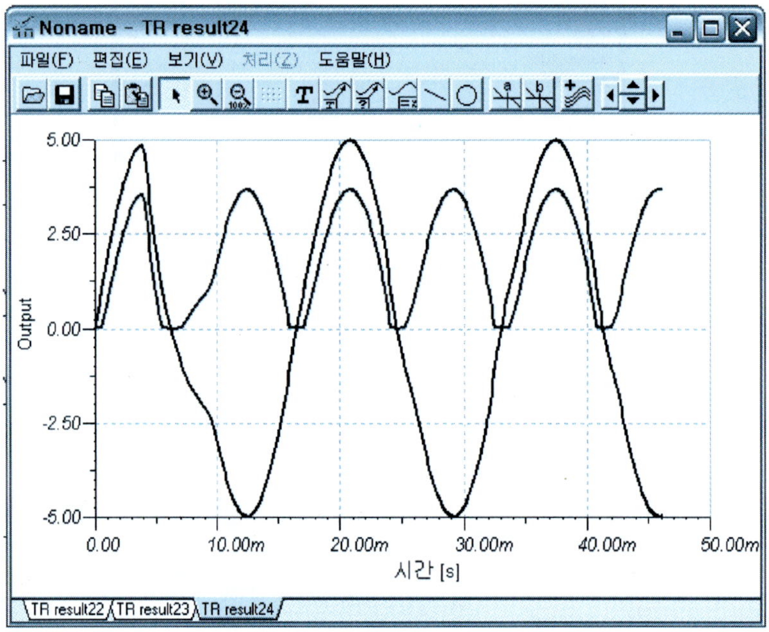

그림 15-109
스위치가 열렸을 때

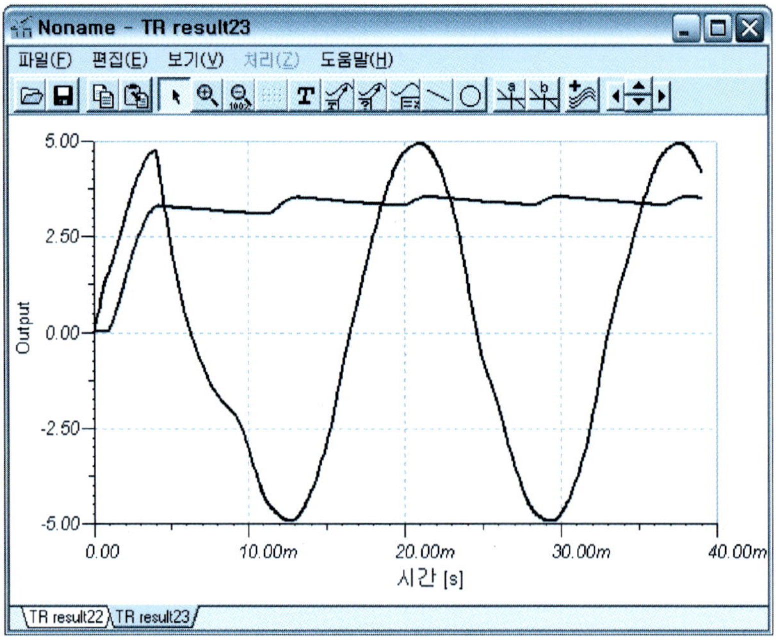

그림 15-110
스위치가 닫혔을 때

15 - 16 직렬공진 회로

① 아래의 그림처럼 회로를 결선하라.

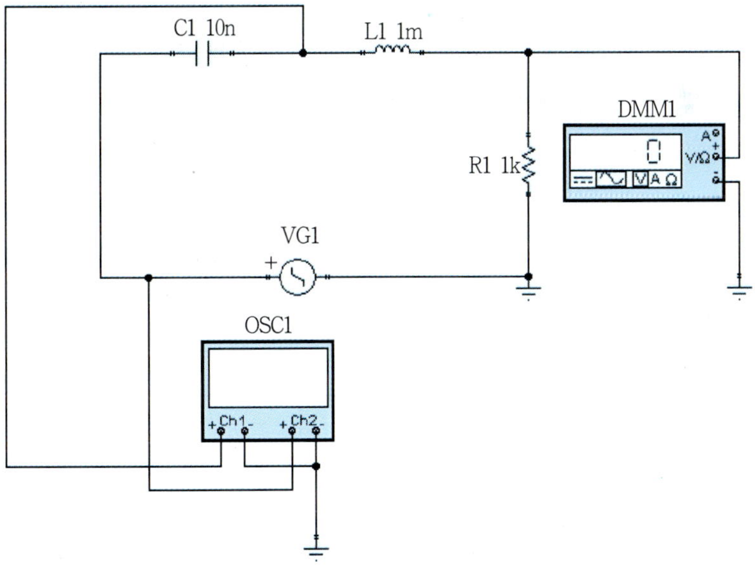

그림 15-111

직렬 공진회로

② 전원 VG1을 다음과 같이 설정하라.

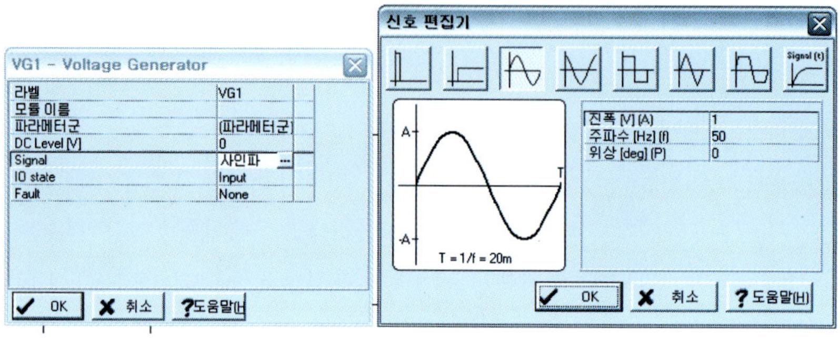

그림 15-112
전원(VG1) 설정

③ AC 전달특성을 선택한다.

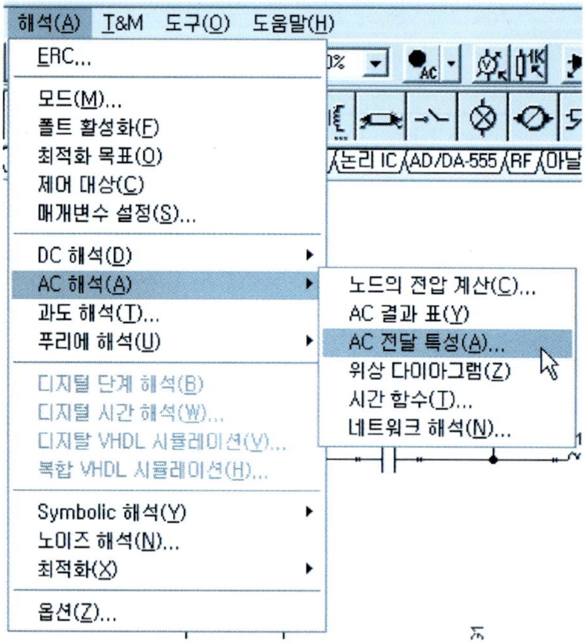

그림 15-113
AC 전달특성 선택

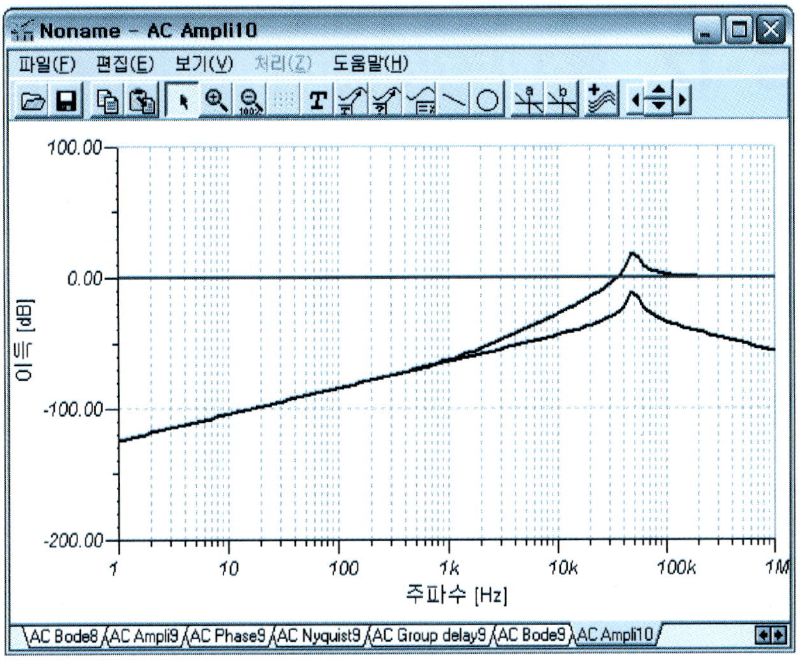

그림 15-114
AC 전달 특성 곡선

④ 다이어그램 윈도우를 확대하여 공진주파수를 관찰하고, 커서를 이용하여 공진주파수를 측정한다.

15 - 17 슈퍼포지션(SuperPosition) 이론

① 아래의 그림대로 회로를 결선하라.

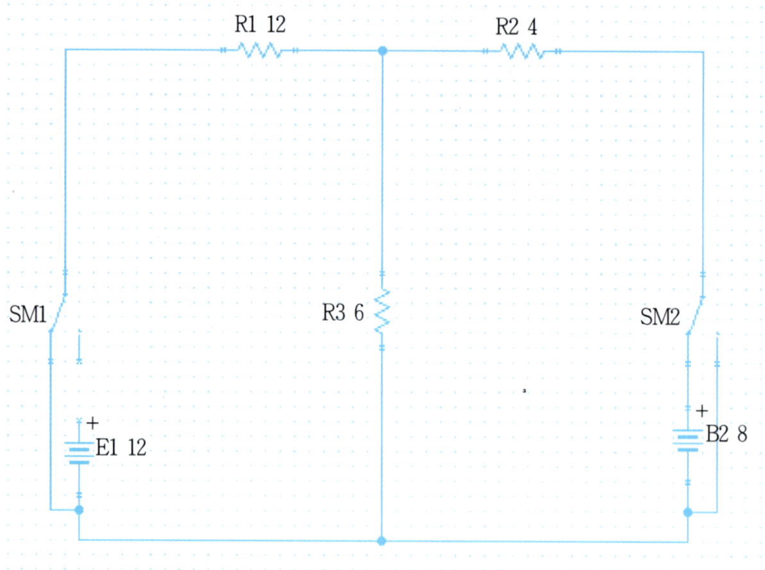

그림 15-115
회로결선

② 각각 전류계와 전압계를 다음과 같이 설정한다. 그리고 SW1을 E1에 연결시키고, SW2를 단락시킨다. DC 상호작용 모드로 설정한 뒤 전류계 AM2에 흐르는 전류와 전압계 VM3에 걸리는 전압을 기록한다.

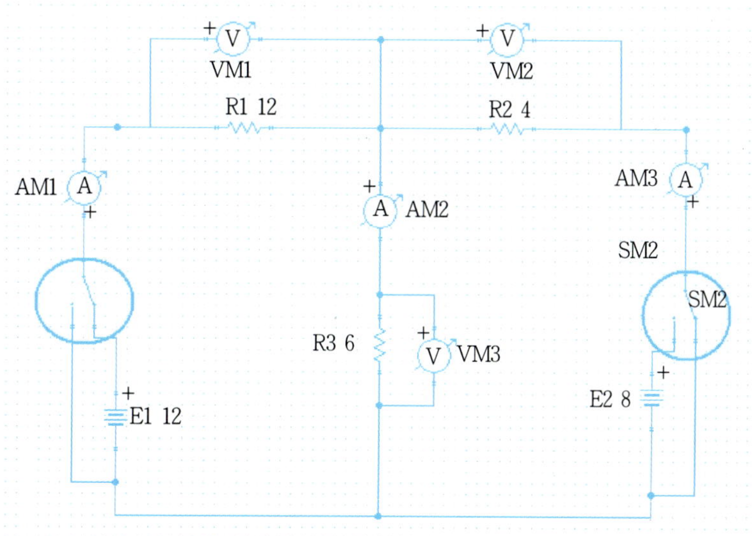

그림 15-116
전류계와 전압계 결선 및 스위치 이동

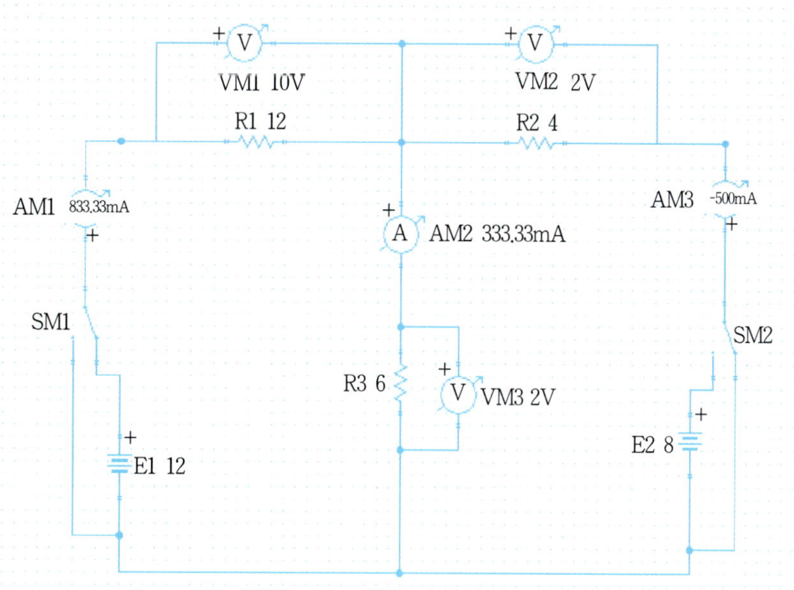

그림 15-117
DC 상호작용 모드에 의한 결과값

③ SW1을 단락시키고, SW2를 E2에 연결시킨다. 이때 전류계 AM2에 흐르는 전류와 전압계 VM3에 걸리는 전압을 기록한다.

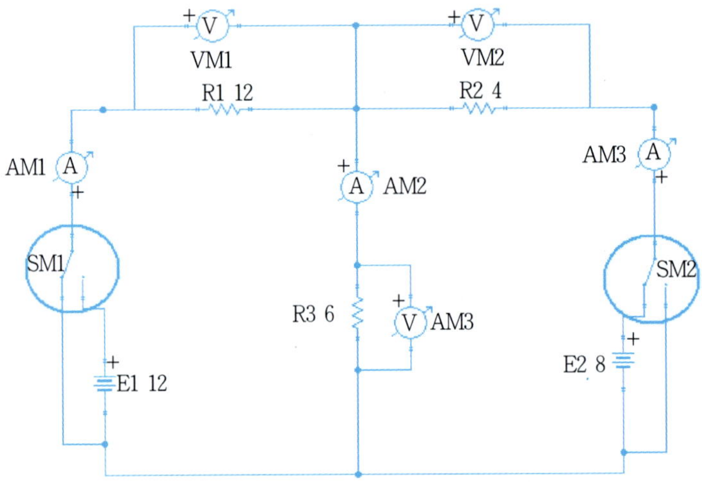

그림 15-118

전류계와 전압계 결선 및 스위치 이동

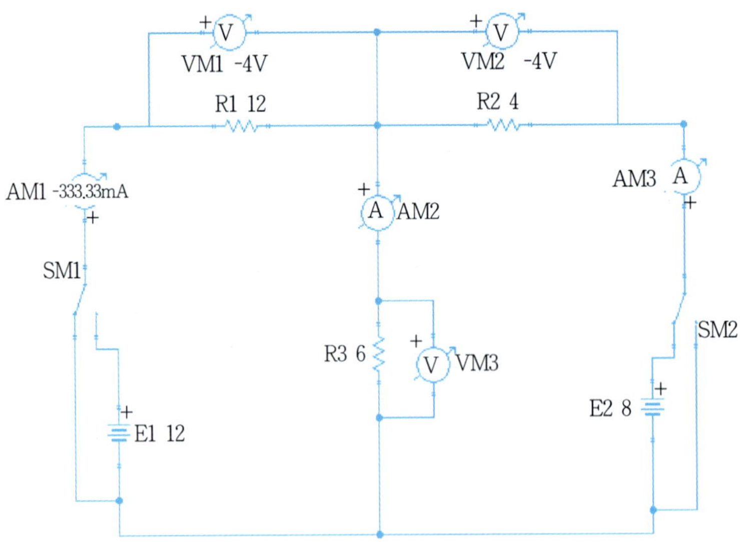

그림 15-119

DC 상호작용 모드에 의한 결과값

④ SW1을 E1에 연결시키고, SW2를 E2에 연결시킨 뒤, 전류계 AM2에 흐르는 전류와 전압계 VM3에 걸리는 전압을 기록한다.

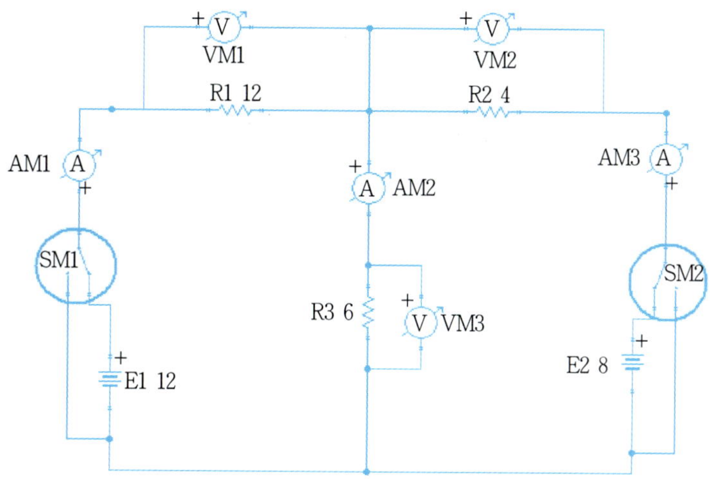

그림 15-120
전류계와 전압계 결선 및 스위치 이동

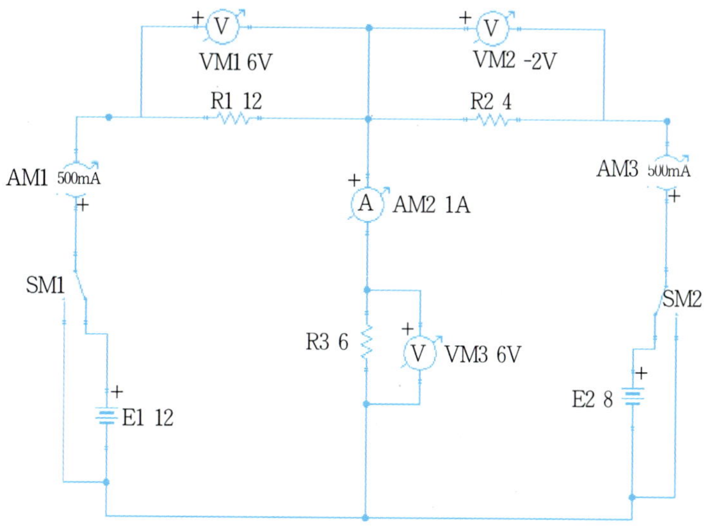

그림 15-121
DC 상호작용 모드에 의한 결과값

⑤ 두번째 결과와 세번째의 결과의 합이 세번째 실험의 결과와 동일한지 확인한다. 위 실험을 반복하면서 R1, R2에 걸리는 전압, 전류도 비교한다. 둘 이상의 전원을 가지는 회로의 해석은 각각의 한 전원을 제외한 나머지 전원을 (전압원 : short, 전류원 : open)시킨 결과들의 합과 같다는 것을 알 수 있다.

15 - 18 회전비(Turn Ratio)와 전압

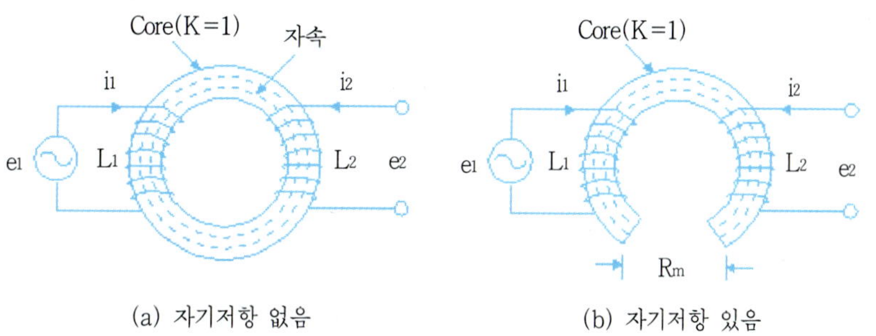

그림 15-122

(a) 자기저항 없음 (b) 자기저항 있음

변압기에는 [그림 12-122]에서처럼 코어라 부르는 강체에 서로 절연된 2개 이상의 코어를 감아 만들고 있는데 여기에서 전류를 가해주는 코일을 1차측 코일이라 하며, 반대쪽에 감긴 것을 2차측 코일이라 한다. 변압기의 1차측 코일과 2차측 코일은 도체적으로 연결시켜 주는 것은 아무것도 없으나, 1차측 코일에 전류가 흐르게 되면 2차측 코일에도 가해진 전류에 비례한 2차 전류가 흐르게 되고 따라서 전압이 나타난다. 이것은 1차측과 2차측을 결합시켜 주는 상호 유도작용이 있기 때문인데, 이러한 작용을 상호 인덕턴스(mutual inductance)라고 한다. $L1$을 1차측에 가한 전류 i_1에 의해 코일에서 발생하는 인덕턴스라 하고 $L2$를 2차측 코일에 상호 유도작용에 의해 발생한 인덕턴스, 그리고 K를 이들 사이의 결합계수라 하면, 상호 인덕턴스 M은 다음과 같이 정의된다.

$$M = K\sqrt{L1 + L2} = \frac{N^2\phi}{i_1}$$

결합손실이 없을 때 K=1이 되고, i_1은 1차측 코일 전류, N은 2차측 코일의 turn수, ϕ는 상호 코일을 관통하는 자속이다. 일반적으로 결합계수 K는 다음과 같은 성질이 있다.

- 2개의 코일이 접근되어 있을수록 K는 커진다. 즉 1개의 틀(bobbin)에 2개의 코일을 함께 감으면, 분리하여 감은 후 접근시키는 것보다 결합계수는 커진다.
- [그림 12-122]와 같이 코일의 자력선로를 형성해 주는 코어가 있게 되면 K는 증가한다.

변압기의 상호 인덕턴스를 알고 있으면 2차측에 유도되는 전압, 유도 기전력(e_2)을 다음과 같이 얻을 수 있다.

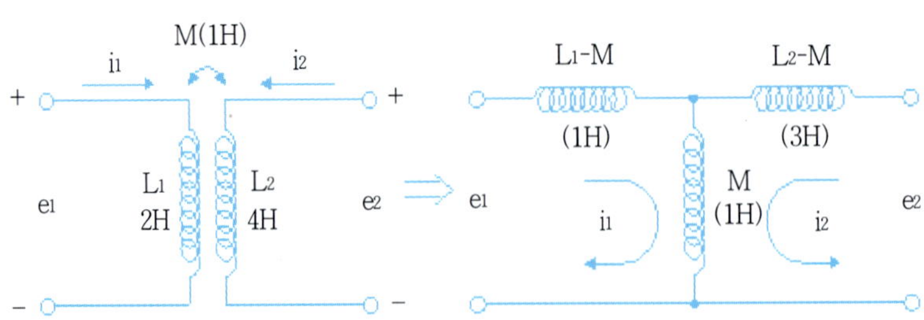

그림 15-123
변압기 등가회로

$$e_1 = (L1 - M)\frac{di_1}{dt} + M\frac{d}{dt}(i_1 + i_2) = L1\frac{di_1}{dt} - M\frac{di_1}{dt} + M\frac{di_1}{dt} + M\frac{di_2}{dt}$$

$$= L1\frac{di_1}{dt} + M\frac{di_2}{dt}$$

$$e_2 = (L2 - M)\frac{di_2}{dt} + M\frac{d}{dt}(i_2 + i_1) = L2\frac{di_2}{dt} - M\frac{di_2}{dt} + M\frac{di_2}{dt} + M\frac{di_1}{dt}$$

$$= L2\frac{di_2}{dt} + M\frac{di_1}{dt}$$

위 식에서 e_2의 값은 M이 클수록, 그리고 1차의 코일의 전류가 클수록 또는 변화시간이 짧을수록 증가한다.

교류의 특징은 변압기(transformer)에 의해 간단히 전압을 변환시킬 수 있다는 이점이 있다. 그런 반면에 직류는 복잡한 과정을 거쳐야 한다. 그러나 직류는 충전시킬 수 있는 장점을 가지고 있다. 여기서 교류라 함은 50cycle 또는 60cycle의 전력선 교류뿐만 아니라 음성주파수 또는 전파까지도 포함된 일반 범위의 주파수를 갖는 전류를 의미한다. 이러한 교류 전압을 승압 또는 강압하는 데에는 교류주파수의 범위에 따라 변압기(트랜스)의 재질이나 제작형태 등이 아주 다양해진다. 이를 크게 분류하면 다음과 같다.

- RF Transformer : 수십 kHz~수백 MHz에 사용
- Pulse Transformer : 수십 kHz~수백 kHz에 사용
- AF Transformer : 수십 Hz~수십 kHz에 사용
- Power Transformer : 50Hz~60Hz에 사용

여기서는 수십 Hz~수십 kHz 범위의 AF 및 power transformer에 대하여 설명한다. 일반적으로 이러한 AF 주파수의 변압기들은 대개 철심을 사용하며 철심은 [그림 12-124]에서 보는 바와 같이 1차측의 교류전류에 의하

여 발생된 자력선이 2차측의 코일에 같은 주파수의 교류전류를 발생시키도록 자력선의 자로를 만들어 준다. 이는 철심의 종류에 따라 그 효율과 부피에 차이를 갖게 된다.

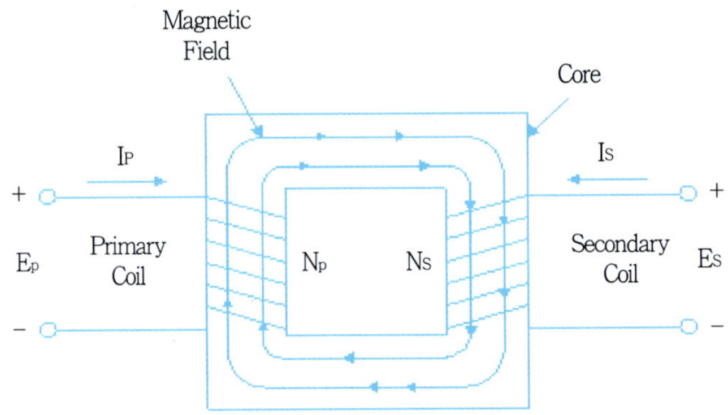

그림 15-124
일반적인 변압기 회로

변압기의 1차 코일과 2차 코일 사이에는 다음과 같은 식이 성립된다.

$$\frac{E_s}{E_p} = \frac{N_s}{N_p}$$

여기서 E_p는 1차 코일에 가해진 전압, N_p는 1차 코일에 감은 turn 수, E_s는 2차 코일에 나타나는 전압, N_s는 2차 코일에 감은 turn 수를 나타낸다. 또한 변압기는 2차에서 사용하는 출력전력(P_o)과 이를 위한 1차의 입력전력(P_i)이 같다고 할 때 이 변압기의 효율은 100%라고 하며 다음과 같은 식이 성립된다.

$$E_p \cdot I_p = E_s \cdot I_s$$

여기서 1차 코일에 흐르는 전류를 I_p, 2차 코일에 흐르는 전류를 I_s로 표현한다. 실제의 변압기의 효율은 대개 85-95%이며 효율은 다음식으로 나타낸다.

$$\eta = \frac{E_s \cdot I_s}{E_p \cdot I_p} \times 100 = \frac{P_o}{P_i} \times 100\%$$

예를 들어 변압기의 1차 코일의 turn수가 500회이고, 2차 코일 turn수는 600회인 변압기의 1차에 정격 입력전압이 100V이었다면 2차 전압 E_s는 다음과 같다.

$$E_s = \frac{N_s \cdot E_p}{N_p} = \frac{600 \times 100\,V}{500} = 120\,V$$

이때 1차 코일에 흐르는 전류가 1A이고 2차 코일에 흐른 전류가 0.8A이었다면 이 변압기의 효율은 다음과 같다.

$$\frac{120\,V \cdot 0.8A}{100\,V \cdot 1A} \times 100 = 96\%$$

변압기의 입력전압이 같을 경우 코일의 감은 turn수는 철심의 단면적과 입력전압의 주파수에 반비례하고 출력전압에는 비례하며 다음식에 의해 1차의 turn수 N_p를 구할 수 있다.

$$N_p = \frac{E_p \times 10^4}{4.4 B_m A_c f}$$

여기서 E_p는 입력전압(V)을, B_m은 자속밀도(tesla)를, A_c는 코어 단면적(cm^2)을, f는 입력전압의 주파수(Hz)를 나타낸다.

변압기의 1차 및 2차 코일에는 코일의 굵기에 따라 비례하는 DC 저항성분을 갖고 있다. 따라서 부하 전류가 흐르게 되면 코일 저항(R_c)에는 $R_c \times I$ 라는 전압강하가 생기므로 출력전압은 그만큼 낮아지게 된다. 그러므로 부하에 의한 출력전압의 변동이 적으려면 코일의 DC 저항이 적은 코일이나 가능하면 굵은 코일을 사용해야 한다. 변압기의 1차를 100V 및 200V의 겸용으로 하기 위해서는 [그림 15-125](a)와 같은 결선방법이 있다.

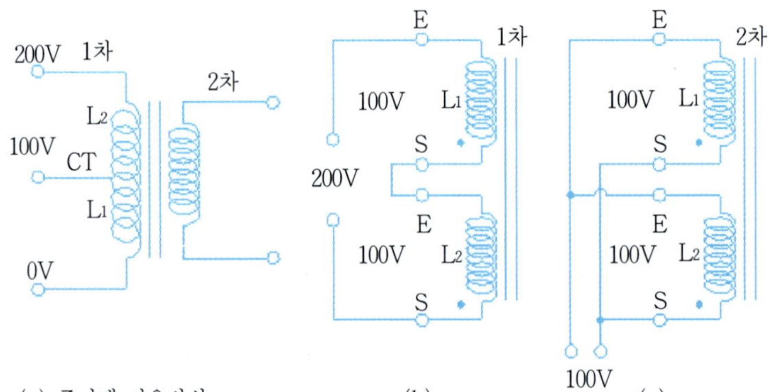

그림 15-125 변압기의 결선방법

(a) 중간탭 사용방식 (b) (c)

또한 [그림 12-125](b)과 (c)는 2개의 100V 코일($L1$, $L2$)을 절연되게 감은 다음 $L1$과 $L2$를 [그림 12-125](b)와 같이 직렬로 연결 사용하면 200V용으로 사용할 수 있고, [그림 12-125](c)와 같이 병렬로 연결하면 100V용으로 사용할 수 있게 된다. 이 경우 중요한 것은 $L1$과 $L2$의 코일의 turn수 및 DC 저항이 같아야 한다. 그리고 또한 코일의 감는 시작과 끝이 분명히 구분되어 출력되어야 한다.

변압기의 1차 전류는 2차에 부하가 없을 때 거의 흐르지 않는다. 이는 2차의 무부하로 인해서 코일의 교류저항이 증가되었기 때문이다.

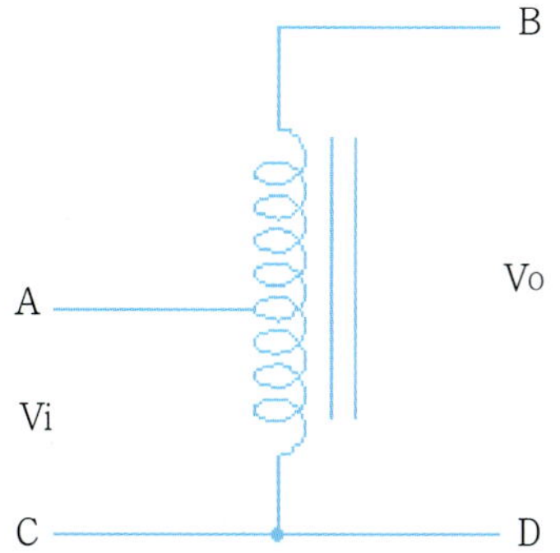

그림 15-126
단권변압기

단권 변압기를 [그림 15-126]에 나타내었다. 철심에 코일이 감겨 있으며, 코일 중간에 하나의 탭을 설치하였다. 만일 교류전압이 단자 A-C에 인가되면, 전체 권선이 감겨진 철심주위에서 자계가 변화하도록 전류가 흐른다. 그리고 이때 단자 B-D의 출력전압은 B-D간의 권선수를 A-C간의 권선수로 나눈 값에 비례한다. 그러므로 B-D가 2000회, A-C가 100회라고 하면 [그림 15-126]에서 A-C간에 12V가 인가되었을 때 출력은 240V가 될 것이다.

만일 리드선 B가 습동접점에 연결되었다면, 습동접점이 변하는 경우 B-D간 출력전압은 변하기 쉽다. 이러한 변압기는 가변 교류전압이 필요한 실험실 등에 적용시키기에 적합하다. 상업적으로 이용할 수 있는 가변단권 변압기를 배리액(variac)이라고 한다.

① 다음 그림과 같이 회로를 결선하라.

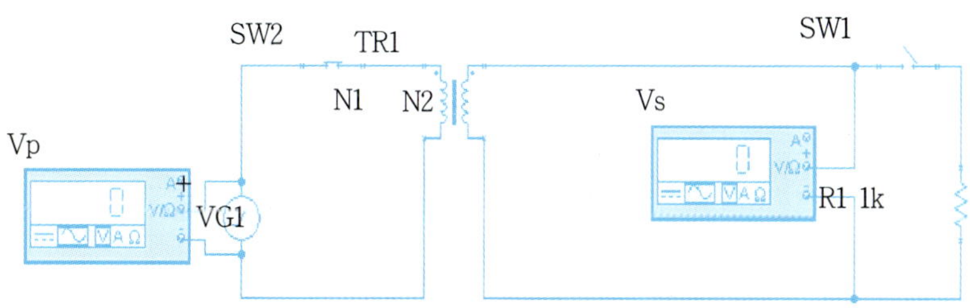

그림 15-127
회로 결선

② 전원 VG1을 다음과 같이 설정한 후, AC 상호작용 모드로 설정하라.

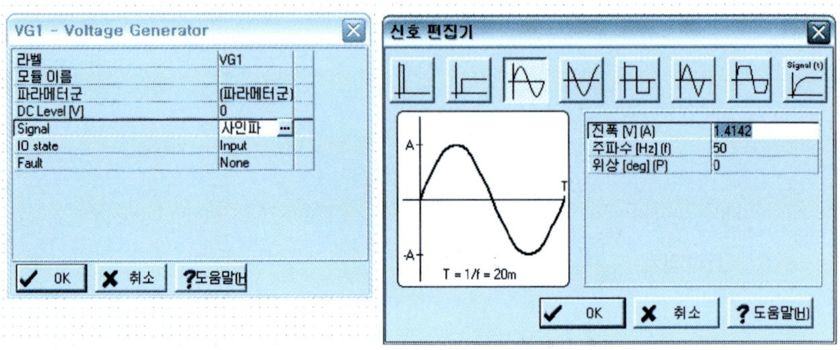

그림 15-128
전원(VG1) 설정

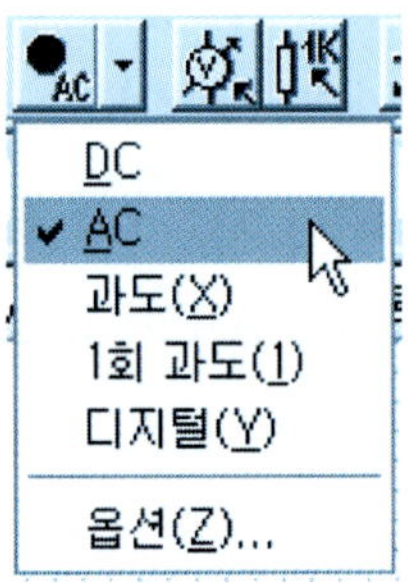

그림 15-129
AC 상호작용 모드로 설정

③ F2(20% 회전비 증가), F3(20% 회전비 감소)를 이용하여 회전비를 조절한다.

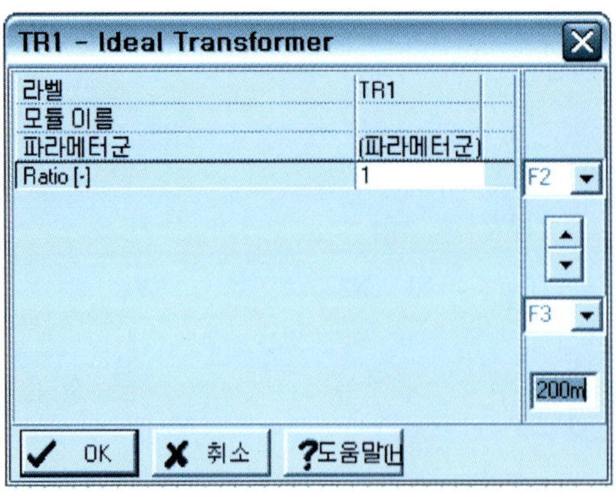

그림 15-130
트랜지스터비 설정

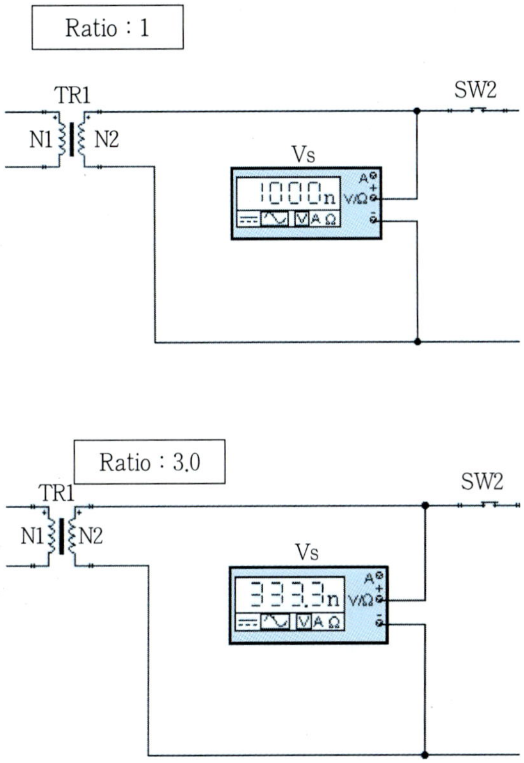

그림 15-131
비 변화에 따른
멀티미터 값의 변화

④ 입력전압과 출력전압을 비교한다.

⑤ 결과값과 계산값을 비교한다.

15-19 2진 경보기

여기서부터 아날로그 회로가 아닌 디지털 회로에 관한 공부를 해보자. 2진 경보기는 서로 다른 주파수를 갖는 발진음이 번갈아 가며 스피커에서 들리도록 설계한 회로이다.

① [그림 15-132]와 같이 회로를 결선해 보자.

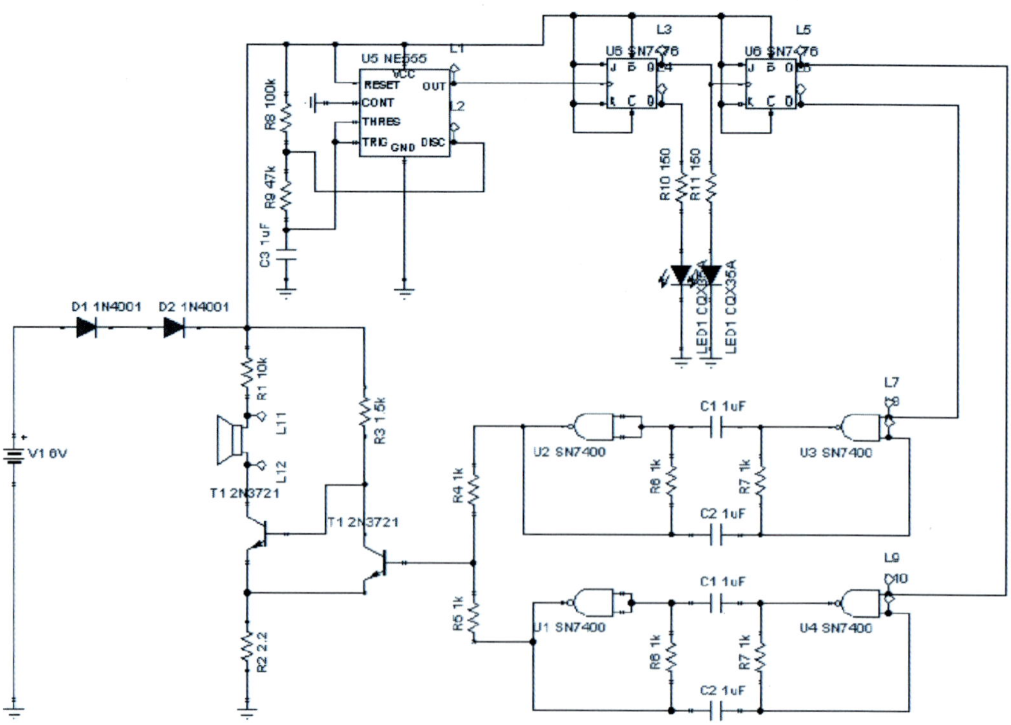

그림 15-132
2진경보기

앞의 회로는 전원회로 스피커 구동회로, 타이머용 비안정 발진회로, 4분주 회로, TTL용 비안정 발진회로로 나눌 수 있다.

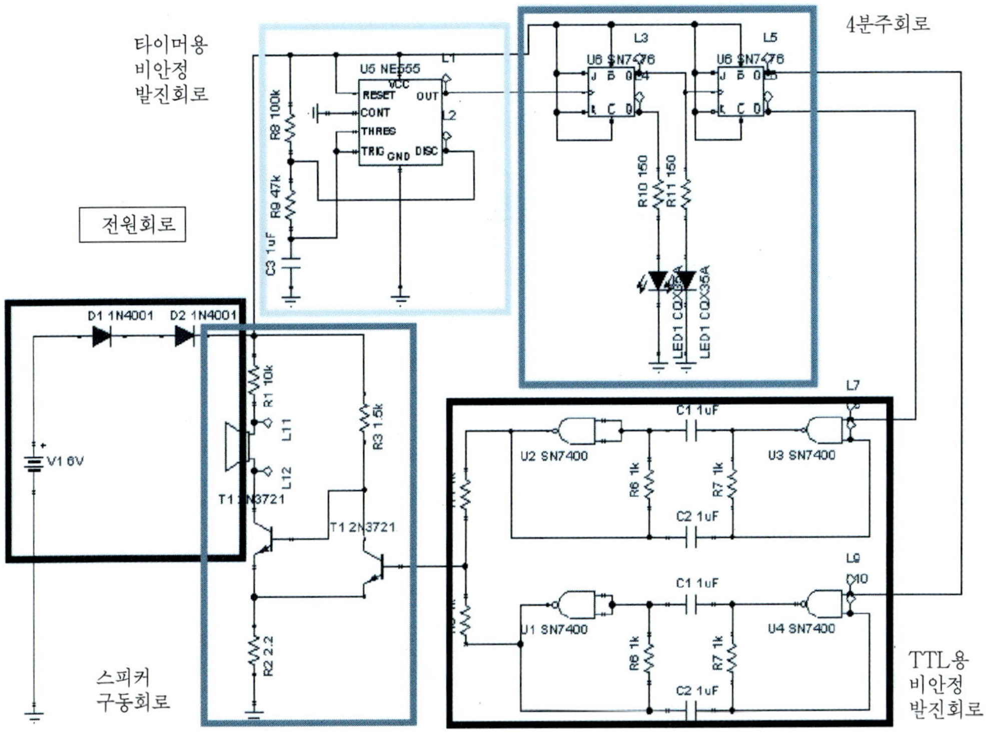

그림 15-133
각 회로의 세부 동작분류

1. 전원회로

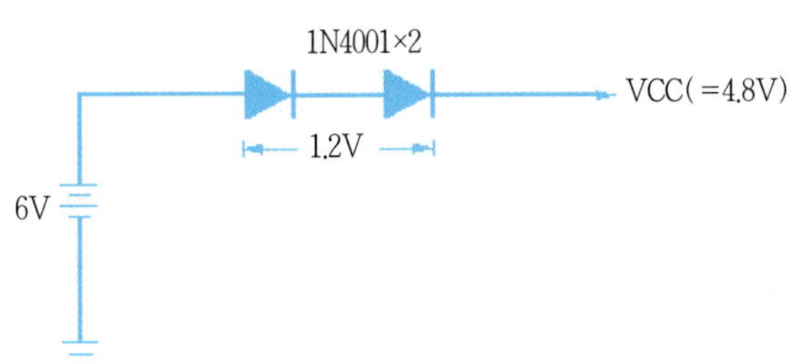

그림 15-134
전원회로

2음 경보기 회로에서 전원은 약 5V가 필요하다. 이는 TTL IC의 전원전압은 5V가 표준이기 때문이다. 다이오드 이용 전원 회로에서 직류 공급 전압을 6V로 사용하고 두 개의 다이오드를 직렬로 연결하였다. 한 개의 다이오드에서 전압강하가 일어나고 주위의 온도 등에 의해서 전압강하의 변화가 있어서 효율이 좋지 못하다.

2. 스피커 구동회로

두 개의 트랜지스터는 TR1의 출력전류가 TR2의 베이스 전류가 되는 달링턴 접속을 하고 있다.

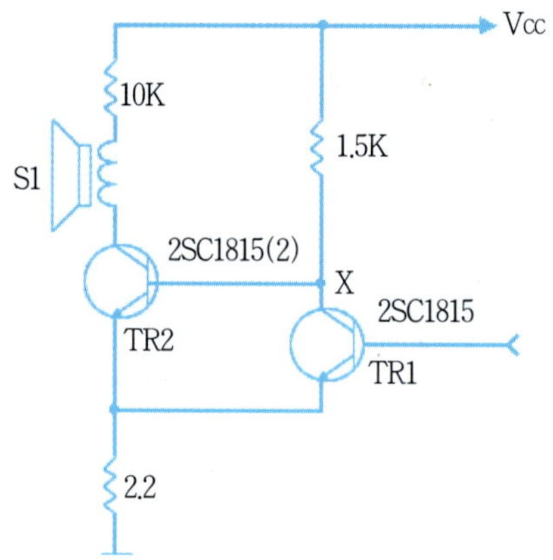

그림 15-135
스피커 구동회로

X점이 "H(High)"일 때는 동작하고 "L(Low)"일 때는 동작하지 않는다.

3. TTL이용 비안정 발진회로

SN7400을 이용한 비안정 발진회로이다. SN7400은 4개의 입력과 1개의 출력을 가지는 NAND 게이트로 구성된 IC이다.

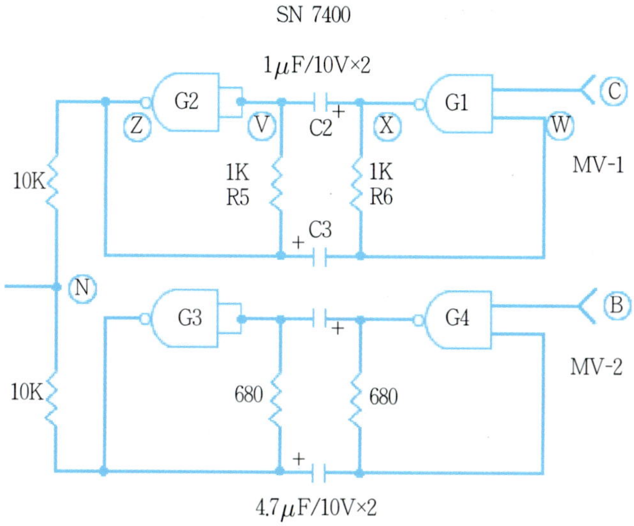

그림 15-136
TTL이용 비안정 발진회로

이 회로는 4분주 회로에서 얻은 신호를 각각의 발진회로로 보내 각 발진 회로의 시상수에 의해 서로 다른 주파수를 갖는 신호를 만들어내기 위한 회로이다.

동작은 초기에 C점이 "H", X="H", Z="L"인 초기상태이다. C2는 R1과 G1의 입력단으로부터 전류가 흘러 충전되고, C3는 R5를 통해 반전된다. Y점의 전압이 점차 낮아져 문턱치 전압에 이르면 출력전압이 높아져 Z는 "H"가 된다. W점에도 높은 전압이 형성되어 X="L"이 된다.C3는 R5와 G2의 입력단으로 부터 전류가 흘러 충전되고, C2은 R5를 통해 방전된다. W점의 전압이 점차 낮아져 문턱 전압에 이르게 되면 G1의 출력이 높아져 X="H"가 된다. 회로는 위의 동작을 계속 반복하게 된다.

4. 타이머 이용 비안정 발진회로

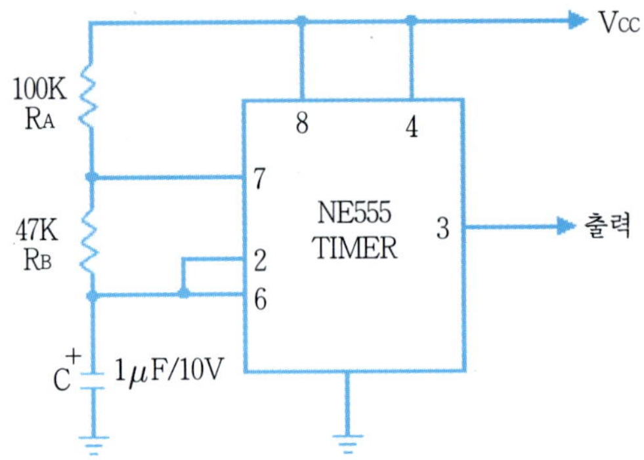

그림 15-137
타이머 이용 비안정 발진회로

일정한 주기의 연속적인 펄스파형을 만들기 위한 회로를 비안정 발진회로 또는 멀티바이브레이터라고 한다. 사전에 NE555 회로의 결선 상태를 꼼꼼히 확인해 보는 것이 중요하다.

5. 4분주회로

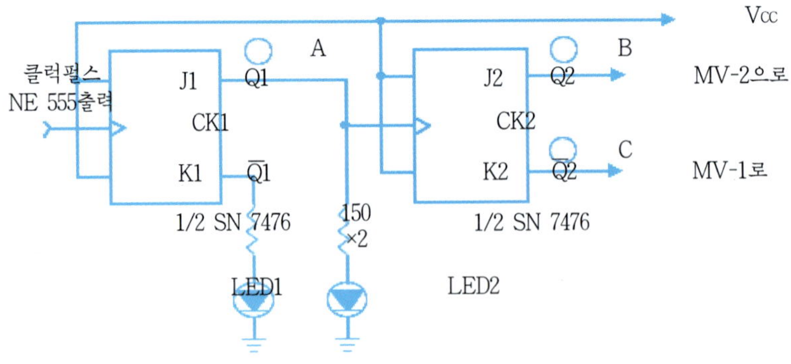

그림 15-138
4분주회로

JK 플립플롭을 이용한 4진회로이다. SN7476은 2개의 JK 플립플롭으로 구성되어있다. 그림에서 보면 1/2 SN7476이라 표시되어 있음을 확인할 수 있을 것이다. 이것은 이 소자가 두 개의 JK 플립플롭을 사용하지만 실제로 이 실험에서 1개만 사용하기 때문에 그렇게 표현한 것이다. Q2의 출력은 NE555의 비안정성 발진 출력에 의해 4분주되므로 [그림 15-139]처럼 나타나게 된다.

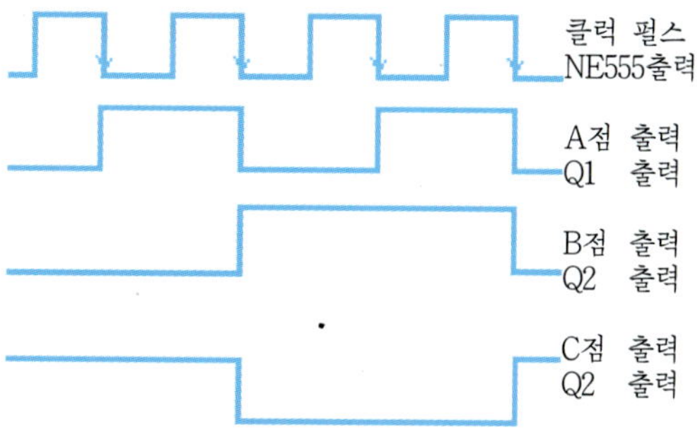

그림 15-139
입력파형과 출력파형의 변화

이 소자에 특성에 의해 LED 소자가 점멸 상태를 보일 수 있는 것이다.

① 회로의 결선 상태를 확인하기 위해 ERC 테스트를 실시한다.

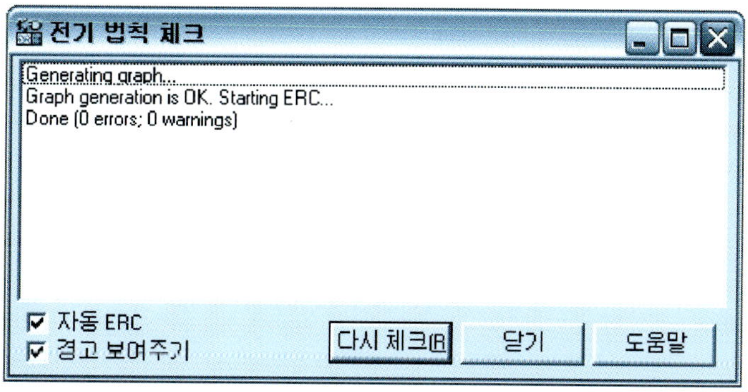

그림 15-140
ERC 테스트 결과

② 과도작용 모드를 선택한다.

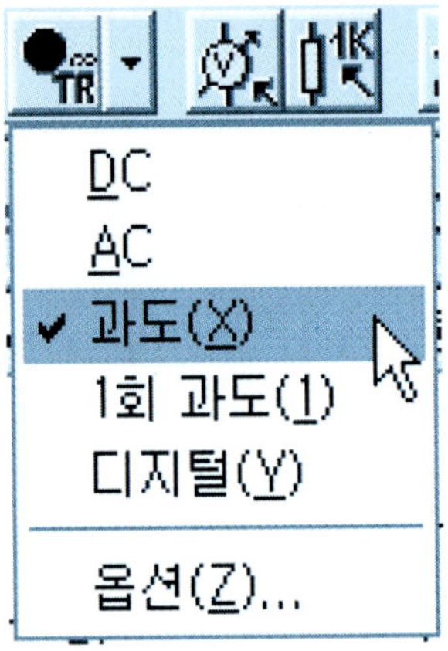

그림 15-141
과도작용 모드 선택

15 - 20 8진 업/다운 카운터

① 다음과 같이 회로를 결선하라.

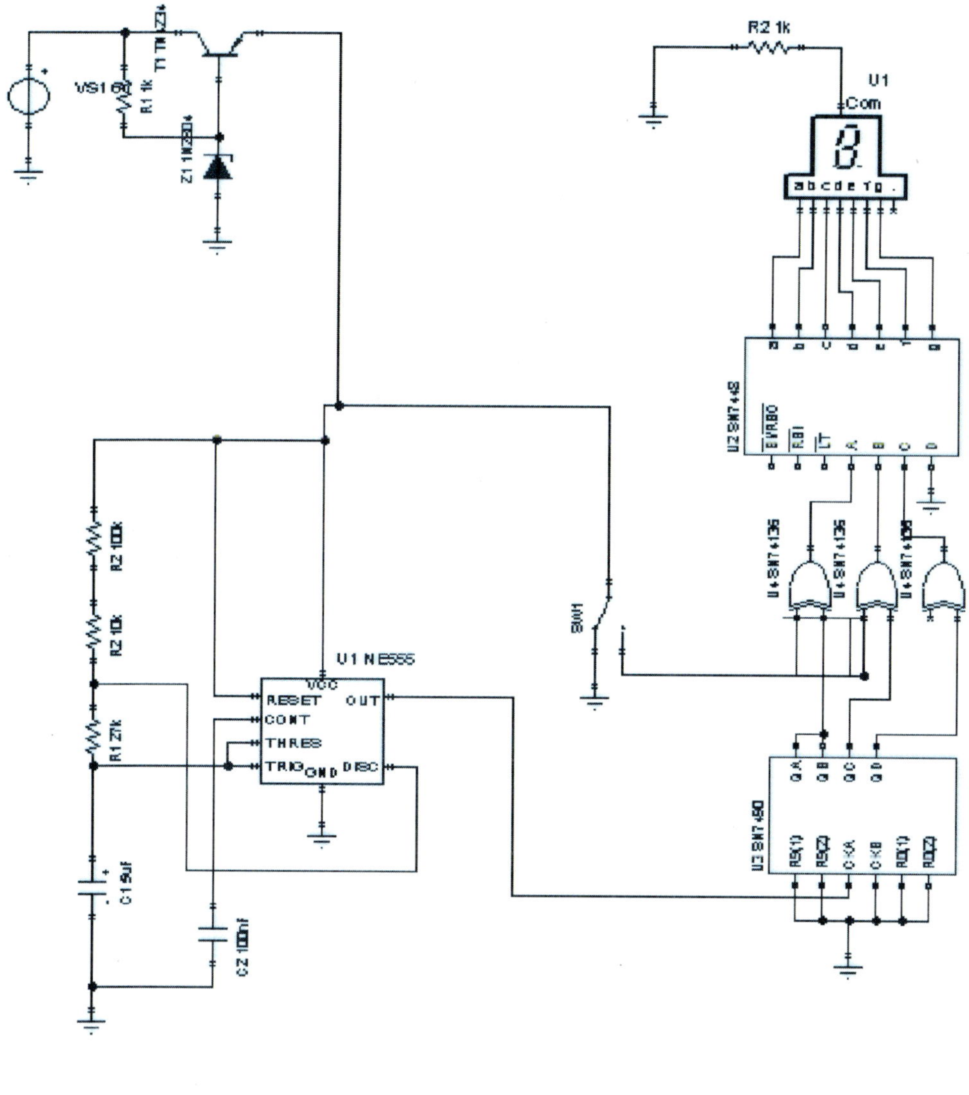

그림 15-142
8진 업/다운 카운터

8진 업/다운 카운터는 수를 하나씩 세어 위로 카운터하고, 또 아래로 카운터할 수 있는 회로이다. 이 회로는 FND를 이용하여 계수하는 상태를 보여 주도록 설계되어 있다. 이 회로는 정전압 전원회로, 비안정 발진회로, 8진 카운터 회로, 업/다운 카운터 회로, 7세그먼트 디코더/구동회로로 구성되어 있다.

1. 정전압 전원회로

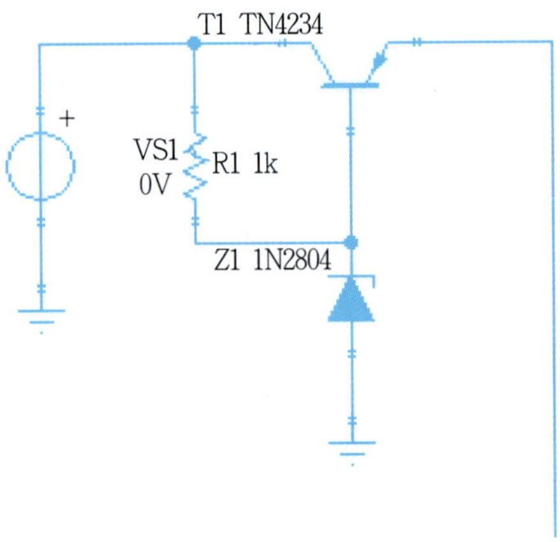

그림 15-143
정전압 전원회로

DC 9V의 입력을 받아 TR과 제너 다이오드에 의해 +6V의 정전압 전원을 얻을 수 있다.

여기서 9V가 제너 다이오드에 역방향으로 인가됨을 주의하라.

2. 7세그먼트 디코더/구동회로

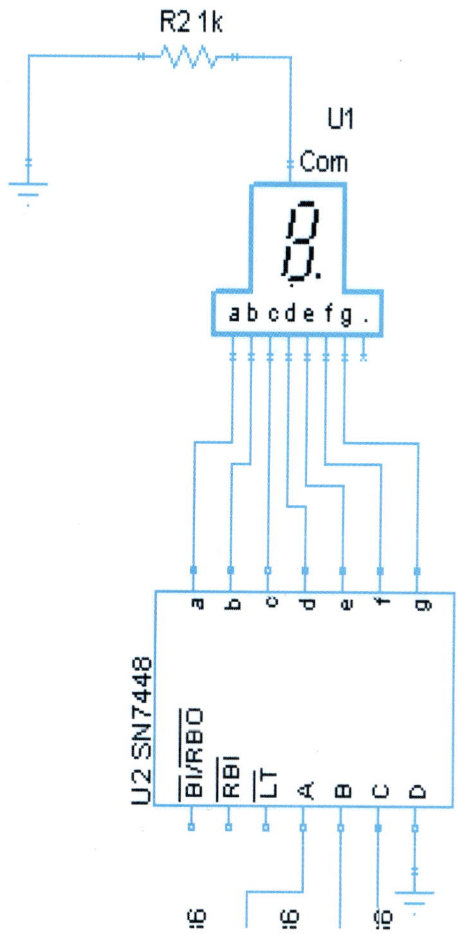

그림 15-144
7세그먼트 디코더/구동회로

SN7448은 3개의 입력으로 0~9까지 카운트되도록 한다. SN7448의 6번 핀을 접지하여 10진 디코더의 기능을 가진 8진 디코더회로로 구성한다. 여기서 1k 저항은 FND를 보호한다. 그로 인해 표시되는 숫자의 밝기가 달라진다.

3. 비안정 발진(MV)회로

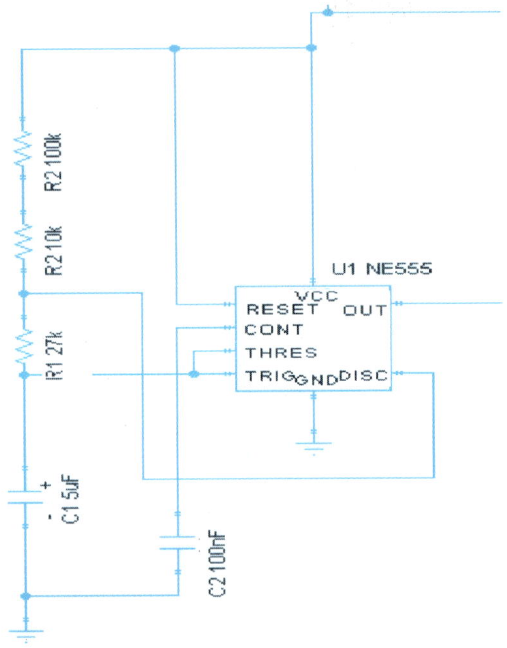

이 회로는 NE555를 이용한 비안정 발진회로이다. 가변저항을 이용하여 출력 펄스파의 주파수를 가변할 수 있다.

4. 8진 카운터 회로

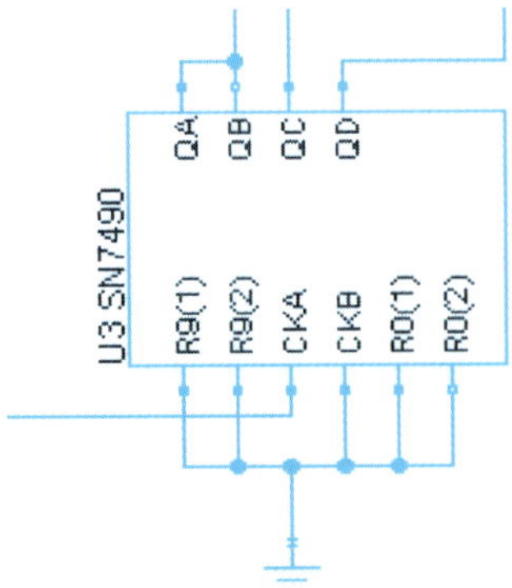

그림 15-145
8진 카운터 회로

SN7490을 이용한 8진 카운터이다. SN7490은 2진과 5진 카운터가 내장되어 있는데 이들을 이용해서 10진 및 8진 카운터를 만들 수 있다.

5. 업/다운 카운터 전환회로

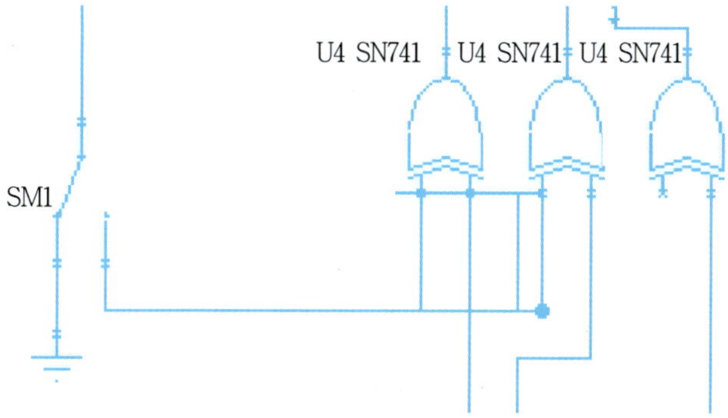

그림 15-146
업/다운 카운터 전환회로

SN7586은 Exclusive OR(XOR) 게이트가 내장된 IC이다. 업/다운 카운터 전환회로는 XOR 게이트를 이용해 업 카운트나 다운 카운트를 할 수 있도록한 회로이다.

한번쯤은 게이트에 관한 신리표를 작성해 보는 것이 회로이해에 많은 도움을 줄 것이다.

① ERC로 회로 결선 상태를 확인한다.

② DC 상호작용 모드로 설정한다.

15-21 2진-10진 변환기

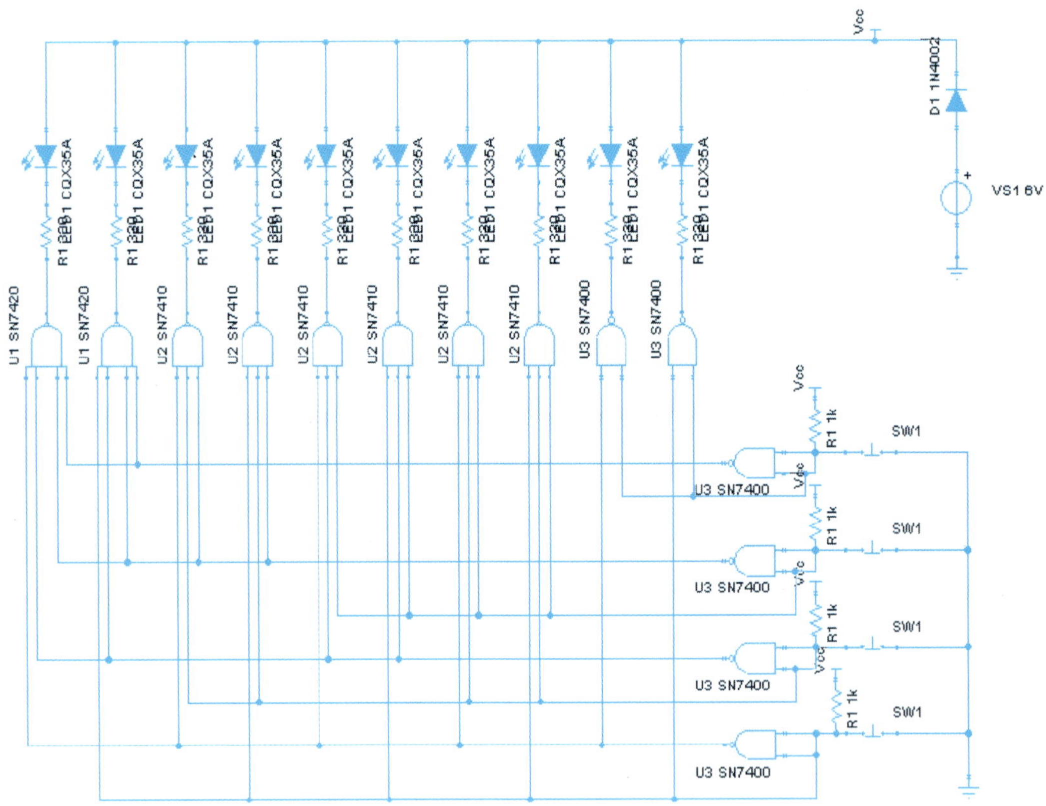

2진 - 10진 변환기는 4비트의 2진수를 입력으로 받아 10진수로 표현해 주는 회로이다. 2진수 입력은 스위치를 이용하고, 10진수 표현은 LED로 한다.

이 회로는 전원회로, 2진 입력회로, 10진 디코더 회로, LED 구동 회로로 구성되어 있다.

1. 전원회로

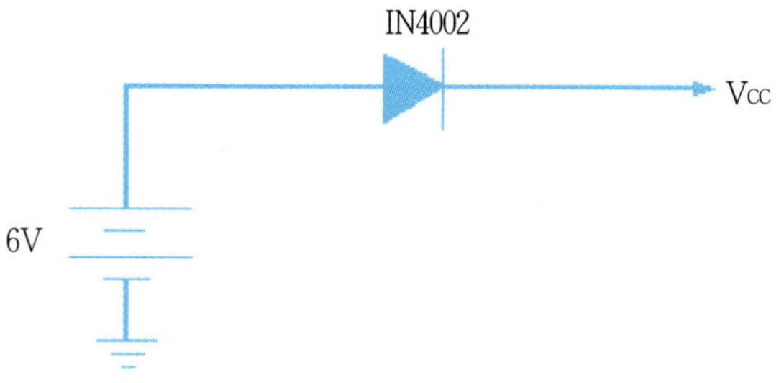

그림 15-147
전원회로

다이오드 이용 전원회로는 PN접합 다이오드가 순방향 전압이 인가되었을 때 전압강하가 발생하는 것을 이용한 것이다.

2. LED 구동회로

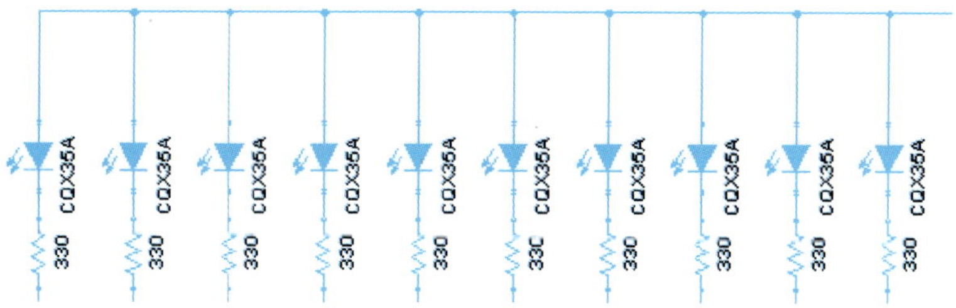

그림 15-148
LED 구동회로

LED는 "L"되어야 점등되고, "H"는 소등된다.

3. 10진 디코더 회로

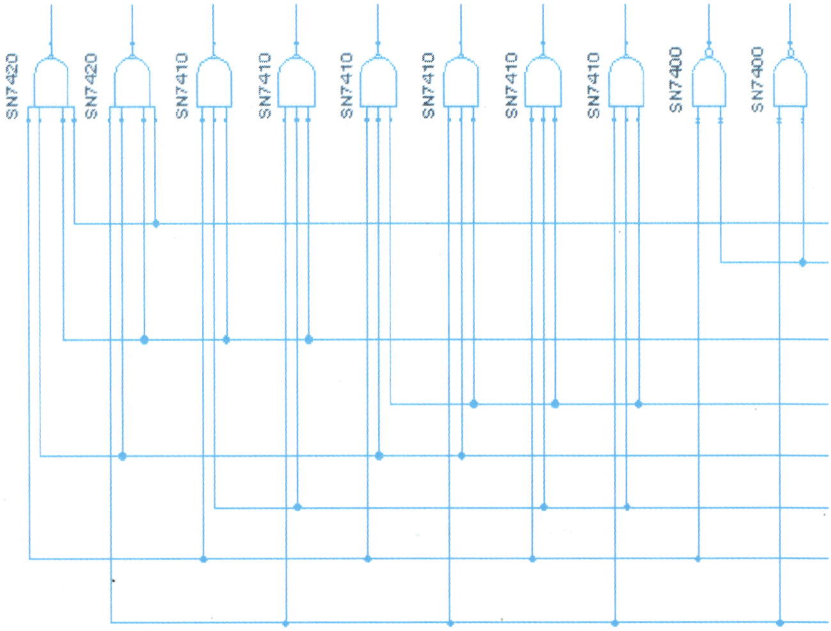

그림 15-149
10진 디코더 회로

2진을 받아 10진수로 출력하는 회로이다. 회로를 살펴보면 스위치의 상태에 따라 해당되는 NAND 게이트의 입력은 모두 "H(=1)"임을 알 수 있다. 또한 모든 NAND 게이트의 입력이 4개씩이 아님을 알 수 있는데, 이것은 회로가 간략화되었기 때문이다.

4. 2진 입력회로

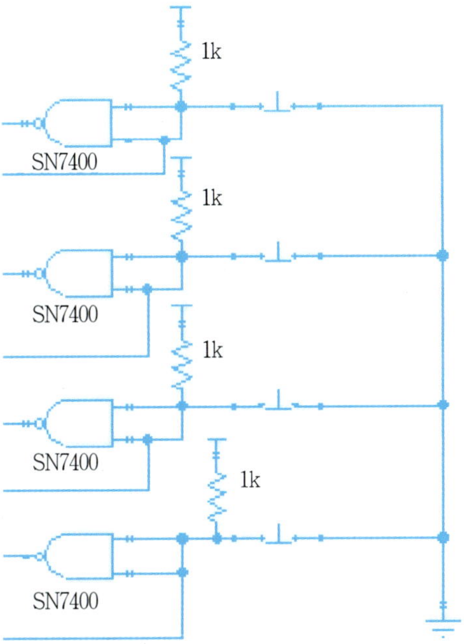

그림 15-150
2진 입력회로

① 회로를 결선하라.

② DC 상호작용 모드로 설정하라.

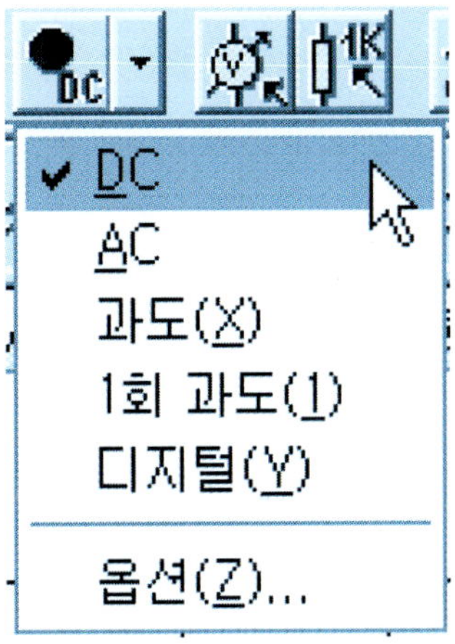

그림 15-151
DC 상호작용 모드 설정

15-22 6진 디코더 회로

6진 디코더 회로는 2진수의 입력을 받아 6진수로 표현해 주는 회로이다. 2진수 입력은 스위치를 이용하고 6진수 표현은 LED로 표시한다.

이 회로는 전원 회로, 기억 회로, 신호전달 디코더 회로와 LED 구동 회로로 나눈다.

1. 전원회로

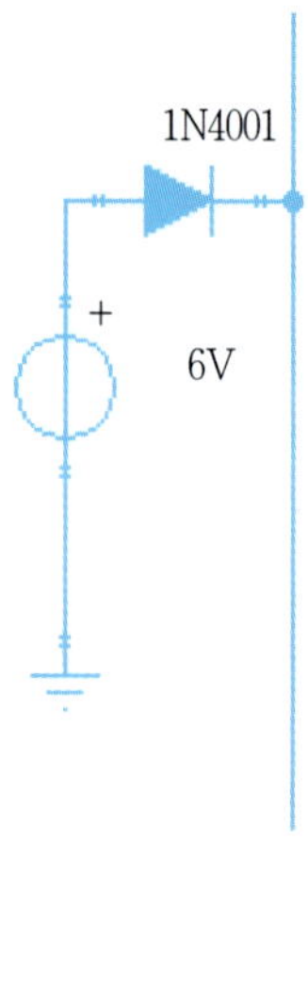

그림 15-152
전원회로

다이오드 이용 전원 회로는 PN접합 다이오드가 순방향 전압이 인가되었을 때 전압강하가 발생하는 것을 이용한 것이다.

2. 신호전달 디코더 회로와 LED 구동회로

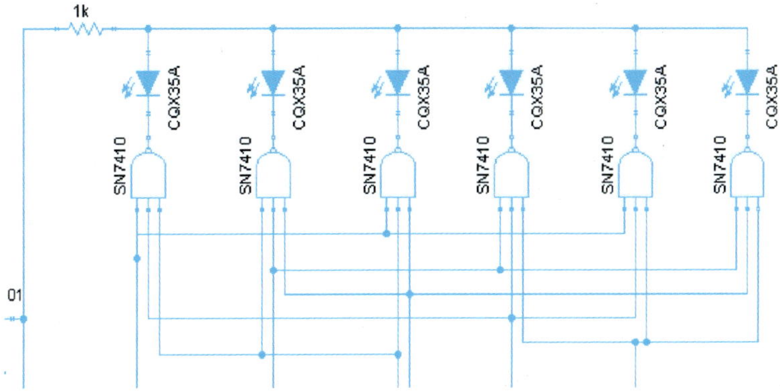

그림 15-153
신호전달 디코더 회로와 LED 구동회로

기억회로의 RS-FF부분과 스위치 부분은 간략화시켜 놓았다. 이 회로는 NAND 게이트를 이용한 3X6 디코더 회로이다. 이 회로는 3bit의 2진수를 6진수로 표현해 주는 회로이다.

3. 기억회로

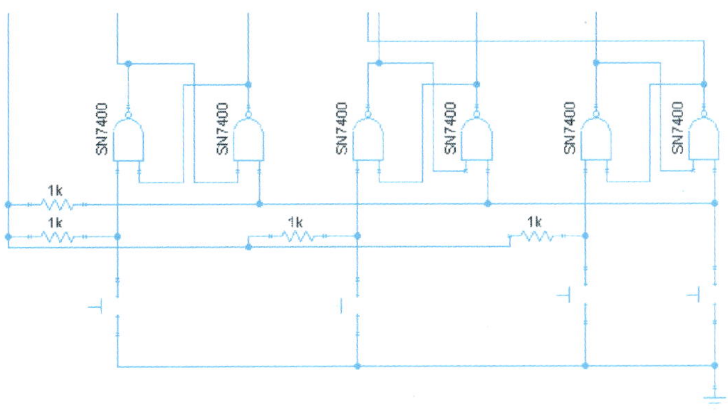

그림 15-154
기억회로

RS-FF(Latch-FF)을 이용한 기억 회로이다. 동작방식은 [그림 15-155]와 같다.

① 리세트 스위치 ON, 세트 스위치 OFF → Q=0, $\overline{Q}$=1
② 리세트 스위치 OFF, 세트 스위치 ON → Q=1, $\overline{Q}$=0
③ 리세트 스위치 OFF, 세트 스위치 OFF → Q=전상태 유지
④ 리세트 스위치 ON, 세트 스위치 ON → Q=$\overline{Q}$=1이 되므로 이것은 금지되어야 한다.
⑤ 1KΩ은 풀-업(pull-up) 저항이다.

그림 15-155
RS-FF의 동작 방식

① 회로를 결선하고 ERC 회로검사를 한다.

② 과도상태작용 모드를 선택한다.

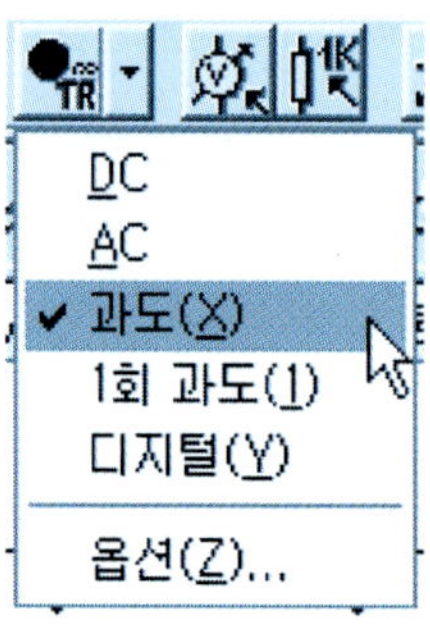

그림 15-156
과도 상태작용 모드 설정

③ 회로 아래의 스위치를 움직여서 상태를 확인한다.

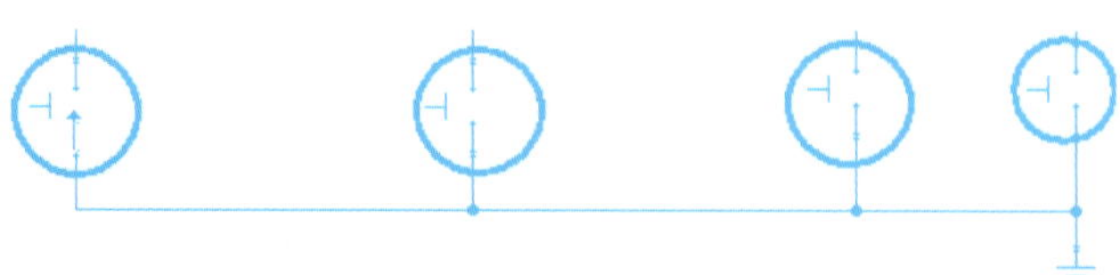

그림 15-157
스위치 작동

15 - 23 카운터 선택 표시회로

카운터 선택 표시회로는 숫자를 요구하는 간격으로 셀 수 있는 회로이다. 이때 스위치와 LED를 이용해 1, 2, 3에서 .10까지 세거나 2, 4, 6에서 10을 세는 것을 보여준다.

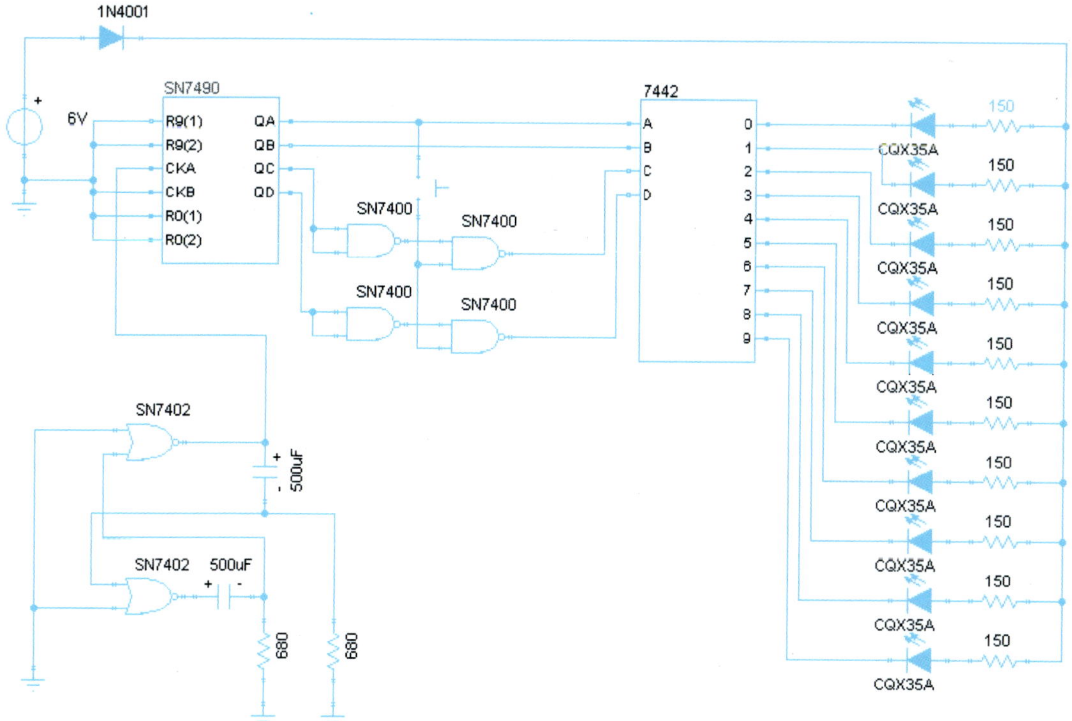

이 회로는 전원 회로, 비안정 발진 회로, 10진 카운터 회로, 카운터 선택 회로, 2진을 10진으로 바꾸는 디코더 회로로 구성된다.

1. 전원 회로

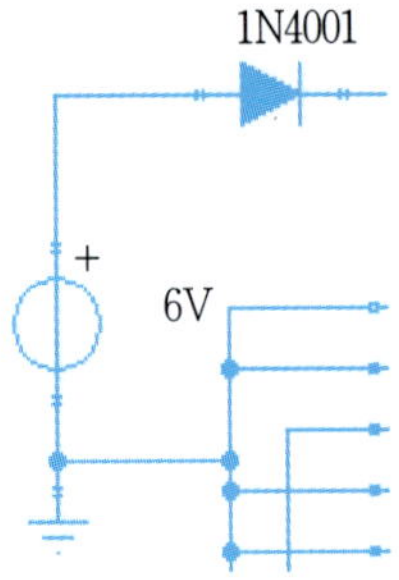

그림 15-158
전원 회로

다이오드 이용 전원 회로는 PN접합 다이오드가 순방향 전압이 인가되었을 때 전압강하가 일어나는 것을 이용한다.

2. 10진 카운터 회로

SN7490을 이용한 10진 카운터이다. SN7490은 2진 및 5진 카운터를 내장하고 있으므로 2진 카운터의 출력단자(12번)와 5진 카운터의 입력단자(1번)을 연결하여 10진 카운터로 이용한다. 동작방식은 다음과 같다.

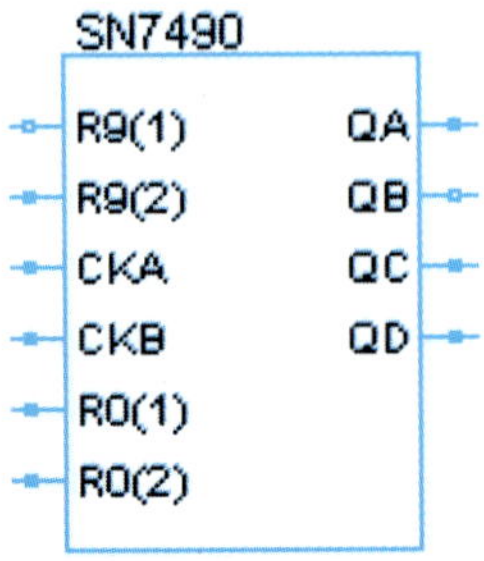

그림 15-159
10진 카운터 회로

■ 동작상태

- 10분주는 비동기식 카운터이다.
- 출력은 BCD로 나타낸다.
- R0(1)(2번), R0(2)(3번), RS(1)(9번), RS(2)(7번)은 접지하여 "L"상태로 한다.
- A입력 (14번)에 NOR 게이트를 이용한 MV출력을 연결한다.
- 출력은 클럭 펄스가 하강할 때 변화한다.

3. 카운터 선택 회로

SN7400을 이용한 카운터 선택 회로이다. 동작방식은 다음과 같다.

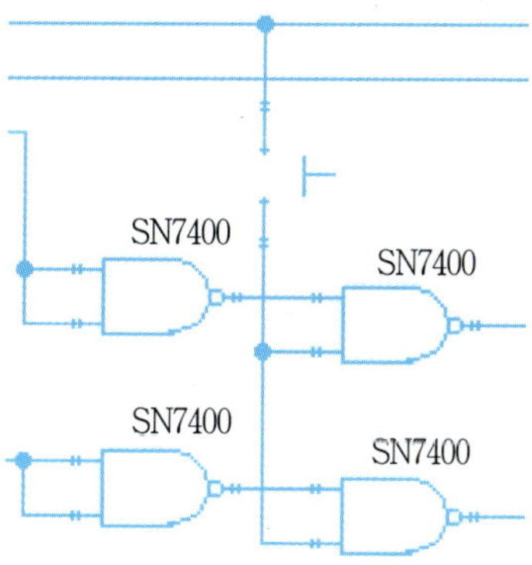

그림 15-160
카운터 선택회로

■ 동작상태

- A= QA
- B = QB
- 스위치 OFF시에는 Y는 게이트가 개방상태로 항상 "H"

$$C = \overline{\overline{Qc}Y} = Qc + \overline{Y}$$

$$D = \overline{\overline{Qd}Y} = Qd + \overline{Y}$$

- 스위치 ON시에는 Y는 QA상태

$$C = \overline{\overline{Qc}QA} = Qc + \overline{QA}$$

$$D = \overline{\overline{Qd}QA} = Qd + \overline{QA}$$

- 스위치 OFF시 0~9까지, LED1~LED10까지 카운터한다.
- 스위치 ON시 1,3,에서 9까지, LED2, LED4… LED10까지 카운터한다.

4. 2진-10진 변환 디코더회로

SN7442를 이용한 2진 - 10진 디코더 / 드라이브와 이를 확인할 수 있는 LED 구동 회로이다. 150옴의 저항은 LED 보호 저항들이다. 10개를 달아서 모든 LED의 밝기를 균일하게 해준다.

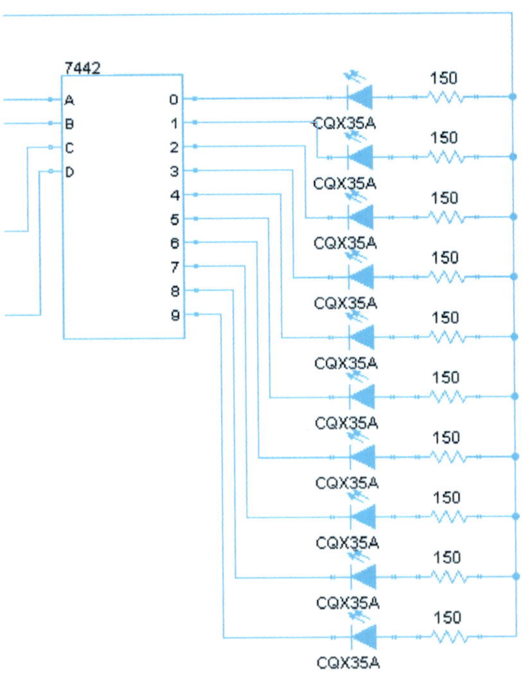

그림 15-161
2진-10진 변환 디코더 회로

- 이 회로를 결선한 뒤 ERC 테스트로 회로 이상유무를 확인한다.
- 과도 상호작용 모드를 선택한다.

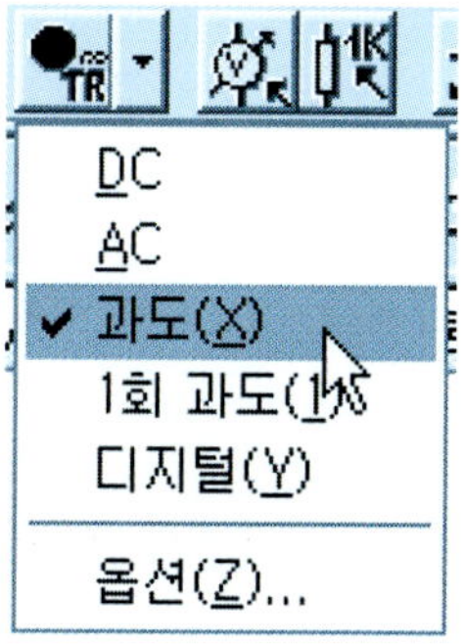

그림 15-162
과도상호작용 모드 설정

③ 회로에 있는 스위치를 작동시켜서 변화를 확인한다.

15-24 전자룰렛

전자룰렛은 펄스를 발생시켜 카운트하고 이것을 20개의 LED를 통하여 링카운터 형태로 보여준다. 펄스 발생을 중단시키면 임의의 LED에서 점등된 채 카운트가 멈춰 마치 룰렛게임을 하는 것과 같이 설계된 회로이다.

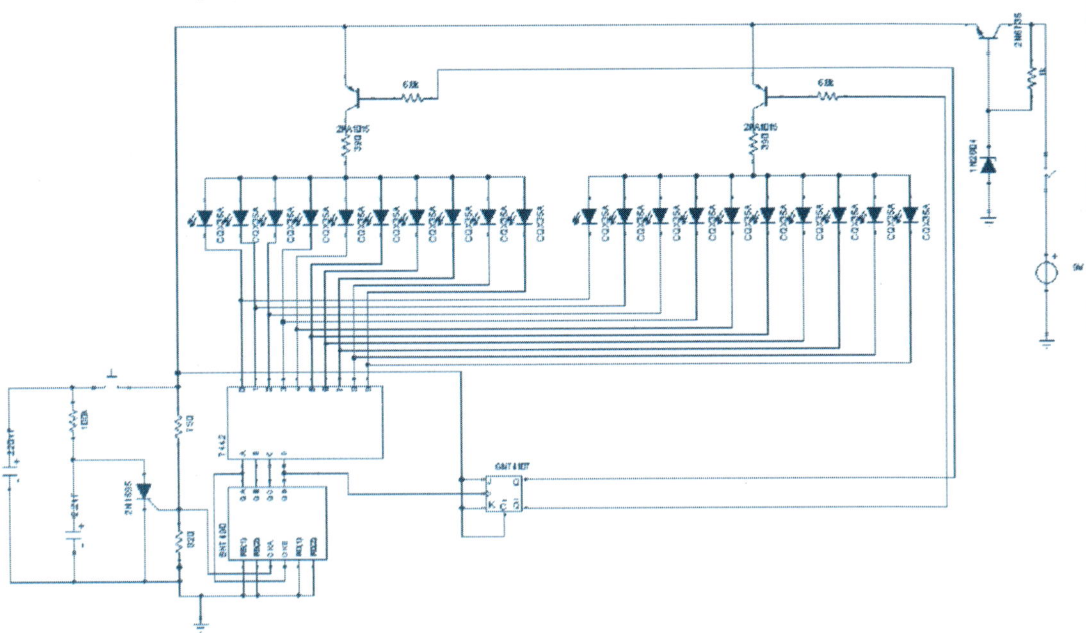

그림 15-163
전자룰렛

이 회로는 전원 회로, 펄스발생 회로, 카운터 회로, 디코더 회로 및 LED 구동 회로, 2분주 회로로 구성된다.

1. 전원 회로

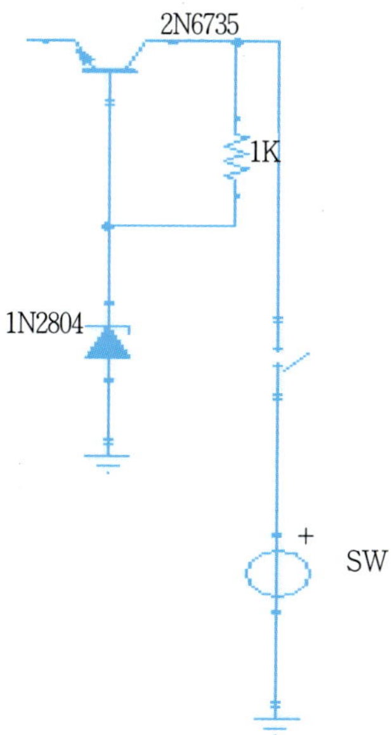

그림 15-164
전원회로

DC 9V의 입력을 받아 TR과 제너 다이오드에 의해 +5V의 정전압 전원을 얻을 수 있다.

이 회로는 과부하에 대한 보호 특성이 나쁘나, 전압의 안정범위가 넓다. 과부하에 대한 TR의 파괴를 방지하기 위한 보호 회로가 필요하다. 이 회로의 동작은 다음과 같다.

■ 동작설명

- 인가전압은 +9$\overline{V}$는 제너 다이오드에 역방향 바이어스로 인가되어 역포화전류가 흐른다.
- TR은 ON되어 (C-B간 역방향, E-B간 순방향) VCC는 VCC = 5$\overline{V}$ −0.6$\overline{V}$ = 4.4$\overline{V}$가 된다.

2. 펄스 발생 회로

PUT(Programmable UJT)를 이용한 발진 회로이다. 동작순서는 다음과 같다.

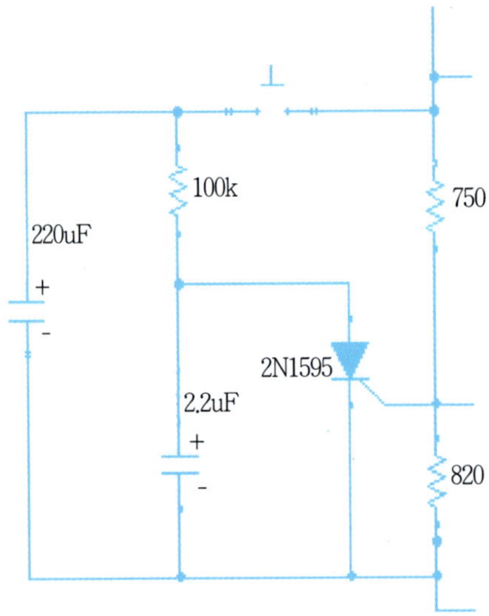

그림 15-165
펄스발생회로

■ 동작순서

- **START SW OFF시**

① PUT의 게이트 전압

$$Vg = \frac{R3}{(R2+R3)} \times Vcc$$

② 커패시터의 충전전압은 $0\overline{V}$ 이므로 PUT의 애노드 전압이 게이트 전압보다 낮아 발진하지 못한다.

- **START SW ON 후 OFF시**

① C_1 충전, C2 충전

② 애노드 전압 VA ≥ VG +0.7 되면 VA > VK 이므로 AK간은 ON

③ C_2 방전이고 VA=⑩이면 C_1의 충전전하에 의해 재충전되어 AK간이 ON되는 동작이 되풀이하며 발진

④ C_1이 방전 완료되면 발진 중지

3. 카운터 회로

SN7490을 이용한 10진 카운터이다. SN7490은 2진 및 5진 카운터를 내장하고 있으므로 2진 카운터의 출력단자 (12번)와 5진 카운터의 입력단자(1번)을 연결하면 10진 카운터로 이용한다. 이 회로의 동작상태는 다음과 같다.

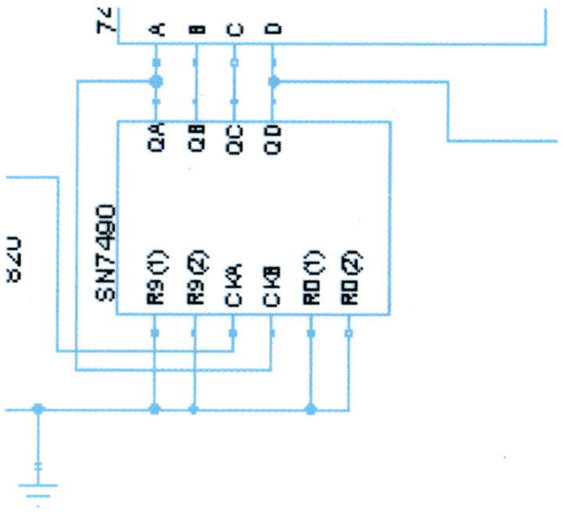

그림 15-166
카운터 회로

■ 동작상태

- 2진과 5진을 직렬로 연결한 10진 카운터는 비동기식 카운터이다.
- 출력은 BCD로 나타낸다.
- R0(1)(2번), R0(2)(3번), RS(1)(9번), RS(2)(7번)은 접지하여 "L"상태로 한다.
- A입력 (14번)에 NOR 게이트를 이용한 MV출력을 연결한다.
- 출력은 클럭 펄스가 하강할 때 변화 한다.

4. 2분주 회로

SN7473을 이용한 2분주 회로이다. 정확히 말하면 JK-FF을 이용한 2분주 회로이다. 이 회로는 LED1그룹과 LED2 그룹의 동작을 전환하기 위한 회로이다.

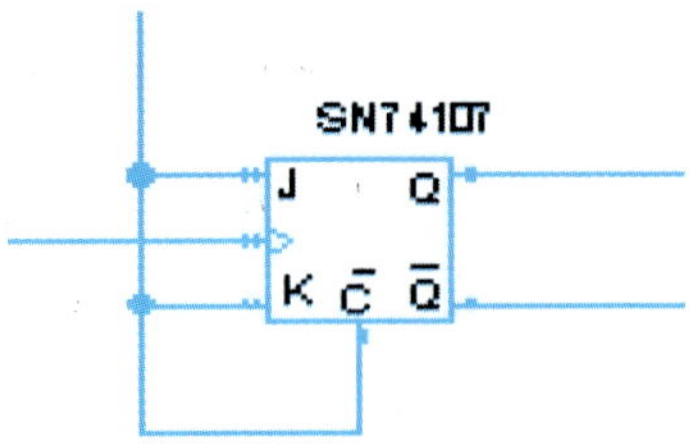

그림 15-167
2분주 회로

결선상태는 J, K, CLR이 모두 VCC 에 연결되어 "H"이므로 클럭에 의해 무조건 반전된다. 이것을 T-FF라고도 한다.

① 이 회로를 결선하고 ERC 테스트로 회로 이상유무를 확인하라.
② 과도상호작용 모드로 설정한다.
③ 스위치를 작동시켜 변화를 관찰한다.

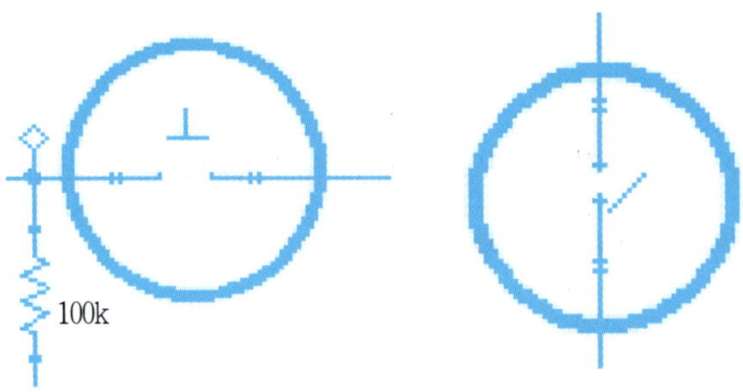

그림 15-168
회로 내 스위치

부 록

여러분이 해석기에서 사용하게 되는 내장 함수가 많이 있다. 이들 함수 중의 일부에 대해서 형식 파라미터(C로 식별)가 있으며, 형식 파라미터들은 복소수를 수용한다.

■ 범용 함수

Sin(x)		x의 사인을 계산
Cos(x)		x의 코사인을 계산
Tan(x)		x의 탄젠트를 계산
Atan(x)		x의 아크탄젠트를 계산
Exp(x)	C	지수함수 ex를 계산
Ln(x)	C	x의 자연대수를 계산, x>0
Sqr(x)	C	x의 제곱을 계산
Sqrt(x)	C	x의 양의 제곱근을 계산
Abs(x)	C	x의 절대값을 계산
Sgn(x)		부호함수 : $\begin{cases} 1, & \text{if } x > 0 \\ 0, & \text{if } x = 0 \\ -1, & \text{if } x < 0 \end{cases}$
Re(x)	C	x의 실수부를 계산
Im(x)	C	x의 허수부를 계산
Arc(x)	C	x의 위상[라디안]을 계산
Sum(f(x))		[0~x] 간격에서 f(x)의 적분 예) Sum(sin(pi))=[2]

Integ(Expression(τ), Limit1, Limit2, τ)		[Limit1~Limit2] 간격에서 표현식(τ)의 적분
		적분 변수는 τ이다.
		예1) Function Con(t);
		Begin
		Con := t;
		End;
		Integ(Con(t),0,1,t)=[0.5]
		예2) Integ(Con(t), 0, x, t)은 $\int_0^x cont(t)dt$을 의미한다.

D(f(x))		x에서 f(x)의 미분 예) D(sin(0))=[1]
Periodic(x, y)		y가 주기 값인 곳에서 함수는 y에 따라서 x를 [0~y] 간격으로 변환한다. 예) Periodic(5.3, 2)=[1.3]
Not(x)		x의 부정을 계산
RadToDeg(x)		x의 라디안을 각도로 변환
DegToRad(x)		x의 각도를 라디안으로 변환

■ **전기공학 응용을 위한 특수 함수**

$Replus(x,y)=\dfrac{x*y}{x+y}$	C	병렬 임피던스의 계산
$E(x)=\begin{cases}0, \text{ if } x\le 0\\1, \text{ if } x>0\end{cases}$		단위 계단
$D(b)x=20*\lg(x), \quad x>0$	C	데시벨로 값을 계산

찾아보기

저자 약력

■ **남 상 엽**

- 공학박사
- 삼성종합기술원 정보시스템연구소 근무
- 모토로라 반도체통신(주) 기술연구소 근무
- (현) 경문대학 정보통신과 교수

■ **진 경 수**

- 공학박사
- (주) 광전자 기술연구소 근무
- (현) 충북과학대학 바이오일렉트로닉스과 교수

■ **박 용 후**

- (현) (주)ED 대표이사

전자회로 설계 및 응용

2006년 7월 15일 1판 1쇄 발행

저 자 남상엽 · 진경수 · 박용후
발행인 남 승 우

발행처 도서출판 상尙 학學 당堂
서울특별시 동작구 사당3동 220-43
TEL : 02) 595-1692~4
FAX : 02) 595-1394
E-mail : namdoo6@unitel.co.kr
신고 : 2-155호 (1968. 11. 29)

정가 29,000원

ISBN 89-85437-19-4 93560

임베디드 시스템 구성도 EMBEDDED SYSTEM

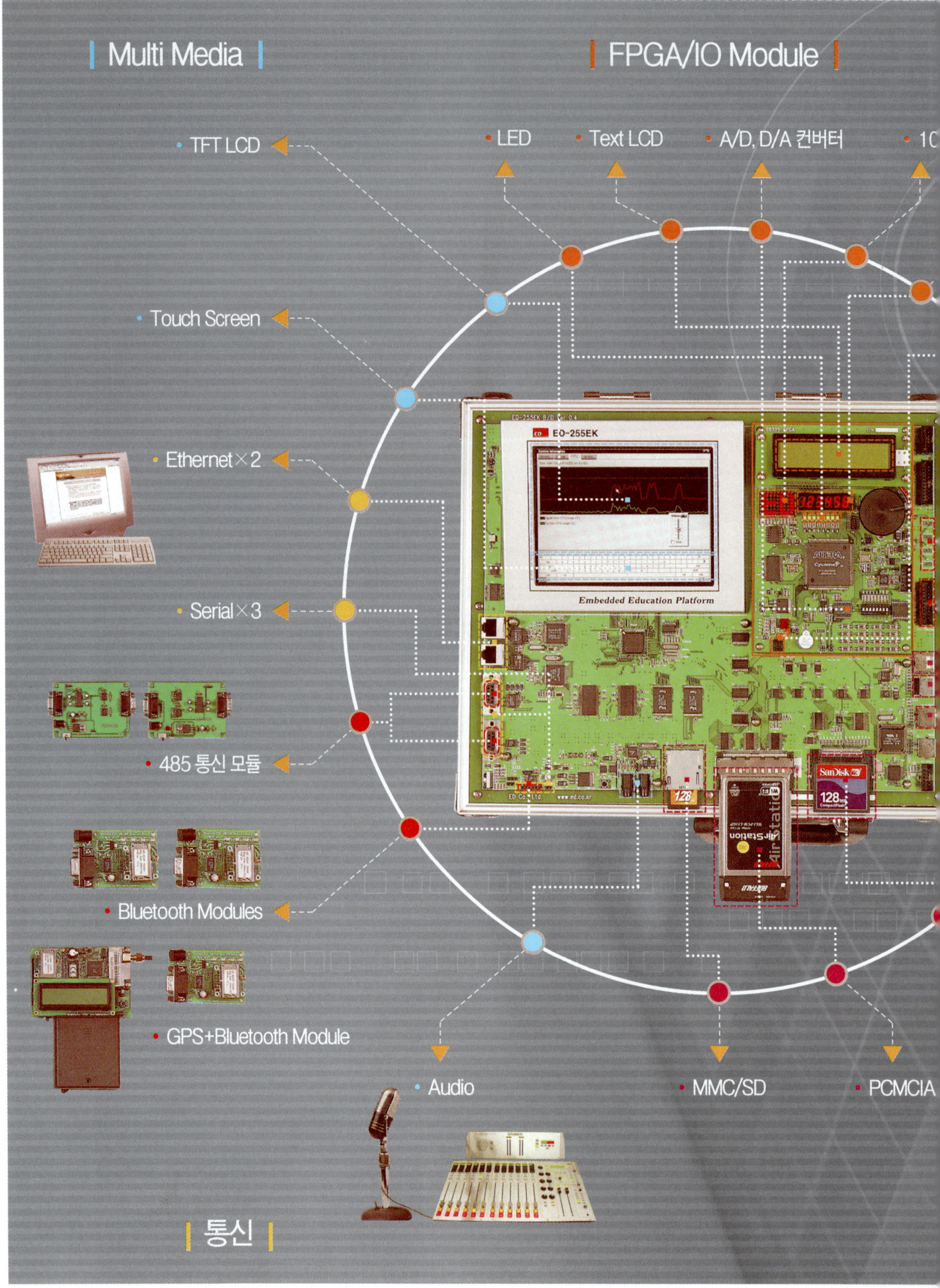

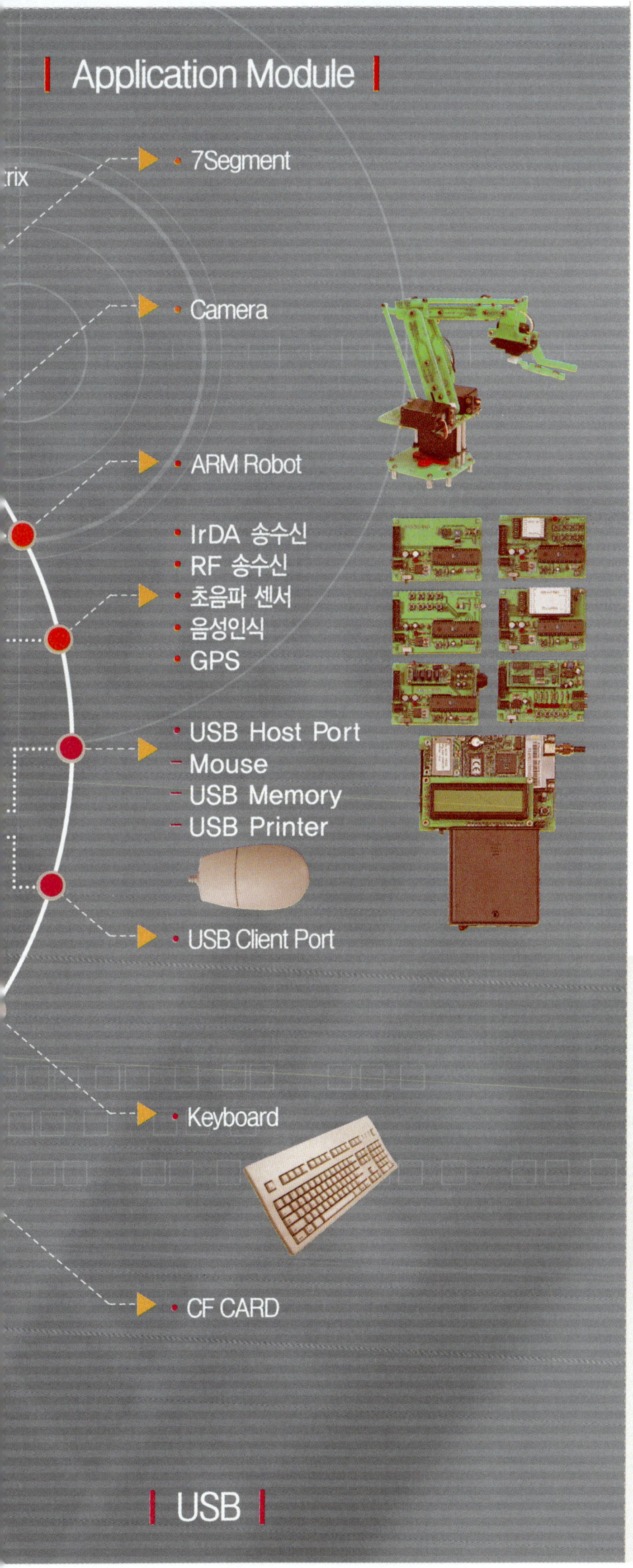

임베디드 응용 시스템 활용 구성
(Embedded System)

ED-255EK

Intel XScale PXA255 400MHz의 저전력 고성능의 프로세서를 채택하였으며 이 실습 장비를 이용하여 네비게이션, Bluetooth, PDA, 라우터, 웹 패드 등 보다 빠른 IT장비들을 개발하기 위한 임베디드 실습 및 개발 솔루션을 제공합니다.

풍부한 시스템 제원

Flash 32Mbyte, SDRAM 128Mbyte, 10Mbps Ethernet 포트와 10/100 Ethernet 포트, Wireless LAN을 지원하여 다양한 네트워크 디바이스를 경험할 수 있으며 USB 1.1/2.0Host/Client, UART, 6.4˝ TFT LCD, AC' 97 Codec, RTC와 Multi Media Card들인 PCMCIA, CF, MMC/SD Card를 지원하여 시스템 활용을 극대화 시켰습니다.

12만 Gate FPGA 지원

임베디드 시스템과 독립적으로 또는 병행하여 시스템을 운용할 수 있으며 직접 VHDL코드로 설계하여 LED, Text LCD, A/D, D/A 컨버터, 7-Segment, Dot Matrix, Step Motor, Buzzer, CMOS Image Sensor 등을 설계하고 응용할 수 있습니다.

확장 어플리케이션 시스템 지원

ED-255EK장비의 활용을 극대화하기 위해 다양한 어플리케이션 모듈과 이 모듈들을 설명하는 교재도 같이 제공하고 있습니다. 모듈은 GPS, 초음파, IrDA, RF, 485통신, Bluetooth, 음성인식, ARM Robot 등이 있으며 현재 필드 에서 많이 사용되는 것들로 구성을 하였습니다.

임베디드 시스템 응용 모드

▶ Application Module
- 음성인식 • Robot • ARM로봇 • IrDA
- RF • GPS • Bluetooth • 초음파

▶ FPGA/IO(Option) Module
- FPGA/IO • 20X2 Text LCD • Key Pad
- AD/DA • Motor • Camera • LED • Buzzer

▶ 통 신
- 네트워크 장비 • 인터넷 • 홈 네트워크 • Webserver

▶ Multi Media
- Audio • Display • MP3 • 동영상 플레이

▶ USB
- 입력/저장/출력 • Multi Media • Webcam • Printer

임베디드 토탈솔루션

Embedded Training System

Model : ED-255EK

특징

- Embedded Linux의 기초에서 고급과정까지 다양하게 실험 실습
- 인텔 PXA255 (400MHz) 고성능 마이크로프로세서 사용
- 6.4″ TFT LCD, Ethernet 2Port, Serial 3Port, PCMCIA/CF/MMC등 다양한 인터페이스 지원
- FPGA Chip인 Altera Cyclone 120,000Gates를 탑재하여 SoC 과정까지 연동하여 교육
- 안정적인 하드웨어, 풍부한 실습 프로그램 및 이해가 쉽도록 구성된 실습 교재 제공

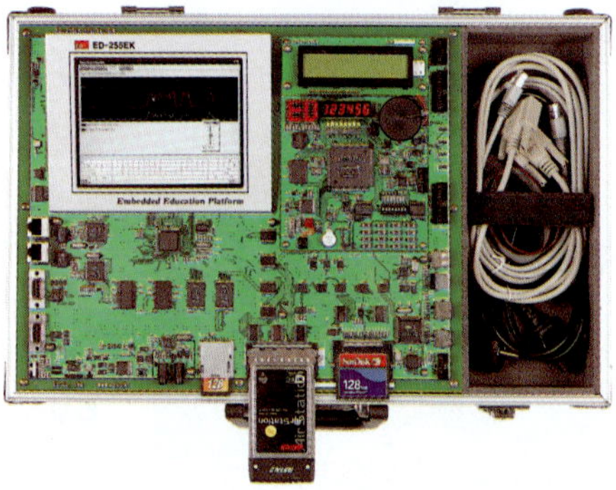

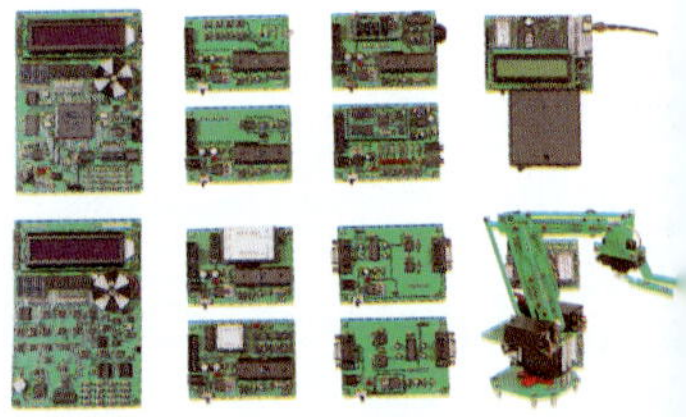

Options

실험실습내용

- 개발환경 구축 실습
- 부트로더, 커널포팅 실습
- WinCE, Embedded Linux 등의 OS 포팅 실습
- Ramdisk 제작 및 파일시스템 구축 실습
- 다양한 입출력 Device Driver 제작 실습
- 멀티미디어, 네트워크 등 다양한 응용프로그램 개발 실습
- GUI 응용프로그램 제작 실습

규격

CPU	Intel XScale P×A 255
Memory	FLASH (32Mbyte) SDRAM (128Mbyte) SRAM (1Mbyte)
Display	TFT LCD / Touch-Screen (6.4inch, 16bits Color, 640×480)
Interface	Ethernet (2port), Serial (3port), USB (Host, Client), PS/2 Port PCMCIA, CF, MMC/SD, RTC, IrDA, I²C
Control	Status LED
Audio	Stereo I/O (Cirrus CS4202)
확장 핀	Ext. I/O, App. I/O, Bluetooth I/O, Servo Motor, I2C I/O
Debug	Multi-ICE, JTAG
일반사양	외형크기 : 490(W)×160(H)×320(D)mm
Software	Boot Loader (uboot-1.0.0), Kernel (Linux-2.4.19) File System (Ramdisk : Image, Source) Application : Network Application Source, Qt/Embedded Image, Graphic & Text Display Control Device Driver : AC97 Audio Codec, ADS7846 Touch-Screen, PCMCIA, MMC/SD, CF Card, Ethernet
FPGA Module (기본) I/O Module (Option)	Altera FPGA Cyclone 120,000Gates (FPGA Module) CMOS Camera (FPGA Module), AD/DA 컨버터, Dot Matrix (10×7) 8-Status LED, 4×4 Key Switch, 8P DIP Switch, 20×2 Line Text LCD Stepping Motor, Buzzer
Option Modules	Bluetooth Module, GPS, 음성 인식, Robot Arm, IrDA 송수신, 초음파, RF 송수신, 485 송수신

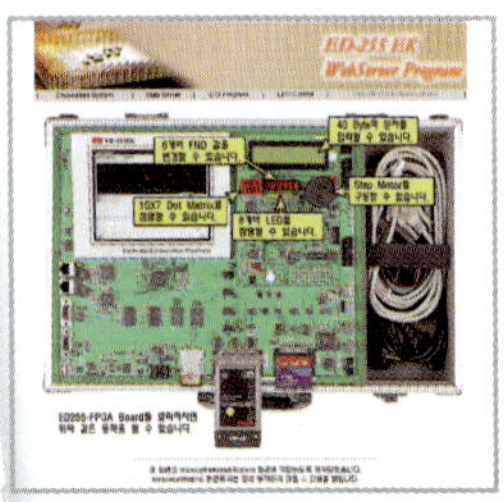

Web Server 프로그램

-Web Server를 통한 원격 제어

-Dot Matrix, LED, Text / Graphics LCD, 7Segment, 스텝 모터 제어

제품문의 : 031-730-7362 www.ed.co.kr

SoC 토탈솔루션

System on a Chip Training System

Model : ED-SoCwinner

특징

- 10만, 40만, 100만 Gates 모두 사용 가능한 통합 Platform으로 구성
- 마이크로 프로세서인 ARM922T를 내장, 쉽고 빠른 OS 탑재가 가능
- Ethernet, UART, IDE, VGA Port, USB, PCMAIA 등의 주변 장치들을 다양한 IP 검증 및 OS를 이용한 디바이스 제어가 가능
- PCI Master / Slave 설계 구현 및 테스트
- 640×480 6.4″ TFT LCD와 CMOS Image Sensor를 이용하여 멀티미디어 장비 구현 가능
- Xilinx Vertex II 3,000,000 ~ 8,000,000 Gate 디바이스가 장착된 확장 모듈을 지원

실험실습내용

- H/W와 S/W Co-Verification 및 알고리즘
- AMBA AHB Bus 설계 및 검증
- DMA 설계 및 실습
- CMOS Image Sensor를 통한 영상 처리 실습
- IDE를 이용한 대용량 HDD 제어 실습
- AC97 Codec을 이용한 MP3
- 리눅스 디바이스 드라이버를 설계하여 주변 기기 제어
- 리눅스 OS 포팅
- ARM 프로세서 구조 및 개념
- SDRAM Controller 설계 및 실습
- TFT LCD / VGA 포트를 통한 이미지 처리 실습
- Dual Ethernet 을 통한 네트워크 실습
- AD/DA 컨버터 제어 실습
- 다양한 주변기기를 활용한 IP 설계 및 제어

규격

Excalibur	Device (EPXA4F672C3, EPXA10F1020C2, EPXA1F672C3)
	CPU (ARM922T)
	FPGA 10만/40만/100만 Gates
	SRAM (128kbytes) / DPRAM (64kbytes)
Memory	Flash : 32Mbytes (Max. 64Mbytes), SDRAM : 256Mbytes (Max. 512Mbytes)
TFT-LCD	6.4″ TFT Color LCD
VGA	VGA Port
Serial	UART Port (2ea)
Ethernet	10/100Mbps Ethernet Port (2ea)
PS/2	PS/2 Port 2ea for Keyboard / Mouse
USB	USB 2.0 Host / Client Port (2ea)
RTC	Real Time Clock
Audio	AC97 Audio Codec
CMOS Camera	Hynix CMOS Image Sensor
Character LCD	20×2 Character LCD
ADC / DAC	12bit A/D Converter / 14bit D/A Converter
Dot Matrix	5×7 Dot Matrix (2ea)
7-Segment	6×7-Segment
Keypad	4×4 Keypad / DIP S/W (8 Input DIP Switch)
Step Motor	Step Motor
Buzzer	Buzzer
Expansion	Ubiquitous Sensor Network Board (Option)
	FPGA Daughter Board (Option)
	Application Module Port
Debug	JTAG Port, Multi-ICE Port

RFID 토탈솔루션

RFID Application Trainer

Model : ED-3100

특징

- RFID 리더기에 대한 F/W 프로그램 실습
- Air-interface 등의 실험이 가능하도록 다수의 Test Point 제공
- Anti-Collision 기능 지원
- Application Engineer를 위한 OCX Library 제공
- 범용으로 사용되는 13.56MHz I-CODE Type
- Tag에 Data를 Read / Write 가능
- 컨베이어와 연동되는 미니 플랜트 제공 (창고관리, 공정관리, 주차관리 등)
- 탈부착이 가능한 응용 모듈 (출입통제, 물류관리, 자판기 등)

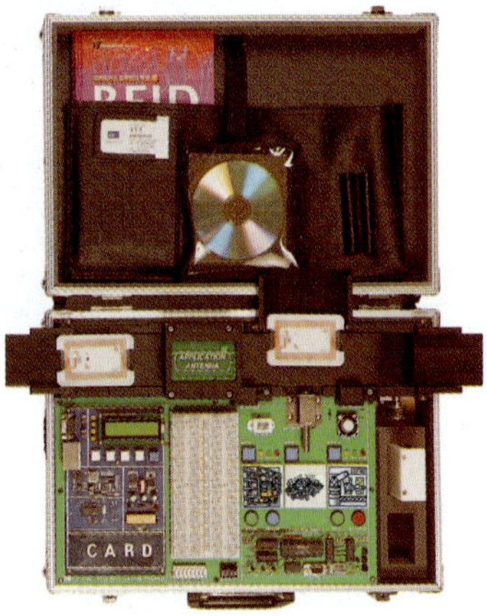

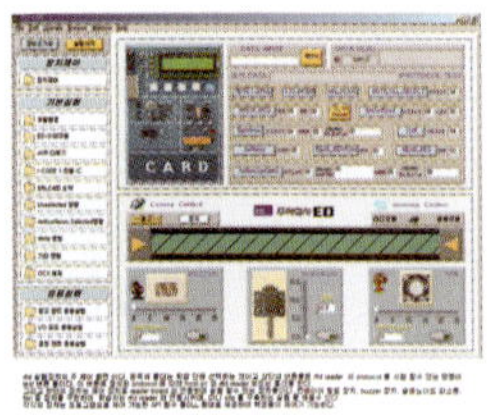

실험실습내용

- 개발환경 익히기 (AVR, JTAG, 컴파일러)
- ED-3100 구성 및 구동법
- 예제를 통한 AVR 장치 학습
- I-CODE1 라벨 IC 학습
- SLRC400 Reader IC 학습
- Unselected 명령어 학습
- Anticollision and Selected 명령
- Write, Selected, Addressed 명령
- 기타명령 (Selected Read, Halt, EAS/Quiet)
- OCX (예제)

규격

RFID Reader	Reader Control CPU	ATMEG128
	Carrier Frequency	13.56MHz ± 1kHz
	Protocol	I-CODE1
	Reading Distance	100mm 내외
	Display	4 Line Character LCD
	입력장치	모드설정용 입력 스위치 4ea
	Interface	RS-232, RS-422
RFID Antenna	2종 (PCB패턴, 플랜트 실습부)	
RFID Tag	13.56MHz I-CODE1 (R/W) : 10ea	
응용모듈	창고관리, 공정관리, I/O확장모드	

유비쿼터스 센서네트워크 토탈솔루션

Ubiquitous Sensor Network Trainer

Model : ED-3120, ED-3160

ED-3120 특징

- 유비쿼터스 센서네트워크 ZigBee (IEEE 802.15.4) 방식 원리 및 개념이해 가능
- 다양한 센서의 장착 및 확장성 확보 (조도센서, 온도센서, 습도센서, 가스센서, 초음파센서)
- 센서네트워크 시스템 교육 및 개발에 필요한 토탈 솔루션을 제공
- 다양한 적응 분야 (운영체제, 네트워크, Security, 로봇, H/W 개발, 센서 응용 등)
- PAN Coordinator에 접수된 화재, 가스누출 등의 경보상황을 PC를 통해 모바일 SMS로 수신 가능

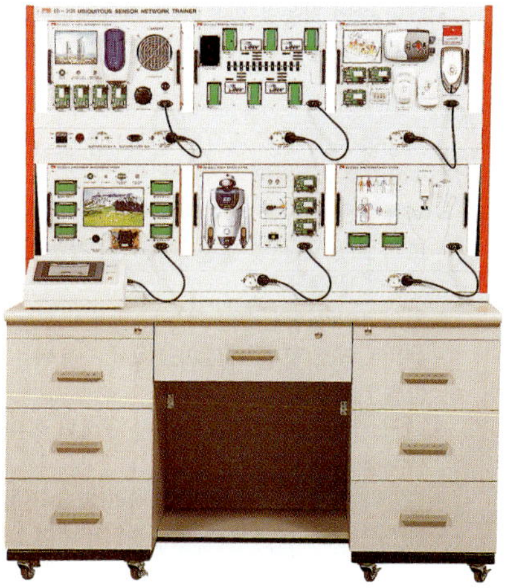

ED-3120

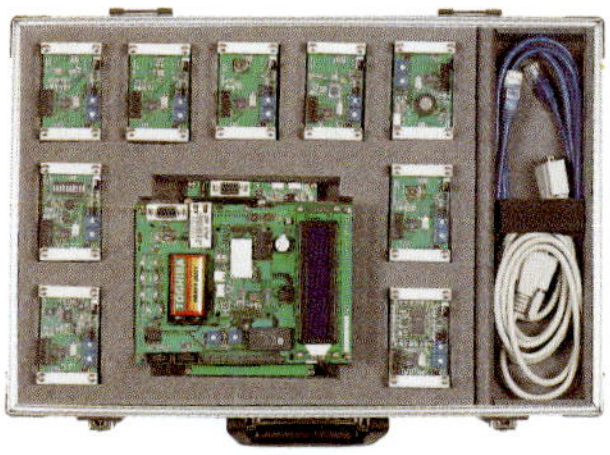

ED-3160

ED-3120 실험실습내용

- 센서 네트워크의 개요
- 센서 네트워크 모듈 하드웨어 이해
- 센서 네트워크 OS의 이해
- 센서 네트워크 환경 구축
- UART를 이용한 통신 프로그램
- 센서 기초 프로그램 (가스, 습도, 온도, 조도)
- 센서 기초 프로그램 (맥박, 체온, 기울기, 방위센서 등)
- RF 응용실습
- 센싱 및 제어 프로그램 및 Multi-hop Routing 프로그램
- Multi-hop을 이용한 제어 프로그램
- 센서네트워크 모니터링
- SMS 전송장치 연동 모니터링
- 센서 네트워크 구축 텀 프로젝트 제안서 작성
- 센서 네트워크 구축 텀 프로젝트 중간보고 및 프로젝트 수정
- 센서 네트워크 구축 텀 프로젝트 최종 보고 및 자료정리
- 텀 프로젝트 결과평가 및 보고회

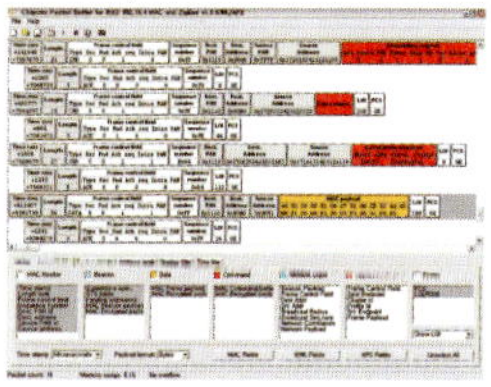

지능형 로봇 토탈솔루션

Intelligent Robot Trainer

Model : ED-7270, 7271, 7272

ED-7270 특징

- 유비쿼터스 및 홈네트워크 기반 실험실습에 적합
- 차세대 2차 전지(리튬이온)을 사양한 배터리 소형화 및 사용시간 증가
- 대화형 언어(프로그램)을 통한 다양한 콘텐츠 로봇 실험실습
- 지능형 로봇에 대한 전반적인 이해와 단계별 실습 가능
- Pan/Tilt USB 카메라를 이용한 영상처리 학습 기능
- 경사도 15° 에서 안정된 자세 제어를 통한 주행 알고리즘 적용
- 무인 방범 기능을 활용한 홈 시큐리티 실험실습
- 인간과 교감할 수 있는 인간 친화형 디자인

ED-7270

ED-7271 특징

- 지능형 로봇에 꼭 필요한 센서 9종 및 구동기 3종, 응용모듈 4종으로 구성
- 지능형 로봇 구조를 쉽게 파악할 수 있는 시스템
- 초기 로봇 입문 및 활용 교육까지 가능한 풍부한 실습예제 제공
- 창의적인 실험실습이 가능한 탈부착 모듈형 타입
- 유비쿼터스 및 홈 네트워크에서 사용되는 센서 응용 학습 가능
- 센서 결과 데이터를 Visual한 그래픽 형태로 표현하여 센서의 특성 파악 용이
- USB 카메라를 이용한 영상처리 학습 기능
- USB High Speed(480Mbps) 인터페이스 방식 채용

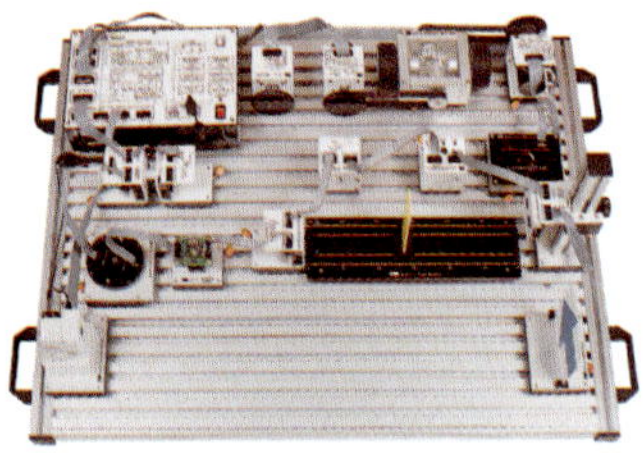

ED-7271

ED-7272 특징

- 무선 네트워크를 통한 실시간 원격제어 가능
- 지능형 로봇 센서 9종에 대한 요소 기술 및 응용 학습 기능
- 화상통신 및 영상처리를 이용한 로봇 응용 실험실습
- 초음파 및 적외선 거리 감지 센서를 이용한 장애물 감지 기능 제공
- USB 카메라를 이용한 영상처리 학습 기능
- USB High Speed(480Mbps) 인터페이스 방식 채용
- 무인 방범 기능을 활용한 홈 시큐리티 실험실습
- 5-Joint ARM을 부착한 통합 로봇 시스템(Option)

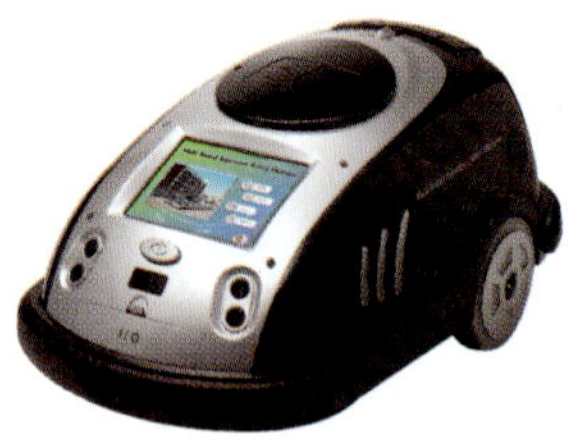

ED-7272

실험실습내용

- 지능형 로봇의 이해
- 지능형 로봇의 요소기술 분류
- 로봇의 기본 구조, 메커니즘 종류 및 장단점 실험실습
- 센서 모듈의 기본 원리 이해 및 실험실습
- Actuator 종류, 특성에 대한 기본 이해와 실험실습 (DC Servo motor, Step motor, RC motor)
- CCD Image Sensor을 이용한 영상처리 실험실습 (디지털 영상처리 기초이론, 패턴, 색체 인식에 대한 원리 및 실험실습)